주역 완전해석

하

周易全解

张其成全解周易
by 张其成

주역 완전해석 하

장치칭
오수현 옮김

周易全解

판미동

차례 〈하권〉

3부 주역 하경 下經

3부 주역 하경 下經 —9

31. 함괘(咸卦)—감응과 화합 ䷞ —10
32. 항괘(恒卦)—지속하는 힘 ䷟ —23
33. 둔괘(遯卦)—급류를 만나 물러섬 ䷠ —35
34. 대장괘(大壯卦)—강한 법도 ䷡ —46
35. 진괘(晉卦)—등용과 승진 ䷢ —57
36. 명이괘(明夷卦)—도광양회 ䷣ —70
37. 가인괘(家人卦)—가정을 다스리는 법 ䷤ —82
38. 규괘(睽卦)—분열을 화합으로 ䷥ —99
39. 건괘(蹇卦)—험난함을 헤쳐 나감 ䷦ —113
40. 해괘(解卦)—위기와 근심을 흩어 버림 ䷧ —125
41. 손괘(損卦)—버려야 얻는 진리 ䷨ —138
42. 익괘(益卦)—내게서 덜어 남에게 보탬 ䷩ —151
43. 쾌괘(夬卦)—과감한 정책 결정 ䷪ —163
44. 구괘(姤卦)—만나서 아는 것 ䷫ —175
45. 췌괘(萃卦)—모임의 도 ䷬ —186
46. 승괘(升卦)—추세를 타고 날아오름 ䷭ —200
47. 곤괘(困卦)—궁함 속에서 형통함 ䷮ —211
48. 정괘(井卦)—자기를 다스려 남을 기름 ䷯ —227
49. 혁괘(革卦)—오랜 폐단을 없앰 ䷰ —238
50. 정괘(鼎卦)—옛것을 버리고 새것을 이룸 ䷱ —250
51. 진괘(震卦)—두려워하고 경계함 ䷲ —262
52. 간괘(艮卦)—욕심을 버리고 선에 이름 ䷳ —274
53. 점괘(漸卦)—점진적 전진 ䷴ —285

54. 귀매괘(歸妹卦)—소녀가 출가하다 —298
55. 풍괘(豐卦)—크고 풍성한 도리 —309
56. 여괘(旅卦)—여행과 타향살이 —322
57. 손괘(巽卦)—유순하고 겸손하게 —335
58. 태괘(兌卦)—기쁨의 도 —347
59. 환괘(渙卦)—해이함에서 떠남 —359
60. 절괘(節卦)—절제의 도 —371
61. 중부괘(中孚卦)—성실함과 믿음으로 —385
62. 소과괘(小過卦)—작은 것에서부터 —399
63. 기제괘(旣濟卦)—삼가고 신중함 —414
64. 미제괘(未濟卦)—아직 끝나지 않은 일 —428

4부 계사전·설괘전·서괘전·잡괘전 —441

01. 계사전(繫辭傳) 상편 —442
02. 계사전(繫辭傳) 하편 —500
03. 설괘전(說卦傳) —544
04. 서괘전(序卦傳) —585
05. 잡괘전(雜卦傳) —610

차례 〈상권〉

머리말

1부 주역 입문 入門

01. 『주역』의 문화적 지위
02. 『주역』의 구성
03. 『주역』의 시대와 저자
04. 『주역』에 숨은 뜻
05. 『주역』의 성격
06. 괘상과 효상 -「역경」의 부호 시스템
07. 괘사와 효사 -「역경」의 문자 시스템
08. 괘효상과 괘효사
09. 「역전」의 내용
10. 「역전」으로 「역경」을 해석하는 방법
11. 태극과 태극도
12. 음양과 오행
13. 주역의 점괘
14. 『주역』을 공부하는 방법 - 입정관상법

2부 주역 상경 上經

01. 건괘(乾卦)—용마 정신 ䷀
02. 곤괘(坤卦)—음유의 아름다움 ䷁

03. 준괘(屯卦)—기반의 시작 ䷂
04. 몽괘(蒙卦)—계몽과 교육 ䷃
05. 수괘(需卦)—기회를 엿보아 움직임 ䷄
06. 송괘(訟卦)—소송의 중단 ䷅
07. 사괘(師卦)—인재 활용의 도 ䷆
08. 비괘(比卦)—조화와 화합의 중요성 ䷇
09. 소축괘(小畜卦)—어느 정도의 성취 ䷈
10. 이괘(履卦)—신중한 행동 ䷉
11. 태괘(泰卦)—천지의 소통과 평안 ䷊
12. 비괘(否卦)—소통의 부재 ䷋
13. 동인괘(同人卦)—화합과 조화 ䷌
14. 대유괘(大有卦)—부를 유지함 ䷍
15. 겸괘(謙卦)—겸허한 덕 ䷎
16. 예괘(豫卦)—즐거움의 도 ䷏
17. 수괘(隨卦)—좋은 것을 따름 ䷐
18. 고괘(蠱卦)—어려움 없애기 ䷑
19. 임괘(臨卦)—리더십의 예술 ䷒
20. 관괘(觀卦)—관찰의 도 ䷓
21. 서합괘(噬嗑卦)—형법은 엄중하게 ䷔
22. 비괘(賁卦)—수식의 아름다움 ䷕
23. 박괘(剝卦)—미연에 방비함 ䷖
24. 복괘(復卦)—소생하는 만물 ䷗
25. 무망괘(無妄卦)—제멋대로 행동하지 않음 ䷘
26. 대축괘(大畜卦)—덕을 쌓고 어짊을 기름 ䷙
27. 이괘(頤卦)—기름과 양생의 도 ䷚
28. 대과계(大過卦)—잘못을 바로잡음 ䷛
29. 감괘(坎卦)—험난함을 넘어서서 ䷜
30. 이괘(離卦)—아름다운 인생 ䷝

3부

주역 하경 下經

周易全解

31
함괘咸卦 – 감응과 화합

괘사

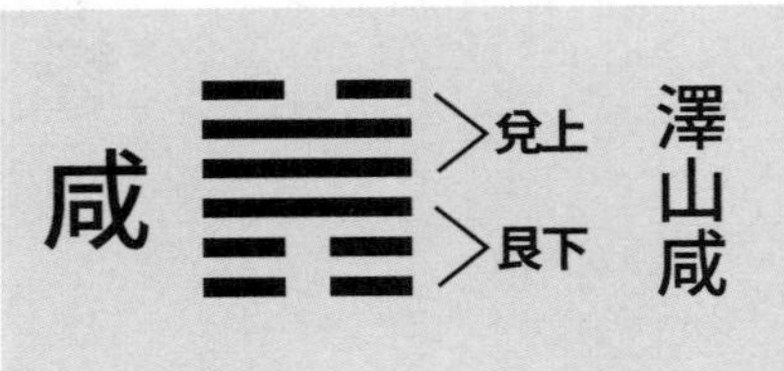

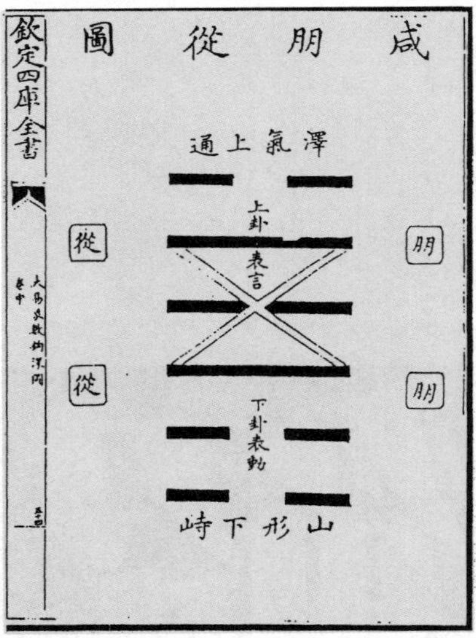

咸亨 利貞 取女吉.
함 형 이정 취여길

함은 형통하고 바르게 함이 이로우니 여인을 취하면 길하다.

'함咸'은 '감感'과 통하여 '서로 느끼다.' '상호 감응하다.'의 뜻을 가진다. 함괘는 『주역』 하경下經에서 가장 먼저 나오는 괘다. 선대 유학자들은 일찍이 상경의 30괘는 하늘의 도를 밝혔고 하경의 34괘는 사람의 도를 논했다고 했는데, 실제로는 상경과 하경 모두 하늘과 땅의 도를 강조하지만 다만 상경은 하늘과 땅에서부터 시작하고, 하경은 소남少男, 소녀少女에서 시작한다는 차이가 있을 뿐이다. 「서괘전」에서는 "천지가 있은 연후에야 만물이 생겨나며, 만물이 있은 후에 남녀가 있으며, 남녀가 있은 다음에 부부가 있고, 부부가 있고 부자가 생겨나며, 부자가 있은 후에야 군신의 관계가 생긴다. 군신관계가 있는 다음에 상하관계가 있고 상하관계가 있은 다음에 예의를 둘 곳이 있다. 부부의 도리는 오래가지 않으면 안 되므로 항괘로 받았다."고 했는데 이는 함괘에 대한 설명이다.

함괘에서 말하는 것은 부부간 감응의 도이며, 함괘의 다음에 오는 것이 바로 항괘恒卦다. 그래서 「서괘전」의 하편은 곧 부부의 도리를 말한다. 함괘는 감응을 강조한다. 그 괘상을 살펴보면 상괘인 태괘는 못으로 '소녀'를 상징하고 하괘인 간괘는 산으로 '소남'을 대표한다. 소남과 소녀가 함께 있으니 당연히 감응이 있고, 강유(음양)가 함께하니 감응이 있게 마련이다. 간괘는 그침을 상징하여 도탑고 성실한 반면 태괘는 기쁨을 나타낸다. 남자는 성실함과 돈후한 태도로 여자와 교류하고 여자는 기쁨으로 그에게 응답하니 남녀가 친밀하여 부부로 맺어진다. 이처럼 함괘가 품은 중요한 뜻은 넓은 의미에서 보면 사물의 보편적인 '감응'의 도이며 좁은 의미에서 보면 남녀 간 '교감'의 이치다.

괘사에서는 함괘에 대해 '형통하고 바른 도를 지키는 것이 이롭다.亨 利貞' 고 했다. '취여길取女吉'은 소녀를 아내로 맞음이 길하다는 말이며 여기서 '취取'는 아내를 얻는다는 의미의 '취聚'와 통한다.

괘사에 대한 「단전」

彖曰: 咸 感也. 柔上而剛下 二氣感應以相與.
단왈 함 감야 유상이강하 이기감응이상여

止而說 男下女 是以亨利貞 取女吉也.
지이열 남하여 시이형리정 취여길야

天地感而萬物化生 聖人感人心而天下和平.
천지감이만물화생 성인감인심이천하화평

觀其所感 而天地萬物之情可見矣.
관기소감 이천지만물지정가견의

「단전」에서는 말했다. 함은 감응함이다. 유가 위에 있고 강이 아래에 있어 두 기운이 감응하여 서로 돕는다. 그치고 기뻐하며 남자가 여자에게 낮춘다. 이로써 형통하니 바르게 함이 이로워 여인을 취함이 길하다. 하늘과 땅이 감응하면 만물이 변화하여 생겨나고, 성인이 사람의 마음을 감응시켜 천하가 화평하다. 그 감응하는 바를 바라보면 천지만물의 실정을 볼 수 있다.

「단전」에서는 '함咸'의 뜻이 '감感'과 통하여 '감응하다'는 의미를 갖는다고 했다. '감感'이라는 글자를 잘 보면 '함咸' 밑에 '마음 심心'이 통과하는 형상이므로 두 글자의 연관성을 짐작해 볼 수 있다.

'유상이강하柔上而剛下'는 '유가 위에 있고 강이 아래에 있다.'는 뜻이다. 이는 함괘의 상괘인 태괘가 소녀를 가리키고 음괘이므로 유가 위에 있다고 했고, 하괘인 간괘가 소남으로 양괘여서 강이 아래에 있다고 한 것이다. 소남과 소녀가 함께 있으니 감응함이 있는데, 이는 음과 양, 강과 유가 한데 있기 때문이다. '여與'는 돕는다는 뜻으로 '상여相與'는 서로 돕고 나아가게 한다는 말이 되니 '이기감응이상여二氣感應以相與'는 강유든 남녀든 모두 음양의 두 기운 안에 속하여 서로 감응한 뒤 한데 모이고 돕는다는 뜻이다.

'지이열止而說'은 '그치고 기뻐한다.'는 것이다. 이는 상괘인 태괘가 기쁨을 상징하고 하괘인 간괘가 그침을 상징하기 때문이며, 남녀가 서로 감응하여 기쁨에 머무른다는 말이다. '남하여男下女'는 남자가 여자에게 낮춘다는 것인데, 간괘인 소남이 태괘인 소녀의 아래 꿇어앉아 여인을 아내로 맞고자 적극적으로 구애하는 모습이다. 이는 남자가 적극적으로 여인에게 구애한 뒤에야 여인이 남자에게 응하는 예에 부합한다. 고대에는 여인이 주동적으로 남자에게 구애하는 것이 바른 도에 부합하지 않는 행위로 여겨졌기 때문이다. 그래서 이러한 방법이 형통하여 바른 도에 부합하니, 그 여인을 아내로 맞이하는 것이 길하다는 뜻에서 '시이형리정 취여길야是以亨利貞 取女吉也'라고 했다. 이것이 바로 남녀 간의 감응이며 이는 뒤 구절에 나오는 천지간의 감응, 성인의 감응으로 확장되기도 한다.

뒤이어 나오는 '천지감이만물화생 성인감인심이천하화평 관기소감 이천지만물지정가견의天地感而萬物化生 聖人感人心而天下和平 觀其所感 而天地萬物之情可見矣'가 그것인데, 이는 '하늘과 땅이 감동하면 만물이 변화하여 생겨난다. 성인이 사람의 마음을 감동시켜 천하가 화평하니 그 감동하는 바를 바라보면 천지만물의 실정을 볼 수 있다.'는 말이다.

천지가 서로 감응한 결과 만물이 변화하여 생겨난다는 것, 이것이 바로 중국 사람들의 화생관化生觀(나고 자라며 변화하는 것에 관한 가치관)이다. 성인이 마음에서 우러나오는 진심으로 세상 사람들을 감동시켜야만 비로소 천하가 태평하고 조화로워진다. 감

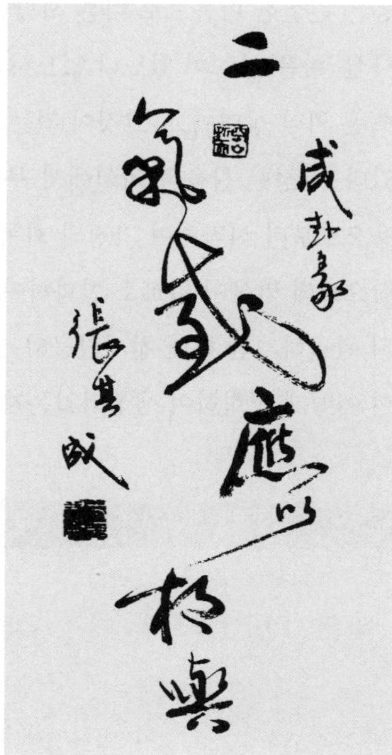

이기감응이상여

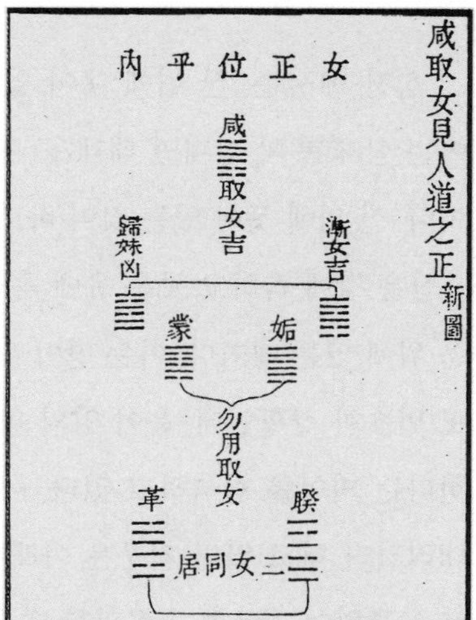

응은 진실한 마음으로 다른 사람을 감동시키는 것이다. '감感'과 '함咸'은 사실 '마음 심心'이 있느냐 없느냐의 차이이므로 '마음 심心'이 포함된 '감感'은 의식 상태이고, 그것이 없는 '함咸'은 일종의 무의식 상태라고 할 수 있다. 진정한 감응은 의식에서 무의식으로 이동해야 한다. 남녀 간의 감응으로부터 시작하여 가정의 화목이 가능해지고, 하늘과 땅이 서로 감응함으로써 만물이 비로소 변화하여 자랄 수 있다. 함괘가 어떻게 감응하는지 관찰하기만 하면 천지만물의 상태가 어떻게 이루어지게 됐는지, 만물이 어떻게 변화하여 생성되었는지 알 수 있다.

괘사에 대한 「대상전」

象曰: 山上有澤 咸. 君子以虛受人.
상왈 산상유택 함 군자이허수인

「상전」에서는 말했다. 산 위에 못이 있는 것이 함이다. 군자는 이를 보고 마음을 비워 남을 받아들인다.

「상전」에서는 '산 위에 못이 있는 것이 함이다.山上有澤 咸'라고 했는데 이는 함괘(䷞)의 상괘인 태괘(☱)가 못이고 하괘인 간괘(☶)가 산이기 때문이다. 산 위에 못이 있는 것이 바로 함괘의 상이다.

산은 강에 속하고 못은 유에 속하므로 음유陰柔의 기운이 양강陽剛의 기운 위에 있는 셈이다. 이는 땅이 위에 있고 하늘이 아래에 있는 태괘(䷊)와도 비슷한 상황인데, 음이 양의 위에 있는 까닭에 '태泰'는 소통하고 감응한다는 의미를 함축하고 있다. 이처럼 음의 기운은 위에 있어서 아래로 내려가려 하고 양의 기운은 아래에 있어서 위로 오르려 하면, 음양이 서로 교류하여 감응하고 화합할 수 있다.

군자는 이러한 괘상을 보고 함괘의 도에 근거해서 '마음을 비워 남을 받아들인다.以虛受人' 다른 사람과 관계를 잘 유지하기 위해서는 일단 마음을 비워야지 기존의 선입관에 사로잡혀서는 안 된다는 말이다. 이 때문에 '배알이 없다.'는 말이 한편으론 맞는 말인 것 같기도 하다. 자존심이나 체면은 뒤로 한 채 남의 의견을 폭넓게 받아들이고 지나치게 주관적인 억측은 자제한다는 측면에서 말이다. 나의 내면이 고집으로 가득 차 버리면 더 이상 남을 받아들일 수 없다. 비워야 더 채울 수 있는 이치를 잊지 말아야 한다.

초육 효사와 「소상전」

初六, 咸其拇.
초육 함기무
象曰: 咸其拇 志在外也.
상왈 함기무 지재외야

초육은 엄지발가락에서부터 감응한다.

「상전」에서는 말했다. 엄지발가락에서부터 감응함은 뜻이 밖에 있는 것이다.

'무拇'는 엄지발가락을 가리킨다. '함기무咸其拇'는 엄지발가락에서부터 감응이 시작되었다는 말이다. 초육은 먼저 엄지발가락에서 감응이 시작된다. 그러나 사실 소남과 소녀가 감응할 때는 엄지발가락이 어떻게 움직이는지 신경 쓰거나 의식하지는 않는다. 그저 자연스럽게 움직일 뿐 처음부터 의식적으로 어느 한끝의 움직임에 신경 쓰지 않는다는 말이다.

「상전」에서는 '엄지발가락에서부터 감응함咸其拇'은 '뜻이 밖에 있음志在外也'을 의미한다고 했다. 감응이란 마음이 움직이는 것에서 시작되므

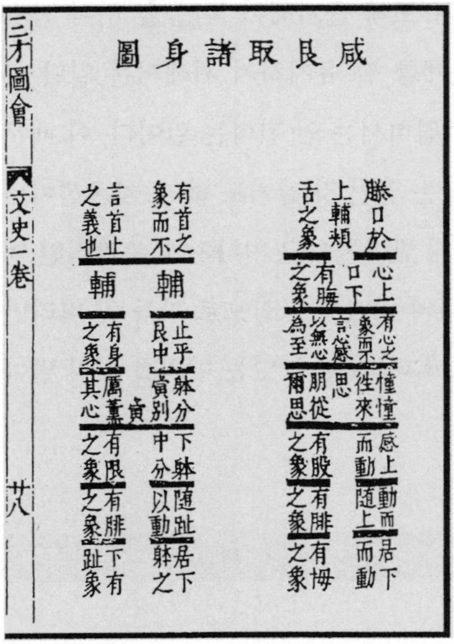

함간취제신도

로 마음이 한번 움직이기 시작하면 밖을 향해 보이는 바가 있다는 말이다. 사람이 움직이려면 가장 먼저 엄지발가락부터 움직이듯이 마음이 움직이기 시작하면 이내 형체도 따라 움직인다. 이처럼 마음은 엄지발가락에 영향을 끼치지만 정작 몸이 움직일 때에는 엄지발가락의 움직임을 의식하진 않는다. 이는 자연스럽게 움직이는 것이기 때문이다.

육이 효사와 「소상전」

六二, 咸其腓 凶 居吉.
육이 함기비 흉 거길

象曰: 雖凶居吉 順不害也.
상왈 수흉거길 순불해야

육이는 감응함이 장딴지에 이르면 흉하니, 가만히 있으면 길하다.

「상전」에서는 말했다. 비록 흉하나 가만히 있으면 길하다는 것은 유순하게 행동하면 해롭지 않기 때문이다.

'비腓'는 장딴지를 가리키므로 육이의 '함기비 흉咸其腓 凶'은 감응함이 장딴지에 이르니 흉하다는 뜻이고, '거길居吉'은 집에 편안히 거하면 길하다는 말이다.

「상전」에서는 '비록 흉하나 가만히 있으면 길함雖凶居吉', 즉 육이가 계속 감응하여 흉함에 이르게 되었으나 편안히 거하면 길한 것은 '유순하게 행동하면 해롭지 않기 때문順不害也'이라고 했다. 진정한 감응의 도는 '정靜', 고요하고 자연스럽게 그대로 머물러 있는 것이다. 육이의 시기는 중과 정을 얻었으므로 편안하다. 고요하게 머물러 있으면서 충동적으로 행동하지 않고 중정한 감응의 도를 따라 행동한다면, 천지가 자연스럽게 감응하는 이치에 순응하는 것이니 해로움을 피할 수 있다.

구삼 효사와 「소상전」

九三, 咸其股 執其隨 往吝.
구삼 함기고 집기수 왕린

象曰: 咸其股 亦不處也 志在隨人 所執下也.
상왈 함기고 역불처야 지재수인 소집하야

구삼은 감응함이 그 넓적다리에 이른다. 고집스럽게 남을 따르니 가면 부끄럽다.

「상전」에서는 말했다. 감응함이 넓적다리에 이름은 또한 머물러 있지 못하는 것이다. 뜻이 남을 따르는 데 있으니 고집하는 바가 낮다.

'고股'는 넓적다리를 가리키므로 구삼의 '함기고咸其股'는 감응함이 넓적다리에 이른 것이다. '집기수執其隨'는 고집스럽고 맹목적으로 다른 이를 따르는 것이고 '왕린往吝'은 이런 식으로 앞으로 나아가면 반드시 후회함이 있을 것이라는 말이다.

육이효는 처음에는 흉하지만 나중에는 길하며 편안하고 고요하게 거하면 길하다고 했는데, 구삼효는 '고집스럽게 남을 따르니執其隨'라고 하여 지나치게 고집스러우면 옳지 않다고 강조한다.

「상전」에서는 '감응함이 넓적다리에 이름咸其股'은 '또한 머물러 있지 못하는 것亦不處也'이라고 했다. 갈수록 남을 바싹 좇으니 다른 사람으로 하여금 편안하게 머무르지 못하게 한다. 지나치게 고집스럽고 남에게 집착한다는 말이다.

'뜻이 남을 따름에 있으니志在隨人' '고집하는 바가 낮다.所執下也'고 했는데, 만약 그 뜻이 남을 따르는 것에 있다면 지나치게 집착하는 것이므로, 좋지 않을 뿐 아니라 원하는 것과는 정반대의 결과를 초래할 수 있다는 말이다. 어떤 일을 하든 지나치게 집착하면 좋지 않다. 진정한 감응은 마음을 비운 상태에서 이루어지는 것이어서 어떤 환경에서도 자신의 처지에 만족하고 안주할 수 있어야 한다.

구사 효사와 「소상전」

九四, 貞吉 悔亡. 憧憧往來 朋從爾思.
구사 정길 회망 동동왕래 붕종이사

象曰: 貞吉悔亡 未感害也. 憧憧往來 未光大也.
상왈 정길회망 미감해야 동동왕래 미광대야

구사는 바르게 하면 길하여 후회가 없다. 자주 왕래하면 벗이 당신의 생각을 따른다.

「상전」에서는 말했다. 바르게 함이 길하고 후회가 없음은 아직 해로움에 감응하지 않았기 때문이고, 자주 왕래함은 광대하지 못한 것이다.

'동동憧憧'은 마음이 정해지지 않아 이리저리 흔들리는 것이고 '왕래往來'는 오고 감이다. '붕종이사朋從爾思'는 벗이 당신의 생각을 따른다는 것인데, 여기서 '이爾'는 구사효를 가리키므로 전체적인 뜻은 벗도 당신의 감응을 따라서 마음을 정하지 못하고 흔들린다는 말이다. 구사의 '정길 회망貞吉 悔亡'은 바른 도를 지키며 감응하면 얻는 바도 있어서 길하니 후회도 없어질 것이라는 말이다.

'동동왕래 붕종이사憧憧往來 朋從爾思'는 만약 구사효가 감응할 때 마음을 정하지 못하고 흔들리면, 다시 말해 자신의 마음이 정해지지 않으면 친구 또한 마음을 확정하지 못한다는 뜻이다. 이 때문에 감응하는 마음은 안정적이고 확고해야 하며, 그래야만 친구도 따를 수 있다.

「상전」에서는 '바르게 함이 길하고 후회가 없음은 아직 해로움에 감응하지 않았기 때문이다.貞吉悔亡 未感害也'라고 했다. 이는 구사효의 위치가 '부정不正'하긴 하지만 바른 도를 지키기만 하면 후회가 없어서 감응하더라도 해로움이 없다는 말이다.

'자주 왕래함은 광대하지 못한 것이다.憧憧往來 未光大也'라는 말은 감응할 때 '부정不正'하여 마음을 정하지 못하면 광대한 감응의 도가 없는 것이나 마찬가지라는 뜻이다. 사실 본문에는 언급되어 있지 않지만 구사효는 '감응함이 가슴에 이르는咸其胸腹' 단계라고 해야 맞다. 가슴속에 있는 그 마음을 느끼고 감응하면 서로 통하게 된다. 따라서 바르게 하면 길하지만 그렇지 않으면 후회가 있을 것이다.

구오 효사와 「소상전」

九五, 咸其脢 无悔.
구오 함기매 무회

象曰: 咸其脢 志末也.
상왈 함기매 지말야

구오는 감응함이 등살에 이르니 후회가 없다.

「상전」에서는 말했다. 감응함이 등살에 이름은 뜻이 끄트머리이기 때문이다.

'매脢'는 등에 있는 살을 가리키는데 자신과 다른 의견을 가진 사람을 상징한다. 따라서 '함기매咸其脢'는 그 감응함이 등살에까지 이른 것이며 자신과 의견이 다른 사람과도 감응할 수도 있게 되었음을 말한다. 구오는 자신과 의견이 다른 사람과도 감응할 수 있으므로 당연히 후회가 없다.

「상전」에서는 구오가 '감응함이 등살에 이름咸其脢'은 '뜻이 끄트머리이기 때문志末也'이라고 했다. 다시 말해 구오의 뜻이 커서 가장 끄트머리에 있는 것까지도 감응시킨다는 것이다. 그는 자신과 의견이 다른 사람과도 감응하기를 포기하지 않는다. 그가 하고자 하는 것은 '성인이 사람의 마음을 감동시켜 천하가 화평한 일'이기 때문이다. 구오효는 '중中'과 '정正'을 얻었으므로 중정의 도를 통해 천하 사람들의 마음을 감응시키니 이것이야말로 진정한 감응의 도라고 하겠다.

상육 효사와 「소상전」

上六, 咸其輔頰舌.
상육 함기보협설

象曰: 咸其輔頰舌 滕口說也.
상왈 함기보협설 등구설야

상육은 감응함이 그 윗잇몸과 볼과 혀에 이른다.

「상전」에서는 말했다. 감응함이 윗잇몸과 볼과 혀에 이름은 말을 입으로만 하는 것이다.

'보輔'는 윗잇몸이고, '협頰'은 볼이며, '설舌'은 혀다. 따라서 상육의 '함기보협설咸其輔頰舌'은 위를 향해 감응함이 이미 윗잇몸, 볼, 혀 등의 얼굴 부위에 미쳤음을 말한다. 진심이 아닌 말로만 감응하는 단계다. 상육은 함괘의 끝에 위치하므로 감응의 도가 마무리되려고 하는 시기다. 이럴 때는 다만 입을 통해 말을 내보냄으로써 감응하는 것에 불과할 뿐 거기에 진심이 담긴 것은 아니다.

「상전」에서는 감응하는 부위가 모두 얼굴에 있으므로 이 때의 감응에 대해서 '말을 입으로만 하는 것滕口說也'이라고 표현했다. '등滕'은 '솟구치다' '날아오르다'라는 뜻의 '등騰'과 통하여 '펼치다' '발휘하다'는 의미를 갖는다. 따라서 '등구설滕口說'은 당신의 입을 통해 펼쳐 말하는 것인데 그 말이라는 것이 감언이설에 불과하다는 것이다. 이러한 감응은 모두 입에서 일어나므로 지나치게 달콤하고 교묘한 말일 뿐 진짜 감응은 아니다.

함괘 정리

䷞

함괘는 전체적으로 우리에게 인간관계의 문제를 어떻게 처리해야 하는지 알려 준다. 사람과 사람 사이에는 마음을 통해 진심을 담아 감응해야지 겉만 번지르르한 감언이설을 해서는 안 된다. 사회 전체적으로 혹은 어떤 조직 내에서든 사람과 사람 사이의 조화로운 관계에 기대어야만 안정된 기반을 다질 수 있다. 인간관계에서의 문제를 매끄럽게 처리하고자 한다면 우선 마음을 비워 도량을 넓히고 뭇 사람을 품을 줄 알아야 한다. 큰일을 하는 큰 그릇이 되려면 다른 사람과 좋은 관계를 유지해야 하는데, 이는 관용하는 마음을 품어야 가능한 일이며 지나치게 주관적으로 억측해서는 안 된다. 관용하는 마음을 품어야만 천하가 비로소 화평해지고 조화로워질 수 있다.

물론 함괘를 바라보는 관점은 이 밖에도 여러 가지가 있다. 어떤 사람은 기공을 수련하는 데 함괘의 이치를 활용하여 발가락에서부터 시작하여 점차 위로 방향을 옮기면서 마음을 집중하기도 한다. 또 어떤 이는 함괘를 남녀가 교합하는 것에 빗대어 이해하기도 한다. 그러나 함괘는 큰 틀과 법칙을 설명하는 것이므로 구체적인 문제로 국한시켜서는 안 되며, 다양한 방면에 적용할 수 있어야 한다.

32
항괘恒卦 — 지속하는 힘

괘사

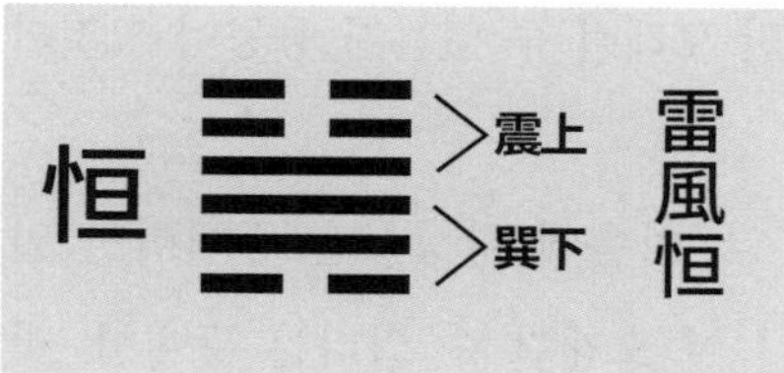

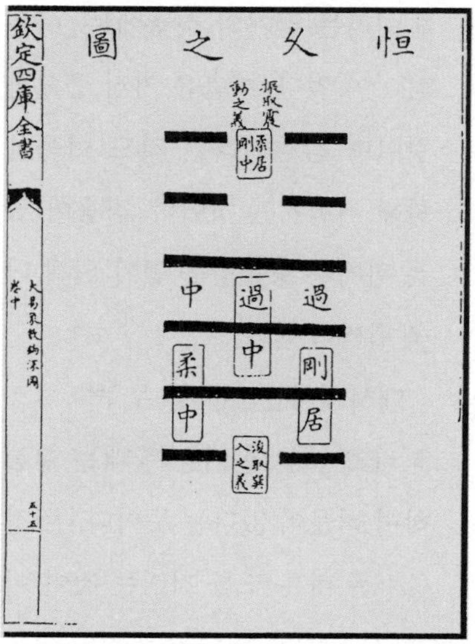

恒 亨 无咎 利貞 利有攸往.
항 형 무구 이정 이유유왕

항은 형통하여 허물이 없고 바르게 함이 이로우니 가는 바를 둠이 이롭다.

'항恒'은 '장구하다' '길다'의 뜻이다. 『설문해자』에서는 "항恒은 항상함이다.恒 常也"라고 했으며 「서괘전」에서는 "부부의 도는 오래가지 않을 수 없으므로 항괘로 받았다. 항은 장구함이다."라고 했다.

『주역』은 인륜에서 시작된 남녀관계를 다룬 함괘를 하경의 첫머리로 삼았고, 함괘에서는 소남少男이 소녀少女 아래에 있는 모습을 통해 남녀 교감의 측면을 보여 주었다. 그다음으로 나오는 항괘의 하괘인 손괘는 장녀長女이고 상괘인 진괘는 장남長男이어서 장남이 장녀의 위에 있는 모습이므로 부부의 바른 도에 부합한다. 부부의 바른 도는 오래가지 않을 수 없으므로 이들이 감응한 후에 바로 항괘가 배치된 것이다.

항괘는 함괘를 이루는 여섯 효의 위아래를 뒤집어 만든 복괘覆卦에 해당하며 사물의 '항구불변'하는 이치를 설명한다. 이처럼 항괘는 사람이 항구불변하고 꾸준하게 지속하는 정신을 지녀야 하며 어떻게 해야만 오래갈 수 있는지에 관해 알려 주는데, 여기에는 많은 것이 포함된다. 예컨대 사람이 어떻게 하면 오래 살 수 있는지, 사업은 어떻게 해야만 지속 성장할 수 있는지, 감정도 어떻게 해야만 오래갈 수 있는지 등등이 그것이라 할 수 있다.

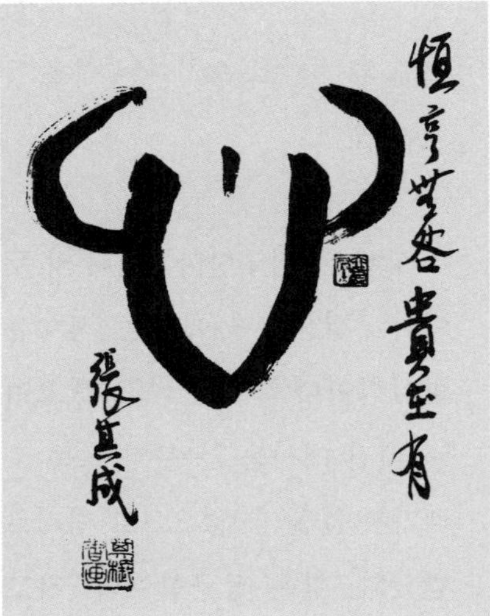

마음 심

마음에 항상심을 품어야만 일이 오래갈 수 있다는 뜻에서 '항恒'이라는 글자의 좌측에는 '마음 심心'이 있다. 마음은 가장 중요한 것이며 감응이라는 것도 마음을 통해 이뤄지는 것이다. 감응이 있은 뒤에는 항구함을 얻기 위해 더욱 힘써야 한다.

괘사에서는 '항 형 무구恒 亨 无咎'라고 했는데 이는 항괘는 형통하며 허물이 없다는 뜻이다. '이정利貞'은 바른 도를 지키는 것이 이롭다는 말이고 '이유유왕利有攸往'은 계속해서 앞으로 나아가는 것이 이롭다는 뜻이다.

괘사에 대한 「단전」

彖曰: 恒 久也.
단 왈 항 구 야

剛上而柔下 雷風相與 巽而動 剛柔皆應 恒.
강 상 이 유 하 뇌 풍 상 여 손 이 동 강 유 개 응 항

恒亨无咎 利貞 久於其道也. 天地之道恒久而不已也.
항 형 무 구 이 정 구 어 기 도 야 천 지 지 도 항 구 이 불 이 야

利有攸往 終則有始也.
이 유 유 왕 종 즉 유 시 야

日月得天而能久照 四時變化而能久成 聖人久於其道而天下化成.
일 월 득 천 이 능 구 조 사 시 변 화 이 능 구 성 성 인 구 어 기 도 이 천 하 화 성

觀其所恒 而天地萬物之情可見矣
관 기 소 항 이 천 지 만 물 지 정 가 견 의

「단전」에서는 말했다. 항은 오래 함이다. 강이 위에 있고 유가 아래 있으며, 우레와 바람이 서로 돕고 순응하여 움직이며, 강유가 모두 응함이 항이다. 항이 형통하고 허물이 없으며 바르게 함이 이로움은 그 도를 오래 하는 것이니, 천지의 도는 항구하여 그치지 않는다. 갈 바를 둠이 이로움은 끝나면 시작이 있기 때문이다. 해와 달이 하늘의 법칙에 따라 오랫동안 비추고, 사시가 변화하여 오랫동안 이루며, 성인이 그 도를 오래 하여 천하가 교화하여 이루어진다. 그 항상하는 바를 보면 천지만물의 정을 알 수 있다.

「단전」에서는 항괘에 대해서 '오래 함久也'이라고 하면서 장구함의 이치를 강조했다.

괘상의 측면에서 '강상이유하剛上而柔下'라고 했는데 앞선 함괘와는 반대로 강이 위에 있고 유가 아래에 있다는 말이다. 상괘인 진괘는 장남長男으로 양의 성질을 지녔으니 강괘이고 하괘인 손괘는 장녀長女로 음의 성질을 지녔으니 유柔괘이기 때문이다. 남자가 귀하고 여자가 낮음은 부부 관계의 항상한 도리를 상징한다.

'뇌풍상여雷風相與'는 '우레와 바람이 서로 돕는다.'는 뜻으로 우레가 바람을 올라타고 바람은 우레로 말미암아 그 세력을 더해 간다. 이처럼 우레와 바람은 서로 도와 각자의 위세를 더해 주는데, 바람과 우레가 서로 연이어 일어남을 감안할 때 이해가 가는 현상이다.

'손이동巽而動'은 순응하여 움직인다는 뜻인데 하괘인 손괘가 유순함을 상징하고 상괘인 진괘가 움직임을 나타내기 때문에 자연의 법칙에 순응하여 움직임을 뜻한다.

'강유개응 항剛柔皆應 恒'은 '강유가 모두 응함이 항이다.'라는 뜻이다. 항괘의 여섯 효가 모두 음양이 서로 호응하기 때문에 이것들이 모두 항상된 이치를 가리키므로 항구함을 상징한다.

그래서 '항형무구 이정恒亨无咎 利貞', 즉 항괘가 형통하여 허물이 없으니 바른 도를 지키는 것이 유리하다고 했다. '구어기도야久於其道也'는 '그 도를 오래 하는 것이다.'라는 뜻인데 이는 사업이 오래도록 흥하고 쇠하지 않게끔 유지할 수 있다는 말이다.

'천지지도항구이불이야天地之道恒久而不已也'는 '천지의 도는 항구하여 그치지 않는다.'는 것으로 하늘의 도, 땅의 도는 항구하여 그 끝이 없다는 말이다. 천지는 사람과 비교해 볼 때 당연히 항구하지만 노자가 보기에는 천지 역시 오래가지 않았다. 그래서 『노자』 23장에 보면 "회오리바람은 아침 내내 불지 않고 소나기라도 하루 종일 퍼붓지는 못한다. 거센 바람과 세찬 소낙비가 내리게 하는 이가 누구인가? 천지자연이 아닌가? 천지자연조차 오래도록 지속하지 못하는데 하물며 사람이겠는가?"라는 말이 나온다. 그렇다면 천지자연은 과연 오래갈 수 있을까 아니면 오래가지 못할까? 이것은 상대적인 것이다. 천지자연은 사람에 비해서 당연히 장구하겠지만 우주 전체와 비교하면 오래가지 못한다. 본문은 사람과 비교하여 말한 것이므로 당연히 장구하다.

'이유유왕 종즉유시야利有攸往 終則有始也'는 '갈 바를 둠이 이로움은 끝나면 시작이 있기 때문이다.'라는 뜻이다. 만약 끝에 왔는데도 다시 시작할 수 없다면 당연히 오래 가지 못할 것이다. 그렇다면 어째서 끝이 있으면 다시 시작한다고 했을까? 우레와 바람은 끊임없이 순환하여 왕복하기 때문이다.

'일월득천이능구조 사시변화이능구성 성인구어기도이천하화성日月得天而能久照 四時變化而能久成 聖人久於其道而天下化成'은 해와 달이 하늘의 법칙을 따라 운행하므로 오래도록 대지를 비출 수 있으며, 사시四時도 땅의 도의 법칙에 근거하여 운행되어 봄이 가면 겨울이 오고 사계절이 바뀌는 등 순환과 왕복의 상태가 오래도록 유지되며, 성인 또한 오래도록 하늘과 땅의 법칙에 순응하여 천하 백성을 교화함으로써 그들로 하여금 성취하게 한다는 말이다. 그래서 그 항상하는 바를 보면 천지만물의 정을 알 수 있다는 뜻에서 '관기소항 이천지만물지정가견의觀其所恒 而天地萬物之情可見矣'라고 덧붙였다. 앞선 함괘에서는 '그 감응하는 바를 바라보면 천지만물의 실정을 볼 수 있다.觀其所感 而天地萬物之情可見矣'고 했는데 이처럼 '감感'과 '항恒'을 대조해 보면 비로소 만물의 실정을 밝히 알 수 있다.

괘사에 대한 「대상전」

象曰: 雷風 恒 君子以立不易方.
상 왈 뇌 풍 항 군 자 이 입 불 역 방

「상전」에서는 말했다. 우레와 바람이 항이니 군자는 이를 보고 반듯한 도를 바꾸지 않는다.

「상전」의 '뇌풍 항雷風 恒'은 '우레와 바람이 항이다.'라는 뜻인데 이는 항괘(䷟)의 상괘인 진괘(☳)가 우레이고 하괘인 손괘(☴)가 바람이기 때문이다. 우레와 바람이 서로 밀어주는 것은 자연법칙에 부합하여 항구하여 불변하니 이것이 바로 항괘의 상이다.

군자는 이러한 괘상을 보고 항괘의 도에 근거해서 '반듯한 도를 바꾸지 않는다.以立不易方' 다시 말해 입신하여 덕을 닦으며 자신의 품격과 덕, 즉 반듯한 도를 바꾸지 않는다는 것이다. 군자는 항괘를 본받아 어떻게 하면 항구함, 즉 사업의 항구함, 감정의 지속성, 수명의 장구함 등을 도모할 수 있을지 고민한다. 우리는 항괘를 통해, 첫째 바른 도를 지켜 좌우로 치우치지 않는 마음가짐을 배울 수 있으며, 둘째 항구함을 유지함으로써 사물 간에 서로 밀어주고 도울 수 있듯 화합하고 조화하는 도가 중요함을 배울 수 있다. 사물이든 기업이든 어떻게 해야만 오래도록 유지될 수 있을까? 가장 먼저 천지의 바른 도에 순응하고 그다음으로는 안과 밖이 서로 돕고 밀어주게끔 화합하고 조화로운 환경이 조성되어야 한다.

초육 효사와 「소상전」

初六, 浚恒 貞凶 无攸利.
초육 준항 정흉 무유리
象曰: 浚恒之凶 始求深也.
상왈 준항지흉 시구심야

초육은 깊은 항이니 바르게 하더라도 흉하여 이로울 바가 없다.

「상전」에서는 말했다. 깊은 항이 흉함은 시작부터 깊음을 구했기 때문이다.

'준浚'은 깊다는 뜻인데 여기서는 '깊이 구하다.' '깊이 파헤치다.'라는 뜻이다. 초육의 '준항浚恒'은 처음부터 항구한 도를 깊이 구했다는 말이다. '정흉貞凶'은 이렇게 계속하면 흉하다는 말이다. '무유리无攸利'는 이로울 바가 없다는 뜻이다.

「상전」에서는 '깊은 항이 흉함浚恒之凶'은 '시작부터 깊음을 구했기 때문始求深也'이라고 했다. 초육효의 단계에서는 지나치게 깊음을 구해서는 안 된다는 뜻인데 그건 왜일까? 일을 지나치게 서두르면 일을 망칠 수 있기 때문이다. 처음부터 지나치게 깊이 파고드는 등 조급하게 굴면 오히려 목적을 이루지 못하게 되므로 이롭지 못하다.

구이 효사와 「소상전」

九二, 悔亡.
구이 회망

象曰: 九二悔亡 能久中也.
상왈 구이회망 능구중야

구이는 후회가 없다.

「상전」에서는 말했다. 구이가 후회가 없음은 중을 오래 지속할 수 있기 때문이다.

구이의 '회망悔亡'은 후회함이 없다는 말이다.

「상전」에서는 구이효가 후회가 없는 이유는 '중을 오래 할 수 있기 때문能久中也', 즉 오래도록 가운데 거할 수 있기 때문이라고 했다. 그래서 오래 유지함으로써 후회가 없으려면 반드시 중도를 걸어야 한다. 『중용』에서는 "중中은 천하의 큰 뿌리다."라고 했다. 어떻게 해야만 장구하면서 후회가 없을 수 있을까? 반드시 가운데 거함으로써 '중中'을 지켜야 한다. 초육효에서 처음부터 너무 지나치게 깊이 구하지 않아야 한다고 한 것에서 한 발 더 나아가 구이효는 우리에게 '중中'을 지키라고 강조한다.

구삼 효사와 「소상전」

九三, 不恒其德 或承之羞 貞吝.
구삼 불항기덕 혹승지수 정린
象曰: 不恒其德 无所容也.
상왈 불항기덕 무소용야

구삼은 그 덕을 행함에 항상심이 없으면 혹 부끄러움이 이어지니 바르게 하면 후회함이 없다.

「상전」에서는 말했다. 그 덕을 행함에 항상심이 없으면 용납할 곳이 없게 된다.

'불항기덕 혹승지수不恒其德 或承之羞'는 '덕을 행함에 항상심이 없으면 혹 부끄러움을 당하리라.'는 뜻을 가진 무척 유명한 구절이다.

『논어』「자로」 편에는 공자가 "남방 사람들 사이에는 '사람에게 항상심이 없으면 무의巫醫(고대에 무술에 의존해 병을 치료하던 사람)가 될 수 없다.'는 말이 있는데 좋은 말이다." "덕을 행함에 항상심이 없으면 혹 부끄러움이 이어지니 그런 사람은 점을 쳐 볼 필요도 없다."고 한 말이 나온다. 공자는 심혈을 기울여 『주역』을 연구했던 학자다. 당시 무의巫醫는 그 지위가 무척 높은 신분이었기 때문에 사람에게 만약 항상심, 꾸준함이 없다면 그런 사람은 점을 쳐 볼 것도 없이 탁월한 무의가 될 수 없다고 단정한 것이다. 순자는 여기서 한 발 더 나아가 "역을 잘 아는 이는 점치지 않는다."고 하여 역의 도에 정통했다면 점을 쳐서 신에게 물을 필요가 없다고까지 했다. 공자의 관점도 마찬가지로 항상심을 가지고 이를 지키는 도가 있는 사람이라면 항상심을 유지하여 길하기 때문에 굳이 점쳐서 신에게 길흉을 물을 필요가 없다는 것이다.

'정린貞吝'은 항구함의 바른 도를 지켜 유지하면 훗날 후회함이 없다는 것인데 여기서 '린吝'은 후회, 유감의 뜻이다.

「상전」에서는 '덕을 행함에 항상심이 없음不恒其德', 다시 말해 도덕을 영구하게 지키지 않는다면 '용납할 곳이 없어서无所容也' 몸을 의탁할 곳조차 없게 된다고 했다. 여기서 「역전」이 항구한 덕을 얼마나 중시하며 덕을 지킬 때 꾸준함이 없는 사람을 얼마나 경계하는지 알 수 있다.

구사 효사와 「소상전」

九四 田无禽.
구사 전무금

象曰: 久非其位 安得禽也.
상왈 구비기위 안득금야

구사는 사냥을 나가더라도 짐승을 잡지 못한다.

「상전」에서는 말했다. 제자리가 아닌 곳에 오래 있으니 어찌 짐승을 잡겠는가.

'전田'은 '사냥을 나간다.'는 뜻이므로 구사의 '전무금田无禽'은 사냥을 나갔지만 수확이 없다는 말이 된다. 그것은 왜일까?

「상전」에서는 그 이유를 '제자리가 아닌 곳에 오래 있기 때문久非其位'이라고 했다. 구사효는 오랫동안 자신의 위치를 떠나 있어서 바른 도에 근거하여 일을 행하지 않았는데 '어찌 짐승을 잡을 수 있겠는가.安得禽也'라고 한다. 힘들게 일했는데도 수확이 없게 된 셈이다. 이는 구사효가 음의 자리인데도 양효가 와서 위치가 '정正'하지 않기 때문이다. 사람의 마음이 '정正'하지 않는다면 항구할 수 없으니 무슨 일을 해도 수확 없이 공연히 헛수고만 하게 된다.

육오 효사와 「소상전」

六五, 恒其德 貞 婦人吉 夫子凶.
육오 항기덕 정 부인길 부자흉
象曰: 婦人貞吉 從一而終也. 夫子制義 從婦凶也.
상왈 부인정길 종일이종야 부자제의 종부흉야

육오는 그 덕을 항구히 하면 바르니 부인은 길하고 장부는 흉하다. 「상전」에서는 말했다. 부인이 바르게 함이 길한 것은 한 사람을 따라 마치기 때문이요, 장부는 의에 맞게 해야 하는데 부인을 따르면 흉하다.

육오의 '항기덕 정恒其德 貞'은 항구하게 아름다운 덕을 유지하면 바른 도를 지키는 것과 같다는 말이며 '부인길 부자흉婦人吉 夫子凶'은 여인이 길함을 얻고 남자는 흉함을 만난다는 것이다.

「상전」에서는 '부인이 바르게 함이 길함婦人貞吉'은 '한 사람을 따라 마치기 때문從一而終也'이라고 했다. 여기서 '일一'은 '일부一夫', 즉 한 사람의 필부匹夫를 의미한다. 그러므로 '항기덕恒其德'에서 '덕德'이 가리키는 것은 바로 '여인의 덕'이라고 하겠다. 육오효가 말하는 여인의 덕, 유순한 덕은 어디에 나타날까? 바로 '한 사람을 따라서 마치는 데從一而終' 있다.

'부자제의 종부흉야夫子制義 從婦凶也'에서 '제制'는 '제정하다' '처리하다'이고 '의義'는 '적당하다'이며 '종부從婦'는 '부인을 따른다.'는 뜻이다. 따라서 육오효는 전체적으로 만약 이 남자가 일을 처리할 때 부인을 따르거나 부인의 유순한 덕을 지니고 있으면 흉하다는 뜻을 가진다.

육오효는 음의 부드러움이 가운데 거하고 아래로 구이의 양효가 지닌 강건함과 상응한다. 이처럼 음유의 형체로 중도를 지키면서 끝까지 유지하니 길하지만 남자가 바른 도를 지킬 때는 지나치게 유약하거나 온순해서는 안 되고 강경하고 과감해야 하며 그렇지 않으면 흉하다. 이는 아무리 같은 단계에 머물러 있더라도 그 사람의 성질에 따라 서로 다른 상황과 결과를 맺을 수 있다는 의미다.

상육 효사와 「소상전」

上六, 振恒 凶.
상육 진항 흉
象曰: 振恒在上 大无功也.
상왈 진항재상 대무공야

상육은 진동하는 항구함이니 흉하다.
「상전」에서는 말했다. 진동하는 항구함이 위에 있으니 공이 크게 없다.

'진振'은 진동한다는 뜻이므로 '진항振恒'은 항상심이 간섭이나 진동의 영향을 받는다는 말이다. 상육은 전체적으로 항상심이 동요하니 흉함이 있다.

「상전」에서는 '진동하는 항구함이 위에 있다.振恒在上'고 했는데 이는 항상심을 끝까지 지켜서 가장 높은 지위를 얻었으나 이때 마음속으로 줄곧 지켰던 신념에 동요가 생겼다는 말이다. 그래서 이렇게 되면 '공이 크게 없게 된다.大无功也'

상육효는 항괘의 가장 끝에 있고 음효이므로 내면의 잡다한 생각과 충동을 감당하지 못하는 상태에 이르러 안정되지 못한 채 흔들리는 상태라고 볼 수 있다. 지킴이 끝에 이르면 신념이 흔들린 나머지 '한 삼태기 흙이 모자라 아홉 길 높이의 산을 쌓지 못하는功虧一簣' 상태가 되어 당연히 공이 없다. 압박과 스트레스를 감당하지 못한 나머지 항상심이 흔들렸다면 성공할 수 없는 것은 당연한 이치다.

항괘 정리

흥미롭게도 항괘의 여섯 효 중 온전히 길하다고 인정받는 효는 단 하나도 없다. 그것은 왜일까? 온전한 항구함의 도란 있을 수 없고 항구함의 도에 근거해서 일을 완벽하게 처리하는 일도 쉽지 않기 때문이다. 그래서 옛사람은 "항구함의 도란 그 뜻이 어렵구나."라고 하면서 항구함을 지키는 것이 쉬운 일이 아님을 강조했다. 『순자』「권학勸學」 편에서는 "새기다 그만 두면 썩은 나무라도 자를 수 없다." "멈추지 않고 새기면 쇠나 바위라도 조각할 수 있다."고 했다. 이처럼 우리는 어떤 상황에서도 꾸준한 항상심을 유지해야 한다.

항괘에서는 다음과 같은 항상심의 도리를 배울 수 있다. 첫째, 항상심을 지키려면 천지의 바른 도에 순응해야 한다. 만약 항상심을 지킬 때 바른 도를 따르지 않으면 아무리 항구하려고 해도 이를 수 없다. 둘째, 항상심을 지킨다는 것은 하나의 과정이므로 순서에 따라 점진적으로 이뤄 나가야지 처음부터 과도하게 힘을 주면 나중에까지 그 힘을 유지할 여력이 없게 된다. 셋째, '한 사람을 따라 마치는從一而終也' 신념을 가지고 아침과 저녁에 품은 생각이 달라지지 않도록 항상심을 유지한다. 넷째, 화합하고 조화로운 환경을 만드는 것은 항상심을 유지하기 위해 필요한 조건이다. 사람의 몸과 마음이 화합하지 못하고 조화롭지 않으면 그 생명도 오래가지 못한다. 기업이나 조직 내부의 구성원들이 서로 조화를 이루지 않을 뿐 아니라 외부적으로도 안정적이고 조화로운 환경이 조성되지 않는다면 그들의 사업은 오래갈 수 없다.

33
둔괘遯卦 — 급류를 만나 물러섬

괘사

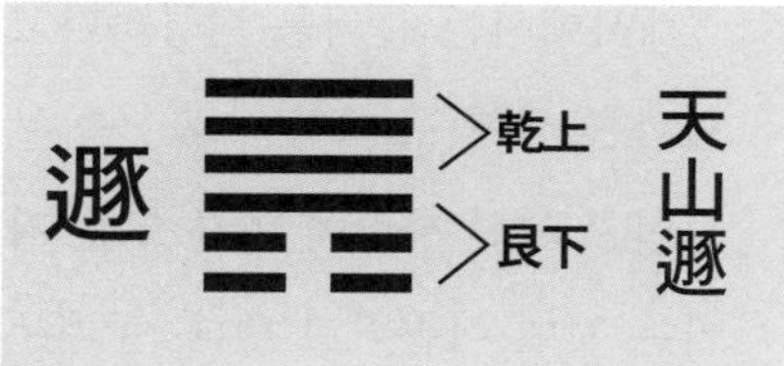

遯 亨 小利貞.
둔 형 소리정

둔은 형통하니 어린 사람이 바르게 함이 이롭다.

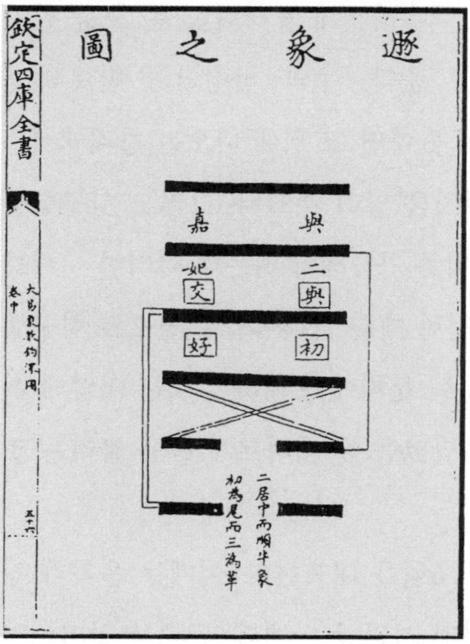

'둔遯'은 '도망가다' '물러나 숨다.'의 의미다. 『광아廣雅』「석고釋詁」에서는 '둔遯'이 세 가지 뜻을 품고 있다고 했는데 첫째는 '가다' '떠나다'이고 둘째는 '숨기다' '은폐하다', 셋째는 '물러나다' '물러나 숨다.'의 의미다. 「서괘전」에서는 "사물은 오랫동안 한곳에 머무를 수 없으므로 둔괘로 받았다. 둔은 물러감이다."라고 했다. 세상만물과 모든 일은 어느 한곳에만 영원히 머무를 수 없으며 그렇다고 해서 앞으로만 영원히 나아갈 수 있는 것도 아니다. 나아감이 있으면 반드시 물러섬도 있으며 이것이 바로 하늘의 도에 부합하는 자연스러운 것이

둔

다. 이 때문에 항괘의 뒤에 둔괘가 왔다. 둔괘가 말하는 '물러나 피함'은 원칙 없고 소극적인 '회피'가 아니라 사물이 발전 과정에서 장애물을 만났을 때 잠시 물러나 있으면서 다시 살아날 기회를 기다린다는 의미다.

괘사에서는 둔괘를 형통하다고 함과 동시에 '소리정小利貞', 즉 부드럽고 어린 사람이 바른 도를 지키는 것이 이롭다고 했다. 둔괘는 우리에게 물러나 숨는 도를 알려 준다. 『주역』 하경의 첫 번째 괘인 함괘가 우리에게 감응하는 도를 알려 줬다면 그 뒤에 나오는 항괘에서는 감응한 뒤 항구함을 지켜야 하는 이치를 알려 주었다. 그리고 항구함을 지킨 뒤에는 물러나 숨어 진퇴의 시기를 가늠해야 하는데 이러한 이치를 둔괘에서 일깨워 준다. 물러나서 적절한 때를 살펴야만 진정으로 항구함을 유지할 수 있기 때문이다. 이 때문에 둔괘에서 말하는 것은 어떻게 떠나고 물러나는지에 대한, 즉 급류를 만났을 때 재빠르게 몸을 물리는 것과 같은 커다란 지혜인 셈이다.

둔괘는 12소식괘 가운데 하나로서 6월을 대표한다. 이때는 음기가 점차 상승해서 두 번째 이효의 자리까지 자라난 단계다. 둔괘를 살펴보면 맨 아래에 두 개의 음효가 있어서 마치 음효가 아래에서부터 서서히 자라나고 양이 점차 소멸하는 모습과 같다. 소인의 도가 자라나니 군자의 도가 소멸하며 군자는 어쩔 수 없이 물러나 피한다.

괘사에 대한 「단전」

彖曰: 遯亨 遯而亨也.
단왈 둔형 둔이형야
剛當位而應 與時行也.
강당위이응 여시행야
小利貞 浸而長也. 遯之時義大矣哉.
소리정 침이장야 둔지시의대의재

「단전」에서는 말했다. 둔이 형통하다는 것은 은둔하여 형통함이다. 강이 존귀하고 마땅한 자리를 얻고 응하므로 때에 따라 행한다. 어린 사람이 바르게 함이 이로움은 음이 점차 자라기 때문이다. 둔의 때와 뜻이 크다.

「단전」에서는 둔괘에 대해 '둔이형야遯而亨也'라고 했는데 이는 물러나 은둔하여야만 형통할 수 있다는 뜻이다.

'강당위이응剛當位而應'은 강이 존귀하고 마땅한 자리를 얻으며 응한다는 뜻이다. 이는 강효인 구오효가 양이 와야 할 자리에 제대로 왔으므로 위치가 마땅할 뿐 아니라 육이효와 상응하기 때문에 물러나 운둔할 수 있다는 말이다.

'여시행야與時行也'는 때에 맞추어 행하고 더불어 나아간다는 뜻이다. '행行'은 앞으로 나아간다는 뜻만 가리키는 것은 아니고 나아감과 물러섬의 두 가지 행동을 모두 포함한다. '물러섬'도 '행行'에 해당하므로 여기서 '여시행야與時行也'는 때에 맞추어 숨어야 할 때가 되면 물러나 숨을 줄도 알아야 한다는 뜻이다. 구오효는 비록 제왕으로 지존의 자리에 있지만 때로는 물러나 숨어야 할 필요도 있다. 이것이 바로 '여시행야與時行也'다. 그러니 절대적으로 형통할 수 있게 되는 셈이다.

주의해야 할 것은 여기서 말하는 '시기'는 각 효의 개별적인 시기적 상황뿐만이 아니라 각 괘가 처한 시기까지도 포함하여 가리킨다는 점이다.

모든 괘는 하나의 시기를 대표하므로 64개의 시기가 있는 셈이며, 64괘 또한 하나의 더 큰 범위의 시기라고 간주할 수 있다. 둔괘의 시기에 이르러서는 항구하고자 하면 물러나 숨어야 하며, 물러나 숨어야만 더욱 항구할 수 있다.

'소리정小利貞'은 부드럽고 어린 자는 바른 도를 지키는 게 더욱 이롭다는 말이므로 둔괘는 부드럽고 어린 자를 숭상한다고 할 수 있다. '침이장야浸而長也'에서 '침浸'은 '점차' '점점'의 뜻으로 둔괘의 음기가 서서히 위로 자라나 이제 두 번째 자리까지 도달했음을 나타낸다. '둔지시의대의재遯之時義大矣哉'는 둔이라는 시기의 의의가 무척 위대하다는 말인데 이것이야말로 필자가 줄곧 인식해 온 『주역』의 참뜻에 가까운 이치다. 강함이 필요할 때는 강하고 부드러워야 할 곳에서는 부드러워야 한다는 유가 및 도가의 이치와 가르침을 관통하는 말이다.

괘사에 대한 「대상전」

象曰: 天下有山 遯. 君子以遠小人 不惡而嚴.
상 왈 천 하 유 산 둔 군 자 이 원 소 인 불 오 이 엄

「상전」에서는 말했다. 하늘 아래 산이 있는 것이 둔이다. 군자는 이를 보고 소인을 멀리하되 미워하지 않고 엄하게 한다.

「상전」의 '천하유산 둔天下有山 遯'은 '하늘 아래 산이 있는 것이 둔이다.'라는 뜻이다. 이는 둔괘(䷠)의 상괘인 건괘(☰)가 하늘이고 하괘인 간괘(☶)가 산이기 때문이다. 하늘 아래에 산이 있으니 이것이 바로 둔괘의 상이다.

하늘이 위(밖)에 있고 산이 아래(안)에 있으면 하늘이 점차 위(밖)로 물러나 숨으려 하고 산은 서서히 아래(안)로 내려와 숨고자 하는데, 이렇게 되

면 하늘은 점차 산으로부터 멀어지다가 머지않아 사라지고 말 것이다. 하늘은 이미 높은 위치에 다다른 것을 상징한다. 이때는 일생에서 이미 무언가를 이룬 상태이므로 비로소 물러나 숨을 수 있는 것이지 평생에 걸쳐 그 어떤 일도 이루지 못한 채 도피성으로 물러나 숨는 것이 결코 아니다.

군자는 이러한 괘상을 보고 둔괘의 도에 근거해 '원소인 불오이엄遠小人不惡而嚴', 즉 소인을 멀리하되 미워하지 말고 엄하게 대해야 한다. 여기서 군자는 하늘을 상징하고 소인은 산, 즉 도덕 수양이 부족한 자를 가리킨다. '원遠'은 '멀리하다'는 의미의 동사로 쓰였다. '불오이엄不惡而嚴'은 미워하지는 않되 엄격하게 대하라는 뜻이다. 군자는 마땅히 소인을 멀리하되 미워하지 말고 오직 공경함과 삼가는 마음으로 대하여 위엄을 지킴으로써 소인들로 하여금 경외심을 갖게 해야 한다.

초육 효사와 「소상전」

初六, 遯尾 厲 勿用有攸往.
초육 둔미 여 물용유유왕

象曰: 遯尾之厲 不往 何災也.
상왈 둔미지려 불왕 하재야

초육은 꼬리를 은둔함이라 위태로우니 가는 바를 두지 말아야 한다.

「상전」에서는 말했다. 꼬리를 운둔함이 위태로우니 가지 않으면 무슨 재앙이 있겠는가.

초육의 '둔미 여遯尾 厲'는 꼬리를 숨기는 것으로 무척 위험한 상황이니 이럴 때는 더 이상 앞으로 나아가지 말라는 의미에서 '물용유유왕勿用有攸往'이라고 했다. 「역전」의 내용을 살펴보면 '꼬리'에 빗댄 부분이 종종 등장하는데 '범의 꼬리虎尾' '여우의 꼬리狐尾' 등이 그 예다. 여기서 나오는

'꼬리'는 '개의 꼬리狗尾'를 가리키는데 이는 하괘인 간괘가 개를 상징하기 때문이다. 개의 꼬리를 숨기기란 쉽지 않은 일이라서 '미대부도尾大不掉(머리나 몸통에 비해 쓸데없이 꼬리가 더 커지는 바람에 일의 처리가 어려워지는 상황을 경계하는 말)'라는 성어가 생겨나기도 했다. 『서유기西遊記』에서도 손오공이 변신술을 쓸 때 아무리 해도 꼬리만은 떼어 내지 못한 나머지, 꼬리를 깃대로 변신시켰다가 결국에는 그것 때문에 정체가 발각되기도 한다.

「상전」에서 '둔미지려 불왕 하재야遯尾之厲 不往 何災也'라고 한 것은 꼬리를 숨김이 위태로우므로 멈춰 선 채 나아가지 않아야 하니, 앞으로 나아가지 않으면 무슨 재앙이 있겠느냐는 말이다. 물러나 숨을 때는 시기를 잘 살펴서 과감하게 결단을 내려야지 머뭇거리며 주저하지 않아야 하며 한번 결정하면 철저하게 물러나 맺고 끊음을 분명하게 해야 한다. 성공하여 부와 명성을 얻은 사람에게 어느 날 갑자기 가진 전부를 내려놓으라는 것은 쉽지 않은 일이며, 평생 길들여진 습관을 하루아침에 철저하게 버리는 것도 어려운 일이다. 따라서 이럴 때는 잠시 멈춰 서서 자신을 돌아보고 사고방식이나 가치관을 바꿔야 할 필요가 있는지 반성해야 한다. 이렇게 해야만 불필요한 것을 철저하게 버릴 수 있을 것이다.

육이 효사와「소상전」

六二, 執之 用黃牛之革 莫之勝說.
육이 집지 용황우지혁 막지승설

象曰: 執用黃牛 固志也.
상왈 집용황우 고지야

육이는 황소의 가죽으로 묶으니 그것을 풀 자가 없다.

「상전」에서는 말했다. 황소 가죽으로 묶음은 뜻이 견고한 것이다.

'집지執之'는 '그것을 묶는다.'는 뜻인데 여기서는 육이효를 잡아맨다는 말이다. '설說'은 '벗다' '벗기다'는 의미의 '탈脫'과 통하므로 '막지승설莫之勝說'은 그것을 벗겨서 풀 방법이 없다는 뜻이 된다. 따라서 육이의 '집지 용황우지혁執之 用黃牛之革'은 황소의 가죽으로 만든 끈으로 자기를 묶으니 풀 자가 없다는 뜻이다.

「상전」에서는 '황소 가죽으로 묶음執用黃牛'은 '뜻이 견고한 것固志也'이라고 했다. 즉 스스로 물러나 숨고자 하는 의지와 결심이 강하고 견고함을 빗댄 것이다. 이렇게 하면 어떤 간섭도 받지 않을 수 있다. 황소 가죽을 쓴다는 것은 황색이 중앙의 색이라는 데 이유가 있는데 이는 육이효가 하괘의 중심에 위치해 있기 때문이다.

구삼 효사와 「소상전」

九三, 係遯 有疾厲 畜臣妾 吉.
구삼 계둔 유질려 축신첩 길

象曰: 係遯之厲 有疾憊也. 畜臣妾吉 不可大事也.
상왈 계둔지려 유질비야 축신첩길 불가대사야

구삼은 매임이 있는 은둔이니, 병이 있어 위태로워 신첩을 기름이 길하다.

「상전」에서는 말했다. 매임이 있는 은둔이 위태로움은 병이 있어서 피로하기 때문이요, 신첩을 기름이 길함은 큰일을 할 수 없기 때문이다.

'계係'는 묶어 맨다는 뜻으로 여기서 '연루되다' '근심하다'는 뜻이 파생되었다. 구삼의 '계둔係遯'은 물러나 숨었지만 여전히 매임이 있는 것을 가리키는데 그렇게 하면 '병이 있어서 위태롭게 된다.有疾厲' 구삼은 세상을 떠나 은둔하는 자리에 있으므로 반드시 초연하게 멀리 은둔하여야지 매임이 있으면 좋지 않은 상황이 생길 것이라는 말이다. '축신첩 길畜臣妾

吉'에서 '축畜'은 '쌓아 두다' '기르다'라는 의미의 '축蓄'과 통하므로 물러나 은둔하여 집에서 처자식을 기르면 길하다는 말이다. '신첩臣妾'은 여기서 육이효와 초육효를 가리키며 은둔하여 집으로 돌아간다는 뜻이다. 즉 원래의 처음 시작점으로 돌아가야지 무언가에 얽매여서는 안 된다는 말이다.

「상전」에서는 '매여 있는 은둔이 위태로운係遯之厲' 이유에 대해서 '병이 있어서 피로하기 때문有疾憊也'이라고 했다. '신첩을 기름이 길함畜臣妾吉', 즉 집에 돌아가서 처자식을 기름이 길한 것은 '큰일을 할 수 없기 때문不可大事也'이라고 했다. 구삼은 반드시 초연하게 멀리 은둔함으로써 얽매임이 없어야 한다. 큰일을 할 수 없는 상황이라면 집에 돌아가 처자식을 길러야 한다고 한 것은 원래의 사업을 철저하게 내려놓아 미련을 두지 말라는 뜻이다. 버릴 줄 알아야 얻을 수도 있는 법이다. "청산이 남아 있는 한 땔감을 걱정하지 않는다."는 말이 있듯이 가끔은 의연하게 마음에 있는 것들을 비워 내야만 최선의 선택을 할 수 있을 것이다.

구사 효사와 「소상전」

九四, 好遯 君子吉 小人否.
구사 호둔 군자길 소인부

象曰: 君子好遯 小人否也.
상왈 군자호둔 소인부야

구사는 기쁘게 은둔함이니 군자는 길하고 소인은 그렇지 않다.

「상전」에서는 말했다. 군자는 은둔함을 좋아하나 소인은 그렇지 않다.

'호好'는 여기서는 마음속으로 좋아한다는 말이므로 구사의 '호둔好遯'은 기쁘게 은둔한다는 것이다. 건괘 「문언전」에서는 "세상을 등지되 근심이 없고 인정받지는 못해도 걱정하지 않는다."고 말했는데 이는 은둔할 때 조금도 번민하지 말고 마음을 기쁘게 먹으라는 것이다. '군자길 소인부君子吉 小人否'는 이렇게 하면 군자는 길하지만 소인은 이렇게 할 수 없으므로 길하지 않다는 뜻이다.

「상전」의 '군자호둔君子好遯'은 군자는 시국을 파악하여 나아가고 물러날 때를 잘 알기 때문에 '은둔함을 좋아한다.好遯'는 뜻이다. 이럴 때 그의 은둔은 내면에서 자발적으로 우러난 행동이므로 기쁘게 물러나 은둔할 수 있다. 반면 소인은 이렇게 하지 못하기 때문에 '소인부야小人否也'라고 했다. 소인은 일을 할 때 단순히 앞으로 나아갈 줄만 알고 물러설 줄 모르므로 형세가 여의치 않아 물러나야 할 때가 되어도 기꺼이 물러나려 하지 않는다.

구오 효사와 「소상전」

九五, 嘉遯 貞吉.
구오 가둔 정길
象曰: 嘉遯貞吉 以正志也.
상왈 가둔정길 이정지야

구오는 아름다운 은둔이니 바르게 함이 길하다.

「상전」에서는 말했다. 아름다운 은둔이 바르게 함이 길함은 뜻을 바르게 하는 것이다.

'가嘉'는 아름답다는 뜻이므로 구오의 '가둔嘉遯'은 아름다울 때 은둔하는 것이며, 이럴 때는 '정길貞吉', 즉 바른 도를 지킴이 길하다.

「상전」에서는 '아름다운 은둔이 바르게 함이 길함嘉遯貞吉'은 아름다울 때, 인생에서 가장 성공했을 때 물러나 은둔하는 것이야말로 바른 도를 지키는 것이며 이럴 때 크게 길하고 이롭다는 말이다. 그러나 보통 사람들은 이렇게 하기 힘들다. 그래서 「상전」에서는 '이정지야以正志也'라고 하여 구오효처럼 중정의 도를 지키는 사람이라야만 이렇게 아름다운 희망을 실현하여 인생의 아름다운 경지에 도달할 수 있다고 했다.

상구 효사와 「소상전」

上九, 肥遯 无不利.
상구 비둔 무불리
象曰: 肥遯无不利 无所疑也.
상왈 비둔무불리 무소의야

상구는 빨리 날아 은둔함이니 이롭지 않음이 없다.

「상전」에서는 말했다. 빨리 날아 은둔함이 이롭지 않음이 없다는 것은 의심하는 바가 없기 때문이다.

'비肥'는 '날다'는 뜻의 '비飛'와 통하므로 상구의 '비둔肥遯'은 빠르게 날아 은둔한다는 뜻이다. 높게 날아 멀리 숨는다는 것은 하늘로 빨리 날아오름으로써 아래쪽의 산으로부터 떠나는 모습이며, 이렇게 하면 이롭지 않음이 없다는 의미에서 '무불리无不利'라고 했다.

「상전」에서는 '빨리 날아 은둔함이 이롭지 않음이 없음肥遯无不利'은 '의심하는 바가 없기 때문无所疑也'이라고 했다. 즉 의심하거나 가로막는 장애물이 없으니 빠르고 멀리, 오래도록 물러나 은거할 수 있는데 이는 은거하겠다고 결심한 것을 표명한 것이라고 볼 수 있다.

둔괘 정리

䷠

둔괘는 물러나 숨는 도리를 강조한다. 어떻게 하면 공을 세워 이름을 떨치며 의연하고도 결연하게 물러나 만족스럽게 은둔할 수 있을까? 이를 위해서는 용기와 지혜가 필요하다. 구양수歐陽脩는 이에 대해 "물러남은 보이는 것에 앞선다."고 했는데 이는 은둔이 드러남의 시작이라는 말이다. 즉 물러나 은둔해야만 비로소 보일 수 있으며, 물러나야만 나아갈 수 있고, 물러나는 것이 나아감의 어머니라는 뜻이다.

정이는 둔괘를 해석할 때 "군자는 물러섬으로써 그 도가 나게 해야 한다."고 했는데 이는 물러나서 은둔함은 바른 도를 크게 떨침을 목적으로 삼아야 한다는 말이다. 또한 장형張衡은 일찍이 『귀전부歸田賦』를 통해 "만약 마음이 사물 밖에 있다면 영욕이 향하는 곳을 어찌 알 수 있겠는가?"라고 했다. 따라서 둔괘에서 말하는 물러남은 원칙이 없이 세상으로부터 도피하는 소극적인 태도가 아니라 물러남으로써 한 발 앞으로 나아가는 일종의 지혜인 셈이다.

사업이 성장 궤도를 달리고 있다면 나아감의 이면에 있는 물러섬의 지혜를 기억하고 맹목적으로 앞으로 나아가기만 해서는 안 된다. 이것이 소위 "나라를 다스림에는 밀고 당김의 이치가 필요하다."는 원리다. 성공하여 이름을 알리게 되었을 때도 마찬가지로 물러나 숨을 줄 알아야지 지나치게 나서서 드러내기만 해서는 안 된다.

34
대장괘大壯卦 — 강한 법도

괘사

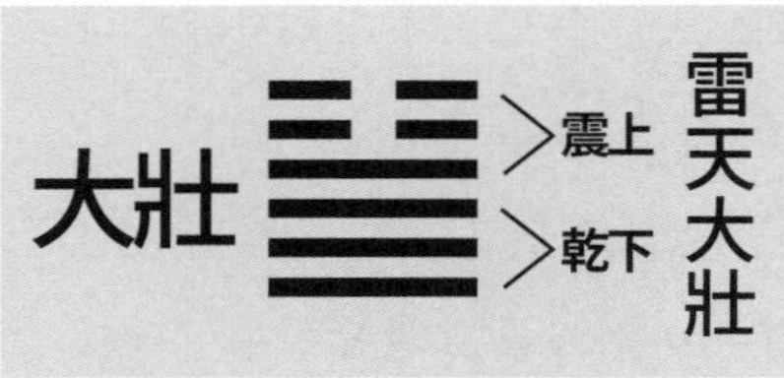

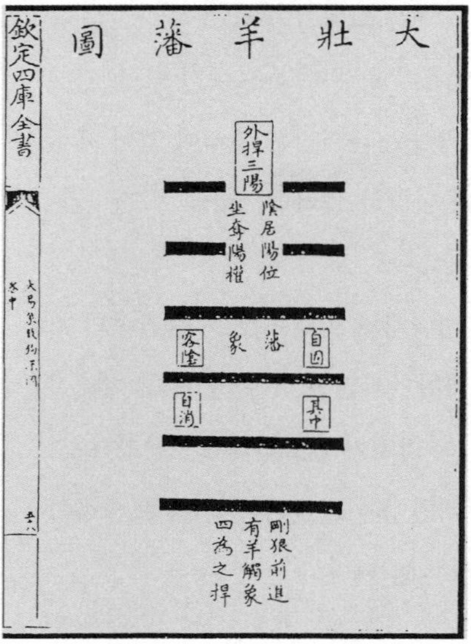

大壯 利貞.
대 장 이 정

대장은 바르게 함이 이롭다.

'대장大壯'은 강대하고 흥성하다는 것인데 여기서는 양기가 장대하고 강성함을 가리킨다. 「서괘전」에서는 "사물은 끝내 물러서서 숨을 수 없으므로 대장괘로 받았다."고 했다. 다시 말해 사물이란 영원히 후퇴하여 숨을 수만은 없고 일정 단계에 이른 다음에는 물러섬을 멈추고 방향을 바꾸어 앞으로 나아가야 하므로 둔괘의 다음에 대장괘로 받았다는 것이다.

대장괘는 12소식괘의 하나로 음력 2월을 대표하여 양기가 서서히 커져 가는 때를 가리킨다. 괘상을 보면 아래에는 네 개 양효가 있고 위로는 두 개의 음효가 있어서 아래의 양효가 위로 자라나려 하니 양기가 크게 강성해진 모습이다.

괘사에서는 대장괘에 대해 '바르게 함이 이롭다.利貞'고 했다. 대장괘는 양기가 크게 강성해진 단계이므로 이럴 때는 어떻게 강성함을 유지하느냐 하는 것이 중요한 문제다. 괘사에서 '이정利貞'이라는 두 글자는 바른 도를 지켜서 장대함에 거하면서 길함을 얻는 도리를 나타내는 표현이다.

괘사에 대한 「단전」

彖曰: 大壯 大者壯也. 剛以動 故壯.
단왈 대장 대자장야 강이동 고장
大壯利貞 大者正也. 正大而天地之情可見矣.
대장리정 대자정야 정대이천지지정가견의

「단전」에서 말했다. 대장은 크고 장대하니, 강으로써 움직이기 때문에 장대하다. 대장이 바르게 함이 이로운 것은 큰 것이 바르기 때문이다. 바르고 크니 천지의 실정을 볼 수 있다.

「단전」에서는 대장괘에 대해서 '대자장야大者壯也'라고 했는데 이는 강대하고 웅장하다는 뜻이다. '강이동剛以動'은 '강으로써 움직인다.'는 뜻인데 이는 대장괘의 하괘인 건괘가 순수한 강이고 상괘인 진괘가 움직임을 상징하기 때문에 강건하게 움직인다고 했다. 12소식괘 중 하나로서 대장괘는 양기가 이미 네 번째 자리로 올라가 있으므로 무척 강하고 장대한 상태다.

'대장리정大壯利貞'은 대장은 바른 도를 지키는 것이 이롭다는 뜻인데 이는 '큰 것이 바르기 때문大者正也'이다. 강하고 큰 사물이 걷는 길은 바른 길이라는 뜻이고 바른 도에 부합하는 사물만이 강대한 방향으로 걸을 수 있다는 것이다. '정正'은 정직함이고 '대大'는 강대함이니 '정대正大'는 '정직하고 강대함' '정대하고 광명함'이다. 그래서 '정正'과 '대大'를 통해 하늘과 땅 사이의 가장 근본적인 실정을 파악할 수 있다는 뜻에서 '천지지정가견의天地之情可見矣'라고 했다. 대장괘는 사물 발전이 강성한 단계에 이르렀음을 보여 주며 어떻게 하면 이 같은 강성한 추세를 유지할 수 있을지 알려 주는데 그것은 바로 정도正道, 곧 바른 길을 걷는 일이다.

괘사에 대한 「대상전」

象曰: 雷在天上 大壯. 君子以非禮弗履.
상왈 뇌재천상 대장 군자이비례불리

「상전」에서는 말했다. 우레가 하늘 위에 있는 것이 대장이다. 군자는 이를 보고 예가 아니면 행하지 않는다.

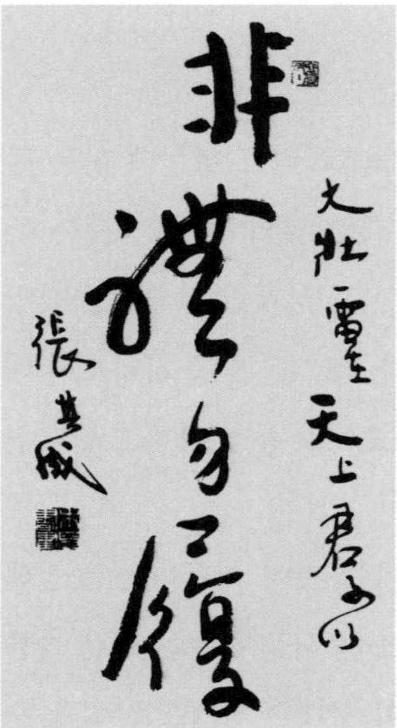

비례불리

「상전」에서 '뇌재천상雷在天上'이라고 한 것은 우레가 하늘 위에 있다는 뜻으로 대장괘(䷡)의 상괘인 진괘(☳)가 우레이고 하괘인 건괘(☰)가 하늘인 것을 가리킨다. 우레가 하늘에서 울리면서 무척 강한 힘이 뿜어져 나오는 모습이 바로 대장괘의 상이다. 우레가 하늘에서 우르르 쾅쾅 소리를 내며 나는 기운은 강대하고도 웅장하여 천지가 울리고 귀신도 울고 갈 정도다.

군자는 이러한 괘상을 보고 대장괘의 도에 근거해서 '비례불리非禮弗履', 즉 '예가 아니면 행하지 않는다.' 여기서 '이履'는

'이행하다'라는 뜻이다. 『논어』「안연」 편에서 공자는 "예가 아닌 것은 보지 말고 예가 아닌 것은 듣지도, 말하지도, 행동하지도 말라."고 했다. 예에 부합하는 일이라야만 보고, 듣고, 행할 수 있을 뿐, 그렇지 않을 경우 우레의 울림과 같은 무서운 징벌을 받을 수도 있다. 다시 말해 강성함을 유지하고 싶으면 군자는 장중함에 거해서 바른 도를 지키고 광명정대하게 행동해야 한다. 이것이 바로 하늘과 땅 사이에 가장 근본적인 사정, 즉 하늘의 도에 부합하고 예절에 맞는 일만 해야지 그렇지 않으면 징벌을 받을 수 있다는 이치다. 성공을 거머쥐고 장대한 단계에 이르렀더라도 바른 도를 걷고 예절을 지켜야만 강하고 장대한 추세를 영원히 유지할 수 있음을 잊지 말자.

초구 효사와 「소상전」

初九, 壯于趾 征凶 有孚.
초구 장우지 정흉 유부
象曰: 壯于趾 其孚窮也.
상왈 장우지 기부궁야

초구는 장대함이 발에 이르니 가면 흉함이 있으므로 성실함을 가져야 한다.

「상전」에서는 말했다. 장대함이 발에 이름은 성실함이 다한 것이다.

초구의 '장우지壯于趾'는 발에서부터 장대하기 시작하였다는 말로 발의 힘이 무척 강성하다. '정흉 유부征凶 有孚'는 앞으로 나아가면 흉함이 있으므로 성실함을 유지해야 한다는 뜻이다. 『주역』에는 발에서부터 시작해서 위로 기운이 상승하는 모습을 이미지화하여 설명한 괘가 적지 않다. 함괘의 초구에 "발가락에서부터 감응함이니咸其拇"라는 효사가 나오는

게 그 예다. 대장괘를 이루는 효는 기본적으로 모두 흉하지만 조건이 있는 경우에는 길하다.

「상전」에서는 '장대함이 발에 이름은 성실함이 다한 것이다.壯于趾 其孚窮也'라고 했다. 이는 초구효가 대장괘의 맨 아래에 위치하므로 우리 몸에서 발의 위치와 비슷하여 그 이미지를 취한 것이다. 맨 아래에 위치하여 강대하고 웅장하다는 것은 윗사람에게 순종하지 않으며 성실함이 없는 태도다. 처음부터 제멋대로 과하게 행동하는 것은 그의 신념과 의지가 부족하다는 것을 의미하며 이는 그 성실한 마음이 이미 소진되었다는 것을 뜻하므로 흉할 수밖에 없다.

구이 효사와 「소상전」

九二, 貞吉.
구이 정길

象曰: 九二貞吉. 以中也.
상왈 구이정길 이중야

구이는 바르게 함이 길하다.

「상전」에서는 말했다. 구이가 바르게 함이 길한 것은 중도로 하기 때문이다.

구이의 '정길貞吉'은 바른 도를 지킴이 길하고 이롭다는 말이다.

「상전」에서는 '구이가 바르게 함이 길한九二貞吉' 것은 '중도로써 하기 때문以中也'이라고 했다. 구이효는 음의 부드러움이 와야 할 자리인데 양의 강건함을 지닌 사람이 차지했으므로 그 강경한 기량을 드러낼 때 지나치지 않게 함을 말한다. 겸허한 도리를 알고 중용의 덕을 지키니 길하고 이롭다.

구삼 효사와「소상전」

九三, 小人用壯 君子用罔 貞厲. 羝羊觸藩 羸其角.
구삼 소인용장 군자용망 정려 저양촉번 이기각
象曰: 小人用壯 君子罔也.
상왈 소인용장 군자망야

구삼은 소인은 장대함을 쓰며 군자는 그물을 사용하니 바르게 하더라도 위태롭다. 숫양이 울타리를 받으니 그 뿔이 걸린다.

「상전」에서는 말했다. 소인은 장대함을 쓰고 군자는 그물로 여겨 조심한다.

구삼의 '소인용장 군자용망小人用壯 君子用罔'은 소인은 장대함을 쓰고 군자는 그물을 사용한다는 뜻인데, 이는 구삼효를 소인과 군자에 빗대어 두 가지 측면에서 어떻게 행하는지 평가한 것이다. 대장괘를 이루는 여섯 효는 하나같이 강하고 장대한 단계라고 할 수 있다. 소인은 이러한 장대함을 사용하여 자신의 강한 세력을 고의로 드러내고자 하지만, 군자는 대장의 단계에서도 강대함을 일부러 드러내려 하지 않는다.

그런데 이 둘은 모두 '바르게 하더라도 위태롭다.貞厲' 다시 말해 소인, 군자 모두 이렇게 하면 흉하기만 하다는 것이다. 왜냐면 전자는 섣불리 자신의 실력을 드러내어 품행이 가볍고 단정하지 못하며, 후자는 관망만 하다가 절호의 기회를 놓칠 우려가 있기 때문이다.

'저양羝羊'은 숫양을 가리키며 구삼효가 세 번째 위치여서 양효가 와야 할 자리이기 때문에 숫양이 왔다. '이羸'는 본래 마르고 유약함을 뜻하는 단어이지만 여기서는 '얽히다' '걸리다'의 의미로 쓰였다. '저양촉번 이기각羝羊觸藩 羸其角'은 숫양이 머리의 뿔로 울타리를 들이받기를 즐겨하니 그 결과 뿔이 걸려서 꼼짝 못하게 됐다는 뜻이다. 이는 사람이 장대함에만 의존하면 반드시 곤궁함에 이르고 만다는 사실을 빗댄 것이다.

「상전」에서는 '소인은 장대함을 쓰고 군자는 그물로 여겨 조심한다.小人用壯 君子罔也'고 했다. 구삼의 양효가 양의 자리에 왔고 하괘인 건괘의 가장 윗자리에 거하여 강건함이 극에 이르렀기 때문이다. 이 같은 장대함은 지속하기 어려운 법인데 그마저도 지혜롭지 못한 자는 자만하여 모든 것을 잊고 마는 반면 지혜로운 자는 그렇지 않다. 여기서는 소인과 군자를 대비하여 숫양이 뿔로 울타리를 들이받다가 뿔이 걸려서 꼼짝 못하게 되는 상황을 그려 내었다. 소인은 자신의 강대함만 믿고 고의로 그 힘을 드러내려는 가벼움을 보이고, 군자는 비록 강하고 장대함을 지녔지만 상황을 대수롭지 않게 여겨 강함을 사용해야 할 때 사용하지 않음으로써 때를 잃고 지나치게 보수적인 면모를 보인다. 이 두 상황 모두 좋다고는 할 수 없다.

구사 효사와 「소상전」

九四, 貞吉 悔亡. 藩決不羸 壯于大輿之輹.
구사 정길 회망 번결불리 장우대여지복

象曰: 藩決不羸 尙往也.
상왈 번결불리 상왕야

구사는 바르게 함이 길하니 후회가 없다. 울타리가 풀려서 매이지 않으며 큰 수레의 바큇살이 장대하다.

「상전」에서는 말했다. 울타리가 풀려서 매이지 않음은 앞으로 나아감을 숭상하기 때문이다.

구사의 '정길 회망貞吉 悔亡'은 바른 도를 지킴이 길하므로 후회가 사라질 것이라는 말이다. '번결불리藩決不羸'는 그 숫양이 필사적으로 울타리에 매임을 벗어나고자 하니 뿔의 걸림이 풀린다는 것이다. '대여大輿'는 큰 수레를 말하고 '복輹'은 수레 바큇살로 수레바퀴를 제어하며 앞으로 나아가게 하는 부품으로 쓰인다. '장우대여지복壯于大輿之輹'은 크고 장대한 세력이 드러나게 됨을 뜻하는데 이는 마치 큰 수레의 바큇살의 역할이 크고 강대함과 같다.

구사효에서는 구삼효와 비슷한 장면이 연출되지만 결과는 정반대다. 숫양이 필사적으로 울타리를 벗어나려 하는 모습은 비슷하지만 구사효에서는 뿔이 울타리에 걸리지 않는다. 이와 함께 구사효에서는 큰 수레의 바큇살을 예로 들어 그 역할이 큼을 말한다. 이러한 비유를 통해 구사효에서는 군자가 때와 기회를 잘 살펴서 강성한 세력을 드러내야 함을 설명하며 앞으로 나아갈 때도 주동적으로 용감하게 나아가는 정신이 필요하다고 강조한다.

「상전」에서는 '울타리가 풀려서 매이지 않음藩決不羸'은 숫양이 필사적으로 울타리를 열고자 흔드는 것이지 뿔이 걸린 것이 아니므로 '앞으로 나아감을 숭상하게尙往也' 된다. 왜냐면 구사효는 이미 상괘인 진괘에 들어섰기 때문이다. 진괘는 주동적인 성질을 지니므로 앞으로 나아가 행동해야지 결단성 없이 우물쭈물해서는 안 된다. 이는 무척 유리한 시기이기 때문에 주동적이고 용감하게 앞으로 나아갈 줄 알아야 한다는 이야기다.

육오 효사와 「소상전」

六五, 喪羊于易 无悔.
육오 상양우역 무회

象曰: 喪羊于易 位不當也.
상왈 상양우역 위부당야

육오는 양을 밭 기슭에서 잃어도 후회가 없다.

「상전」에서는 말했다. 양을 밭 기슭에서 잃음은 위치가 마땅하지 않기 때문이다.

'역易'은 '마당' '장소'를 뜻하는 '장場'과 통하여 '전쟁터' '밭 기슭' 등의 의미로 쓰인다. 따라서 육오의 '상양우역喪羊于易'은 양을 밭 기슭에서 잃었다는 것이며 '무회无悔'는 그렇더라도 후회가 없다는 뜻이다.

「상전」에서는 '양을 밭 기슭에서 잃음喪羊于易'은 '위치가 마땅하지 않기 때문位不當也'이라고 했다. 육오효는 양효가 와야 할 자리에 음효가 왔으므로 위치가 '부당不當'하다. 육오는 밭 기슭에서 잃은 양의 비유를 통해 자신이 처한 위치가 적절하지 않으면 손실이 생길 수 있다고 말한다. 그러나 작은 손실에 후회하지 말아야 할 것은 잃은 것이 있으면 얻는 것도 있기 때문이다.

대장괘에서는 전반적으로 대장大壯, 즉 장대함을 강조하고 있는데 그중에서도 육오효는 가장 핵심적인 효다. 대장의 품격을 지닌 인재가 존귀한 육오의 자리에 거하므로 웅대한 뜻을 품고 양의 강건한 기질을 가져야 한다. 그렇지 않으면 이미 얻었던 재물과 위치를 유지하기 어려울 것이다.

상육 효사와 「소상전」

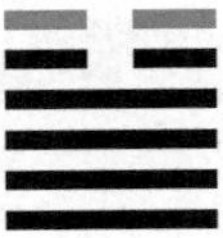

上六, 羝羊觸藩 不能退 不能遂 无攸利 艱則吉.
상육 저양촉번 불능퇴 불능수 무유리 간즉길

象曰: 不能退 不能遂 不詳也. 艱則吉 咎不長也.
상왈 불능퇴 불능수 불상야 간즉길 구부장야

상육은 숫양이 울타리를 받아서, 능히 물러나지도 못하고 나아가지도 못하여 이로울 바가 없으니, 어렵게 여기면 길하다.

「상전」에서는 말했다. 능히 물러나지도 나아가지도 못함은 상서롭지 못한 것이다. 어렵게 여기면 길하다는 것은 허물이 오래가지 않기 때문이다.

상육의 '저양촉번羝羊觸藩'은 숫양이 머리로 울타리를 들이받는다는 말이다. '수遂'는 나아간다는 뜻이므로 '불능퇴 불능수不能退 不能遂'는 물러날 수도 없고 그렇다고 나아갈 수도 없는 상황이다. '무유리无攸利'는 어떤 이로울 바도 없다는 것이며 '간즉길艱則吉'은 고생해서 어렵게 처리하면 길하고 이롭다는 말이다.

상육은 숫양이 울타리를 들이받는 광경을 세 번째로 비유했는데 그 결과는 앞선 두 효의 경우와 모두 다르다. 즉 나아가지도 물러서지도 못하는 진퇴양난의 상황을 맞이한 것이다. 일을 처리할 때 면밀하지 못하여 어려움에 직면한 경우로 이럴 때일수록 대장의 국면을 더욱 굳게 지켜 나가야 한다. 굴하지 않아야만 재앙과 화가 오래 머물지 않고 떠날 것이다.

「상전」에서는 '능히 물러나지도 못하고 나아가지도 못하는 상황不能退 不能遂'이 숫양이 울타리를 머리로 들이받았기 때문이며, 이는 '상서롭지 못한不詳也' 일이라고 했다. 여기서 '상詳'은 '상서롭다'는 뜻의 '상祥'과 통한다. '어렵게 여기면 길하다.艱則吉'는 것은 어려운 환경에 처해 있더라도 굴하지 않고 대장의 국면을 지켜 나가면 '허물이 오래가지 않는다.咎不長也'는 말이다.

대장괘 정리

䷡

대장괘에서 강조하는 것은 강하고 장대함이지만, 실상 우리에게 전달하고자 하는 것은 오히려 이러한 강대함을 드러내지 말라는 교훈이다. 이는 얼핏 『주역』의 전체적인 관점과 일치하지 않는 것처럼 보인다. 왜냐면 『주역』은 양을 숭상하고 음을 억제하기 때문이다. 하늘을 상징하는 건괘가 땅을 대표하는 곤괘보다 앞에 배치된 것도 그런 이유에서다. 반면 대장괘를 비롯해 앞서 나온 둔괘는 우리에게 물러나 은거해야만 길할 수 있다고 하며 나아가고자 하면 먼저 물러서라고 가르친다. 그렇게 하지 않고 제멋대로 행동하여 자신의 강대함을 과도하게 드러내면 흉하다고 경고한다. 그 요지는 자신의 강한 세력을 과도하게 드러내지 말고 부드러움이 강함을 이기는 이치를 따르라고 강조하는 것이다. 따라서 겉으로 보기에는 대장괘가 『주역』의 관점과 일치하지 않는 듯하지만 안을 들여다보면 사실상 이것처럼 완전히 일치하는 경우는 드물다. 우리도 일을 처리할 때 대장괘의 이치에 근거해서 시기와 상황을 잘 살펴서 때가 무르익으면 앞으로 나아가고, 그렇지 않으면 앞서지 말고 물러섰다가 나아가야 한다.

35
진괘晉卦 ─ 등용과 승진

괘사

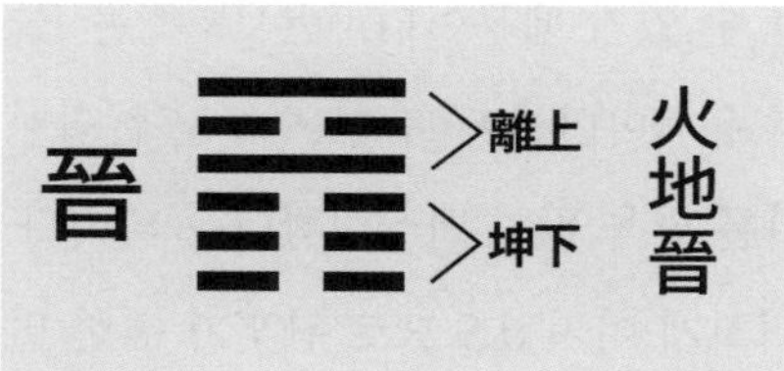

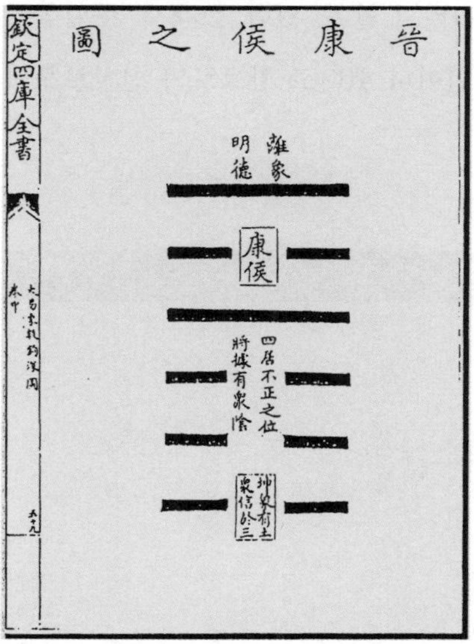

晉 康侯用錫馬蕃庶 晝日三接.
진 강후용석마번서 주일삼접

진은 존귀한 왕후에게 말을 많이 하사하고 하루에 세 번 접견한다.

'진晉'은 앞으로 나아간다는 뜻이다. 『설문해자』에서는 '진晉'에 대해 "나아감이다. 해가 뜨니 만물이 나아간다."고 했다. 『서괘전』에서는 "사물은 끝까지 장대할 수 없으므로 진괘로 받았다. 진은 나아감이다."라고 했다. 사물이란 처음부터 끝까지 크고 장대할 수만은 없고 영원히 강성할 수도 없으므로, 강성함을 유지하는 가운데 계속해서 앞으로 나아가고 상승하게끔 해야 한다. 이 때문에 대장괘 다음으로 진괘가 온 것이다.

진괘의 괘상을 보면 아래가 곤괘로 대지를 상징하고 위가 이괘로 태양을 말하니 마치 태양이 대지에서 떠오르는 모습과도 같다. 이처럼 위로 올라가는 이미지이므로 진괘는 나아가 상승하는 도리를 말하는 괘라고 볼 수 있다.

괘사에서 말한 '강후康侯'는 누구를 가리킬까? 꾸제강顧頡剛 선생은 이것이 주나라 무왕武王의 동생인 위강숙衛康叔을 가리킨다고 보았다. 그러나 이 부분은 어느 특정인을 가리킨다기보다는 존귀한 자리에 앉은 왕후나 지도자로 보는 견해가 옳다. 왜냐면 존귀한 지도자로부터 능력과 가치를 인정받아야만 비로소 위로 나아갈 수 있기 때문이다. '번서蕃庶'는 '늘어나다' '많다'의 의미다. 따라서 '강후용석마번서康侯用錫馬蕃庶'는 존귀한 왕후가 천자가 하사한 말을 키워서 다른 말을 많이 번식시켰다는 의미다. 고대에는 우수한 품종의 말이 무척 귀하게 여겨졌으므로 왕후가 귀한 말을 많이 번식시킨 것은 위대한 업적이라고 할 수 있다. 그래서 '주일삼접晝日三接', 즉 천자 뵙기를 하루에 세 번이나 했다고 함으로써 천자로부터 크게 인정받았음을 강조했다.

괘사에 대한 「단전」

彖曰: 晉 進也.
단 왈 진 진 야
明出地上 順而麗乎大明 柔進而上行
명 출 지 상 순 이 려 호 대 명 유 진 이 상 행
是以康侯用錫馬蕃庶 晝日三接也.
시 이 강 후 용 석 마 번 서 주 일 삼 접 야

「단전」에서는 말했다. 진은 나아감이다. 밝음이 땅 위로 나오니 순응하여 큰 밝음에 붙어 있고, 유순함으로 나아가 위로 올라간다. 이 때문에 왕후에게 말을 많이 하사하고 하루에 세 번 접견한다.

「단전」의 '진 진야晉 進也'는 '진은 나아감이다.'라는 뜻인데 이처럼 진은 앞으로 나아가고 위로 올라간다는 의미를 가진다.

'명明'은 태양을 가리키므로 '명출지상明出地上'은 태양이 땅 위로 솟아오르는 것이다. 또한 진에 대해서 '순順', 즉 순응함이라고 했는데 이는 괘상의 측면에서 하괘의 곤괘가 순응을 상징한다는 사실을 감안한 풀이다. '려麗'는 달라붙는다는 뜻인데 괘상을 보면 상괘인 이괘가 달라붙음을 상징하기 때문이다. '대명大明'은 태양처럼 광명정대한 도를 말한다. 따라서 '순이려호대명順而麗乎大明'은 부드럽고 순종하는 마음으로 광명정대한 도에 가까이 붙어 있다는 말이다.

'유진이상행柔進而上行'은 대지는 유순하여 기꺼이 아래에 거하고자 하여 아래에서부터 점차 위로 올라가고 앞으로 나아간다는 말이다. 만약 '왕후에게 말을 하사하기를 많이 하는康侯用錫馬蕃庶' 상황이 되게끔 행동하면 높은 지위의 사람과 '하루에 세 번 접견하는晝日三接也' 영예를 누릴 수도 있을 것이다.

「단전」에서 말하고자 하는 것은 어떻게 하면 인정을 받고 위로 올라갈 수 있는지에 관한 이치다. 그렇다면 어떤 상황에서 성공해야만 지도자에게 인정받을 수 있을까? 여기서는 두 가지 중요한 관점을 제시한다. 그것은 첫째, '순종하여 큰 밝음에 붙어 있다.順而麗乎大明'고 한 것처럼 순종해야 한다. 둘째, '유순함으로 나아가 위로 올라간다.柔進而上行'고 한 것처럼 유순해야 한다. 이러한 순종과 유순함은 서로 떼려야 뗄 수 없는 관계에 있지만 '순順'은 순응함이고 '유柔'는 온유함이라는 점에서 둘 사이에는 약간의 차이가 있다.

사실 순응함과 유순함을 지녀야만 지도자로부터 인정받을 수 있다는 것은 일종의 도가의 사상이 반영된 관점이다. 진괘에서는 음의 부드러움을 상징하는 곤괘가 기꺼이 아래의 하괘 자리에 머물면서도 유순함을 유지한다. 이는 “물은 만물을 이롭게 하면서도 다투지 않는다.” 그리고 다투지 않기 때문에 “만물이 그것을 이기지 못한다.”고 한 도가의 관점과도 상통한다. 아래에 거하면서도 온유하고 순응하기 때문에 오히려 앞으로 나아가고 위로 올라갈 힘을 얻는 셈이다. 이것이 바로 진괘에서 엿볼 수 있는 큰 지혜다.

괘사에 대한 「대상전」

象曰: 明出地上 晉. 君子以自昭明德.
상왈 명출지상 진 군자이자소명덕

「상전」에서는 말했다. 밝음이 땅 위로 나오는 것이 진이다. 군자는 이를 보고 스스로 밝은 덕을 밝힌다.

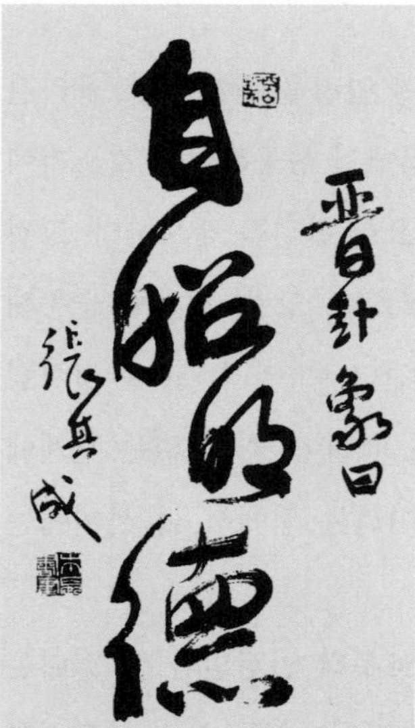

자소명덕

「상전」에서는 ‘밝음이 땅 위로 나오는 것이 진이다.明出地上 晉’라고 했는데 이는 진괘(䷢)의 상괘인 이괘(☲)가 광명을 상징하고 하괘인 곤괘(☷)가 땅을 상징하기 때문이다. 즉 태양이 지상에서 떠오르는 것이 바로 진괘의 상이다.

군자는 이러한 괘상을 보고 진괘의 도에 근거해서 ‘스스로 밝은 덕을 밝힌다.自昭明德’ 여기서 ‘소昭’는 밝히다는 뜻이므로 ‘소명덕昭明德’은 ‘밝은 덕을 밝힌다.’는 것인데 도대체 이것이 무슨 말일까? ‘덕德’은 지상에 떠오르는 태양의 덕을 뜻한다. 그리고

‘명덕明德’, 즉 ‘밝은 덕’은 태양이 지상에서 만물에게 광명을 비추어 주는 태양의 덕을 뜻하며 여기서는 광명정대한 인품과 덕을 상징한다.

그렇다면 어떻게 해야만 사람들이 태양과 같은 ‘밝은 덕’을 품을 수 있을까? 여기서는 이에 대한 답을 ‘자自’라는 글자 하나로 제시했다. 자신의 내면에서 우러나오는 태양과 같은 인품과 덕을 드러내라는 것이다. ‘밝은 덕을 밝힌다.明明德’는 것은 『대학』에 나오는 세 가지 강령 중 하나이기도 하다. 그 세 가지 강령은 “밝은 덕을 밝히고, 백성을 새롭게 하며, 지극한 선에 머물게 한다.明明德 在親民 在止於至善”다. ‘밝은 덕을 밝히는’ 경지에 이르는 방법을 『대학』에서는 어떻게 설명하고 있을까?

> “옛적에 밝은 덕을 천하에 밝히고자 하는 이는 먼저 그 나라를 다스리고, 그 나라를 다스리고자 하는 자는 먼저 그 가정을 가지런히 하며, 그 집을 가지런히 하고자 하는 이는 먼저 그 자신을 닦고, 자신을 닦고자 하는 이는 먼저 그 마음을 바르게 하며, 그 마음을 바르게 하고자 하는 이는 먼저 그 뜻을 성실하게 하고, 그 뜻을 성실하게 하고자 하는 이는 먼저 그 앎을 지극히 해야 하니, 앎을 지극히 하는 것은 사물의 이치를 끝까지 파고듦에 있기 때문이다.”
>
> 古之欲明明德於天下者 先治其國 欲治其國者 先齊其家 欲齊其家者 先修其身 欲修其身者 先正其心 欲正其心者 先誠其意 欲誠其意者 先致其知 致知在格物.

다시 말해 ‘격물格物’ ‘치지致知’ ‘성의誠意’ ‘정심正心’ ‘수신修身’ ‘제가齊家’ ‘치국治國’ ‘평천하平天下’의 여덟 가지 조목을 통해서만 실현할 수 있다는 것이다. 유가에서는 이 여덟 가지 조목을 순서대로 행해야만 비로소 “밝은 덕을 천하에 밝히고明明德於天下” 이로 말미암아 마침내 “천하를 평화롭게 할 수 있다.平天下”고 여겼다.

초육 효사와 「소상전」

初六, 晉如摧如 貞吉. 罔孚 裕无咎.
초육 진여최여 정길 망부 유무구

象曰: 晉如摧如 獨行正也. 裕无咎 未受命也.
상왈 진여최여 독행정야 유무구 미수명야

초육은 나아가고 물러섬에 바르게 하면 길하다. 비록 믿음을 얻지 못하더라도 너그럽게 행하면 허물이 없다.

「상전」에서는 말했다. 나아가고 물러섬은 홀로 바른 것을 행함이다. 너그럽게 행하면 허물이 없다는 것은 아직 명을 받지 않았기 때문이다.

'진여晉如'는 앞으로 나아가는 것이고 '최여摧如'는 피해를 입고 물러남이므로 초육의 '진여최여晉如摧如'는 나아가고 물러서는 모습이다. '정길貞吉'은 바른 도를 지키면 길함이고 '망부罔孚'는 성실함과 믿음이 없다는 말이다. '유裕'는 관용하고 용인하며 너그럽게 한다는 뜻이므로 '망부 유무구罔孚 裕无咎'는 비록 다른 사람으로부터 믿음을 얻지 못하더라도 너그러운 마음으로 그를 용인하면 허물이 없다는 뜻이다.

「상전」에서는 '나아가고 물러섬은 홀로 바른 것을 행함이다.晉如摧如 獨行正也'라고 했다. 이는 나아가야 할 때는 나아가고 물러설 때는 물러서는데, 바른 도를 지키기만 하면 비록 홀로 행하더라도 아무 문제가 없다는 뜻이다.

그리고 '너그럽게 행하면 허물이 없음裕无咎'은 '아직 큰 사명을 받지 않았기 때문未受命也'이라고 했다. 다시 말해 초육은 이제 막 사회로 나아가 중요한 임무를 맡고 있지 않은 상태이기 때문에 다른 사람으로부터 신임을 얻지 못하는 것도 정상이라고 볼 수 있다. 그러한 까닭에 스스로 남을 관대하게 대함으로써 상황을 잘 살펴 나아감과 물러섬을 결정해야 한다.

포용하는 마음을 지녀야만 재앙과 화가 없다. 초육 또한 하괘인 곤괘 중에서도 가장 아래에 위치하므로 대지가 만물을 품는 넓은 도량을 본받아야 한다.

육이 효사와 「소상전」

六二, 晉如愁如 貞吉 受玆介福 于其王母.
육이 진여수여 정길 수자개복 우기왕모
象曰: 受玆介福 以中正也.
상왈 수자개복 이중정야

육이는 나아감이 근심스러우나 바르게 하면 길하니 이 큰 복을 조모에게서 받는다.

「상전」에서는 말했다. 이 큰 복을 받음은 중정하기 때문이다.

육이에서는 '진여수여晉如愁如', 즉 초육에 비해서 비록 한 걸음 더 나아가긴 했지만 근심이 시작되었다고 했다. 이처럼 앞으로 나아가는 과정에서 종종 근심이 생기기는 하지만 그러함에도 계속해서 바른 도를 지키면 여전히 길하다는 의미에서 '정길貞吉'이라고 덧붙였다.

'자玆'는 '이러한' '이것'의 의미이고 '개복介福'은 큰 복을 뜻하므로 '수자개복受玆介福'은 이처럼 큰 복을 받는다는 말이다. 그렇다면 이처럼 큰 복을 누구에게서 받은 것일까? '우기왕모于其王母', 즉 조모祖母의 도움을 받았기 때문이라고 한다. 여기서 '왕모王母'는 조모를 가리키며 진괘에서는 육오효를 가리킨다. 육이효는 육오효의 도움을 받아 큰 복을 누리게 되었기 때문이다.

「상전」에서는 '이 큰 복을 받음受玆介福'은 '중정하기 때문以中正也'이라고 했다. 이는 육이효가 하괘의 가운데 놓여서 중도를 지키고 음이 올 자리에 음효가 와서 '정正'도 얻었기 때문이다. 이러한 덕 때문에 조모로부터 칭송을 받고 많은 상을 받게 되었다.

이처럼 자신의 일을 이제 막 시작했을 때는 관용하고 포용하는 마음을 품어야 할 뿐 아니라 자신의 처지를 잘 파악하면서 고군분투하면 큰 복을 받을 수 있다. 물론 이러한 큰 복은 유순한 윗사람, 지도자로부터 오는 것임을 잊지 말아야 한다.

육삼 효사와 「소상전」

六三, 衆允 悔亡.
육삼 중윤 회망
象曰: 衆允之志 上行也.
상왈 중윤지지 상행야

육삼은 여러 사람이 믿어 주니 후회가 없다.

「상전」에서는 말했다. 여러 사람이 믿어 주는 뜻은 위로 가기 때문이다.

육삼은 하괘에서 가장 윗자리에 위치한 효이자 인생의 첫 단계를 마무리하는 자리다. 이 시기에는 '여러 사람이 믿어 주니 후회가 없다.衆允 悔亡' 왜냐면 '나아가고 물러섬晉如摧如' '나아감이 근심스러움晉如愁如'의 단계를 이미 거친 다음이므로 여러 사람이 이미 그를 이해하고 신뢰하기 때문에 후회함이 사라진다는 것이다.

「상전」에서는 '여러 사람이 믿어 주는 뜻衆允之志'은 '위로 가기 때문上行也'이라고 했다. 진괘의 단계에 머물러 있을 때는 여러 사람이 위로 나아가는 것을 숭상하므로, 육삼은 상황과 시기에 순응하여 유순함으로 나아가고 이 때문에 뭇 사람의 신임을 얻게 된다.

구사 효사와 「소상전」

九四, 晉如鼫鼠 貞厲.
구사 진여석서 정려
象曰: 鼫鼠貞厲 位不當也.
상왈 석서정려 위부당야

구사는 나아감이 쥐와 같으니 바르게 하더라도 위태롭다.

「상전」에서는 말했다. 쥐와 같아서 바르게 하더라도 위태로운 것은 위치가 마땅하지 않기 때문이다.

'석서鼫鼠'는 큰 쥐를 의미하며 장점이 하나도 없이 높은 자리만 탐하는 사람을 빗댄 것이다. 『시경』「위풍魏風」에 나오는 '석서碩鼠'라는 작품에는 이런 내용이 있다.

큰 쥐야, 큰 쥐야
내 기장을 먹지 마라.
삼 년 동안 너와 사귀었는데
나를 조금도 생각지 않는구나.

위 시는 착취하는 계급을 풍자하는 내용이다. 여기서 큰 쥐를 뜻하는 '석서碩鼠'는 구사효를 가리키는데 '진여석서晉如鼫鼠'는 정당하지 않은 수단을 통해서 위로 올라가 높은 자리를 취하려 하는 이들이며, 이렇게 하면 바른 도를 지키더라도 이런 위치를 고수하니 무척 위험하게 될 것이라는 의미에서 '정려貞厲'라고 했다.

「상전」에서는 '쥐와 같아 바르게 하더라도 위태로움鼫鼠貞厲'은 '석서'와 같은 사람이 잘못을 고치지 않고 요지부동하면 위험한데 이는 '위치가 마땅하지 않기 때문位不當也'이라고 했다. 왜냐면 '석서'와 같은 사람이 이런 자리를 차지함으로써 다른 사람이 올라오는 것을 가로막기 때문이다. 괘상을 보면 네 번째 효는 음이 와야 할 자리이지만 구사효는 양효여서 '정正'하지 않다. 여기서 우리는 인재를 등용하거나 승진, 진급을 결정할 때는 반드시 자리에 걸맞고 품행이 단정한 사람을 뽑아야 함을 배울 수 있다.

육오 효사와 「소상전」

六五, 悔亡 失得勿恤 往吉 无不利.
육오 회망 실득물휼 왕길 무불리

象曰: 失得勿恤 往有慶也.
상왈 실득물휼 왕유경야

육오는 후회가 없고, 잃음과 얻음을 근심하지 않으니, 나아가면 길하여 이롭지 않음이 없다.

「상전」에서는 말했다. 잃음과 얻음을 근심하지 않음은 나아감에 경사가 있기 때문이다.

육오의 '회망悔亡'은 후회가 사라졌다는 것이며 '실득물휼失得勿恤'은 소소한 득실에 얽매어 근심할 필요가 없다는 뜻이다. 그리고 이런 상황에서 계속해서 앞으로 나아가면 길하고 이롭지 않음이 없다는 뜻에서 '왕길 무불리往吉 无不利'라고 덧붙였다.

「상전」에서는 '잃고 얻음을 근심하지 않음失得勿恤'은 '나아감에 경사가 있기 때문往有慶也'이라고 해석했다. 육오효는 사적인 득실을 따지지 말고 용감하게 바로 나아가면 되는데 그 이유는 앞으로 나아가면 길하고 경축할 만한 복이 있기 때문이다.

육오효는 본래 존귀한 자리에 거하므로 계속 앞으로 나아가거나 위로 올라갈 필요가 없다. 계속해서 나아가거나 위로 가면 이 같은 존귀한 자리를 잃고 말 것이기 때문이다. 그러나 육오는 머뭇거리지 않고 용감하게 앞으로 나아간 결과 비록 조금은 잃게 되더라도 끝내는 얻게 된다. 그래서 본문에서는 바로 위에 있는 상구효의 도움을 받기 때문에 길하고 경사스럽다고 했다. 상구는 양효인 데다 가장 높은 자리에 있기 때문이다. 여기서 '득실得失'이라고 하지 않고 '잃음失'을 '얻음得'보다 앞세워 '실득失得'이라고 한 이유는 먼저 잃어야만 얻을 수 있는 이치 때문이다. 이것이야말로 크나큰 지혜가 아닐 수 없다.

상구 효사와 「소상전」

上九, 晉其角 維用伐邑 厲吉 无咎 貞吝.
상구 진기각 유용벌읍 여길 무구 정린

象曰: 維用伐邑 道未光也.
상왈 유용벌읍 도미광야

상구는 그 뿔에 나아감이니, 자기 고을을 정벌할 일을 궁리하면, 위태로우나 길하고 허물이 없지만 바르게 하더라도 부끄럽다.

「상전」에서는 말했다. 자기 고을을 정벌할 일을 궁리함은 도가 밝고 크지 못하기 때문이다.

상구의 '진기각晉其角'은 위로 가기를 끝까지 하여 극점에 해당하는 뿔에 이르렀다는 말인데 이는 상구효가 괘의 가장 높은 자리에 있기 때문이다. 어떤 한 가지 일에 고집스럽게 매달리다가 뿔의 위치에까지 이른 경우를 가리킨다.

'유維'는 '생각하다' '계획하다'의 뜻을 가진 '유惟'와 통하며 '벌읍伐邑'은 자기가 다스리는 소속국인 '읍국邑國'을 토벌한다는 말이다. 따라서

'유용벌읍維用伐邑'은 상구가 어떻게 하면 자기가 다스리는 속국을 토벌할 수 있을지 궁리한다는 말이다.

이렇게 하면 비록 위태롭긴 해도 길한 경사를 만나 재앙이나 화는 없다는 의미에서 '여길 무구厲吉 无咎'라고 했다. 하지만 그 뒤에서 '정린貞吝'이라고 함으로써 바르게 하더라도 여전히 부끄럽다고 덧붙였다. 이는 양의 강건함을 지닌 상구효가 괘의 가장 상단에 있으니 문명文明으로 끌어안고 교화하는 정책을 쓰지 않고 강한 무력만 숭상하니 사람들로 하여금 아쉽게 한다는 말이다.

「상전」에서는 '자기 고을을 정벌할 일을 궁리함維用伐邑'은 '도가 밝고 크지 못하기 때문道未光也', 즉 문명文明의 포용하는 도가 아직 드러나거나 발휘되지 않았기 때문이다.

어째서 자신이 다스리는 고을을 토벌한다고 했을까? 멀리 떨어진 읍국이 순응하고 복종하려 들지 않았기 때문이다. 만약 상구가 나서서 토벌하지 않는다면 그 읍국은 독립하거나 다른 나라의 통치 아래로 들어가고 말 것이다. 지리적으로 멀어서 토벌하러 가는 길이 위태롭기는 하지만, 상구가 정벌하러 가는 것은 왕자의 도를 드러내기 위해서지 괴롭히고 죽이기 위해서가 아니므로 끝내는 성공을 거둘 수 있다.

진괘 정리

䷢

사람은 어떤 환경에 있어야 존귀한 지도자의 자리로 성공적으로 나아갈 수 있을까? 혹은 어떻게 하면 성공을 거머쥘 수 있을까? 이에 대해 진괘는 다음과 같은 답변을 준다.

첫째, 다른 사람에게 인정받으려면 온유한 마음으로 윗사람에게 순종할 줄 알아야 한다.

둘째, 중간에 장애물을 만나더라도 마치 흐르는 물처럼 다른 길을 찾아 지혜롭게 돌아갈 줄 알아야 한다.

셋째, '스스로 밝은 덕을 밝힌다.自昭明德'고 한 말처럼 내면에서 우러나오는 덕을 드러내어 사람들을 품어야 한다. 구체적으로는 너그러운 마음과 위기의식을 품어야 한다. 행위의 측면에서 보면 때에 맞게 적절하게 나아가고 물러설 줄 알아야 하며 순탄함 가운데서도 위기의식을 품어야 한다.

넷째, 뭇 사람에게 신뢰를 받는 가운데 고군분투하여 더 큰 성과를 얻어야 한다.

다섯째, 정당하지 않은 방법으로 높은 자리에 오르기를 탐낸다면 이는 무척 위험한 일임을 기억해야 한다.

36
명이괘明夷卦 — 도광양회

괘사

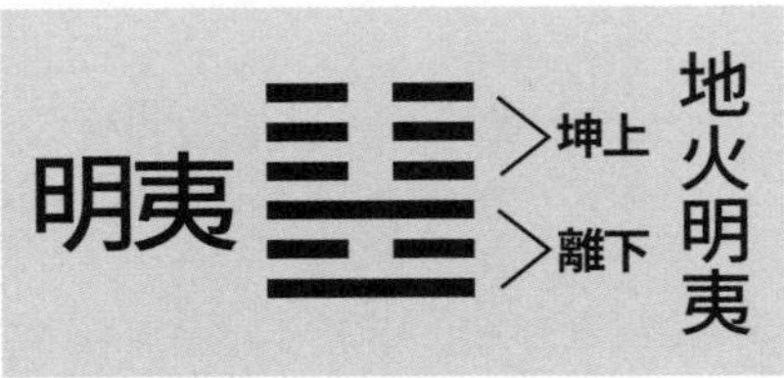

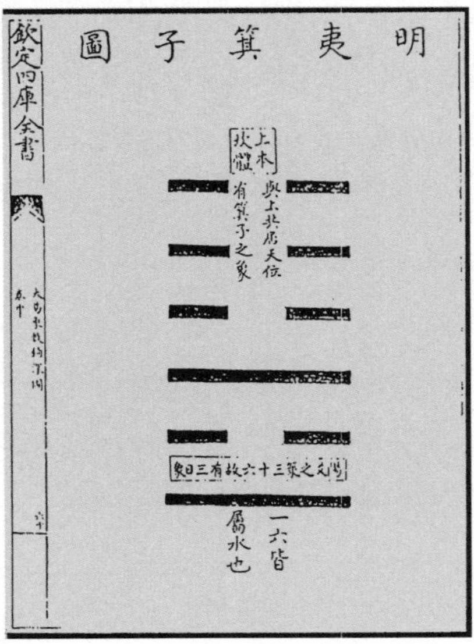

明夷 利艱貞.
명이 이간정

명이는 어렵게 바른 도를 지킴이 이롭다.

'명明'은 태양이며 '이夷'는 상한다는 말이므로 '명이明夷'는 태양이 상함을 입는다는 뜻이다. 태양이 산 너머로 지는 것은 넓게 보면 모든 빛나는 사물이 상함을 입음을 가리킨다. 명이괘는 진괘晉卦와는 정반대로 땅이 위에 있고 태양이 아래에 있어서 태양이 서산으로 져서 밝음이 어둠으로 바뀌는 모습이다. 「서괘전」에서는 "나아가면 반드시 상하는 바가 있으므로 명이괘로 받았으니 이夷는 상함이다."라고 했다. 앞서 소개한 진괘는 앞으로 나아감을 상징했는데, 앞으로 나아가기만 하면 반드시 상함을 입게 되니, 나아가는 길에서 반드시 장애물이나 상처받을 일을 만나게 된다는 말이다.

태양을 예로 들어 보자. 정오가 되면 태양이 중천까지 떠올라 그 무엇보다도 높은 위치에 있지만 머지않아 서서히 서쪽으로 지다가 결국에는 지평선 아래로 떨어지고 만다. 그래서 진괘의 다음에 명이괘가 온 것이다. 명이괘는 '밝음이 땅 가운데로 들어감明入地中'에 빗대어 어둡고 혼란한 정치 현실과 빛이 사라지는 혼돈의 세상을 표현했고, 바른 도에서 떠난 아둔한 군주가 다스림으로 말미암아 밝고 바른 사람이 상함을 입는 실정을 설명한다.

괘사에서는 명이괘에 대해서 어렵게 바른 도를 지키는 것이 이롭다는 뜻에서 '이간정利艱貞'이라고 했다.

괘 전체에서는 밝음에서 어두운 위기로 전환됨을 예측하고 있는데 이 같은 재난이 닥쳤을 때 우리는 어떻게 대응해야 할까? 기업의 입장이라면 재난이 임했을 때 어떻게 해결해야 할까? 여기서 주의할 것은 이러한 재난이 이제 막 시작된 첫 재앙도 아니고, 그렇다고 또 성공을 향해 나아가는 길에서 만나는 일반적인 위기도 아니라는 점이다. 이는 기존에 어느 정도 성공을 거둔 상태에서 절망스러운 상황을 만나 밝음이 어두움으로 바뀌게 되는 재난이다.

사회가 혼란스럽고 어려운 상황에 처했을 때 실력을 보존하고 어려움을 벗어나 스스로 다시 분발하여 일어나려면 용기뿐 아니라 지혜도 필요하다. 명이괘에서는 우리에게 이런 지혜를 가르쳐 주고 있다. 이를 통해 우리는 인생을 살아가면서 각종 문제를 해결하고 기업을 운영할 때도 큰 교훈을 얻을 수 있다.

괘사에 대한 「단전」

彖曰: 明入地中 明夷.
단왈 명입지중 명이
內文明而外柔順 以蒙大難 文王以之.
내문명이외유순 이몽대난 문왕이지
利艱貞 晦其明也. 內難而能正其志 箕子以之.
이간정 회기명야 내난이능정기지 기자이지

「단전」에서는 말했다. 밝음이 땅속으로 들어감이 명이다. 안은 문명하고 밖은 유순하여 큰 어려움을 입었으니 문왕이 이 같은 경우를 당했었다. 어렵게 바른 도를 지킴이 이로움은 그 밝음을 감춘 것이요, 안이 어려움에도 그 뜻을 바르게 하였으니 기자가 그처럼 행하였다.

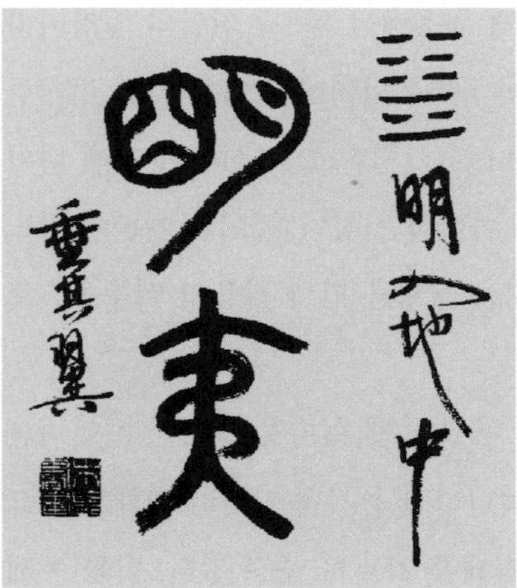

명이

「단전」에서 '명입지중明入地中'이라고 한 것은 하괘인 이괘가 태양이고 상괘인 곤괘가 땅인 것을 가리킨다. 즉 태양이 땅 아래로 내려가는 것을 명이로 본 것이다.

'내문명이외유순內文明而外柔順'에서 '내內'는 하괘이고 '외外'는 상괘다. '내內'는 문명하다고 하였는데 그것은 하괘인 이괘가 문명을 상징하기 때문이고, '외外'를 가리켜 유순하다고 한 것은 상괘인 곤괘가 유순함을 대표하기 때문이다. 이는 사람의 내면이란 모름지기 밝게 빛나야 하고 겉은 유순해야 한다는 말로 '내방외원內方外圓(안으로는 모나고 밖으로는 둥글다.)'이라는 말과도 통한다.

'이몽대난以蒙大難'은 큰 어려움을 입게 되는 이미지인데 왜냐면 태양이 땅 아래로 떨어지는 형상이기 때문이다. '문왕이지文王以之'는 주나라 문왕이 큰 어려움을 당했던 것을 예로 든 것이다. 주나라 문왕은 민심을 얻음으로써 천하를 셋으로 나눈 것 중 둘에 해당하는 땅을 차지했기 때문에 상나라 주왕으로부터 시기를 받아 큰 어려움을 당했다. 그러나 그는 어려움을 딛고 일어나 서서히 부흥했고 그 결과 주문왕의 아들이 상나라 주왕을 멸하고 주나라를 세우기에 이른다. 이처럼 명이괘에서는 사람이 위기에 처했을 때 어떻게 해야만 어려움을 안정된 상황으로 변모시켜 불리함을 유리하게 바꾸고 최후의 승리를 거머쥘 수 있는지 그 이치를 설명한다.

그 이치란 바로 '어렵게 바른 도를 지킴이 이로움은 그 밝음을 감춘 것이다.利艱貞 晦其明也'라고 한 구절과도 통한다. 즉 명이와 같은 위기 상황에 처했을 때는 어려움 가운데서도 바른 도를 지키는 품격을 유지하여 밝음을 다만 감출 뿐 사라지지 않게 해야 한다. 어려움이 있어도 뜻을 변치 말고 와신상담의 고통 속에서도 힘을 감추고 때를 기다리는 '도광양회韜光養晦'의 전략을 구사해야 한다.

'내난이능정기지 기자이지內難而能正其志 箕子以之'는 안으로 위기와 재난이 발생해도 기자箕子처럼 자신의 뜻을 굳건하게 유지하면서 바른 도를 지켜야 한다는 것이다. '안의 어려움內難'의 예로 기자를 든 것은 그가 상나라 주왕의 숙부로서 주왕의 가족이었기 때문이다. 따라서 '안의 어려움'이란 가족의 위기, 내부적인 재난을 가리킨다. 당시 기자는 주왕에게 충언하지만 받아들여지지 않았고 도리어 노예의 신분으로 강등되어 옥에 갇힌다. 당연히 이는 가족의 재난이라고 할 수 있지만 그러함에도 기자는 차마 상나라를 떠나지 못했고 훗날 미친 척함으로써 위기를 모면한다. 주나라 무왕이 상나라 주왕을 토벌한 뒤 기자에게 나라를 다스릴 방책을 묻자 기자는 그에게 나라를 다스리는 아홉 가지 큰 원칙인 '홍범구주洪範九疇'를 제시했다.

명이괘는 우리에게 어떻게 해야만 안으로부터 생긴 곤궁한 상황을 벗어날 수 있을지 알려 주므로 인생을 살아가는 데 그리고 기업을 이끄는 데 무척 큰 교훈을 준다. 가족조차 우리를 이해해 주지 않을 때는 어떻게 해야 할까? 기업이 위기에 처했을 때는 어떻게 대처해야 할까? 이런 상황에 대처하기 위해 뒤에 나오는 글을 통해 명이괘에 함축된 지혜를 만끽해 보자.

괘사에 대한 「대상전」

象曰: 明入地中 明夷. 君子以莅衆 用晦而明.
상왈 명입지중 명이 군자이리중 용회이명

「상전」에서는 말했다. 밝음이 땅속으로 들어가는 것이 명이다. 군자는 이를 보고 무리를 이끌 때 어둠을 써서 밝게 한다.

「상전」에서는 '밝음이 땅속으로 들어가는 것이 명이다.明入地中 明夷'라고 했는데 이는 하괘인 이괘(☲)가 해를 나타내고 상괘인 곤괘(☷)가 땅을 상징하기 때문이다. 태양이 땅 아래로 떨어지는 모습, 이것이 바로 명이괘의 상인 셈이다.

군자는 이러한 괘상을 보고 명이괘의 도에 근거하여 '무리를 이끌 때 어둠을 써서 밝게 한다.莅衆 用晦而明' 다시 말해 어떻게 무리를 다스릴지 배우면, 특히 고난 가운데서 무리를 이끄는 법을 배우면 어두워져서 불리한 상황임에도 전세를 유리하게 바꿀 수도 있다. '어둠을 써서 밝게 한다.'는 '용회이명用晦而明'이라는 말은 '힘을 감추고 때를 기다리는' 도광양회의 전략을 지혜롭게 써서 밝은 미래를 만드는 지혜다.

초구 효사와 「소상전」

初九, 明夷于飛 垂其翼
초구 명이우비 수기익
君子于行 三日不食 有攸往 主人有言.
군자우행 삼일불식 유유왕 주인유언
象曰: 君子于行 義不食也.
상왈 군자우행 의불식야

초구는 명이의 때에 나는 것이 그 날개를 떨어뜨림이니, 군자는 떠날 때 삼 일을 먹지 않고 가는 바를 두면, 주인이 꾸짖는 말을 하리라.

「상전」에서는 말했다. 군자가 떠남은 도의상 먹지 않는 것이다.

초구의 '명이우비明夷于飛'는 '명이明夷', 즉 밝음이 상할 때 나는 것이라는 말이다. 어지럽고 어두운 세상에서 어떻게 난다는 것일까? 분명 '그 날개를 떨어뜨리고垂其翼' 날아야 할 것이다. 여기에 숨은 뜻은 날지 말고 과감하게 물러나 돌아와 은거하라는 말이다. 그래서 군자라면 이럴 때 신속하게 물러나 은거하라는 뜻에서 '군자우행君子于行'이라고 했다. '삼일불식三日不食'은 3일간 먹을 겨를도 없이 빠르게 물러남을 말한다. 실제로 '식食'은 봉록을 받고 관리가 되는 것이며 '유유왕有攸往'은 앞으로 나아가서 물러나 은거하는 것이 이롭다는 말이다. '유언有言'은 질책한다는 것이므로 '주인유언主人有言'은 주인이 꾸짖고 이해하지 않는다는 뜻이 된다. 그러나 비록 그렇다 하더라도 나아가 관리가 되지는 않는다. 초구는 자신의 날개를 아래로 늘어뜨린 채 날지 않고 과감하게 물러나 은거한다. 이처럼 혼란스러운 세상을 만나면 물러나 숨을 줄 알아야만 지혜롭다고 할 수 있다. 아무리 높은 직위와 봉록의 유혹이 있고 주인이나 상급자, 혹은 가족이 당신을 질책하더라도 물러나 은거해야 한다.

「상전」에서는 '군자가 떠남君子于行'은 '도의상 먹지 않기 때문義不食也'

이라고 했다. 즉 도의상 높은 관직과 봉록을 구하지 않고 물러나 은거하는 것이 사실상 큰 지혜라는 말이다. 은나라 주왕이 다스릴 때는 기자와 미자微子, 비간比干과 같은 세 명이 충신이 있었는데, 기자는 미친 척(일종의 은거의 삶)하여 몸을 보전함으로써 큰 재난을 피하였다가 훗날에는 주무왕의 스승이 된다. 미자도 주왕에게 방탕하고 음란한 생활을 버리라고 충언했다가 도리어 처벌만 받자 은거하여 몸을 보전했다. 그러고도 포기하지 않고 죽음을 무릅쓴 채 거듭 간언했다가 결국에는 주왕에게 심장을 도려내져 죽고 마는 처벌을 받았다. 이처럼 우리는 위기와 재난을 만났을 때는 반드시 '그 날개를 늘어뜨려垂其翼' 혼란스러운 세상에서 물러나 은거할 줄 알아야 한다.

육이 효사와 「소상전」

六二, 明夷 夷于左股 用拯馬壯 吉.
육이 명이 이우좌고 용증마장 길

象曰: 六二之吉 順以則也.
상왈 육이지길 순이칙야

육이는 명이의 때에 왼쪽 다리를 상하였으니 구원하는 말을 써서 건장해지면 길하다.

「상전」에서는 말했다. 육이의 길함은 유순하고 법칙에 맞게 했기 때문이다.

'이夷'는 상한다는 뜻이고 '좌고左股'는 왼쪽 다리를 가리키므로 '명이이우좌고明夷 夷于左股'는 밝음이 상한 혼란스러운 '명이明夷'의 세상에서 왼쪽 다리가 상함을 입었다는 말이다. 상함이 오른쪽에 있지 않고 왼쪽에 있다는 것은 상함의 수준이 심각하지 않음을 뜻한다. '증拯'은 '구하다'

'구제하다'는 의미의 '구救'와 통하므로 '용증마장 길用拯馬壯 吉'은 좋은 말을 써서 구제한 다음 점차 장대해지면 길함을 얻으리라는 것이다.

「상전」에서는 육이의 길함에 대해서 '유순하고 법칙에 맞게 했기 때문順以則也'이라고 해석했다. 육이효는 음의 부드러움이 가운데 거하므로 어지럽고 혼란스러운 세상에서 음의 부드러움으로 일을 처리하고 중정의 도를 지킴으로써 마음의 빛이 사라지지 않음을 보여 준다.

여기서는 양효인 구삼효를 강건하고 좋은 말馬에 빗대었는데 육이효가 그 아래에 거한다는 것은 구삼효에 순종할 수 있음을 뜻한다. 이런 시기에 왼쪽 다리가 상함을 입었다면 강하고 장대한 말에 의존해야만 구함을 입을 수 있다. 여기서 말은 현명한 군주를 가리킨다. 육이는 비록 혼란한 세상에서 상함을 입었지만 내면의 뜻은 사라지지 않아 줄곧 현명한 군주를 찾아왔다. 탁월한 군주에 의존해야만 어두움에서 벗어나 밝은 빛을 맞을 수 있고 점차 강대해질 수 있으므로 당연히 길하다.

구삼 효사와 「소상전」

九三, 明夷于南狩 得其大首 不可疾 貞.
구삼 명이우남수 득기대수 불가질 정

象曰: 南狩之志 乃大得也.
상왈 남수지지 내대득야

구삼은 명이의 때에 남쪽으로 사냥을 나가 큰 괴수를 얻게 되지만, 급하게 바로 잡으면 안 되고 바른 도를 지켜야 한다.

「상전」에서는 말했다. 남쪽으로 사냥하는 뜻은 마침내 크게 얻는 것이다.

'남수南狩'는 남쪽에서 사냥한다는 것인데 여기서 사냥은 정벌, 토벌을 의미한다. '득기대수得其大首'는 상대의 머리를 얻었다는 것이므로 적의 우두머리를 죽였다는 뜻이 된다. '불가질不可疾'은 조급하게 해서는 안 된다는 것이며 '정貞'은 바른 도를 지켜야 한다는 말이다.

구삼효는 하괘인 이괘의 가장 높은 자리에 있는데 특히 이괘는 그 위치가 임금의 자리를 상징하는 남쪽에 해당한다. 강효가 양의 자리에 와서 '정正'을 얻은 것은 군주가 강건하여 힘이 있음을 뜻한다. 정리하자면 밝음이 상함을 입은 명이의 시기에 남쪽에서 반란의 씨앗이 일어나 도발하니 백성들이 위기에 처한 상황이다. 이럴 때는 다시 물러나 은거해서는 안 되고 남쪽을 향해 정벌에 나서야 한다. 왜냐면 정벌에 나서야만 첩보를 얻을 수 있고 이로 말미암아 적의 우두머리를 잡고 승리를 거머쥘 수 있기 때문이다. 그러나 그렇다고 해서 조급하게 서둘러서는 안 된다. 일을 할 때는 가장 먼저 시간과 상황을 살핀 다음 뜻을 정해야 한다. 때에 부합하고 기회를 잡으면 성공은 자연스럽게 뒤따라올 것이다.

「상전」에서 말한 '남쪽으로 사냥하는 뜻南狩之志'은 바로 '때를 아는 뜻'이다. 주희는 해석하기를 "탕왕은 하대夏臺에서 일어났고 문왕은 유리羑里에서 흥기했다."고 말했다. 예나 지금이나 크고 작은 일을 막론하고 적절한 시기를 잡아 뜻을 굳히면 「상전」에 나온 것처럼 분명히 '크게 얻음大得也'이 있으리라는 말이다.

육사 효사와 「소상전」

六四, 入于左腹 獲明夷之心 于出門庭.
육사 입우좌복 획명이지심 우출문정

象曰: 入于左腹 獲心意也.
상왈 입우좌복 획심의야

육사는 왼쪽 배로 들어가서 명이의 마음을 얻고 문정으로 나온다.

「상전」에서는 말했다. 왼쪽 배로 들어감은 마음과 뜻을 얻었기 때문이다.

육사의 '입우좌복入于左腹'은 왼쪽 배로 들어간다는 말인데 이는 좌측에 있는 내지內地로 물러난다는 뜻이다. 『노자』에는 "사좌차師左次"라는 구절이 나오는데 이는 군대를 좌측의 안전한 곳으로 물려 주둔시킨다는 뜻이다. '획명이지심獲明夷之心'은 그러한 험난함, 암흑 가운데 처한 마음을 가리키며 '우출문정于出門庭'은 문정門庭, 즉 대문 안의 뜰을 뛰어넘어 나온다는 말이다. 육사의 시기에는 내지로 깊이 들어가야 하는데, 왜냐면 이미 상괘에 들어서서 곤괘가 상징하는 대지에 접근했기 때문이다. 이럴 때는 반드시 시기를 잘 살펴서 일을 처리하되 문과 정원을 나서듯 즉시 행동해야 한다.

「상전」에서는 '왼쪽 배로 들어감入于左腹'은 '마음과 뜻을 얻었기 때문獲心意也'이라고 했다. 육사의 시기에 마음과 뜻을 얻었다는 것은 밝음이 상함을 입은 시기에 마음을 깊이 이해했다는 말이다. 육사는 음효여서 역량이 충분하지 않아 구삼효처럼 적극적으로 어떤 일에 참여하여 성과를 내기는 어렵다. 최대한 빨리 내지로 들어가 자신을 숨겨 재기할 날을 기다릴 뿐이다.

육오 효사와 「소상전」

六五, 箕子之明夷 利貞.
육오 기자지명이 이정

象曰: 箕子之貞 明不可息也.
상왈 기자지정 명불가식야

육오는 기자의 명이이니 바르게 함이 이롭다.

「상전」에서는 말했다. 기자의 바르게 함은 밝음이 종식될 수는 없기 때문이다.

육오의 '기자지명이箕子之明夷'는 밝음이 상함을 입었을 때 기자가 행한 방법을 설명하고 있다. 은상시대 말기 주왕의 숙부인 기자가 주왕에게 간언했지만 주왕은 그 말을 듣지 않고 도리어 그를 처벌했다. 그때 기자는 자신의 뜻과 재능을 숨기고 미친 척함으로써 죽음의 위기에서 벗어날 수 있었다. 당시 기자가 썼던 이러한 명이의 방법은 본문에 나오는 것처럼 '바르게 함이 이롭다.利貞'고 할 수 있다.

「상전」에서는 '기자의 바르게 함箕子之貞', 즉 기자가 이처럼 바른 도를 지킨 것은 '밝음이 종식될 수는 없기 때문明不可息也'이라고 했다. 그가 비록 미친 척은 했지만 마음의 뜻이 없어지지 않은 채 여전히 살아 있어서 끊임없이 기회를 엿보며 움직이고 있었기 때문이다.

상육 효사와 「소상전」

上六, 不明晦 初登于天 後入于地.
상육 불명회 초등우천 후입우지
象曰: 初登于天 照四國也. 後入于地 失則也.
상왈 초등우천 조사국야 후입우지 실칙야

상육은 밝지 않아 어두우니 처음에는 하늘에 오르고 뒤에는 땅속으로 들어간다.

「상전」에서는 말했다. 처음에는 하늘에 올라 사방의 나라를 비추었으나 뒤에는 땅속으로 들어가는 것은 법칙을 잃었기 때문이다.

상육효는 상나라 주왕을 암시하고 '불명회不明晦'는 상나라 주왕처럼 현명하지 않고 밝음을 드러낼 수 없어 도리어 천하에 어두움을 몰고 오는 사람을 가리킨다. 이 때문에 그는 자신의 지위를 지킬 수 없었다. '초등우천初登于天'은 처음에는 하늘에 올라갔다는 말인데, 이는 비록 초기에 천자가 되었으나 '후입우지後入于地', 즉 뒤에는 땅속으로 들어가고 말았다는 말이다.

「상전」에서는 '처음에는 하늘에 올라初登于天' '사방의 나라를 비추었으나照四國也' '뒤에는 땅속으로 들어가後入于地' 빛을 잃으니 이는 '법칙을 잃었기 때문失則也'이라고 했다. 즉 하늘의 도리와 이치, 정확한 법칙을 잃었기 때문이다.

명이괘 정리

䷣

명이괘는 사회가 어지럽고 위험할 때 이미 성공한 사업이라고 해도 타격을 입어 곤란한 처지에 놓이게 되면 자신의 실력을 지켜 나가야만 후일 다시 일어설 수 있다고 말한다.

이러한 지혜를 붙들기 위해서 가장 중요한 것은 내면이 태양처럼 빛나고 강건하며 중도를 지킴으로써 뜻을 굳히고 때를 붙들어 다시 일어날 때를 기다려야 한다.

그런 다음에는 곤괘처럼 유순하게 때를 따라 겸손하고 신중하게 행동하면서 땅에 감춰진 불꽃처럼 뜻을 숨기고 상황에 맞게 판단하여 행동한다. 예컨대 기자, 미자, 문왕은 위기에 처했을 때 대처했던 구체적인 방법은 달랐다. 하지만 한 가지 공통점이 있다면 그 뜻을 끝까지 변치 않고 지켰다는 점이다. 마음에 품은 뜻만 변치 않는다면 겉으로 드러나는 수단과 방법은 상황에 따라 얼마든지 조정할 수 있다.

이 두 가지를 유념해야만 곤경을 헤쳐 나갈 수 있다.

37
가인괘家人卦 — 가정을 다스리는 법

괘사

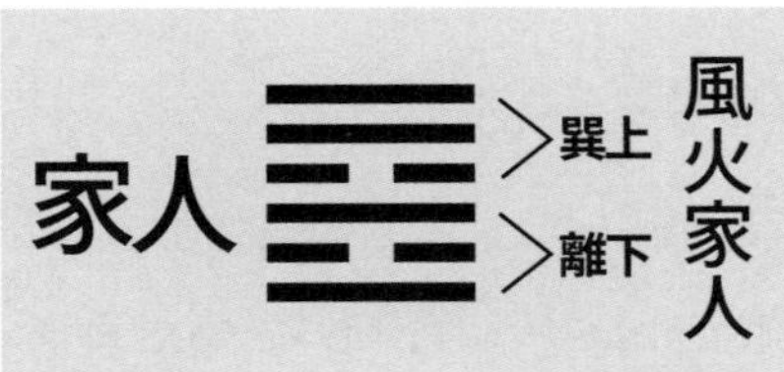

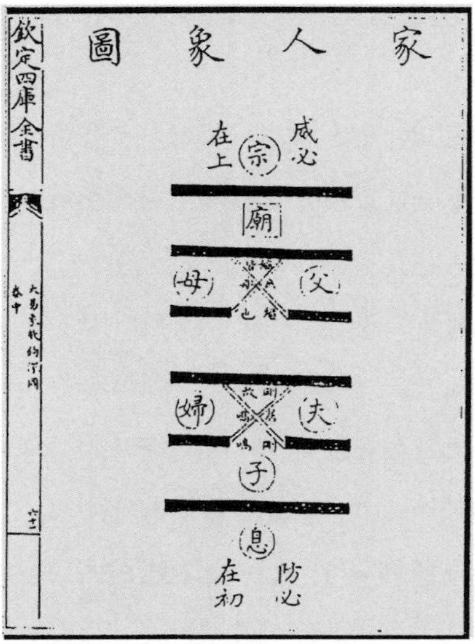

家人 利女貞.
가인 이여정

가인은 여인이 바르게 함이 이롭다.

'가인家人'은 집안사람 혹은 가정을 가리키는 말이다. 「서괘전」에서는 "밖에서 상한 자는 반드시 집으로 돌아오기 때문에 가인괘로 받았다."고 했고, 공영달은 『주역정의』에서 가인괘에 대해 "집안의 도에 밝아서 한집안의 사람을 바로잡는다."고 하면서 가인괘가 집안을 다스리는 도를 논한다고 보았다.

'가家'라는 글자를 잘 보면 위에는 '집' '갓머리'를 상징하는 '집 면宀'이 오고 아래로는 '돼지 시豕'가 와서 집 안에서 돼지를 키운다는 의미가 된다. 가축을 길러야만 비로소 '집家'이라고 할 수 있다는 말이다. 나라를 다스리는 것도 가정을 다스림에서부터 시작되듯이 무슨 큰일을 하든지 가장 먼저 가정을 다스리는 도를 바로 세워야 한다.

괘사에서는 가인괘에 대해서 '이여정利女貞'이라고 했는데 이는 여인이 바른 도를 지키는 것이 이롭다는 말이다. 그런데 왜 하필 남자가 아닌 여인에게만 이롭다고 했을까? 평안함을 뜻하는 '안安'이라는 글자를 살펴보면 '집 면宀' 아래에 '계집 녀女'가 왔으니 집 안에 여인이 있어야 편안하다는 말이 된다. 실제로도 집 안에 있는 여인은 어머니를 가리키는데 그 역할은 가히 핵심적이라고 할 만하다. 여인이 안을 주관하고 남자가 밖을 주관하기 때문이다.

뒤이어 다룰 「단전」에서도 이러한 인간의 도리와 법칙을 설명해 준다. 여인은 한집안에서 가장 중요한 존재이지만 이는 단순히 여인만 바른 도를 지키고 남자는 그럴 필요가 없다는 단순한 논리가 아니다. 사실 여기에 언급된 '여인女'이라는 말에는 남자도 포함되어 있다. 가인괘는 이효와 사효가 음효여서 여인을 가리키며 나머지 네 양효는 남자를 상징한다. 가인괘는 이 밖에도 남녀가 어떻게 하면 가정을 바르게 할 수 있을지에 관한 도리를 설명한다.

괘사에 대한 「단전」

彖曰: 家人 女正位乎內 男正位乎外 男女正 天地之大義也.
단왈 가인 여정위호내 남정위호외 남녀정 천지지대의야

家人有嚴君焉 父母之謂也.
가인유엄군언 부모지위야

父父 子子 兄兄 弟弟 夫夫 婦婦 而家道正 正家而天下定矣.
부부 자자 형형 제제 부부 부부 이가도정 정가이천하정의

「단전」에서는 말했다. 가인은 여자는 안에서 자리를 바르게 하고, 남자는 밖에서 자리를 바르게 하니, 남녀의 바름이 천지의 큰 뜻이다. 가인에

엄한 군주가 있으니 부모를 이름이라. 아버지가 아버지답고, 자식이 자식다우며, 형은 형답고, 아우는 아우다우며, 남편은 남편답고, 부인이 부인다우면 가정의 도가 바로 서니, 집안을 바로잡으면 천하가 안정된다.

「단전」에서는 가인괘에 대해서 '여정위호내女正位乎內', 즉 여인이 안에서 자리를 바르게 하는 것이라고 했는데 이 여인은 육이효를 가리킨다. 육이효는 내괘, 즉 하괘의 중앙에 자리 잡아 '중中'을 얻고 음의 자리에 음효가 와서 '정正'을 얻었는데, 이는 고대 가정에서 여인이 바른 도를 가지고 안을 주관함을 상징한다. 또한 남자에 대해서는 '남정위호외男正位乎外', 즉 남자는 밖에서 자리를 바르게 하는 것이라고 했는데 이 남자는 구오효를 가리킨다. 구오의 양효는 외괘, 즉 상괘에서 '중中'과 '정正'을 얻어 가정에서 남자가 바른 도를 가지고 밖을 주관하는 모습을 상징한다.

고대에는 이처럼 여인이 안을 주관하고 남자가 밖을 주관하는 것이 천하의 바른 도라고 여겨졌다. 그래야만 각자의 타고난 본성에 부합하기 때문이다. 또한 안을 주관한다고 해서 단순히 내부만 관리하고 밖을 방치한다는 뜻은 아니다. 각자 집중하는 분야가 다르다는 것을 강조했을 뿐이다. 이처럼 남자가 밖을, 여자가 안을 관리하는 구조는 각자의 자리가 마땅하고 천지간의 큰 도에 부합한다는 의미에서 '남녀정 천지지대의야男女正 天地之大義也'이라고 했다.

'가인유엄군언 부모지위야家人有嚴君焉 父母之謂也'는 집안에 엄정하고 현명한 군주가 있다는 말인데 이때 군주, 즉 지도자는 누구일까? 바로 아버지와 어머니다. 그래서 가인괘는 부모를 모두 가리키는 것이다.

'부부 자자 형형 제제 부부 부부 이가도정父父 子子 兄兄 弟弟 夫夫 婦婦 而家道正'에서는 같은 글자를 중첩함으로써 각자 맡은 도리와 책임을 다한다는 뜻을 강조했다. 다시 말해 '아버지가 아버지답고 자식이 자식다우며 형은 형답고 아우는 아우다우며 남편은 남편답고 부인이 부인다우면 가정의 도가 바로 선다.'는 뜻이 되는 셈이다. 『논어』「안연」 편에서 공자가 "아비가 아비답고 아들이 아들다우며 임금이 임금답고 신하가 신하답다.父父 子子 君君 臣臣"고 한 말도 같은 맥락에서 이해할 수 있다.

여기서는 세 쌍의 관계를 찾아볼 수 있는데 첫째는 부자관계, 둘째는 형제관계, 셋째는 부부관계다. 훗날 유가에서는 여기에서 군신, 부자, 부부, 장유長幼, 친구 등 총 다섯 가지 관계로 확장한 오륜五倫의 도리를 가르치기도 했다. 그래서 오륜은 군신 사이에는 의리가 있으며, 부자간에는 친밀함이, 부부간에는 구별이, 장유(형제) 간에는 질서가, 친구 간에는 신의가 있어야 한다고 한다. 가인괘는 가정의 영역에 관한 것이므로 군신이나 친구관계는 없고 주로 부자, 형제, 부부의 세 가지 윤리관계만 다룬다. 필자의 고향인 후이저우에 가 보면 집집마다 이런 내용의 대련對聯이 붙어 있다.

"사업은 오륜에서 시작되고,
문장은 육경六經에서 나온다."

무슨 큰 사업을 하든지 먼저 반드시 위에서 말한 다섯 가지 윤리관계를 바르게 해야만 일을 일으킬 수 있다는 말이다. 오륜 중에서도 가장 중요한 것은 가정에서 지켜져야 하는 삼륜三倫, 즉 부자, 형제, 부부관계이고 나머지 두 가지 군신, 친구관계는 삼륜에서 파생되어 나온 것이다. 이것이 바로 위의 「단전」에서 말한 '가도정家道正', 즉 '가정의 도가 바로 서는 것'의 이치다. 이 때문에 세 가지 관계를 잘 처리해야만 가정의 도 역시 바로 선다.

'정가이천하정의正家而天下定矣'는 유가의 치국평천하治國平天下 사상과도

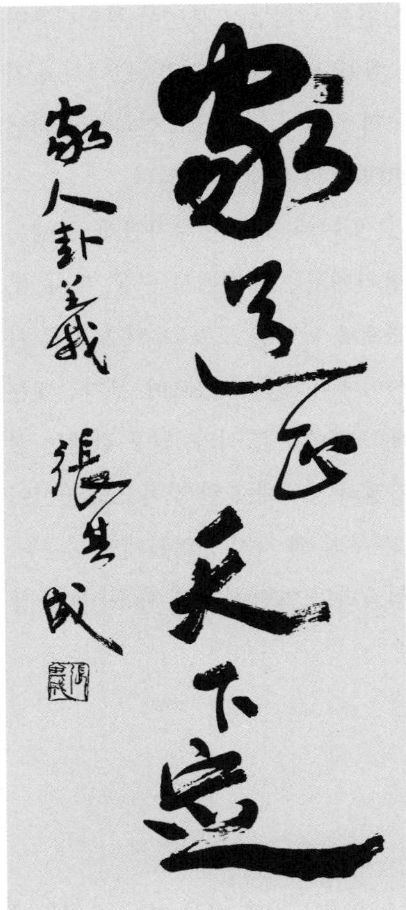

가정이천하정

같은 맥락이어서 반드시 가정에서부터 시작하여 몸을 닦고 가정을 가지런히 해야만 나라를 다스리고 천하를 안정시킬 수 있다는 말이다. 그래서 가정을 기본 단위로 삼아 가정을 잘 다스린 다음에야 나라를 다스리고 천하를 안정시키는 데까지 확대될 수 있다. 기업도 마찬가지다. 기업을 잘 경영해야만 나라가 잘 다스려지고 더 나아가 세계를 잘 이끌어 나갈 수 있다.

주나라 문왕이 점을 쳤다고 전해지는 유리 지역에서 멀지 않은 안양현 시장춘西蔣村에는 마씨馬氏 성을 가진 사람의 장원이 있는데 이는 청나라 광서光緖 연간에 병부 시랑侍郞을 맡았던 마비요馬丕瑤의 고택이 보존된 곳이다. 청나라 관료가 살던 저택의 건축 양식과 분위기가 가장 전형적으로 남아 있는 곳으로 그 유명한 산시성山西省 교씨喬氏 저택보다 1300평방미터나 더 크다.

대문을 지나면 두 번째 문이 나오는데 이 문은 평일에는 열지 않다가 혼인이나 상사喪事 등 큰 일이 있을 때에만 열고 사용한다. 문 위에는 "정제엄숙整齊嚴肅"이라는 글자가 쓰인 편액이 걸려 있고 기둥에는 "천하무불시적부모 인생최난득저제형天下無不是的父母 人生最難得這弟兄"이라는 영련이 붙어 있는데 이는 "천하에 옳지 않은 부모는 없고 살면서 가장 얻기 힘든 것은 형제다."라는 뜻이다. 이 모든 것이 마비요가 선별한 작품들이다. 그리고 안채와 바깥채 사이를 가로지른 중문에는 마씨 가문의 가훈이 새겨져 있는데 그것이 바로 『주역』의 37번째 괘인 가인괘의 효사 전체와 단전, 상전의 내용이다.

거기서 한 집안을 이끄는 커다란 원칙과 이치인 가훈이라는 것이 무척 큰 감화력과 전달력을 지님을 새삼 느꼈다. 필자는 함께 간 사람들과 함께 편액과 기둥에 적힌 가인괘의 내용을 소리 내어 읽어 보았다. '여정위호내 남정위호외 남녀정 천지지대의야女正位乎內 男正位乎外 男女正 天地之大義也' 부분에 이르러서는 정이가 "가인은 집안 내의 도다. 부자간의 친밀함, 부부간의 도의, 존귀함과 비천함, 나이 많은 이와 어린 사람 사이의 질서에서 윤리를 바르게 세우고 은의를 도탑게 하는 것이 가인의 도다."라고 풀이한 부분에 주변 사람 모두가 공감했다.

마씨 집안은 확실히 가인괘의 정수를 실천한 전형적인 가문 중 하나다. 마비요는 평생을 바쳐서 '집안을 다스림治家'과 '천하를 다스림治天下' 사이의 관계를 설명하고자 애썼기 때문이다. 마씨 고택의 대부분 대련은 주인이 스스로 발췌하여 쓴 것으로 전통사회 속 사대부로서 개인의 성장과 집안을 다스림 사이에서 치열하게 고민했던 흔적이 곳곳에 묻어나 있었다. 그리고 농경과 학문을 중시하는 학자로서 가졌던 인생철학도 도처에 묻

마비요 고택에 걸린 편액과 대련

어났다. 그 가운데서도 다음 세 폭의 대련은 우리에게 무척 깊은 인상을 주었다.

"사람으로서 최고는 충신과 효자이며, 일로서 최고는 학문과 농사짓는 일이다."

"조상에게서 이어받을 유일한 진리는 근면함과 검소함이며, 자손에게 가르쳐야 할 두 가지 길은 학문과 농사다"

"돈을 사랑하지 않고 인정에 얽매이지 않은 채 여기서 소탈하게 살아간다. 나라의 법과 하늘의 이치를 따라 살면 어찌 구부러질 수 있겠는가?"

위의 대련 구절들은 분명 우리가 인생을 살아갈 때 마음에 깊이 새겨 좌우명이 될 만한 것들이다.

괘사에 대한 「대상전」

象曰: 風自火出 家人. 君子以言有物而行有恒.
상 왈 풍 자 화 출 가 인 군 자 이 언 유 물 이 행 유 항

「상전」에서는 말했다. 바람이 불로부터 나오는 것이 가인이다. 군자는 이를 보고 말에 진실함이 있고 행실에 항상함이 있게 한다.

「상전」의 '풍자화출 가인風自火出 家人'은 '바람이 불로부터 나오는 것이 가인이다.'라는 뜻인데, 이는 가인괘(䷤)의 상괘인 손괘(☴)가 바람이고 하괘인 이괘(☲)가 불이기 때문이다. 그래서 바람이 불로부터 나왔다고 한 것인데 이것이 바로 가인괘의 상이다.

불을 사용할 줄 알게 된 것은 인류의 위대한 발견이자 혁신적인 성과

다. 인류가 불을 사용하게 되면서 불의 움직임이나 세력을 보고 바람의 방향과 존재를 알게 되었고, 불에 있어서 바람이 얼마나 중요한지 느끼게 되었다. 불은 인류 생활에서 없어서는 안 될 중요한 요소가 되었고, 이 때문에 바람과 불의 두 가지 괘가 한데 모여 가인괘가 형성되었다.

군자는 이러한 괘상을 보고 가인괘의 도에 근거해서 '말에 진실함이 있고 행실에 항상함이 있게言有物而行有恒' 해야 한다. '언유물言有物'과 '행유항行有恒'은 각각 '말을 진실하게 함' '행실이 변함없이 항구함'이라는 뜻으로 군자가 반드시 갖추어야 할 두 가지 소양이다. 군자는 자기 자신을 잘 수양한 다음에야 비로소 집안을 잘 다스릴 수 있는데 그 수양의 항목이 바로 '언유물'과 '행유항'인 셈이다.

'바람이 불로부터 나옴風自火出'에서 교훈을 얻는다면 집안을 다스리는 것은 자기 자신을 수양하는 것에서부터 시작되며 나라를 다스림은 집안을 다스림에 뿌리를 둔다는 이치다. 다시 말해 나라를 다스리는 일은 집안을 다스리는 도에 뿌리를 두기 때문에 가정을 먼저 가지런하게 해야만 비로소 나라가 잘 다스려진다. 나라를 다스리는 것은 바람이 불에서 나오는 것과 같으므로 안에서부터 밖으로 나가는 과정이다. 그래서 '사회 풍속'이라는 것도 '말에 진실함이 있고 행실에 항상함이 있는' 집안의 도리가 사회 전체로 확대되어 형성된 일종의 집단적 습관이다. 가인괘가 우리에게 안겨 준 선물과도 같은 교훈이자 귀한 가르침인 셈이다.

초구 효사와 「소상전」

初九, 閑有家 悔亡.
초구 한유가 회망

象曰: 閑有家 志未變也.
상왈 한유가 지미변야

초구는 집안을 예법으로 막으면 후회가 없다.

「상전」에서는 말했다. 집안을 예법으로 막음은 뜻이 변하지 않기 위함이다.

초구는 집안의 도가 처음 세워지는 시기인데 초구효는 양효이므로 남자, 즉 부친이 다스리는 집안을 상징한다. 어떻게 가정을 다스리는지에 대해서는 '집안을 예법으로 막는다.閑有家'라고 했다. '한閑'이라는 글자를 잘 보면 '문門'안에 '나무木'가 있어 무언가를 막으려는 모습이다. 그렇다면 무엇을 막는다는 것일까? 바로 사악함, 옳지 않음을 막는다는 것이다. 집안에서는 반드시 사악한 기운을 막아야 하는데 이를 위해서는 우선 엄격한 가정 내 규칙을 만들어야 한다. 이 규칙은 바깥세상의 변화에 휩쓸려 수시로 변하는 것이어서는 안 된다. 마찬가지로 나라를 다스릴 때도 일관된 법을 제정하여야만 근심거리를 막을 수 있다.

「상전」에서는 '집안을 예법으로 막음閑有家', 즉 엄격한 가정 내 규칙을 세움은 '뜻이 변하지 않기 위함志未變也', 다시 말해 집안사람의 뜻이 변하지 않게 하기 위함이라고 했다. 엄격한 규칙이 없으면 집안사람이 아무리 좋은 마음과 뜻을 가지고 있더라도 외부 세계의 좋지 않은 영향을 받아 나쁜 방향으로 변질될 우려가 있다. 이 때문에 옛사람들은 가정 내 규칙을 무척 중시했으며 아이들도 어릴 때부터 가정교육을 엄하게 받았다.

육이 효사와 「소상전」

六二, 无攸遂 在中饋 貞吉.
육이 무유수 재중궤 정길

象曰: 六二之吉 順以巽也.
상왈 육이지길 순이손야

육이는 이루는 바가 없고, 집안에 있으면서 음식을 장만하면 바르게 함이 길하다.

「상전」에서는 말했다. 육이의 길함은 유순하고 겸손하기 때문이다.

'수遂'는 여기서는 '이룸' '성취'를 뜻하는데 '독단적인 결정'을 의미하기도 한다. 따라서 '무유수无攸遂'는 혼자서 결정하지 말라는 속뜻을 갖는다. 누구를 향해서 하는 말일까? 바로 육이효다. 육이효는 부인, 여인을 가리키는데 부인은 무슨 일이든 혼자서 독단적으로 결정하여 행하지 않아야 하며 '재중궤在中饋', 즉 집안에서 음식을 장만해야 한다. 여기서 '궤饋'는 음식을 의미하므로 집 안에서 음식과 자녀 교육 등의 일을 주관할 뿐 바깥의 일은 관여하지 않음으로써 여인은 안을, 남자는 밖을 주관하게 한다는 뜻이다. 부인은 유순하고 조화를 이루어 집안의 도를 지킴으로써 무슨 일이든 단독으로 결정하지 말고 가정에서 음식을 만드는 일을 책임지는데, 이것이 바로 곤의 도이자 바른 도이다. 그래서 이처럼 바른 도를 지키는 것이 길하고 이롭다는 뜻에서 '정길貞吉'이라고 했다.

「상전」에서는 육이효가 길한 이유가 '유순하고 겸손하기 때문順以巽也'이라고 해석했다. '손巽'은 유순하고 겸손하여 혼자서 결정하지 않는 성품이다. 육이효는 음효가 음의 자리에 왔고 하괘의 가운데 위치하여 중도를 지켰다. 고대에는 가정 안에 거하는 것이야말로 여인의 덕 가운데 최고라고 보아 "여자는 집 안에서 위치를 바르게 한다.女正位乎內"는 말이 생기기도 했다. 이 말은 여인을 집 안에만 구속하여 속박하려는 의도가 아니라 천지의 큰 뜻이라는 측면에서 봐야 한다. 여성의 생리학적 특징이나 인품과 덕이 온순하고 겸손한 것을 감안하면 남성에 비해서 안의 일을 주관하기에 적합하기 때문이다.

구삼 효사와 「소상전」

九三 家人嗃嗃 悔 厲吉. 婦子嘻嘻 終吝.
구삼 가인효효 회 여길 부자희희 종린

象曰: 家人嗃嗃 未失也. 婦子嘻嘻 失家節也.
상왈 가인효효 미실야 부자희희 실가절야

구삼은 가인이 엄격하여 원망하니 후회스럽고, 비록 엄하나 길하다. 부인과 자식이 희희낙락하면 끝내 부끄럽다.

「상전」에서는 말했다. 가인이 엄격하여 원망함은 잘못함이 아니기 때문이요, 부인과 자식이 희희낙락함은 집안의 절도를 잃었기 때문이다.

'효효嗃嗃'는 '근심스럽고 고생스럽다.'는 의미로 '오오嗷嗷'와 동일하다. '희희嘻嘻'는 기뻐서 '희희' '하하' 웃는 소리다. 따라서 구삼의 '가인효효家人嗃嗃'는 남자가 집안을 다스리는 예절이 엄격한 나머지 집안사람들이 견디기 어려워 원망함을 뜻한다. '회悔'는 다소 후회함이 있다는 것이고 '여길厲吉'은 비록 지나치게 엄격하긴 하지만 가정 전체를 보면 결국 이로움이 있다는 말이다. 또한 관리의 끈을 다소 느슨하게 풀어 자유롭게 방임하면 비록 집 안 도처에 웃음소리가 넘쳐 '부자효효婦子嘻嘻'하지만 이는 '끝내 부끄러워終吝' 허물이 있는 일이라고 덧붙였다. 당장 눈앞의 상황만 즐겨서는 안 되고 최종의 결과를 중시해야 함을 강조한 것으로 관리의 도를 설명한 부분이다.

「상전」에서는 '가인이 엄격하여 원망함家人嗃嗃', 즉 엄격함에 대해 집안사람들의 원망과 함성이 커지지만 여전히 엄격함으로 집안을 다스리면 끝내 길한 이유에 대해서 '잘못함이 아니기 때문未失也'이라고 했다. 여기서 '실失'은 '방탕하다' '방종하다'는 의미의 '질佚'과 통하므로 '잘못함'으로 해석할 수 있다. 즉 집안을 다스리는 원칙을 잃은 것이 아니라는 말이다. 반대로 '부인과 자식이 희희낙락하는婦子嘻嘻' 방식이 부끄럽다고 한 이유는 '집안의 절도를 잃었기 때문失家節也'이라고 했다. 여기서 우리는 집안을 다스리는 예절이 엄격해야지 지나치게 자유롭게 방임한 나머지 나쁜 방향으로 흘러가게 해서는 안 됨을 알 수 있다.

육사 효사와 「소상전」

六四, 富家 大吉.
육사 부가 대길
象曰: 富家大吉 順在位也.
상왈 부가대길 순재위야

육사는 집안이 부유하니 크게 길하다.

「상전」에서는 말했다. 집안이 부유함이 크게 길함은 유순함으로써 지위에 있기 때문이다.

육사의 '부가富家'에서 '부富'는 동사로 쓰여서 집을 부유하게 한다는 것이고 '대길大吉'은 크게 길하다는 뜻이다. 그렇다면 이 집안은 어떤 부분에서 부유하다는 것일까? 그것은 물질적인 부유함과 정신적인 부유함, 두 가지 방면에서 이해할 수 있다. 소위 '가화만사성家和萬事成'이라는 말도 있듯이 가정이 화목해야만 부유함도 뒤따른다.

「상전」에서는 '집안이 부유함이 크게 길한富家大吉' 이유에 대해서 '유순함으로써 지위에 있기 때문順在位也'이라고 했다. 이는 육사가 음의 자리에 음효가 온 것이라서 유순하면서도 마땅한 자리를 얻었기 때문이다. 사실 가정이 물질적으로 부유해지는 것은 구오효, 즉 남자의 손에 달려 있다. 남자는 가정 바깥일을 주관하기 때문이다. 그러나 집안의 부유함은 여인과 관계가 있다. 따라서 육사효가 부유한 것이 함축한 또 다른 의미는 바로 정신적인 부유함, 여기서는 구오효에 순응하고 위아래로 호응함을 가리킨다. 왜냐면 구오효는 양효로 위에 있고 육사효는 음효로 아래에 있어서 음이 양을 떠받치는 형태여서 음양이 화합하며 순응하는 바른 도에 부합하기 때문이다. 이것이 바로 '유순함으로써 지위에 있는順在位也' 상태다. 이러한 비화比和가 일종의 조화와 화합을 형성하니 가화만사성하여 집안이 화목하고 부도 자연히 뒤따른다.

구오 효사와 「소상전」

九五, 王假有家 勿恤 吉.
구오 왕격유가 물휼 길
象曰: 王假有家 交相愛也.
상왈 왕가유가 교상애야

구오는 왕이 도에 이르러 집안을 소유하면 근심하지 않아도 길하다.

「상전」에서는 말했다. 왕이 도에 이르러 집안을 소유함은 서로 사랑하기 위함이다.

구오효는 가인괘에서 가장 중요한 효다. 가정 안에서 집안의 주인을 꼽자면 당연히 아버지라고 할 수 있으며 한 나라에서 따지자면 아버지는 군왕에 빗댈 수 있다.

이처럼 가정과 나라의 주인인 부친과 군왕은 어떤 식으로 가정과 나라를 다스릴까? 바로 '왕격유가王假有家', 즉 '왕이 도에 이르러 집안을 소유하는' 식이 되어야 한다. '격假'은 본래 '격물치지格物致知(사물의 이치를 깊이 연구하여 앎에 이름)'의 '격格'이지만 여기서는 '감격感格', '감화感化'의 의미로 쓰였다. 감화를 통해 가정을 다스리고 아름다운 덕으로써 집안사람들을 감동시킨다는 것이다. 군왕은 부모, 형제, 처자를 화목하게 하는 육친화목六親和睦을 기본으로 하여 집안을 다스린다.

'물휼 길勿恤 吉'은 근심하지 않으면 크게 길하다는 말이다. 같은 이치로, 기업을 경영할 때는 경영진이 아름다운 덕으로써 직원들을 감화하고 나라를 다스릴 때도 지도자가 덕으로써 국민을 강화하면 된다. 어떤 조직이나 부문을 다스리더라도 지도자는 덕을 기본으로 하여 남을 섬겨야 한다. 이 점이 무척 중요하다.

「상전」에서는 '왕이 도에 이르러 집안을 소유함王假有家', 즉 군왕이 집안을 다스림은 '서로 사랑하기交相愛也' 위함이라고 했다. 여기서 '상相'은 '서로'라는 뜻이고 '교交'는 서로 사귀고 교류한다는 말이다. 다시 말해 집안을 다스리는 목적은 가정 구성원 간에 우애와 사랑을 나누기 위함이다. 이러한 우애와 사랑의 관계가 바로 앞서 설명한 '아버지가 아버지답고 자식이 자식다우며 형은 형답고 아우는 아우다우며 남편은 남편답고 부인이 부인다운' 관계다. 아버지가 자식들을 사랑함을 '자慈'라고 하고 자식이 부모를 사랑함을 '효孝'라고 하니 이것이 바로 '부자유친父子有親'이다. 또한 형제가 아우를, 아우가 형을 사랑함을 '제悌'라는 글자로 표현하는데 이것이 바로 '장유유서長幼有序'다. 부부간에는 서로 존경하고 사랑하는 마음이 필요하니 이것이 바로 '부부유별夫婦有別'이다.

이에 관해서 묵자는 유명한 관점 하나를 제시했는데 그것은 바로 "'서로 똑같이 사랑함으로써 서로 이롭게 한다.兼相愛交相利"는 말이다. 서로 사랑하고 서로 이롭게 하는 것은 일방통행이 아닌 상호 작용이기 때문이다. 서로 사랑하는 것은 가정을 다스리기 위한 중요한 원칙이며 더 나아가 나라를 다스리는 도리에도 적용할 수 있다. 서로 사랑하고 배려하며 감응하는 것은 어떤 조직이나 회사를 관리할 때도 항상 적용되는 이치다.

그렇다면 가인괘에서 구오효는 어느 효와 감응할까? 육이효와 감응한다. 구오효는 상괘에 있고 육이효는 하괘에 있으며 하나는 양이고 하나는 음이며, 하나는 존귀하고 하나는 비천하니 위아래가 서로 사랑하고 교류하는 모습이 가정을 다스리는 도에 가깝다.

상구 효사와 「소상전」

上九, 有孚 威如 終吉.
상구 유부 위여 종길

象曰: 威如之吉 反身之謂也.
상왈 위여지길 반신지위야

상구는 성실함이 있고 위엄이 있으면 끝내 길하다.

「상전」에서는 말했다. 위엄이 있으면 길함은 자기를 돌이켜 살피기 때문이다.

상구에서는 집안을 다스리는 두 가지 이치, 즉 성실함과 위엄을 이야기한다. 집안의 주인은 가정을 다스릴 때 성실함과 위엄을 갖추어야 하는데 이는 부드러움과 강함을 동시에 갖추고 규칙과 덕을 고루 베풀어야 한다는 말이다. 그렇게 되면 끝내는 길함을 얻으리라는 의미에서 '종길終吉'이라고 덧붙였다.

「상전」에서는 '위엄이 있으면 길함威如之吉'은 '자기를 돌이켜 살피기 때문反身之謂也'이라고 했다. 여기서 '반신反身'은 자기 몸을 돌이켜 살핀다는 뜻으로 자기 자신을 반성함을 가리킨다.

위엄으로 가정을 다스린다고 했는데 어떻게 해야만 명망과 신뢰를 바탕으로 한 위엄을 갖출 수 있을까? 이러한 경지에 이르기 위해서는 반드시 자기 자신을 자주 돌이켜보며 반성해야 한다. 마치 『대학』에서 "집안을 가지런히 하고자 하는 자는 먼저 그 몸을 닦는다."고 한 것처럼 말이다. 자기 자신을 반성함은 유가에서도 중시하는 가치다. 그래서 『논어』

「학이」 편에서 증자는 "나는 하루에 세 번 나 자신을 돌아본다. 남을 위해 일을 함에 진심을 다하지 않았는가? 친구와 사귐에 신실하지 않았는가? 전해 받은 것을 충분히 익히지 않았는가?"라고 했다.

가인괘 정리

䷤

가인괘에서 말하고자 하는 것은 가정을 다스리는 이치다. 남자가 가정을 다스릴 때는 엄격함으로, 여인이 가정을 다스릴 때는 '부창부수夫唱婦隨'의 도리로 임한다. 남자는 바깥일을 주관하고 여인은 가정 안을 책임진다. 이러한 생각이 단순히 남존여비의 불평등 사상이라고 일축하면서 비판하는 사람도 있지만 사실 이 사상에 대해 제대로 알지 못하고 하는 얘기다. 여기에서 강조하는 안과 밖은 사람의 본성이 반영된 개념이다. 사람의 생리적·심리학적인 면을 살펴보면 남자는 강하고 외적 지향의 성향을 지닌 데 반해 여인은 부드럽고 내적 지향의 성질을 지녀서 가정을 다스리는 역할에도 차이가 있게 마련이다.

이 밖에도 가인괘에서는 가정 안에서 높고 낮은 순서에 대해서도 말한다. 이 점에 대해서도 봉건적인 생각이라며 부정적인 시각을 보이는 사람이 많지만 사실 이를 단순한 봉건사상으로 치부할 수만은 없다. 평등을 지향하는 서양사회에도 폐단은 있다. 다 그런 것은 아니지만 몇몇 아이는 원칙 없는 평등을 외치면서 어른을 존중하지 않은 채 함부로 대하며, 학생들은 선생님을 무시하고 자녀들은 부모를 존경하지 않는 경우도 적지 않다.

고대로부터 존비尊卑 사상을 강조하는 것은 얼핏 보기에 불평등을 조장하는 듯하지만 사실은 그렇지 않다. 존비는 객관적으로 존재하는 가치이며 변화할 수 있는 것이고 또한 상대적인 개념이다. 이를테면 부모가 높고 자녀가 낮다는 것은 부모의 연령이 높고 사회적인 경험이 많아 자녀에게 양육의 은혜를 베풀었으니 자녀는 응당 부모를 존중해야 한다는 이치를 함축하고 있는 개념이다. 또한 이러한 존비관계는 가변적이다. 지금은 자녀의 입장이지만 시간이 흘러 언젠가 그들도 부모가 되고 그렇게 되면 자연히 높은 위치에 오르게 되는데, 그때가 되면 이제 그의 자녀가 그를 높이게 되는 식이다. 친구 간에도 상호 존중해야만 우의가 오래갈 수 있다. 어른을 존귀한 위치에 두는 것은 가정을 다스리는 아름다운 덕에 해당한다. 자녀를 아래에 두어 부모에게 효도하게 하는 가정은 참으로 화목하고 아름다우며 선하다. 따라서 가정 내의 높고 낮음의 문제는 객관적이고도 발전적인 시각으로 바라봐야 하며 이것이 바로 '가정을 다스리는 도'다.

가인괘를 통해 우리는 기업과 조직, 더 나아가 국가를 다스리는 도를 배울 수 있는데 그것은 바로 서로 존중하고 질서를 지키는 것이다. 엄격해야 할 곳에서는 엄격하고 순종해야 할 곳에서는 순종하는 것이다.

38
규괘睽卦 — 분열을 화합으로

괘사

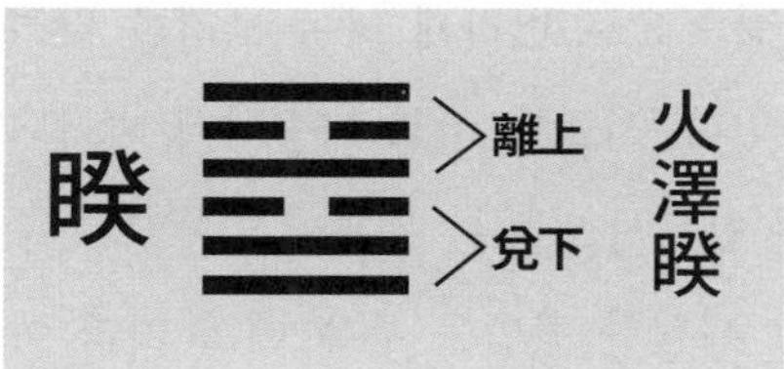

睽 小事吉.
규 소사길

규는 작은 일이 길하다.

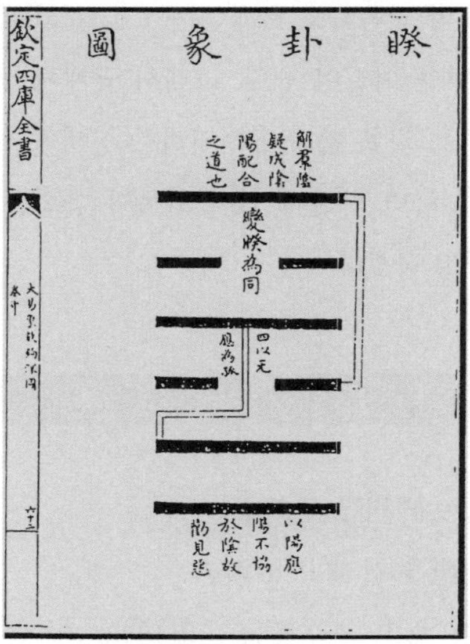

'규睽'는 두 개의 서로 다른 성질의 것이 등지고 반목하여 괴리되는 현상을 뜻한다. 『설문해자』에서는 "규는 서로 눈을 보지 않는 것이다."라고 했다. 「서괘전」에서는 "가정의 도가 궁하면 반드시 어그러지므로 규괘로 받았으니, 규는 어그러짐이다."라고 했다. 만약 가정의 도가 곤궁해지면 바른 자리를 지킬 수 없고 마음이 떠나며 덕행이 사라져 결국 가정이 어그러지고 만다. 그래서 가인괘의 다음에 규괘가 온 것이다. 규괘는 앞서 나온 가인괘와는 정반대다. 가인괘에서는 화합하는 상태를 다뤘다면 규괘에서 말하는 것은 불화하고 괴리함이다.

규

괘사에서는 규괘에 대해 '작은 일이 길하다.小事吉'고 했다. 작은 일이 길함에 대해서는 두 가지 해석이 있는데 하나는 문자 그대로 작은 일이 길하다는 것이고 또 다른 하나는 조심스럽게 일을 하면 길하다는 것이다. 둘 가운데서는 후자가 비교적 합리적인 해석이다. 규괘의 괘의는 '괴리함睽'을 '합함合'으로 변하게 하는 도리를 밝히는 데 있다. 사물이 서로 어긋나서 괴리되었으나 반드시 합하는 부분이 있으므로 부드럽고 세심한 방법을 통해 때를 따라 이끎으로써 반목하고 위배하는 요소를 없애고 조화를 이끌어 낸다. 그래서 규괘에서 강조하는 것은 분리되고 괴리한 상태에서 어떻게 하면 하나가 되어 화목과 융합을 이끌어 내는지에 관한 인생의 지혜라고 하겠다.

괘사에 대한 「단전」

彖曰: 睽 火動而上 澤動而下 二女同居 其志不同行.
단왈 규 화동이상 택동이하 이녀동거 기지부동행

說而麗乎明 柔進而上行 得中而應乎剛 是以小事吉.
열이려호명 유진이상행 득중이응호강 시이소사길

天地睽而其事同也 男女睽而其志通也 萬物睽而其事類也.
천지규이기사동야 남녀규이기지통야 만물규이기사류야

睽之時用大矣哉.
규지시용대의재

「단전」에서는 말했다. 규는 불이 움직여 올라가고 못이 움직여 내려가는 것이며, 두 여인이 함께 살지만 그 뜻이 다르게 가는 것이다. 기뻐하면서 밝음에 붙어 있고, 유가 나아가 위로 가서, 중을 얻어 강에 응하니, 이 때문에 작은 일이 길하다. 천지가 어긋나지만 그 일이 같고, 남녀가 다르지만 그 뜻이 통하며, 만물이 다르나 그 일이 같으니, 규의 때와 쓰임이 크다.

「단전」에서는 규괘에 대해서 '불이 움직여 올라가고 못은 움직여 내려간다.'는 의미에서 '화동이상 택동이하火動而上 澤動而下'라고 했다. 상괘인 이괘(☲)가 상징하는 불은 위로 움직이려는 성질을 가지고, 하괘인 태괘(☱)가 대표하는 못은 움직여 아래로 가려는 성질을 가지기 때문이다. '이녀동거二女同居'에서 '이녀二女'는 소녀少女와 중녀中女를 가리키는데 하괘의 못이 소녀고 상괘인 이가 중녀다. 소녀와 중녀는 함께 세상을 살아가지만 그들이 품은 뜻은 서로 달라서 행위도 괴리되는 면이 있다. 그래서 「단전」에서는 '그 뜻이 다르게 간다.其志不同行'고 했다.

'열이려호명 유진이상행 득중이응호강 시이소사길說而麗乎明 柔進而上行 得中而應乎剛 是以小事吉'은 이러한 상황에서는 기뻐하면서 밝음에 붙어, 유순하게 앞으로 나아가 위로 행하며 중도를 지켜 적절하게 행동할 뿐 아니라 양의 강함에 응하는 등 조심스럽게 일을 처리해야만 길할 수 있다는 말이다. 어긋나고 모순된 상황에서 어떻게 일을 처리해야만 괴리된 상황을 조화롭게 할 수 있는지에 관한 도리다.

여기서 조금 더 확장하여 '천지가 어긋나나 그 일이 같고 남녀가 다르나 그 뜻이 통하며 만물이 다르나 그 일이 같다.'라는 뜻에서 '천지규이기사동야 남녀규이기지통야 만물규이기사류야天地睽而其事同也 男女睽而其志通也 萬物睽而其事類也'라고 했다. 비록 소녀와 중녀가 한곳에 머물고 있지만 서로 뜻이 다르고 행위가 괴리되는 것에 빗대어 천지와 남녀 사이, 그리고 만물 사이가 어긋날 때 어떻게 해야 하는지에 관해서 설명하는 것이다.

그렇다면 소녀와 중녀가 한곳에 머무는데도 마음의 뜻과 행위가 서로 어긋나는 이유는 무엇일까? 그 이유는 바로 장녀長女가 없기 때문이다. 소녀는 아직 성숙하지 않은 상태인 반면 중녀는 비록 성숙하였으나 인품이나 덕, 지식이 장녀만 못하다. 그래서 이것은 동일한 부류에 속하는 두 가지 사물이나 일, 현상을 상징한다. 소녀와 중녀는 모두 음의 성질을 지녀서 하나는 소음少陰이고 다른 하나는 중음中陰이므로 이들을 향해 본문에서도 '천지가 어긋나나 그 일이 같다.天地睽而其事同也'고 표현한 것이다. 하늘과 땅도 음과 양으로 구분되고 남자와 여자도 그러하며 세상만물과 모든 일에도 마찬가지로 음과 양이 있다. 따라서 하늘과 땅이 괴리되더라도 만물이 나서 자라고 변화하는 도리는 도리어 동일하며 남녀가 어긋나 위배하더라도 그 교합하여 감응함의 뜻은 서로 통한다. 또한 세상만물과 모든 일이 서로 등지더라도 하나같이 음과 양으로 나뉘는데 이때 음과 양의 기질과 형상은 오히려 비슷하다. 이처럼 규괘가 우리에게 알려 주는 이치는 무척 중요해서 규괘의 「단전」은 '규의 때와 쓰임이 크다.睽之時用大矣哉' 라고 마무리하고 있다.

「단전」을 전반적으로 살펴보면 '규睽'의 시기, 즉 어긋나고 모순되는 시기에 어떻게 하면 괴리함 속에서 하나 됨을 이룰 수 있을지에 관한 이치를 알려 준다.

괘사에 대한 「대상전」

象曰: 上火下澤 睽. 君子以同而異.
상왈 상화하택 규 군자이동이이

「상전」에서는 말했다. 위는 불이고 아래는 못인 것이 규다. 군자는 이를 보고 같으면서도 다르게 한다.

「상전」의 '상화하택 규上火下澤 睽'는 '위는 불이고 아래는 못인 것이 규다.'라는 뜻이다. 규괘(☲☱)의 상괘인 이괘(☲)가 불이고 하괘인 태괘(☱)가 못인 것을 가리키는 말이다. 불은 위로 타오르려 하고 못은 아래로 흐르려고 하므로 둘 사이에 소통이 없어 분리되는 상황, 이것이 바로 규괘의 상이다.

군자는 이러한 괘상을 보고 규괘의 도에 근거해서 '같으면서도 다르게同而異', 즉 크고 전반적인 면에서는 같으면서도 세부적으로는 조금 다르게 행한다. 「상전」은 「단전」과는 서로 다른 각도에서 '동同(동화함, 같음)'과 '이異(괴리함, 다름)'의 관계를 말한다. 『논어』 「자로」 편에서 공자는 "군자는 조화를 이루되 줏대 없이 동화되지 않으며, 소인은 부화뇌동하기는 하지만 조화를 이루지는 못한다.君子和而不同 小人同而不和"고 했다.

그렇다면 무조건 상대와 하나로 동화되어야만 하는 것일까, 아니면 분리되어야 하는 것일까? 규괘에서는 우리에게 '크게 같으면서도 조금은 다르게' 할 것을 권한다. '크게 같음'이란 무엇인가? 뜻의 방향을 같이하라는 말이다. 이러한 뜻을 함축한 말이 바로 '동지同志'다. 그렇다면 '조금 다름'이란 무엇을 의미할까? 뜻의 방향을 같이했다면, 이번에는 그 뜻을 말이나 행동으로 표출해야 하는데, 이때 뜻이 겉으로 드러나는 방식이나 상황이 조금 다를 수 있다는 말이다. '군자화이부동君子和而不同'에서 '부동不同'은 일을 하는 방법이 다르고 드러난 형식이 다를 뿐 뜻의 방향이 달라진 것은 결코 아니다. 우리는 규괘를 통해 분리와 괴리함이 이롭지 않은 반면, 조화와 화합이 길하다는 사실을 배울 수 있다. 화합은 뜻과 도가 한데 합하여 마음과 덕이 동일해진 상태를 가리킨다. 군자라면 다른 사람과 일을 도모할 때 그 수단과 방식은 서로 다를 수 있지만 마음에 품은 뜻과 덕은 절대 분리되어서는 안 된다. 이렇게 해야만 구성원의 속성이 서로 달라도 하나로 조화할 수 있으니 이것이 군자의 행함이다.

초구 효사와 「소상전」

初九, 悔亡 喪馬勿逐 自復 見惡人 无咎.
초구 회망 상마물축 자복 견오인 무구

象曰: 見惡人 以辟咎也.
상왈 견오인 이피구야

초구는 후회함이 없으니, 말을 잃으나 쫓지 않아도 스스로 돌아오고, 사이가 어긋난 사람을 만나도 허물이 없다.

「상전」에서는 말했다. 사이가 어긋난 사람을 만남은 허물을 피하기 위함이다.

초구의 '회망悔亡'은 후회함이 사라진다는 것이며 '상마물축喪馬勿逐'은 사라져 버린 말은 뒤쫓을 필요가 없다는 뜻이다. 그 이유는 '자복自復', 즉 스스로 돌아올 것이기 때문이다. '견오인 무구見惡人 无咎'는 자신이 미워하는 사람이나 사이가 어긋난 사람을 만나더라도 재앙이나 화가 없다는 말이다.

초구효는 사라진 말을 뒤쫓지 않아도 말이 스스로 돌아오리라는 비유를 들어 어긋남의 첫 단계를 설명하고 있다. 다른 사람을 대할 때 지나치게 과격하게 행동해서 그와 완전히 대립하거나 교류를 끊고 멀리하는 태도를 보여서는 안 되며 그들과 계속해서 교류해야 한다. '견오인見惡人'에서 '견見'은 서로 만날 때 부드럽고 환한 얼굴로 대함으로써 그들이 진심으로 잘못을 깨닫고 자연스럽게 돌아와 다시 화목하게끔 하는 행동이다.

「상전」에서는 '사이가 어긋난 사람을 만남見惡人'은 '허물을 피하기 위함辟咎也'이라고 해석했다. 여기서 '피辟'는 '피하다'라는 의미의 '피避'와 통한다. 왜 그럴까? 말이 도망가 사라졌다고 해서 그것을 뒤쫓으면 말은 더욱 속도를 내서 도망가려 할 것이다. 자기와 뜻이 달라서 어긋난 사람과의 관계에서도 마찬가지다. 마음이 다르다고 해서 상대에게 분노하여 격하게 행동하면 그는 당신과 더욱 더 멀어지려고만 할 것이다. 그러므로 자신과 어긋난 사람을 뒤쫓거나 강제로 무언가를 요구하지 말고 서서히 그를 감화시킴으로써 스스로 돌아오게끔 유도해야 한다.

구이 효사와 「소상전」

九二, 遇主于巷 无咎.
구이 우주우항 무구

象曰: 遇主于巷 未失道也.
상왈 우주우항 미실도야

구이는 주인을 골목에서 만나면 허물이 없다.

「상전」에서 말했다. 주인을 골목에서 만남은 도를 잃지 않았기 때문이다.

구이의 '우주우항遇主于巷'은 '군주를 골목에서 만난다.'는 뜻인데 여기서 '주인'은 존귀한 자리에 있는 육오효를 가리킨다. 골목에서 주인과 예기치 않게 만났거나 좁은 길에서 만난 것이다. 두 사람은 서로 어긋나고 괴리된 상황에서 우연히 만난 것이니 강제가 아닌 자연스러운 만남이다. 이러한 일은 허물이 없기 때문에 '무구无咎'라고 했다.

「상전」에서는 '주인을 골목에서 만남遇主于巷', 즉 구이가 어긋난 상황에서 주인과 예기치 않게 만난 것은 '도를 잃지 않았기 때문未失道也'이라고 했다. 구이는 강효여서 강건한 상황임에도 음의 자리에 있을 수 있다. 이는 그의 행위가 중도를 잃지 않고 '어긋남을 화합함으로 바꾸고 전쟁의 무기를 옥과 비단으로 바꾸는' 도에 위배되지 않기 때문이다. 어긋난 상황에서는 화목하기를 강제로 구하지 않고 부드럽고 순응하는 마음으로 주인을 대함으로써 그로 하여금 자연스럽게 자신과 화합하게끔 유도해야 하는데 이것이 바로 처세의 지혜다. 이처럼 서로 어긋난 상황을 처리할 때는 무척 조심스럽게 접근해야 한다.

육삼 효사와 「소상전」

六三, 見輿曳 其牛掣 其人天且劓 无初有終.
육삼 견여예 기우체 기인천차의 무초유종

象曰: 見輿曳 位不當也. 无初有終 遇剛也.
상왈 견여예 위부당야 무초유종 우강야

육삼은 수레가 끌리는 것을 보고, 그 소가 가로막히며, 그 사람의 이마에 죄명을 새겨 넣고 코가 베이니, 처음은 없으나 마지막은 있다.

「상전」에서는 말했다. 수레가 끌리는 것을 봄은 위치가 마땅하지 않기 때문이요, 처음은 없으나 마지막은 있음은 강을 만났기 때문이다.

육삼효에는 세 가지 장면이 보인다. 첫째는 '수레가 끌리는 것을 보는 見輿曳' 것이다. 여기서 '예曳'는 질질 끄는 모습을 가리키므로 큰 수레가 질질 끌리며 앞으로 힘겹게 나아가는 상황을 본다는 것이다. 두 번째 광경은 '그 소가 가로막힘其牛掣'이다. 수레를 끄는 소가 가로막힌 채 앞으로 나아가기 어려워하는 모습이다. 세 번째 장면은 '그 사람의 이마에 죄명을 새겨 넣고 코를 베는 것其人天且劓'이다. 이는 고대에 행해졌던 중형의 형벌 방식이다.

이 세 가지 장면 모두 어긋남이 극에 다다른 것으로서 이는 육삼효가 본래 상구효와 호응해야 하지만 상구효의 의심을 받으므로 육삼효가 긴장하면서 가혹한 형벌을 받는 상황이다. 육삼은 어긋난 상황에서 무슨 일을 하든지 모두 견제를 당하고 가로막혀 질질 끌려다닌다. 이는 이롭지 않은 일일 뿐 아니라 심각하면 큰 상함을 입게 되는 상황이다. 이 같은 어긋난 국면을 잘 마무리 지으려면 분리됨을 화합함으로 바꾸어야 한다. 그래서 '무초유종无初有終', 즉 처음에는 괴리되었으나 마침내는 서로 화합할 것이라고 말했다.

「상전」에서는 '수레가 끌리는 것을 봄은 위치가 마땅하지 않기 때문見輿曳 位不當也'이라고 했다. 육삼은 음효인데도 양의 자리에 왔다. 이는 음의 성질을 지닌 사람이 양의 성질을 가진 직책을 맡게 된 것이나 다름없어서 위치가 마땅하지 않다고 한 것이다. 그래서 일을 할 때 질질 끌면서 기민하고 명쾌하게 처리하지 못한다. 또한 이런 사람은 의심을 잘 하고 유약한 데다 어긋난 상황에 처해 있어서 처음 시작할 때 근심하고 두려워하니 마치 수레가 질질 끌리고 소가 가로막히며 이마에 죄명을 새기며 코가 베이는 상황과도 같다.

'처음은 없으나 마지막은 있음无初有終'은 '강을 만났기 때문遇剛也'이라고 했는데 이는 육삼효가 하괘의 마지막인 데다 상응하는 효마저 괘 전체에서 마지막 효인 상구효이기 때문이다. 그리고 육삼효는 음이고 상구효는 양이므로 강을 만난 뒤 마침내는 음양이 서로 화합할 것이라고 했다.

구사 효사와 「소상전」

九四, 睽孤 遇元夫 交孚 厲无咎.
구사 규고 우원부 교부 여무구

象曰: 交孚无咎 志行也.
상왈 교부무구 지행야

구사는 규가 외로워 원래의 남편을 만나 서로 믿으니 위태로우나 허물이 없다.

「상전」에서는 말했다. 서로 믿으니 허물이 없음은 뜻이 행해지기 때문이다.

구사의 '규고睽孤'는 어긋난 시기에 무척 외롭다는 것이고 '우遇'는 만나고자 한다는 뜻이다. '원元'은 '처음의' '원래의'라는 의미이고 '부夫'는 강剛을 말하니 '원부元夫'는 본래의 남편, 즉 초구효를 가리킨다. 그래서 '우원부遇元夫'는 초구의 남편을 만나고자 함이다.

구사효는 '정正'하지도 '응應'하지도 않은 데다 육삼효와 육오효 사이에 외롭게 서 있을 뿐 유일하게 초구효만이 그의 동지이므로 나아가 그를 만나고자 하는 것이다.

'교부交孚'는 서로 성실함, 믿음을 가지고 만난다는 것이다. 구사효와 초구효는 서로 멀리 떨어져 있지만 뜻이 같아서 성실함과 믿음으로 만나니 이렇게 해야만 그 뜻을 이룰 수 있다. '여무구厲无咎'는 비록 위태로우나 허물이 없다는 뜻이다.

「상전」에서는 '서로 믿으니 허물이 없음交孚无咎'은 '뜻이 행해지기 때문志行也'이라고 해석했다. 뜻이 같기 때문에 자연히 행위도 같아 '뜻이 행해짐志行'이라고 했다.

구사효는 초구효와 호응하고 둘 다 양에 속하므로, 그들 사이의 호응은 강과 강 사이의 호응이다. 이때 초구는 구사효와 같은 뜻을 품은 사람이라고 볼 수 있다. 비록 구사효는 홀로 외롭게 있지만 초구효처럼 뜻이 같은 사람이 있어서 서로 호응하고 둘 사이에 성실함도 있다. 그래서 "두 사람이 마음을 합하면 예리하여 쇠도 끊을 수 있다."는 이치가 실현되는 셈이다. 따라서 구사효의 상황은 전체적으로 위태롭더라도 위기를 평안함으로 바꿀 만하다.

육오 효사와 「소상전」

六五, 悔亡 厥宗噬膚 往何咎.
육오 회망 궐종서부 왕하구
象曰: 厥宗噬膚 往有慶也.
상왈 궐종서부 왕유경야

육오는 후회함이 없으니 친족이 살을 깨물듯 하면 앞으로 나아감에 무슨 허물이 있겠는가?

「상전」에서는 말했다. 친족이 살을 깨물듯 하면 앞으로 나아감에 경사가 있다.

'궐종서부厥宗噬膚'는 '친족이 살을 깨물듯 하다.'라는 말인데 이는 같은 종족끼리 투쟁하고 서로 상하게 하는 것이 아니라 가깝고 화목하게 지내는 상황을 빗댄 것이다. 이렇게 하면 후회가 없다는 뜻에서 '회망悔亡'이라고 덧붙였다. '궐종서부厥宗噬膚', 즉 친족이 살을 깨물듯 하면 앞으로 나아갔을 때 만나게 되는 것은 상구효다. 상구효는 양효로서 육오의 음효로부터 떠받듦을 당하는 모습이므로 화합과 친화를 바라는 이미지다. '왕하구往何咎'는 이처럼 어긋난 상황에서 육오효가 주동적으로 앞으로 나아가 사귀기를 원하니 허물이 있을 수 없다는 말이다.

「상전」에서는 '친족이 살을 깨물듯 하면 앞으로 나아감에 경사가 있다.厥宗噬膚 往有慶也'고 했다. 계속해서 앞으로 나아가기만 하면 허물이 없을 뿐 아니라 경사가 있을 것이라는 말이다. 육오효가 비록 어긋난 상황에 처해 있기는 하지만 부드럽고도 순응하는 태도를 가지고 앞으로 나아가 종친과 화합하고자 하니, 종친도 오해를 풀고 단합하게 되어 서로 경사가 있다고 한 것이다.

상구 효사와 「소상전」

上九, 睽孤 見豕負塗 載鬼一車 先張之弧 後說之弧.
상구 규고 견시부도 재귀일거 선장지호 후탈지호
匪寇婚媾 往遇雨則吉.
비구혼구 왕우우즉길
象曰: 遇雨之吉 羣疑亡也.
상왈 우우지길 군의망야

상구는 규가 외로워서 돼지가 진흙을 짊어진 것과 귀신이 수레에 가득 실려 있는 것을 본다. 먼저는 활을 당기다가 뒤에는 활을 풀어 놓으니, 도적이 아니라 혼인하자는 것이며, 가서 비를 만나면 길하다.

「상전」에서는 말했다. 비를 만나는 것이 길함은 모든 의심이 없어지기 때문이다.

상구에서는 어긋남이 극에 달한 나머지 '규고睽孤', 즉 '규가 외롭다.'고 했다. 극도로 괴리된 상황에서 큰 고독함을 느끼고 강한 의심마저 드는 시기다. 이때는 세 가지 의심스러운 장면이 연출되는데 그것은 첫째, '견시부도見豕負塗' 즉 돼지가 등에 진흙을 짊어진 모습이다. 둘째는 '재귀일거載鬼一車'로 큰 수레에 귀신을 가득 싣고 달리는 광경이다. 수레에 실린 귀신들에 대해서는 '선장지호 후탈지호先張之弧 後說之弧'라고 하여 먼저는 활을 당겨 수레의 귀신을 쏠 준비를 했다가 나중에는 그냥 활과 화살을 내려놓는다고 했다. 왜냐면 수레 위에 있는 것이 귀신이 아님을 발견하기 때문이다. 세 번째 장면은 물건을 빼앗는 도적을 발견한 줄 알았으나 나중에 자세히 보니 '비구혼구匪寇婚媾', 즉 도적이 아니라 구혼하러 온 사람이었음을 알게 된다.

이럴 때는 '비를 만나면 길하다.往遇雨則吉'고 했는데 이는 음양이 화합하면 길하다는 말이다.

이처럼 육삼효는 어긋난 상황에서는 고독을 느낄 때 의심할 수 있는 상황이 나오는데 이 세 가지 광경도 의심할 때 나타나는 현상이다. 그러나 의심을 없앤 뒤에는 본래의 평안한 심리 상태를 회복할 수 있다.

「상전」에서는 '비를 만남이 길함은 모든 의심이 없어지기 때문遇雨之吉羣疑亡也'이라고 했다. 음양이 서로 합하면 어긋난 상황이 종결되어 각종 의심도 사라지므로 그 뒤로는 진심을 다해 다른 사람과 화합하려 하고 그렇게 되면 길함과 경사가 있다.

사람은 괴리되어 고독한 상황에 처하면 심리적으로 남을 쉽게 의심하여 헛된 상상을 하게 마련이다. 상구효는 본래 육삼효와 호응하지만 육삼효의 단계에서도 의심 때문에 각종 환영이 나타난 바 있다. 그런데 상구효는 괴리함이 극에 이른 단계인 만큼 더 심했으면 심했지 덜하지는 않을 것이다.

그렇다면 어떻게 해야만 이러한 의심을 없앨 수 있을까? 여기서는 '비를 만난다.遇雨'고 했다. 비가 의미하는 바를 살펴보면 다음과 같다. 첫째, 음양이 합해야만 비가 내릴 수 있다. 둘째, 비가 내림은 마음이 평안하고 기운이 조화를 이룬 상태를 가리킨다. 예컨대 돼지의 몸에 진흙이 덕지덕지 묻어 있어도 비가 내리면 오물이 씻겨 내려가 깨끗함을 회복할 수 있다. 그리고 저 멀리 수레에 실린 것이 어렴풋하게 귀신처럼 보이다가도 비가 내려 짙은 안개가 걷히고 시야가 선명해지면서 허상이었음을 깨닫게 된다. 이처럼 '비를 만나면' 의심이 걷히고 진상을 제대로 파악할 수 있어서 명확한 인식의 변화를 경험할 수 있다는 것이다.

규괘 정리

䷥

괴리된 상황이 발생하는 이유는 사람 사이에 생기는 의심 때문이다. 따라서 의심을 버리고 감추어진 실상과 진상을 파악해야 한다. 이는 세상을 살아가며 각종 일에 대처하는 데 무척 큰 일깨움을 준다. 같은 뜻을 공유하면서도 그 뜻을 이루기 위한 수단과 방법을 상황에 따라 융통성 있게 변화시킴으로써 사람 사이의 마음을 분열시키지 말고 조화를 이뤄야 한다. 사람이 저마다 개성과 관점이 다른 것은 큰 문제가 아니다. 소통하고자 하는 마음을 가지고 사람들과 교류하기만 하면 누구와도 조화를 이룰 수 있기 때문이다. 중요한 것은 마음이 분리되지 않는 것이다.

규괘 전체를 살펴보면 여섯 효는 하나같이 어떻게 하면 서로 조화를 이루고 괴리되지 않을 수 있을지에 대해서 강조한다. 여섯 효에서 하고자 하는 말을 종합해 보면 조심하고 삼가며 유순하고 부드럽게, 그리고 평온한 태도를 유지해야만 서서히 의심을 없애서 괴리된 국면을 마무리 짓고 조화롭고 화목하게 하고자 하는 목적에 다다를 수 있다는 것이다.

39
건괘蹇卦 — 험난함을 헤쳐 나감

괘사

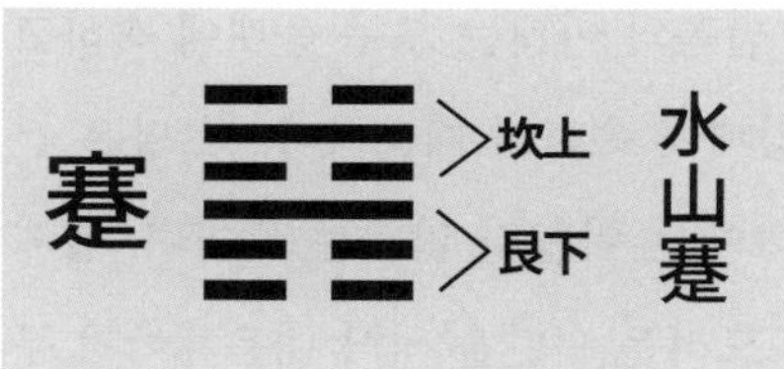

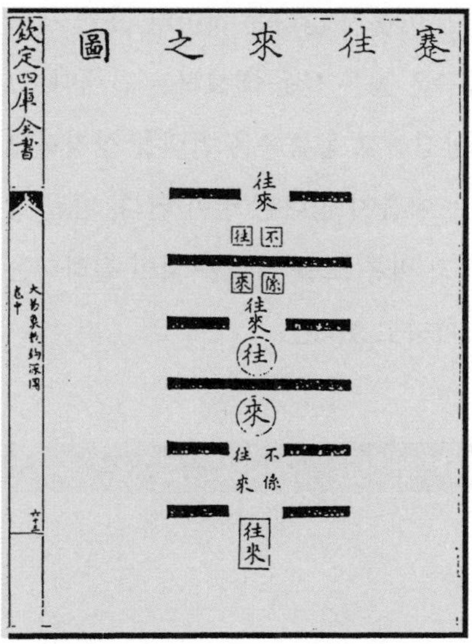

蹇 利西南 不利東北 利見大人 貞吉.
건 이서남 불리동북 이견대인 정길

건은 서남은 이롭고 동북은 이롭지 않다. 대인을 만나 봄이 이로우니 바르게 함이 길하다.

'건蹇'은 험난하다는 뜻이다. 『설문해자』에서 "건은 절뚝거림이다. 발에서 뜻을 가져왔다."고 한 것처럼 '건蹇'은 발을 전다는 뜻에서 파생된 말이므로 행동이 불편하여 곤란하다는 뜻으로 확장되었다. 「서괘전」에서는 "어긋나면 반드시 어려움이 있으므로 건괘로 받았다. 건은 어려움이다."라고 했는데 분리되고 흩어지면 반드시 가로막힘과 어려움에 직면하므로 규괘의 다음에 건괘가 배치됐다는 말이다.

앞서 『주역』의 세 번째 괘로 다뤘던 '준괘屯卦' 또한 험난함을 상징하는 괘였는데 그렇다면 이 두 괘에서 말하는 어려움은 서로 어떻게 다를까? 준괘는 사물이 이제 막 시작하는 단계에서 맞닥뜨린 어려움인 반면 건괘蹇卦는 사물과 일의 발전 단계가 일정 수준에 이른 다음 맞게 되는 어려움이다. 본 괘의 목적은 우리에게 어떻게 하면 이 같은 험난함을 극복할 수 있을지 알려 주는 데 있다.

건괘蹇卦의 괘사에서는 어째서 '서남은 이롭고 동북은 이롭지 않다.利西南 不利東北'고 했을까? 서쪽의 태괘와 남쪽의 이괘는 모두 음괘에 속하고 동쪽의 진괘와 북쪽의 감괘는 모두 양괘에 속하기 때문이다. 이 말은 건괘蹇卦가 음유陰柔에는 이롭고 양강陽剛에는 이롭지 않다는 뜻이며, 쉽게 말해 험난한 상황에 처했다면 음의 부드러운 수단을 써서 대응해야지 무턱대고 강건하게 돌진하는 방식을 쓰면 이롭지 않다는 것이다. 또한 서남쪽은 대지를 상징하는 곤괘이고 동북쪽은 높은 산을 대표하는 간괘다. 그렇다면 건괘蹇卦의 서남쪽은 평지를 상징하고 동북쪽은 언덕을 상징하므로 평지 위쪽이 유리하고 높은 산 위는 이롭지 않다는 말이 된다. 이런 상황에서는 대인을 만나 보는 것은 이롭고 바른 도를 지키는 것이 길하다는 의미에서 '이견대인 정길利見大人 貞吉'이라고 했다.

괘사에 대한 「단전」

彖曰: 蹇 難也 險在前也.
단왈 건 난야 험재전야

見險而能止 知矣哉.
견험이능지 지의재

蹇利西南 往得中也. 不利東北 其道窮也.
건리서남 왕득중야 불리동북 기도궁야

利見大人 往有功也 當位貞吉 以正邦也.
이견대인 왕유공야 당위정길 이정방야

蹇之時用大矣哉.
건지시용대의재

「단전」에서는 말했다. 건은 어려움이니 험난함이 앞에 있다. 험난함을 보고 멈추니 지혜롭다. 건은 서남이 이로움은 가서 중을 얻기 때문이고, 동북이 이롭지 않음은 그 길이 궁하기 때문이다. 대인을 봄이 이로움은 가면 공이 있기 때문이요, 위치가 마땅하여 바르게 함이 길함은 나라를 바로 잡는 것이다. 건의 때와 쓰임이 크다.

「단전」에서 '건은 어려움이다.蹇 難也' '험난함이 앞에 있다.險在前也'고 한 것은 위기가 코앞에 닥쳤음을 표현한 것이다. '험난함을 보고 멈추니 지혜롭다.見險而能止 知矣哉'는 건괘의 상괘인 감괘가 험난함을 상징하고 하괘인 간괘는 그침을 상징하기 때문이다. 험난함에 직면하면 즉시 멈춰 서라는 의미다. 위기 상황이 닥치더라도 절대로 무모하게 돌진하지 않아야 지혜롭다고 할 수 있다.

'건은 서남이 이롭다.蹇利西南'고 한 것은 서남쪽으로 '가면 중을 얻기 때문往得中也'이다. 서남쪽이 상징하는 것은 대지다. 대지는 '중中'의 자리에 거하므로 중도를 지키면서, 나아갈 때 나아가고 물러설 때 물러서는 등 좌우로 치우치지 않으니 무모하게 돌진하는 것도 아니요, 그렇다고 아예 멈춰 서서 나아가지 않는 것도 아니다. 그래서 길하다. 그렇다면 어째서 '동북은 이롭지 않다.不利東北'고 했을까? '그 길이 궁하기 때문其道窮也'이다. 동북쪽이 상징하는 것은 높은 산이다. 평탄치 않은 산길을 걸으며 계속 앞으로 나아가다 보면 길이 막히기도 하고 없어지기도 한다. 이처럼 '모든 길이 끝난 막다른 길窮途末路'이기 때문에 이롭지 않다.

'대인을 만나 봄이 이로움利見大人'은 '앞으로 나아가면 곤경을 벗어나서 공이 있기 때문往有功也'인데, 대인은 능력이 탁월한 사람이므로 여기서는 구오효를 가리킨다. 본 괘에서는 초육효를 제외하고는 하나같이 음효가 음의 자리에, 양의 자리에 양의 자리에 와서 각자의 자리가 마땅하다. 그래서 '바른 도를 지킴이 길하다.貞吉'고 한 것이고, 이처럼 바르게 함을 통해 다스리면 나라가 바로 세워지고 부흥할 수 있다는 의미에서 '나라를 바로잡는 것以正邦也'이라고 표현했다.

이처럼 건괘가 대표하는 시간과 위치, 함축하고 있는 철학적 이치가 무척 중요하기 때문에 '건의 때와 쓰임이 크다.蹇之時用大矣哉'는 말로 「단전」은 마무리된다. 건괘의 의의는 곤궁한 상황을 벗어나게 하는 이치를 알리는 데 있다. 여기에는 세 가지 뜻이 담겨 있는데 그것은 첫째, 나아감과 물러섬이 때와 상황에 적합해야 하고 둘째, 대인은 험난함을 벗어나는 주체가 되어야 하며 셋째, 곤궁함을 벗어나기 위해서는 반드시 바른 도를 지켜야 한다는 점이다.

괘사에 대한 「대상전」

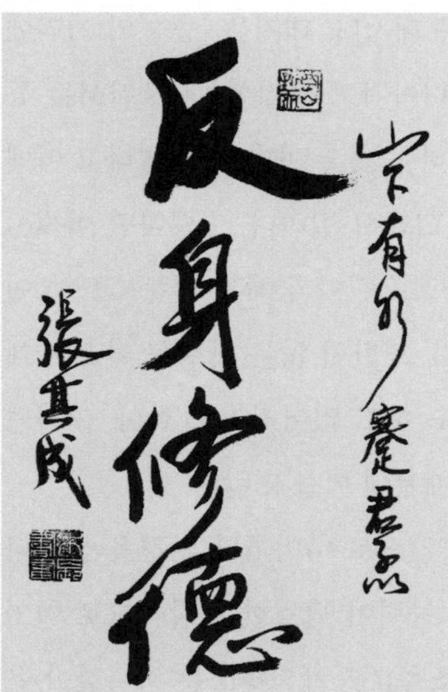

반신수덕

象曰: 山上有水 蹇.
상왈 산상유수 건

君子以反身修德.
군자이반신수덕

「상전」에서는 말했다. 산 위에 물이 있는 것이 건이다. 군자는 이를 보고 자신을 돌이켜보아 덕을 닦는다.

「상전」에서는 '산 위에 물이 있는 것이 건이다.山上有水'라고 했는데 이는 건괘(䷦)의 하괘인 간괘(☶)가 산이고 상괘인 감괘(☵)가 물이기 때문이다. 넘실대는 큰물이 산 위에 있으니 산이 가로막고 물이 험난한 상황이다. 이처럼 험난한 국면은 우리로 하여금 앞으로 나아갈 수 없게 하니 이것이 바로 건괘의 상이다.

군자는 이러한 괘상을 보고 건괘의 도에 근거해 '자신을 돌이켜보아 덕을 닦는다.反身修德' 군자는 장애물에 의해 가로막힌 채 그 어떤 도움도 받지 못하고 행동이 제한을 받더라도 그럴 때일수록 자기 자신을 돌이켜보아 반성함으로써 덕과 재능을 쌓아 올린다. 이는 선조들이 자신의 몸과 마음을 수양할 때 사용했던 방법 중 하나다. 그래서 맹자도 「이루離婁」에서 "행한 결과를 얻지 못하거든 돌이켜 자신에게서 그 원인을 찾는다."고 했다. 정이도 건괘를 해석하면서 "군자는 어려움을 만나면 반드시 자기 몸에 돌이켜 찾아서 스스로 덕을 닦는다."고 했다. 군자는 곤궁해지더라도 무모하게 나아가지 않으며 그렇다고 의기소침해하지도 말고, 다만 냉정하게 자신의 경험을 한데 모아 어려움을 극복할 능력을 쌓음으로써 때를 따라 어려움을 헤쳐 나가야 한다는 뜻이다. 이것이 바로 유가 사상 가운데 빛을 발하는 가르침이라고 할 수 있다.

맹자

초육 효사와 「소상전」

初六, 往蹇 來譽.
초육 왕건 내예

象曰: 往蹇來譽 宜待也.
상왈 왕건래예 의대야

초육은 가면 어렵고 오면 명예가 있다.

「상전」에서는 말했다. 가면 어렵고 오면 명예가 있다는 것은 마땅히 기다려야 하기 때문이다.

초육의 '왕건往蹇'은 앞으로 나아가면 어려움이 있다는 것이며 '내예來譽'는 돌아오면 영예를 얻을 것이라는 말이다. 초육효를 보면 건괘의 어려움이 시작되는 첫 단계에서부터 음의 부드러움이 놓인 데다 위로 응하지도 않는 상황이다. 위로 가면 어려움이 한층 더 심화되는 데다 초육의 위치는 하괘인 간괘 중에서도 첫 자리다. 간괘는 그침을 상징하는데 처음 시작 단계에서 그친다는 의미다. 어려움을 만날 수 있으니 앞으로 나아감을 멈춘 채 때를 기다리므로 명예가 있다고 한 것이다.

「상전」에서 '가면 어렵고 오면 명예가 있음往蹇來譽'은 '마땅히 기다려야 하기 때문宜待也'이라고 했는데 이는 어려울 때는 한 발 물러서서 적절한 시기를 기다린 뒤 나아가야 한다는 말이다.

초육에서 이러한 이치가 다뤄졌다는 것은 처음 시작 단계에서부터 '시기'의 중요성을 잘 이해하고 있음을 의미한다. 오늘날 사람들은 앞으로 돌진할 줄만 알지 물러섬의 중요성을 모르고, 얻을 줄만 알지 버리는 도를 모르니 매우 위험한 일이 아닐 수 없다.

육이 효사와 「소상전」

六二, 王臣蹇蹇 匪躬之故.
육이 왕신건건 비궁지고

象曰: 王臣蹇蹇 終无尤也.
상왈 왕신건건 종무우야

육이는 왕의 신하가 어렵지만 그 어려움은 자기 자신 때문이 아니다.

「상전」에서는 말했다. 왕의 신하가 어렵지만 그 어려움은 끝내 허물이 없게 하기 위함이다.

육이효의 '왕신건건王臣蹇蹇'은 대왕의 신하가 곤궁함을 벗어나기 위해 노력하며 힘들게 달려가는 모습인데, 그것이 자신으로 말미암은 것이 아니라는 뜻에서 '비궁지고匪躬之故'라고 덧붙였다.

「상전」에서는 '왕의 신하가 어려운 것王臣蹇蹇', 즉 대왕의 신하가 곤궁할 때 두려워하거나 성패에 연연해하지 않고 힘들게 달려가는 것은 자신의 이익을 위해서가 아니라 대왕이 '끝내 허물이 없도록 하기終无尤也' 위해서라고 해석했다. 여기서 대왕은 구오효를 가리킨다. 육이효는 유순함이 '중中'에 거하고 '정正'도 얻었으며 구오효에 순응한다. 구오가 상괘인 감괘의 험난함 가운데 처해 있는데 육이의 충신은 그러한 험난함을 건너기 위해 밤낮 애쓰는 수고를 마다않고 원망도 두려워하지 않는다는 의미다.

구삼 효사와 「소상전」

九三, 往蹇 來反.
구삼 왕건 내반

象曰: 往蹇來反 內喜之也.
상왈 왕건래반 내희지야

구삼은 가면 어렵고 오면 제자리로 돌아온다.

「상전」에서는 말했다. 가면 어렵고 오면 제자리로 돌아옴은 안이 기뻐하기 때문이다.

구삼의 '왕건往蹇'은 이왕 앞으로 나갈 수 없게 됐다면 과감하게 뒤로 물러서라는 말이고 '내반來反'은 제자리로 돌아온다는 말이다. 매일같이 어렵고 절망스러운 상황을 만나더라도 한 발 물러서서 문제의 근본 원인을 따져보고 최종적으로 돌아가야 할 곳을 떠올려야 한다.

「상전」에서 '가면 어렵고 오면 제자리로 돌아옴往蹇來反'은 '안이 기뻐하기 때문內喜之也'이라고 했는데 이는 돌아오면 '안內'으로부터 환영을 받게 된다는 말이다. 여기서 '안'은 초육효와 육이효를 가리킨다. 이 둘은 모두 음효이고 구삼효는 양효여서 양효가 과감하게 후퇴하면 그 아래에 있는 초육효와 육이효는 무척 기뻐할 것이다. 우리는 여기서 "고난을 당해 봐야 진짜 친구가 구별된다."는 말을 떠올려 볼 수 있다.

육사 효사와「소상전」

六四, 往蹇 來連.
육사 왕건 내연

象曰: 往蹇來連 當位實也.
상왈 왕건래연 당위실야

육사는 가면 어렵고 오면 계속 어렵다.

「상전」에서는 말했다. 가면 어렵고 오면 계속 어려움은 당한 자리가 실하기 때문이다.

육사에서는 '가면 어렵다往蹇'고 한 뒤, 그렇다고 해서 와 버린다고 해도 연이어 어려움을 만나게 될 것이라고 했다.

「상전」에서는 '가면 어렵고 오면 계속 어려움은 당한 자리가 실하기 때문往蹇來連 當位實也'이라고 했다. 육사효는 위로 가면 어렵지만 그렇다고 돌이켜 다시 와도 어렵다. 그러나 음효가 음의 자리에 와서 위치가 마땅하므로 바른 도를 행하여 제멋대로 행동하지 않는다. '실實'은 위치가 마땅하여 성실하다는 뜻이다.

왕필은 여기에 주석을 달아 설명하기를 "가면 응함이 없고 와도 강을 타고 있어서 가고 옴이 모두 어렵다."고 했다. 육사효는 본래 초육효와 서로 호응해야 하지만 둘 다 음효라서 서로 응할 수가 없다. 그렇다고 아래로 가자니 양효의 위에 올라타는 격이어서 길하지 않으므로 오고 감이 모두 어렵다고 한 것이다. 서로 응하고 합하는 것이 얼마나 중요한지 설명해 주는 구절이다.

구오 효사와 「소상전」

九五, 大蹇 朋來.
구오 대건 붕래
象曰: 大蹇朋來 以中節也.
상왈 대건붕래 이중절야

구오는 크게 어려워도 벗이 온다.

「상전」에서는 말했다. 크게 어려워도 벗이 오는 것은 절도에 부합하기 때문이다.

구오의 '대건大蹇'은 큰 어려움을 만났다는 의미인데 그러함에도 모든 이의 도움을 얻을 수 있게 되었다는 뜻에서 '벗이 왔다.朋來'고 했다.

「상전」에서는 '크게 어려워도 벗이 오는大蹇朋來' 것은 '절도에 부합하기 때문以中節也'이라고 해석했다. 구오는 양효가 양의 자리에 왔고 '중中'과 '정正'을 모두 얻어, 비록 큰 어려움을 만나더라도 중도의 입장에서 정도를 행하니, 양강하고 중정한 기개와 지조를 유지하여 모두의 도움을 얻을 수 있다. 구체적으로 말하면 구오효는 육이효와 상응하고 위아래가 모두 음효여서 그들의 보조를 받을 수 있다는 것이다.

상육 효사와 「소상전」

上六, 往蹇 來碩 吉 利見大人.
상육 왕건 내석 길 이견대인

象曰: 往蹇來碩 志在內也. 利見大人 以從貴也.
상왈 왕건래석 지재내야 이견대인 이종귀야

상육은 가면 어렵고 오면 커서 길하니 대인을 만나 봄이 이롭다.

「상전」에서는 말했다. 가면 어렵고 오면 커서 길함은 뜻이 안에 있기 때문이요, 대인을 만나 봄이 이로움은 귀함을 따르기 때문이다.

'내석來碩'은 돌아와서 큰 성과를 거두게 됨을 말한다. 상육의 '왕건 내석往蹇 來碩'은 앞으로 나아가면 어렵지만 돌아오면 큰 성과를 거두고 공과 업적을 세운다는 말이다. 그렇게 되면 길하여 대인을 만나 봄이 이롭다는 뜻에서 '길 이견대인吉 利見大人'이라고 했다.

「상전」에서는 '가면 어렵고 오면 커서 길함往蹇來碩'은 '뜻이 안에 있기 때문志在內也'이라고 했는데 이는 뜻이 내부로 발전해 나가기 때문에 밖으로 드러나지 않는다는 말이다. 상육효는 건괘의 험난함이 극에 이르러 앞으로 계속 나아가고자 해도 더는 길이 없으므로 '가면 어렵다.往蹇'고 했다. 그렇기 때문에 오히려 안으로 돌아와서 구오효를 도우면 천하의 험난함을 마무리 짓고 공과 업적을 세울 수 있어 수확이 크므로 '내석來碩'이라고 했다.

'대인을 만나 봄이 이로움利見大人'은 '귀함을 따르기 때문以從貴也'이라고 했는데 '귀함'은 바로 구오효를 가리킨다. 구오효는 존귀한 권위를 지녀서 상육효가 돌아와 자신에게 순종하기 때문에 길할 수 있다.

건괘 정리

䷦

건괘는 우리에게 어떻게 하면 험난함을 헤쳐 나갈 수 있을지에 대한 일깨움을 준다.

첫째, 험난함과 위기를 만나면 즉시 멈춰 설 줄 알아야 한다. 만약 험난한데도 무모하게 돌진하면 위태로움을 더욱 악화시킬 수 있다. 멈춰야 할 때 멈춰 서고 나아가야 할 때 나아가 좌우로 치우치지 않는 것이야말로 큰 지혜이자 길하고 이로운 선택이다. 다만 여기서 '멈춤'이란 단순히 멈춰 서는 것을 의미하는 게 아니라 멈춰 서서 자기 자신을 돌이켜 반성하는 것이라는 점, 유의하자.

둘째, 주변 사람과 한 배를 탄 심정으로 호응하면서 뜻을 하나로 만들어 바른 도를 지켜야 한다. 그리고 시시각각 주변 사람의 이익을 생각하고 배려함으로써 모두의 도움과 지지를 받아야지 자기 자신만의 이익을 탐해서 주변 사람을 무시해서는 안 된다.

셋째, 어렵고 곤란한 시기일수록 인품을 갈고 닦아야 한다. 군자는 건괘의 도에 근거해서 자기 자신을 돌이켜보아 반성하고 덕을 쌓아야 한다.

40
해괘解卦 — 위기와 근심을 흩어 버림

괘사

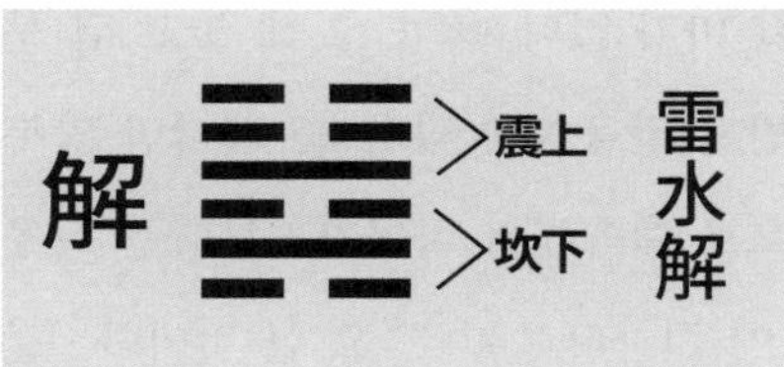

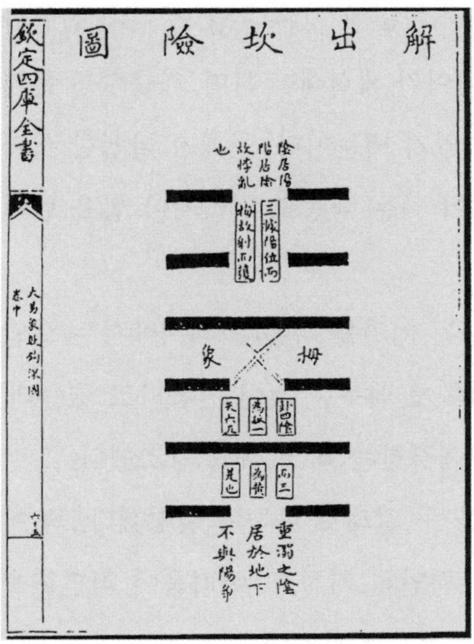

解 利西南 无所往 其來復吉.
해 이서남 무소왕 기래복길
有攸往 夙吉.
유유왕 숙길

해는 서남이 이로우니 갈 바가 없고 돌아옴이 길하다. 갈 바가 있으면 일찍 가야 길하다.

'해解'는 '풀리다' '풀어 없애다' '완화하다'의 뜻을 가지는데 여기서는 어려움을 흩어 없앤다는 뜻으로 쓰였다. 「서괘전」에서는 "사물은 끝내 어려울 수 없으므로 해괘로 받았다. 해는 흩어짐이다."라고 했다. 모든 사물은 처음부터 끝까지 어려운 상태에 놓여 있을 수만은 없으므로 건괘蹇卦의 다음에 해괘를 배치했다는 말이다.

『설문해자』에서는 '해解'를 가리켜 "해는 자름이다. 칼로 소뿔을 자르는 것이다."라고 했다. '해解'는 '뿔角'과 '소牛' 그리고 '칼刀'이 모여 이루어진

회의자로 칼로 소의 뿔을 잘라낸다는 말인데 여기에서 훗날 '온화하다' '해체하다'라는 뜻이 파생되었다. 이 같은 어원에서도 알 수 있듯이 해괘가 말하고자 하는 것은 위기 상황에서 적극적으로 벗어나고자 하는 이치다.

괘사에서는 '해解'에 대해 '서남이 이롭다利西南'고 했다. 서남쪽은 곤괘이고 곤은 무리를 상징하므로 서남쪽은 곧 무리가 모여 사는 곳이 된다. 사람이 많은 곳은 험난함이 발생할 가능성이 높은 법이다.

그렇다면 어째서 앞 문장에서는 '갈 바가 없다.无所往'고 해 놓고 뒤 문장에서는 '갈 바가 있다.有攸往'고 상반된 말을 내놓았을까? 왜냐면 앞부분은 험난함을 흩어 버린 후라서 앞으로 계속해서 나아가기보다는 되돌아오는 것이 더 낫기 때문에 '돌아옴이 길하다.其來復吉'고 한 것이다. '갈 바가 있으면 일찍 가야 길하다.有攸往 夙吉'고 한 것은 훗날 또 다시 험난함이 닥친다고 해도 일찌감치 앞으로 나아가 해결해야 하며, 빠를수록 문제를 쉽게 해결하여 길함을 회복할 수 있기 때문이다. 문제가 발생한 시기와 상황이 다르다면 이에 따라 취해야 하는 행동도 달라져야 함을 말해주는 구절이다.

해괘는 험난한 상황을 흩어 해결하는 이치를 다룬다. 괘사에서는 험난함을 해결할 때는 무리가 있는 서남쪽에 베푸는 것이 이롭다고 했는데, 그 목적은 무리의 마음이 한꺼번에 해결받는 데 있다고 강조했다. 그런 다음 험난함을 해결하는 기본 원칙을 두 갈래로 나누어 설명했다. 즉 어려움이 없을 때는 '와서 돌아와來復' 편안히 거하고, 어려움에 직면했을 때는 최대한 빠른 시일 내에 문제를 해결하는 것이다.

괘사에 대한 「단전」

彖曰: 解 險以動 動而免乎險 解.
단왈 해 험이동 동이면호험 해

解 利西南 往得衆也.
해 이서남 왕득중야

其來復吉 乃得中也.
기래복길 내득중야

有攸往夙吉 往有功也.
유유왕숙길 왕유공야

天地解而雷雨作 雷雨作而百果草木皆甲坼.
천지해이뢰우작 뇌우작이백과초목개갑탁

解之時大矣哉.
해지시대의재

「단전」에서는 말했다. 해는 험하여 움직이니 움직여 험함을 면하는 것이 해다. 해가 서남이 이로움은 가면 무리를 얻기 때문이다. 와서 돌아옴이 길하다는 것은 바로 중을 얻었기 때문이다. 갈 바가 있으면 일찍 감이 길하다는 것은 가면 공이 있기 때문이다. 천지가 풀어지면 우레와 비가 일어나고, 우레와 비가 일어나면 온갖 과일과 초목의 껍질이 다 터지니, 해의 때가 크도다.

「단전」에서는 해괘에 대해 '험하여 움직인다.險以動'고 했는데 이는 하괘인 감괘가 험함을 상징하고 상괘인 진괘가 움직임을 나타내기 때문이다. 위험할 때는 움직여서 행동해야 한다는 말이다. 그리고 행동하면 험난함을 면할 수 있으며, 이것이 바로 '해解'라는 뜻에서 '동이면호험動而免乎險'이라고 했다. 그렇다면 어떤 행동을 취해야 할까? 해괘의 여섯 효에서는 험난함을 면하기 위해 어떤 행동을 취해야 하는지 비유를 들어 설명했다.

'서남이 이롭다.利西南'는 말은 해괘 말고도 여러 괘에서 등장한 바 있다. 곤괘에서 '서쪽과 남쪽으로 가면 친구를 얻음은 동류와 함께 감이요.西南

得朋 乃與類行'라고 한 것이 그 예다. 바로 앞 장에서 다루었던 건괘蹇卦에서도 '서남은 이롭고 동북은 이롭지 않다.利西南 不利東北'고 했으며 해괘에서도 '서남이 이롭다.利西南'고 했다. 그러나 이 세 문장에 언급된 '서남西南'은 각각 가리키는 바가 다르다. 해괘에서 말한 '서남'은 '무리'를 가리킨다. 서남쪽은 곤괘인데 곤은 무리를 상징하기 때문이다. 그리고 건괘蹇卦에서 '서남이 이롭다.利西南'고 한 것은 '평이한' '일상의' '평상심'의 뜻으로 곤란함을 벗어날 때에는 좌우로 치우치지 않는 평상심을 가져야만 한다는 말이다. 마지막으로 곤괘에서 말한 '서남'은 부드럽고도 순응한다는 의미여서 같은 '서남'이어도 세 부분에서 가리키는 의미가 모두 다르다.

해괘에서 '해가 서남이 이로움은 가면 무리를 얻기 때문이다.解 利西南 往得衆也'라고 한 것은 험난한 장애물을 모두 흩어 없앰으로써 무리로 하여금 이로움을 얻게 한다는 뜻이다. 그리고 어려움이 해결된 뒤에는 앞으로 나아갈 필요가 없으며 돌아오면 길함을 회복할 수 있다는 의미에서 '와서 돌아옴이 길하다.其來復吉'고 했다. 그것은 왜일까? '중을 얻었기 때문乃得中也', 즉 중도에 순응하여 중도를 걸었기 때문이다. 또한 이렇게 되면 '갈 바가 있으면 일찍 감이 길하다.'는 의미에서 '유유왕숙길有攸往夙吉'이라고 했다.

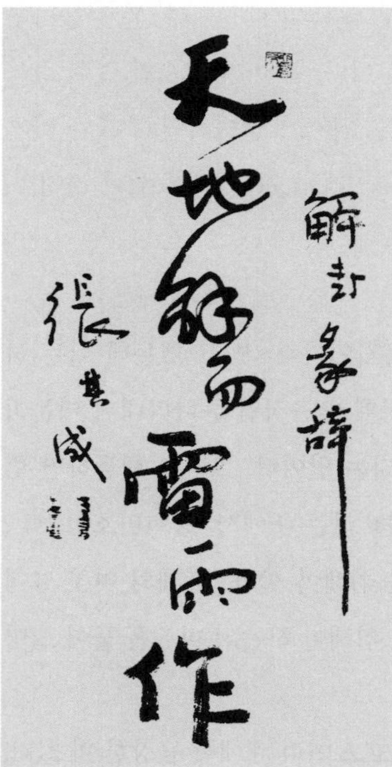

천지해이뢰우작

앞서 괘사에서는 '갈 바가 없다.无所往'고 했는데 지금 「단전」에서는

'갈 바가 있다.有所往'고 입장을 바꾼 이유는 무엇일까? 어려움이 다가올 때는 '가면 공이 있으므로往有功也' 일찌감치 나아가는 게 좋기 때문이다. 어려움이 싹트기 시작하면 바로 가서 해결하는 것이 곤궁함을 쉽게 벗어날 수 있는 방법이고, 그렇게 하면 더욱 쉽게 공과 업적을 쌓을 수 있다.

'천지가 풀어지면 우레와 비가 일어난다.天地解而雷雨作'는 것은 해괘의 하괘인 감괘가 물을 상징하고 상괘인 진괘가 우레를 대표하여 우레 아래에 물이 있는 형상이므로 비가 내림을 의미한다. 우레와 비가 서로 만나니 하늘과 땅(음과 양의 두 기운)의 결합이 흩어지는 때다.

'우레와 비가 일어나면 온갖 과일과 초목의 껍질이 다 터진다.雷雨作而百果草木皆甲坼'에서 '갑甲'은 씨앗의 껍질을 가리키며 '탁坼'은 '갈라지다' '터지다'의 의미다. 이처럼 「단전」에서는 봄이 돌아오면 만물이 소생하고 각종 과일나무와 초목이 싹을 틔우며 꽃망울을 틔우는 다채로운 이미지를 통해 생기 넘치는 광경을 묘사하고 있다.

'해의 때가 크도다.解之時大矣哉'라는 것은 '해解'가 시기적 상황에 맞게 역할을 다하니 그 실상과 의의가 무척 크고 광대하다는 말이다.

괘사에 대한 「대상전」

象曰: 雷雨作 解. 君子以赦過宥罪.
상왈 뇌우작 해 군자이사과유죄

「상전」에서는 말했다. 우레와 비가 일어남이 해다. 군자는 이를 보고 잘못을 용서하고 죄 있는 자를 너그럽게 처리한다.

「상전」에서는 '우레와 비가 일어남이 해다.雷雨作 解'라고 했는데 이는 해괘(䷧)의 상괘인 진괘(☳)가 우레이고 하괘인 감괘(☵)가 물을 상징하기 때문이다. 우레 아래에 물이 있으므로 비가 내리는 형상이다. 우레와 비가 만나 음양의 기운이 뭉쳐 있던 상태가 변하여 풀리게 되는 것이 바로 해괘의 상이다.

반면 64괘 가운데 세 번째 괘인 준괘(䷂)는 해괘와는 반대로 상괘가 물(☵)이고 하괘가 우레(☳)다. 그렇게 되면 물이 아래로 내려오질 못해서 위에 쌓이기만 하는데 이는 일을 처음 시작할 때부터 어려움에 직면하여 이내 큰일을 만나게 됨을 암시하는 괘상이라고 했다. 그러나 해괘에서는 비가 무언가에 가로막혀서 내리지 못하는 상황이 아니라 우레가 먼저 울리고 나서 뒤따라 비도 내리는 상황이다. 그러므로 어려운 국면이 이미 해결된 상태를 상징한다.

군자는 이러한 괘상을 보고 해괘의 도에 근거해서 '잘못을 용서하고 죄 있는 자를 너그럽게 처리해야 한다.赦過宥罪' 여기서 '사赦'는 '용서하다' '사면하다'의 뜻이다. 군자는 잘못을 저지른 사람을 용서하고 죄를 지은 자일지라도 너그럽게 대해야 하는데, 이는 마치 우레와 비가 일어나 세상 만물과 모든 일 사이에 엉켜 있는 것들을 풀어 해결하는 모습과도 같다. 죄를 지은 사람일지라도 원망하거나 보복하지 말고 덕과 정을 가지고 엉켜 있던 것을 풀어 주는 것이 바로 유가에서 말하는 인정仁政 사상이다.

초육 효사와 「소상전」

初六, 无咎.
초육 무구

象曰: 剛柔之際 義无咎也.
상왈 강유지제 의무구야

초육은 허물이 없다.

「상전」에서는 말했다. 강과 유가 만나니 도의상 허물이 없다.

초육의 '무구无咎'는 어려움이 막 해결됐을 때 재앙이나 화가 없다는 말이다. 갈등을 빚게 한 상황이 이제 갓 해결됐다면 양측이 다시 화합하고 조화로운 국면을 회복하게 되므로 보통 이 단계에서는 또 다른 갈등이나 우환이 새롭게 생겨나지는 않는다. 그래서 허물이 없다고 한 것이다.

「상전」에서는 '강과 유가 만난다.剛柔之際'고 했다. 이는 초육이 가장 아래에 위치한 데다 음효이고 위로는 구이의 양효와 이웃하기 때문이다. 음이 양을 떠받치고 있는 형상이어서 음효가 양효에게 순응하므로 '도의상 허물이 없다.義无咎也'고 했다. 그 밖에도 초육은 구사효와도 호응하는데 구사효는 양효이므로 강과 유, 양과 음이 서로 감응하는 셈이다. 어렵고 막혔던 것이 이제 막 해결되어 모두가 호응하고 화합하는 상태가 되었으니 도의상 재앙이나 화가 없다.

구이 효사와 「소상전」

九二, 田獲三狐 得黃矢 貞吉.
구이 전획삼호 득황시 정길
象曰: 九二貞吉 得中道也.
상왈 구이정길 득중도야

구이는 사냥하여 세 마리의 여우를 잡아 누런 화살을 얻으니 바르게 함이 길하다.

「상전」에서 말했다. 구이가 바르게 함이 길함은 중도를 얻었기 때문이다.

구이에서는 사냥하는 비유를 들었다. '전田'은 사냥한다는 것이고 '전획삼호田獲三狐'는 사냥할 때 세 마리의 여우를 잡는다는 뜻이다. 그리고 '누런 화살을 얻으니得黃矢' '바른 도를 지키는 것이 길하다.貞吉'고 했다. 이 비유는 무엇을 의미할까? 여우가 사람이 오는 것을 보고 몸을 숨기는 것은 무척 교활한 모습인데 위험의 요소가 해결되더라도 적잖은 우환거리가 엎드려 기다리고 있음을 암시하는 비유이기도 하다. '삼三'은 숨은 우환이 많다는 의미인데 우리는 그것들을 찾아내어 근심거리를 없애야 한다. 항상 위기의식을 지녀야 한다는 것이다. '황시黃矢'는 누런 화살이라는 의미로 중도에 머물러 좌우로 치우치지 않는 인품과 덕을 가리킨다. 위기가 해결된 이후에 바른 도를 지켜야만 근심을 미연에 막을 수 있고 또 다시 같은 어려움을 겪지 않을 수 있으니, 이렇게 해야만 길하다.

「상전」에서는 '구이가 바르게 함이 길함九二貞吉'은 '중도를 얻었기 때문得中道也'이라고 해석했다. 구이효는 양강陽剛의 사람을 가리키지만 본래 그 위치는 음유陰柔의 사람이 와야 할 자리다. 비록 위치가 그에게 적합하지는 않지만 여전히 중도를 지키므로 강직하게 중도에 거한다고 한 것이다. 이것이야말로 아름답고 귀한 덕이라고 할 수 있다. 어려움이 해결된 뒤 새로운 국면을 개척하며 앞으로 나아갈 때 반드시 갖추어야만 하는 가치이기도 하다.

육삼 효사와 「소상전」

六三, 負且乘 致寇至 貞吝.
육삼 부차승 치구지 정린
象曰: 負且乘 亦可醜也 自我致戎 又誰咎也.
상왈 부차승 역가추야 자아치융 우수구야

육삼은 지고 또 타고 있다. 도적이 이르도록 하니 바르게 하면 부끄러움을 피할 수 있다.

「상전」에서는 말했다. 지고 또 타고 있음은 또한 추악하다고 할 만하며 스스로 도적을 불러들였으니 또 누구를 허물하겠는가.

육삼의 '부차승負且乘'은 귀중한 물건을 등에 지고서 화려한 수레를 타고 있음을 말하는데, 이렇게 하면 반드시 강포한 도적을 불러들여 빼앗기고 만다는 뜻에서 '치구지致寇至'라고 덧붙였다. 이럴 때는 '정린貞吝', 즉 바른 도를 지키면 위험을 막을 수 있고 부끄러움도 피할 수 있다.

「상전」에서는 '지고 또 타고 있음은 또한 추악하다고 할 만하다.負且乘亦可醜也'고 했다. 육삼은 음효인데도 하괘의 맨 윗자리를 차지한 데다 양효가 와야 할 자리에 음효가 온 터라 마땅한 위치라고 할 수 없다. 이는 어려움이 해결된 후 소인이 높은 자리를 훔쳐 앉아 도처에 자기 자신을 드러내는 꼴이어서 무척 추악하다. '스스로 도적을 불러들였으니 또 누구를 허물하겠는가.自我致戎 又誰咎也'라고 한 부분은 다른 사람 때문이 아닌 자기 자신의 연고로 도적을 불러들였으니 자기를 탓하고 반성할 뿐 다른 사람을 추궁하지 말라는 것이다. 여기서는 소인이 사악함을 버리고 바른 도로 돌아서지 않으면 재앙과 화가 기다리고 있을 것이라고 경고한다. 소인이 뜻을 얻어 높은 자리를 찬탈하면 설령 위기가 일시적으로 해결되더라도 숨은 우환은 쉽게 사그라지지 않을 것이다.

구사 효사와 「소상전」

九四, 解而拇 朋至斯孚.
구사 해이무 붕지사부

象曰: 解而拇 未當位也.
상왈 해이무 미당위야

구사는 너의 엄지발가락을 풀면 벗이 이르러 믿는다.

「상전」에서는 말했다. 너의 엄지발가락을 푸는 것은 자리가 마땅하지 않기 때문이다.

'이而'는 '너'라는 뜻을 가진 '여汝'와 통하며 '무拇'는 엄지발가락을 가리키므로 '해이무解而拇'는 너의 엄지발가락을 푼다는 뜻이다. '붕지사부朋至斯孚'는 너에게서 성실함과 믿음을 받았으니 벗이 너의 곁에 이르러 돕는다는 말이다.

구사효에서는 소인에 의해 뒤엉킨 것들로부터 벗어나 숨은 우환을 해결하고 너의 성실하고 진실한 마음으로 벗을 감동시켜야만 벗이 와서 너를 도울 것이라고 말한다. 여기서 '친구'는 바로 초육효를 말하고 '소인'은 육삼효를 가리킨다. 소인은 하루 종일 구사효의 뒤에 숨어서 떠받들며 아첨하니 구사효는 혼미해진 나머지 강직하고 올곧은 본성을 잃고 말았다. '부孚'는 '성실함' '믿음'이란 뜻으로, 우환을 없애는 방법이다.

「상전」에서는 '너의 엄지발가락을 푸는 것解而拇', 즉 소인의 엉킨 것을 풀어 해결하려 하는 것은 '자리가 마땅하지 않기 때문未當位也'이라고 했다. 구사효는 음의 자리에 양효가 와서 '정正'을 얻지 못한 나머지 소인에 의해 일이 뒤엉키고 말았다. 이러한 비유를 통해 일처리가 '중中'하거나 '정正'하지 않고 양의 강직한 품성을 잃으면 원래 있던 친구들마저 서서히 멀리하여 떠나고 만다고 경고했다. 이럴 때는 자신이 처한 환경을 정확하게 바라보고 소인의 뒤엉키게 함에서 의연하게 벗어나야 한다. 그리고 성실함과 신의를 가지고 원래의 친구들을 감동시킴으로써 그들이 자신의 곁으로 돌아오게끔 해야 한다.

육오 효사와 「소상전」

六五, 君子維有解 吉 有孚于小人.
육오 군자유유해 길 유부우소인

象曰: 君子有解 小人退也.
상왈 군자유해 소인퇴야

육오는 군자가 풀어 버림이 있으면 길하니 성실함으로 소인을 대한다.
「상전」에서는 말했다. 군자가 풀어 버림이 있으면 소인이 물러간다.

'유維'는 원래의 '묶어 맨다'는 뜻에서 '속박하다' '어렵고 험난하다.'는 뜻이 파생되었다. 육오의 '군자유유해 길君子維有解 吉'은 군자가 어려움에 처하더라도 어려움을 해결할 방법을 가지고 있다면 길하다는 것이며 '유부우소인有孚于小人'은 성실함을 통해 소인을 감화한다는 말이다.

「상전」에서는 '군자가 풀어 버림이 있음君子有解', 즉 군자에게 뒤엉킴을 풀어 해결할 방법이 있으면 '소인이 물러가서小人退也' 더 이상 소란을 일으키지 않는다고 했다.

육오효는 음효가 가운데 거하여 음의 부드러움을 통해 중도를 지키는 덕을 지니므로 강경한 방법으로는 소인을 제한하거나 다스릴 수 없다. 유순함을 통한 전략, 중도를 걷는 방법을 써서 우환을 없애고 성실함으로 소인을 감화시켜 소인이 스스로 자신의 잘못을 깨우치고 사악함을 선으로 바꾸게 해야 한다. 이것이 갈등을 해결하는 최고의 지혜다.

상육 효사와 「소상전」

上六, 公用射隼于高墉之上 獲之无不利.
상육 공용사준우고용지상 획지무불리
象曰: 公用射隼 以解悖也.
상왈 공용사준 이해패야

상육은 공이 높은 담 위에서 매를 쏘아 잡으니 이롭지 않음이 없다.
「상전」에서는 말했다. 공이 매를 쏨은 반란을 해결하기 위함이다.

상육효는 해괘에서 가장 높은 위치여서 갈등과 어려움을 최종적으로 해결하고자 한다. '공公'은 위치가 높은 왕공대신을 말하며 '준隼'은 흉학하고 잔혹하게 먹을 것을 탐하는 맹금류로 나라를 어지럽히는 충성되지 못한 관리들을 상징한다. '용墉'은 '담장'의 뜻을 지닌 '장牆'과 통하니 '고용高墉'은 높은 담장을 뜻한다. 그러므로 '공용사준우고용지상公用射隼于高墉之上'은 높은 담장 위에서 맹금류를 쏘아 잡아매듯 한다는 것인데, 이는 높은 자리를 찬탈한 불충한 무리를 왕공대신이 적절한 때를 잡아 쓸어 없앤다는 의미다. 그리고 그러한 무리를 한 번에 포획해서 붙들면 이롭지 않음이 없다는 뜻에서 '획지무불리獲之无不利'라고 덧붙였다.

여기서 맹금류인 매는 두 번째 효에서 언급된 여우와 마찬가지로 숨은 우환을 상징하며 보통의 우환이 아닌 무척 명확하게 드러나는 재난이다. 자신을 거스르는 사람들 가운데 사회에 해를 끼치는 이가 있다면 화살을 쏘아서 잡아야 한다. 이처럼 높은 자리에 앉았으면서 거스르는 사람은 철저하게 힘으로 강제하여 문제를 해결해야만 위기를 돌파할 수 있다.

「상전」에서는 '공이 매를 쏨公用射隼'은 '반란을 해결하기 위함以解悖也', 즉 거스르는 마음을 없애기 위함이라고 했다.

해괘 정리

䷧

"가장 큰 적은 내부에 있다."는 말이 있듯이 위기가 닥쳤을 때는 가장 먼저 우리 안에 숨어 있는 우환거리가 있는지 살핀 뒤 이를 제거해야 한다. 그 과정에서 성실함과 믿음을 바탕으로 중도를 지켜야 함은 물론이다. 해괘가 우리에게 주는 가장 중요한 교훈은 누군가 일을 그르치거나 잘못을 저질렀다면 너그러운 마음을 가지고 타일러 감화시키며 진심을 다해 선하게 대함으로써 그가 스스로 잘못을 깨우쳐 고치게끔 하는 것이다. 그러나 혹여 그가 높은 자리에 오른 뒤 교만해져서 당신을 거스른다면 단순히 어질고 무르게만 대해서는 안 되고 명확하고 단호한 방법으로 대해서 해결해야 한다.

41
손괘損卦 — 버려야 얻는 진리

괘사

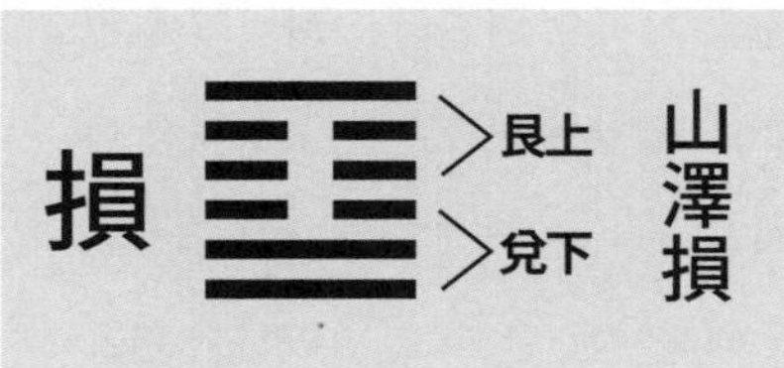

損 有孚 元吉 无咎 可貞
손 유부 원길 무구 가정
利有攸往.
이유유왕
曷之用 二簋可用享.
갈지용 이궤가용향

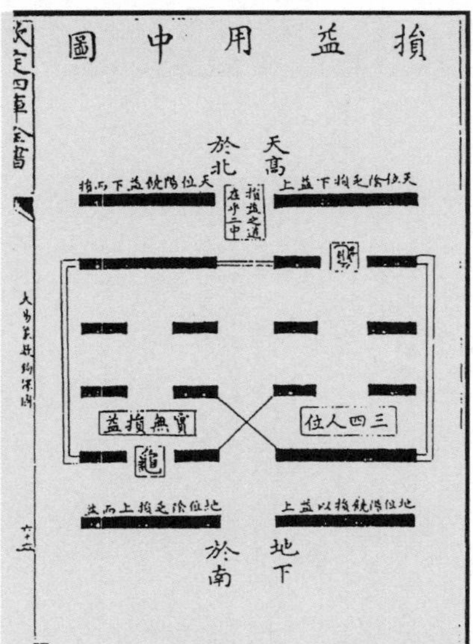

손은 성실함이 있으면 처음부터 길하고, 허물이 없어서 바르게 할 수 있으며, 갈 바를 둠이 이롭다. 어디에 쓰겠는가, 두 그릇만 가지고도 봉헌할 수 있느니라.

'손損'은 '줄이다' '감소하다'의 뜻이다. 「서괘전」에서는 "느슨하면 반드시 잃는 바가 있으므로 손괘로 받았다."고 했다. 어려움이 해결되고 갈등이 완화된 후에는 종종 나태해지기 쉽고 나태하면 손실을 초래하게 되니, 이 때문에 해괘의 다음에 손괘를 배치했다는 말이다. 손괘에서 말하는 것은 덜어 내는 도다. 자신에게 남는 것을 덜어 내어 남에게 더해 줌으로써 모두를 이롭게 하고 천하를 유익하게 하는 것이다. 덜어 냄의 대상에는 사리사욕, 재물 등이 포함되며 이것들을 덜어 내야만 뭇 사람에게 이익을 끼칠 수 있다.

괘사에서는 '유부 원길 무구 가정 이유유왕有孚 元吉 无咎 可貞 利有攸往'이라고 하여 덜어 냄의 도는 마음의 성실함에서 우러나서 처음부터 길하고 허물이 없으므로 바른 도를 지키면서 앞으로 나아감이 이롭다고 했다.

'갈지용曷之用'은 '어디에 쓰겠는가.'라는 뜻인데 여기서 '갈曷'은 '어찌' '어느'라는 뜻을 가진 '하何'와 통하는 글자다. 다시 말해 무엇을 통해 덜어 냄의 도를 비유하고 상징할 수 있느냐는 것이다.

'궤簋'는 대나무로 짠 그릇으로 제사 용품을 담는 데 쓰이며 '향享'은 봉헌한다는 말이므로, '이궤가용향二簋可用享'은 두 그릇만 가지고도 제사 물품을 봉헌할 수 있다는 뜻이다. 고대 제사에는 보통 여덟 개, 여섯 개, 네 개, 적게 바치면 두 개의 그릇이 쓰였다. 그러므로 여기서 '두 그릇二簋'을 봉헌한다는 것은 제물이 보잘 것 없어 제사의 규모가 미미함을 암시한다. 매우 미약한 물품을 가지고 조상과 신령에게 제사하더라도, 마음에 성실함을 품고 있으면 물질의 많고 적음은 전혀 문제가 되지 않는다. 여기서는 덜어 냄의 도, 즉 물질의 많고 적음이 아닌 경건함과 성실함만 품으면 된다는 이치를 배울 수 있다.

이러한 덜어 냄의 도는 삶을 살아가는 데 있어서 무척 중요한 가치다. 일반적으로 사람들은 갈수록 많은 것을 가지길 원하지 소유가 줄어들기를 바라지는 않는다. 하나같이 무언가 얻기를 원할 뿐 손에 쥔 것을 버리려 들지 않는다는 것이다. 중국불교협회의 일성대사一誠大師는 "요즘 사람들은 배고파 죽는 게 아니라 배불러 죽는다."는 의미 있는 말을 남겼다. 많이 버려야만 많이 얻을 수 있다. 이것이 바로 손괘가 우리에게 알려 주는 귀한 교훈이다.

괘사에 대한 「단전」

彖曰: 損 損下益上 其道上行.
단 왈 손 손하익상 기도상행
損而有孚 元吉 无咎 可貞 利有攸往.
손이유부 원길 무구 가정 이유유왕
曷之用 二簋可用享.
갈지용 이궤가용향
二簋應有時 損剛益柔有時 損益盈虛 與時偕行.
이궤응유시 손강익유유시 손익영허 여시해행

「단전」에서는 말했다. 손은 아래에서 덜어 위에 더하여 그 도가 위로 행하는 것이다. 덜어 냄에 성실함이 있으면 처음부터 길하여 허물이 없으니 바르게 할 수 있고 갈 바를 둠이 이롭다. 어디에 쓰겠는가, 두 그릇만 가지고도 봉헌할 수 있음은, 두 그릇을 올리는 것이 마땅히 때가 있고, 강을 덜어 유에 보태는 것도 때가 있으니, 덜어 냄과 더함, 가득 참과 비는 것은 때와 더불어 행함이다.

「단전」에서는 덜어 냄의 도가 바로 '아래에서 덜어 위에 더함損下益上'이라고 했는데 이것은 무슨 의미일까? 손괘(䷨)는 태괘泰卦(䷊)의 구삼효를 덜어 내어 상육효 자리에 더한 결과 변하여 생긴 괘다. 즉 태괘의 구삼효가 손괘의 육삼효로, 태괘의 상육효가 손괘의 상구효로 바뀐 셈이다. 이것이 바로 '아래에서 덜어 위에 더했다.損下益上'는 말의 의미이며 아랫사람이 윗사람에게 가서 봉헌하는 형상으로 이해할 수도 있다. 여기서는 어떤 일깨움을 얻을 수 있을까? 자신에게서 남는 것을 덜어 내어 다른 사람에게 더해 주는 이치, 사리사욕을 줄여 천하를 유익하게 하는 도리를 배울 수 있다. '기도상행其道上行'은 '그 도가 위로 행하는 것', 한마디로 위에 봉헌하는 것이다. 덜어 냄의 도에 빗대어 여기서 말하고자 하는 것은 적극적으로 위에 봉헌하는 정신이다.

그래서 '덜어 냄에 성실함이 있으면 크게 길하고 허물이 없으니 바르게 할 수 있고 갈 바를 둠이 이롭다.'는 의미에서 '손이유부 원길 무구 가정 이유유왕損而有孚 元吉 无咎 可貞 利有攸往'이라고 했다. 비록 물질적인 유형의 재산도 중요하지만 더욱 중요한 것은 무형의 가치인 성실함을 마음에 품고 사리사욕을 덜어 내는 일이다. 정신적인 욕망이 줄어들수록 더 많은 이를 유익하게 할 수 있다. 이렇게 하여야만 크게 길하고 이로우며 그 어떤 재앙이나 화가 없어서 바른 도를 지켜 앞으로 나아감이 이로울 수 있다.

본문에서는 '갈지용 이궤가용향曷之用 二簋可用享', 즉 '어디에 쓰겠는가, 두 그릇만 가지고도 봉헌할 수 있다.'고 했다. 이는 덜어 냄의 도가 어떤 모습으로 표현될 수 있는지에 대한 답을 제시해 준다. 제사할 때 정성스러운 마음을 품으면 두 그릇에 불과한 소박한 제사 음식으로도 충분히 봉헌할 수 있다는 이치가 바로 그에 대한 답이다. 또한 두 그릇의 음식으로 조상에 제사를 지내는 것은 반드시 때에 부합해야 한다는 의미에서 '이궤응유시二簋應有時'라고 했다. 아래에 자리 잡은 양의 강건함을 덜어 내어 위에 있는 음의 부드러움에 더해 주는 것 역시 적절한 시기를 살펴서 해야 한다는 뜻에서 '손강익유유시損剛益柔有時'라고 덧붙였다. 이처럼 덜어 냄의 도도 '시기'가

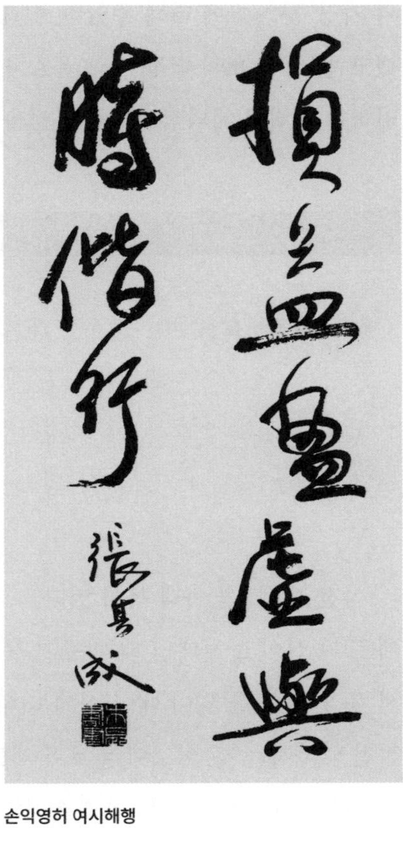

손익영허 여시해행

중요하다. 그래서 '손익영허 여시해행損益盈虛 與時偕行'라고 하여 '덜어 냄과 더함, 가득 참과 비는 것은 때와 더불어 행해야 한다.'고 강조했다.

손괘에서는 덜어 냄의 도리를 말하고 있지만, 사실 덜어 냄이 있으면 반드시 더함이 있고 한 번 가면 다시 돌아옴이 있으며 가득 차면 언젠가는 비게 된다. 이러한 모든 것이 다 때에 부합해야 한다는 원리다. 덜어 내야 할 때에는 반드시 덜어 내고 더해야 할 때는 꼭 더해야 하며 가득 차야만 할 때는 반드시 가득 채우고 비워야 할 때는 반드시 비워야 한다는 말이다. 앞서 말했듯이 손괘는 태괘가 변하여 생긴 변괘變卦다. 일정한 시기에 맞추어 태괘(䷊)의 하괘를 구성하는 세 양효가 자신을 덜어 내어 상괘의 가장 높은 효에 더해 주었다. 아래에서 덜어 낸 결과 양효가 음효로 변했고 맨 위의 효에 더한 결과 음효가 양효로 변했는데, 이는 모두 때를 고려하여 이뤄진 시의적절한 결과임을 기억해야 한다.

괘사에 대한 「대상전」

象曰: 山下有澤 損. 君子以懲忿窒欲.
상왈 산하유택 손 군자이징분질욕

「상전」에서는 말했다. 산 아래에 못이 있는 것이 손이다. 군자는 이를 보고 분함을 징계하고 욕심을 막는다.

「상전」에서 '산 아래 못이 있다.山下有澤'고 한 것은 손괘(䷨)의 상괘인 간괘(☶)가 산이고 하괘인 태괘(☱)가 못이기 때문이다. 산 아래에 못이 있어서 못 안의 흙을 덜어 내어 산에 더하니 산이 갈수록 높아지는 반면 못은 점점 낮아지는 것, 이것이 바로 손괘의 상이다.

군자는 이러한 괘상을 보고 손괘의 도에 근거해 '분함을 징계하고 욕심을 막는다.懲忿窒欲' 군자라면 덜어 냄의 도에 근거해서 분노를 억제하고 사리사욕을 조절하여 덕을 수양하고 선하지 않은 것은 덜어 내어 버리라는 말이다.

초구 효사와 「소상전」

初九, 已事遄往 无咎 酌損之.
초구 이사천왕 무구 작손지
象曰: 已事遄往 尚合志也.
상왈 이사천왕 상합지야

초구는 일이 끝났으면 빨리 가야 허물이 없으니 짐작하여 덜어 낸다.

「상전」에서는 말했다. 일이 끝났으면 빨리 가라고 하는 것은 위와 뜻이 합하기 때문이다.

'이已'는 '완성되다' '끝나다'라는 동사로 쓰였기 때문에 '이사已事'는 이미 일이 마무리되었다는 뜻이다. 무슨 일이 마무리되었다는 것일까? 바로 덕을 수양하는 일이다. '천遄'은 '신속하다' '빠르다'라는 뜻이어서 '천왕遄往'은 빠르게 앞으로 나아가는 모습이다. 초구효는 본 괘의 시작이지만 앞선 괘의 마지막이기도 하다. 손괘의 바로 이전 괘인 해괘에서 말했던 것은 험난함을 없애는 이치에 관한 것이므로 어려움을 없앤 다음에는 빠르게 앞으로 나아가 다른 사람을 도와 많은 이에게 이익을 끼쳐야만 '허물이 없다.无咎' '작손지酌損之'는 짐작斟酌하여 자신을 덜어 내라는 것인데 그렇다면 어째서 '짐작해서' 하라고 했을까? 바로 시기를 살피고 상대방의 상황을 고려해야 하기 때문이다.

「상전」에서는 '일이 끝났으면 빨리 가라.已事遄往', 즉 험난함이 해소된 뒤에는 빠르게 앞으로 나아가라고 했는데 그것은 왜일까? 바로 '위와 뜻이 부합하기 때문尙合志也'이다. 여기서 '상尙'은 '위'라는 의미의 한자 '상上'과 통하며 위와 뜻이 부합한다는 말은 초구효가 양효이고 육사효가 음효여서 음과 양이 호응함을 가리키는 말이다. 손괘의 단계에서 초구의 양효는 비교적 부유한 가정을 상징하는 반면 육사의 음효는 물질적으로 가난한 가정을 가리킨다. 이 때문에 초구효는 최대한 빨리 자기에게 남는 것을 덜어 내어 육사효에 더해 주어야 한다.

구이 효사와 「소상전」

九二, 利貞 征凶 弗損益之.
구이 이정 정흉 불손익지
象曰: 九二利貞 中以爲志也.
상왈 구이리정 중이위지야

구이는 바르게 함이 이롭지만 나아가 정벌하면 흉하니 덜지 않고 보탠다.

「상전」에서는 말했다. 구이가 바르게 함이 이로움은 중으로써 뜻을 삼았기 때문이다.

구이의 '이정 정흉利貞 征凶'은 바른 도를 지키는 것이 이롭지만 나아가 다른 이를 정벌하면 흉하다는 말이다. 자기 자신을 덜어 내지도 않았는데 오히려 다른 이의 것을 빼앗으면 뭇 사람의 분노를 사게 되어 재앙이 임하게 된다. '불손익지弗損益之'는 '덜지 않고 보탠다.'는 뜻인데 이 시기에는 스스로 덜어 낼 필요는 없지만 남에게 유익을 끼쳐야 한다는 것이다.

「상전」에서는 '구이가 바르게 함이 이롭다.九二利貞', 즉 구이효가 바른 도를 지키는 것이 이롭고 스스로 덜어 내지 않아도 다른 사람을 유익하게 한다고 했다. 그 이유는 무엇일까? 바로 '중으로써 뜻을 삼았기 때문中以爲志也'인데 다시 말해 중도를 지키는 것을 자신의 뜻으로 삼았다는 것이다.

구이효는 우리에게 여유가 있을 때는 자기 자신을 덜어 내도 좋지만 자기가 가진 것이 많지 않을 때는 굳이 자기의 것을 덜어 낼 필요가 없다고 말한다. 구이효는 하괘의 중앙에 위치하여 가진 것이 많지도, 적지도 않다. 그러므로 자기 자신을 덜어 낼 필요가 없다. 하지만 자신의 뜻과 정신을 바르게 세워 존귀한 자를 유익하게 해야 한다. 구이효는 하괘의 중앙에 거하여 중도를 지키는데 그와 상응하는 육오효 역시 상괘의 중앙에 거하여 중도를 지키므로 육오효와 뜻을 같이한다고 볼 수 있다. 이 때문에 구이효는 재산이 많지도 않고 그렇다고 적지도 않아 스스로 물질을 덜어 내어 육오효에 보태 줄 필요는 없지만, 정신적으로는 육오효에 이익을 끼쳐야만 한다.

육삼 효사와 「소상전」

六三, 三人行 則損一人 一人行 則得其友.
육삼 삼인행 즉손일인 일인행 즉득기우

象曰: 一人行 三則疑也.
상왈 일인행 삼즉의야

육삼은 세 사람이 가면 한 사람을 덜고, 한 사람이 가면 그 벗을 얻는다. 「상전」에서는 말했다. 한 사람이 감은 셋이면 의심하기 때문이다.

육삼의 '삼인행 즉손일인三人行 則損一人'은 '세 사람이 가면 한 사람을 덜고 한 사람이 가면 그 벗을 얻는다.'는 뜻이다. 이는 손괘가 태괘泰卦가 변하여 생긴 괘이기 때문이다. 태괘(䷊)의 구삼효를 덜어 태괘의 상육효를 채워 줌으로써 태괘의 구삼효는 손괘의 육삼효로 바뀌었고 태괘의 상육효는 손괘의 상구효로 바뀌었기 때문에 '한 사람을 덜었다.損一人'고 표현한 것이다. '일인행一人行'은 '한 사람이 가면'이라는 뜻인데 이는 태괘의 구삼효가 상육효를 채워 주러 간 일을 가리킨다. 그 결과 태괘의 상육효가 손괘의 상구효로 바뀌었고 그렇게 되면 육사효와 육오효의 두 유순한 친구를 얻게 되므로 '득기우得其友'라고 했다. 마찬가지로 육삼효가 아래로 내려가면 초구효와 구이효라는 두 개의 강건한 친구를 얻게 된다.

「상전」에서는 '한 사람이 감은 셋이면 의심하기 때문一人行 三則疑也'이라고 했다. 태괘의 구삼효가 홀로 위로 가면 벗을 얻을 수 있는 반면, 아래의 세 양효가 모두 위로 가 버리면 다른 사람의 의심을 살 수 있다. 만약 태괘의 하괘를 이루는 세 양효가 한꺼번에 위로 다 가 버리면 비괘否卦(䷋)로 변하여 좋지 않은 국면으로 뒤바뀌고 만다.

손괘는 지나치게 많은 것을 탐하지 말고 집중해서 일을 처리하는 도리를 알려 준다. 집중해야만 최고가 될 수 있다는 것은 인생을 살며 일을 할 때 무척 중요한 이치다. 자신을 덜어 내야 할 때는 덜어 내어 그 덜어 냄이 마무리되면 오직 하나의 '일一'이 남게 되는데 그것은 바로 '일심一心', 즉 한곳에 마음을 집중하는 일이다. 이렇게 해야만 다른 사람의 신뢰와 도움을 얻을 수 있음을 명심하자.

육사 효사와 「소상전」

六四, 損其疾 使遄有喜 无咎.
육사 손기질 사천유희 무구
象曰: 損其疾 亦可喜也.
상왈 손기질 역가희야

육사는 그 병을 덜되, 빨리하게 하면 경사가 있으니 허물이 없다.
「상전」에서는 말했다. 그 병을 덞은 또한 기뻐할 만하다.

'질疾'은 본래 '질병'을 뜻하는 말이지만 여기서는 자신의 몸에 밴 나쁜 습관과 탐욕을 가리키며 '천遄'은 '빠르다'라는 의미다. 그래서 육사의 '손기질損其疾'은 그러한 나쁜 습관과 탐욕을 덜어 내어 없앤다는 뜻이며, 그렇게 하면 자신의 마음이 바로 기뻐져서 재앙도 없다는 뜻에서 '사천유희무구使遄有喜 无咎'라고 했다.

여기서 한 발 더 나아가 「상전」에서는 '그 병을 덞은 또한 기뻐할 만하다.損其疾 亦可喜也'고 했다. 사람이 나쁜 습관과 사리사욕을 덜어 낼 수만 있다면 당연히 기뻐할 만한 일이다. 물질을 많이 갖지 않아도 가진 것 안에서 충분히 누리고 기뻐하며 행복해할 수 있다. 사실 물질과 행복은 정비례하는 관계가 아니다. 물질에 대한 탐욕을 줄이면 마음에 행복을 느낄 수 있을 것이다.

육오 효사와 「소상전」

六五, 或益之 十朋之龜 弗克違 元吉.
육오 혹익지 십붕지귀 불극위 원길
象曰: 六五元吉 自上祐也.
상왈 육오원길 자상우야

육오는 어떤 이가 십붕의 거북을 더해 주되 사양하지 않으면 크게 길하다. 「상전」에서는 말했다. 육오가 크게 길함은 위로부터 도와주기 때문이다.

육오의 '혹익지或益之'는 언젠가 어떤 이가 와서 그에게 경의를 표한다는 것이다. '붕朋'은 고대의 화폐 단위로 보통 조개껍데기 2개를 일컬어 '일붕一朋'이라고 했으니 '십붕十朋'은 조개껍데기 20개에 해당한다. 고대인은 점치는 것을 숭상했기 때문에 점복에 사용되는 거북 등껍데기인 '귀龜'는 무척 귀한 것으로 여겼다. 그래서 '십붕의 거북十朋之龜'은 무척 귀중한 예물을 가리키며 그것은 유형의 것이 될 수도, 무형의 것이 될 수도 있다. '불극위弗克違'는 그가 스스로 사양할 수 없다는 것이다. 손괘의 하괘는 자신에게서 덜어 냄을 강조하지만 상괘는 더함 받는 것을 중시한다. 육오는 귀하고 영험한 거북을 받았으니 크게 더함 받은 것이므로 '크게 길하다.元吉'고 할 수 있다.

「상전」에서 '육오가 크게 길함六五元吉'이라고 한 것은 귀하고 영험한 거북을 받아 크게 더함을 입었으므로 사양할 필요가 없으며 이는 길하고 이로운 일이라는 말이다. 그렇다면 이처럼 길하게 된 이유는 무엇일까? 바로 '위로부터 도와주기 때문自上祐也'이다. 일종의 하늘로부터 내려온 도움이자 하늘이 준 가장 귀중한 예물이라고 할 수 있다. 다시 말해 이러한 예물을 받는 것은 하늘의 도에 부합하는 것인데 그 이유는 '하늘의 도는 남는 것에서 덜어 내어 부족한 곳에 보태는 것'이기 때문이다. 육오가 유순하게 중도를 행하며 덕이 높으니 이러한 사람은 자연히 하늘의 도움을 받게 된다.

상구 효사와 「소상전」

上九, 弗損益之 无咎 貞吉 利有攸往 得臣无家.
상구 불손익지 무구 정길 이유유왕 득신무가

象曰: 弗損益之 大得志也.
상왈 불손익지 대득지야

상구는 덜지 말고 더해 주면, 허물이 없고 바르게 함이 길하며 갈 바를 둠이 이로우니, 신하를 얻음이 한 집에서 뿐만이 아니다.

「상전」에서는 말했다. 덜지 말고 더함은 크게 뜻을 얻었기 때문이다.

상구의 '불손弗損'은 덜어 낼 필요가 없다는 것이고 반대로 '익지益之'는 더한다는 말이다. 여기서 '익지益之'는 자신이 더하는 것이 아니라 다른 사람에 의해서 더함을 입는 쪽에 가깝다. 그렇다면 누구에게서 더함을 입을까? 바로 육삼효에 의해서 더함을 입는다. 이처럼 다른 이로부터 더함을 입으면 당연히 '허물이 없으므로无咎' 바른 도를 지키면 앞으로 나아가는 것이 이롭다는 의미에서 '정길 이유유왕貞吉 利有攸往'이라고 덧붙였다. '득신무가得臣无家'는 신하와 백성으로부터 사랑을 얻는데 그 사랑은 어느 한 집, 한 사람에게서만 받는 것이 아닌 두루, 폭넓게 얻는 민심의 의미를 갖는다.

「상전」에서는 '덜지 말고 더함弗損益之', 즉 손괘의 때에 스스로 덜어 내지 않고 오히려 더함을 입는 이유는 '크게 뜻을 얻었기 때문大得志也'이라고 했는데, 이는 민심을 크게 얻었기 때문이라는 말이다. 상구효는 양의 강건함을 가지고 가장 높은 자리에 거하니 세 음효가 아래에 거하면서 군왕에게 순응하는 모습이며 이에 따라 뭇 백성과 천하가 그에게 돌아와 민심을 얻는다. 이 때문에 육삼효가 자신의 작은 집에서 덜어 냄으로써 상구의 큰 집에 보태려고 한 것이다.

손괘 종합

䷨

손괘에서 말하는 덜어 냄의 도에는 두 가지 유의해야 할 점이 있다.

첫째, 덜어 냄은 때가 적절해야 한다는 점이다. 시기가 서로 다르다면 마땅히 덜어 냄의 방식도 달라져야 한다. 즉 덜어 내야 할 때만 덜어 내야 한다는 말이다. 물질적인 재산을 덜어 내든 정신적인 자산을 덜어 내든 모두 때에 부합해야 한다.

둘째, 마음의 뜻에 부합하고 성실함과 믿음이 있어야 한다. 작은 것을 덜어 내어 대의에 보태고, 사리사욕을 덜어 내어 남을 이롭게 하는 식으로 적절히 자신을 덜어 내면 다른 사람에게 유익하니, 이렇게 하면 민심을 얻을 수 있다.

42
익괘益卦 - 내게서 덜어 남에게 보탬

괘사

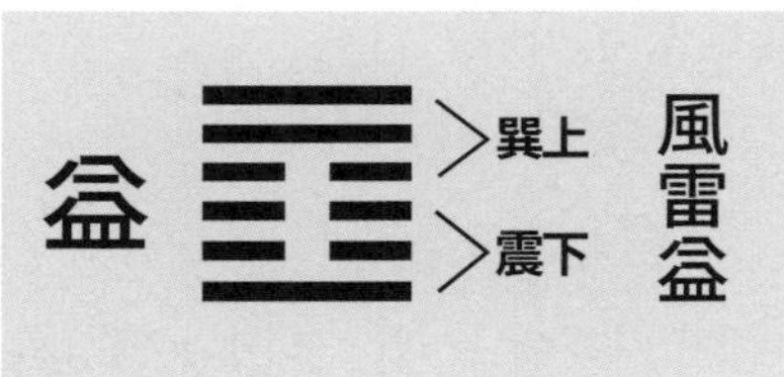

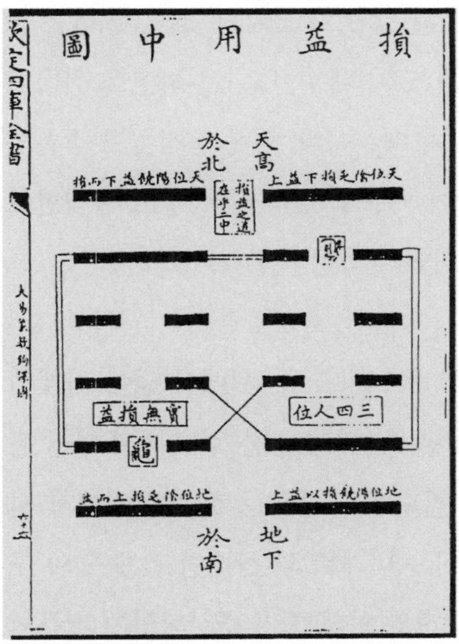

益 利有攸往 利涉大川.
익 이유유왕 이섭대천

익은 갈 바를 둠이 이롭고 큰 하천을 건너는 것이 이롭다.

'익益'은 '더하다' '증가하다'라는 뜻이다. 「서괘전」에서는 "덜어 내기를 그치지 않으면 반드시 더해지므로 익괘로 받았다."고 했다. 쉼 없이 끝까지 덜어 내다 보면 줄어듦이 정점에 이르렀을 때 반대 방향으로 전환하여 더해져서 늘어나게 된다는 말이다. 익괘를 살필 때는 반드시 손괘와 더불어 고려해야 한다. 익괘도 손괘와 마찬가지로 주동적으로 자기 자신을 덜어 냄으로써 다른 사람에게 보태 주어야 한다고 강조한다.

괘사에서는 익괘에 대해 '이유유왕 이섭대천利有攸往 利涉大川'이라고 했는데 이는 '갈 바를 둠이 이롭고 큰 하천을 건너는 것이 이롭다.'는 말이다.

괘사에 대한 「단전」

彖曰: 益 損上益下 民說无疆.
단왈 익 손상익하 민열무강

自上下下 其道大光.
자상하하 기도대광

利有攸往 中正有慶. 利涉大川 木道乃行.
이유유왕 중정유경 이섭대천 목도내행

益動而巽 日進无疆. 天施地生 其益无方.
익동이손 일진무강 천시지생 기익무방

凡益之道 與時偕行.
범익지도 여시해행

「단전」에서는 말했다. 익은 위에서 덜어 아래에 보태는 것이니 백성의 기쁨이 끝이 없다. 위에서 아래로 낮추니 그 도가 크게 빛난다. 갈 바를 둠이 이로움은 중정의 도를 지켜 경사가 있기 때문이요, 큰 하천을 건넘이 이로움은 나무의 도가 마침내 행해지기 때문이다. 익은 움직이고 겸손하여 날로 나아감이 끝이 없으며, 하늘이 베풀고 땅이 낳아서 그 유익함이 끝이 없으니, 무릇 익의 도는 때를 살피어 행하는 것이다.

「단전」에서는 익괘에 대해 '손상익하損上益下', 즉 '위에서 덜어 아래에 보태는 것'이라고 했는데 이는 앞서 손괘損卦에서 말한 '아래에서 덜어 위에 보태는 것損下益上'과는 정반대다. 익괘에서 말하는 것은 상괘에서 덜어 내어 하괘에 보태 주는 이치인데 이는 비괘(䷋)의 상괘인 건괘(☰)의 구삼효가 하괘인 곤괘(☷)의 초육효로 내려와 익괘(䷩)가 형성되었기 때문이다. 상괘는 군왕과 통치자, 경영인을 상징하고 하괘는 일반 백성이나 피지배자를 대표하므로 '위에서 덜어 아래에 보탠다.'는 것은 지도자가 적극적으로 자신을 덜어 내어 백성에게 보태 준다는 뜻이다. '민열무강

民說无疆'에서 '열說'은 본래 '말할 설'로 읽히지만 여기서는 '기쁠 열悅'과 음과 뜻이 통한다. '무강无疆'은 '끝이 없다.'는 뜻이지만 여기서는 '무척' '많이' 등의 정도를 나타내므로 이렇게 하면 백성이 자연히 무척 기뻐한다는 말이다.

'자상하하 기도광대自上下下 其道大光'는 위로부터 자신의 이익을 아래로 베푸니 이러한 도의는 무척이나 크고 빛난다고 볼 수 있다.

'이유유왕利有攸往'은 앞으로 나아가는 것이 이롭다는 뜻인데 이는 그가 '중中'과 '정正'을 얻었기 때문이다. '중中'을 얻었다는 것은 중도를 지킨다는 의미로 여기서는 구오효가 상괘의 중앙에 위치한 것을 가리킨다. '정正'을 얻었다는 것은 양이 와야 할 자리에 양효가 왔다는 말이다. 또한 끊임없이 자신을 덜어 내어 아래에 보태니 마침내 '경사가 있다.有慶'고 했다.

'이섭태천 목도내행利涉大川 木道乃行'은 '큰 하천을 건넘이 이로움은 나무의 도가 마침내 행해지기 때문이다.'라는 뜻이다. 여기서 '나무의 도木道'는 배船를 가리키므로 배를 타고 큰 하천을 건널 수 있음을 의미한다. 익괘의 괘상을 다시 살펴보면 상괘가 손괘이고 하괘가 진괘인데 손괘와 진괘 모두 오행에서 나무木에 해당하므로 '나무의 도가 마침내 행해진다.木道乃行'고 한 것이다.

익괘의 하괘인 진괘는 움직임을 상징하고 상괘인 손괘는 겸손함을 나타내므로 '익은 움직이고 겸손하다.益動而巽'고도 했다. '움직임動'은 나아감이니 여기서는 끊임없이 도덕을 수양해 나가는 것으로 이해하면 된다. '일진무강日進无疆'은 '날로 나아감이 끝이 없다.', 즉 인품과 덕이 무척 빠른 속도로 진보한다는 말이다.

'천시지생 기익무방天施地生 其益无方'은 하늘이 끊임없이 대지에 은혜를 베풀어야만 대지가 변화하여 생장할 수 있으니 그 유익함이 크고도 끝이 없다는 뜻이다. 마지막으로 자기를 덜어 내어 다른 이에게 보태는 익괘의 도도 때에 부합해야 한다는 측면에서 '범익지도 여시해행凡益之道 與時偕行', 즉 '무릇 익의 도는 때를 살피어 행하는 것이다.'라고 설명했다.

괘사에 대한 「대상전」

象曰: 風雷益 君子以見善則遷 有過則改.
상왈 풍뢰익 군자이견선즉천 유과즉개

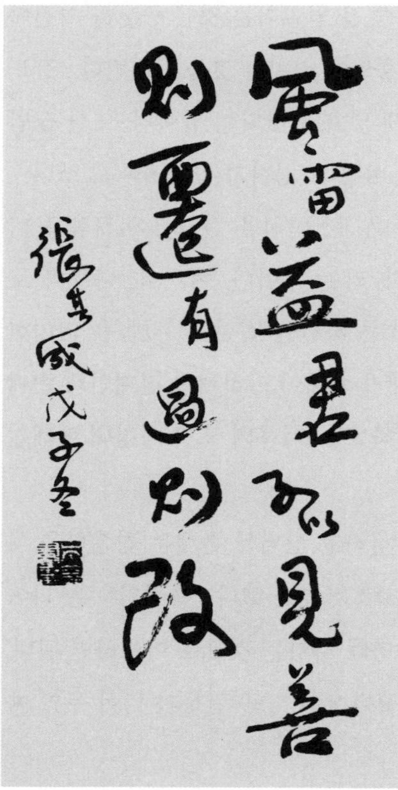

풍뢰익 군자이견선즉천 유과즉개

「상전」에서는 말했다. 바람과 우레가 익이니 군자는 이를 보고 선을 보면 옮겨 가고 허물이 있으면 즉시 고친다.

「상전」에서는 '바람과 우레가 익이다.風雷益'라고 했는데 이는 익괘(䷩)의 상괘인 손괘(☴)가 바람이고 하괘인 진괘(☳)가 우레를 상징하기 때문이다. 바람과 우레가 만나면 둘은 종종 서로 힘을 보태고 돕는다. 바람이 우레 소리를 실어 보내고 우레는 바람에 힘을 더해 주는 식으로 바람과 우레가 서로 세력을 보태 주는 것, 이것이 바로 익괘의 상이다.

군자는 이러한 괘상을 보고 익괘의 도에 근거해서 '선을 보면 옮겨 가고 허물이 있으면 즉시 고친다.見善

則遷 有過則改' 다른 이가 선한 말과 착한 행동을 하는 것을 보고 겸손하게 배우면 자기 자신도 선하다고 할 수 있다. 그리고 자기에게 결점이 있음을 발견하면 곧장 바로잡음으로써 덕을 수양한다.

초구 효사와「소상전」

初九, 利用爲大作 元吉 无咎.
초구 이용위대작 원길 무구
象曰: 元吉无咎 不厚事也.
상왈 원길무구 불후사야

초구는 큰일을 일으킴이 이로우니 크게 길하여 허물이 없다.

「상전」에서는 말했다. 크게 길하여 허물이 없음은 아래에서는 큰일을 할 수 없기 때문이다.

초구의 '이용위대작利用爲大作'은 큰일을 일으킴이 이롭다는 것이며 '원길 무구元吉 无咎'는 처음부터 크고 길하니 허물이 없다는 뜻이다.

「상전」에서는 '크게 길하여 허물이 없음元吉无咎'은 '아래에서는 큰일을 할 수 없기 때문不厚事也'이라고 해석했다. 이는 초구효가 이제 막 시작하는 처음 단계에 머물러 있는 까닭에 큰일을 감당할 수 없기 때문이다. 사물이 막 시작하는 단계에서는 당연히 큰일을 행할 수는 없다. 그러나 익괘의 하괘는 상괘로부터 더함을 입는 입장이다. 그래서 초구효라 할지라도 육사효로부터 보탬을 받으므로 큰일을 할 수 있다. 그뿐 아니라 큰일을 한번 하면 크게 길하고 재앙이나 화가 없다. 실지로 여기서 '큰일을 일으킴大作'은 초구효가 자신이 받은 도움을 독차지 하지 않고 다른 이들에게 폭넓게 베푼다는 것으로 이해하면 된다.

육이 효사와 「소상전」

六二, 或益之十朋之龜 弗克違 永貞吉.
육 이 혹 익 지 십 붕 지 귀 불 극 위 영 정 길
王用享于帝 吉.
왕 용 향 우 제 길
象曰: 或益之 自外來也.
상 왈 혹 익 지 자 외 래 야

육이는 어떤 이가 십붕의 거북을 보태 주어 사양하지 못하니 영구히 바른 도를 지키면 길하다. 왕이 이때를 이용하여 상제에게 봉헌하면 길하다.

「상전」에서는 말했다. 어떤 이가 십붕의 거북을 보태 줌은 밖에서 오는 것이다.

익괘의 육이효 효사는 손괘의 육오효와 기본적으로 같은 의미다. '혹惑'은 '어떤 이'를 가리키므로 '혹익지십붕지귀或益之十朋之龜'는 어떤 이가 십붕의 가치를 지닌 거북을 준다는 것이며 '불극위弗克違'는 이를 거절할 방법이 없다는 말이다. '영정길永貞吉'은 영원히 바른 도를 유지하면 길하다는 것이고 '왕용향우제 길王用享于帝 吉'은 대왕이 이 거북을 천제에게 봉헌해야 하는데 이렇게 하면 천제가 복을 내려 길할 것이라는 말이다.

「상전」에서는 '어떤 이가 십붕의 거북을 보태 줌或益之'은 '밖에서 오는 것自外來也'이라고 해석했다. 여기서 '밖外'은 구오효를 가리킨다. 육이효가 얻은 거북은 구오효, 즉 군왕이 보낸 것이다. 그렇다면 육이효는 어떻게 하여 구오효로부터 도움을 받을 수 있었을까? 이는 육이효도 상괘의 중심인 구오효와 마찬가지로 하괘의 중앙에 거하여 부드러운 중도의 덕을 지녔기 때문이다. 부드러운 덕을 가지고 있기 때문에 구오효라는 강효로부터 보탬을 입을 수 있다. 손괘의 육오효 역시 부드러운 중도의 덕이므로 구이효로부터 보탬을 입은 바 있다.

육삼 효사와 「소상전」

六三, 益之用凶事 无咎. 有孚中行 告公用圭.
육삼 익지용흉사 무구 유부중행 고공용규

象曰: 益用凶事 固有之也.
상왈 익용흉사 고유지야

육삼은 더함을 흉한 일에 쓰면 허물이 없다. 성실함이 있고 중도를 행하여 공에게 아뢸 때 규를 쓰듯 한다.

「상전」에서는 말했다. 더함을 흉한 일에 씀은 마땅히 있어야 한다.

육삼의 '지之'는 자기 자신을 가리키므로 '익지益之'는 자기가 더함을 입는다는 뜻이다. 자기가 더함을 입은 뒤에는 '흉한 일에 쓴다.用凶事'고 했는데 이는 흉한 일을 처리하는 데 쓴다는 말이다. 이렇게 해야만 재앙과 허물이 없기 때문에 '무구无咎'라고 했고 마음에 성실함을 품고 중도에 근거해서 신중하게 일을 처리해야 한다는 뜻에서 '유부중행有孚中行'이라고 덧붙였다. '고공용규告公用圭'는 옥으로 된 '규圭'(제후를 봉할 때 사용하던, 거짓 없이 진실하다는 것을 나타내는 표적)를 가지고 왕공에게 아뢴다는 뜻이다.

「상전」에서는 '더함을 흉한 일에 씀益用凶事'은 스스로 더함을 입은 뒤에는 그것을 독차지해서는 안 되고 반드시 흉한 일을 처리하는 데 씀으로써 흉하고 험한 상황에 처한 사람을 도와야 한다는 것이다. '고유지야固有之也'는 본래 마땅히 있어야 한다는 것으로 도의에 부합한다는 뜻이다. 이렇게 한다면 유익하다는 말이다.

『노자』 7장에서는 "그 몸을 밖에 두는 것으로 그 몸을 보존한다."고 했다. 자기 자신에 대한 관심을 마음 밖에 둔 채 신경 쓰지 않는다면 거꾸로 자기 자신을 보존할 수 있다는 역설이다. 본문의 '흉한 일에 쓴다.用凶事'는 말도 같은 원리다. 흉한 일을 처리할 때는 손에 옥으로 된 규를 들고 왕공에게 보고하듯 마음에 공손함과 경외심, 경건함을 품어야 하는데 여기서 우리는 더함에 있어서 정성을 다해야 하는 이치를 배울 수 있다.

육사 효사와 「소상전」

六四, 中行告公從 利用爲依遷國.
육사 중행고공종 이용위의천국
象曰: 告公從 以益志也.
상왈 고공종 이익지야

육사는 중도로 행하고 왕공에게 고하여 따르게 하니, 이 도를 의지하여 나라의 수도를 옮김이 이롭다.

「상전」에서는 말했다. 왕공에게 고하여 따르게 하는 것은 유익하게 하려는 뜻 때문이다.

육사의 '중행고공종中行告公從'은 일을 할 때 중도를 지키고 공정하게 처리해야 하는데, 이런 식으로 왕공에게 고하면 왕공이 그 말과 계책을 듣고 받아들일 것이라는 말이다. 그래서 백성과 군주의 이익을 살피서 나라의 수도를 옮기는 것이 이롭다는 의미에서 '이용위의천국利用爲依遷國'이라고 했다. 요즘 같은 시대에는 한 나라의 수도를 옮기는 것은 무척이나 어렵고 번거로운 일이지만 고대에는 오늘날처럼 어렵진 않았다. 고대사회에서 천도遷都는 재앙을 피하고 이로움을 좇기 위한 목적에서 이뤄졌다. 육사효는 이미 상괘에 접어든 시기인데 상괘는 자기를 덜어 내어 하괘에 보태주는 단계다. 따라서 상괘의 존귀한 위치에 있는 군주는 백성의 이익을 살펴서 수도를 옮기는 등, 백성에게 유익한 일을 해야 한다.

「상전」에서는 '왕공에게 고하여 따르게 하는 것은 유익하게 하려는 뜻 때문이다.告公從 以益志也'라고 했다. 군주에게 천하에 유익을 끼칠 만한 일을 고함으로써 군주가 나라의 수도를 옮기도록 결정하게 했다는 말이다.

육삼효와 육사효는 하괘와 상괘의 중앙인 이효와 오효의 위치가 아닌데도 모두 '중도를 행한다.中行'고 했다. 이는 익괘를 전체적인 면에서 볼 때 삼효는 이제 막 중앙의 자리에서 벗어난 경우이고 사효는 머지않아 가운데로 들어가려는 단계에 있기 때문이다. 이처럼 중도를 행하여 마음에 성실함과 공경함을 가지고 공정한 도를 행하면 아무리 수도를 옮기는 것과 같은 큰 일이 눈앞에 있어도 슬기롭게 해결할 수 있다. 군자라면 아무리 손해를 보더라도 진심을 다해 아낌없이 보태 주면서 백성을 위해 일해야 한다.

구오 효사와 「소상전」

九五, 有孚惠心 勿問元吉 有孚惠我德.
구오 유부혜심 물문원길 유부혜아덕

象曰: 有孚惠心 勿問之矣 惠我德 大得志也.
상왈 유부혜심 물문지의 혜아덕 대득지야

구오는 성실함과 정성이 있으면 묻지 않아도 크게 길하니 성실함을 두어 나의 덕을 은혜롭게 베푼다.

「상전」에서는 말했다. 성실함과 정성이 있으니 물을 것이 없으며, 나의 덕을 은혜롭게 베풀면 크게 뜻을 얻는다.

구오의 '유부혜심有孚惠心'은 마음에 성실함을 품고 천하의 사람들에게 은혜롭게 베푼다는 뜻이며, 이는 묻지 않아도 크게 길하므로 '물문원길勿問元吉'이라고 덧붙였다. '유부혜아덕有孚惠我德'은 나의 덕을 은혜롭게 베푼다는 것인데 여기서 '나我'는 군왕인 구오효를 가리킨다. 군주가 성실함을 가지고 천하 사람들에게 뜻을 베풀기만 하면 백성들이 그의 은덕에 성실히 보답하리라는 말이다. 이 때문에 '유부혜심有孚惠心'과 '유부혜아덕有孚惠我德', 이 두 구절은 인과관계 혹은 조건관계에 놓여 있다고 할 수 있다. 먼저 천하 사람들에게 은혜를 베풀면 천하 사람들이 당신에게 보답할 것이라는 말이다. 익괘의 상괘는 덜어 냄의 가치를 말하는데 구오효도 먼저 자기를 덜어 낸 다음에 다른 사람에게 보태어 주면, 훗날 남에게서 보탬과 도움을 되돌려 받을 것이라고 말한다. 여기서 핵심은 바로 '성실한 마음'이다.

「상전」에서는 '성실함과 정성이 있음有孚惠心'은 묻지 않아도 크게 길하다는 뜻에서 '물을 것이 없다.勿問之矣'고 했다. 또한 '나의 덕을 은혜롭게 하면惠我德' '크게 뜻을 얻는다.大得志也', 즉 민심을 크게 얻는다고 했다. 이는 위에서 덜어서 아래에 보태 주는 큰 인품과 덕이 발현된 모습이다.

상구 효사와 「소상전」

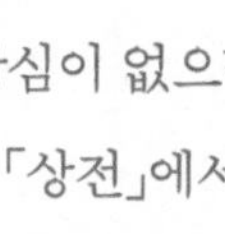

上九, 莫益之 或擊之 立心勿恒 凶.
상구 막익지 혹격지 입심물항 흉
象曰: 莫益之 偏辭也. 或擊之 自外來也.
상왈 막익지 편사야 혹격지 자외래야

상구는 보태 주는 이는 없고 공격하는 이가 있으니, 마음을 세우되 항상심이 없으면 흉하다.

「상전」에서는 말했다. 보태 주는 이가 없음은 편벽하기 때문이요, 공격하는 이가 있음은 밖으로부터 오는 것이다.

상구의 '막익지 혹격지莫益之 或擊之'는 '보태 주는 이가 없고 도리어 그를 공격하는 이가 있다.'는 뜻이고 '입심물항 흉立心勿恒 凶'은 '마음을 세우되 항상심이 없으면 흉하다.'는 말이다. 익괘의 상구효는 남에게서 덜어 내어 자기에게 보태는 것을 말하는데 그러니 당연히 그에게 보태 주기는커녕 공격하는 이만 있을 뿐이다. 이와는 반대로 앞서 나온 손괘의 상구효에서는 자기를 덜어 내어 남에게 보태는 것이므로 길하다고 했었다.

「상전」에서는 '보태 주는 이가 없음莫益之'은 '편벽하기 때문偏辭也', 즉 말과 행동이 한쪽으로 치우쳐져 있기 때문이라고 했다. 그가 보탬만을 바라면서 자기 이익만을 추구했기 때문에 '공격하는 이가 있음은 밖으로부터 온다.或擊之 自外來也'고 하여 외부의 공격에 직면하게 됐다고 했다. 상구효는 양의 강건함이 괘의 끝에 자리 잡은 것이므로 보탬을 받은 정도가 극에 이르렀는데도 계속해서 더 보탬 받기를 추구하는 상황이다. 보탬이 극에 이르러 이미 차고 넘치는데 어찌 더 많이 받을 수 있겠는가? 욕심이 끝이 없으면 다른 사람으로부터의 공격을 피할 수 없게 된다.

익괘 정리

䷩

익괘는 손괘損卦를 참고하면서 함께 이해해야 한다. 이 두 괘를 통해서 우리는 보탬 받고자 원한다면 먼저 자기를 덜어 내야 한다는 사실을 배웠다. 그렇지 않고 처음부터 끝까지 보탬 받기만을 원한다면 필연적으로 손실을 입고 말 것이다.

특히 지도자는 다른 사람에게 이익을 끼쳐야 하고 천하 사람들이 누려야 하는 공공의 것을 자기의 것으로 독차지하려 해서는 안 된다. 하늘의 도는 공평한 것이라서 인간의 도가 하늘의 도를 위배한다면 인간은 결국 재앙과 화를 만나고 만다. 이와 동시에 이로움과 폐단, 재앙과 복, 길함과 흉함의 관계는 한 가지로 고정되어 불변하는 것이 아니라 늘 변하고 순환한다. 복을 받고자 하면 할수록 도리어 재앙이 닥쳐올 수도 있기 때문에 늘 위기의식을 품고 조심하면 더 많은 복을 누릴 수도 있다. 공자는 손괘損卦와 익괘를 읽으면서 "스스로 덜어 내고자 하는 자는 보탬을 받을 것이요, 스스로 보탬을 받고자 하는 자는 부족해지리라."라고 말했다. 『회남자淮南子』에서도 "보탬과 덜어 냄은 그 왕 된 자의 일이다! 누군가 그것을 이롭게 하고자 원한다면 그 결과로 나타나는 것은 그를 해롭게 하는 데 충분하고, 누군가 그것을 해롭게 하길 원한다면 그 결과 나타나는 것은 도리어 그것을 이롭게 하는 데 충분한 것이 된다. 이로움과 해로움이 뒤바뀜은 화와 복이 들어오는 문이므로 이를 살피지 않을 수 없다."고 했다.

43
쾌괘夬卦 — 과감한 정책 결정

괘사

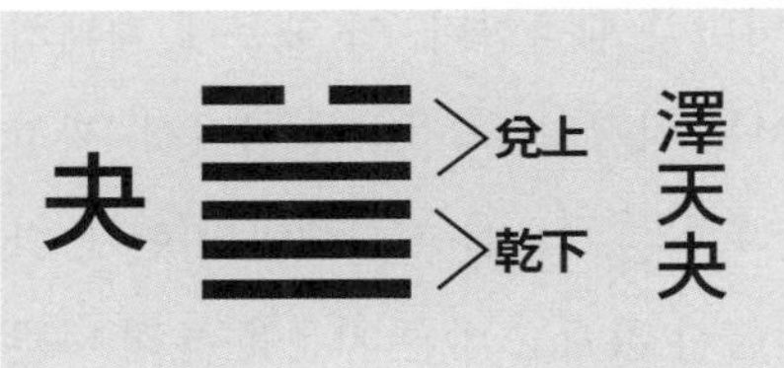

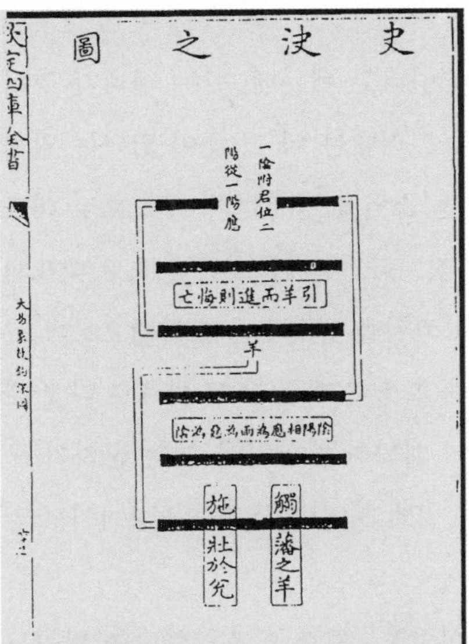

夬 揚于王庭 孚號有厲
쾌 양우왕정 부호유려
告自邑 不利卽戎 利有攸往.
고자읍 불리즉융 이유유왕

쾌는 왕의 조정에 드러남이니 성실함으로 호령하여 위태롭게 여기게끔 한다. 자기 성안에 알리고, 전쟁에 나섬은 이롭지 않으며 갈 바를 둠이 이롭다.

'쾌夬'는 '과감히 결단하다.' '터지다'라는 뜻을 가진 글자다. 『설문해자』에서는 "쾌는 나누어 결단한다."고 했다. 쾌괘는 다섯 개의 양효와 하나의 음효로 이루어져 있어 양기가 자라나면서 한 개뿐인 음의 상을 공동으로 결단해야 하므로 괘명을 '쾌夬'라고 하였다. 「서괘전」에서는 "더함이 멈추지 않으면 반드시 터지게 되어 있으므로 쾌괘로 받았다. 쾌는 터짐이다."라고 했다. 끊임없이 보탠 결과 극에 달하게 되고 가득 차고 나면 터지게 되므로 익괘의 다음에 쾌괘를 배치했다는 말이다.

쾌괘는 12소식괘 중의 하나다. 12소식괘는 음력 11월을 가리키는 복괘로부터 시작하여 순서대로 임, 태泰, 대장, 쾌 등으로 이어지는데 이 순서에 따르면 쾌괘는 음력 3월에 해당한다. 쾌괘는 아래 다섯 효가 양효이고 맨 위에 음효가 하나 남아 있어서 머지않아 그 음기마저도 사라지면 양기로 충만해질 것이 예상되는 괘다.

쾌괘는 '과감하게 결단하다.'라는 의미를 함축한다. 이 때문에 쾌괘처럼 음과 양의 모순이 심해진 상황에서는 양강(양의 강건함)이 나서서 '과감히 결단하는' 기백을 보임으로써 음유(음의 부드러움)를 제약해야만 한다. 바꿔 말하면 군자라면 소인의 무리를 말끔히 없애고 바른 기운을 통해 나쁜 기운을 눌러야 한다는 것이다.

괘사에서는 '쾌 양우왕정夬 揚于王庭'이라고 했는데, 이는 쾌괘가 왕의 궁전에서 무리를 향해 소인의 죄악을 드러내는 데 그 뜻이 있다는 말이다. 쾌괘의 가장 윗자리에 있는 음효는 소인을 상징한다. 구오효로 대표되는 군자 위에 바로 그 소인이 있는 것이다. 이 때문에 구오효로 대표되는 군자가 소인을 상징하는 상육효의 죄악을 만천하에 드러냄으로써 그를 제재한다고 했다. 쾌괘는 맨 위에 음효가 한 개 있고 그 아래로 다섯 개의 양효가 있어서 양이 흥성하고 음이 쇠퇴하는 상인데, 이는 군자의 도가 성하고 소인의 도가 쇠하는 모습을 빗댄 것이니 군자는 조정에서 소인을 제약할 수 있다.

'부호유려孚號有厲'에서 '부孚'는 성실함을, '호號'는 호령한다는 말이므로 마음에 성실함을 품고서 모두를 호령하여 경계심을 높임으로써 소인을 방비한다는 것이다. 쾌괘는 강剛으로써 유柔를 제재하는 상황이지만 음의 부드러움이 아직 위에 남아 있어서 제거되지 않았으니 이 때문에 위험할 수 있다. 하지만 구오효가 존귀한 자리에 거하고 '성실함으로 호령함孚號'으로써 이들을 제재한다.

'고자읍告自邑'은 자기 성읍에서 소인의 죄악을 널리 발표하여 드러낸다는 것이고 '불리즉융不利卽戎'은 병사를 내어 전쟁에 나서는 것이 이롭지 않다는 뜻이다. 이 시기에는 무력을 써서 소인을 징벌하기에는 적합하지 않으며 그들의 죄악을 공표하고 도리와 덕에 기대어 그들을 감화시키기만 하면 된다. 그래서 결단하는 도에 근거해서 앞으로 나아감이 이롭다는 뜻에서 괘사는 '이유유왕利有攸往'으로 마무리된다. 이처럼 쾌괘는 어떻게 하면 과감하게 판단, 결정하고 용기 있게 앞으로 나아갈 수 있는지 그 이치를 밝히고 있다.

괘사에 대한 「단전」

彖曰: 夬 決也 剛決柔也.
단왈 쾌 결야 강결유야

健而說 決而和.
건이열 결이화

揚于王庭 柔乘五剛也.
양우왕정 유승오강야

孚號有厲 其危乃光也.
부호유려 기위내광야

告自邑 不利卽戎 所尙乃窮也.
고자읍 불리즉융 소상내궁야

利有攸往 剛長乃終也.
이유유왕 강장내종야

「단전」에서는 말했다. 쾌는 결단함이니 강이 유를 결단하는 것이다. 굳세고 기뻐하며 결단하고 화한다. 왕의 조정에 드러남은 유가 다섯 개의 강을 타고 있기 때문이요, 성실함으로 호령하여 위태롭게 여기게 함은 그 위태로움이 마침내 광대해지기 때문이다. 자기 성읍에 알리고, 전쟁에 나섬이 이롭지 않음은 숭상하는 바가 마침내 궁극에 이르렀기 때문이요, 갈 바를 둠이 이로움은 강의 자람이 마침내 종국에 이르렀기 때문이다.

「단전」에서 '쾌 결야夬 決也'라고 한 것은 '쾌는 결단함이다.'라는 뜻이며 '강결유야剛決柔也'는 강이 유를 결단하는 것, 즉 강효가 유효에 대해 과감하게 조치를 취한다는 말이다. '굳세고 기뻐하며 결단하고 화한다.健而說決而和'에서 굳셈을 뜻하는 '건健'은 하괘인 건괘乾卦를 상징하는 글자이고 기쁨을 뜻하는 '열說'은 상괘인 태괘兌卦를 가리킨다. 따라서 쾌괘의 시기에는 내면이 강건하고 얼굴에 기쁜 기색이 있는 상태에서 내린 결단이라야만 화목하고 조화로운 국면을 얻을 수 있다.

'왕의 조정에 드러남은 유가 다섯 개의 강을 타고 있기 때문이다.揚于王庭 柔乘五剛也'에서 '유柔'는 상육효, 즉 소인을 가리키며 '강剛'은 그 아래에 있는 다섯 양효, 즉 군자를 가리킨다. 소인이 군자의 윗자리에 거하므로 왕의 궁정에서 그의 죄악을 발표하여 널리 드러낼 수 있다.

'성실함으로 호령하여 위태롭게 여기게 함은 그 위태로움이 마침내 광대해지기 때문이다.孚號有厲 其危乃光也'는 마음에 성실함과 경건함을 가지고 모두에게 소인의 죄를 밝히 드러내어 그들로 하여금 경계심과 위기의식을 품게 하여야만 비로소 광명함으로 나아갈 수 있다는 뜻이다.

'자기 성읍에 알리고, 전쟁에 나섬이 이롭지 않음은 숭상하는 바가 마침내 궁극에 이르렀기 때문이다.告自邑 不利卽戎 所尙乃窮也'라고 한 것은 무력을 숭상한다면 그 도가 반드시 궁극에 이르고 만다는 뜻이다. 하지만 양효가 끊임없이 위로 자라나다가 맨 위의 음효가 양효로 대체되면 쾌괘는 결국 건괘로 바뀌게 되어 필연적으로 좋은 결과를 얻게 되므로 '갈 바를 둠이 이로움은 강의 자람이 마침내 종국에 이르렀기 때문이다.利有攸往剛長乃終也'라고 하여 앞으로 나아감이 이로움을 강조했다.

쾌사에 대한 「대상전」

象曰: 澤上於天 夬. 君子以施祿及下 居德則忌.
상왈 택상어천 쾌 군자이시록급하 거덕즉기

「상전」에서는 말했다. 못이 하늘 위에 있는 것이 쾌다. 군자는 이를 보고 아래에 이익을 베풀되 공덕에만 머물면 원망을 산다.

「상전」에서 '못이 하늘 위에 있는 것이 쾌다澤上於天 夬'라고 한 것은 쾌괘(䷪)의 상괘인 태괘(☱)가 못이고 하괘인 건괘(☰)가 하늘을 상징하기 때문이다. 못이 하늘 위로 상승하는 것은 물이 이미 가득 찬 나머지 터져서 아래로 쏟아져 내리는 모습이다. 다시 말해 큰비가 하늘에서 퍼부어 만물을 윤택하게 하는 것이 바로 쾌괘의 상이다.

군자는 이러한 괘상을 보고 쾌괘의 도에 근거해서 마치 하늘에서 비가 내려 대지를 두루 윤택하게 하듯 '아래에 이익을 베푼다.施祿及下' 그러나 '공덕에만 머물면 원망을 산다.居德則忌'고 함으로써 만약 군자가 공덕에만 머물러 자만한 채 일반 백성에게 은혜를 베풀지 않는다면 백성에게 원망을 사게 될 것이라고 경고한다. 이것이 바로 쾌괘가 우리에게 주는 일깨움이다.

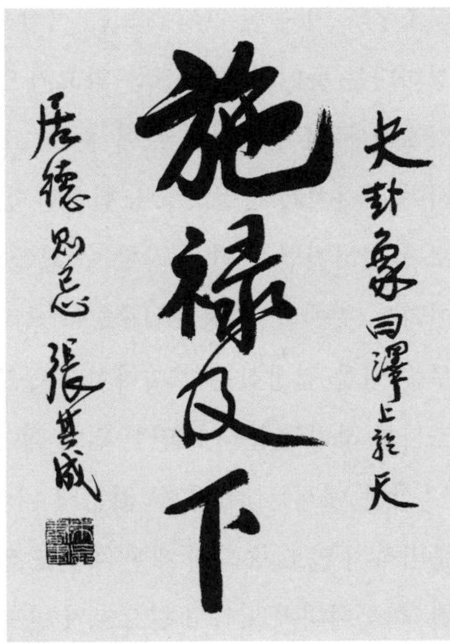

시록급하

쾌괘의 「단전」과 「상전」을 보면 둘의 해석이 그다지 일치하지는 않아 보인다. 「단전」의 해석에서는 군자에게 과감하게 앞으로 나아가 소인을 제재하라고 하지만 「상전」에서는 군자라면 과감하게 백성들을 향해 은덕을 베풀라고 풀이한다. 이처럼 둘의 해석은 얼핏 달라 보이지만 사실 그 안에 함축된 의미, 과감하게 일을 행하라는 점에서는 서로 연결되어 있다고 볼 수 있다.

초구 효사와 「소상전」

初九, 壯于前趾 往不勝爲咎.
초구 장우전지 왕불승위구
象曰: 不勝而往 咎也.
상왈 불승이왕 구야

초구는 앞발이 건장함이니 나아가서 이기지 못하면 허물이 된다.
「상전」에서는 말했다. 이길 수 없는데 나아가는 것은 허물이다.

초구의 '장우전지壯于前趾'는 시작하자마자 앞으로 나아가므로 무척 강성하다는 뜻이다. 초구효는 양효가 양의 자리에 오고 강효가 강의 자리에 있으니 무척 강성함을 보여 준다. 그러나 일이 이제 막 시작하는 단계에서는 지나치게 강성하고 모험적인 것은 적절치 않다. 따라서 강하게 앞으로 돌진하기만 하면 승리할 수 없을 뿐 아니라 재앙이나 화가 뒤따를 뿐이라는 뜻에서 '왕불승위구往不勝爲咎'라고 덧붙였다. 초구효는 우리에게 무슨 일을 결정하든지 지나치게 무모해서는 안 되며 신중하고 상세하게 조사를 하여 충분히 고민한 뒤에 해야 함을 일깨워 준다.

「상전」에서는 '이길 수 없는데 나아가는 것不勝而往', 즉 사전에 제대로 준비하지 않고 승리에 대한 확신도 없는 채 급하게 앞으로 나아가기만 하면 '허물이다.咎也'라고 함으로써 반드시 실패하여 화를 만난다고 했다.

구이 효사와 「소상전」

九二, 惕號 莫夜 有戎勿恤.
구이 척호 막야 유융물휼
象曰: 有戎勿恤 得中道也.
상왈 유융물휼 득중도야

구이는 삼가라고 호령하니 늦은 밤에 적이 있더라도 걱정함이 없다.

「상전」에서는 말했다. 적이 있어도 걱정함이 없음은 중도를 얻었기 때문이다.

'척惕'은 스스로 두려워하여 삼가는 것을 뜻하므로 '척호惕號'는 다른 사람에게 경계하라고 알려 주는 것이다. '막莫'은 '저물다'라는 뜻을 가진 '모暮'와 통하므로 '막야莫夜'는 해가 저문 밤을 가리킨다. 이러한 늦은 밤에 전란이 생겨서 적이 나타나더라도 걱정할 필요가 없다는 뜻에서 '유융물휼有戎勿恤'이라고 했다. 구이효는 시시각각 경계를 늦추지 않는 등 다른 사람에게 경각심을 줄 수 있어서 늦은 밤에 적이 나타나도 걱정할 것이 없다.

「상전」에서는 '적이 있어도 걱정함이 없음有戎勿恤'은 '중도를 얻었기 때문得中道也'이라고 했다. 구이효는 비록 양강의 성향을 지녔지만 하괘의 중심에 거하는 데다 음의 부드러움을 지녔으므로 앞으로 나아가 잘 지킬 수 있는 상이라고 할 수 있다. 구이효는 이러한 상을 근거로 잘 경계하고 방비한다. 자기 스스로 경계할 뿐 아니라 다른 사람에게도 알려 경각심을 갖게끔 도우므로 늦은 밤에 적이 나타나더라도 걱정할 필요가 없다.

구삼 효사와 「소상전」

九三, 壯于頄 有凶
구삼 장우규 유흉
君子夬夬 獨行遇雨 若濡有慍 无咎.
군자쾌쾌 독행우우 약유유온 무구
象曰: 君子夬夬 終无咎也.
상왈 군자쾌쾌 종무구야

구삼은 광대뼈가 건장하여 흉함이 있지만, 군자가 과감히 결단하고 홀로 행하여 비를 만나 젖는 듯 여겨 노여워하면 허물이 없다.

「상전」에서는 말했다. 군자가 과감히 결단하면 끝내 허물이 없다.

'장壯'은 강건하고 장대하다는 뜻이다. '규頄'는 광대뼈를 뜻하는데 여기서는 상육효를 상징한다. 광대뼈가 사람의 몸에서 위쪽에 있듯 상육효도 괘의 가장 높은 효이기 때문이다. 따라서 구삼의 '장우규壯于頄'는 '광대뼈가 건장하다.', 즉 상육효가 강건하고 장대하다는 말이 된다.

'유흉有凶'은 분명히 흉하고 험한 일이 있으리라는 것이고 '군자쾌쾌君子夬夬'는 군자는 과감히 결단한다는 뜻이다. 구삼효는 유일하게 상육효와 호응하지만 마치 정에 이끌려 결단하지 못하고 질질 끌려다니는 모습이다. 그래서 이를 경계하여 과감하게 결단하기만 하면 바로 그가 군자라고 했다.

'독행우우獨行遇雨'는 홀로 앞으로 나아가면 비를 만나게 되리라는 말이다. 괘 전체를 통틀어 오직 구삼효만 상육효와 상응하기 때문에 '홀로 행한다.'고 했다. 그렇다면 어째서 비를 만난다고 했을까? 이는 상괘인 태괘가 비를 상징하는 데다 상육효가 음효로서 태괘의 가장 윗자리에 있기 때문이다. 음효인 데다 비의 상이 있어서 이미 비가 내리고 있기 때문에 비를 만난다고 한 것이다. 여기서는 비가 내리는 현상에 빗대어 다른 사람에게서 시기와 의심을 살 수 있는 상황을 묘사했는데 '비를 만나 젖는 듯 여겨 노여워함이 있다.'는 뜻의 구절 '약유유온若濡有慍'이 그것이다. '유濡'는 흠뻑 젖는 모습이고 '온慍'은 기뻐하지 않음이다. 이는 구삼효가 사람들로부터 상육효와의 관계를 의심받자 마치 비에 옷이 젖듯 마음이 기쁘지 않아 노하게 된다는 말이다. 구삼효는 상육효와 관계가 없으므로 젖지 않음을 기쁨으로 여기며 이렇게 하면 재앙이나 화가 없을 것이라는 의미에서 '무구无咎'라고 마무리했다. 구삼효는 상황을 확실히 파악하기만 하면 지혜롭고 정확하게 판단할 수 있으며 다른 양효와 함께 음효를 제재하면 재앙이나 화가 없을 것이라고 말한다.

「상전」에서는 '군자가 과감히 결단하면君子夬夬', 즉 다른 사람으로부터 질투를 받아 명예가 더럽혀지더라도 마음속으로 과감히 결단하면 '끝내 허물이 없다.終无咎也'고 풀이했다. 이는 다른 사람의 간섭 없이 정확한 판단을 내릴 수 있기 때문이다.

구사 효사와 「소상전」

九四, 臀无膚 其行次且 牽羊悔亡 聞言不信.
구사 둔무부 기행차차 견양회망 문언불신
象曰: 其行次且 位不當也. 聞言不信 聰不明也.
상왈 기행차차 위부당야 문언불신 총불명야

구사는 볼기에 살이 없어 그 나아감이 어려우니, 양을 끌듯이 하면 후회가 없으나, 말을 들어도 믿지 않는다.

「상전」에서는 말했다. 그 나아감이 어려움은 위치가 마땅하지 않기 때문이요, 말을 들어도 믿지 않음은 귀가 밝지 않기 때문이다.

구사의 '둔무부臀无膚'는 볼기에 살이 없다는 것으로 아랫사람들로부터

의 도움을 상실했다는 뜻이다. 이렇게 되면 '기행차차其行次且', 즉 '그 나아감이 어렵게' 되는데 여기서 '차차次且'는 행동이 어려워짐을 가리킨다. '양羊'은 구오효를 가리키므로 '견양회망牽羊悔亡'은 구사효가 구오의 존귀한 자에게 확실하게 의지하면 후회할 것이 없다는 뜻이고 '문언불신聞言不信'은 다른 사람의 충고를 믿지 않으면 분명 어려운 상황에 봉착하게 되리라는 말이다.

「상전」에서는 '그 나아감이 어려움其行次且'은 '위치가 마땅하지 않기 때문位不當也'이라고 해석했다. 구사의 양효는 음이 와야 할 자리에 거하므로 그 시기와 위치가 '정正'하지 않아 다른 이의 도움을 얻지 못하고 이 때문에 행동이 어려워진다. 이런 사람은 총명하지 않을 뿐더러 고집스럽기까지 해서, 다른 이의 말을 경청해야만 시시비비가 분명해지는 이치를 깨닫지 못한다는 뜻으로 '말을 들어도 믿지 않음聞言不信'이라고 한 것이다.

구오 효사와 「소상전」

九五, 莧陸夬夬 中行无咎.
구오 현륙쾌쾌 중행무구

象曰: 中行无咎 中未光也.
상왈 중행무구 중미광야

구오는 쇠비름을 잘라내듯 과감히 하면 중도를 행하므로 허물이 없다.

「상전」에서는 말했다. 중도를 행하면 허물이 없지만 중도가 아직 광대하지는 못하다.

'현륙莧陸'은 쇠비름을 말하므로 구오의 '현륙쾌쾌莧陸夬夬'는 쇠비름을 잘라내듯 과감하게 해야 한다는 뜻이다. 여기서는 구오효의 존귀한 자가 과감하게 징벌하여 상육효 자리에 있는 소인을 제재해야 함을 빗대었다.

'중행무구中行无咎'는 구오가 행하는 것이 중정中正의 도이므로 재앙이나 화가 없을 것이라는 말이다.

「상전」에서는 '중도를 행하면 허물이 없음中行无咎', 즉 구오가 '중中'과 '정正'을 얻어 중도를 행할 수 있으므로 재앙은 없지만 '중미광야中未光也', 즉 중정의 도가 아직은 크게 광대함을 떨치지 못한다고 했다. 왜일까? 맨 위에 아직 음효가 하나 남아 있어서 구오효가 음효의 아래에 거해야 하기 때문이다. 이럴 때는 결단하여 음효를 떨쳐 내야만 양의 강건함을 지닌 중정의 도가 크게 빛날 수 있다.

상육 효사와 「소상전」

上六, 无號 終有凶.
상육 무호 종유흉
象曰: 无號之凶 終不可長也.
상왈 무호지흉 종불가장야

상육은 울부짖을 필요가 없으니 끝내 흉하다.

「상전」에서는 말했다. 울부짖을 필요가 없으니 흉하다는 것은 끝내 오래갈 수 없기 때문이다.

상육에서는 울부짖거나 크게 소리를 지를 필요가 없다는 뜻에서 '무호无號'라고 했다. 그렇게 하면 끝내 흉함이 있으므로 '종유흉終有凶'이라고 했는데 그것은 왜일까? 소인이 군자를 뛰어넘어 그 위에 군림하고자 하니 비록 잠깐 동안 세력은 얻어도 끝내는 징벌을 면치 못할 것이기 때문이다.

「상전」에서는 '울부짖을 필요가 없으니 흉하다.无號之凶'는 것은 '끝내 오래갈 수 없기 때문終不可長也'이라고 했다. 상육은 괘 전체에서 유일한 음효로서 소인을 상징하며 아래의 다섯 양효는 군자를 대표한다. 군자의 역량이 강하고 커서 '군자의 도가 오래가고 소인의 도가 쇠하는君子道長 小人道消' 상황에 처해 있다. 그러니 소인이 아무리 권세를 가지고 있어도 불안하기 짝이 없다. 따라서 소인이 곳곳에 울부짖으며 도움을 청해도 구함을 받기 힘들어 곧 쇠하고 말 운명이다. 이처럼 상육효는 쇠락함을 피할 수 없는 상황이므로 '울부짖을 필요가 없다.无號'고 한 것이다.

쾌괘 정리

䷪

쾌괘는 우리에게 어떻게 하면 과감하게 결단하여 판단을 내릴 수 있는지에 관한 이치를 알려 준다. 소인과의 관계에서 결단을 내리려면 반드시 다음 몇 가지를 지켜야 한다.

첫째, 처음 시작할 때 신중하게 행동해야지 지나침이나 무모함이 있어서는 안 되며 적절한 때를 기다려야 한다.

둘째, 중도를 지키면서 공정하게, 그리고 많은 사람 앞에서 소인의 죄악을 판단하여 널리 알려야 한다.

셋째, 시시각각 경각심을 가지고 경계하면 소인에 의해 음해를 당하더라도 언젠가는 험난한 상황을 평안함으로 바꿀 수 있다.

넷째, 무력을 숭상하지 말고 덕으로 남을 교화해야 한다.

44
구괘姤卦 — 만나서 아는 것

괘사

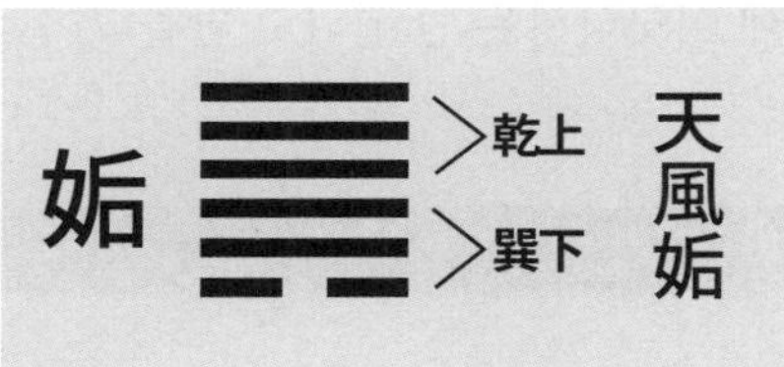

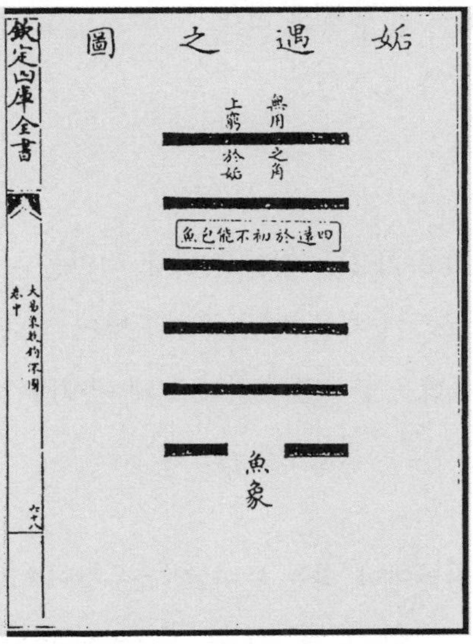

姤 女壯 勿用取女.
구 여장 물용취녀

구는 여자가 장대함이니 여인을 취하지 말아야 한다.

'구姤'는 우연히 만난다는 뜻이다. 「서괘전」에서는 "나뉘면 반드시 만남이 있으므로 구괘로 받았다. 구는 만남이다."라고 하여, 터져서 나뉜 다음에는 반드시 만나서 합해짐이 있으므로 쾌괘의 다음에 구괘가 왔다고 했다. 구괘의 괘상을 보면 쾌괘의 위아래를 정반대로 뒤집어 놓은 모습이다. 구괘도 12소식괘 중의 하나여서 음력 5월을 대표한다.

괘사에서는 구괘에 대해 '여장女壯'이라고 했는데 이는 여인이 지나치게 강성하다는 뜻이다. 왜냐면 구는 여인 한 명이 남자 다섯을 만나는 형상이기 때문이다. 이러한 여인은 부인으로 취하는 것이 마땅하지 않다는 의미에서 '물용취녀勿用取女'라고 했다. 행위가 정갈하지 않은 여인은 함께 오래 지낼 수 없기 때문이다. 이를 통해 구괘에는 양을 높이고 음을 억제하며 남자를 존귀하게 여기고 여자를 낮춰 보는 『주역』의 관점이 반영되어 있음을 알 수 있다.

구괘에서 말하고자 하는 것은 만남의 이치와 지혜다. 여자 한 명이 남자 다섯을 만나는 상황과 같은 남녀 간의 만남에 반대함으로써 '만남'은 반드시 예의와 도리에 부합하고 윤리에 어긋나서는 안 된다고 말한다.

괘사에 대한 「단전」

彖曰: 姤 遇也 柔遇剛也. 勿用取女 不可與長也.
단왈 구 우야 유우강야 물용취녀 불가여장야
天地相遇 品物咸章也. 剛遇中正 天下大行也.
천지상우 품물함장야 강우중정 천하대행야
姤之時義大矣哉.
구지시의대의재

「단전」에서는 말했다. 구는 만남이니 유가 강을 만난 것이다. 여인을 취하지 말라는 것은 그녀와 오래가지 못하기 때문이다. 하늘과 땅이 서로 만나 만물이 밝게 드러나고, 강이 중정함을 만나면 천하에 크게 행해지니 구의 때와 의가 크다.

「단전」의 '구 우야姤 遇也'는 '구는 만남이다.'라는 뜻이고 '유우강야柔遇剛也'는 하나의 유효(음효)가 다섯 개의 강효(양효)를 만나는 것, 즉 한 명의 여인이 다섯의 남자를 만남을 의미한다. '여인을 취하지 말라는 것은 그녀와 오래가지 못하기 때문이다.勿用取女 不可與長也'라고 했는데 이러한 여인을 부인으로 맞을 수 없는 것은 그녀와 더불어 오래 살아갈 수 없기 때문이다.

하늘의 양기와 땅의 음기가 한데 만나 음양이 화합하고 바람과 비가 알맞게 내려 만물이 자라고 변화하면서 각자 자신의 품성을 드러내니 참으로 생기발랄한 광경이 아닐 수 없다. 그런 의미에서 '하늘과 땅이 서로 만나 만물이 밝게 드러난다.天地相遇 品物咸章也'고 했다.

구

'강이 중정함을 만나면 천하에 크게 행해진다.剛遇中正 天下大行也'는 것은 강건하고 바른 남자가 중정의 도를 지키는 여인을 만난다면 인륜의 바른 도가 천하에 크게 행해진다는 뜻이다. 구괘에서 드러내는 의의가 무척 위대하여 우리에게 천지, 음양, 남녀 등 세상만물이 어떻게 서로 만나는지 알려 주기 때문에 '구의 때와 의가 크다.姤之時義大矣哉'라고 하며 「단전」은 마무리된다. 이를 통해 우리도 사업을 할 때 어떻게 경쟁사를 대해야 하는지, 부하 직원들은 어떻게 대해야 하는지 배울 수 있다.

괘사에 대한 「대상전」

象曰: 天下有風 姤. 后以施命誥四方.
상왈 천하유풍 구 후이시명고사방

「상전」에서는 말했다. 하늘 아래 바람이 있는 것이 구다. 군주는 이를 보고 명을 내려 사방을 가르친다.

「상전」에서는 '하늘 아래에 바람이 있는 것이 구다.天下有風 姤'라고 했는데 이는 구괘(䷫)의 상괘인 건괘(☰)가 하늘이고 하괘인 손괘(☴)가 바람을 상징하기 때문이다. 바람이 하늘 아래로 다녀 사방에 편만하여 만물과 만나니 이는 정치적인 명령을 내려 사방에 알리는 형상이다. 이것이 바로 구괘의 상이다.

'후后'는 왕후王后가 아닌 군주君主를 가리킨다. 군왕은 이러한 괘상을 보고 구괘의 도에 근거하여 '명을 내려 사방을 가르친다.施命誥四方' 마치 하늘 아래 바람이 떠다니듯 천하에 명령을 내려서 모든 이가 알게끔 하면 위아래가 통하여 서로 만날 수 있다는 말이다.

초육 효사와 「소상전」

䷫

初六, 繫于金柅 貞吉 有攸往 見凶 羸豕孚蹢躅.
초육 계우금니 정길 유유왕 견흉 이시부척촉
象曰: 繫于金柅 柔道牽也.
상왈 계우금니 유도견야

초육은 쇠로 된 고동목(수레바퀴를 제동하는 장치)에 매어 놓으면 바르게 함이 길하고, 갈 바를 두면 흉함이 있으니, 허약한 암돼지가 날뛰는 듯하다.

「상전」에서는 말했다. 쇠로 된 고동목에 매어 둠은 유의 도가 견제를 받기 때문이다.

'금니金柅'는 쇠 따위의 금속으로 만든 수레바퀴 제동장치다. '이시羸豕'는 여기서는 여위어 허약한 암돼지를 가리키고 '부孚'는 경거망동하는 것이며 '척촉蹢躅'은 이리저리 배회하는 모습이다. 따라서 초육의 '계우금니繫于金柅'는 견고한 쇠 고동목 위에 매어 있다는 뜻이며 이렇게 하면 바른 도를 지켜야만 길할 수 있다는 의미에서 '정길貞吉'이라고 했다. 그러나 조급하게 앞으로 나아가면 흉하고 험한 일을 만날 수 있기 때문에 '유유왕 견흉有攸往 見凶'이라고 한 뒤 그렇게 되면 여위고 허약한 암돼지처럼 여기저기 배회할지도 모른다는 뜻에서 '이시부척촉羸豕孚蹢躅'이라고 덧붙였다.

이처럼 초육에서는 두 가지 광경을 비유로 들어 설명하고 있는데 그것은 첫째, 견고한 쇠 고동목 위에 매어 있는 모습이다. 서로 만날 때 마음이 굳건하고 내면에서 바른 도를 지킨다는 의미다. 둘째는 여윈 암퇘지가 어지럽게 돌아다니는 모습을 통해 만남의 시기에는 경거망동하거나 조급해해서는 안 됨을 설명했다.

「상전」에서는 '쇠로 된 고동목에 매어 둠繫于金柅'은 '유의 도가 견제를 받기 때문柔道牽也'이라고 했다. 유柔의 도가 위로 올라가면 견제를 받게 된다는 말이다. 초육효의 단계에서는 양의 강건함을 지닌 사람 다섯을 대면하게 되는데, 이럴 때는 조급하게 움직이거나 경망스럽고 무모하게 행동하지 말고, 신중하게 바른 도를 지키면서 앞선 사람이 주동적으로 다가와서 자신과 만나려 할 때까지 기다려야 한다는 말이다.

구이 효사와 「소상전」

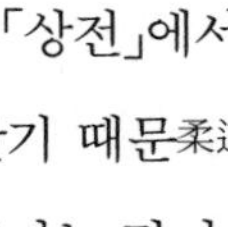

九二, 包有魚 无咎 不利賓.
구이 포유어 무구 불리빈
象曰: 包有魚 義不及賓也.
상왈 포유어 의불급빈야

구이는 부엌에 물고기가 있으면 허물은 없지만 손님을 맞이하기에는 이롭지 않다.

「상전」에서는 말했다. 부엌에 물고기가 있다는 것은 도의상 손님에게 미칠 수 없기 때문이다.

'포包'는 '부엌' '주방'의 뜻을 가진 '포庖'와 통하므로 구이의 '포유어 무구 불리빈包有魚 无咎 不利賓'은 주방에 물고기가 한 마리 있으면 재앙이나 화가 없지만 이 물고기는 손님을 초대하여 대접하기에는 이롭지 않다는 말이다. 구이효는 구오효와 서로 만나는 사이이기 때문에 여기서 '손님'은 구오효를 가리킨다. 구이효가 물고기로 손님을 대접하기 이롭지 않다고 한 것은 만나는 사람을 손님으로 삼아서는 안 된다는 뜻이다. 만약 상대방을 손님으로 여긴다면 도리어 남처럼 대하게 될 것이므로 이롭지 않다는 말이다.

「상전」에서는 '부엌에 물고기가 있어包有魚' 손님을 맞음이 이롭지 않다는 것은 '도의상 손님에게 미칠 수 없기 때문義不及賓也'이라고 해석했다. 즉 도의적으로 구오효를 손님으로 여길 수 없다는 말이다. 어떤 이는 '포包'를 '포용하다' '품다'로 풀이하여 '포유어包有魚'를 '만나는 사람을 포용하면 허물이 없다.'는 뜻으로 해석하기도 한다. 상대방을 손님으로 여겨서 거리를 두면 도리어 이롭지 않다는 관점인데, 이렇게 해석해도 무방하다.

구삼 효사와「소상전」

九三, 臀无膚 其行次且 厲 无大咎.
구삼 둔무부 기행차차 여 무대구
象曰: 其行次且 行未牽也.
상왈 기행차차 행미견야

구삼은 볼기에 살이 없어 그 나아감이 어려우니 위태롭게 여기면 큰 허물이 없다.

「상전」에서는 말했다. 그 나아감이 어려운 것은 나아감을 끌어 주지 못하기 때문이다.

구삼효는 쾌괘의 구사효를 풀이한 효사 내용과 비슷하다. '둔무부 기행 차차 여 무대구臀无膚 其行次且 厲 无大咎'는 볼기에 살이 없어 길을 가기 어려우니 이것이 비록 위험하더라도 큰 화는 없을 것이라는 말이다.

「상전」에서는 '그 나아감이 어려움其行次且'은 '나아감이 끌림을 받지 않기 때문行未牽也'이라고 했다. 구삼효는 하괘의 맨 윗자리에 온 효로서 강효(양효)라 지나치게 강건하다. 그뿐만 아니라 하괘의 중앙에 거하지 않아 '중中'을 얻지 못했으며 그렇다고 위로 응하지 않고 아래로 만나는 것도 없으니 도움의 손길이 전무한 상황이다. 이 때문에 일을 할 때 어렵기만 하고 마음은 불안하기만 하다는 것이다.

구사 효사와 「소상전」

九四, 包无魚 起凶.
구사 포무어 기흉

象曰: 无魚之凶 遠民也.
상왈 무어지흉 원민야

구사는 부엌에 물고기가 없으니 흉함이 일어난다.

「상전」에서는 말했다. 물고기가 없어 흉함은 백성을 멀리하기 때문이다.

'어魚'는 '만나다'라는 뜻을 가진 '우遇'와 통하므로 자신의 재능을 알아주는 사람을 뜻한다. 구사의 '포무어包无魚'는 본래 주방에 물고기가 없다는 것이지만 실제로는 자신의 재능을 알아주는 이를 잃었음을 뜻한다. 그리고 그렇게 되면 흉함이 나타날 수 있으므로 '기흉起凶'이라고 덧붙였다.

「상전」에서는 '물고기가 없어 흉함无魚之凶'은 '백성을 멀리하기 때문遠民也'이라고 해석했다. 여기서 '백성'은 초육효를 가리킨다. 본래 초육효는 구사효와 상응하는 관계다. 그러나 구괘는 위의 다섯 강효가 앞다투어 초육효와 만나고자 하는 상황인 데다 구사는 초육효와 지나치게 멀리 떨어져 있고, 설상가상으로 초구효의 이웃인 구이효가 이미 초구효와 만남을 이룬 상태여서 구사효는 초구효와 만날 수가 없게 되었다. 이처럼 자신을 알아주는 이를 만나고 싶다면 적극적으로 대중에게 가까이 다가서야지 현실 세계와 동떨어져 지내면서 다른 사람이 먼저 자기를 알아주기를 바라기만 해서는 안 된다.

구오 효사와 「소상전」

九五, 以杞包瓜 含章 有隕自天.
구오 이기포과 함장 유운자천

象曰: 九五含章 中正也. 有隕自天 志不舍命也.
상왈 구오함장 중정야 유운자천 지불사명야

구오는 고리버들이 오이를 감싸는 것이니 아름다움을 간직하면 하늘로부터 떨어짐이 있다.

「상전」에서는 말했다. 구오가 아름다움을 간직함은 중과 정을 얻었기 때문이요, 하늘로부터 떨어짐이 있음은 뜻이 하늘의 명을 버리지 않기 때문이다.

'기杞'는 높고 크며 덩굴이 많은 나무인 고리버들을 말하므로 구오의 '이기포과以杞包瓜'는 고리버들을 타고 그 위에 오이가 주렁주렁 열린 모습이다. 한마디로 오이가 고리버들의 보호 아래에 놓인 셈이다. '함장

含章'은 자신의 재능을 감추어 간직하는 것이며 '유운자천有隕自天'은 반드시 자기가 꿈과 이상을 통해 만났던 사람이 오리라는 말이다.

「상전」에서는 '구오가 아름다움을 간직함은 중과 정을 얻었기 때문이다.九五含章 中正也'라고 해석했다. 왜냐면 구오효는 '중中'과 '정正'을 얻었을 뿐 아니라 그 지위가 존귀하여 자신의 재능을 감추어 간직함으로써 자기와 만난 현인들을 포용할 수 있기 때문이다. 마치 오이 열매를 품은 고리버들처럼 말이다. 또한 '하늘로부터 떨어짐이 있음은 뜻이 하늘의 명을 버리지 않기 때문이다.有隕自天 志不舍命也'라고 했는데 이는 자신의 뜻이 하늘의 명, 즉 천명에 어긋나지 않기 때문에 반드시 현인과 만나게 되리라는 말이다.

남송의 시인 양만리楊萬里는 이 구절을 해석하면서 "순임금과 우임금, 요임금은 하늘과 인간의 뜻이 조화를 이루었다."고 말했다. 요임금은 천명을 따라 출발해서 순임금을 만난 뒤 그에게 임금의 자리를 선양했고, 훗날 순임금도 마찬가지로 우임금에게 양위했으니, 그들 간의 만남은 하늘과 인간의 뜻이 하나가 된 경우라고 할 수 있다.

구오효의 상을 보면 고리버들처럼 높고 큰 나무 위에 무르익은 오이 열매가 열려 있는 광경이다. "오이가 익으면 꼭지가 자연스럽게 떨어진다.瓜熟蒂落"는 성어가 있듯이 '하늘로부터 떨어짐이 있다.有隕自天'고 한 것은 시기가 무르익으면 자연히 현인을 만나게 되리라고 암시하는 대목이다.

상구 효사와 「소상전」

上九, 姤其角 吝 无咎.
상구 구기각 인 무구
象曰: 姤其角 上窮吝也.
상왈 구기각 상궁린야

상구는 그 뿔을 만남이니 부끄럽지만 허물이 없다.

「상전」에서는 말했다. 그 뿔을 만남은 위가 궁극에 이르러 부끄럽기 때문이다.

'각角'은 텅 비어 황량한 구석지로 해석할 수 있다. 따라서 상구의 '구기각 인 무구姤其角 吝 无咎'는 만남의 때에 빈 구석을 만나게 되니 후회가 있지만 재앙은 없으리라는 말이다. '각角'은 그 밖에도 '소의 뿔' '양의 뿔' 등으로 해석되기도 하는데 뿔의 이미지는 상구효가 양효인 것과도 연계된다. 상구는 본래 구삼과 호응해야 하지만 여기서는 둘 다 양효이자 강효여서 마치 뿔과 뿔이 부딪치듯 만남이 쉽지 않아 유감이라고 했다. 왜 일까? 구괘에서는 다섯 양효가 다투어 초육의 음효와 서로 만나려고 하는 상황인데 상구효와 구삼효는 오히려 양과 양, 같은 성질의 것이므로 당연히 서로 밀어내려는 것이다. 여기서 강조하는 것은 서로 다른 성질의 것 사이의 만남에 관한 이치다. "조화를 이루되 상대에게 뇌동하지 않는다."는 "군자화이부동君子和而不同"이란 말이 있듯 다른 부류에 속하더라도 서로 보완하여 돕는 것이 중요하다.

「상전」에서는 '그 뿔을 만남姤其角'은 '위가 궁극에 이르러 부끄럽기 때문上窮吝也'이라고 풀이했다. 상구는 이미 구괘의 가장 높은 자리에 거하면서 상괘인 건괘에서도 가장 윗자리에 있으므로 하늘의 끝이자 가장 멀고 구석진 곳에 해당한다. 구괘의 만남은 가까워서 멀지 않고, 낮아서 높지 않은 것 사이에서 이뤄진다. 상구효는 높은 곳에 위치하여 아래로부터 멀리 떨어져 있으므로 만남이 있을 수 없다. 구사효에서도 '백성과 멀어져서' 만날 이를 잃게 된다고 하였는데 하물며 대중으로부터 멀리 떨어진 상구효는 어떻겠는가.

구괘 정리

䷫

구괘는 우리에게 만남의 도리를 일깨워 준다. 군자에게 가장 중요한 것은 중정의 도를 지키고 너그럽게 포용하는 마음을 지니는 것이다. 만나는 사람을 손님처럼 대하지 않고 친근하게 포용하며, 경거망동하기보다는 자신의 재능을 감추어 현인을 보호하는 것도 필요하다. 그 밖에도 자신이 먼저 주동적으로 무리를 향해 다가가야지 홀로 고고하게 동떨어져 다른 사람이 먼저 다가와 주기를 바라서는 안 된다. 이렇게만 하면 반드시 현인과 만나게 될 것이다.

45
췌괘萃卦 — 모임의 도

괘사

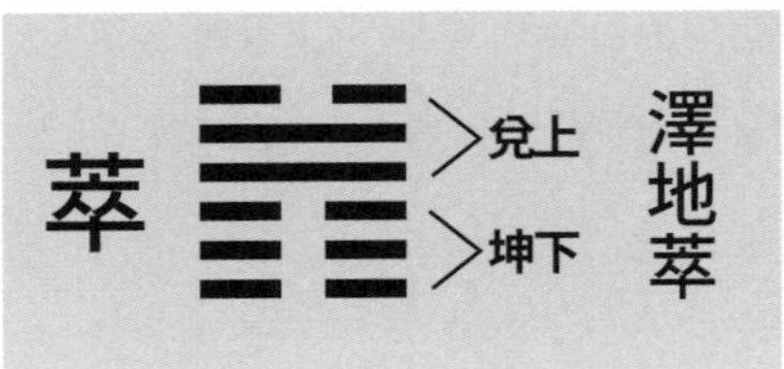

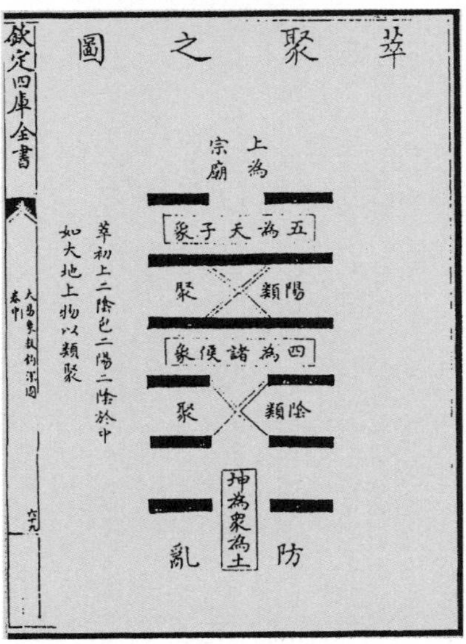

萃 亨 王假有廟.
췌 형 왕격유묘
利見大人 亨 利貞.
이견대인 형 이정
用大牲吉 利有攸往.
용대생길 이유유왕

췌는 형통함이니 왕이 신에 감응하여 종묘를 둔다. 대인을 만나봄이 이로우니 형통하여 바르게 함이 이롭다. 큰 제물을 씀이 길하니 갈 바를 두는 것이 이롭다.

'췌萃'라는 글자는 '풀 초艹'에서 뜻을 가져오고 '졸卒'에서 음을 가져와 초목이 번성함을 의미하는데 바로 여기서 '모이다'라는 뜻이 파생되었다. 「서괘전」에서는 "사물이 서로 만나면 모이게 되므로 췌괘로 받았다. 췌는 모임이다."라고 했다. 사물이 서로 만나 합한 뒤에는 서서히 한데 모이게 되므로 구괘의 다음에 췌괘가 왔다는 설명이다. 서괘전에서도 말했듯이 사실 췌괘에서 말하고자 하는 것은 모임의 도리, 즉 어떻게 해야만 인재와 재물, 아름다운 덕을 모을 수 있는지에 관한 것이다.

괘사에서 '췌는 형통함이다.萃 亨'라고 했는데 이는 췌괘에서 말하는 모임의 도가 형통하다는 뜻이다. '격假'은 '감격하다' '감동시키다' '감응하다'의 의미를 가진 '격格'과 통하므로 '왕격유묘王假有廟'는 군왕이 신령에 감응하여 제물로 제사하니 자신의 종묘를 지킬 수 있다는 말이다. 다시 말해 강산과 사직을 지키는 것은 아름다운 덕을 모아 신령을 감동시키는 일이라는 말이다. 이처럼 모임의 도는 대인에게 이롭고 형통한 것이며 바른 도를 지키는 것이 이로우므로 '이견대인 형 이정利見大人 亨 利貞'이라고 했다. 그러나 이는 바꿔 말하면 소인에게는 이롭지 않다는 뜻도 된다. 즉 소인이 아닌 군왕이나 대인처럼 인품과 덕이 고상한 사람만이 모임의 도를 잘 활용할 수 있다는 말이다.

'대생大牲'은 큰 희생 제물로 제사를 드린다는 것이다. 고대인이 제사에 사용했던 희생 제물의 대표적인 것으로는 소, 양, 돼지의 세 가지가 있는데 그중에서 소가 있으면 큰 희생과 큰 제사가 되는 셈이다. 그래서 『설문해자』에서도 "소는 큰 희생이다."라고 했다. 따라서 '용대생길 이유유왕用大牲吉 利有攸往'은 군왕의 위치에 있다면 희생 제물도 반드시 큰 것으로 드림으로써 경건함과 정성을 드러내야 하며, 이렇게 해야만 계속 앞으로 나아가는 것이 이로울 수 있다는 말이다.

군왕의 제사를 통해 신령을 모은다고 했는데 여기서 말하는 신령은 사실 조상의 정신적인 미덕을 상징한다. 이러한 조상의 아름다운 덕을 모으고 계승하며 널리 떨쳐야만 자신의 종묘와 강산, 사직을 유지할 수 있다. 군왕은 모일 때 반드시 큰 제물, 큰 소를 사용해야 하지만 일반적인 제사에서는 제물의 크기에 신경을 쓸 필요는 없다. 췌괘에서는 마음에 정성이 있으면 작은 제물을 써도 무방하고 이로움이 있다고 한다.

괘사에 대한 「단전」

彖曰: 萃 聚也. 順以說 剛中而應 故聚也.
단왈 췌 취야 순이설 강중이응 고취야

王假有廟 致孝享也.
왕격유묘 치효향야

利見大人 亨 聚以正也.
이견대인 형 취이정야

用大牲吉 利有攸往 順天命也.
용대생길 이유유왕 순천명야

觀其所聚 而天地萬物之情可見矣.
관기소취 이천지만물지정가견의

「단전」에서는 말했다. 췌는 모임이다. 유순하고 기뻐하며 강이 중에 있고 응하므로 모인다. 왕이 신에 감응하여 종묘를 둠은 효로써 지극히 제사를 드림이다. 대인을 만나 봄이 이롭고 형통함은 바른 도로 모이기 때문이다. 큰 제물을 씀이 길하여 갈 바를 둠이 이로움은 하늘의 명에 순응하기 때문이다. 모이는 바를 보면 천지만물의 실정을 볼 수 있다.

「단전」에서는 '췌는 모임이다.萃 聚也'라고 한 뒤 '유순하고 기뻐하며 강이 중에 있고 응하므로 모인다.順以說 剛中而應 故聚也'고 했다. 어째서 췌괘의 상이 모인다고 했을까? 그것은 췌괘의 하괘인 곤괘가 순응함을 상징하고 상괘인 태괘가 기쁨을 대표하는데, 구오의 강효가 상괘의 중앙에 거해서 중도를 행할 뿐 아니라 하괘의 육이효와 호응하기 때문이다. 상하가 서로 응하니 모이게 되는 것은 당연한 이치다. 이 때문에 군왕은 '중中'과 '정正'을 얻은 구오효이며, 군왕이 아래의 세 음효를 모을 수 있어서 췌괘의 상을 가리켜 모임이라고 한 것이다.

'왕이 신에 감응하여 종묘를 둠王假有廟'은 '효로써 지극히 제사하기 때문致孝享也'이라고 했는데 그가 드러내고자 하는 것은 효이며, 봉헌은 일종의 정성스럽고 성실한 마음의 표시이기 때문이다. 그래서 효孝라는 글자는 무척 중요하다. 조상과 윗사람에게 효도하고 정성스럽게 마음을 봉헌(본문에서 '형亨'은 봉헌한다는 뜻이다.) 해야만 조상으로부터 보호를 받을 수 있다.

뒤이어 '대인을 만나 봄이 이롭고 형통하다.利見大人 亨'고 한 것은 '바른 도로 모이기 때문聚以正也'이다. 모임의 도가 따르는 것은 일종의 바른 도인 까닭이다. 제사는 반드시 큰 제물을 통해 정성과 경건함을 표시해야 하고 그렇게 해야만 앞으로 계속 나아갈 수 있다는 의미에서 '큰 제물을 씀이 길하여 갈 바를 둠이 이롭다用大牲吉 利有攸往'고 했다. '하늘의 명에 순응함順天命也'과 '큰 희생 제물'을 쓰는 것은 충분한 정성을 보임으로써 하늘의 명에 순응한다는 것인데 이러한 천명은 사실 하늘의 도天道, 자연의 법칙을 가리킨다. 모임이 하늘의 명에 부합해야 한다는 말이다. 예컨대 인재나 재물을 모을 때는 하늘의 명에 순종해야 하는데 하늘의 뜻을 따르지 않은 채 행한다면 비록 일시적으로 그것

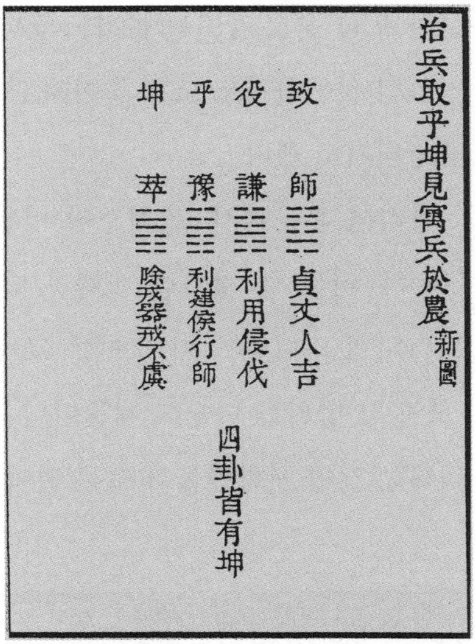

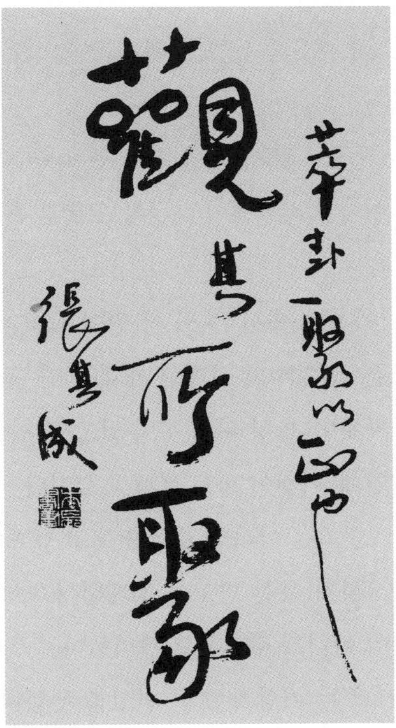

관기소취

들을 모을 수 있을지는 몰라도 끝내는 하늘로부터 징계를 받을 뿐 아니라 얻었던 것들마저도 도로 흩어지고 만다. 이는 무수한 사례를 통해서 이미 증명되기도 했다.

따라서 본문에서 '관기소취 이천지만물지정가견의觀其所聚 而天地萬物之情可見矣'라고 한 것처럼 췌괘가 말하는 모임의 뜻에 천지만물의 실정이 드러나게 되니 무엇이 모이든 그 안에 실정이 드러나게 되어 있다. 또한 '모임'의 범위를 단순히 재물이나 인재라고만 할 수 없는 것은 췌괘에 드러나는 것이 천하만물과 모든 일이 모이는 도리이기 때문이다.

괘사에 대한 「대상전」

象曰: 澤上於地 萃. 君子以除戎器 戒不虞.
상왈 택상어지 췌 군자이제융기 계불우

「상전」에서는 말했다. 못이 땅 위에 있는 것이 췌다. 군자는 이를 보고 병기를 손질하여 예상하지 못한 변고를 경계한다.

「상전」에서 '못이 땅 위에 올라가 있는 것이 췌다.澤上於地 萃'라고 한 것은 췌괘(䷬)의 상괘인 태괘(☱)가 못이고 하괘인 곤괘(☷)가 땅을 상징하기 때문이다. 땅 위에 못이 있고 못 안에 물이 있으면 물이 땅 위로 모이는 셈인데, 이것이 바로 췌괘의 상이다.

군자는 이러한 괘상을 보고 췌괘의 도에 근거해서 '병기를 손질하여 예상하지 못한 변고를 경계한다.除戎器 戒不虞' 여기서 '제除'는 없앤다는 뜻이 아니라 수리하고 정비한다는 뜻이고 '융기戎器'는 병기를 말하며 '불우不虞'는 예상치 못한 변고를 뜻한다. 병기를 손질해 두는 것 또한 모임의 도가 구체적으로 드러난 모습이기 때문에 군자는 평소 병기를 잘 손질해 두었다가 '예상치 못한 변고를 경계하고戒不虞' 환란을 미연에 방지해야 한다는 것이다.

췌괘의 상을 보면 땅 위에 물이 모이는 것이어서 마치 제방이나 둑을 수리하는 것과도 같다. 그러나 못 안의 물을 한데 모아 둑으로 둘러쌓더라도 쉽게 무너지는 이유는 무엇일까? "천 길에 달하는 둑도 작은 개미구멍 하나로 무너진다."는 말이 있듯이 별것 아닌 것처럼 보이는 미미한 결함 때문에 큰 제방이 붕괴될 수 있으므로 반드시 평소에 잘 방비해야 한다.

췌괘가 우리에게 일깨워 주는 이치는 두 가지다. 하나는 인재나 재산, 선한 일, 아름다운 덕을 한데 모아야 한다는 것이고, 다른 하나는 미래의 재앙, 즉 작은 것이 조금씩 쌓여 생기는 화를 평소에도 잘 경계하고 방비해야 한다는 것이다.

초육 효사와 「소상전」

初六, 有孚不終 乃亂乃萃.
초육 유부부종 내란내췌
若號 一握爲笑 勿恤 往无咎.
약호 일악위소 물휼 왕무구
象曰: 乃亂乃萃 其志亂也.
상왈 내란내췌 기지란야

초육은 성실함이 있으나 끝마치지 못하니 마음이 혼란스러워 어지럽게 모인다. 만일 울부짖는다면 함께 웃어 주니, 근심하지 말고 가면 허물이 없다.

「상전」에서는 말했다. 마음이 혼란스러워 어지럽게 모임은 그 뜻이 혼란스럽기 때문이다.

초육의 '유부부종有孚不終'은 성실함이 있지만 끝마치지 못한다, 즉 끝까지 유지할 수 없다는 뜻이고 '내란내췌乃亂乃萃'는 이 때문에 반드시 혼란스럽게 되니 이러한 모임은 당연히 어지러운 모임이 되고 만다는 뜻이다. 모임의 도에서 가장 중요한 것은 성실함이다. 마음을 기울여 성실함으로 임해야만 감응, 감동시켜서 모임의 목적을 이룰 수 있다. 또한 이러한 성실하고 정성스러운 마음은 반드시 끝까지 지켜 나가야 한다. 초육은 이제 막 시작하는 단계이긴 하지만 시작이 있으면 끝마침도 있기 때문이며 만약 중도에 성실함을 상실하여 제대로 끝마치지 못하면 그것은 제멋대로인 모임이 되고 말 것이다.

'호號'는 '외치다' '부르짖다' 혹은 '울부짖다'는 의미로 다른 사람으로부터 주목받거나 동정을 구하기 위한 일종의 감응의 표현이다. 초육 단계의 '울부짖음若號', 즉 큰 소리로 외치거나 울부짖음은 『시경』「소아小雅」'벌목伐木' 편에 나온 "새들의 욺이여! 그 벗을 부르는 소리로다."라는 표현과 맥락이 통한다. 초육과 정응正應 관계에 있는 구사효는 반드시 초육의 소리에 응답하여 초육과 '함께 웃는다.一握爲笑' 다시 말해 초육과 모이면 초육이 온정을 느껴서 얼굴에 미소를 띠게 된다. 따라서 이 시기에는 음과 양이 화합하고 모여서 힘이 강성해지므로 걱정할 필요가 없고, 계속해서 앞으로 나아간다면 재앙이나 화를 만나지 않는다는 의미에서 '물휼왕무구勿恤 往无咎'라고 했다.

「상전」에서는 '마음이 혼란스러워 어지럽게 모임乃亂乃萃'의 원인, 즉 어째서 어지러운 모임이 되었는지에 대해서 '그 뜻이 혼란스럽기 때문其志亂也'이라고 해석했다. 모일 때 마음과 뜻이 혼란스러우니 당연히 어지러운 모임이 될 수밖에 없다. 이 때문에 모임은 마음에서 시작된다고 하는 것이다. 마음이 혼란스러우면 모임도 당연히 어지러워지고, 마음이 바르면 모임도 바르고 당신이 모은 사람들도 바르게 되어 있다.

육이 효사와 「소상전」

六二, 引吉 无咎 孚 乃利用禴.
육이 인길 무구 부 내리용약
象曰: 引吉无咎 中未變也.
상왈 인길무구 중미변야

육이는 끌어당기면 길하여 허물이 없으니 성실함이 있으면 작은 제사라도 길하다.

「상전」에서는 말했다. 끌어당기면 길하고 허물이 없음은 중을 얻어서 변하지 않기 때문이다.

육이의 '인길引吉'은 다른 사람으로부터 끌어당김을 받아 모이면 길하여 이롭다는 것이고 '무구无咎'는 재앙이나 화가 없다는 말이다. '부 내리용약孚 乃利用禴'은 비록 미약한 제사라고 할지라도 길하고 이롭다는 뜻이다. 여기서 '약禴'은 고대 봄철에 지내던 비교적 작은 규모의 제사를 가리킨다. 여기서는 제사를 지낼 때는 겉으로 보이는 예의 형식이 아닌 마음에 품은 성실함과 정성이 중요하며 그것이 바로 모임의 출발점이 되어야 한다고 강조한다.

「상전」에서는 '끌어당기면 길하고 허물이 없음引吉无咎', 즉 육이효와 구오효가 서로 응하여 구오에게 이끌림을 받으며 모임이 길한 이유에 대해서는 '중을 얻어서 변하지 않기 때문中未變也'이라고 풀이했다. 다시 말해 유순하고 중정中正한 마음이 변함없이 유지된다는 뜻이다. 육이효는 하괘의 중앙에 위치하여 '중中'을 얻었고 음의 자리에 음효가 와서 '정正'도 얻었기 때문에 마음에 중정한 뜻을 품었다고 한 것이다. 마음에 이 같은 중정의 뜻이 있으면 제사의 규모가 아무리 작더라도 사람들의 마음을 감동시켜 모이게 할 수 있다.

괘상을 살펴보면 육이는 구오와 서로 응하는데 육이가 구오를 향해 모이기 위해 가며, 구오 또한 상괘의 가운데 거하여 '중中'을 얻었고 양의 자리에 양효가 와서 '정正'을 얻었다. 이것이 바로 뜻이 같고 도가 합한다는 말이다. 뜻이 같고 도가 합하는 사람이 모였을 때 그들이 중시하는 것은 정신적인 감응과 소통이지 물질적인 선물은 결코 아니다.

육삼 효사와 「소상전」

六三, 萃如嗟如 无攸利 往无咎 小吝.
육삼 췌여차여 무유리 왕무구 소린
象曰: 往无咎 上巽也.
상왈 왕무구 상손야

육삼은 모이려 했지만 모이지 않아 한탄하여 이로울 바가 없으니, 나아가면 허물은 없지만 다소 부끄럽다.

「상전」에서는 말했다. 나아가면 허물이 없음은 위가 공손하기 때문이다.

'차嗟'는 한탄한다는 뜻이므로 육삼의 '췌여차여 무유리萃如嗟如 无攸利'는 모이려 했으나 오는 이가 없어 마음속으로 한탄만 하니 이로울 것이 없다는 말이다. '왕무구 소린往无咎 小吝'은 이럴 때 앞으로 나아가면 화가 없지만 다소 후회와 부끄러움이 있을 수 있다는 뜻이다.

그렇다면 어째서 모일 때 한탄한다는 것일까? 사람들이 모이려 들지 않기 때문이다. 육삼효는 본괘에서 가장 중요한 구오효와 서로 '응應'하지도, '비比'하지도 않는데 이는 모이지 못하는 상황을 상징한다. 모이지 못해서 사람들이 없으니 어찌 탄식하지 않겠는가! 앞으로 나아가 구사효와 만나면 '비'를 이룰 수는 있다. 그럼 육삼효는 구사효와 '비比'의 관계를 이루는데 어째서 다소 부끄럽다고 했을까? 왜냐면 육삼은 양이 와야 할 자리에 음효가 왔고 구사는 음이 와야 할 위치에 양효가 와서 둘 다 자리가 마땅하지 않기 때문이다.

「상전」에서는 '나아가면 허물이 없음往无咎'은 '위가 공손하기 때문上巽也'이라고 했다. 어째서 앞으로 나아가면 큰 허물이 없을까? 위로 가면 육삼의 음효는 구사의 강건한 양효에 순종(상괘인 손괘는 순종함을 상징한다.)해야 하기 때문이다. 그러니 허물이 있을 리가 없다. 그 밖에도 '위가 공손하다.上巽也'고 한 것은 육삼효가 위로 가서 구삼효, 구오효와 어울려 손괘를 이루는데 손괘는 공손함을 대표하기 때문이다. 보통 양측이 서로 감응한 결과 한데 합하는 것이 모임이므로 길하다. 만약 상대방의 감응함을 얻지 못하면 스스로 유순하게 그에게 다가가 모이는 것도 물론 가능하다. 이럴 경우 상대는 다가오는 자를 거절하지는 못하겠지만 다가가는 입장에서는 다소 부끄러울 수 있다.

구사 효사와 「소상전」

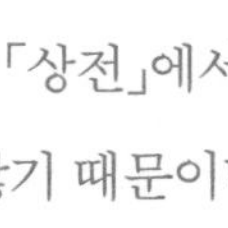

九四, 大吉 无咎.
구사 대길 무구

象曰: 大吉无咎 位不當也.
상왈 대길무구 위부당야

구사는 크게 길해야만 허물이 없다.

「상전」에서는 말했다. 크게 길해야만 허물이 없음은 위치가 마땅하지 않기 때문이다.

구사의 '대길 무구大吉 无咎'는 크게 길하고 이로운 상황이면 재앙이나 화가 없다는 말이다.

「상전」에서는 '크게 길해야만 허물이 없다.大吉无咎'고 했는데 어째서 구사효가 크게 길한 상황에서만 재앙이나 화가 없다고 했을까? 바로 '위치가 마땅하지 않기 때문位不當也'이다. 구사효의 아래에 있는 세 효는 모두 음효로 그들끼리 곤괘를 이룬다. 곤은 무리나 대중을 상징하므로 모임의 때에 아래에 있는 뭇 사람을 다스린다는 의미가 된다. 아래의 세 음효는 무척 유순하므로 비록 구사의 위치가 마땅하지 않아 '정正'하지는 않지만 그것들은 구사의 다스림에 복종하고자 한다. 이는 구사의 지도자 지위가 흔들리지 않고 굳건함을 뜻하며, 이 때문에 허물이 없다고 한 것이다. 구사효는 양효가 음의 자리에 왔으므로 본래 허물이 있어야 하지만 크게 길하여 순응하는 상황에서만 비로소 재앙이나 화가 없게 된다. 그러므로 여기서는 '크게 길함大吉'은 허물이 없게 하는 조건이 되는 셈이다.

구오 효사와 「소상전」

九五, 萃有位 无咎. 匪孚 元永貞 悔亡.
구오 췌유위 무구 비부 원영정 회망
象曰: 萃有位 志未光也.
상왈 췌유위 지미광야

구오는 모임에 지위가 있어 허물이 없다. 믿음을 얻지 못하더라도 크고 영원히 바른 도를 지키면 후회가 없다.

「상전」에서는 말했다. 모임에 지위가 있지만 뜻이 광대하게 떨쳐지지 않는다.

구오의 '췌유위 무구萃有位 无咎'는 구오효가 높고 존귀한 자리에 있으면서 모임의 마음을 품고 있으므로 허물이 없다는 말이다. 다만 백성으로부터 두루 신임을 얻지 못한다는 뜻에서 '비부匪孚'라고 했으며 그러함에도 처음부터 중정의 도를 지켜서 바른 길을 가면 후회가 없을 것이기 때문에

'원영정 회망元永貞 悔亡'이라고 덧붙였다. 이는 구오효가 거한 위치가 인재와 재물, 공과 업적을 크게 모을 수 있는 최상의 단계이기 때문이다.

「상전」에서는 '모임에 지위가 있음萃有位', 즉 이 시기에 가장 존귀한 자리를 얻기는 했지만 '뜻이 광대하게 떨쳐지지 않아서志未光也' 백성으로부터 두루 신임을 얻지 못한다고 했다. 구오는 이제 막 존귀한 자리에 올라서서 천하의 백성으로부터 그 마음을 얻고자 하는 웅대한 의지를 보인다. 하지만 신하와 백성들은 아직 구오를 완전히 알지 못하기 때문에 그를 신뢰하기까지 일정한 시간이 필요하다. 다시 말해 적극적으로 구오효에 호응할 만한 시기가 아직 이르지 않았다는 뜻이다.

송나라 성리학자 주희는 이에 대해 "이 말은 존귀한 자리를 얻었지만 덕이 없어서 모이고자 해도 사람들로부터 신뢰를 얻지 못한다는 것이다." "서로 믿지 못하더라도 처음부터 중정의 덕을 닦으면 후회가 없다."는 해석을 내놓았다. 다시 말해 사람들이 구오를 믿지 못하더라도 그가 처음부터 바르고 굳건한 마음과 중정의 덕을 끝까지 유지한다면 마침내 민심을 얻을 수 있을 테니, 이렇게 되어야만 후회가 없다는 것이다.

상육 효사와 「소상전」

上六, 齎咨涕洟 无咎.
상육 재자체이 무구

象曰: 齎咨涕洟 未安上也.
상왈 재자체이 미안상야

상육은 탄식하여 눈물과 콧물을 흘리니 허물이 없다.

「상전」에서는 말했다. 탄식하여 눈물과 콧물을 흘림은 위가 편안하지 못하기 때문이다.

'재자齎咨'는 '탄식하다' '한탄하다'라는 뜻이며 '체涕'는 눈물, '이洟'는 콧물을 말하므로 '체이涕洟'는 통곡하며 우는 모습이다. 이처럼 애통해하면서 통곡하여 울면 허물이 없기 때문에 '무구无咎'라고 했다.

「상전」에서는 '탄식하여 눈물과 콧물을 흘림齎咨涕洟'은 '위가 편안하지 못하기 때문未安上也'이라고 했는데 이는 상육효가 가장 높은 자리에 있어도 허울뿐인 지위이므로 마음이 불편한 것이다. 상육효는 본래 육삼효와 서로 응하지만 두 효 모두 음효이므로 '적응敵應(응하지 않음)'의 관계인 데다 구오의 강효를 타고 있어 길하지 않다. 따라서 불안한 마음에 위에서 편하게 거할 수만은 없는 것이다.

모임의 때에 아무도 모이려 하지 않아 홀로 고독하게 지낸다면 하루 종일 애통해하고 눈물 흘려 봐야 소용이 없다. 이럴 때 해야 할 일은 바로 자기 자신을 반성해서 어찌하여 이런 상황이 초래됐는지, 자기 자신에게 잘못은 없는지 반성해야 한다. 만약 자기를 돌아보고 잘못을 고침과 동시에 덕을 가진 사람을 본받으려 한다면 지금 직면한 어려운 국면을 이겨 낼 수 있을 뿐 아니라 마음의 편안함도 회복할 수 있을 것이다.

췌괘 정리

䷬

"사물에 따라 종류별로 모이고 사람에 따라 무리가 나뉜다.物以類聚 人以群分"는 말이 있다. 어떻게 해야만 같은 부류끼리 모이게 할 수 있을까? 췌괘에서 그 답을 찾을 수 있다.

모임에는 두 가지 의의가 있다. 긍정적인 면을 들자면 신령과 조상, 대인大人, 재산이 자기 쪽으로 다가오게끔 모은다는 것이다. 이를 위해서는 우선 경건하고 정성스러운 마음과 중정한 덕을 지니고 신령과 백성, 만물을 감동시켜야 한다.

또한 부정적인 측면에서 모임의 의의를 들자면 재앙과 소인小人이 자기에게 모여든다는 것이다. 처음에는 작은 재앙과 소인의 무리가 조금씩 모여들다 보면 처음에는 별것 아닌 것처럼 보이지만 나중에는 이것이 크고 심각한 재앙으로 번질 수 있다. 그러므로 반드시 바른 도를 지키면서 모임의 도를 만물 가운데 펼쳐 나가야 한다.

46
승괘升卦 - 추세를 타고 날아오름

괘사

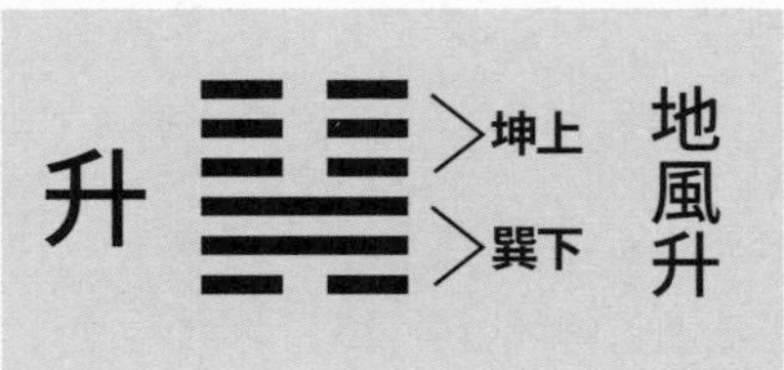

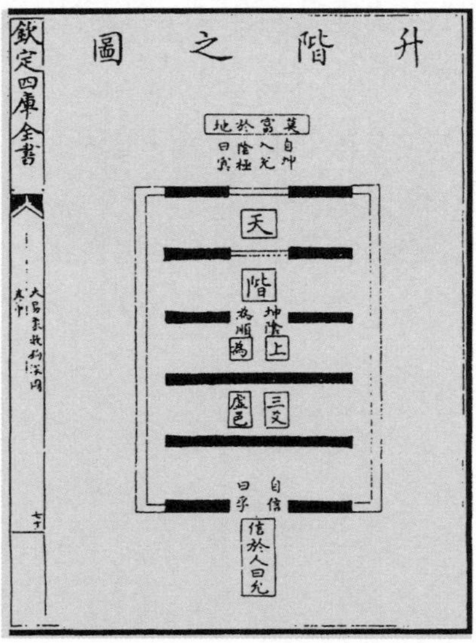

升 元亨 用見大人.
승 원형 용견대인
勿恤 南征吉.
물휼 남정길

승은 시작부터 형통하니 대인을 만나 봄이 이롭다. 근심하지 말고 남쪽으로 가면 길하리라.

'승升'의 뜻은 앞으로 나아가거나 위로 올라가는 것이다. 「서괘전」에서는 "모여 올라가는 것을 일컬어 승이라고 하는 까닭에 승괘로 받았다."고 했다. 앞서 소개한 췌괘는 모임을 뜻하는데, 모임이 있은 뒤에는 서서히 위로 올라가게 되어 있기 때문에 췌괘 다음에 승괘가 배치됐다는 말이다. 승괘는 췌괘의 위아래를 정반대로 뒤집어 놓은 형상이다. 승괘는 상승하는 추세를 상징하므로 승괘가 말하고자 하는 것 또한 사물이 추세를 따라 상승하면서 작은 것을 차곡차곡 쌓아 올려 큰 것을 이루는 이치다.

괘사의 '승 원형升 元亨'은 '승은 시작부터 형통하다.'는 뜻이다. '용견대인用見大人'은 승이 작용하여 대인을 만나 봄이 이롭다는 것으로 소인에게는 이롭지 않지만 큰일을 할 때 적합하다는 뜻이다. '물휼勿恤'은 근심할 필요가 없다는 것이고 '남정길南征吉'은 남쪽으로 정벌전쟁에 나서면 분명히 크게 길하고 이롭다는 뜻이다. 그렇다면 어째서 남쪽으로 정벌전쟁에 나서라고 했을까? 남쪽은 이괘離卦다. 이괘는 불과 광명을 상징하므로 그 뜻은 마음에 광명을 품어야 한다는 것이다. 다시 말해 이는 정의로운 토벌전쟁이기 때문에 길하고 이롭다. 승괘의 괘상을 봐도 위가 곤괘(☷)로 남쪽을 가리키고 아래가 손괘(☴)여서 동쪽을 상징하므로 위아래에 모두 남쪽이 포함되어 있음을 알 수 있다.

괘사에 대한 「단전」

彖曰: 柔以時升 巽而順 剛中而應 是以大亨.
단왈 유이시승 손이순 강중이응 시이대형
用見大人 勿恤 有慶也. 南征吉 志行也.
용견대인 물휼 유경야 남정길 지행야

「단전」에서는 말했다. 유가 때를 따라 올라가 공손하고 유순하며, 강이 중에 거하여 응하니 크게 형통하다. 대인을 만나 봄이 이롭고 근심하지 말 것은 경사가 있기 때문이요, 남쪽으로 가면 길함은 뜻이 행해지기 때문이다.

「단전」의 '유이시승柔以時升'은 승괘가 유순하게도 때를 따라 적절하게 상승한다는 말이다. '손이순巽而順'은 하괘인 손괘가 겸손함을 상징하고 상괘인 곤괘가 유순함을 가리키기 때문인데 아래에서 위로 가는 것이 겸

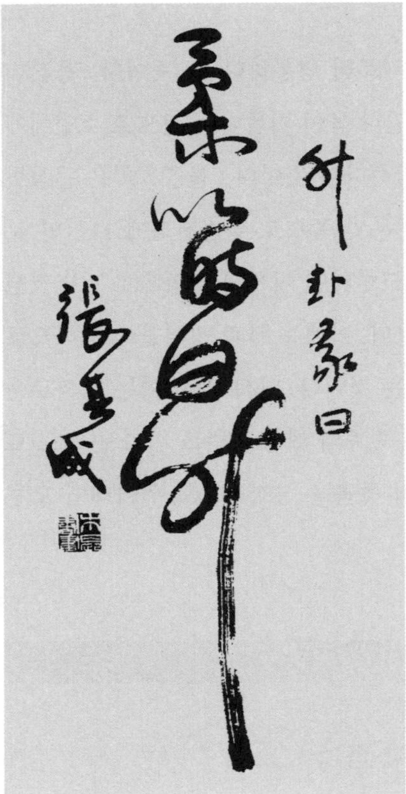

유이시승

손하고 유순하지 않을 수 없다. '강중이응剛中而應'은 구이의 양효가 지닌 강건함이 하괘의 중앙에 위치하고 육오의 음효와도 서로 응하여 음양이 상응하는 형세를 이룬다는 말이며, 이 때문에 크게 형통하다는 뜻에서 '시이대형是以大亨'이라고 덧붙였다. 승괘는 하괘에서 상괘에 이르기까지 겸손하고 유순하기만 하니 그 상승함이 때에 부합할 뿐 아니라 음과 양이 상응하기까지 한다. 사물이 상승하는 과정에서는 화합과 조화를 이루는 상태에서 적절한 시기를 잡을 수 있으므로 이 때문에 형통하다고 한 것이다.

그리고 이처럼 상승하는 과정에서는 대인을 만나 보는 것이 이롭고 걱정할 필요가 없으므로 '용견대인 물휼用見大人 勿恤'이라고 했다. '대인'은 인품과 덕이 높은 사람이고 '천지와 그 덕이 합하는天地合其德' 사람이므로 하늘의 도에 부합하게 위로 오르기만 하면 대인으로부터 보호를 받을 수 있다. 이 때문에 '경사가 있다.有慶也'고도 했다. 마지막으로 '남쪽으로 가면 길한南征吉' 이유는 '뜻이 행해지기 때문志行也'이라고 했는데, 자신이 지향하는 뜻에 맞게 행동하기 때문에 길하다는 말이다. 남쪽으로 간다는 것은 광명이 비추는 방향으로 발전해 나간다는 것이므로 마음의 뜻이 상승하는 도에도 부합한다.

괘사에 대한 「대상전」

象曰: 地中生木 升. 君子以順德 積小以高大.
상왈 지중생목 승 군자이순덕 적소이고대

「상전」에서는 말했다. 땅 가운데 나무가 자라는 것이 승이다. 군자는 이를 보고 덕에 순응하여 작은 것을 쌓아 높고 크게 한다.

「상전」에서 '땅 가운데 나무가 자라는 것이 승이다.地中生木 升'라고 했는데 이는 승괘(䷭)의 상괘인 곤괘(☷)가 땅이고 하괘인 손괘(☴)가 나무를 상징하기 때문이다. 나무가 대지 아래에 있어서 대지를 뚫고 위로 자라는 것이 바로 승괘의 상이다. 나무는 어린 묘목이 울창한 나무로 자라나 미미한 것이 크게 되는 것인데 이것이 바로 상승하는 괘상이다.

군자는 이러한 괘상을 보고 승괘의 도에 근거해서 '덕에 순응하여 작은 것을 쌓아 높고 크게 한다.君子以順德 積小以高大' 다시 말해 아름다운 덕에 순응해서 작은 선을 모아 숭고하고 거대한 덕으로 쌓아 올린다면 마침내 대인으로 거듭날 수 있다는 것이다.

『노자』 64장에는 "한 아름 나무도 한 터럭 싹에서 돋아나고 구층 누대도 한 줌 흙이 쌓여 시작된다."는 말이 있다. 승괘는 마치 한 그루 나무와도 같아서, 보잘 것 없는 작은 싹에서 시작하였지만 끊임없이 위로 자라난 결과 한 아름 거목으로 성장하게 된다. 내면의 덕도 작은 것에서 시작하여 서서히 크게 자라나며 사업도 미약한 데서 시작하여 점점 성장하니, 이것이 바로 건괘乾卦에서 말한 '덕에 나아가 업적을 쌓는다.進德修業'는 말이다. 주희는 이에 대해 "나무는 하루라도 자라지 않으면 말라서 쇠하고 만다." "배우는 학생 역시 공부할 때 하루도 나태해져서는 안 된다."고 해석했다. 스스로 조금이라도 해이함을 허용해 버리면 작은 것이 자라나 큰 것이 되는 이치에 따라 나중에는 해이함이 걷잡을 수 없는 지경에 이르기 때문이다.

초육 효사와 「소상전」

初六, 允升 大吉.
초육 윤승 대길

象曰: 允升大吉 上合志也.
상왈 윤승대길 상합지야

초육은 성실하게 오르면 크게 길하다.

「상전」에서는 말했다. 성실하게 오름이 크게 길함은 위로 뜻에 부합하기 때문이다.

'윤允'에는 두 가지 뜻이 있다. 하나는 '굳게 믿다' '성실하다'는 뜻이고 다른 하나는 '적당하다' '적합하다'는 뜻으로 후자는 '마땅하다'는 의미의 '의宜'와도 통한다. 따라서 '윤승允升'은 성실하게 때에 맞추어 적당하게 위로 올라간다는 뜻으로 보면 된다. 초육효는 나무의 뿌리와도 같아서 비교적 유약하기 때문에 시작부터 성실하게 서서히, 때를 살피며 위로 올라가야만 '크게 길하다.大吉'

「상전」에서는 '성실하게 오름이 크게 길함允升大吉'은 이러한 상승이 '위로 뜻이 합하기 때문上合志也'이라고 해석했다. 여기서 '위上'는 두 가지 뜻을 함축한다. 첫째, 초육과 위로 이웃한 두 개의 효가 모두 양효이므로 초육의 음효가 두 양효에게 복종하여 순응한다는 의미다. 둘째, 승괘의 상괘인 곤괘가 순응함을 상징하므로 '위上'와도 뜻이 동일하다. 그래서 초육은 위와 모두 '뜻이 부합한다.合志'고 했다.

초육은 하괘인 손괘 가운데서도 맨 아래에 위치한 효여서 그 자체로 유순하다. 하나는 공손하고 다른 하나는 유순하니 그 뜻이 동일하여 도가 합한다고 볼 수 있으며 그래서 서서히 위로 올라갈 수 있다. 따라서 위로 올라가고자 한다면 반드시 뜻이 합하는 사람을 만나야 한다. 하지만 이런 사람을 찾아내지 못한다면 어떻게 해야 할까? '성실하게 오르기允升', 즉 마음에 성실함을 품어야 한다.

구이 효사와 「소상전」

九二, 孚 乃利用禴 无咎.
구이 부 내리용약 무구
象曰: 九二之孚 有喜也.
상왈 구이지부 유희야

구이는 성실함이 있어야 제사를 함이 이로우니 허물이 없다.
「상전」에서는 말했다. 구이가 성실하여 기쁨이 있다.

구이의 '부 내리용약 무구孚 乃利用禴 无咎'는 마음에 성실함과 덕만 있다면 아무리 미약한 제사로 올린다고 해도 허물이 없다는 말이다. 여기서 '약禴'은 보잘 것 없이 작은 제사를 가리킨다. 앞선 췌괘의 육이효에서도 비슷한 내용이 언급되었는데 췌괘의 육이효는 '유효'가 하괘의 중앙에 온 반면 승괘의 구이효는 '강효'가 하괘의 중앙에 온 경우다. 그래서 마음에 중정의 도를 갖추기만 하면 미약한 제사라도 신령의 감동을 불러일으켜 도움을 얻을 수 있다. 다시 말해 조상의 아름다운 덕과 정신을 존중하고 숭상한다면 도움을 받을 수 있으므로 화가 없다.

「상전」에서는 '구이가 성실하여 기쁨이 있다.九二之孚 有喜也'고 했는데 이는 성실함이 있어서 중도의 성실함을 지키므로 경사가 있을 것이라는 말이다.

구삼 효사와 「소상전」

九三, 升虛邑.
구삼 승허읍

象曰: 升虛邑 无所疑也.
상왈 승허읍 무소의야

구삼은 빈 고을로 올라가는 것이다.

「상전」에서는 말했다. 빈 고을로 올라감은 의심할 바가 없기 때문이다.

구삼의 '승허읍升虛邑'은 텅 빈 곳으로 올라간다는 말인데, 구삼효가 하괘의 맨 위에 자리하여 위로 가면 곤괘에 이르게 되며 이때 곤괘는 비어 있음을 상징하므로 텅 비었다고 한 것이다.

「상전」에서는 '빈 고을로 올라감은 의심할 바가 없기 때문이다.升虛邑 无所疑也'라고 했는데, 이는 비어 있는 곳으로 직접 들어갈 수 있음은 달리 의심할 것이 없기 때문이라는 말이다.

여기에 대해서는 길하거나 흉하다는 말이 없으므로 오르려는 사람을 살펴야 한다. 이에 대해 성리학자 정이는 '삼三', 즉 구삼효는 양강의 재능을 지니고 있어서 바르고 유순하다면서 그의 상승은 무척 순조롭고 저지하는 이 없이 손쉽게 입성할 수 있으니 순탄한 길이라고 해석했다. 구삼의 상승이 순조로운 이유는 위로 상육과 상응할 뿐 아니라 상괘인 곤괘가 제시하는 길은 중간에 장애물이 없이 텅 빈 길이자 밝고 큰길이기 때문이다. 구삼효가 위로 나아감은 사람이 없는 곳으로 들어감을 뜻하며, 이는 무척 순조로운 길이라고 할 수 있다.

육사 효사와 「소상전」

六四, 王用亨于岐山 吉 无咎.
육사 왕용형우기산 길 무구
象曰: 王用亨于岐山 順事也.
상왈 왕용형우기산 순사야

육사는 왕이 기산에서 제사를 지내듯 하면 길하여 허물이 없다.

「상전」에서는 말했다. 왕이 기산에서 제사를 지내는 것은 순응하는 일이다.

육사의 '왕용형우기산王用亨于岐山'은 '왕이 기산에서 제사를 지내듯 한다.'는 뜻이다. 여기서 '왕王'은 주문왕 희창을 가리킨다. 물론 진정한 의미에서 그는 공식적으로 주나라의 왕이 되어 본 적이 없다. '문왕文王'은 아들인 무왕武王이 그의 아비를 왕으로 추서해서 봉해진 이름일 뿐, 살아생전 그는 은나라 서부의 한 제후국을 다스리던 우두머리에 불과했기 때문이다. 그는 매년 기산에서 신령에게 제사를 드렸는데 육사의 효사는 여기서 기인했다. 희창이 덕으로써 백성을 잘 다스린 덕에 매년 기산에서 하늘에 제사를 드릴 때면 다른 제후국의 수령과 백성이 모여들었기 때문에 '길하여 허물이 없다.吉 无咎'고 한 것이다.

「상전」에서는 '왕이 기산에서 제사를 지낸 것王用亨于岐山'은 '순응하는 일順事也'이라고 했다. 다시 말해 그의 행동은 하늘의 도를 따른 것이고 사물이 발전하는 자연의 법칙에 순응한 결과다. 당시 백성들은 신에 대한 제사 행위를 무척 중시했다. 따라서 기산에서 이뤄진 제사의식은 민심을 모으기에 더할 나위 없이 좋은 수단이었고 주문왕은 이 방법을 통해 민심을 모았다. 그 결과 그의 아들 대에 이르러 마침내 상나라를 멸하고 서주를 세우는 대업을 이룰 수 있었다.

육오 효사와 「소상전」

六五, 貞吉 升階.
육 오 정길 승계

象曰: 貞吉升階 大得志也.
상왈 정길승계 대득지야

육오는 바르게 함이 길하니 계단을 오르듯 한다.

「상전」에서는 말했다. 바르게 함이 길하여 계단 오르듯 함은 크게 뜻을 얻었기 때문이다.

육오의 '정길 승계貞吉 升階'는 바른 도를 지켜서 크게 길할 수 있으니, 이는 마치 계단을 따라 한 걸음 한 걸음 조금씩 위로 오르는 것과도 같다는 말이다.

「상전」에서는 '바르게 함이 길하여 계단 오르듯 함貞吉升階'은 '크게 뜻을 얻었기 때문大得志也', 즉 상승의 뜻과 도를 크게 얻었기 때문이라고 했다. 육오효는 유순함이 상괘의 중앙, 존귀한 자리를 차지하였으므로 하늘의 뜻과 민심을 크게 얻을 수 있는 것이다. 이처럼 하늘의 도와 민심에 부합하기만 하면 한 걸음 한 걸음 서서히 상승하여 최고의 자리까지 오를 수 있다.

최고의 자리에 오른다는 것은 무엇인가? 고궁에 가 보면 자라의 머리가 조각된 계단이 있는데 과거시험에서 장원급제한 사람이 자라 머리를 밟고 지나는 관례가 있었다고 한다. 이 때문에 최고의 자리에 오르는 일을 가리켜 '독점오두獨占鰲頭', 즉 '자라의 머리를 홀로 얻는다.'고 표현하기도 한다.

상육 효사와 「소상전」

上六, 冥升 利于不息之貞.
상육 명승 이우불식지정
象曰: 冥升在上 消不富也.
상왈 명승재상 소불부야

상육은 혼미하게 올라가니 쉬지 않고 바르게 함이 이롭다.

「상전」에서는 말했다. 혼미하게 올라가서 위에 있으면, 사라져서 부유하지 못한다.

'명冥'은 흐리멍덩하여 혼미한 상태를 가리키므로 '명승冥升'은 혼미하게 위로 오르는 것을 뜻한다. 상육효의 위치에 올랐다는 것은 이미 최고의 지위라고 할 수 있는 구오의 존귀함을 넘어섰다는 의미이기도 하다. 사실 상육의 시기는 귀한 단계이기는 하지만 실질적인 지위는 없다. 사물의 발전이 극에 이르면 반드시 그 반대쪽으로 기울어 전환되게끔 되어 있다. 그런데 이럴 때 계속해서 위로 올라가 버리면 혼미한 상태에서 상승하는 것이므로 '명승冥升'이라고 표현한 것이다. 따라서 '명승'의 이면에는 반대편으로 전환되는, 다시 말해 높은 곳에서 아래로 떨어진다는 의미가 함축되어 있다.

그렇다면 이 시기에는 어떻게 해야만 이로울 수 있을까? '쉬지 않고 바르게 함이 이롭다.利于不息之貞' 쉬지 않고 바른 도를 지켜야만 이롭고 그렇지 않으면 이롭지 않다. 늘 위로 오르려고만 해서는 안 된다. 만약 오르려거든 바른 도에 부합하여 올라야 할 때 오르고, 오르지 말아야 할 때는 오르지 말아야 영원히 길할 수 있다.

「상전」에서는 '혼미하게 올라감으로 위에 있으면冥升在上', 즉 혼미한 상태에서 계속 오르기만 한다면 '사라져서 부유해질 수 없다.消不富也'고 했다. 이것은 일종의 흉한 상이다. 따라서 이 시기에는 바른 도를 지키는 가운데 멈춰 서서 주변 상황과 시기를 살펴야지 명예와 이익을 따라가지 말아야만 자신의 부와 지위를 지킬 수 있다. 명나라 역학자 내지덕來知德은 승괘의 상육효에 대해서 "선善으로 옮겨 가는 문을 연다."라고 해석했다. 선으로 옮겨 가는 것도 선을 향해 좋은 일을 하고 덕을 쌓는 일이라고 할 수 있다.

승괘 정리

䷭

승괘는 우리에게 상황과 때를 잘 살피고 추세를 따르는 이치를 일깨워 준다. 겉은 부드럽지만 안은 강건한 외유내강의 자세로 위아래가 호응하여 민심을 얻고 하늘의 도에 순응함으로써 부단히 위로 올라가는 이치다.

사람은 누구나 위로 오르려고 한다. 끊임없이 승진하여 높은 자리에 오르기를 원하고 앞다투어 재산을 늘려 부자가 되려고 한다. 그러나 위로 올라갈 때 유념해야 할 것들, 즉 하늘의 도에 부합하여 바르고 떳떳해야 한다는 사실은 쉽게 잊고 만다.

진괘晉卦도 민심을 따르는 것을 중시하기 때문에 승괘와 비슷한 의미를 지닌다. 다만 진괘는 광명함에 순응하여 적극적으로 나아가는 것에 치중한 반면 승괘는 큰 도, 자연의 법칙에 순응해야 함을 강조한다. 이처럼 진괘와 승괘의 두 괘는 비슷한 면도 있지만 각자 강조한 부분이 약간 다르다.

47
곤괘困卦 — 궁함 속에서 형통함

괘사

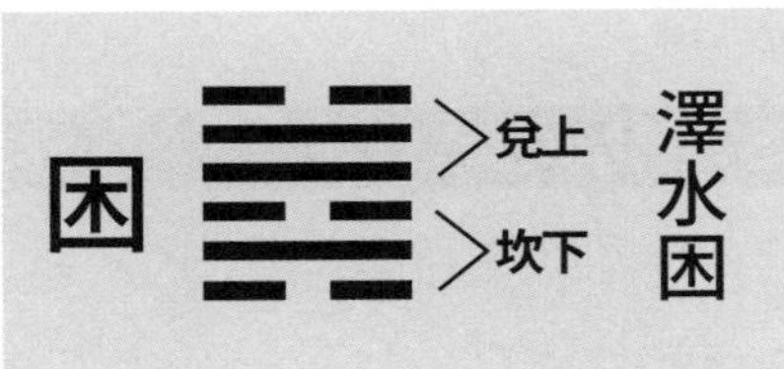

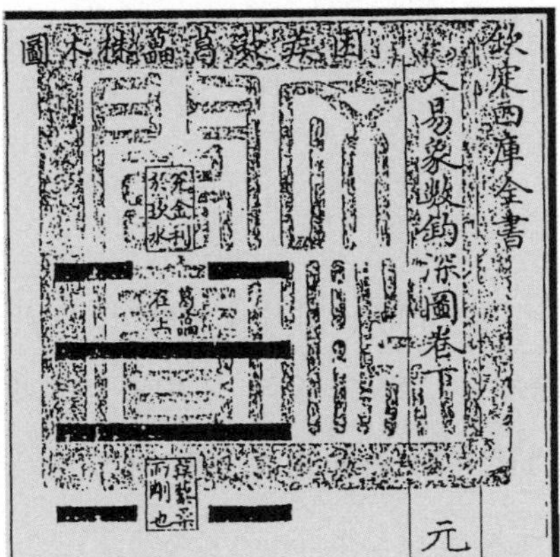

困 亨 貞 大人吉 无咎
곤 형 정 대인길 무구
有言不信.
유언불신

곤은 형통하고 바르며 대인이 길하여 허물이 없지만, 말을 해도 믿지 않는다.

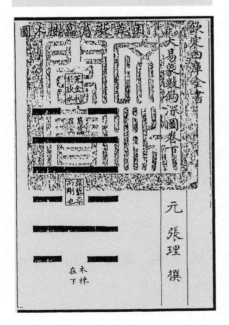

'곤困'은 '곤란하다' '곤궁하다'는 뜻이다. 「서괘전」에서는 "올라가서 그치지 않으면 반드시 곤란해지므로 곤괘로 받았다."고 했다. 곤괘에서 실제로 우리에게 알려 주고자 하는 것은 곤란한 상황을 어떻게 떨치고 일어나 행동해야 하는지에 관한 것이다.

괘사에서는 '곤 형困 亨', 즉 곤은 형통하다고 했다. 극도로 고달플 때에는 노력하기만 하면 반드시 형통하게 되어 있다는 말이다. '정貞'은 바른 도를 지켜야 한다는 말이고 '대인길 무구大人吉 无咎'는 대인이 길하여 허물이 없다는 뜻이다. '유언불신有言不信'은 곤란할 때 당신이 하는 말을 해도 다른 사람이 믿지 않는다는 뜻이다. 상황이 고달플 때는 내가 말을 하더라도 다른 사람이 종종 믿어 주지 않는 경우가 있는데 이는 예로부터 지금까지 항상 있어 온 일이다. 그렇다면 역경에 처해 있는 사람은 어떻게 처신해야 할까? 말을 적게 하거나 말을 하지 않아야 한다. 왜냐면 말을 많이 해 봤자 다른 이가 믿지 않기 때문이다.

괘사에 대한「단전」

彖曰: 困 剛掩也.
단왈 곤 강엄야
險以說 困而不失其所 亨 其唯君子乎.
험이열 곤이불실기소 형 기유군자호
貞大人吉 以剛中也.
정대인길 이강중야
有言不信 尙口乃窮也.
유언불신 상구내궁야

「단전」에서는 말했다. 곤은 강이 가려진 것이다. 험하나 기뻐함으로써 어렵더라도 그 뜻을 잃지 않으면 형통하니, 그것이 오직 군자다. 바르게 함이 대인에게 길한 것은 강이 가운데 거하기 때문이요, 말을 해도 믿지 않음은 말을 높이면 궁해지기 때문이다.

「단전」에서는 곤괘困卦에 대해서 '강엄야剛掩也', 즉 '강이 가려진 것'이라고 했는데 이는 곤궁할 때에는 자신의 강한 본성이 가려져 드러나지 않기 때문이다. 곤괘의 괘상을 보면 위가 못이고 아래가 물이어서 양의 강건한 성질이 못과 물에 의해 잠기는 형상이다.

험난한 시기에 장애물을 만나면 어떻게 해야 하는지에 대해서 곤괘에서는 '험이열險以說'이라고 답을 제시한다. 바로 마음을 기쁘게 하여 평화롭고 유쾌한 마음으로 어려움에 대처하라는 것이다. 곤괘의 하괘인 감괘(☵)가 험난함을 상징하고 상괘인 태괘(☱)가 기쁨을 가리키기 때문이다. 어렵고 힘들 때는 마음 상태가 가장 중요하니 기뻐해야만 곤경을 벗어날 수 있다.

그리고 아무리 상황이 곤란하더라도 신념과 뜻, 사명, 그리고 행동의 바른 원칙을 버려서는 안 되기 때문에 '곤이불실기소困而不失其所'라고 덧붙였다. 그렇게만 한다면 반드시 형통해져서 군자, 앞서 말한 '대인'이라고 할 만하다는 뜻에서 '형 기유군자호亨 其唯君子乎'라고 했다. 괘사에서 말한 '대인'은 반드시 '어렵더라도 그 뜻을 잃지 말아야 하고困而不失其所' 또한 '험하나 기뻐해야險以說' 한다. 이는 결코 쉬운 일은 아니지만 예로부터 어진 이와 뜻을 가진 선비들이 곤궁한 상황에서도 자신의 뜻을 버리지 않아 마침내 군자나 대인이 된 사례가 적지 않다.

'정대인길貞大人吉'은 '바르게 함이 대인에게 길하다.'는 뜻인데 그것은 왜일까? 바로 '강이 가운데 거하기 때문以剛中也'이다. '강이 가운데 거한다.'고 한 것은 괘상을 보면 구이효와 구오효가 모두 강효로서 각각 하괘와 상괘의 중앙에 위치하기 때문이다. 이처럼 아무리 어려운 상황에 처해도 양의 강건함을 굳게 지키고 굽히지 않으며 중도의 덕을 갖추면 길하다.

하지만 어려울 때 당신이 하는 말을 다른 사람이 믿어 주지 않을 수도 있으므로 '유언불신有言不信'이라고 했다. 곤괘의 상괘인 태괘는 '입口'을 상징하며 구체적으로는 '말' '언어'를 가리킨다. '상구尙口'는 말, 언사를 높인다는 뜻이므로 '상구내궁야尙口乃窮也'는 어려운 상황에서 말만 늘어놓을 뿐 행동하지 않는다면 반드시 더 곤궁한 상황으로 내몰릴 것이라는 말이다. 따라서 이럴 때일수록 자신의 덕을 쌓아 올리고 말을 줄이며 마음의 뜻을 변치 말고 강건함으로써 중도를 행하니, 이것이 바로 곤궁한 상황을 벗어날 수 있는 전략이라고 하겠다.

괘사에 대한 「대상전」

象曰: 澤无水 困. 君子以致命遂志.
상 왈 택무수 곤 군자이치명수지

「상전」에서는 말했다. 못에 물이 없는 것이 곤이다. 군자는 이를 보고 목숨을 바쳐 뜻을 좇는다.

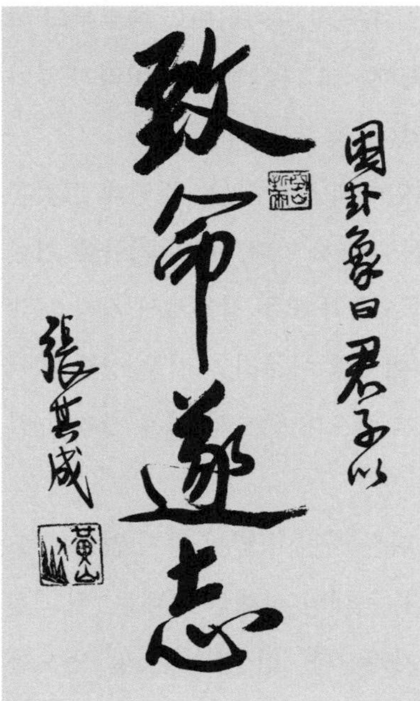

치명수지

「상전」에서 '못에 물이 없는 것이 곤이다.澤无水'라고 한 것은 곤괘(䷮)의 상괘인 태괘(☱)가 못이고 하괘인 감괘(☵)가 물이기 때문이다. 물이 못 아래에 머무는 모습이니 물이 연못 바닥 밑으로 스며들었다는 뜻이다. 이 때문에 못의 물이 말라서 물이 없게 되며, 물이 없으니 당연히 곤궁해질 수밖에 없다. 이것이 바로 곤괘의 상이다.

군자는 이러한 괘상을 보고 곤괘의 도에 근거해서 '목숨을 바쳐 뜻을 좇는다.致命遂志' '치명致命'은 생명을 버린다는 말이고 '수지遂志'는 뜻을 이룬다는 것이어서 '치명수지致命遂志'는 목숨을 버리면서까지 자신의 뜻을 이룬다는 말이다. 위에서는 어려울 때 '강건함으로 중도를 행한다.剛中' '험하나 기뻐한다.險以說' '그 뜻을 잃지 않는다.不失其所'고 했다.

『논어』「자한子罕」 편에서 공자는 "삼군의 장수를 꺾을 수는 있어도 필부의 마음속 뜻은 빼앗을 수가 없다."고 했다. 아무리 어려워도 차라리 군대의 장수를 잃을지언정 마음의 뜻만큼은 결코 저버리지 않겠다는 말이다. 이 말은 후대에 이르러 고난을 견뎌 낸 뜻 있는 선비들에게 지대한 영향을 끼치기도 했다. 그 밖에도 공자는 『논어』「위령공」 편에서도 "삶을 구함으로써 인仁을 해치지 않으며 몸을 죽여 인을 이룬다."고 했다. 자기의 생명을 위해 인과 의를 해치지 않으며 생명을 버리면서까지 인과 의의 도를 이룬다는 말이다. 『맹자』「고자告子」 상편에서 맹자는 "삶도 내가 원하는 것이고 의도 내가 원하는 것이지만 둘을 겸하여 가질 수 없다면 삶을 버리고 의를 취하리라."라는 의연함을 보였다. 공자가 몸을 죽여 인을 이루는 '살신성인殺身成仁'을 말하고 맹자가 삶을 버리고 의를 취한다는 '사생취의捨生取義'를 주장한 것 모두가 바로 '목숨을 바쳐 뜻을 좇는致命遂志' 행위다.

아무리 어려운 상황에서도 차라리 생명을 버릴지언정 뜻과 인의의 마음은 끝까지 지켜야 한다. 역사를 돌아보면 문천상文天祥이나 비간比干 등 생명을 버리고 의를 취한 이들이 셀 수 없이 많다. 곤괘의 괘상을 보면 위가 못이고 아래가 물이어서 못 아래 물이 땅으로 스며듦으로써 못에 물이 마르니 곤궁한 상황이 아닐 수 없다. 하괘인 감괘는 험난함을 상징하고 상괘인 태괘는 기쁨을 가리키므로 험난한 시기에는 마음을 기쁘게 해야만 곤궁함에서 벗어날 수 있음을 알 수 있다.

초육 효사와 「소상전」

初六, 臀困于株木 入于幽谷 三歲不覿.
초육 둔곤우주목 입우유곡 삼세부적

象曰: 入于幽谷 幽不明也.
상왈 입우유곡 유불명야

초육은 볼기가 나무뿌리에 곤하니 깊은 골짜기로 들어가서 삼 년이 지나도 만나지 못한다.

「상전」에서는 말했다. 깊은 골짜기로 들어감은 깊어서 밝지 못한 것이다.

'주목株木'은 나무뿌리이고 '적覿'은 '보다' '만나다'는 뜻이므로 '부적不覿'은 '만나지 못하다.' '물러나 숨어 지내다.'라는 말이다. 곤괘를 이루는 여섯 효의 효사에서는 하나같이 '곤困'이라는 글자를 언급하면서 여섯 가지 곤란한 상황과 그에 대응하는 방법을 설명하고 있다. 방법이 다르면 그에 따른 결과도 다르게 마련이다. 그중에서 초육의 '곤困'은 '볼기가 나무뿌리에 곤한 것臀困于株木'이다. 이는 마치 볼기가 나무뿌리에 놓여 있듯 깊은 곤경에 빠져 스스로 헤어 나올 수 없는 모습이다. 따라서 '깊은 골짜기로 들어가는入于幽谷' 수밖에 없고 '삼 년이 지나도 만나지 못하는三歲不覿' 지경에 이르고 만다. 초육효는 아래에 거하면서 이제 막 시작하는 단계이므로 비교적 유약하여 스스로 험난함을 벗어날 힘이 없기 때문에 물러나 숨을 수밖에 없다.

「상전」에서는 '깊은 골짜기로 들어감은 깊어서 밝지 못한 것이다.入于幽谷 幽不明也'라고 했는데 이는 어두워서 서로 알아보지 못하는 깊은 골짜기에 자신을 감춘다는 말이다.

구이 효사와「소상전」

九二, 困于酒食 朱紱方來 利用亨祀 征凶 无咎.
구이 곤우주식 주불방래 이용형사 정흉 무구

象曰: 困于酒食 中有慶也.
상왈 곤우주식 중유경야

구이는 마시고 먹을 것이 없어서 곤궁하지만, 주불이 곧 오리니, 제사에 씀이 이롭고 가면 흉하나 허물이 없다.

「상전」에서는 말했다. 마시고 먹을 것이 없어서 곤궁하지만, 중에 거하여 경사가 있다.

구이의 '곤困'은 '마시고 먹을 것이 없어서 곤궁함困于酒食'이다. 여기서 '우于'는 피동의 뜻인 '~때문에' '~에 의하여'로 쓰였다. '마시고 먹을 것이 없어서 곤궁함'에는 두 가지 뜻이 있다. 첫째는 말 그대로 먹고 마실 것이 없는 곤란한 상황을 뜻하고, 둘째는 가난하고 곤궁한 처지에 있는 이가 죽도록 술을 마셨다는 의미다. 이는 마치 이백李白이 술로 근심을 달래려다 오히려 더 깊은 번뇌에 빠지게 된 것과 같다. 여기서는 첫 번째 해석이 비교적 타당하다.

'주불朱紱'은 어깨에서 허리까지 비스듬하게 둘러맨 붉은색의 띠를 말한다. 고대에 제사를 지낼 때는 이처럼 띠가 있는 옷을 입곤 했는데 주발처럼 붉은 띠는 비교적 높은 신분의 사람만이 맬 수 있는 것이었다. 따라서 '주불방래朱紱方來'는 부귀영화가 이제 곧 다가온다는 말이 된다.

'형亨'은 '제사 지낸다.'는 의미를 지닌 '향享'과 바꿔 쓸 수 있으므로 '이용형사利用亨祀'는 제사에 쓰는 것이 이롭다는 말이며 머지않아 종묘의 제사의식을 주관하는 중임이 맡겨질 것이라는 속뜻이 담겨 있다. 그리고 만약 출정하여 다른 이를 정벌하는데 급급해하기만 한다면 흉하지만 그리 큰 재앙은 없다는 뜻에서 '가면 흉하나 허물이 없다.征凶 无咎'고 했다.

「상전」에서는 어째서 '마시고 먹을 것이 없어서 곤궁하나困于酒食' '중에 거하여 경사가 있다.中有慶也'고 했을까? 왜냐면 구이효가 하괘의 중앙에 거하여 중도를 지킬 수 있기 때문이며 「단전」에서도 말했듯이 '강건함으로 중도를 지키고 있는剛中' 까닭이다. 마음에 견고한 뜻을 품은 채 상황이 어렵다고 굴복하거나 포기하지 않고 먹고 마실 것이 없을 때조차 뜻을 버리지 않아 자신의 처지에 만족하기 때문에 끝내는 곤경에서 벗어나게 되니 기쁜 일과 부귀영화가 따르게 된다.

육삼 효사와 「소상전」

六三, 困于石 據于蒺蔾 入于其宮 不見其妻 凶.
육삼 곤우석 거우질려 입우기궁 불견기처 흉

象曰: 據于蒺蔾 乘剛也 入于其宮 不見其妻 不祥也.
상왈 거우질려 승강야 입우기궁 불견기처 불상야

육삼은 돌 때문에 곤궁하여 가시나무에 둘러싸인다. 그 집에 들어가더라도 아내를 만나지 못하니 흉하다.

「상전」에서는 말했다. 가시나무에 둘러싸임은 강을 올라탔기 때문이요, 그 집에 들어가도 아내를 만나지 못함은 길하지 못한 것이다.

육삼의 '곤困'은 '돌 때문에 곤궁하여 가시나무에 둘러싸이는困于石 據于蒺蔾' 것이다. 여기서 '질려蒺蔾'는 가시나무를 말한다.

'입우기궁 불견기처 흉入于其宮 不見其妻 凶'은 이 시기에 설령 어려운 상황에서 벗어나 집에 돌아갈 수 있게 되었더라도 아내가 맞으러 나오지도, 그녀를 만나지도 못할 것이므로 흉하다는 말이다. 여기서 '아내妻'는 바로 상육효를 가리킨다. 육삼효와 상육효는 둘 다 음효여서 서로 응하지 않는

데다 육삼효는 하괘에서 세 번째 자리여서 '중中'도 잃었고 음효가 양의 자리에 왔기 때문에 어렵고 가난함이 극에 이른 상태다. 곤경에 처하였지만 아무도 거들떠보지 않고 심지어 자신의 아내조차 도와주려 하지 않는 사면초가의 상태다.

전국시대의 종횡가 소진蘇秦은 가난했던 시절, 형수를 비롯하여 온 가족에게, 심지어 아내에게서조차 조롱을 받으며 살았지만 6년간 학문에 정진한 끝에 높은 관직에 오를 수 있었다. 소진이 성공한 뒤 집에 돌아오자 과거에 그를 비웃었던 형수는 그의 그림자만 보고서도 무릎을 꿇으며 과거의 소행을 사죄했다. 이처럼 뜻을 얻지 못하여 빛을 보지 못하고 당신이 무슨 말을 해도 아무도 믿어 주려 하지 않을 때 스스로 분발하여 실력을 키워 성공을 거둔다면, 다른 이의 머릿속에 자리 잡은 자신의 이미지와 입지는 하루아침에 뒤바뀔 것이다.

「상전」에서는 '가시나무에 둘러싸인據于蒺藜' 이유에 대해 '강을 올라탔기 때문乘剛也'이라고 했다. 즉 육삼효가 올라타고 있는 것이 구이의 강효이기 때문에 '질려蒺藜'라는 강하고 고집스러운 가시나무에 둘러싸였다고 비유한 것이다. 그렇다면 어째서 '그 집에 들어가도 아내를 만나보지 못한다.入于其宮 不見其妻'고 했을까? 육삼효도 음효이고 육삼효와 호응해야 할 상육효도 모두 음효여서 상응하지 않기 때문이다. 그래서 '길하지 않다.不祥也' 즉 상서롭지 않은 징조라고 했다.

역사적으로 다양한 점례를 기록한 고전을 뒤져 보면 곤괘困卦에 관한 사례가 적지 않다. 이를테면 『좌전』「양공25년」에는 이런 기록이 나온다.

> 제나라의 제당공齊棠公이 죽자 최무자崔武子가 조문하러 갔다. 그런데 그곳에서 당공의 부인이자 절세미인이었던 당강棠姜을 만나게 된다. 당강의 미색에 반한 최무자는 그녀를 아내로 삼고자 점을 쳐 보았는데 곤지대과괘困之大

過卦, 즉 곤괘(䷮)의 육삼효가 변하여 생긴 대과괘(䷛)를 얻게 된다. 점쟁이들에게 물으니 하나같이 길하다며 최무자를 부추겼다. 육삼효는 흉한 징조인데도 말이다. 자신감을 얻은 최무자는 진문자에게도 점괘를 보이며 의견을 물었다. 그러나 진문자의 생각은 달랐다.

"남편은 바람을 따르고 바람은 부인을 떨어뜨려 흉하니 아내로 맞이해서는 안 됩니다."

그러나 최무자는 이미 당강을 취하기로 마음먹은 뒤였다.

"남편도 없는 과부에게 무슨 화가 남아 있겠소? 그런 액운은 모두 전남편이 감당했으니 내가 취한다 해도 별 문제는 없을 것이외다."

곤괘의 하괘인 감괘(☵)에서 육삼의 음효가 양효로 변하여 손괘(☴)가 되었으니 바람이라고 볼 수 있다. 남편은 바람을 따르지만 바람은 부인을 떨어뜨리니 이 부인은 바람을 따라 망할 수밖에 없는 상황이므로, 진문자는 최무자에게 당강을 아내 삼지 말라고 경계한 것이다. 효사에서도 '그 아내를 만나지 못한다.不見其妻'고 했으므로 일의 흉함은 불 보듯 당연한 일인데도 최무자는 그의 경고를 무시한 채 당강을 맞아들인다. 그리고 오래지 않아 과연 진문자의 말대로 일이 터지고 말았다. 최무자는 밖으로는 정치 싸움에 휘말리고 안으로는 집안 다툼이 심해져 가문 전체가 망하여 결국 자살로 일생을 마감하고 만다.

그 밖에도 곤괘에 관해 전해 내려오는 유명한 점례가 하나 더 있다. '철로 된 이와 구리로 된 어금니'라는 뜻으로 탁월한 언변과 기지를 가진 사람을 뜻하는 '철치동아鐵齒銅牙'라는 고사를 낳은 기효람紀曉嵐이 그 주인공이다.

기효람이 과거시험을 준비하던 중이었다. 기효람의 스승이 과거시험을 앞두고 기효람을 위해 점쳐서 곤괘困卦의 육삼효가 변하여 생긴 곤지대과괘困之大過卦를 얻었다. 스승은 흉하다고 여겼지만 기효람은 웬일인지 자신만만하기만 했다.

"스승님, 걱정 마십시오. 저는 분명 장원급제 할 테니까요."

육삼효의 효사는 누가 봐도 흉함을 암시하는데 무슨 자신감으로 장원급제할 거라고 자신만만하는지 스승은 기가 막힐 뿐이었다. 그러나 기효람의 괘 풀이가 꽤 그럴듯했다.

"효사에서는 '그 부인을 만나 보지 못한다.'고 하였으나 소생에게는 아직 아내가 없습니다. 짝이 없으니 결국 홀로 남아 '일一'이 될 터인데 그리되면 '제일第一'의 성적을 거두지 않겠습니까? 이것이 장원급제를 가리키는 것이 아니고 무엇이겠습니까? 그리고 '돌 때문에 곤궁하다.'는 의미의 '곤우석困于石' 구절을 보니 그날 과거에서 차석을 차지하게 될 이는 '석石'씨 성을 가진 사람입니다. 마지막으로 '가시나무에 둘러싸인다.'는 의미의 '거우질려據于蒺蔾'라는 구절을 보면 삼등三等을 차지할 이는 성씨에 '미米'가 들어가는 사람일 것입니다."

얼마 뒤 치러진 과거시험에서는 과연 그가 말 한 그대로 결과가 나왔고, 이에 스승은 놀라지 않을 수 없었다.

이처럼 괘사나 효사를 살필 때는 자신이 어떤 환경과 상황에 놓여 있는지, 어떤 마음 상태인지를 고려하여 해석하는 것이 중요하다. 마찬가지로 '흉凶'이라는 글자도 그 사람이 처한 시기와 상황을 반영하여 해석해야만 점을 잘 친다고 할 수 있다. 만약 괘사나 효사에 적힌 문자 그대로 흉하다고 쓰여 있으면 흉한 것이고 길하다고 쓰여 있으면 길한 것이라면, 지나치게 일차원적이고 기계적이며 융통성 없는 접근이 아니겠는가?

구사 효사와 「소상전」

九四, 來徐徐 困于金車 吝 有終.
구사 내서서 곤우금차 인 유종

象曰: 來徐徐 志在下也 雖不當位 有與也.
상왈 내서서 지재하야 수부당위 유여야

구사는 오기를 더디 함은 쇠수레로 말미암아 곤비하기 때문이니 부끄럽지만 끝마침이 있다.

「상전」에서는 말했다. 오기를 더디 함은 뜻이 아래에 있기 때문이다. 비록 위치가 마땅하지 않지만 더불어 하는 이가 있다.

'내서서來徐徐'는 서서히 온다는 것으로 머뭇거리는 모습이다. 구사의 '곤困'은 '쇠수레로 말미암아 곤한 것困于金車'이다. '쇠수레金車'는 왕족을 비롯한 권문세가의 고귀한 자만이 탈 수 있는 높고 귀한 수레다. 여기서는 쇠수레로 대표되는 명예와 이익으로 말미암아 도리어 어려움에 처하게 된다는 뜻으로 쓰였다. 그렇게 되면 부끄럽고 유감스럽다는 뜻에서 '인吝'이라고 했고 그러함에도 '끝마침이 있다.', 즉 좋게 마무리된다는 의미에서 '유종有終'이라고 덧붙였다.

「상전」에서는 '오기를 더디 함來徐徐'은 '뜻이 아래에 있기 때문志在下也'이라고 풀이했다. 구사효의 뜻이 아래에 있다고 한 것은 구사효와 상응하는 것이 바로 하괘의 맨 아래에 위치한 초육효이기 때문이다. '비록 그 위치가 마땅하지 않지만 더불어 하는 이가 있다.雖不當位 有與也'고 한 것은 구사의 양효가 음의 자리에 와서 '정正'을 잃은 것을 가리킨다. 그러나 하괘의 초육효와 호응하니 아랫사람들과 서로 도울 수 있다는 의미에서 '더불어 하는 이가 있다.有與也'고 한 것이다. 이로써 명예와 이익 때문에 곤경에 처했던 상황을 벗어나 본래의 마음 상태를 회복하고 선하게 일을 마무리할 수 있게 되었다.

구사의 단계에 이르면 이미 부귀영화를 누리게 되므로 더 이상 '가시나무에 둘러싸인據于蒺藜' 처지가 아니라 '쇠수레로 말미암아 곤비하게 된困于金車' 상황이 되었다. 아래에 머물렀을 때를 돌이켜보면 아무도 자신을 거들떠보지도 않고 홀로 물러나 숨어 지내면서 '삼 년이 지나도 만나지 못하는三歲不覿' 상황이었다. 따라서 아무리 신분이 고귀해졌다고 해도 여전히 겸손함을 유지할 줄 알아야지 과거를 잊은 채 지금 타고 있는 것이 쇠수레라며 떠벌리는 등 교만해서는 안 된다. 그래서 여기서 말한 '뜻이 아래에 있다.志在下'는 표현은 첫째, 초심을 잃지 말아야 한다는 것이고 둘째, 자신과 상응하는 사람이 혹여나 자신이 과거에 겪었던 어려움을 똑같이 겪고 있다면 그에게 인생 선배로서 도움을 주어야 한다는 의미를 모두 갖는다.

구오 효사와 「소상전」

九五, 劓刖 困于赤紱 乃徐有說 利用祭祀.
구오 의월 곤우적불 내서유탈 이용제사

象曰: 劓刖 志未得也. 乃徐有說 以中直也. 利用祭祀 受福也.
상왈 의월 지미득야 내서유탈 이중직야 이용제사 수복야

구오는 코와 발꿈치를 베니 적불 때문에 곤궁해지나, 서서히 떨쳐 내면 제사에 씀이 이롭다.

「상전」에서는 말했다. 코와 발꿈치를 벰은 뜻을 얻지 못했기 때문이다. 서서히 떨쳐 내어 중과 직을 얻고, 제사에 씀이 이로우면 복을 받는다.

'의월劓刖'에서 '의劓'는 코를 베는 형벌, '월刖'은 발꿈치를 베는 형벌을 말한다. '적불赤紱'은 앞서 말한 '주불朱紱(어깨에서 허리로 비스듬하게 둘러맨 붉은 색의 띠)'을 말한다. 구오의 '곤困'은 '적불 때문에 곤궁해짐困于赤紱', 즉 부귀영화와 권력으로 말미암아 곤경에 처하게 된 것인데, 여기서는 가장 높은 자리에 거할 때 군주가 잔혹한 형벌로써 백성을 다스리고 징벌함을 의미한다. 결국 자신의 권력 때문에 곤경에 처하게 된 셈이다.

'내서유열 이용제사乃徐有說 利用祭祀'에서 '탈說'은 '벗어 내다'라는 뜻의 '탈脫'과 통하므로 이 시기에는 세도를 마구 부렸던 상황에서 서서히 벗어나 오래도록 종묘에 제사해야만 사직과 강산을 보존할 수 있다. 자신에게 권력이 쥐어지더라도 함부로 중형을 내리지 않고 교화시킴으로써 대중으로부터 신임을 얻는다.

「상전」에서는 구오가 코와 발꿈치를 베는 형벌을 내리는 이유에 대해서 '뜻을 얻지 못했기 때문志未得也'이라고 했다. 무슨 뜻을 얻지 못했다는 것일까? 구오는 지극히 존귀한 지위인데 이처럼 존귀한 자리에 올라서도 종묘사직에 제사하는 뜻을 얻지 못했기 때문이다. 구오의 지극히 존귀한 권위를 빼앗으려면 처음에는 폭력을 쓰지 않으면 안 되지만, 일단 권위를 얻은 뒤에는 이처럼 잔혹한 형벌들을 '서서히 떨쳐낸乃徐有說' 다음 '중정하고 곧은 도를 행해야 한다.以中直也' 중정의 도를 행해야만 백성에게 믿음을 얻을 수 있고 그래야만 '제사에 씀이 이로울利用祭祀' 수 있다. 중정의 덕으로 제사를 지내면 신을 감동시켜서 신이 복을 내리게 되므로 '복을 받게 된다.受福也'고 했다.

상육 효사와 「소상전」

上六, 困于葛藟 于臲卼 曰動悔 有悔 征吉.
상육 곤우갈류 우얼올 왈동회 유회 정길

象曰: 困于葛藟 未當也. 動悔有悔 吉行也.
상왈 곤우갈류 미당야 동회유회 길행야

상육은 칡덩굴로 말미암아 곤비해져 위태로움에 처했으니, 움직이면 후회가 있고, 뉘우침이 있으면 가는 것이 길하다.

「상전」에서는 말했다. 칡덩굴로 말미암아 곤해짐은 자리가 마땅하지 않기 때문이다. 움직이면 후회가 있고 뉘우침이 있으면 가는 것이 길하다.

'갈류葛藟'는 칡덩굴을 말하므로 상육의 '곤困'은 '칡덩굴로 말미암아 곤비해짐困于葛藟', 즉 칡덩굴에 둘러싸인 상황이다. '얼올臲卼'은 위태로운 나머지 불안해하는 모습이다. 상육에서는 칡덩굴에 둘러싸여 불안한 상황에서 만약 '움직이면 후회가 있을 것動悔'이며 '뉘우침이 있으면有悔', 즉 자주 후회하여 빨리 깨달으면 '가는 것이 길하다.征吉'라고 말한다.

「상전」에서는 '칡덩굴로 말미암아 곤해짐困于葛藟'은 상육효가 이미 괘의 끝이자 가장 높은 자리에 도달해서 고귀하긴 하지만 지위가 없어 백성이 따르지 않기 때문이다. 또한 아래로는 강효를 두 개씩이나 타고 있을 뿐 아니라 상응하는 효도 없으니 곤궁함이 극에 이르렀다고 볼 수 있어서 '자리가 마땅하지 않다.未當也'고 했다. '움직이면 후회가 있고 뉘우침이 있으면動悔有悔', 즉 이러한 시기에 뉘우치고 깨달아 자신을 반성하고 덕을 가꾸며 높은 자리를 탐내지 않고 구오효에 순응하면 '가는 것이 길하다.吉行也'고 했다.

곤괘 정리

䷮

곤괘에는 세 개의 음효가 있고 세 개의 양효가 있다. 세 음효는 보통 유순한 성질이어서 곤란한 상황에서는 다투기보다는 물러나 양보할 줄 알며, 세 양효는 어려운 상황이 되면 양의 강건한 본성과 견고한 의지를 드러내어 바른 도를 지키는데 그리하여 끝내 곤경에서 벗어나게 된다.

초육효를 보면 물러나 은거함의 중요성을 깨달을 수 있고 상육효에 이르러서는 뉘우침, 즉 자기 자신을 반성해야만 흉함을 길함으로 바꿀 수 있다는 사실을 알 수 있다. 그래서 곤괘는 우리에게 어떻게 하면 곤란한 상황을 벗어날 수 있는지 알려 준다.

세 음효는 각각 물러섬, 숨음, 후회라는 기묘한 방법을 제시하는데 이렇게 하는 것은 소극적인 도피가 아니라 일종의 전략적인 물러섬이다. 그리고 세 양효는 우리로 하여금 강건하고 바른 덕을 지키고 어려울 때 목숨을 버리면서까지 의를 취하여 기백과 절개를 지켜야 함을 강조한다.

48
정괘井卦 — 자기를 다스려 남을 기름

괘사

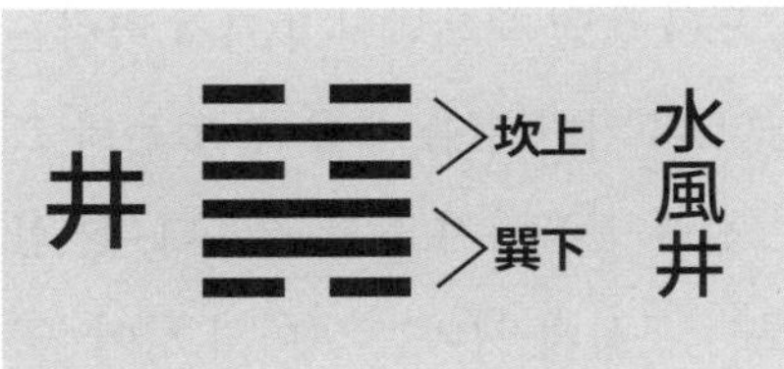

井 改邑不改井
정 개읍불개정
无喪无得 往來井井.
무상무득 왕래정정
汔至 亦未繘井 羸其瓶. 凶.
흘지 역미율정 이기병 흉

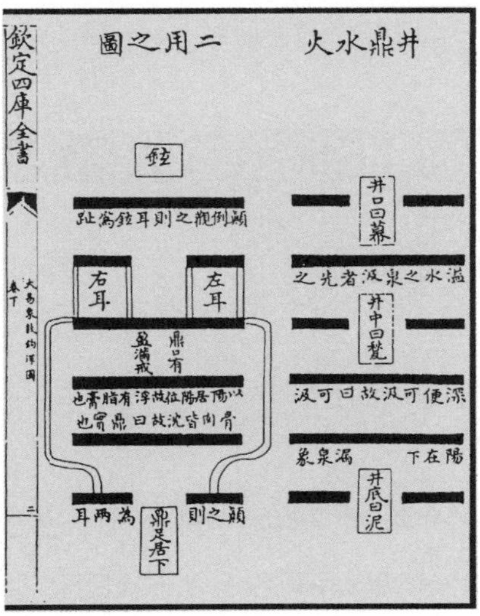

정은 고을은 옮겨도 우물은 옮길 수 없으니, 마르지도 넘치지도 않으며, 오가는 사람이 우물물을 우물로 쓴다. 우물에 거의 이르렀으나 또한 두레박 끈을 우물에 드리우지 못하니, 그 두레박을 깨트리면 흉하다.

'정井'은 마르지 않는 우물물로 기른다는 뜻이다. 「서괘전」에서는 "위에서 곤핍한 자는 반드시 아래로 돌아오게 되어 있으므로 정괘로 받았다."고 했다. 위에서 어려움을 당하면 반드시 아래로 돌아와 우물을 찾게 되어 있다는 말인데 여기서 우물은 어떤 용도로 쓰일까? 사람의 목마름을 해소시켜 자라게 하며 이로써 생명을 유지시켜 준다.

괘사에서는 '개읍불개정改邑不改井'이라고 했는데 여기서 '읍邑'은 '마을' '고을'을 뜻하므로 '고을은 옮겨도 우물은 옮길 수 없다.'고 해석할 수 있다. '무상무득无喪无得'은 우물은 '마르지도 넘치지도 않는다.'는 뜻이며 '왕래정정往來井井'은 오고 가는 이가 모두 이 우물물을 마신다는 말이다. '흘汔'은 '거의'라는 뜻이고 '율繘'은 물을 길어 올릴 때 두레박을 매는 끈을 가리키므로 '흘지 역미율정 이기병 흉汔至 亦未繘井 羸其甁. 凶'은 이 두레박을 가지고 우물 입구에 거의 이르렀으나 돌연 두레박이 망가져 버리는 바람에 흉하게 되었다는 뜻이다. 조금만 더 가면 일을 이룰 수 있는데 끄트머리에서 잘못되는 바람에 결국 일 전체가 틀어지고 만 경우다. 한 삼태기 흙이 부족해서 결국 큰일을 이루지 못하게 됐다는 의미의 성어 '공휴일궤功虧一簣'와 같은 맥락이다.

괘사에 대한 「단전」

彖曰: 巽乎水而上水 井. 井養而不窮也.
단왈 손호수이상수 정 정양이불궁야

改邑不改井 乃以剛中也.
개읍불개정 내이강중야

汔至亦未繘井 未有功也. 羸其甁 是以凶也.
흘지역미율정 미유공야 이기병 시이흉야

「단전」에서는 말했다. 물에 순응하여 물을 퍼 올리는 것이 정이다. 정은 사람을 기르는 덕이 끝이 없다. 고을은 옮겨도 우물은 옮길 수 없음은 강이 중에 거하기 때문이다. 우물에 거의 이르렀으나 또한 두레박 끈을 드리우지 못하면 공이 없고, 두레박을 깨트리면 흉하다.

「단전」에서 '물에 순응하여 물을 퍼 올리는 것이 정이다.巽乎水而上水 井'

라고 한 것은 정괘의 하괘인 손괘(☴)가 순응함을 상징하기 때문이다. 물의 속성에 순응하여 땅에 구멍을 뚫고 물을 위로 끌어 올리는 것이 바로 정이다. '정양이불궁야井養而不窮也'는 우물의 역할은 사람을 기르는 것이고 이러한 우물의 덕이 끝이 없다는 말이다.

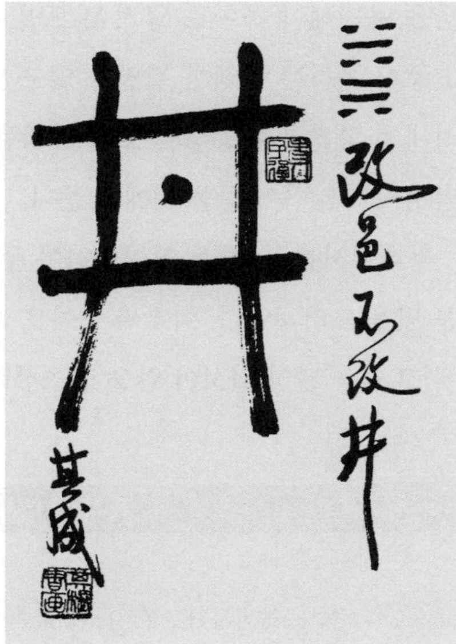

정

'고을은 옮겨도 우물은 옮길 수 없음改邑不改井'은 시골이든 도시든 어디로든지 사는 곳을 옮길 수는 있지만 우물만큼은 옮길 수 없다는 말이다. 왜일까? 여기서는 '강이 중에 거하기 때문乃以剛中也'이라고 해석했다. 즉 상괘인 감괘(☵)가 물을 상징하고 그 물의 가운데 양효, 즉 강효가 있기 때문이다. 양의 강건함이 '중中'을 얻었기 때문에 겉은 부드럽고 속은 강한 외유내강이 바로 물의 덕이다. 이러한 본성은 쉽게 변하지 않을 뿐 아니라 사람을 기르는 덕은 환경이 변한다고 해서 쉽게 변하지 않는다.

또한 '우물에 거의 이르렀으나 또한 두레박 끈을 드리우지 못하니汔至亦未繘井' 결국 '공이 없는 것未有功也', 즉 사람 기르는 목적을 이루지 못한 셈이다. 또한 두레박을 깨트리니 당연히 흉하다는 의미에서 '이기병 시이흉야羸其瓶 是以凶也'라고 했다. 여기에는 아무리 상황이 어려워져도 끝까지 덕을 유지해야 하며 그렇지 않으면 한 삼태기 흙이 부족해서 결국 일을 이루지 못하는 불행한 결말을 맺고 만다는 의미를 담고 있다. 정괘는 우리에게 강건함과 중정의 도를 지키는 덕을 가지고 우물물처럼 마르지도 넘치지도 않아야 함을 일깨워 준다.

정괘에서는 '정井'을 인격화하여 우물물이 지닌 '사람을 기르는' 아름다운 덕을 드러내었다. 이로써 군자도 자기 자신을 먼저 수양함으로써 천하에 그 덕을 널리 펼쳐야 함을 강조한다.

괘사에 대한 「대상전」

象曰: 木上有水 井. 君子以勞民勸相.
상왈 목상유수 정 군자이로민권상

「상전」에서는 말했다. 나무 위에 물이 있는 것이 정이다. 군자는 이를 보고 백성을 위로하고 권면한다.

「상전」에서 '나무 위에 물이 있는 것이 정이다木上有水'라고 한 것은 정괘(䷯)의 상괘인 감괘(☵)가 물이고 하괘인 손괘(☴)가 나무를 상징하기 때문이다. 나무 위에 물이 있는 것, 이것이 바로 정괘의 상이다.

옛사람들은 종종 우물 바닥에 나무토막 몇 개를 놓아 둠으로써 진흙을 제거하기도 했는데 정괘에서는 이 모습을 괘상과 연결 지었다. '정井'이라는 글자의 형상만 봐도 물 아래 네 개의 나무토막이 있음을 알 수 있다. 군자는 이러한 괘상을 보고 정괘의 도에 근거하여 '백성을 위로하고 권면한다.勞民勸相'는 것이다.

초육 효사와 「소상전」

初六, 井泥不食 舊井无禽.
초육 정니불식 구정무금

象曰: 井泥不食 下也. 舊井无禽 時舍也.
상왈 정니불식 하야 구정무금 시사야

초육은 우물에 진흙이 있어서 먹지 않으며, 옛 우물에 날짐승이 없다.

「상전」에서는 말했다. 우물에 진흙이 있어서 먹지 않음은 아래에 있기 때문이요, 옛 우물에 날짐승이 없음은 시간이 지나면서 버려졌기 때문이다.

초육의 '정니불식井泥不食'은 우물 아래에 진흙이 있어서 물을 마실 수 없음이며 '구정무금舊井无禽'은 날짐승조차 오지 않는다는 말이다. 초육은 우물 아래에 진흙이 있어서 우물물이 혼탁하다고 하면서, 사람의 마음이 오염되어 먼지가 앉을 정도라면 마음을 다시 한번 닦아야 할 필요성이 있다고 강조한다. 다른 사람을 기르려면 무엇보다도 먼저 자기 자신을 수양해야 한다는 것이다. 이는 "수시로 털고 닦아서 먼지가 앉지 않게 하라."는 말처럼 조금씩 작은 부분부터 수행해 나가라는 말이다. "연꽃은 진흙에서 났으나 더러움에 물들지 않고 맑은 물에 씻어도 요염하지 않다."는 말을 기억하자. 이러한 자정의 노력이 없다면 나는 새조차 내려오려 하지 않아 이 우물은 더 이상 쓸모없는 것이 되고 만다.

「상전」에서는 '우물에 진흙이 있어서 먹지 않음井泥不食'은 '아래에 있기 때문下也'이라고 해석했다. 초육은 정괘에서 가장 낮은 자리에 있는 효라서 마치 우물의 깊은 바닥과도 같다. 우물 바닥에 진흙이 있으면 우물물이 혼탁해져서 더 이상 마실 수가 없게 된다. 우물 바닥에 진흙이 쌓이면 오랜 세월 손보지 않은 채 버려진 '오래된 우물舊井'이 되므로 새조차 내려앉으려 하지 않아서 '옛 우물에 날짐승이 없다.舊井无禽'고 한 것이다. 여기에 대해서 「상전」에서는 '시간이 지나면서 버려졌기 때문時舍也'이라고 풀이했다. 이처럼 초육효는 우리에게 사람들은 끊임없이 자기 자신을 갈고 닦아 사회에 쓸모 있는 사람이 되어야 하며 그렇지 않으면 시대에 뒤쳐져서 결국 도태되고 만다는 것을 알려 준다.

구이 효사와 「소상전」

九二, 井谷射鮒 甕敝漏.
구이 정곡사부 옹폐루
象曰: 井谷射鮒 无與也.
상왈 정곡사부 무여야

구이는 우물 바닥의 구멍에 붕어를 풀어 두고 쏘아 보지만 두레박마저 깨져서 물이 새는구나.

「상전」에서는 말했다. 우물 바닥의 구멍에 붕어를 풀어 두고 쏨은 더불어 하는 이가 없기 때문이다.

'정곡井谷'은 우물 안쪽 물이 나오는 구멍을 뜻한다. '부鮒'는 작은 물고기, 붕어를 가리키므로 '사부射鮒'는 붕어를 쏜다는 뜻이 된다. 이는 고대에 행해졌던 일종의 소소한 놀이로 우물물에 물고기 풀어 두고 그것을 쏘아 맞추는 식이다. 우물물은 본래 물을 마시기 위한 용도로 만들어졌지만 여기서는 도리어 물고기를 쏘는 놀이를 위하여 사용되었는데, 이는 우물물이 오염되어서 더 이상 마실 수 없기 때문이다. '옹폐루甕敝漏'는 두레박이 깨져서 물을 길어 올릴 수 없어 모두 쓸모없게 되었음을 말한다.

「상전」에서는 '우물 바닥의 구멍에 붕어를 두어 쏨井谷射鮒'은 '더불어 하는 이가 없기 때문无與也'이라고 했다. 구이는 양효가 음의 자리에 와서

'정正'을 얻지 못했는데 이는 바른 도를 행하지 않음을 뜻한다. 구이는 구오와도 상응하지 않는데 이는 그와 함께 일을 도모하려는 이가 없음을 말한다. 여기서는 함께 하는 이가 없어 구이의 재능을 발휘할 곳이 없으므로 '붕어 쏘기射鮒' 놀이만 즐기는 광경을 묘사하며, 자기 자신을 끊임없이 닦는 수양이 얼마나 중요하고 절박한지에 대해 말하고 있다.

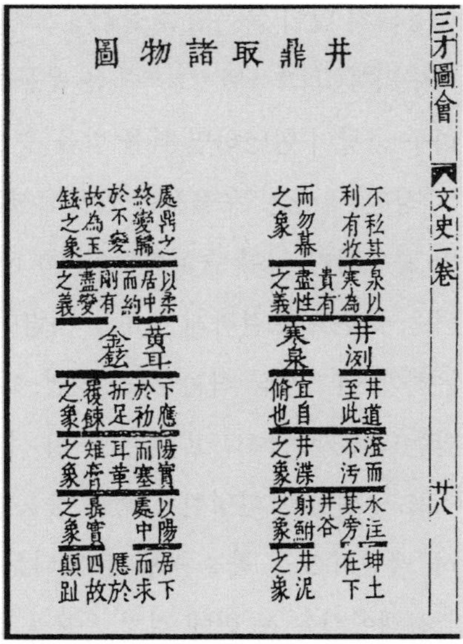

구삼 효사와 「소상전」

九三, 井渫不食 爲我心惻 可用汲 王明 並受其福.
구삼 정설불식 위아심측 가용급 왕명 병수기복

象曰: 井渫不食 行惻也. 求王明 受福也.
상왈 정설불식 행측야 구왕명 수복야

구삼은 우물물이 깨끗한데도 마시지 않아 내 마음이 슬프다. 우물물이 깨끗하여 길을 수 있고, 왕이 현명하므로 그 복을 받을 수 있다.

「상전」에서는 말했다. 우물물이 깨끗한데도 마시지 않음은 덕으로 행하나 중용되지 않아 슬퍼함이다. 왕의 현명함을 구해야만 복을 받는다.

'설渫'은 제거한다는 뜻이므로 구삼의 '정설불식 위아심측井渫不食 爲我心惻'은 우물 안의 진흙이 이미 제거되어 깨끗한 물이 솟아 나오는데도 마시지 않아 마음이 슬프다는 뜻이다. 이는 사람이 재능과 덕을 갖추었는데도 중용되지 않아 측은함을 불러일으키는 상황을 빗댄 것이다. '가용급 왕명 병수기복可用汲 王明 並受其福'은 우물물이 깨끗해졌으면 어서 길어 올려야 하듯 군왕이 현명하면 복을 받을 수 있다는 말이다.

「상전」에서는 '우물물이 깨끗해졌는데도 마시지 않음은 덕으로 행하지만 중용되지 않아 슬퍼함이다.井渫不食 行惻也'라고 풀이했다. 이는 재능과 덕을 갖추고 고결하게 행하는 사람이 중용되지 않아 사람들로 하여금 측은하게 여기게끔 하는 것을 빗댄 것이다. '왕의 현명함을 구해야만 복을 받는다.求王明 受福也'고 한 것은 이 시기에는 군왕이 사리에 밝고 영명해지기를 구해야만 현명한 신하를 중용할 수 있으며, 이렇게 되면 군왕과 신하, 백성이 모두 복을 누릴 수 있다는 뜻이다.

하괘에서는 두 번에 걸쳐 우물을 손봤는데 구삼효에 이르면 우물이 이미 보수되어 우물물이 깨끗해졌으므로 속히 물을 길어 올려야 한다. 구삼효는 양효가 양의 자리에 왔으므로 무척 깨끗하지만 군왕이 그것을 알아보지 못하는 상황이다. 마치 굴원屈原이 "세상이 모두 혼탁하지만 오직 나만 홀로 깨끗하도다."라고 외치면서 현명한 군주가 나타나 맑은 물처럼 고결한 자신을 하루빨리 등용해 주기를 바랐던 것과도 같은 상황이다. 그러나 초나라 회왕懷王은 충신을 알아보지 못한 채 간신과 소인배들에게 미혹되어 굴원을 멀리했고 그 결과 진秦나라 땅에서 객사하는 운명을 맞고 만다.

육사 효사와 「소상전」

六四, 井甃 无咎.
육사 정추 무구

象曰: 井甃无咎 修井也.
상왈 정추무구 수정야

육사는 우물에 돌을 쌓으면 허물이 없다.

「상전」에서는 말했다. 우물에 돌을 쌓아 허물이 없음은 우물을 손봤기 때문이다.

'추甃'는 우물 벽에 돌을 쌓아 온전하게 되도록 손보는 것이므로 육사의 '정추 무구井甃 无咎'는 우물 벽이 망가진 후 손볼 수 있으니 허물이 없다는 말이 된다.

「상전」에서는 '우물에 돌을 쌓아 허물이 없음은 우물을 손봤기 때문이다.井甃无咎 修井也'라고 했다. 육사효는 음효가 음의 자리에 온 경우이므로 '정正'을 얻었지만 아래로 상응하는 것이 없으므로 무너진 것을 보수하여야만 한다. 그러나 서서히 수정하여야지 지나치게 무모해서는 안 되며 자기 자신을 먼저 갈고 닦아야만 다른 사람을 교화할 수 있음을 기억하자.

구오 효사와 「소상전」

九五, 井洌 寒泉食.
구오 정렬 한천식

象曰: 寒泉之食 中正也.
상왈 한천지식 중정야

구오는 우물이 깨끗하여 맑은 샘물을 마신다.

「상전」에서는 말했다. 맑은 샘물을 마심은 중과 정을 얻었기 때문이다.

'열洌'은 깨끗하다는 것이고 '한천寒泉'은 깨끗한 우물물을 가리키므로 구오의 '정렬 한천식井洌 寒泉食'은 육사효에서 우물을 손본 덕에 우물물이 깨끗해져서 이제 마실 수 있게 되었다는 뜻이다.

「상전」에서는 '맑은 샘물을 마시게 된寒泉之食' 이유, 즉 어째서 구오에 이르러서야 우물물이 마실 수 있게 되었는가에 대해서 '중과 정을 얻었기 때문中正也'이라고 밝혔다. 구오의 양강陽剛이 상괘의 중앙에 거하여 '중中'을 얻었을 뿐 아니라 양효가 양의 자리에 왔으므로 '정正'하다. 앞서 우물을 손보아 자신이 가장 존귀한 자리에 올랐다는 말이다. 마찬가지로 지도자의 자리에 오르면 다른 사람을 도울 수 있게 된다. 맑은 샘물은 무척 깨끗해서 천하 사람들이 그것을 마시도록 제공할 수 있으니, 이는 구오가 지극히 아름다운 덕을 갖추고 있음을 말해 주며, 이 때문에 다른 사람을 도울 수 있게 되는 것이다.

상육 효사와 「소상전」

上六, 井收勿幕 有孚 元吉.
상구 정수물막 유부 원길
象曰: 元吉在上 大成也.
상왈 원길재상 대성야

상육은 우물물을 손봤으니 덮지 말고 성실함을 품으면 크게 길하다.

「상전」에서는 말했다. 크게 길함으로 위에 있음은 크게 이루었기 때문이다.

'수收'는 우물 수리가 마무리된 것이고 '막幕'은 덮는다는 말이므로 상육의 '정수물막井收勿幕'은 우물이 이미 수리되었으니 입구를 막지 말라는 뜻이다. '유부 원길有孚 元吉'은 이럴 때는 성실한 마음을 품으면 크게 길하다는 뜻이다. 상육효에서는 자신의 마음을 수양한 뒤에는 자기 혼자의 수양에만 힘쓰지 말고 천하에 선을 베풀어서 다른 사람을 두루 기를 줄 알아야 한다는 이치를 알려 주고 있다.

「상전」에서는 '크게 길함으로 위에 있음元吉在上'은 '크게 이루었기 때문

大成也'이라고 했다. 이는 상구의 시기에 이르러 이미 큰 성과를 내었지만 이 시기는 우물 입구를 덮지 말고 백성에게 은혜를 베풀어야 하는 시기다. 이로써 우물물을 다 함께 마시듯 많은 이가 은혜를 두루 누리게끔 해야 한다. 이렇게 해야만 더욱 큰 이룸이 있을 수 있다.

정괘 정리

䷯

정괘는 우물을 인격화하여 빗댐으로써 군자의 사람됨과 덕을 설명한다. 우물물은 오염되기 쉽다는 점에서 수시로 갈고 닦아야 하는 사람의 마음과도 같다. 또한 우물물은 사람을 기른다는 점에서 사람이 내면의 덕을 가꾸어 세상에 베풂으로써 다른 사람을 돕고 기르는 이치와도 같다.

49
혁괘革卦 — 오랜 폐단을 없앰

괘사

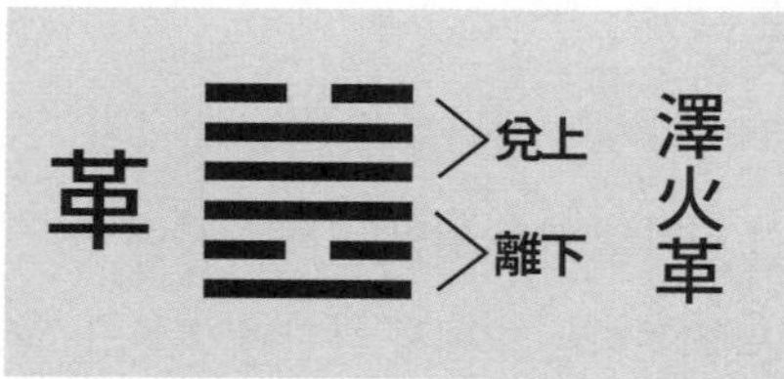

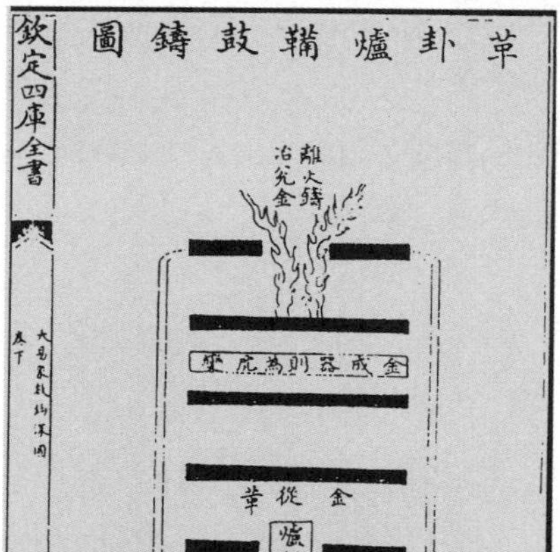

革 己日乃孚 元亨 利貞 悔亡.
혁 기일내부 원형 이정 회망

혁은 기일이어야 신뢰를 얻으리니 시작부터 크고 형통하여 바르게 함이 이롭고 후회가 없다.

혁괘는 변화와 개혁을 강조한다는 면에서 『주역』에서 비교적 중요한 괘라고 할 수 있다. 왜냐면 『주역』이 변화를 말하는 책이기 때문이다. '혁革'과 '변變'은 모두 '변하다'라는 의미를 갖는데 다른 점이 있다면 '혁'은 단순한 변화보다는 '변혁', 일종의 큰 변화를 말한다. '혁'은 털가죽, 피혁 가죽을 가리키기도 한다. 그래서 『설문해자』에서는 "혁은 짐승의 가죽에서 털을 뽑아 다듬는 형상이다."라고 표현했고 바로 여기에서 '새롭게 바꾸다.'라는 의미의 '혁신' '혁명' '개혁'이라는 뜻이 파생되었다. 「서괘전」

에서는 "우물이라는 것은 변하지 않을 수 없으므로 혁괘로 받았다."고 했다. 우물은 우리 곁에 반드시 있어야만 하는 것이므로 그 안의 물이 빠지면 새로운 물이 다시 들어와 순환하면서 끊임없이 변화해야만 한다. 그래서 정괘 다음에 '새롭게 바뀐다.'는 의미의 혁괘가 배치됐다는 말이다.

괘사에서는 혁괘에 대해 '기일내부 원형 이정 회망己日乃孚 元亨 利貞 悔亡'이라고 했다. 이는 기일己日이 되어 변혁하면 반드시 백성으로부터 신뢰를 얻을 수 있으므로 시작부터 크고 형통하여 바른 도를 지키는 것이 이롭고 후회가 없다는 말이다.

그렇다면 어째서 하필 '기일己日'에 변혁해야 한다고 했을까? '기己'는 천간天干의 수다. 천간갑자天干甲子는 일찍이 은상시대부터 있었던 개념으로 상나라 제왕들의 칭호를 살펴보면 탕왕湯王은 천을天乙이었고 그의 아들은 태정太丁, 외병外丙 등으로 불리었다. 갑골문에도 이와 관련된 기록이 나와 있지만 천간갑자는 처음에는 날짜를 표시하는 데만 사용되다가 춘추시대 노나라 은공隱公 3년, 즉 기원전 722년부터는 날짜뿐 아니라 연도, 월, 시간을 표시하는 데도 모두 사용되어 청나라 선통宣統 3년인 1911년까지 2600여 년간 계속되었다.

'기己'는 천간의 열 글자 중에서 여섯 번째에 해당한다. 그런데 천간을 크게 둘로 나눴을 때 앞의 다섯 글자 묶음은 '갑甲'에서부터 시작하고, 뒤의 다섯 글자 묶음은 '기己'에서부터 시작한다. 이런 이유로 '기己'에는 '변화하다'라는 의미가 담겨 있다. 고대인들은 '오五'를 사유 세계를 구성하는 수적인 단위로 인식하였다. 그래서 인간과 우주의 생성과 소멸에 관한 이치를 뜻하는 오행五行, 다섯 가지 내장을 가리키는 오장五臟, 다섯 방위를 뜻하는 오방五方, 다섯 기운을 말하는 오기五氣 등에 숫자 '오五'가 쓰인 것이다. 훗날에는 하도와 낙서에서 중간 수中間數로 쓰이기도 한다. 불교에서는 인사할 때나 두 팔을 가슴께로 들어 올리고 두 손바닥이 마주보게 하는 합장合掌을 합십合十이라고도 하는데 이는 다섯 손가락이 합해서 열 개가 되기 때문이다. 이처럼 '오五'는 동양문화권에서 무척 중요한 숫자로 간주되어 왔다. 따라서 '오五' 다음에 오는 숫자 '육六', 즉 천간의 '기己'는 사유의 단위가 바뀌는 교차점에 자리 잡고 있으므로 기일은 변화가 시작되는 시점이라고 볼 수 있다.

혁괘는 크고 치열한 변혁을 말하므로 괘사에서는 성공하기 위한 두 가지 요소를 강조하였다. 첫째, 때를 잘 살펴야 한다. 마치 변화가 기대되는 '기일己日'을 선택하듯 과감하게 변화를 추진하면 일이 순조롭고 원활하게 진행될 수 있다. 둘째, 성실함과 신뢰를 잃지 말고 바른 도를 지켜야 한다. 즉 변혁을 이끌어 나가는 사람은 반드시 바른 도를 지켜야 하므로 성실한 마음을 품어 사람들에게 신뢰를 얻어야 한다.

괘사에 대한 「단전」

彖曰: 革 水火相息 二女同居 其志不相得 曰革.
단왈 혁 수화상식 이녀동거 기지불상득 왈혁

己日乃孚 革而信之.
기일내부 혁이신지

文明以說 大亨以正 革而當 其悔乃亡.
문명이열 대형이정 혁이당 기회내망

天地革而四時成 湯武革命 順乎天而應乎人 革之時大矣哉.
천지혁이사시성 탕무혁명 순호천이응호인 혁지시대의재

「단전」에서는 말했다. 혁은 물과 불이 서로 그치게 하며, 두 여자가 한 곳에 살되 그 뜻이 서로 맞지 않음이니, 이를 가리켜 혁이라고 한다. 기일에 성실하여 변화하면 신뢰를 얻는다. 문명하고 기뻐하여, 크게 형통하고 바르며, 변혁함이 마땅하니 뉘우침이 없다. 천지가 변혁하여 사시가 이뤄지고, 탕왕과 무왕이 혁명하여 하늘의 도에 순응하고 사람에게 응하였으니, 변혁의 때가 크도다.

「단전」에서는 혁괘에 대해서 '물과 불이 서로 그치게 한다.水火相息'고 했는데 이는 상괘인 태괘가 못이어서 물이고 하괘인 이괘가 불이어서 물과 불이 함께 있는 까닭에 서로 소멸하기 때문이다.

'두 여자가 한곳에 산다.二女同居'고 한 것은 상괘인 태괘가 소녀少女이고 하괘인 이괘가 중녀中女여서 이 둘이 모여 혁괘를 이루기 때문이다. '기지불상득 왈혁其志不相得 曰革'은 두 여인이 서로 뜻이 맞지 않아 분명히 변화가 생기므로 그것을 '혁革'으로 일컫는다는 말이다.

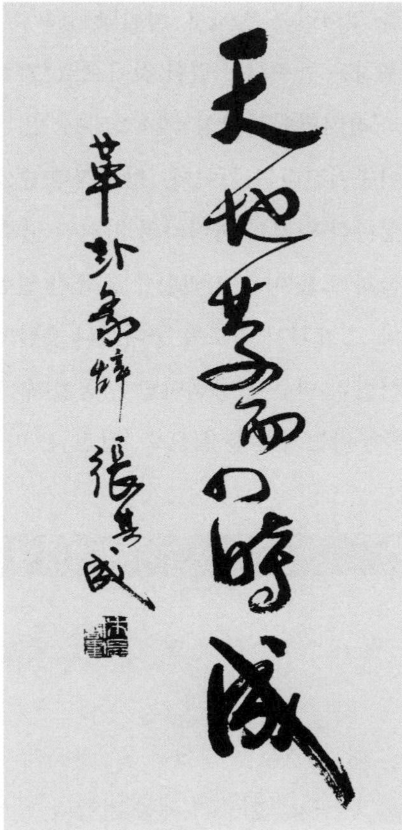

천지혁이사시성

또한 기일에 변혁을 이루면 민심을 얻을 수 있다는 뜻에서 '기일내부己日乃孚'라고 하였고 기일은 변혁의 날이므로 이 날에 개혁하면 천하 사람들로부터 신뢰를 받을 수 있으므로 '혁이신지革而信之'라고 했다.

'문명이열文明以說'은 '문명하고 기뻐하다.'라는 뜻이다. 혁괘는 하괘가 이괘이고 상괘가 태괘인데 이괘는 문명文明을 상징하고 태괘는 기쁨을 말하므로 개혁의 목적이 천하 사람들의 마음을 밝고 기쁘게 하는 데 있다. '대형이정大亨以正'은 이러한 변혁은 순조로워 형통하며 바른 도에 부합한다는 뜻이다. 개혁이 정당하고 합리적이어서 원만하게 성공을 거둘 수 있을 것이라는 뜻에서 '혁이당革而當'이라고 했고, 이렇게 한다면 그러한 뉘우침은 반드시 소멸할 것이므로 '기회내망其悔乃亡'이라고 덧붙였다.

'천지혁이사시성天地革而四時成'은 천지가 변혁하면 반드시 사시四時가 이루어진다는 뜻이다. '탕무혁명 순호천이응호인湯武革命 順乎天而應乎人'은 상나라 탕왕이 하나라의 마지막 군주를 멸하여 그의 명命을 바꾼 것은 하늘의 도를 따르고 민심에 호응한 일종의 변혁이라는 것이다. 혁명의 시기와 그 효과가 이토록 중대하니 훗날의 변혁도 반드시 하늘의 뜻을 따르고 사람의 마음에 응해야만 성공할 수 있다는 면에서 '혁지시대의재革之時大矣哉'라는 구절을 끝으로 「단전」은 마무리된다.

괘사에 대한 「대상전」

象曰: 澤中有火 革. 君子以治歷明時.
상왈 택중유화 혁 군자이치력명시

「상전」에서는 말했다. 못 가운데 불이 있는 것이 혁이다. 군자는 이를 보고 역법을 다스려 때를 밝힌다.

「상전」에서는 '못 가운데 불이 있는 것이 혁이다.澤中有火'라고 했는데 이는 혁괘(䷰)의 상괘인 태괘(☱)가 못이고 하괘인 이괘(☲)가 불을 상징하기 때문이다. 불이 못 아래에 있으니 뜨거운 화력으로 못의 물을 증발시키는 한편, 못은 불 위에서 차가운 물로 불의 화력을 잠재워 버린다. 따라서 못 가운데 불이 있다는 것은 변혁과 혁신을 상징하는 상이다. 불과 물은 서로 섞이지 않으므로 그 둘을 함께 두면 반드시 큰 변혁이 일어나게 되어 있다. 이것이 바로 혁괘의 상이다.

군자는 이러한 괘상을 보고 혁괘의 도에 근거해서 '역법을 다스려 때를 밝힌다.治歷明時' 다시 말해 역법을 제정하고 시간과 절기를 구분하여 사시의 변화를 명백히 밝힘으로써 사람들이 계절의 변화를 따라 농사짓고 쉬는 일을 잘 안배하게끔 한다는 것이다. 고대 왕조에서 나라에 중대한 변화가 생기면 종종 역법을 변경했던 것도 다 이런 이유에서다. 예컨대, 하나라는 정월을 1월로 정했지만 상나라는 정월을 12월로 삼았으며 주나라는 11월을 정월로 정했는데, 이는 중대한 변화가 생겼을 때마다 취했던 조치다. 역법을 제정하는 것은 사시의 변화를 뚜렷이 밝히기 위함인데 사실은 왕조가 바뀌면 역법도 변화하게 되어 있으며, 이것이 바로 때를 살피어 나아간다는 말의 의미다.

초구 효사와 「소상전」

初九, 鞏用黃牛之革.
초구 공용황우지혁
象曰: 鞏用黃牛 不可以有爲也.
상왈 공용황우 불가이유위야

초구는 견고히 함에 황소 가죽을 사용한다.

「상전」에서는 말했다. 견고히 함에 황소 가죽을 사용함은 일을 할 수 없기 때문이다.

'공鞏'은 견고하다는 뜻이므로 초구의 '공용황우지혁鞏用黃牛之革'은 강하고 질긴 황소 가죽으로 그를 단단히 붙들어 둔다는 말이다.

「상전」에서는 '견고히 함에 황소 가죽을 사용함鞏用黃牛'은 '일을 할 수 없기 때문不可以有爲也'이라고 했다. '황소의 가죽黃牛之革'은 견고하고 질긴 것을 상징한다. 초구의 강효는 강건하여 천하가 변화하려 할 때 자신도 안달이 나서 무언가 먼저 행동하려고 조급해하지만 초구는 지위가 낮은 데다 시기적으로도 초창기에 해당하므로 힘이 미약하다. 하늘의 도가 변화하려는 초기 단계여서 도와줄 이가 없는 데다 구사효와도 상응하지 않으므로, 이때는 견고한 황소 가죽으로 그를 묶어 두어야 한다. 그 목적은 그로 하여금 함부로 움직이지 않게 함으로써 신념을 지키고 힘을 비축하여 때를 기다리게 하기 위함이다.

육이 효사와 「소상전」

六二, 己日乃革之 征吉 无咎.
육이 기일내혁지 정길 무구
象曰: 己日革之 行有嘉也.
상왈 기일혁지 행유가야

육이는 기일이 되어야만 변혁할 수 있으니 그대로 가면 길하여 허물이 없다.

「상전」에서는 말했다. 기일에 변혁하는 것은 가면 아름다운 일이 있기 때문이다.

육이에서는 '기일내혁지己日乃革之', 즉 이때는 기일이어서 변혁이 일어나므로 '그대로 가면 길하여 허물이 없다.征吉 无咎'고 했다.

「상전」에서는 '기일에 변혁하는己日革之' 것은 '가면 아름다운 일이 있기 때문行有嘉也'이라고 했다. 기일己日은 중中, 가운데에 해당한다. 다시 말해 갑, 을, 병, 정, 무, 기, 경, 신, 임, 계로 이루어지는 천간을 앞에서부터 다섯 개씩 나눈 것 중에서 두 번째 천간의 시작에 해당한다는 것이다. 이는 변화가 시작되는 단계에 해당하므로 하늘의 때에 부합한다. 육이는 유효(음효)가 하괘의 중심을 차지하여 '중中'을 얻었고 음의 자리에 음효가 와서 위치도 마땅한 까닭에 변혁을 일으켜도 된다고 한 것이다.

구삼 효사와 「소상전」

九三, 征凶 貞厲 革言三就 有孚.
구삼 정흉 정려 혁언삼취 유부
象曰: 革言三就 又何之矣.
상왈 혁언삼취 우하지의

구삼은 가면 흉하고 바르더라도 위태로우니 개혁한다는 말이 세 번 합하면 신뢰를 얻을 수 있다.

「상전」에서는 말했다. 개혁이라는 말을 세 번 합하였으니 또 어디로 가겠는가.

'혁언革言'은 변혁을 주장하는 말이고 '삼三'은 많은 사람을 가리키며 '취就'는 합한다는 말이므로, '혁언삼취革言三就'는 변혁을 주장하는 말이, 많은 이에게 인정받으면 그 변혁은 백성의 뜻에 부합한다는 뜻이다. 따라서 개혁을 서두르면 흉하며 바른 도를 지키더라도 위태로울 수 있다는 뜻에서 구삼에서 '정흉 정려征凶 貞厲'라고 했는데, 이는 한마디로 때를 잘 파악해야 한다는 말이다. 구삼효는 하괘에서 가장 높은 곳에 위치하고 양효가 양의 자리에 왔으므로 조급하고 무모하게 돌진하면 실수할 수 있다. 따라서 돌이켜 생각하고 백성의 의견 듣기를 세 번씩, 즉 많이 해야 한다. 이처럼 변혁이 백성에게 인정받으면 실패하지 않을 것이므로 '개혁한다는 말이 세 번 합해야만 신뢰를 얻을 수 있다.革言三就 有孚'고 했다.

「상전」에서는 '개혁이라는 말을 세 번 합하였으니 또 어디로 가겠는가.革言三就 又何之矣'라고 했는데 여기서 '지之'는 '가다'라는 동사로 쓰였다. 이왕 변혁이 백성의 뜻에 세 차례 부합한 이상 분별없이 나아갈 필요가 있겠느냐는 뜻이다. 따라서 변혁이 성공하게끔 하려면 하늘의 때와 땅의 조건에 맞아야 하고 사람의 뜻과 조화를 이루어야 한다.

구사 효사와 「소상전」

九四, 悔亡 有孚 改命吉.
구사 회망 유부 개명길
象曰: 改命之吉 信志也.
상왈 개명지길 신지야

구사는 뉘우침이 없으니 성실함이 있으면 명을 고쳐 길하다.

「상전」에서는 말했다. 명을 고쳐 길함은 뜻을 믿기 때문이다.

구사는 상괘인 태괘로 진입한 첫 번째 효다. 사물 발전과 변화의 과정의 측면에서 보면 상괘는 두 번째 단계에 해당하는데, 구사는 상괘 속에서도 첫 번째 효에 해당하므로 전환의 시기이자 변화의 요지라고 볼 수 있다. 이 시기에는 후회가 없어질 뿐 아니라 마음에 성실함을 품으면 운명조차 바꿀 수 있으므로 길하다. 그런 의미에서 '회망 유부 개명길悔亡 有孚 改命吉'이라고 했다.

강효가 음의 자리에 와서 '정正'을 얻지 못했으므로 자신의 운명을 바꾸어야만 구오에 이를 수 있다. 이처럼 명命은 바꿀 수 있다. 많은 사람이 『주역』에 대해 운명을 점치는 책으로 오인하고 있지만 사실 『주역』은 어떻게 하면 사람의 명을 바꿀 수 있을지 알려 주는 책이다. 구사효는 양효인데도 음의 자리에 위치하는데 이는 자신의 역량에 맞지 않는 옷을 입고 있는 모습과도 같다. 이를테면 어떤 사람에게 최고 지도자가 될 만한 자질이 있는데도 회사에서는 도리어 그에게 보조적인 역할만 맡긴다고 생각해 보자. 그렇다면 그는 자신의 운명을 바꾸기 위해 어떻게 해야 할까? 아무리 인정받지 못한다고 하더라도 변함없이 겸손하게 행하면서 서서히 그의 운명을 바꾸어 나가야 할 것이다.

「상전」에서는 '명을 고쳐 길함改命之吉', 즉 운명을 바꾸는 것을 길하다고 함은 '뜻을 믿기 때문信志也'이라고 했다. 즉 변혁하고자 하는 뜻을 끝까지 밀고 나가기로 결심을 굳히면 운명을 바꿔서 구오효에 이를 수 있으므로 길하다고 한 것이다.

구오 효사와 「소상전」

䷰

九五 大人虎變 未占有孚.
구오 대인호변 미점유부
象曰: 大人虎變 其文炳也.
상왈 대인호변 기문병야

구오는 대인이 범처럼 변혁하면 점을 치지 않아도 믿음을 얻는다.
「상전」에서는 말했다. 대인이 범처럼 변혁함은 그 마음의 덕이 빛나기 때문이다.

구오에서는 '대인호변大人虎變', 즉 대인이 범처럼 변혁하면 '점을 치지 않아도 믿음을 얻는다.未占有孚'고 했다. 대인이 사나운 범처럼 혁신하면 점을 쳐 볼 필요도 없이 자연스럽게 다른 사람으로부터 신임을 얻는다는 말이다.

「상전」에서는 '대인이 범처럼 변혁함大人虎變'은 '그 마음의 덕이 빛나기 때문其文炳也'이라고 했다. '병炳'은 빛이 나서 무척 찬란한 모습이므로 마음의 덕이 아름답다는 뜻에서 '문병文炳'이라고 했다. 구오가 상괘의 가운데 거하고 위치도 마땅하므로 중정의 미덕이 있어서 아름답다고 본 것이다.

그렇다면 어째서 구오가 사나운 범처럼 혁신하려 했을까? 범은 뭇 짐승의 왕이므로 '범의 변혁'은 중대하고도 맹렬한 변혁이라고 할 수 있으며 이는 곧 군주가 전면적인 국면을 다스리는 것과 같은 변혁이다. 호랑이는 털의 무늬가 아름답기 때문에 대인의 아름다운 덕을 범에 빗대었고, 그가 추진하는 변혁 또한 그 아름다운 털처럼 다채롭고 빛이 난다고 했다. 구오는 양의 강건함이 '중中'과 '정正'을 얻어 존귀한 자리에 올라 혁괘의 주체가 되었고 그 변혁도 당연히 크고 밝다. 따라서 일단 변혁이 시작되기만 하면 범처럼 대담하고 신속하게 이루어진다.

상육 효사와 「소상전」

上六, 君子豹變 小人革面 征凶 居貞吉.
상육 군자표변 소인혁면 정흉 거정길
象曰: 君子豹變 其文蔚也. 小人革面 順以從君也.
상왈 군자표변 기문위야 소인혁면 순이종군야

상육은 군자는 표범처럼 변하고 소인은 얼굴만 변하니, 가면 흉하고 바른 도에 거하면 길하다.

「상전」에서는 말했다. 군자가 표범처럼 변함은 그 문채가 아름다움이요, 소인이 얼굴만 변함은 유순하게 군주를 따르는 것이다.

상육에서는 '군자표변君子豹變', 즉 군자가 표범처럼 변한다고 했다. 여기 상육효에서 말하는 '표범처럼 변함'과 앞선 구오효에서 언급한 '범처럼 변함' 사이에는 어떤 차이가 있을까? 표범은 사납기는 하지만 그 기세는 범에 미치지 못한다. 범은 뭇 짐승의 왕이기 때문에 '범처럼 변함'은 중대하고도 맹렬한 변혁인 반면, '표범처럼 변함'은 그보다는 다소 약한 변혁이라고 할 수 있다. '범의 변함' 이후에 나오는 일종의 지속적인 의미의 변혁인 셈이다. 또한 표범의 털 무늬는 촘촘하고 세밀하여 볼 만하나 호랑이의 것만 못하다.

상육효의 효사에서는 긍정적인 면과 부정적인 면의 두 가지 측면을 말한다. 앞 구절에서는 '군자가 표범처럼 변한다.君子豹變', 즉 군자는 마치 표범처럼 변혁하고자 한다고 했고, 뒤에서는 '소인은 얼굴만 변한다.小人革面', 즉 소인은 자신의 외모만 변화시키려고 한다고 했다. 이 두 가지 유형의 사람은 변화의 목적도 다르다. '정征'은 '가다' '움직이다'라는 뜻이어서 동적인 것인 반면, '거居'는 '거한다'라는 뜻이어서 정적이다. 따라서 나아가면 흉하다는 뜻에서 '정흉征凶'이라고 했고 머무르면서 바른 도를 지키면 길하므로 '거정길居貞吉'이라고 했다. 이를 통해 변혁의 두 가지 방법이 가져온 두 가지 서로 다른 결과를 알 수 있다. 여기서 고요한 곳에 머문다는 것은 변하지 않는다는 것이 아니라 가만히 변화의 양상을 바라보며 사유한다는 뜻이다.

「상전」에서는 '군자가 표범처럼 변함은 그 문채가 아름다움이다.君子豹變 其文蔚也'라고 했는데 여기서 '위蔚'는 정도의 면에서 구오에 나온 '병炳'보다 다소 약하지만 여전히 덕이 아름답고 크다는 뜻이다. 이는 범처럼 변혁의 영향을 받았기 때문이다. 또한 백성은 반드시 자신의 상태를 변화시켜 구오의 군왕이 가진 아름다운 덕에 순종해야 한다는 뜻에서 '소인이 얼굴만 변함은 유순하게 군주를 따르는 것이다.小人革面 順以從君也'라고 했다.

혁괘 정리

䷰

혁괘는 전반적으로 우리에게 개혁과 변혁의 방법, 즉 개혁과 변혁은 하늘의 도에 순응하는 한편, 사람의 도에 순응해야 하는 이치를 알려 주고 있다. 혁괘를 이루는 여섯 효는 서로 다른 시기와 특징, 방법을 통한 변혁과 그에 따른 서로 다른 결과를 보여 준다.

50
정괘鼎卦 — 옛것을 버리고 새것을 이룸

괘사

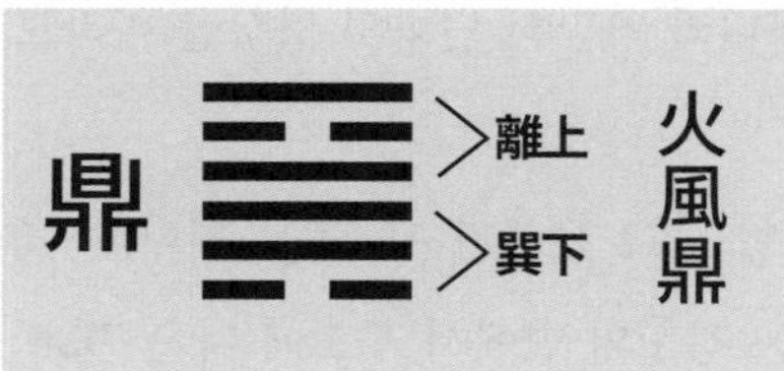

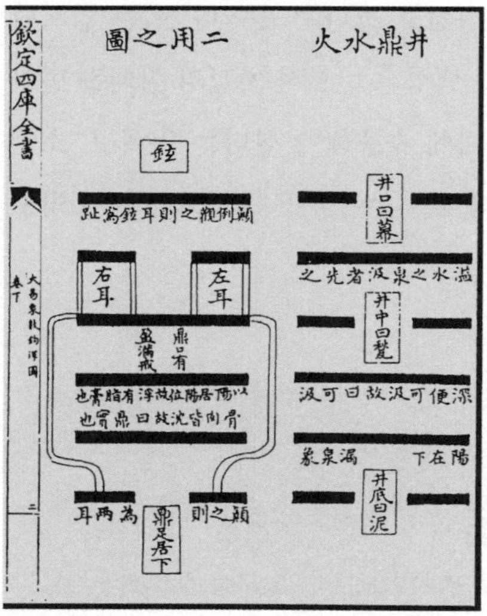

鼎 元吉 亨.
정 원길 형

정은 크게 길하여 형통하다.

'정鼎'은 솥을 의미하는데 고대에는 솥에 두 가지 기능이 있었다. 하나는 음식을 삶아 익히는 도구로 쓰였고 다른 하나는 고대에 통치자들에 의해 주조되어 권력의 상징으로 사용되었다. 「서괘전」에서는 "물건을 변혁하는 것은 솥만 한 것이 없으므로 정괘로 받았다."고 했으며, 마찬가지로 옛것을 뜯어고쳐 솥을 새것으로 바꾼다는 의미의 '혁고정신革故鼎新'이라는 성어도 바로 혁괘와 정괘, 두 괘에서 유래했다. 혁革은 옛것을 고쳐서 새롭게 바꾸는 것이고 정鼎도 새로운 것을 일으키는 것이니 둘 다 옛것을 고친 뒤 새롭게 창조해 낸다는 의미다.

서주 말엽 청동으로 주조된 대극정大克鼎

그렇다면 '정鼎'이란 무엇일까? '정鼎'의 형상을 묘사하자면 맨 아래에 세 개의 다리가 솥을 받치고 섰고, 중간에는 솥의 배가 있으며, 가장 윗부분에는 손잡이 역할을 하는 솥의 귀가 두 개 달려 있다. 즉 다리 세 개와 중간의 배, 그리고 귀 두 개가 솥의 가장 기본적인 형태인 셈이다. 이와 연계하여 정괘(䷱)의 괘상을 바라보면 이해가 쉽다. 정괘의 가장 아래에 있는 음효가 솥의 다리에 해당하고, 다섯 번째에 있는 음효는 솥의 위쪽에 달린 두 개의 귀로 볼 수 있으며, 중간의 양효들은 한데 모아 솥의 배로 간주하면 된다.

솥은 초기에는 음식을 삶아 내는 그릇으로 사용했지만 훗날에는 제사용 기물, 혹은 권력을 과시하기 위한 예식용 기물로 그 쓰임새가 바뀌었다. 따라서 대우大禹(중국 고대의 현명한 왕이었던 우禹임금을 높인 말)는 천하의 아홉 주州를 대표하는 솥을 아홉 개 주조하여 전국傳國(제왕의 지위나 영토의 통치권을 다른 이에게 이양하는 일)의 상징적 보물로 삼기도 했다. 탕왕도 혁명의 시기에 정鼎을 주周로 옮겼던 것을 보면 '정'이 권력의 상징이 되었음을 알 수 있다. '정鼎'은 보통 청동을 녹인 뒤 틀에 부어 주조되기 때문에 여기서 '혁신하다'라는 의미를 갖게 되었다. 따라서 '정鼎'은 지극히 높은 권력을 상징할 뿐 아니라 새로운 국면을 창조하는 혁신의 의미를 포함한다.

괘사에서는 정괘에 대해서 '크게 길하여 형통하다.'는 의미에서 '원길, 형元吉 亨'이라고 했다.

괘사에 대한 「단전」

彖曰: 鼎 象也. 以木巽火 亨飪也.
단왈 정 상야 이목손화 형임야
聖人亨以享上帝 而大亨以養聖賢.
성인형이향상제 이대형이양성현
巽而耳目聰明 柔進而上行 得中而應乎剛 是以元亨.
손이이목총명 유진이상행 득중이응호강 시이원형

정

「단전」에서는 말했다. 정은 형상이니 나무에 불을 붙여 음식을 삶는 것이다. 성인은 삶음으로써 상제에 제사하고, 크게 삶아 성현을 기른다. 공손하고 귀와 눈이 밝으며, 유가 나아가 위로 행하여, 중을 얻고 강에 응하니, 이 때문에 크게 형통한 것이다.

「단전」의 '정 상야鼎 象也'는 '정은 상이다.'라는 뜻인데 이는 정괘가 삶는 도구인 솥의 상을 취했다는 말이다. 정괘의 하괘인 손괘가 나무이고 상괘인 이괘가 불인 까닭에 '나무로써 불에 공손히 순종함은 삶아 익히기 때문이다.以木巽火 亨飪也'라고 했는데 이는 나무에 불을 붙여 음식을 삶아 익히는 모습이다. '형亨'은 '삶다'라는 의미의 '팽烹'과 통하므로 여기에서는 정鼎이 음식을 삶아 익히는 데 쓰인다고 했다. '성인형이향상제 이대형이양성현聖人亨以享上帝 而大亨以養聖賢'은 성인이 정을 써서 음식을 익히는 것은 하늘과 땅에 제사하기 위함이고 대규모로 음식을 익히는 것은 성현을 공양하기 위함이라는 뜻이다.

'손이이목총명 유진이상행 득중이응호강巽而耳目聰明 柔進而上行 得中而應乎剛'은 '공손하고 귀와 눈이 밝으며 유가 나아가 위로 행하여 중을 얻고 강에 응한다.'는 뜻이다. 이는 손괘가 순종함을 상징하므로 성현을 봉양함으로써 성인이 존귀한 자에게 순종하게끔 도우니 존귀한 자의 눈과 귀가 밝아진다는 말이다. 존귀한 자가 유순하고 겸허하게 위로 올라가 중정의 자리에 거하고 아래로는 양의 강건함을 지닌 현인과 호응하기 때문에 '이로써 크게 형통하다.是以元亨'고 덧붙였다.

괘사에 대한 「대상전」

象曰: 木上有火 鼎. 君子以正位凝命.
상왈 목상유화 정 군자이정위응명

「상전」에서는 말했다. 나무 위에 불이 있는 것이 정이다. 군자는 이를 보고 자리를 바르게 하고 사명을 굳게 지킨다.

「상전」에서는 '나무 위에 불이 있는 것이 정이다木上有火'라고 했는데 이는 정괘(䷱)의 하괘인 손괘(☴)가 나무이고 상괘인 이괘(☲)가 불을 상징하기 때문이다. 나무 위에 불이 타오르고 있으니 마치 솥에 음식을 넣어 삶는 모습과도 같다. 음식이 익으면 사람을 먹여 기를 수 있는 까닭에 정鼎은 오래된 것을 내뱉고 새로운 것을 받아들인다는 의미를 가지며 이것이 바로 정괘의 상이다.

군자는 이러한 괘상을 보고 정괘의 도에 근거해서 '자리를 바르게 하고 사명을 굳게 지킨다.正位凝命' 이는 모두 솥의 형상에 근거하여 말한 것이다. 솥의 형상을 보면 세 개의 다리와 두 개의 귀를 통해 장엄함과 신성함을 상징하며 이로써 다른 이를 먹여 기르기도 하고 엄숙하고 장중한 형상을 표현하기도 한다.

초육 효사와 「소상전」

初六, 鼎顚趾 利出否. 得妾以其子 无咎.
초육 정전지 이출부 득첩이기자 무구
象曰: 鼎顚趾 未悖也 利出否 以從貴也.
상왈 정전지 미패야 이출부 이종귀야

초육은 솥의 발이 넘어졌으므로 나쁜 것을 꺼내는 것이 이롭다. 첩을 얻어 아들을 낳으니 허물이 없다.

「상전」에서는 말했다. 솥의 발이 넘어졌으나 어긋난 도리가 아니며, 나쁜 것을 꺼내는 것이 이로움은 귀함을 따르기 때문이다.

초육의 '정전지鼎顚趾'는 솥이 넘어졌다는 뜻이다. 새롭게 바뀌려면 가장 먼저 해야 할 일은 이전 것을 깨끗이 비워 내는 작업이다. 오래된 것을 버림으로써 사유의 관성을 없애 과거의 것을 철저하게 부정하는 일이다. 그 안의 오래된 나쁜 것들을 비워 내면 이로우므로 '이출부利出否'라고 했고 이는 첩을 얻어 아들을 낳아 정실로 세우는 일처럼 허물과 화가 없다는 뜻에서 '득첩이기자 무구得妾以其子 无咎'라고 했다. 일부다처제가 보편화되었던 고대에는 정실부인이 집안 살림의 상징인 솥을 주관하고 그 뒤를 첩이 따랐다. 그러나 고대에는 아들을 낳아 대를 잇는 것이 무척 중요한 일이었기 때문에 첩이라도 아들을 낳으면 솥을 얻어 정실이 될 수 있었다. 이는 마치 솥이 뒤집어져 그 안의 잔여물을 버리고 새로운 것을 받아들이는 일과도 같았다.

「상전」에서는 '솥의 발이 넘어졌지만鼎顚趾' 이것은 '어긋난 도리가 아니다.未悖也'라고 했다. 왜냐면 솥이 뒤집어지면 그 안의 잔여물을 깨끗하게 비워 낼 수 있는데 이는 정상적인 현상이기 때문이다. 또한 '이출부利出否', 즉 솥 안의 잔여물을 깨끗하게 비워 내는 일은 '이종귀야以從貴也', 즉 존귀함에 순종하기 위함이라고 했다. 우리가 평소 말하는 '개과천선改過遷善', 잘못된 점을 고쳐 선함으로 옮겨 간다는 말도 같은 이치다.

초육은 괘의 가장 아래에 거하여 지위가 비천하므로 이러한 자리에서 벗어나고자 하는 모습이 마치 솥을 뒤집는 형상과도 같다. 그러나 자신의 힘이 부족하므로 위에 있는 존귀한 구이효와 구사효의 도움이 절실하다. 다행히 초육은 구이와는 '비比'하고 구사와는 '응應'하므로 그들의 도움을 얻을 수 있다.

구이 효사와 「소상전」

九二, 鼎有實 我仇有疾 不我能卽 吉.
구이 정유실 아구유질 불아능즉 길

象曰: 鼎有實 愼所之也 我仇有疾 終无尤也.
상왈 정유실 신소지야 아구유질 종무우야

구이는 솥에 음식이 담겨 있으니, 나의 짝이 병이 있어 내게 오지 못해도 길하다.

「상전」에서는 말했다. 솥에 음식이 담겨 있으니 갈 바를 삼가야 하고, 나의 짝이 병이 있으나 끝내 근심할 필요는 없다.

구이의 '정유실鼎有實'은 솥 안에 음식이 가득 찬 모습이다. '구仇'는 오늘날처럼 '적敵'의 의미가 아닌 '짝偶'의 뜻이므로 '아구유질我仇有疾'은 내 짝인 육오효가 질병이 있다는 말이 된다. '불아능즉 길不我能卽 吉'은 그녀

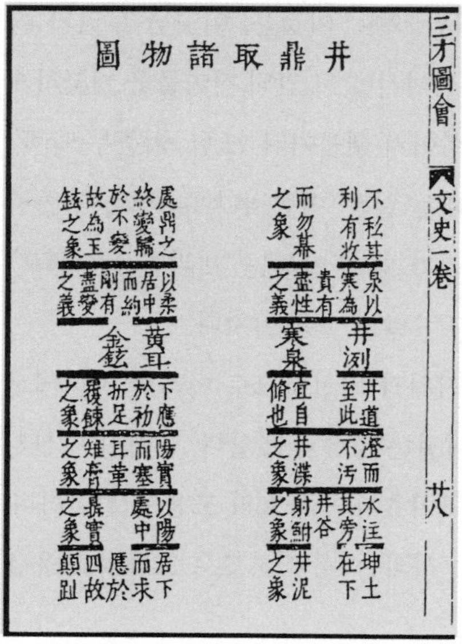

가 잠시 내 곁에 다가와서 내게 부담을 지우지 않으려 한다는 것인데 이는 솥 안에 음식이 가득 차서 무겁기 때문이다. 그러므로 길하다.

「상전」에서는 '솥에 음식이 담겨 있기鼎有實' 때문에 '갈 바를 삼가야 한다.愼所之也'고 했다. 그렇지 않으면 솥 안의 음식이 넘치고 말 것이므로 혁신의 때에는 신중하게 행동해야만 성공할 수 있다.

구이는 양효로서 하괘의 중앙을 차지하고 있는데 양陽은 가득 참을 의미하므로 솥 안이 가득 찬 형상이다.

또한 '내 짝이 병이 있으나我仇有疾', 즉 구이의 짝인 육오효가 병이 났지만 '끝내 근심할 필요가 없다.終无尤也'고 했다. 육오는 음효가 양의 자리에 거하여 '정正'을 얻지 못했으므로 '병이 났지만有疾' 유柔로써 '중中'을 지키고 있는 데다 구이효와 호응하여 별다른 잘못은 없으며, 설령 있다고 하더라도 빠르게 고치면 된다.

구삼 효사와 「소상전」

九三, 鼎耳革 其行塞 雉膏不食 方雨虧悔 終吉.
구삼 정이혁 기행새 치고불식 방우휴회 종길
象曰: 鼎耳革 失其義也.
상왈 정이혁 실기의야

구삼은 솥의 귀가 변하여 그 나아감이 막혀 꿩 요리를 먹지 못하지만,

장차 비가 내리면 부끄럽게 후회하나 끝내는 길하다.

「상전」에서는 말했다. 솥의 귀가 변함은 그 의미를 잃은 것이다.

구삼의 '정이혁鼎耳革'은 '솥의 귀가 변했다.'는 뜻이다. 솥의 맨 위에 있는 두 귀는 막대기를 관통시켜 솥을 메어 들 수 있게끔 하는데 그 귀가 막혀 버리면 솥을 들 수가 없다. 따라서 '그 나아감이 막혔다.其行塞'고 한 것이고, 그 결과 '꿩 요리를 먹지 못하게雉膏不食' 되었다. '방우휴회方雨虧悔'는 비가 올 때 스스로 부끄럽게 후회한다는 것인데 그러함에도 끝내 길하므로 '종길終吉'이라고 했다.

구삼은 하괘의 맨 위에 위치하고 양효가 양의 자리에 와서 '정正'을 얻었다. 따라서 옛것을 바꾸어 새로운 것을 창조해 내는 시기에 구삼의 강건함을 가지고 적극적으로 행동하다가 결국 솥의 귀를 없애서 솥을 들 수 없게 되어 길이 막히고 꿩 요리도 먹을 수 없게 됐다. 이는 혁신의 과정에서 직면하게 된 곤란한 상황을 빗댄 것이다. 사실 구삼은 지나치게 급진적으로 혁신한 결과 곤란한 상황을 만난 것이라 할 수 있다. 그러다가 비가 한바탕 내려서 정신이 바짝 들고 후회하는 모습도 보인다. 이럴 때는 자신의 행동을 돌이켜 반성하고 옳지 않은 것을 수정하면 마침내 성공을 거머쥘 수 있을 것이다. 여기서 우리는 혁신의 과정에서는 냉정하고 신중한 자세로 임해야 함을 배울 수 있다.

「상전」에서는 '솥의 귀가 변함鼎耳革', 즉 솥의 귀를 없애 버림은 '그 의미를 잃은 것이다.失其義也'라고 했다. 혁신이 지나치게 과격하고 급진적이어서 사람들 사이의 관계를 지혜롭게 처리하지 못한 결과, 곤란한 국면을 맞게 되고 개혁과 혁신의 진정한 의의를 잃고 말았다는 뜻이다.

구사 효사와 「소상전」

九四, 鼎折足 覆公餗. 其形渥 凶.
구사 정절족 복공속 기형악 흉
象曰: 覆公餗 信如何也.
상왈 복공속 신여하야

구사는 솥의 발이 부러져 왕공의 음식이 엎어지고 솥도 더러워졌으니 흉하다.
「상전」에서는 말했다. 왕공의 음식이 엎어졌으니 믿음은 어떠한가.

'속餗'은 솥 안의 음식을 가리키고 '악渥'은 축축하게 젖는 것을 말한다. 구사의 '정절족鼎折足'은 솥이 다리가 부러졌다는 것이고, '복공속覆公餗'은 왕공의 맛좋은 음식이 엎어졌다는 말이며, '기형악 흉其形渥 凶'은 솥의 모습도 더러워져서 흉하다는 뜻이다.

구사는 '중中'도 '정正'도 얻지 못해 일을 할 때 자신의 능력을 정확하게 헤아리지 못하여 흉한 결과를 초래하기 쉽다. 마치 솥이 지나치게 무거워서 발이 버티지 못하고 부러지는 것처럼 말이다. 『논형論衡』에는 이런 기록이 있다.

> 노나라가 월나라를 침공하기 전 공자의 제자였던 자공이 이를 점쳐 본 결과 정괘鼎卦의 구사효를 얻었다. 그는 이것이 노나라에 흉조라고 생각했지만 공자는 길하게 여겼다.
> "월나라 사람은 주로 물가에서 사니 배는 잘 쓸 줄 알지만 발을 씀이 능숙하지 않다. 그래서 다리가 부러지는 것이다."
> 공자의 말대로 과연 노나라는 월나라를 물리치고 승리를 거두었다.

이 때문에 효사를 점에 접목시킬 때는 현재 자신이 처한 상황을 잘 살펴야 한다. 자신의 현재 상황과 들어맞지 않는데도 단순히 기계적으로 효사의 내용을 문자 그대로 받아들여서는 안 된다. 반드시 자신의 상황을 충분히 고려하고 분별한 뒤 효사의 내용과 비교하여 그 안의 지혜를 얻어내야 한다.

「상전」에서는 '왕공의 음식이 엎어졌으니 믿음은 어떠한가.覆公餗 信如何也'라고 했다. 여기서 믿음이 부족하다는 것은 다른 이로부터 믿음을 얻지 못한다는 뜻이다. 구사효는 양효가 음의 자리에 와서 '중中'과 '정正'을 모두 얻지 못한 결과 성실함과 믿음을 상실했다. 이러한 사람은 일을 할 때 사람들에게서 신뢰를 얻지 못해 중도에 실패하기 쉽다.

육오 효사와 「소상전」

六五, 鼎黃耳 金鉉 利貞.
육오 정황이 금현 이정

象曰: 鼎黃耳 中以爲實也.
상왈 정황이 중이위실야

육오는 솥에 황색 귀와 금속으로 된 현이 있으니 바르게 함이 이롭다.

「상전」에서는 말했다. 솥이 황색 귀로 되어 있음은 중도로써 견고하기 때문이다.

'정황이鼎黃耳'는 솥에 붙어 있는 두 귀가 황색이라는 말이고 '금현金鉉'은 솥을 메어들기 위해 두 귀 안에 끼워 넣은 막대기인 현鉉이 단단한 금속으로 되어 있다는 뜻이다. 육오는 전체적으로 솥에 황색의 두 귀가 있고 금속으로 된 막대기를 쓰니 바른 도를 지키는 것이 이롭다는 뜻을 가진다.

「상전」에서는 '솥이 황색 귀로 되어 있음은 중도로써 견고하기 때문이다.鼎黃耳 中以爲實也'라고 했다. 육오효는 마치 솥의 두 귀와도 같아서 유柔로써 중도를 지킨다. 황색은 '가운데中'를 뜻하므로 '황색 귀'라고 했다. 또한 중도를 지켜서 견고함이 마치 솥의 단단함과 같다는 의미에서 '중도로써 견고하다.中以爲實也'고 했다. 육오는 상구에 순응하여 받들면서 유柔로써 강剛을 받아들이니 이러한 솥을 받아들일 수 있으므로 길하다.

상구 효사와 「소상전」

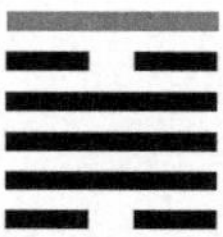

上九, 鼎玉鉉 大吉 无不利.
상구 정옥현 대길 무불리

象曰: 玉鉉在上 剛柔節也.
상왈 옥현재상 강유절야

상구는 솥이 옥으로 된 현을 쓰니 크게 길하여 이롭지 않음이 없다.

「상전」에서는 말했다. 옥으로 된 현이 위에 있음은 강유가 적절하기 때문이다.

앞선 육오효에서는 단단한 금속으로 된 현을 얻었다고 한 반면, 상구효에서는 옥으로 된 현을 썼다고 했다. 옥은 부드럽고 윤기가 나기 때문에 상구에서는 '솥이 옥으로 된 현을 쓰니 크게 길하여 이롭지 않음이 없다.鼎玉鉉 大吉 无不利'고 풀이했다.

「상전」에서는 '옥으로 된 현이 위에 있음玉鉉在上'은 '강유가 적절하기 때문剛柔節也'이라고 했다. 이 단계는 음의 부드러움, 즉 음유陰柔의 위치인데 음유는 양강陽剛(양의 강건함)을 통해 조절해야만 더욱 빛이 난다. 상구효는 음의 부드러움이 와야 할 자리에 양의 강건함이 왔으므로 강건하면서도 부드러우니 마치 강함 가운데 부드러움을 품고 매끄러우면서도 단단한 옥의 성질과도 같다. 이처럼 여기서는 '옥으로 된 현'을 통해 강건하면서도 부드러운 성질을 표현하였다.

정괘 정리

䷱

정은 음식을 삶아 사람들을 먹여 기르는 데 쓰기도 하고, 제사용 기물이나 권력 과시용으로 사용되기도 한다. 정괘의 쓰임새가 두 개이듯 여기서 얻는 교훈도 두 가지다. 첫째는 성현을 공양하여 하늘의 도와 사람의 뜻에 순응해야 한다는 것이고, 둘째는 자신의 위치를 바르게 하고 사명을 굳게 지켜야 한다는 것이다. 그러나 어떤 용도로 쓰이든지 '삶아서 새로운 것을 만들어 내는 솥의 속성'을 본받아 과거의 잘못을 고쳐서 완전히 거듭나는 혁신을 이루어야 함은 동일한 시사점이다. 또한 정괘는 우리에게 시기와 상황에 따라 혁신의 방법을 달리해야 한다고 강조하기도 했다.

51
진괘震卦 — 두려워하고 경계함

괘사

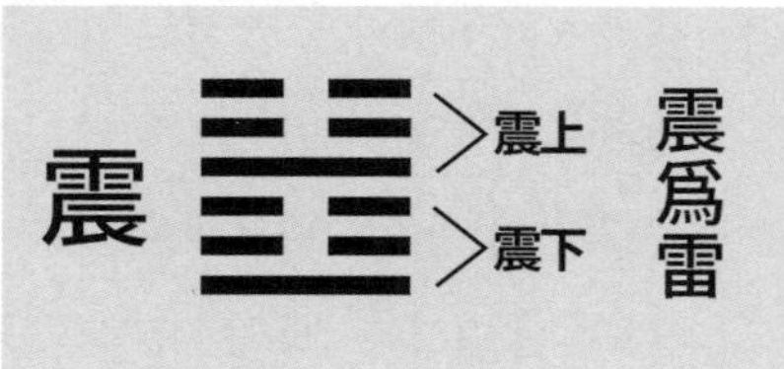

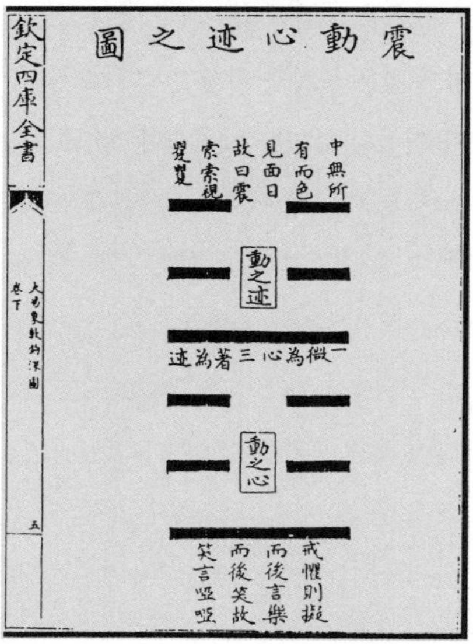

震 亨. 震來虩虩 笑言啞啞
진 형 진래혁혁 소언아아

震驚百里 不喪匕鬯.
진경백리 불상비창

진은 형통하다. 우레가 올 때 두려워 떨면, 웃고 말함이 즐거우리니, 우레가 백 리를 두렵게 하더라도 울창주를 잃지 않는다.

'진震'은 '진동하다' '놀라다'의 의미다. 「서괘전」에서는 "기물을 주관하는 이는 장자長子만 한 사람이 없으므로 진괘로 받았다."고 했다. '정鼎'이 제사에 쓰인 기물이라면 제사를 주관하는 이는 '장자長子'에 해당한다. 정괘의 다음에 진괘가 배치된 것은 진괘가 바로 장자를 상징하기 때문이다. 그렇다면 진괘에서 말하고자 하는 것은 무엇일까? 놀랍고 두려운 상황에 처했을 때 어떻게 하면 삼가고 경계하여 험난함을 극복할 수 있을지에 관한 이치다.

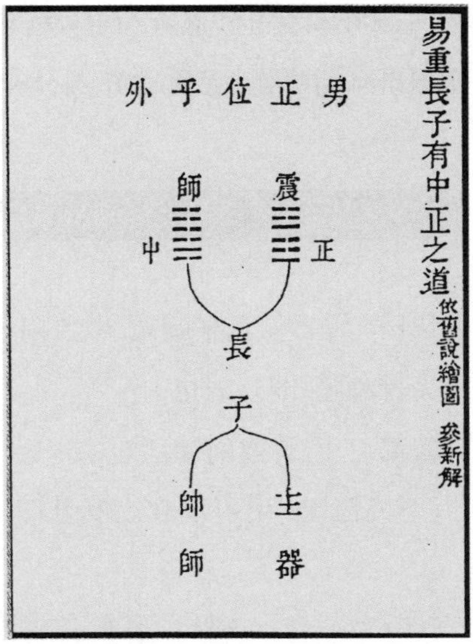

괘사에서는 진괘가 형통하다고 했다. '혁혁虩虩'은 두려워 떠는 모습이므로 '진래혁혁震來虩虩'은 우레가 올 때 두려워 떤다는 뜻이다. 진괘의 상괘와 하괘가 모두 우레를 상징하기 때문에 이는 우레가 연이어 울리는 모습을 나타내는데, 그렇게 되면 당연히 만물이 두려워 떤다. 이럴 때는 삼가고 조심해야만 위기를 벗어나 '웃고 말함이 즐겁게笑言啞啞' 된다. '아아啞啞'는 웃는 소리를 묘사한 것이다. 여기서 우리는 진괘가 어째서 형통하다고 하는 것인지 알 만하다. 처음에 사람들은 우레로 인한 피해를 막을 길이 없어 마냥 두려워만 했지만, 시간이 지날수록 우레가 울리는 자연 법칙을 이해하게 되고, 또 그 자연 법칙에 앞서 어떻게 하면 그것을 피할 수 있을지도 터득하게 되었다. 그들은 마냥 두려워만 하지 않았고, 그렇다고 자연의 법칙을 거스르거나 다투려 하지도 않았으며, 도리어 자연에 순응해서 상황을 살피고 추세를 따랐다. 그 결과 자연재해로 말미암은 피해를 줄일 수 있었고 그것을 인정하고 공존하는 경지에 이르게 되었다.

'비匕'는 본래 숟가락처럼 음식을 담는 기구를 가리켰지만 여기서는 제사에 쓰는 기구를 의미하고 '창鬯'은 고대 제사에서 사용되었던 향기로운 술인 울창주鬱鬯酒를 가리키므로 '비창匕鬯'은 결국 제사를 상징한다. '우레가 백 리를 두렵게 하더라도 울창주를 잃지 않는다.'는 뜻으로 '진경백리 불상비창震驚百里 不喪匕鬯'이라고 했는데, 그 속뜻은 군왕의 호령이 마치 우레와도 같아서 천하 사람들로 하여금 두렵고 떨게 하며, 법과 명령을 엄격하게 집행함으로써 종묘 제사와 사직이 쇠하지 않게 됐다는 것이다.

괘사에 대한 「단전」

彖曰: 震 亨. 震來虩虩 恐致福也.
단왈 진 형 진래혁혁 공치복야
笑言啞啞 後有則也.
소언아아 후유칙야
震驚百里 驚遠而懼邇也.
진경백리 경원이구이야
(不喪匕鬯) 出可以守宗廟社稷 以爲祭主也.
불상비창 출가이수종묘사직 이위제주야

「단전」에서는 말했다. 진은 형통하다. 우레가 올 때 두려워 떠는 것은 두려워함으로써 복을 이루기 때문이요, 웃고 말함이 즐거움은 법칙을 준수한 뒤이기 때문이다. 우레가 백 리를 두렵게 함은 멀리 있는 자를 놀라게 하고 가까이 있는 자를 두렵게 한다는 것이다. (울창주를 잃지 않음은) 나가 있을 때라도 종묘와 사직을 보존함으로써 제사의 주최자가 될 수 있기 때문이다.

「단전」에서도 진괘를 형통하다고 했다. 또한 '우레가 올 때 두려워하고 삼가면震來虩虩' 곧 '복을 이룰 수 있다.恐致福也'고 했고 '웃고 말하는 것이 즐거운 것笑言啞啞'은 '신중하게 한 뒤에 법칙을 준수하기 때문後有則也'이라고 했다. 왜 웃고 말하는 것이 즐거울 수 있을까? 법칙을 준수했기 때문이다. 즉 삼가고 신중한 마음을 유지하면서 법칙을 준수해야만 웃고 말하는 것이 즐거울 수 있다는 말이다.

'우레가 백 리를 두렵게 함震驚百里'은 '멀리 있는 자를 놀라게 하고 가까이 있는 자를 두렵게 하기 때문驚遠而懼邇也'이라고 했다. 가깝든 멀든 모든 이를 두렵게 함이 한 명도 예외 없어 위아래가 하나같이 두려워한다. 다시 말해 군왕의 호령이 우레와도 같아서 모든 이가 두려워하며 그의 말을 따르면 '숟가락과 울창주를 잃지 않게 된다.不喪匕鬯'는 것이다.

'출出'은 여기서는 군주가 밖으로 나가는 것, 즉 출타하는 것을 가리킨다. 따라서 비록 군주가 밖에 나가 있을 때라도 종묘와 사직을 보존할 수 있으며 제사의 주최자가 될 수 있다는 뜻에서 '출가이수종묘사직 이위제주야出可以守宗廟社稷 以爲祭主也'라고 했다. 진괘는 장자長子를 상징한다. 군주가 출타하고 장자가 집에 있으니 장자도 마찬가지로 사직을 지킬 수 있지만, 그 전제는 무엇일까? 우레처럼 호령하여 가깝고 먼 모든 이가 두려움을 품게 함으로써 법령이 잘 행해지게끔 하는 것이다.

진

괘사에 대한 「대상전」

象曰: 洊雷 震. 君子以恐懼脩省.
상왈 천뢰 진 군자이공구수성

「상전」에서는 말했다. 우레가 거듭한 것이 진이다. 군자는 이를 보고 두려워하여 자신을 닦고 살핀다.

「상전」에서 '우레가 거듭되는 것이 진이다.洊雷 震'라고 한 것은 진괘(䷲)

의 상괘와 하괘가 모두 진괘(☳)이고 진괘는 우레를 상징하기 때문이다. '천洊'은 거듭된다는 의미이므로 우레가 연거푸 울려서 두렵고 떨리는 마음이 지속되니 이것이 바로 진괘의 상이다.

군자는 이러한 괘상을 보고 진괘의 도에 근거해 '두려워하여 자신을 닦고 살핀다.恐懼脩省' 진괘가 우리에게 주는 일깨움은 두 가지 방면에서 살펴볼 수 있다. 첫째, 군주의 명령은 마치 우레와도 같아서 모든 이로 하여금 두려움을 느끼게 해야 한다. 둘째, 마음에 두렵고 삼가는 마음을 품어 자기 자신을 늘 반성하여 잘못이 있으면 바로 고칠 줄 알아야 한다.

초구 효사와 「소상전」

初九, 震來虩虩 後笑言啞啞 吉.
초구 진래혁혁 후소언아아 길

象曰: 震來虩虩 恐致福也 笑言啞啞 後有則也.
상왈 진래혁혁 공치복야 소언아아 후유칙야

초구는 우레가 올 때 두려워 떨어야만 뒤에 웃고 말함이 즐거우니 길하다.

「상전」에서는 말했다. 우레가 올 때 두려워 떪은 두려워함으로써 복을 이루기 때문이요, 웃고 말함이 즐거움은 법칙을 준수한 뒤이기 때문이다.

초구에서는 '우레가 올 때 두려워 떨고震來虩虩' 그런 다음에야 비로소 '웃고 말함이 즐거우며後笑言啞啞' 그래야만 '길하다吉'고 했다. 이는 진괘의 괘사와 동일한 내용으로 처음부터 삼가고 조심하면서 두려워하는 태도를 품어야 함을 말한다.

「상전」에서는 '우레가 올 때 두려워 떠는 것'은 '두려워함으로써 복을 이루기 때문恐致福也'이라고 했다. 다시 말해 사람이 두렵고 삼가는 태도를 품어야만 하늘로부터 복을 받을 수 있다는 말이다. 복을 얻은 뒤 사람들은 '웃고 말함이 즐거울 수 있는데笑言啞啞' 그런 연후에야 법칙을 준수하는 것의 중요성을 깨닫게 된다.

육이 효사와 「소상전」

六二, 震來厲 億喪貝 躋于九陵 勿逐 七日得.
육이 진래려 억상패 제우구릉 물축 칠일득

象曰: 震來厲 乘剛也.
상왈 진래려 승강야

육이는 우레가 옴이 맹렬하여 많은 돈을 잃었으나, 높은 언덕에 올라 찾고자 하더라도 쫓지 않으면 칠 일에 얻는다.

「상전」에서는 말했다. 우레가 옴이 맹렬함은 강을 탔기 때문이다.

'억億'은 크고 많다는 의미이고 '패貝'는 고대의 화폐이므로 '억상패億喪貝'는 많은 돈을 잃게 되었다는 말이다. 육이에서 말하는 '진래려 억상패 제우구릉 물축 칠일득震來厲 億喪貝 躋于九陵 勿逐 七日得'은 우레의 기세가 무척이나 사나워서 돈을 많이 잃었지만 높은 언덕에 올라가서 찾고자 하더라도 쫓지 않으면 7일에 얻게 된다는 뜻이다. 한번 상상해 보자. 어떤 사람이 우레를 만났는데 그 위력이 대단해서 갖고 있던 돈을 많이 잃게 되었다. 그리고 나중에 높은 언덕에 올라가서 그 돈을 다시 찾고자 했지만 결국에는 찾지 못했다. 그러나 사실 특별히 찾으러 갈 필요가 없다. 7일이 지나면 잃었던 것을 자연히 회복하기 때문이다.

그런데 어째서 7일 만에 다시 찾을 수 있다고 했을까? 진괘의 가장 아래에는 양효가 하나 있는데 여기서 우리는 복괘의 괘사를 떠올려 볼 수 있다. 복괘(䷗)도 맨 아래에 양효가 하나 있고 나머지 다섯 효가 모두 음효로 이루어져 있는데, 그 괘사에서 '그 도를 칠 일에 와서 회복한다.七日來復'고 했다. 진괘 육이효의 효사와도 비슷한 의미를 가지는 셈이다. 진괘의 육이효는 하괘의 가운데 위치하여 '중中'을 얻고 음이 와야 할 자리에 음효가 와서 '정正'을 얻은 데다 육이와 육삼, 구사가 모이면 간괘(☶)를 이루니 간괘는 그침을 상징한다 굳이 직접 가서 찾지 않아도 저절로 회복된다. 그저 '중中'을 지키고 '정正'을 얻은 상태에서 유순하게 자기 자신을 돌이켜 반성하기만 하면 자기 몸 밖의 물건들은 자연히 원래 자리로 돌아오게 되어 있다.

「상전」에서는 '우레가 옴이 맹렬한震來厲' 이유에 대해서 '강을 탔기 때문乘剛也'이라고 했다. 육이는 음효로서 아래로 양효를 타고 있는데, 음이 양을 타는 것은 길하지 않아 비록 '정正'을 얻어 마땅한 자리라고 하더라도 오래도록 유지할 수 없으며, 우레가 한 번 울리면 위험하여 재산상의 피해를 입을 수도 있다.

육삼 효사와 「소상전」

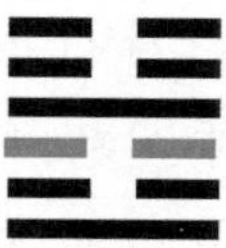

六三, 震蘇蘇 震行无眚.
육삼 진소소 진행무생
象曰: 震蘇蘇 位不當也.
상왈 진소소 위부당야

육삼은 우레에 놀라고 두려워하면서 가면 큰 허물이 없다.
「상전」에서는 말했다. 우레에 놀람은 위치가 마땅하지 않기 때문이다.

'소소蘇蘇'는 역시 놀라서 불안해하는 모습이다. 육삼의 '진소소 진행무생震蘇蘇 震行无眚'은 우레가 울리는 소리에 무척 놀랄 것이지만 두려움을 품고 앞으로 나아가면 큰 허물이 없다는 말이다. '무생无眚'은 큰 허물이 없음을 뜻한다. 여기서는 두려워하는 마음을 가지고 신중하게 일을 처리하고 행동해야만 위태롭더라도 큰 허물이 없음을 강조한다.

「상전」에서는 육삼이 어째서 '우레에 놀라震蘇蘇' 불안해하고 떤다고 했을까? 그것은 '위치가 마땅하지 않기 때문位不當也'이다. 육삼은 하괘의 가장 높은 자리이지만 본래 양효가 와야 할 자리인데도 음의 부드러움을 지닌 이가 왔으므로 자리가 마땅하지 않다. 이런 까닭에 우레를 두려워하는 것이다. 따라서 이 시기에는 두려워하는 마음을 품고 조심스럽게 행동하려고 노력해야만 비로소 화를 피할 수 있다.

구사 효사와 「소상전」

九四, 震遂泥.
구사 진수니

象曰: 震遂泥 未光也.
상왈 진수니 미광야

구사는 우레에 놀라 수렁에 빠졌다.

「상전」에서는 말했다. 우레에 놀라 수렁에 빠짐은 광대하지 못하기 때문이다.

구사의 '진수니震遂泥'는 우레가 칠 때 놀라 당황하여 갑자기 수렁에 빠진 모습이다.

「상전」에서는 '우레에 놀라 수렁에 빠짐震遂泥'은 '광대하지 못하기 때문未光也'이라고 했다. 즉 양의 강건한 덕이 밝고 크지 못하기 때문이다. 구사는 양의 강건함을 지니고는 있지만 위치가 마땅하지 않은 데다 상괘의 맨 아래에 자리 잡고 있다. 설상가상으로 구사효와 바로 위아래 효를 한데 합하면 감괘(☵)가 되어 마치 사람이 수렁에 빠져 안에 갇힌 것처럼 강건한 재능을 충분히 발휘하지 못한다. 양의 강건한 덕을 밝고 크게 할 방법이 없는 셈이다.

육오 효사와 「소상전」

六五, 震往來 厲 億无喪有事.
육오 진왕래 여 억무상유사

象曰: 震往來厲 危行也. 其事在中 大无喪也.
상왈 진왕래려 위행야 기사재중 대무상야

육오는 우레가 오고 가는 것이 위태로우나 큰 손실 없이 일이 있다.

「상전」에서는 말했다. 우레가 오고 감이 위태로움은 가면 위태롭다는 것이다. 그 일함이 중에 있으니 크게 잃음이 없게 된다.

육오의 '진왕래 여震往來 厲'는 우레가 울릴 때는 오고 가는 것이 무척 위험하다는 뜻이다. '억億'은 '크다' '무척 많고 큼'을 말하며 '유사有事'는 사직을 보존하는 것처럼 큰일을 가리킨다. 따라서 '억무상유사億无喪有事'는 큰 방면에서 손실은 없고 강산과 사직을 보존할 수 있다는 말이 된다.

「상전」에서는 '우레가 오고 감이 위태로움'에 대해서 '가면 위태롭다危行也', 즉 일종의 위험한 행동이라고 풀이했다. 그러나 그는 '그 일함이 중에 있으니其事在中', 즉 일을 할 때 중도로써 처리한다고 했고 그렇게 되면 '크게 잃음이 없게 된다.大无喪也'고 덧붙였다.

육오는 양이 와야 할 자리에 음효가 온 데다 양의 강건함을 지닌 구사효를 올라타고 있기 때문에 오고 가는 것이 모두 위험하다. 하지만 음의 부드러움을 지닌 육오효가 상괘의 중앙이자 존귀한 자리에 있어서 중도를 지키니, 신중하게 하면 앞으로 나아갈 수 있어서 큰 화나 손실이 없다. 여기서 우리는 어려운 상황이 임박하기 전에는 일을 처리할 때 항상 삼가고 조심하면서 중도를 지켜야만 자신의 사업을 지킬 수 있다는 사실을 배울 수 있다.

상육 효사와「소상전」

上六, 震索索 視矍矍 征凶.
상육 진색색 시확확 정흉
震不于其躬 于其鄰 无咎. 婚媾有言.
진불우기궁 우기린 무구 혼구유언
象曰: 震索索 中未得也. 雖凶无咎 畏鄰戒也.
상왈 진색색 중미득야 수흉무구 외린계야

상육은 우레가 울려 두려워하여 두리번거리니 가면 흉하다. 우레가 자기 몸에 이르지 않고 그 이웃에 이르렀을 때 미리 경계하면 허물이 없다. 혼인하면 다툼이 있을 것이다.

「상전」에서는 말했다. 우레가 쳐서 두려워함은 중을 얻지 못했기 때문이요, 비록 흉하나 허물이 없음은 이웃이 경계함을 보고 두려워하기 때문이다.

'색색索索'도 마찬가지로 두려워서 불안해하는 모습이므로 상육의 '진색색震索索'은 우레가 칠 때 두려워 떨면서 감히 나아가지 못하고 전전긍긍한다는 뜻이다. '시확확視矍矍'은 놀라서 두 눈을 크게 뜨고 두리번거리는 것이고 '정흉征凶'은 앞을 향해 무모하게 나아가면 반드시 흉하게 된다는 뜻이다. 왜냐면 본 효는 이미 진괘의 끝자락인 상육의 자리에 이른 데다 그 자체가 음의 부드러운 성질을 지녀서 능력이 충분하지 않기 때문이다.

우레가 울리는 것이 아직 자기 몸에 미치지 않고 이웃에 이르렀을 때 그것을 보고 미리 경계하면서 두려움을 품으면 큰 화가 없을 것이라는 의미에서 '진불우기궁 우기린 무구震不于其躬 于其鄰 无咎'라고 했다. '구媾'는 혼인이고 '혼구婚媾'는 음양의 만남과 교합을 뜻하며 '언言'은 본래는 '말' '말하다'라는 뜻이지만 여기서는 '다툰다'는 뜻으로 쓰였다. 따라서 '혼구유언婚媾有言'은 만약 혼인을 하려고 한다면 다툼이 생길 수 있다는 말인데 여기 숨은 뜻은 이 시기에는 어지럽게 제멋대로 행동하거나 음과 양의 교합을 구해서는 안 된다는 것이다.

상육에는 세 개의 연속적인 광경을 볼 수 있다. 첫째 광경은 하늘에 우레가 울리자 불안하여 두리번거리면서 앞으로 나아갈 수 없는 모습이다. 이럴 때는 무모하게 앞으로 나아가지 않으면 위험을 피할 수 있지만 그렇지 않으면 반드시 흉하게 된다. 둘째, 우레가 이제 막 이웃 위에서 울리고 아직 자기 자신에게는 이르지 않은 모습이다. 이럴 때는 미리 경계하며 다가올 환란을 방비해야 한다. 셋째, 아직 상황이 위험하지 않다고 여겨서 혼인 대상을 찾으려고 하는, 즉 육삼효를 구하려고 하는 광경이다. 그러나 상육효와 육삼효는 둘 모두 음효여서 서로 짝하기에는 적합하지 않으므로 다툼이 생길 수 있다. 이처럼 음과 양이 서로 조화를 이루고 호응하는 것은 무척 중요한 일이다.

「상전」에서는 '우레가 울려서 두려워함震索索'은 '중을 얻지 못했기 때문中未得也'이라고 했다. 상육효가 중앙의 자리를 차지하지 못해 마음이 불안하다는 말이다. 이럴 때는 무모하게 앞으로 나아가서는 안 되는데 만약 그렇게 하면 흉함이 있을 수밖에 없다. 우레가 울림이 이웃에게만 미치고 자기 자신에게 아직 이르지 않았을 때라면 스스로 '이웃의 경계함을 보고 두려워한다.畏鄰戒也' 이웃이 우레를 경험하고 두려워하며 걱정하는 것을 보면서 자기 자신도 미리 방비한다는 것이다. 그렇기 때문에 '비록 흉하나 허물이 없는 것雖凶无咎'이다. 따라서 상육효에서는 비록 위기가 닥쳐도 미리 경계하여 방비하면서 함부로 나아가지 않으면 위기가 물러가고 평안이 찾아오며 화가 미치지 않는다는 것을 알려 준다.

진괘 정리

䷲

진괘는 우레가 울리는 상을 취하였다. 옛사람들은 우레가 울리는 것에 대해 하늘이 화를 내는 것이라서 누구도 그것을 피할 수 없다고 여겼다. 이를 현대인들에게 적용해 보자면 다음과 같다. 첫째, 하늘의 도, 자연의 법칙을 절대 위배해서는 안 된다. 둘째, 두렵고 떨리는 위험한 상황에 직면하더라도 조심하고 삼가면서 두려워하고 스스로 잘못을 돌아보아 고치면 위기가 오히려 평안함으로 바뀔 수 있다. 셋째, 명령을 내리고 법규를 제정할 때는 따르는 사람으로 하여금 두려움을 품게 함으로써 마치 우레가 치듯 모든 사람, 모든 지방에 법을 관철시켜야 한다.

52
간괘艮卦 — 욕심을 버리고 선에 이름

괘사

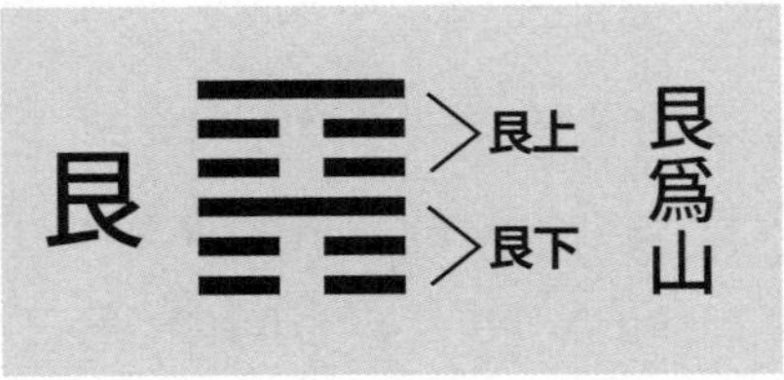

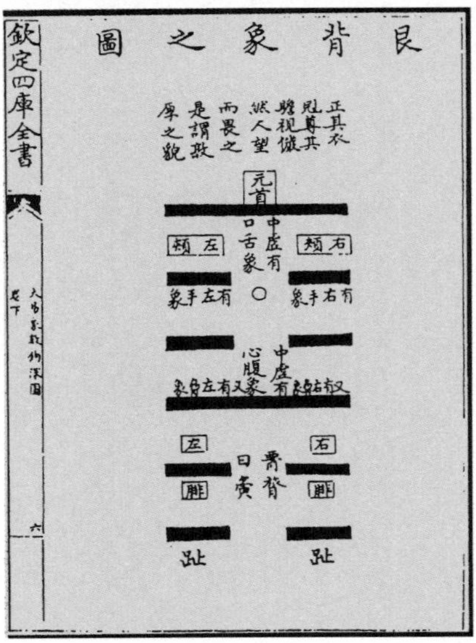

艮 艮有背 不獲其身
간 간유배 불획기신
行其庭 不見其人. 无咎.
행기정 불견기인 무구

간은 등에서 멈추어 몸을 얻지 못하며, 뜰에 가면서도 사람을 보지 못하나, 허물이 없다.

‘간艮’은 ‘멈추다’ ‘제지하다’ ‘누르다’ ‘끝마치다’의 의미다. 마왕퇴 유적지에서 발견된 비단으로 된 『주역』 고본에는 이것이 ‘간艮’이 아닌 ‘근根’으로 기록되어 있기도 하다. 『설문해자』에서는 이에 대해 “간은 항恒이다.”라고 했다. 청나라 훈고학자 단옥재段玉裁는 여기에 주석하기를 “항恒이라는 것은 따르지 않는 것, 행낭, 멈춤의 세 가지 뜻을 겸한다.”고 했다. 간단히 말해서 간은 멈추고 정지하는 것을 뜻한다.

먼저 괘상을 살펴보면 간艮(䷳)은 위아래 괘가 모두 산으로 이루어져 있다. 산과 산이 연이어 서 있는 모습이다. 고대에는 『주역』 외에도 『연산역』과 『귀장역』을 합해 총 세 가지 '역易'이 있었는데, 그중 『연산역』에서 맨 처음 등장하는 괘가 바로 간괘다. 이처럼 간괘는 고대에 결코 가볍게 다뤄진 괘가 아니며 춘추전국시대에는 묵가 사상에 중대한 영향을 끼치기도 할 만큼 중요한 괘다. 『귀장역』은 곤괘를 첫 번째 괘로 삼았는데 이는 도가에 영향을 끼쳤고, 『주역』은 건괘를 맨 앞에 내세워 유가에 영향을 주었다. 「서괘전」에서는 "사물은 끝까지 움직일 수 없어 멈추므로 간괘로 받았다. 간은 멈춤이다."라고 하였다. 간괘는 겉으로 보기에는 사물이 멈추는 이치를 말하는 것처럼 보이지만 실제로는 어떻게 해야만 사리사욕을 누를 수 있는지 그 도리를 강조한다.

괘사에서는 '간유배艮有背', 즉 '등에서 멈춘다.'고 했다. 어째서 가슴이나 손, 발에서 멈추지 않고 하필 등에서 멈춘다고 했을까? '등背'은 '등지다' '거스르다' '억누르다'라는 뜻을 가지고 있어서 사람의 욕망을 억눌러 철저하게 사리사욕을 등지게 한다는 의미를 지닌다. '몸을 얻지 못한다.', 즉 자신의 몸이 개인적인 욕망에 사로잡히지 않게끔 한다는 의미에서 '불획기신不獲其身'이라고 덧붙였다. 우리 몸의 앞부분에는 각종 기관들 예컨대 눈, 귀, 코, 혀, 입이 있는데 반해 등에는 아무것도 없다. 그것은 정지함이 극에 달해 고요하여 『금강경金剛經』에서 "아상我相이나 인상人相도 없고 중생상衆生相도 없다."고 한 것과 같은 상태다.

'행기정 불견기인行其庭 不見其人'은 뜰에 가면서도 등지고 있기 때문에 그 사람을 만나지 못한다는 것인데, 사실은 그러한 사악한 욕심을 볼 수 없음을 말한다. 어째서일까? 왜냐면 멈추어 서서 사악함을 억누르기 때문이다. 이렇게 하면 재앙이나 화가 없다. 마음이 마치 고인 물처럼 고요하고 차분해지면 자기 자신조차 잊어버리게 되는 무아의 경지에 이르게 되는데, 이것이 바로 '지止', 즉 '멈춤'의 최고 경지라고 할 수 있다.

간괘에서 말하는 '멈춤'에는 두 가지 뜻이 있다. 하나는 '가만히 멈추다.'라는 뜻이다. 예컨대 사리사욕을 멈추고 경거망동을 멈추는 것이 그것이다. 다른 하나는 '이르다' '도달하다'라는 뜻이다. 예를 들어 바른 도에 이르고 자기의 분수에 도달하는 것, 그것이 일종의 경지에 '이른' 상태다. 마치 『대학』에서 "큰 학문의 도는 덕을 밝히는 데 있고, 백성과 하나 되는 데 있으며, 지극히 좋은 상태에 그치는 데 있다.大學之道 在明明德 在新民 在止於至善"고 한 것처럼 지극히 높고 선한 경지에 이르는 것을 말한다.

괘사에 대한 「단전」

彖曰: 艮 止也 時止則止 時行則行.
단왈 간 지야 시지즉지 시행즉행
動靜不失其時 其道光明
동정불실기시 기도광명
艮其止 止其所也.
간기지 지기소야
上下敵應 不相與也.
상하적응 불상여야
是以不獲其身 行其庭不見其人 无咎也.
시이불획기신 행기정불견기인 무구야

「단전」에서는 말했다. 간은 그침이다. 때가 그쳐야 하면 그치고, 때가 나아가야 하면 나아간다. 움직임과 멈춤에 그 때를 잃지 않으니 그 도가 빛나고 밝도다. 간이 그침은 적절한 자리에 멈춰야 하는 것이다. 위아래가 적으로서 응하니 서로 더불어 하지 않는다. 이 때문에 몸을 얻지 못하고 뜰에 가면서도 사람을 보지 못해도 허물이 없다고 하는 것이다.

「단전」에서는 '간 지야艮 止也'라고 했는데 이는 '간은 그침이다.'라는 뜻이다. 여기서 '그침止'은 '나아감行'에 상대되는 말이고 '움직임動'은 '멈춤靜'

에 대비되는 개념이다. 시기적으로 멈춰야 할 때는 멈추고 나아가야 할 때는 나아가야 한다는 뜻에서 '시지즉지 시행즉행時止則止 時行則行'이라고 했고, 움직이든 멈추든 시기를 잃지 말고 때를 거스르지 않아야 한다는 뜻에서 '동정불실기시動靜不失其時'라고 했으며, 그렇게 되면 도가 빛나게 되어 '기도광명其道光明'이라고 덧붙였다.

'간기지 지기소야艮其止 止其所也'는 간괘에서는 적당한 시기에 멈춰야 한다는 뜻이다. '상하적응上下敵應'은 간괘를 이루는 여섯 효가 모두 위아래 대응할 뿐 상응하지는 않아 '적敵'으로서 응한다고 표현한 것이고, 거기에 '불상여야不相與也', 즉 서로 교류하지 않는다고 덧붙였다.

'시이불획기신是以不獲其身'은 '이 때문에 몸을 얻지 못한다.'는 말인데 이는 사리사욕이 몸에 배지 않게끔 한다는 뜻이다. '행기정불견기인行其庭不見其人'은 뜰을 걸어도 서로 등지고 있어서 그 사람을 보지 못한다는 것인데 등지고 있어서 사리사욕을 품지 못한다는 말이다. 그러한 사악함을 억누르기 때문에 '허물이 없다.无咎也'라고 덧붙였다.

괘사에 대한 「대상전」

象曰: 兼山 艮. 君子以思不出其位.
상 왈　겸 산　간　군 자 이 사 불 출 기 위

「상전」에서는 말했다. 산이 거듭된 것이 간이다. 군자는 이를 보고 생각함으로써 그 지위를 벗어나지 않는다.

「상전」에서는 '산이 거듭된 것이 간이다.兼山 艮'라고 했는데 이는 간괘(䷳)의 상괘와 하괘가 모두 간괘(☶)이고 산을 뜻하기 때문이다. 두 개의 산이 중첩되어 멈춘 채 움직이지 않는 것이 바로 간괘의 상이다.

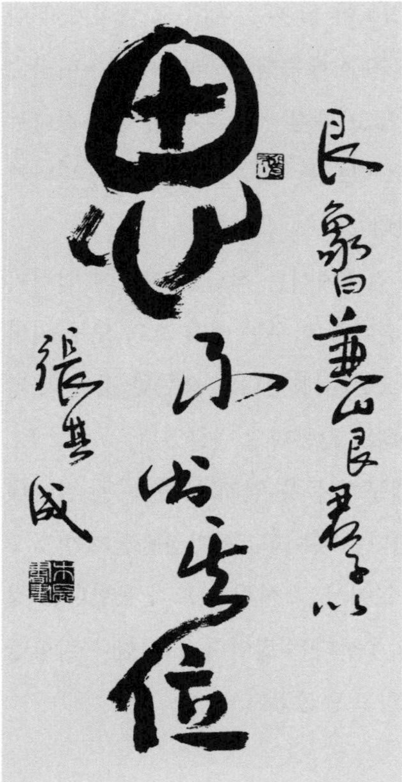

사불출기위

군자는 이러한 괘상을 보고 간괘의 도에 근거하여 '생각함으로써 그 지위를 벗어나지 않는다.思不出其位' 다시 말해 군자는 그 가운데서 사리사욕을 억누르는 이치를 깨닫게 되므로 문제가 있으면 자신의 본분을 넘어서지 말고 바른 도에 머무른다. 이것이 바로 '멈춤'의 의미다.

묵가든 유가든 혹은 도가든 중국식으로 변형된 불가든 관계없이 하나같이 바로 이 '멈춤止'에 주목하였다. 유가는 "지극히 좋은 상태에 그친다.止於至善" "그쳐야 할 데를 안 뒤에라야 정함이 있다.知止而后有定"고 했고, 도가에서도 "텅 빈 상태에 이르기를 지극히 하고 고요함 지키기를 굳세게 한다.致虛極 守靜篤"고 했다. 불가에서도 "깨달음에 이르려는 자가 반드시 닦아야 하는 수행"을 비롯해 진리에 머물러 바르게 관찰하는 '지관법문止觀法門'을 제시했다.

간괘를 이루는 여섯 효는 모두 '멈춤止'이라는 글자를 위주로 문장을 이루고 있는데 이는 아래에서부터 시작하여 위에 이르는 멈춤의 과정이어서 '멈춤'의 여섯 단계라고 할 수 있다.

초육 효사와 「소상전」

初六, 艮其趾 无咎 利永貞.
초육 간기지 무구 이영정

象曰: 艮其趾 未失正也.
상왈 간기지 미실정야

초육은 발꿈치에 멈춤이니 허물이 없고 바르게 함이 이롭다.

「상전」에서는 말했다. 그 발꿈치에 멈춤은 바름을 잃지 않은 것이다.

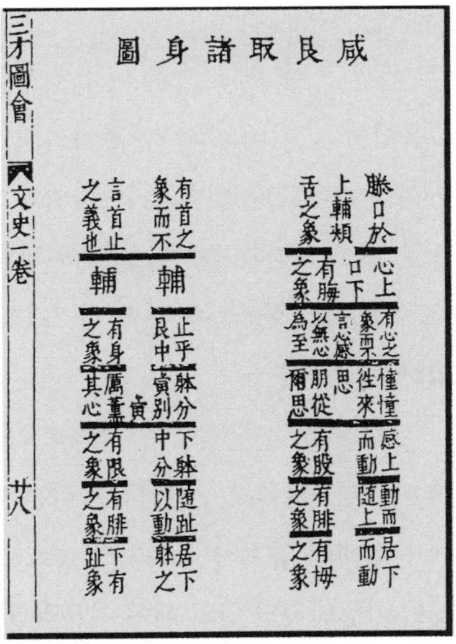

초육의 '간기지艮其趾'는 자신의 발꿈치에서 멈춘다는 뜻인데 이렇게 되면 '허물이 없고 바르게 함이 이롭다.无咎 利永貞'고 했다.

「상전」에서는 '그 발꿈치에 멈춤艮其趾'은 이렇게 해야만 비로소 '바름을 잃지 않는다.未失正也'고 했다.

초육은 간괘에서 가장 낮은 자리여서 마치 사람의 발꿈치와도 같다. 발꿈치가 움직이지 않으면 사람도 악한 길로 가지 않게 되듯, 처음 시작할 때부터 나쁜 싹이 트려고 하면 바로 멈추어야만 바른 도를 잃지 않을 수 있다. 초육은 양효가 와야 할 자리에 음효가 왔으므로 '정正'을 잃었다. 따라서 이 시기에는 경거망동하지 말고 가만히 멈추는 것이 바른 도에 부합한다.

육이 효사와「소상전」

六二, 艮其腓 不拯其隨 其心不快.
육 이 간 기 비 부 증 기 수 기 심 불 쾌

象曰: 不拯其隨 未退聽也.
상 왈 부 증 기 수 미 퇴 청 야

육이는 종아리에 멈춤이니 위로 허리를 떠받들어 따르지 않아 그 마음이 기쁘지 않다.

「상전」에서는 말했다. 위로 허리를 떠받들어 따르지 않음은 물러나 따르지 않는 것이다.

육이의 '간기비艮其腓'는 종아리에 멈춘다는 뜻인데, 여기서 '비腓'는 종아리다. '증拯'은 '잇다'라는 의미의 '승承'과도 통하므로 '부증기수不拯其隨'는 위로 허리의 움직임을 잇지 말라는 말이다. '위'에 해당하는 것이 바로 구삼효로 '한限', 즉 '허리'다. '기심불쾌其心不快'는 곧 마음이 통쾌할 수 없다는 말이다.

「상전」에서는 '부증기수不拯其隨'라고 했는데 이는 위로 허리를 떠받들어 따르지 않는다는 뜻이다. 육이는 위로 구삼을 떠받들면서 음효가 양효에 순종하여 양효가 움직이면 음효도 따라서 움직인다. 도의상으로는 이것이 가능하지만 간의 때에 머물러 있을 때에는 허리, 즉 구삼효를 따라서 움직일 수 없으므로 마음이 기쁘지 않다고 한 것이다. '미퇴청야未退聽也'는 비록 그에게 움직일 수 없다고 명했지만 그의 마음도 사실 원하지 않으므로 물러나서 따르지 않는 것이다.

구삼 효사와 「소상전」

九三, 艮其限 列其夤 厲薰心.
구삼 간기한 열기인 여훈심

象曰: 艮其限 危薰心也.
상왈 간기한 위훈심야

구삼은 허리에 멈추어 그 등살이 갈라지니 위태로움이 마음을 태우는 듯하다.

「상전」에서 말했다. 그 허리에 멈춤은 위태로움이 마음을 태우는 듯하다.

육삼의 '간기한艮其限'은 허리에 멈춘다는 뜻이다. '열列'은 '열裂'과 동일해서 '갈라지다' '터지다'의 뜻을 지니며 '인夤'은 등에 있는 살이다. 따라서 '열기인 여훈심列其夤 厲薰心'은 등살이 갈라지니 위태로움이 마치 자신의 마음을 태우는 것 같다는 말이다.

「상전」에서는 '그 허리에 멈춤艮其限', 즉 허리의 움직임을 멈춤은 그 위태로움이 마치 '마음을 태우는 듯하다.危薰心也'고 했다.

구삼효는 양효가 양의 자리에 왔기 때문에 '정正'을 얻었지만 본래 강건한 성질을 지녀서 바른 도에 근거해서 일을 처리하므로 허리가 멈춤을 당하면서 등살이 갈라졌다. 이는 바르고 마땅하게 일을 처리하고 정당한 명령을 내리는 권력이 강제로 중단됐다는 말이다. 간괘에서 말하는 멈춤의 도는 멈춰야 할 때 멈추고 움직여야 할 때 움직이며 가야 할 때 나아가고 그쳐야 할 때 그치는 것이 핵심이다. 이렇게 해야만 정당하고 이치에 맞게 간괘의 도에 거할 수 있다. 만약 합리적이지 않은 강제적인 방법이나 경로를 통해서 멈추게 된다면 위태로운 결과를 초래할 것이다. 또한 정의로운 도가 멈춰 서서 천하에 행해지지 못한다면 정직한 사람은 마치 맹렬한 불처럼 자기의 마음을 태우고 말 것이다.

육사 효사와 「소상전」

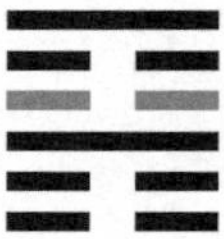

六四, 艮其身 无咎.
육사 간기신 무구

象曰: 艮其身 止諸躬也.
상왈 간기신 지제궁야

육사는 그 몸에 멈춤이니 허물이 없다.

「상전」에서는 말했다. 그 몸에 멈춤은 몸에만 멈추는 것이다.

육사의 '간기신 무구艮其身 无咎'에서 '신身'은 상반신을 가리키며 상반신의 운동을 멈추면 반드시 재앙이나 화가 임한다는 뜻이다.

「상전」에서는 '그 몸에 멈춤은 몸에만 멈추는 것이다.艮其身 止諸躬也'라고 했다. 여기서 '그 몸에 멈춤艮其身'은 온갖 사리사욕을 억누르고 본분을 지켜 행동한다는 것인데, 이렇게 한다면 괘사에서 말한 것처럼 '그 몸을 얻지 못한다.不獲其身' 즉 사리사욕이 몸에 배지 않을 수 있다. 여기서 '궁躬'은 '몸'을 뜻하는 '신身'과 동일한 의미다. 각종 사리사욕이 몸에 배지 않으니 재앙이나 화가 임하지 않는 것은 당연한 결과다.

육오 효사와 「소상전」

六五, 艮其輔 言有序 悔亡.
육오 간기보 언유서 회망

象曰: 艮其輔 以中正也.
상왈 간기보 이중정야

육오는 입에 멈춤이니 말에 질서가 있으면 후회가 없다.

「상전」에서는 말했다. 입에 멈춤은 중과 정의 도를 지키기 위함이다.

'보輔'는 본래 '윗잇몸'을 가리키는 말이지만 여기서는 '입'을 뜻하므로 육오의 '간기보艮其輔'는 자기의 '입'을 억눌러야 한다는 말이 된다. 이는 불가에서 말하는 오계五戒 중 하나인 '거짓말 하지 마라.不妄語'에 해당하는데 여기서 거짓말은 빈말, 허풍, 아부하는 말, 남에게 상처 주는 말을 가리킨다. 따라서 말을 할 때는 순서대로 조리 있게 바른 도를 지키며 이치와 법에 맞게 해야 한다는 뜻에서 '질서가 있어야 한다.言有序'고 했고 이렇게 하면 '후회가 없어진다.悔亡'

「상전」에서는 '입에 멈춤艮其輔'은 '중정의 도를 지키기 위함以中正也'이라고 해석했다. 육오는 상괘의 중앙에 위치하므로 그의 행동이 중정의 도를 따른다.

상구 효사와 「소상전」

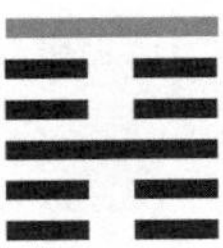

上九, 敦艮 吉.
상구 돈간 길

象曰: 敦艮之吉 以厚終也.
상왈 돈간지길 이후종야

상구는 두터운 덕으로 멈춤이니 길하다.

「상전」에서는 말했다. 두터운 덕으로 멈춤이 길함은 돈후한 덕으로 끝까지 유지하기 때문이다.

상구의 '돈간 길敦艮 吉'은 두터운 덕으로써 각종 사리사욕을 억누른다면 크게 길하다는 뜻이다.

「상전」에서는 '두터운 덕으로 멈춤이 길함敦艮之吉'은 '두터운 덕으로 끝까지 유지하기 때문以厚終也'이라고 했다. 상구효에 이르러서도 돈후한 인품과 덕을 유지할 수 있으므로 크게 길하다고 한 것이다.

송나라 정이도 "천하의 일은 끝을 지키기가 어렵다."고 할 만큼 어떤 가치를 끝까지 유지하며 지킨다는 것은 쉬운 일이 아니다. 마찬가지로 비어 있는 듯하면서 멈춰 서 있는 고요한 인품과 덕을 품고 유지하는 것은 꽤 어려운 일이지만 이를 끝까지 유지하기만 하면 크게 길하리라는 것은 분명한 사실이다.

간괘 정리

䷳

간괘는 첫째, 사리사욕과 헛된 생각을 멈추게 하고 둘째, 자신의 본분에 만족하고 바른 도를 지키게 해 준다. 간괘를 이루는 여섯 효를 인체의 여섯 부위, 즉 발꿈치에서 시작하여 종아리, 허리, 입에 이르는 부위에 빗대면서 점진적으로 멈춰 서고 행동하는 과정을 설명한다.

나아감과 멈춤은 서로 변증관계에 있다. 멈춰 섬의 목적은 앞으로 정확하게 나아가기 위한 행동이고 사악함을 그치는 것은 바르게 행동하기 위함이다. 따라서 이 둘은 서로 기대어 상대를 보완해 주는 관계인 셈이다.

그렇다면 간괘의 여섯 효 가운데 어떤 것은 길하고 어떤 것은 흉하다고 한 이유는 무엇일까? 이는 멈춤과 나아감을 때에 맞게 적절하게 선택하느냐에 달려 있다. 멈춰야 할 때 멈춰 서고 행동해야 할 때 행동하면 길한 반면, 행동하지 말아야 할 때 행동하고 멈추지 말아야 할 때 멈추면 흉할 수밖에 없다.

53
점괘漸卦 — 점진적 전진

괘사

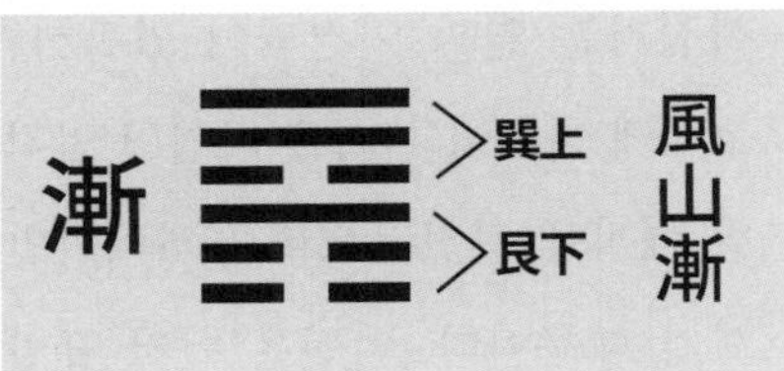

漸 女歸吉 利貞.
점 여귀길 이정

점은 여자가 시집감이 길하니 바르게 함이 이롭다.

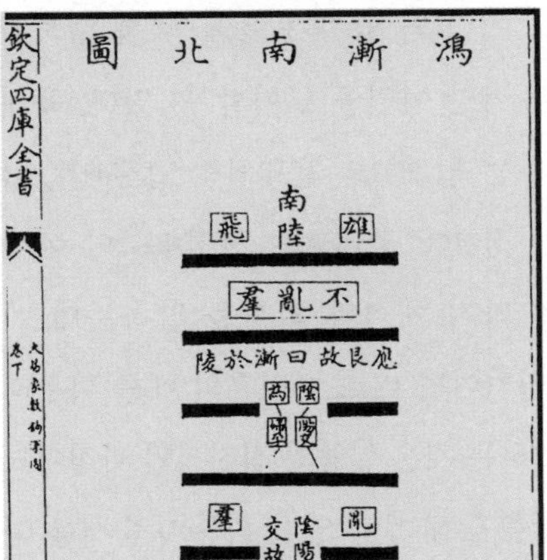

'점漸'은 순차적으로 점차 나아간다는 뜻이다. 「서괘전」에서는 "사물은 끝내 그칠 수만은 없으므로 점괘로 받았다. 점은 나아감이다."라고 했다.

괘사에서는 '점 여귀길漸 女歸吉', 즉 '점은 여자가 시집감이 길하다.'라고 하여 여인이 결혼하는 것을 비유로 들었다. 고대에는 여인이 한 번 혼례를 치르면 그 뒤로는 완전히 시댁의 사람이 된다고 생각했다. 여인이 시집오기 전 본래의 가족을 가리켜 '외가外家'라고 칭하는 것만 봐도 그렇다. 여인은 시집을 가야만 비로소 진짜 집이 생긴다고 여겼으니 여인에게 시집가는 일이란

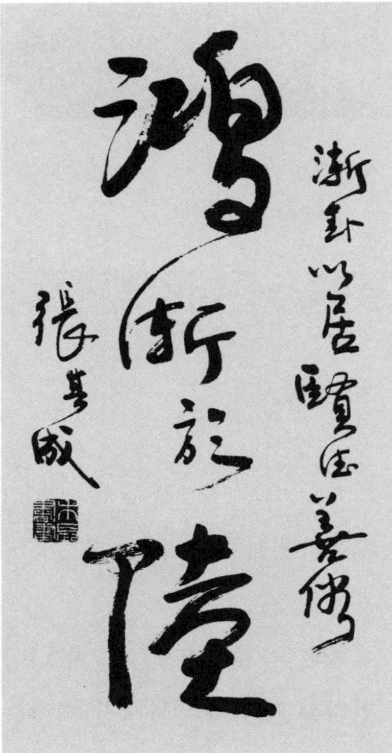

홍점어륙

'돌아가는歸 일'이나 다름없었던 셈이다. 여인이 시집갈 때는 예의를 따라 점진적으로 나아가야만 길함을 얻을 수 있다. 따라서 바른 도를 지켜야만 이롭다는 뜻에서 '이정利貞'이라고 하면서 괘사는 마무리된다.

그렇다면 어째서 점괘는 여인이 시집가는 일과 연결되어 있을까? 고대에 여인이 시집을 가려면 엄격한 예식을 점진적으로 통과해야만 했기 때문이다. 여인은 먼저 규방에 있되 남자가 육례六禮를 행하여야만 여인을 맞이할 수 있다. 육례는 납채納采, 문명問名, 납길納吉, 납징納徵, 청기請期, 친영親迎*의 여섯 가지 예식과 의식을 말하는데 이 같은 여섯 단계의 절차를 순서대로 거쳐야만 비로소 결혼의 예를 마무리할 수 있었다. 이처럼 새 신부를 맞이하는 것은 일종의 점진적인 과정이므로 점괘에서는 바로 이 같은 결혼의 상을 통해 무슨 일을 하든지 순서를 따라 점진적으로 처리해야 함을 강조한다.

『맹자』「공손축公孫丑」편에서는 그 유명한 '발묘조장拔苗助長'에 관한 고사가 나온다. 더 빨리 자라게끔 돕는답시고 벼의 모를 위로 살짝 뽑아 버

* 1. 납채: 남자가 중매자를 통해 혼인을 청하는 일로서 정혼의 첫 단계다. 2. 문명: 여자가 결혼을 승낙하면 사람을 보내 생년월일을 물어 남자의 것과 합친 후 혼인의 길흉을 점친다. 3. 납길: 점을 쳐서 길하면 점을 통한 합혼 소식을 여자 쪽에 알린다. 4. 납징: 매매혼이 변화되어 전해진 풍속으로 납폐納幣라고도 하며 남자가 비단 등 예물을 여자 쪽에 보낸다. 5. 청기: 남자 쪽에서 여자 쪽에 결혼 날짜를 묻는 것으로 결혼 수속이 끝났음을 나타낸다. 6. 친영: 신랑이 직접 여자 집으로 가 신부를 맞아 자기의 집으로 돌아온다.

린다면 모는 뿌리가 드러나 말라 죽고 만다. 사물은 자고로 정해진 순서를 따라 점진적으로 발전하는 과정을 거쳐야지 이처럼 법칙을 거스르면 큰 부작용을 낳을 수 있다. 마찬가지로 점괘에서도 사물 발전의 과정이 순서에 따라 점진적으로 이뤄져야 하는 도리를 말한다.

괘사에 대한 「단전」

彖曰: 漸之進也 女歸吉也.
단왈 점지진야 여귀길야
進得位 往有功也. 進以正 可以正邦也.
진득위 왕유공야 진이정 가이정방야
其位 剛得中也. 止而巽 動不窮也.
기위 강득중야 지이손 동불궁야

「단전」에서는 말했다. 점의 나아감은 여인이 시집감이 길한 것이다. 나아가 자리를 얻으니 가면 공이 있고, 나아감을 바른 도로써 하므로 나라를 바로잡을 수 있다. 그 자리는 강이 중을 얻었다. 그치고 공손하여 움직임이 궁하지 않다.

「단전」의 '점지진야 여귀길야漸之進也 女歸吉也'는 점진적으로 앞을 향해 나아가는 것은 여인이 시집을 가기 위해 예를 따라 점차 나아가는 것과 같으므로 이렇게 해야만 길하다는 뜻이다. '진득위 왕유공야進得位 往有功也'는 이럴 때는 점차 앞으로 나아가 때를 얻어야 하며 자신의 지위를 얻으면 공과 업적을 세울 수 있다는 말이다. '진이정 가이정방야進以正 可以正邦也'는 앞으로 나아갈 때 점진적으로 하면서 바른 도를 지키면 나라와 민심을 바로잡을 수 있다는 뜻이다. 이처럼 한 나라를 다스리기 위해서는 점진적인 과정이 필요하듯 점차적으로 나아간다는 것은 여간 중요한 일이 아닐 수 없다.

'기위 강득중야其位 剛得中也'는 존귀한 위치에 올라서 바른 위치를 지키고 강건해야 하나 이뿐 아니라 중도를 지키고 두루 조화를 이루어 화목해야 한다는 뜻이다. '지이손 동불궁야止而巽 動不窮也'는 내면이 멈춰 서서 유순하고 겸허해야만 행동이 곤궁해지지 않는다는 뜻이다.

본 괘는 하괘가 간괘이고 상괘가 손괘다. 간은 안에 머물러 함부로 나아가지 않고 손은 행함에 다급하지 않으니 이렇게 행동하면 자연히 곤궁함을 피할 수 있게 되는 셈이다. 또한 점진적으로 나아가는 일은 시간과 순서에 부합해야 하고 바른 도와 중도를 지켜야지 서두르고자 하면 결국 아무것도 이루지 못하고 만다.

괘사에 대한 「대상전」

象曰: 山上有木 漸. 君子以居賢德善俗.
상왈 산상유목 점 군자이거현덕선속

「상전」에서는 말했다. 산 위에 나무가 있는 것이 점이다. 군자는 이를 보고 어진 덕에 머물러 풍속을 선하게 해야 한다.

「상전」에서는 '산 위에 나무가 있는 것이 점이다.山上有木 漸'라고 했는데 이는 점괘(䷴)의 하괘인 간괘(☶)가 산이고 상괘인 손괘(☴)가 나무이기 때문이다. 산 위에 있는 높고 큰 나무들은 매 순간 나고 자라지만 사람들이 그 과정을 감지하기는 어렵다. 이처럼 나무는 우리가 모르는 사이에도 점점 자라므로 이것이 바로 점괘의 상이다. 또한 점괘의 괘상을 보면 위가 바람이고 아래가 산이어서 바람이 산 사이를 돌아 부는 모습을 연상할 수 있는데 이러한 흐름은 갑작스러운 것이 아니라 점진적으로 이루어진다. 세상 모든 일과 사물은 순서를 따라 조금씩 발전하게 마련이다. 사람이 조금씩 성장하여 어른이 된다거나 사업이 점진적으로 발전한다거나 선한 덕을 조금씩 쌓아 올린다거나 하는 일들이 그 예다.

군자는 이러한 괘상을 보고 점괘의 도에 근거해서 '어진 덕에 머물러 풍속을 선하게 해야 한다.居賢德善俗' 다시 말해 군자는 선하고 어진 덕을 조금씩 쌓아 올림으로써 풍속이 선하게 바뀌도록 해야 한다는 것이다. '어진 덕賢德'의 대상은 바로 자기 자신이다. 자기가 먼저 어질어진 다음에야 다른 사람을 현명하게 할 수 있고, 이것이 바로 점진의 과정이며, 이 과정의 끝에는 풍속이 어질고 좋은 방향으로 바뀌게 된다.

앞서 가인괘에서 이야기했듯이 필자의 고향인 후이저우에는 집집마다 "사업은 오륜五倫에서 시작되고 문장은 육경六經에서 나온다."는 유명한 대련이 붙어 있다. 다시 말해 사업은 다섯 가지 인륜에서 시작되므로 오륜이 하나의 시작점이 되어 일이 점진적으로 이루어진다는 말이다. 문장을 지을 때도 마찬가지다. 먼저 육경 읽기부터 시작해서 이를 다 읽은 뒤에야 문장을 점차 잘 쓸 수 있게 된다. 따라서 이는 글을 위한 문장일 뿐 아니라 사람을 위한 문장이기도 하다. 사람이란 조금씩 조금씩 선하고 어진 덕을 쌓아 올려야 하며, 모든 사람이 이렇게 하면 사회의 풍속 또한 선한 방향으로 바뀌게 되어 나라 전체가 발전하고 힘을 떨칠 수 있다. 이처럼 점괘가 우리에게 주는 일깨움은 결코 작지 않다고 하겠다.

초육 효사와 「소상전」

初六, 鴻漸于干 小子厲 有言 无咎.
초육 홍점우간 소자려 유언 무구

象曰: 小子之厲 義无咎也.
상왈 소자지려 의무구야

초육은 기러기가 물가에 점차 다가가니 소자가 위태롭게 여기면 말이 있지만 허물이 없다.

「상전」에서 말했다. 소자가 위태롭게 여김은 도의상 허물이 없는 것이다.

'홍鴻'은 기러기를 말하는데 점괘를 이루는 여섯 효의 효사는 하나같이 기러기에 빗대어 점의 도를 설명하고 있다. '간干'은 물가를 가리키는데 『시경』「위풍」에 나오는 "박달나무를 쾅쾅 찍어 황하가에 쌓아 두네.坎坎伐檀兮 置之河之干兮"라는 시구에서도 '간干'이 물가의 의미로 쓰였음을 알 수 있다. 따라서 초육의 '홍점우간鴻漸于干'은 기러기 한 마리가 물가를 향해 서서히 다가가는 모습이다. '소자려小子厲'는 마치 어린 아이처럼 위험한 상황을 만났다는 말이다. '유언有言'은 말로 말미암아 피해를 입게 된다는 것이지만 그러함에도 도리어 '허물이 없다.无咎'고 했다.

「상전」에서는 '소자가 위태롭게 여김은 도의상 허물이 없는 것이다.小子之厲 義无咎也'라고 했다. 기러기가 아직 어릴 때는 마치 어린 아이처럼 위기에 봉착할 수 있으므로 작은 일이라도 신중하게 행하면서 서서히 물가로 다가가야 하며, 그렇게 하면 도의상 그 어떤 재앙이나 화도 만나지 않을 것이다. 초육은 양의 자리에 음효가 왔고 점차 나아가는 상태를 유지하고 있으므로 재앙이나 화가 없다.

여기서 우리는 이런 의문을 가져 볼 필요가 있다. 괘사에서는 여자가 시집가는 비유를 들었는데 효사에서는 그 비유의 대상이 기러기로 바뀌었다. 그 이유는 무엇일까? 점괘의 이치가 가리키는 것은 여인일까, 아니면 기러기일까? 사실 여인과 기러기의 형상은 상통하는 면이 있다. 기러기는 해를 따라서 겨울에는 남쪽으로 가고 여름에는 북쪽으로 올라오는 철새이며, 양陽의 성질을 따른다는 의미에서 '수양조隨陽鳥'라고도 불린다. 따라서 기러기가 태양을 따라 이동하는 것은 여인이 양의 기운을 지닌 남편에게 시집가서 남자에게 순종하는 일과 통하는 셈이다.

육이 효사와 「소상전」

六二, 鴻漸于磐 飮食衎衎 吉.
육이 홍점우반 음식간간 길
象曰: 飮食衎衎 不素飽也.
상왈 음식간간 불소포야

육이는 기러기가 반석 위로 점차 내려앉는다. 음식을 먹음이 즐겁고 즐거우니 길하다.

「상전」에서는 말했다. 음식을 먹음이 즐겁고 즐거움은 헛되게 배부르기 위함이 아니다.

'간간衎衎'은 화목하고 즐거운 모습이다. 육이의 '홍점우반鴻漸于磐'은 이 시기에 크고 견고하며 안전한 반석 위로 기러기가 점차 내려앉는다는 뜻이다. 이 반석 위에서 좋은 음식을 맛보아 화목하고 즐거우므로 길하다는 뜻에서 '음식간간 길飮食衎衎 吉'이라고 덧붙였다.

「상전」에서는 '음식을 먹음이 즐겁고 즐거움飮食衎衎', 즉 기러기가 반석 위에서 음식을 먹어 즐겁기는 하지만 이는 '헛되게 배부르기 위함이 아니다.不素飽也'라고 했다. 다시 말해 기러기가 반석 위에서 음식을 먹고 즐거운 것은 공연히 배만 불리기 위함은 아니라는 뜻이다. 기러기가 반석 위에 머문 것은 단순히 음식을 먹고 생각 없이 평안하게 지내기 위함이 아니라 더 높은 목표를 추구하기 위해서다. 그러니 반석은 그가 앞으로 나아가는 길에서 잠시 머무는 곳에 불과하다. 기러기는 반석을 떠나 점차 작은 산, 큰 산 위로 날아오르게 되는데 이렇게 해야만 길하고 이롭다.

육이는 음효가 하괘의 중앙에 위치하여 '중中'과 '정正'을 얻었으므로 기러기가 중도를 지킬 뿐 아니라 그 방식이 점진의 도에 부합하여 길하다.

구삼 효사와 「소상전」

九三, 鴻漸于陸 夫征不復. 婦孕不育 凶 利禦寇.
구삼 홍점우륙 부정불복 부잉불육 흉 이어구
象曰: 夫征不復 離群醜也. 婦孕不育 失其道也.
상왈 부정불복 이군추야 부잉불육 실기도야
利用禦寇 順相保也.
이용어구 순상보야

구삼은 기러기가 육지로 점차 나아감이니, 남자는 가면 돌아오지 않고, 부인은 잉태하더라도 기르지 못하여 흉하니, 적을 막음이 이롭다.

「상전」에서는 말했다. 남자가 가면 돌아오지 않음은 무리를 떠났기 때문이요, 부인이 잉태하나 기르지 못함은 그 도를 잃었기 때문이다. 적을 막는 데 쓰는 것이 이로움은 순종함으로써 서로 보존하기 때문이다.

'육陸'은 작은 산을 가리키므로 구삼의 '홍점우륙鴻漸于陸'은 기러기가 점차 작은 산을 향해 높이 날아오른다는 뜻이고 '부정불복夫征不復'은 남편이 멀리 나가서 돌아오지 않는 것이다. '부잉불육 흉婦孕不育 凶'은 이러한 남편이 멀리 나선 뒤에 아내가 아이를 잉태하지만, 이는 그녀가 바른 도를 지키지 않아 정절을 잃었다는 것이므로 차마 아이를 기르지는 못하여 흉하다는 말이다. '이어구利禦寇'는 '만약 바른 도를 지키면 강한 적을 막는 데 이롭다.'는 뜻이지만 여기에는 '만약 바른 도를 지키면'이라는 말이 생략되어 있다. 이는 두 가지 측면에서 하는 말이다. 부인이 만약 바른 도를 지키지 않고 음란하게 행동하여 잉태한 것이라면 아이를 기르는 것은 염치없는 행동이 되겠지만, 만약 바른 도를 지키고 음란하게 행동하지 않았다면 그것은 강건하고 이로운 것이다. 왜냐면 구삼효는 무척 강건하여 적을 막기에 이롭기 때문이다.

「상전」에서는 '남자가 가면 돌아오지 않음夫征不復'은 기러기가 점차 작은 산 위로 날아오른다는 말인데 이는 남편이 멀리 나가 돌아오지 않음을 빗댄 것이다. 이렇게 된 것은 '무리를 떠나 추하기 때문離群醜也'이다. '군群'은 동종의 부류를 말하므로 남편과 기러기에 해당하는 구삼효가 자기 무리에서 멀리 떠났다는 뜻이다. 효상을 살펴보면 구삼효를 기준으로 상효와 하효가 모두 양효가 아닌 음효여서 구삼효와 동종의 부류가 아니다. '부인이 잉태하여도 기르지 못함婦孕不育'은 '그 도를 잃었기 때문失其道也', 즉 부부의 도리를 저버렸기 때문이다. 남편이 가서 돌아오지 않았는데 어찌 아이를 잉태할 수 있겠는가? 이는 그녀가 정절을 잃었음을 말해 주는 증거다. 구삼은 양의 자리에 양효가 왔기 때문에 무척 강건하지만 조급하고 무모하게 나아가기 쉽다. 남편이 멀리 가서 돌아오지 않으니 부인은 미처 그를 기다리지 못하여 점진의 도를 잃고 말았다.

마지막으로 '적을 막는 데 쓰는 것이 이로움利用禦寇', 즉 어째서 밖에서 오는 강한 적을 막을 수 있다고 했을까? 바로 '순종함으로써 서로 보존하기 때문順相保也'이다. 이는 바른 도를 지켜서 부부의 도에 순응하여야만 평안함을 보존할 수 있다는 말이다.

육사 효사와 「소상전」

六四, 鴻漸于木 或得其桷 无咎.
육사 홍점우목 혹득기각 무구

象曰: 或得其桷 順以巽也.
상왈 혹득기각 순이손야

육사는 기러기가 나무로 점차 나아감이니 혹 그 잔가지를 얻으면 허물이 없다.

「상전」에서는 말했다. 혹 그 잔가지를 얻음은 유순하고 겸손하기 때문이다.

육사의 '홍점우목鴻漸于木'은 기러기가 점차 높은 나무 위로 날아오른다는 말이다. '각桷'은 큰 나무 사이에 난 작은 나무의 잔가지를 말하므로 '혹득기각 무구或得其桷 无咎'는 어느 때에 나무의 잔가지 위에 멈춰 섰다면 평온하여 재앙이나 화가 없다는 뜻이 된다.

「상전」에서는 '혹 그 잔가지를 얻음은 유순하고 겸손하기 때문이다.或得其桷 順以巽也'라고 했다. 육사효는 온순하고 겸손한 데다 음의 자리에 음효가 와서 유순한 품격을 지닌다. 그 위의 효 두 개를 합하여 하나의 괘를 이루니 그것이 바로 손괘다. '손巽'은 순응함과 부드러움, 겸손함을 의미한다. 기러기가 이 잔가지 위에 머문다는 것은 기러기가 자신의 위치를 찾아냈다는 말이다. 자신의 자리를 정확하게 찾아내야만 이롭다. 여기서 우리는 첫째, 순응하는 마음으로 순차적으로 점진적으로 나아가야 한다는 것과 둘째, 겸허하고 겸손해야 한다는 사실을 배울 수 있다.

구오 효사와 「소상전」

九五, 鴻漸于陵 婦三歲不孕 終莫之勝 吉.
구오 홍점우릉 부삼세불잉 종막지승 길

象曰: 終莫之勝吉 得所願也.
상왈 종막지승길 득소원야

구오는 기러기가 높은 구릉으로 점차 나아감이니, 부인이 삼 년 동안 잉태하지 못하나 끝내는 이기지 못하므로 길하다.

「상전」에서는 말했다. 끝내 이기지 못하여 길함은 원하는 바를 얻었기 때문이다.

구오의 '홍점우릉鴻漸于陵'은 기러기가 점차 높은 언덕 위로 날아오른다는 뜻이다. 여인의 남편은 이미 멀리 떠났는데 '부인이 삼 년 동안 잉태하지 못했다.婦三歲不孕'는 것은 그녀가 정절을 굳게 지켰음을 의미한다. 남자가 여인의 남편이 멀리 간 것을 보았으므로 그녀를 유혹 혹은 위협하였으나 '끝내 이기지 못하여 길하다.終莫之勝 吉'고 했다.

「상전」에서는 '끝내 이기지 못하여 길함終莫之勝吉'은 '원하는 바를 얻었기 때문得所願也'이라고 풀이했는데 이는 견고한 신념과 간절한 소원이 이루어졌다는 뜻이다. 이 같은 생각과 가치관을 가지고 마음의 소원을 유지하기만 하면 가는 곳마다 성공하지 않음이 없을 것이다.

구오효와 육이효는 서로 응하여 마음이 통하고 부부가 서로 합하게 되는데 이러한 이치는 국가나 기업, 가정으로까지 확대될 수 있다. 위아래가 서로 합하고 안팎이 합하며 마음의 소원과 가치관을 유지해 간다면 어떠한 것도 당신을 당해 내지 못할 것이다.

상구 효사와 「소상전」

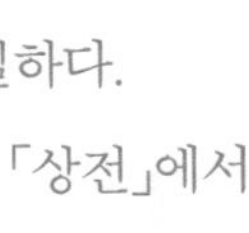

上九, 鴻漸于陸 其羽可用爲儀 吉.
상구 홍점우륙 기우가용위의 길
象曰: 其羽可用爲儀 吉 不可亂也.
상왈 기우가용위의 길 불가란야

상구는 기러기가 산 위로 날아오름이니, 그 깃이 의식에 사용될 만하여 길하다.

「상전」에서는 말했다. 그 깃이 의식에 사용될 만하여 길함은 제멋대로 하지 않기 때문이다.

상구효에 이르면 기러기는 이제 산 위로 날아오른다. 구삼에서 말한 '육陸'은 작고 낮은 산을 말하지만 상구의 '육陸'은 높은 산을 가리킨다. 따라서 상구의 '홍점우륙鴻漸于陸'은 이 기러기가 날아올라 높고 높은 산 정상에 이르렀다는 말인데, 그 깃털이 무척 아름다운 장식으로 사용될 만하니 길하다는 뜻에서 '기우가용위의 길其羽可用爲儀 吉'이라고 했다.

「상전」에서는 어째서 '그 깃이 의식에 사용될 만하여 길하다.其羽可用爲儀 吉'고 했을까? 바로 '제멋대로 하지 않기 때문不可亂也'이다. 예와 의식이 어지럽지 않다는 말이다. 고대에는 어떤 의식을 치를 때면 종종 깃발을 세워 경건함과 엄숙함을 드러내곤 했는데 이 깃발 위에 깃털을 꽂아 장식으로 삼곤 했다. 예식과 의식이 제멋대로 이뤄져서는 안 된다는 말은 순서에 근거해서 점진적으로 진행하되 어지럽게 이루어지지 않아야 한다는 말로 그렇게 되면 크게 길하다. 깃털은 또한 순수와 아름다움의 상징으로 고결한 것이다. 이는 우리에게 무슨 일을 하든지 하늘과 땅 사이의 점진하는 도를 따라야 함을 일깨워 준다.

상구효를 보면 차茶, 다도茶道의 성인이라고 불리는 육우陸羽가 떠오른다. 육우는 자신의 자字를 홍점鴻漸으로 썼는데 본래의 자가 있었음에도 점괘의 상구효를 읽은 뒤 바로 홍점으로 바꿔 불렀다고 한다.

점괘 정리

䷴

점괘에서는 전반적으로 사물의 발전 과정에는 일정한 법칙과 질서가 있게 마련인데, 이는 마치 기러기가 날아오르면 가장 먼저 물가에 이른 뒤 반석으로, 작은 산 위로, 작은 산의 잔가지로, 작은 산의 낮은 구릉으로, 그리고 마지막으로 큰 산에 이르는 과정과도 같다고 했다. 이러한 과정은 낮은 곳에서부터 시작하여 점차 높은 곳으로, 가까운 곳에서 시작하여 점차 먼 곳에 이르는 과정이어서 무척 질서정연하다.

각 효에서는 하나같이 바른 도를 지켜 점진적으로 나아가야 함의 필요성을 강조하고 있으며, 그래서 대부분 길하다. 가끔은 흉하기도 하지만 순서에 따라 행하기만 하면 흉함조차 길함으로 바꿀 수 있다. 우리는 여기서 사물이 발생하고 발전하는 법칙을 따르되 순서에 따라 조금씩 나아가야지, 빨리 자라게 돕는답시고 벼의 모를 위로 살짝 뽑아 결국엔 말라 죽게 하는 것처럼 자연스러운 법칙을 위배해서는 안 됨을 배울 수 있다.

54
귀매괘歸妹卦 — 소녀가 출가하다

괘사

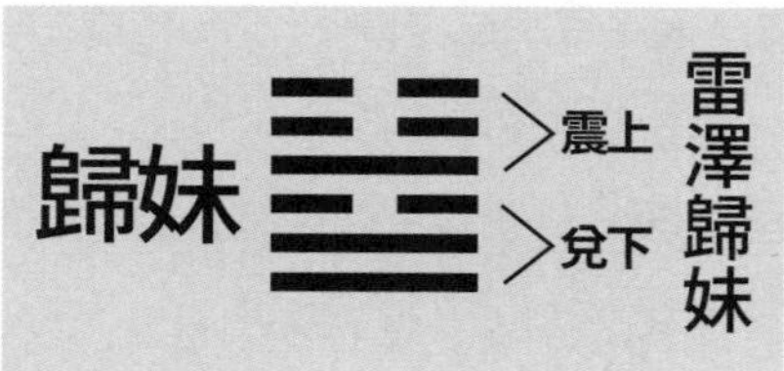

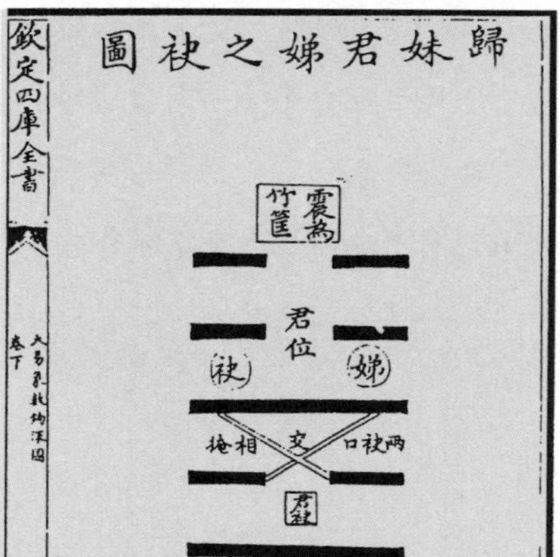

歸妹 征凶 无攸利.
귀매 정흉 무유리

귀매는 가면 흉하니 이로운 바가 없다.

'귀歸'는 '시집가다'의 의미이며 '매妹'는 손아래 여인, 즉 소녀少女를 말하므로 '귀매歸妹'는 '딸을 시집보내다.' '소녀를 시집보내다.'의 뜻이 된다. 어떤 이는 '매妹'를 여동생으로 해석하기도 하는데 이는 옳지 않다. 「서괘전」에서는 "나아가면 반드시 돌아오는 바가 있으므로 귀매로 받았다."고 했다. 괘 전체에서는 소녀가 시집감을 비유로 들어 딸이 시집가는 것은 영원히 바뀌지 않는 당연한 일이라고 설명했다. 자연계의 천지음양 두 기운이 교합함으로써 만물이 생겨나고 자라나 홍성하게 되듯 인류사회도 마찬가지로 남녀의 혼인을 통해서만 끊임없이 번성할 수 있다. 귀매괘에서 말하고자 하는 것도 남녀가 혼인하여 가정을 이루며 천지음양이 교합하는 이치에 관한 것이다.

괘사에서는 '귀매歸妹', 즉 소녀가 시집가는 것은 '가면 흉하니 이로운 바가 없다.征凶 无攸利'고 했다. 이 말은 무슨 의미일까? 여기에는 앞에 '행위가 정당하지 않다면'이라는 조건이 붙어야 한다. 이는 남자와 여자가 화합하는 이치를 말한 것으로 만약 그 행위가 마땅하지 않다면 흉하고 험하다는 말이다.

괘사에 대한 「단전」

象曰: 歸妹 天地之大義也.
단왈 귀매 천지지대의야

天地不交而萬物不興 歸妹 人之終始也.
천지불교이만물불흥 귀매 인지종시야

說以動 所歸妹也.
열이동 소귀매야

征凶 位不當也.
정흉 위부당야

无攸利 柔乘剛也.
무유리 유승강야

「단전」에서는 말했다. 귀매는 천지의 큰 뜻이다. 하늘과 땅이 사귀지 않으면 만물이 일어나지 못하니, 귀매는 사람의 끝과 시작이다. 기뻐함으로써 움직이니 소녀가 시집갈 수 있다. 가면 흉하다는 것은 위치가 마땅하지 않기 때문이요, 이로울 바가 없다는 것은 유가 강을 타고 있기 때문이다.

「단전」에서는 '귀매는 천지의 큰 뜻이다.歸妹 天地之大義也'라고 했다. 하괘인 태괘가 소녀少女를 상징하고 상괘인 진괘가 장남長男을 대표하기 때문에 전체적으로 소녀가 장남에게 시집감을 상징하며 소녀가 시집가는 것은 천지음양이 화합하는 큰 이치라고 할 수 있다.

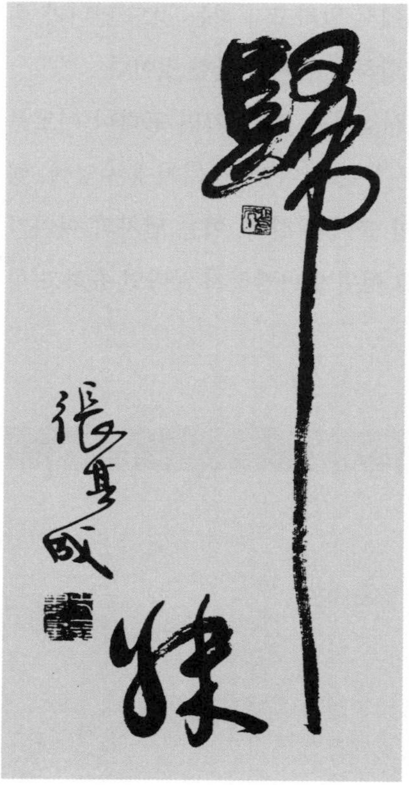

귀매

'천지불교이만물불응天地不交而萬物不興'은 만약 하늘과 땅이 만나 사귀지 않는다면 만물은 일어나 흥할 수 없다는 말이다. 마찬가지로 남녀가 만나 교합하지 않는다면 인류는 번식하지 못하고 흥왕할 수 없게 될 것이다. 그런데 어째서 하늘과 땅이 사귀지 않는다고 했을까? 상괘인 진괘가 우레로서 양에 속하니 양은 위로 올라가려는 특성이 있는 반면, 하괘인 태괘는 음에 속하여 아래로 내려가려 한다. 하나는 위로 올라가려 하고 다른 하나는 아래로 내려가려고만 하니 당연히 둘이 서로 만나 사귈 수 없게 되는 것이다. 이 때문에 전체적인 괘상이 흉하고 험한 편이어서 이럴 때는 반드시 하늘과 땅이 서로 만나 사귀어야 한다.

'귀매 인지종시야歸妹 人之終始也'는 '귀매는 사람의 끝과 시작이다.'라는 뜻인데 이는 소녀가 시집감이 인류가 끊임없이 생장하고 번식하는 근원이 됨을 설명한다.

'열이동說以動'은 소녀가 무척 기뻐하여 행한다는 것인데 이는 상괘인 진괘가 움직임이고 하괘인 태괘가 기쁨을 상징하기 때문이다. '소귀매야所歸妹也'는 이럴 때 소녀를 시집보낼 수 있다는 말이며, 가면 흉하다는 뜻에서 '정흉征凶'이라고 덧붙였다. 흉하다고 한 이유는 '위치가 마땅하지 않기 때문位不當也'이다. 귀매괘에서는 이효와 오효가 가장 중요한 효인데 남녀에게서 가장 핵심적인 효라고 할 수 있는 이 둘의 위치가 모두 마땅하지 않다. 구이는 음이 와야 할 자리에 양효가 왔고 구오는 양이 와야 할 자리에 음효가 왔으니 말이다.

'무유리 유승강야无攸利 柔乘剛也'는 '유가 강을 타고 있다.'는 뜻이다. 하괘인 태괘에서는 소녀를 대표하는 육삼효가 구이의 강효를 타고 있고, 상괘에서는 육오의 음효가 구사의 양효 위에 거하니 음의 부드러움이 양의 강건함을 올라 탄 형상이라 이롭지 않다는 것이다. 이처럼 귀매괘에서는 유효(음효)가 하나같이 강효(양효)를 올라타고 있어서 흉하다. 또한 귀매괘는 소녀가 시집가고 남녀의 혼인을 다루기 때문에 천지의 큰 뜻에 부합하여 길한 일인데도 여기서는 도리어 각각의 위치가 마땅하지 않아 흉하고 험하다고 했다. 귀매괘에서는 남녀의 혼인이란 인류가 번성하게 된 근본 원인이고 여인이 시집가면 반드시 바른 도를 지킴으로써 안에서 남편을 도와 유순하게 행동해야 하며, 이와 반대로 하면 흉한 징조라고 강조한다. 여기에는 여인을 구속했던 고대사회 예절 교육의 속성이 반영되어 있다.

괘사에 대한 「대상전」

象曰: 澤上有雷 歸妹. 君子以永終知敝.
상 왈 택 상 유 뢰 귀 매 군 자 이 영 종 지 폐

「상전」에서는 말했다. 못 위에 우레가 있는 것이 귀매다. 군자는 이를 보고 도를 영구히 하지 않으면 폐하고 만다는 것을 알아야 한다.

「상전」에서는 '못 위에 우레가 있는 것이 귀매다.澤上有雷 歸妹'라고 했는데 이는 귀매괘(䷵)의 하괘인 태괘(☱)가 못이고 상괘인 진괘(☳)가 우레이기 때문이다. 못 위에 우레가 울리기 시작하고 우레가 움직인즉 못이 뒤따르니 우레가 울림은 만물이 기뻐하며 움직이기 시작함을 상징한다. 다시 말해, 양이 위에서 움직이고 음이 기뻐하며 그를 따르니 여인이 남자를 따르는 상이고, 이것이 바로 귀매괘의 상이다.

군자는 이러한 괘상을 보고 귀매괘의 도에 근거하여 '도를 영구히 하지 않으면 폐하고 만다는 사실을 알아야 한다.永終知敝' 마찬가지로 처음부터 끝까지 부부의 도를 지켜서 그 도가 폐하지 않게 해야 한다. 만약 음란하고 부도덕하며 위치가 마땅하지 않아 유가 강을 타는 등 음양이 서로 사귀지 않으면 그 도는 폐하여 오래가지 못할 것이다.

초구 효사와 「소상전」

初九, 歸妹以娣 跛能履 征吉.
초구 귀매이제 파능리 정길

象曰: 歸妹以娣 以恒也. 跛能履吉 相承也.
상왈 귀매이제 이항야 파능리길 상승야

초구는 소녀가 시집갈 때 제娣로서 감이니, 절름발이가 건듯 하지만 걸을 수 있어 가면 길하다.

「상전」에서는 말했다. 소녀가 시집갈 때 제娣로서 가는 것은 항구한 도로써 하였기 때문이요, 절름발이가 건듯 하지만 걸을 수 있어 길한 것은 서로 받들기 때문이다.

초구의 '귀매이제歸妹以娣'는 고대, 특히 상나라 때 여동생이 언니를 따라 한 명의 남편에게 동시에 시집가는 관습을 의미한다. 여기서 '제娣'는 여동생이자 측실을 말하며 언니는 바로 정실, 정식 부인이 된다. 그렇게 되면 절름발이가 건는 듯하나 노력하여 앞으로 나아가면 길함을 얻을 수 있다는 뜻에서 '파능리 정길跛能履 征吉'이라고 했다. 초구는 하괘의 맨 아래에 거하는데 이는 마치 소녀가 시집갈 때 언니를 따라가 측실이 되는 것과 같으나 그녀가 양의 강건함과 어진 덕을 품고 옆에서 정실을 도울 수 있으므로 길하고 이롭다.

「상전」에서는 '소녀가 시집갈 때 제娣로서 가나 길함은 항구한 도로써 하였기 때문이다.歸妹以娣 以恒也'라고 했다. 이는 그녀가 항구한 도, 혼인의 항상한 도를 지킨다는 의미다. '절름발이가 걷듯 하지만 걸을 수 있어 길함跛能履吉'은 그녀가 정실이 아님에도 여전히 노력하여 앞으로 나아가고자 하기 때문이다. 이처럼 그녀가 정실을 도와 함께 남편을 내조하니 길하고 이롭다는 뜻에서 '상승야相承也'라고 하여 초구는 마무리된다.

구이 효사와「소상전」

九二, 眇能視 利幽人之貞.
구이 묘능시 이유인지정

象曰: 利幽人之貞 未變常也.
상왈 이유인지정 미변상야

구이는 애꾸눈과 같으나 볼 수 있으니 은거자가 바르게 함이 이롭다.

「상전」에서는 말했다. 은거자가 바르게 함이 이로움은 항상한 도가 변하지 않았기 때문이다.

'묘眇'는 시력이 좋지 않은 사람 예컨대 애꾸눈을 가진 사람을 가리키며 '유인幽人'은 은거하는 이를 말한다. 이 은둔자는 도대체 누구를 가리키는 것일까? 당연히 구이효다. 구이는 위로 육오와 짝을 이루지만 육오는 음의 부드러움을 지닌 데다 자리도 마땅하지 않아 '부정不正'하므로, 품성이 좋지 않은 사람 혹은 그녀에게 어울리지 않는 사람에게 시집가는 것과도 같다. 이렇게 되면 구이효는 어쩔 수 없이 스스로 숨어 지내는 처지가 되고 만다. 비록 시력이 좋지 않지만 여전히 길을 걸으며 사물을 볼 수 있으니, 고요한 곳에 은거하는 사람이 바른 도를 지키는 것이 이롭다는 뜻에서 '묘능시 이유인지정眇能視 利幽人之貞'이라고 했다.

「상전」에서는 '은거자가 바르게 함이 이로움利幽人之貞'은 '항상한 도가 변하지 않았기 때문未變常也'이라고 했다. 그녀가 부녀자로서 가져야 할 항상한 도를 잃지 않고 절개와 지조를 지켰기 때문이라는 말이다. 『초사楚辭』에서 굴원은 자주 '미인'이나 '향초香草' 등에 빗대어 군왕에게서 멀리 떨어져 은거하는 삶에 대한 한을 표출했는데 이는 귀매괘의 구이효와도 관계가 깊다. 명대의 역학자 내지덕은 이에 대해 "은거자에게 어진 군주가 없다는 것은 마치 구이효가 어진 남편을 만나지 못함과 같다."고 풀이했다. 그리고 그녀는 평생 항상한 도리를 잃지 않고 절개를 지키는 까닭에 길하다고 한 것이다.

육삼 효사와 「소상전」

六三, 歸妹以須 反歸以娣.
육삼 귀매이수 반귀이제
象曰: 歸妹以須 未當也.
상왈 귀매이수 미당야

육삼은 소녀가 시집갈 때 수須로서 감이니, 돌아와 제娣로서 가야 한다.
「상전」에서는 말했다. 소녀가 시집갈 때 수須로서 감은 자리가 마땅하지 않기 때문이다.

여기서 '수須'는 무슨 뜻일까? 정식 부인이 아닌 '첩'이라는 뜻이다. 따라서 육삼의 '귀매이수歸妹以須'는 '여인이 시집갈 때 수須로서 감'이라는 뜻인데 이는 소녀가 '수須'의 신분으로 시집을 가서 측실이 된다는 말이다. '반귀이제反歸以娣'는 돌아와 때를 기다린 후에 '제娣'의 신분, 즉 언니를 따라 같은 남편의 측실이 되어 시집가야 한다는 뜻이다.

「상전」에서는 '소녀가 시집갈 때 수須로서 감歸妹以須'은 '자리가 마땅하지 않기 때문未當也'이라고 해석했다. 소녀가 시집갈 때 첩이 되어서 가는 것은 그리 타당한 행위가 아니지만, 설령 정식 부인이 되지는 못하더라도 때를 기다려 '제娣'의 신분으로라도 시집가서 측실이 된다는 것이다. 육삼은 음효가 양의 자리에 거하니 위치가 마땅하지 않으므로 돌아와서 시기를 기다려야 한다.

구사 효사와「소상전」

九四, 歸妹愆期 遲歸有時.
구사 귀매건기 지귀유시
象曰: 愆期之志 有待而行也.
상왈 건기지지 유대이행야

구사는 소녀가 시집갈 때 혼기를 놓쳐 혼인이 지체되었으니 때를 기다려야 한다.

「상전」에서는 말했다. 혼기를 놓침의 뜻은 기다렸다가 가는 것이다.

'건愆'은 시기를 놓쳐서 지체됨을 말하므로 '귀매건기歸妹愆期'는 혼인을 기다리던 소녀가 적절한 혼기를 놓쳤음을 말한다. '지귀유시遲歸有時'는 지체되다가 시집가지 못했으니 가만히 때를 기다릴 수밖에 없음을 뜻한다.

「상전」에서는 '혼기를 놓침의 뜻愆期之志'은 '기다렸다가 가는 것有待而行也'이라고 했다. 소녀가 혼기를 놓쳤으니 그 심리 상태가 어떠하겠는가? 가만히 때를 기다린 후에 앞으로 나아가야 한다. 이것이야말로 좋은 마음 상태이며 길한 것이자 부인으로서 가져야 할 어진 덕의 뜻이다. 그렇다면 어째서 하필 구사가 가장 좋은 혼기를 놓친 것일까? 왜냐면 구사의 짝은 초구인데 둘 모두 양효여서 상응하지 않는다. 이는 마치 소녀가 혼기를 놓쳐 결혼하지 못하고 그녀의 인연을 기다릴 수밖에 없는 상황과도 같다.

육오 효사와 「소상전」

六五, 帝乙歸妹 其君之袂 不如其娣之袂良. 月幾望 吉.
육오 제을귀매 기군지몌 불여기제지몌량 월기망 길
象曰: 帝乙歸妹 不如其娣之袂良也 其位在中 以貴行也.
상왈 제을귀매 불여기제지몌량야 기위재중 이귀행야

육오는 제을이 딸을 시집보냄이라, 정실의 옷소매가 측실의 소매보다 아름답지 못하니, 달이 거의 차올랐을 때가 길하다.

「상전」에서는 말했다. 제을이 딸을 정실로 시집보냈으나 측실의 소매보다 아름답지 못함은, 그 위치가 중에 있어서 귀함으로 행하기 때문이다.

'제을귀매帝乙歸妹'는 태괘泰卦에서도 언급된 바 있는 무척 유명한 고사에서 나온 말이다. 제을帝乙은 상나라 주왕紂王의 부친으로 그는 희창(훗날의 주문왕)이 언젠가는 위협적인 존재가 될 것임을 일찌감치 간파했다. 그가 천하 사람들의 민심을 두루 얻었기 때문이다. 그래서 제을은 자신의 딸을 주문왕에게 시집보내기로 한다. 그녀는 제왕의 딸로 신분이 무척 고귀했기 때문에 당시 제후국의 우두머리에 불과했던 희창에게 시집가는 것은 격식에 맞지 않는 일이었고, 어찌 보면 제을에게는 손해를 보는 일이었다. 그러나 평상시 제을의 딸은 성품이 겸손하여 의복을 소박하게 입었고 이 때문에 본문에서 그녀의 의복에 대해 '정실의 옷소매가 측실의 옷소매보다 아름답지 못하다.其君之袂 不如其娣之袂良'고 했다. 그녀가 구오의 존귀한 자리에 있음에도 겸손할 뿐 아니라 중도를 지켰음을 뜻한다. 이는 마치 달이 거의 차올라 아직 보름달이 되지 않았을 때가 길한 것과 같은 이치인데 그런 의미에서 '월기망 길月幾望 吉'이라고 했다. 달이 지나치게 차오르면 이내 기울어 버리기 때문에 아직 보름달이 되지 않았을 때가 길하다. 여기서는 아무리 신분이 높더라도 근검절약해야 하며 성공을 거머쥐더라도 겸손하여 자만하지 말아야 함을 배울 수 있다.

「상전」에서는 '제을이 딸을 정실로 시집보냈으나 측실의 소매보다 아름답지 못함帝乙歸妹 不如其娣之袂良也'은 '그 위치가 중에 있어서 귀함으로써 행동하기 때문其位在中 以貴行也'이라고 했다. 이는 비록 그녀가 존귀한 자리에 있지만 중도를 지켜서 근검하고 절약하며 겸손함을 뜻한다. 지위가 높고 권세 있는 사람일수록 고결한 인품과 덕을 품어야 더욱 고귀해질 수 있다.

상육 효사와 「소상전」

上六, 女承筐 无實 士刲羊 无血 无攸利.
상육 여승광 무실 사규양 무혈 무유리
象曰: 上六无實 承虛筐也.
상왈 상육무실 승허광야

상육은 여인이 광주리를 이고 있으나 담겨진 것이 없고, 남자가 양을 베나 피가 나지 않으니, 이로울 바가 없다.

「상전」에서는 말했다. 상육이 광주리에 담긴 것이 없음은 빈 광주리를 이었기 때문이다.

고대의 귀족 남녀가 혼인할 때는 종묘에 제사하는 풍속이 있어서 여인은 광주리에 화초를 담고 남자는 양을 잡은 후 피를 제단에 올리곤 했다.

그러나 여기서는 도리어 '여인이 광주리를 이고 있으나 담겨진 것이 없고, 남자가 양을 베나 피가 나지 않는女承筐 无實 士刲羊 无血' 광경이 펼쳐진다. 이러한 모습은 상서롭지 않은 조짐이어서 '이로울 바가 없다.无攸利'고 했다.

「상전」에서는 '상육이 광주리에 담긴 것이 없음上六无實'은 '빈 광주리를 이었기 때문承虛筐也'이라고 했다. 제사를 지낼 때 여자가 빈 광주리를 이고 있고 남자가 양을 베어도 피가 나오지 않는다는 것은 제사를 지낼 수 없음을 비유한 것이다. 혼례가 이뤄지지 않아 부부가 화합할 수 없다는 뜻이다. 상육효는 괘의 끝에 거하고 아래로도 응하지 않으니 부부가 호응하여 화합을 이룰 수 없다. 왜일까? 상육효가 가장 높은 자리에 거한 것은 마치 시집간 소녀가 지나치게 고귀한 나머지 그녀가 따를 만한 곳이 없게 된 상황과도 같다. 결국 남녀가 화합하고 음양이 화합하려면 반드시 실질적이고 견고한 근거지가 있어야지 상육의 비어 있는 광주리처럼 형체가 없는 것을 추구해서는 안 된다는 말이다. 이처럼 상육효는 '사물의 발전이 극에 이르면 반드시 반대 방향으로 전환한다.'는 이치를 써서 여인이 시집갈 때 경계해야 할 일들을 일깨워 주고 있다.

귀매괘 정리

䷵

귀매괘는 얼핏 보기에는 남녀 간의 혼사를 논하는 것처럼 보이지만 사실 천지음양이 화합하는 항상하는 도를 설명한다. 그것은 바로 음이 양을 돌아갈 거처로 삼아 음과 양이 서로 화합해야만 천지가 오래갈 수 있고 만물이 번성할 수 있다는 원리다.

55
풍괘豐卦 — 크고 풍성한 도리

괘사

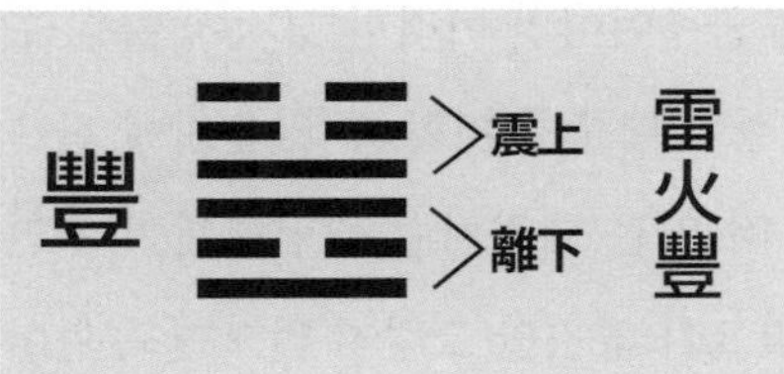

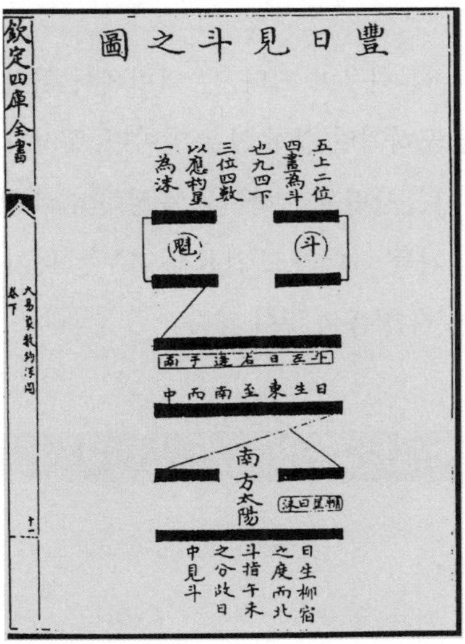

豐 亨 王假之 勿憂 宜日中.
풍 형 왕격지 물우 의일중

풍은 형통하니, 왕이어야 이를 수 있으며, 근심할 필요 없이 해가 중천에 있듯이 한다.

'풍豐'은 '풍성하다' '풍만하다' '크고 많다'의 의미다. 「서괘전」에서는 "돌아갈 곳을 얻은 자는 반드시 커지게 되어 있으므로 풍괘로 받았다. 풍은 큰 것이다."라고 했다. 자신이 돌아가야 할 곳을 얻으면 반드시 풍성해지게 되므로 귀매괘 다음에 풍괘가 왔다는 의미다. 풍괘에서는 이처럼 사물의 크고 풍성한 이치를 설명한다.

괘사에서는 '풍 형豐 亨', 즉 '풍성하고 클 때는 형통하다.'고 했다. '왕격지王假之'에서 '격假'은 '이르다' '도달하다'의 의미이므로 군왕이 풍성한 경지에 이를 수 있다는 뜻이 된다. 따라서 근심할 필요가 없고 중천에 뜬 해처럼 세상을 성대하고 밝게 비추듯 한다는 의미에서 '물우 의일중勿憂 宜日中'이라고 덧붙였다. 앞선 구절 '풍 형 왕격지豐 亨 王假之'는 풍성한 경지에 이르러야 함을 말한 것이고 '물우 의일중勿憂 宜日中'은 어떻게 하면 이처럼 풍성한 경지에 이를 수 있을지에 대해 설명한 것이다.

이처럼 풍괘는 두 가지 내용을 강조하는데 그것은 첫째, 어떻게 하면 풍성하고 큰 목표에 이를 수 있는지에 관한 것이다. 그러기 위해서는 반드시 덕으로 행해야만 하고 덕이 있는 군주여야만 이러한 경지에 이를 수 있다. 둘째, 어떻게 하면 이렇게 풍성한 상태를 유지할 수 있을지에 관해 알려 주는데 이에 대한 답은 중천에 떠 있는 태양처럼 광명하게 비추면 된다는 것이다. 이렇게 하면 근심할 필요가 없지만 그렇지 않으면 우환이 떠나지 않을 것이다.

풍괘는 비록 그 이름을 '풍성하고 아름다우며 크다.'는 의미에서 취하기는 했지만 깊은 정성으로 풍성함을 구하기란 쉽지 않은 일이며, 풍성함을 유지하는 것은 더더욱 어려운 일이다. 사람들로 하여금 풍성하되 쇠락의 시기가 다가옴을 잊지 않게 하며, 가득 차더라도 언젠가 기우는 때가 오는 이치를 잊지 않게끔 일깨우니 본 괘가 품은 뜻이 깊다.

괘사에 대한 「단전」

彖曰: 豐 大也. 明以動 故豐.
단왈 풍 대야 명이동 고풍

王假之 尙大也.
왕격지 상대야

勿憂 宜日中 宜照天下也.
물우 의일중 의조천하야

日中則昃 月盈則食
일중즉측 월영즉식

天地盈虛 與時消息 而況於人乎 況於鬼神乎.
천지영허 여시소식 이황어인호 황어귀신호

「단전」에서는 말했다. 풍은 큼이다. 밝고도 움직이는 까닭에 풍성하다고 한 것이다. 왕이어야만 이를 수 있음은 큰 것을 숭상하기 때문이요, 근심할 필요 없이 해가 중천에 있듯이 한다는 것은 그 덕이 천하를 비추는 것이다. 해가 중천에 있으면 머지않아 지고, 달이 가득 차오르면 이내 기울게 되나니, 천지가 차고 비는 것이 때에 따라 이뤄지는데, 하물며 사람에 있어서며 하물며 귀신에 있어서겠는가.

「단전」에서는 '풍 대야豐 大也', 즉 '풍은 큼이다.'라고 했다. '명이동 고풍明以動 故豐'은 밝고 움직이는 까닭에 풍성하다고 했다는 말이다. 이는 풍괘의 하괘인 이괘가 상징하는 불이 밝기 때문이고 상괘인 진괘가 상징하는 우레가 움직이는 것이기 때문이다. 우레가 울리고 번개가 치듯 찬란함을 발하니 이것이 바로 풍성하고 큰 광경이다. 도덕이 빛을 발한 뒤, 실제 행동을 취해야만 크고 풍성한 성과를 거둘 수 있는 것도 같은 원리다.

'왕이어야 이를 수 있음王假之'이라고 말한 것처럼 어째서 대왕만이 이렇게 풍성하고 큰 경지에 이를 수 있을까? 바로 '큰 것을 숭상하는尙大也' 미덕이 있기 때문이다. '근심할 필요 없이 해가 중천에 있듯이 한다.勿憂 宜日中'는 것은 '그 덕이 천하를 비추는 것宜照天下也'을 가리킨다.

'일중즉측 월영즉식 천지영허 여시소식 이황어인호 황어귀신호日中則昃月盈則食 天地盈虛 與時消息 而況於人乎 況於鬼神乎'는 '해가 중천에 있으면 머지않아 지고 달이 가득 차오르면 이내 기울게 되니, 이처럼 천지가 차고 비는 것도 때에 따라 이뤄지는데 하물며 사람에 있어서며 귀신에 있어서겠는가.'라는 뜻으로 무척 유명한 말이다. 만약 태양이 중천에 떠 있다면 반드시 서쪽으로 지게 마련이며 달도 가득 차오르면 다시 기울 날이 머지않음을 알 수 있다. 이처럼 천지자연의 차고 빔이 모두 일정한 때에 따라 이루어지는데 하물며 사람이나 귀신이 이러한 보편적인 법칙에서 벗어날

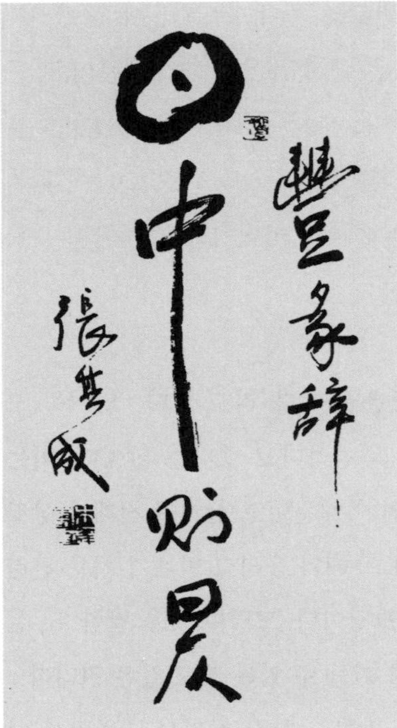

일중즉측

수 있겠느냐는 말이다. 그래서 대왕이나 군주라면 모든 것이 풍성한 시기라 하더라도 부족했던 시절을 떠올리면서 자만하거나 지나침이 있지 않도록 주의해야 한다. 사물의 발전이 극에 이르면 반드시 그 반대면으로 전환하게 마련이며 이것이 자연의 정상적이고 항상한 법칙이다. 시종일관 해가 중천에 떠 있는 듯한 상태를 유지하는 것은 불가능하지만 적어도 자기 자신을 수양하고 겸손하게 중용의 도를 지켜 나가면 된다.

괘사에 대한 「대상전」

象曰: 雷電皆至 豐. 君子以折獄致刑.
상왈 뇌전개지 풍 군자이절옥치형

「상전」에서는 말했다. 우레와 번개가 모두 이르는 것이 풍이다. 군자는 이를 보고 옥사를 공정하게 판단하여 형을 집행한다.

「상전」에서는 '우레와 번개가 모두 이르는 것이 풍이다.雷電皆至 豐'라고 했는데 이는 풍괘(䷶)의 상괘인 진괘(☳)가 우레를 나타내고 하괘인 이괘(☲)가 불, 번개를 상징하기 때문이다. 우레와 번개가 함께 이르니 풍성하고도 거대한 상이다. 우레가 이를 때는 우르르 쾅쾅 소리를 내면서 하늘의 위엄을 드러내고, 번개가 치면 빛을 발하니 일종의 광명이다. 우레의 위엄이 번개의 빛과 더불어 이르니 우레의 울림과 번개의 빛이 극도로 성대하다. 참으로 풍성하고도 큰 광경이라고 할 수 있으며 이것이 바로 풍괘의 상이다.

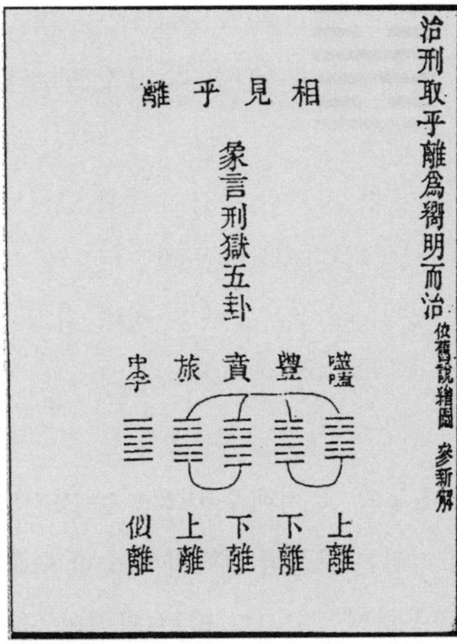

군자는 이러한 괘상을 보고 풍괘의 도에 근거해서 '옥사를 공정하게 판단해서 형을 집행한다.折獄致刑' 앞서 다룬 서합괘에서는 불火과 우레雷가 만나 이루어진 화뢰서합괘火雷噬嗑卦(䷔)여서 뇌화풍괘雷火豐卦(䷶)와는 위아래가 정반대인 괘상을 가진다. 서합괘의 「상전」에서는 "우레와 번개가 서합이니 선왕은 이를 보고 형벌을 분명히 하여 법을 집행한다.雷電噬嗑 先王以明罰敕法"고 했다. 풍괘와 뜻이 다소 비슷하지만 일정한 차이가 있다. 주희는 이에 대해 "서합괘는 밝음이 위에 있고 움직임이 아래에 있으므로 먼저 일의 이치를 분명히 밝힌 연후에 법을 세워야 하고 이러한 법은 때와 상황을 살펴 가며 적절히 사용해야 하므로 형벌을 분명히 하고 법을 집행해야 한다."고 했다. 그러나 풍괘는 이와는 반대다. 위엄이 위에 있고 밝음이 아래에 있으니 법을 집행할 때는 먼저 그 속사정을 명백히 밝혀야 하는데 그렇지 않고 위엄과 위협이 먼저 행해지면 반드시 실수가 생기고 만다. 그래서 '옥사를 공정하게 판단해서 형을 집행해야 한다.折獄致刑'고 한 것이다. 이 두 괘는 법을 집행할 때 불과 우레의 위엄을 통해 일의 이치와 관계를 명백히 밝혀야만 불공정함을 피할 수 있다는 사실을 설명한다.

초구 효사와「소상전」

初九 遇其配主 雖旬无咎 往有尙.
초구 우기배주 수순무구 왕유상

象曰: 雖旬无咎 過旬災也.
상왈 수순무구 과순재야

초구는 자기와 맞는 주인을 만나되 비록 위치가 동등해도 허물이 없으니 나아가면 숭상함을 받는다.

「상전」에서는 말했다. 비록 위치가 동등해도 허물이 없음은 대등함을 넘어서면 재앙이 있기 때문이다.

초구의 '우기배주遇其配主'는 자기와 어울리는 군주를 만났다는 것인데 여기서는 자신의 실력과 비슷한 수준의 주인을 만났다는 말이다. '순旬'은 '균등하다' '고르다'라는 의미의 '균均'과 통하므로 '수순무구雖旬无咎'는 비록 지위가 서로 같지만 재앙이나 화를 초래하지 않는다는 뜻이 된다. 이렇게 앞으로 나아가면 다른 사람으로부터 존경과 숭상함을 받게 될 것이라는 의미에서 '왕유상往有尙'이라고 했다. 그렇다면 초구와 짝을 이루는 주인은 누구일까? 바로 구사효다. 구사는 초구와 상응해야 하는 자리이지만 둘 다 양효라서 대등한 형세를 이루기 때문이다.

「상전」에서는 '비록 위치가 동등해도 허물이 없음雖旬无咎', 즉 초구효와 구사효가 실력이 같아도 재앙이나 화가 이르지 않음은 '대등함을 넘어서면 재앙이 있기 때문過旬災也'이라고 풀이했다. 비록 둘이 실력이 비슷하지만 서로 다투려 하지 않고 스스로 아래에 거한다는 말이다. 초구효는 이제 막 시작하는 단계로 가장 아래의 자리에 거하기 때문이다.

한 가지 재미있는 것은 64괘는 기본적으로 음과 양이 만나야만 서로 짝이 될 수 있다고 하는데, 풍괘에서는 두 양효가 서로 짝을 이루며 같은 덕을 가지고 만난다고 한다는 것이다. 이럴 때는 서로 다투지 않아야만 화를 면할 수 있다. 그렇지 않으면 둘은 서로 만나더라도 경쟁하고 다투어서 재앙이 임한다.

육이 효사와 「소상전」

六二, 豐其蔀 日中見斗 往得疑疾 有孚發若 吉.
육이 풍기부 일중견두 왕득의질 유부발약 길
象曰: 有孚發若 信以發志也.
상왈 유부발약 신이발지야

육이는 막아 가리는 것이 커서 대낮에도 북두성을 볼 수 있으니, 가면 의심과 미움을 받지만 성실함으로 덕을 발휘하면 길하다.

「상전」에서는 말했다. 성실함으로 덕을 발휘함은 믿음으로써 그 뜻을 발휘한다는 것이다.

'부蔀'는 본래 집에서 나무 선반이나 시렁을 덮던 거적이나 차양을 말하는데 여기서는 어두운 것을 상징한다. 따라서 육이의 '풍기부 일중견두豐其蔀 日中見斗'는 대낮에 태양이 중천에 떠 있는데 도리어 북두성을 볼 수 있다는 뜻으로, 빛이 보이지 않는 것은 어두운 것이 가리고 있기 때문이다. 이는 사람이 뭐든지 풍성한 시절을 보낼 때면 종종 자신의 어두운 면이 밝은 면을 가릴 수 있다는 사실을 설명한 것이다.

'왕득의질往得疑疾'은 앞으로 나아가면 다른 사람으로부터 의심과 미움을 받게 된다는 것이고 '유부발약 길有孚發若 吉'은 이럴 때는 성실함을 품고서 자신의 빛나고 밝은 면을 유지함으로써 마음의 뜻과 아름다운 덕이 발휘되게끔 해야 길하다는 말이다.

「상전」에서는 '성실함으로 덕을 발휘함有孚發若'은 '믿음으로써 그 뜻을 발휘하는 것信以發志也'이라고 했다. 다시 말해 성실함을 가지고 자신의 뜻을 발휘하고 아름다운 덕을 천명한다는 말인데, 육이효는 음효가 하괘의 가운데에 있어서 성실함을 품는다는 뜻이다. '중中'과 '정正'을 얻었으니 자신의 성실한 마음을 유지하면서 어두운 면이 커지지 않게 할 수 있다.

구삼 효사와 「소상전」

九三, 豐其沛 日中見沫 折其右肱 无咎.
구삼 풍기패 일중견매 절기우굉 무구

象曰: 豐其沛 不可大事也. 折其右肱 終不可用也.
상왈 풍기패 불가대사야 절기우굉 종불가용야

구삼은 깃발을 크게 하여 대낮에도 작은 별을 보니 오른팔이 부러져야만 허물이 없다.

「상전」에서는 말했다. 깃발을 크게 하니 큰일을 할 수 없다. 그 오른팔이 부러졌으니 끝내 쓸 수 없다.

'패沛'는 '깃발'의 의미를 지닌 '패旆'와 통하므로 구삼의 '풍기패豐其沛'는 깃발을 크게 한다는 뜻인데 그렇게 되면 당연히 빛을 가릴 수밖에 없다. '매沫'는 별 이름을 뜻하는 '매昧'와 통하며 여기서는 '작은 별'을 의미한다. 따라서 '일중견매日中見沫'는 대낮에도 작은 별을 볼 수 있게 되었다는 말이다. '절기우굉 무구折其右肱 无咎'는 이럴 때는 자신의 오른팔을 부러뜨려야만 재앙이 이르지 않을 수 있다는 말이다. 어째서 자신의 오른팔을 부러뜨려야 한다는 것일까? 이는 자신의 말과 행동, 생각을 자제하고 신중하게 함으로써 풍성하고 큰 재능을 드러내지 않아야만 화를 면할 수 있다는 의미다.

「상전」에서는 '깃발을 크게 하니 큰일을 할 수 없다.豐其沛 不可大事也'고 풀이했다. 이는 자신의 깃발을 풍성하고 크게 했기 때문에 빛을 가리게 되었다는 것으로 큰일을 맡을 수 없음을 뜻한다. '그 오른팔이 부러졌으니 끝내 쓸 수 없다.折其右肱 終不可用也'고 한 것처럼 오른팔을 부러뜨렸으니 어찌 큰 역할을 감당할 수 있겠는가? 그렇다면 재능을 숨기고 드러내지 말아야 한다. 왜냐면 구삼효는 이미 하괘의 가장 윗자리에 올라선 상태인 데다 하괘인 이괘가 불을 상징하기 때문이다. 불은 번개다. 번개가 끄트머리에 임했으니 이럴 때일수록 반드시 숨어서 재능을 감추어야만 화를 면할 수 있다.

구사 효사와 「소상전」

䷶

九四, 豐其蔀 日中見斗 遇其夷主 吉.
구사 풍기부 일중견두 우기이주 길

象曰: 豐其蔀 位不當也. 日中見斗 幽不明也.
상왈 풍기부 위부당야 일중견두 유불명야

遇其夷主 吉 行也.
우기이주 길 행야

구사는 막아 가리는 것이 커서 대낮에도 북두성을 보니 음양이 고른 주인을 만나면 길하다.

「상전」에서는 말했다. 막아 가리는 것이 큼은 위치가 마땅하지 않기 때문이요, 대낮에 북두성을 봄은 어두워서 밝지 않기 때문이다. 음양이 고른 주인을 만남은 길하여 나아갈 수 있다는 것이다.

구사효 역시 '막아 가리는 것이 커서 대낮에도 북두성을 본다.豐其蔀 日

中見斗'고 하였는데 이는 자신의 어두운 면이 커져서 빛을 가리는 꼴이 되었다는 말이다. 마치 태양이 중천에 떴지만 도리어 북두칠성을 보게 되는 것처럼 말이다.

'이夷'는 '평평하다' '동등하다'는 의미이므로 '이주夷主'는 음양이 서로 동등한 그러한 군주를 가리키며 결국 '우기이주 길遇其夷主 吉'은 음양이 어울리는 주인을 만나야만 길하다는 뜻이 된다.

초구에서 말하고자 하는 것은 '자기에게 맞는 주인'이었지만 구사에서는 '음양이 고른 주인'이라는 점에서 차이가 있는데 그렇다면 여기서 말하는 '음양이 고른 주인'은 누구를 가리킬까? 당연히 초구효다. 초구는 구사를 가리켜 '자신과 맞는 주인'이라고 했고 구사는 초구를 가리켜 '음양이 고른 주인'이라고 함으로써, 두 효가 모두 양의 덕을 지닌 까닭에 반드시 평형을 이루어서 짝이 되어야 함을 강조한다. 만약 평형을 이루지 못하고 서로 다투기만 한다면 이는 흉한 일이다.

「상전」에서는 '막아 가리는 것이 큼은 위치가 마땅하지 않기 때문이다.豐其蔀 位不當也'라고 했는데 이는 구사효의 위치가 '부당不當'함을 가리킨다. 이는 마치 큰 차양 탓에 어두운 면이 커져서 밝은 것을 가리게 되는 것과 같다.

그리고 '대낮에 북두성을 봄은 어두워져서 밝지 않기 때문이다.日中見斗 幽不明也'라고 한 것은 대낮에 태양이 중천에 떠 있지만 북두성을 볼 수 있으니 이럴 때는 어두워서 빛을 보지 못한다는 뜻이다.

마지막으로 '음양이 고른 주인을 만남은 길하여 나아갈 수 있다는 것이다.遇其夷主 吉 行也'라고 했다. 이는 만약 양의 덕이 서로 평형을 이루는 주인을 만나면 길하여 계속해서 앞으로 나아갈 수 있다는 뜻이다.

육오 효사와 「소상전」

六五, 來章 有慶譽 吉.
육오 내장 유경예 길
象曰: 六五之吉 有慶也.
상왈 육오지길 유경야

육오는 재능 있는 아름다운 사람을 오게 하면 경사가 있어서 길하다.
「상전」에서는 말했다. 육오의 길함은 경사가 있기 때문이다.

'장章'은 '아름다움' '광채'를 뜻하는 '창彰'과 통하므로 재능 있는 사람을 가리킨다. 따라서 육오의 '내장 유경예 길來章 有慶譽 吉'은 재능 있는 아름다운 사람을 불러와 자신을 돕게 하면 자신의 사업이 풍성하고 커질 수 있으므로, 반드시 복되고 경사스러운 일이 생기게 되니 크게 길하다는 말이다.

「상전」에서는 육오가 길할 수 있는 것은 '경사가 있기 때문有慶也', 즉 경사스러우며 복된 소식이 있기 때문이라고 했다.

오효는 풍괘의 가장 존귀한 자리이자 양의 강건함이 머물러야 하는 자리인데 그곳에 음효가 왔다. 이렇게 되면 비록 음유이긴 하지만 양강의 요소도 지니게 된 데다 중도를 지킬 수 있다는 의미로도 볼 수 있다. 따라서 성실함을 가지고 서로 부를 수 있게 되니 천하의 재능 있는 자들을 불러 모아 보좌함을 받게 된다. 이로써 자신의 빛이 더욱 풍성하고 커질 수 있어서 길하고 복된 것이다.

상육 효사와 「소상전」

上六, 豐其屋 蔀其家. 闚其戶 闃其无人 三歲不覿 凶.
상육 풍기옥 부기가 규기호 격기무인 삼세부적 흉
象曰: 豐其屋 天際翔也 闚其戶 闃其无人 自藏也.
상왈 풍기옥 천제상야 규기호 격기무인 자장야

상육은 집을 크게 짓고 집에 차양을 침이라. 그 문을 엿보니 고요하고 사람이 없어 삼 년이 지나도록 만나지 못하므로 흉하다.

「상전」에서는 말했다. 그 집을 크게 지음은 하늘가에서 날아오름이요, 그 문을 엿보니 고요하고 사람이 없다는 것은 스스로 감추었기 때문이다.

상육의 '풍기옥豐其屋'은 자신의 집을 크게 짓는다는 말이고 '부기가蔀其家'는 차양을 쳐서 집을 가린다는 뜻이다. '규기호闚其戶'는 창문을 통해 안을 엿본다는 것이고 '격기무인闃其无人'은 안에 사람이 없어서 무척 조용하고 인기척이 없다는 말이다. '삼세부적 흉三歲不覿 凶'은 3년이 지나도록 사람을 보지 못하여 흉하다는 말인데, 집을 무척 크게 지었는데도 사람을 깊은 곳에 숨겼으니 이렇게 하면 흉하다고 할 수 있다.

「상전」에서는 '그 집을 크게 지음은 하늘가에서 날아오름이다.豐其屋 天際翔也'라고 해석했다. 상육효는 이미 가장 높은 자리에 올랐는데도 집이 지나치게 높고 큰 탓에 마치 한 마리 새가 하늘로 날아올라서 태양을 가리는 것과 같다. 풍성함이 극에 이르면 지나치게 자만해지고 득의양양하여 자기 자신조차 잊고 마는 경우라고 보면 된다.

'규기호 격기무인 자장야闚其戶 闃其无人 自藏也'는 '그 문을 엿보니 고요하고 사람이 없다는 것은 스스로 감추었기 때문이다.'라는 뜻이다. 자신을 깊은 곳에 숨겨서 3년이 지나도록 이 사람을 만나지 못함은 상육이 자신을 지나치게 높은 자로 여기고 자만하여 무리와 교류하지 않기 때문이다. 일체의 관계를 끊은 채 다른 사람을 돌아보지 않으니 당연히 흉할 수 밖에 없다.

풍괘 정리

䷶

풍괘의 여섯 효는 크고 풍성한 상태에서 취해야 하는 여러 방법을 소개하고 있다. 방법이 다르면 길함과 흉함의 결과도 다르게 마련이다. 크고 풍성함은 늘 일시적이고 상대적인 것이다.

사물의 발전 과정에서도 마찬가지의 이치가 적용된다. 풍성하고 큰 것은 언젠가는 결국 기울고 쇠락하게 마련이다. 반대로, 기울고 쇠한 것은 언젠가는 다시 풍성하고 커지게 되어 있다. 이 때문에 풍성한 시기에는 반드시 경계심과 위기의식을 키워서 중도를 지키고 자만하지 않음으로써 어두운 것이 빛을 가리지 않게 해야 한다.

56
여괘旅卦 — 여행과 타향살이

괘사

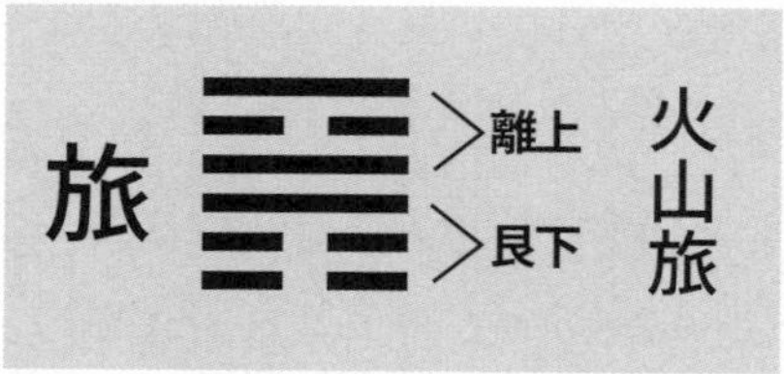

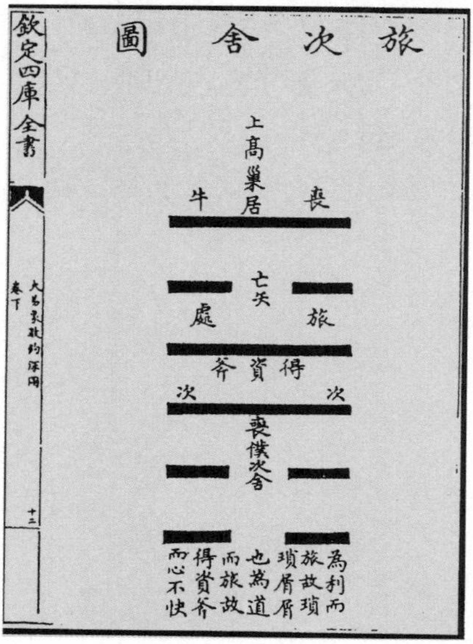

旅小亨 旅貞吉.
여 소형 여정길

여는 조심해야만 형통하니 여행할 때 바르게 하면 길하다.

'여旅'는 '타향에 머물다' '여행하다'의 의미다. 「서괘전」에서는 "크게 됨이 궁극에 이르면 반드시 그 거처를 잃게 되므로 여괘로 받았다."고 했다. '여旅'는 처음에는 자기가 거처할 곳을 잃게 됨을 말했으나 점차 고국이나 고향을 멀리 떠난다는 의미를 담게 되었다. 이국땅이나 객지에서 남의 집에 기거하는 것은 사업이나 장사, 기타 생계를 위한 것일 수도 있고 추방당하거나 난리를 피해 떠돌아다니는 처지 때문일 수도 있다.

그렇게 보면 고대의 '여旅'는 오늘날 주로 '여행'을 뜻하는 '여旅'와는 그 의미가 사뭇 다르지 않았나 싶다. 오늘날 여행은 심신을 달래고 한가하게 시간을 보내기 위함이 그 목적이다. 반면 갖가지 숨은 사정은 있겠지만 고대의 '여旅'에는 하나같이 고향 땅을 향한 그리움과 근심을 바탕에 깔고 있었다. 타향살이의 설움과 그리움을 묘사한 수많은 고대 시詩와 부賦 작품만 봐도 그렇다. 초나라 시인 굴원도 『이소』에서 "아득히 멀기만 한 길이지만 나는 위아래로 오르내리며 찾아볼 것이네."라고 노래했고 한나라 장형張衡도 『사현부思玄賦』에서 "홀로 고요히 타향에 머무는데 벗할 짝이 없으니, 내 어찌 이곳에 오래 머물랴."라고 표현했다. 그리고 원나라의 희곡 작가인 마치원馬致遠은 『천정사天净沙』「추사秋思」편에서 "저녁 무렵 까마귀, 마른 등걸 고목에 앉아, 작은 다리 밑 흐르는 물, 그 옆의 인가, 옛길 걷는 말이 서풍에 여위었다. 석양은 서쪽으로 지는데 애끓는 사람만 하늘가에 있구나."라고 노래했다. 이것들이 다 오랜 세월 사람들에게 회자되어 온 타향살이의 심정을 노래한 명시다.

여괘에서는 '여행'이나 '타향살이'의 내용뿐 아니라 더 나아가 그 범위를 인생살이와 세상만물로 확대하였다. 시인 이백은 『춘야연도리원서春夜宴桃李園序』에서 "무릇 천지는 만물이 머무는 곳이요, 세월은 영원한 나그네다.天地者 萬物之逆旅, 光陰者 百代之過客"라고 표현했다. 천지가 한 채의 객사와도 같고 우리네 사람 역시 한 명 나그네에 불과하니, 인생 전체를 포함하여 세상만물과 모든 일은 사실 천지 사이를 여행하며 타향살이

여

하는 과정일 뿐이라는 것이다. 그래서 여괘에서는 '여旅'의 범위를 제후가 망명하여 타국 조정에 머무는 것, 사대부가 전란을 피해서 떠도는 것, 성현이 여러 나라를 주유周遊하는 것으로까지 확대하였다.

괘사에서는 '여 소형旅 小亨'이라고 했는데 이는 여행할 때는 조심하고 신중해야만 형통할 수 있다는 뜻이다. 또한 여행할 때는 바른 도를 지켜야만 길하다는 의미에서 '여정길旅貞吉'이라고 덧붙였다.

괘사에 대한 「단전」

彖曰: 旅 小亨 柔得中乎外而順乎剛 止而麗乎明
단왈 여 소형 유득중호외이순호강 지이려호명
是以小亨 旅貞吉也. 旅之時義大矣哉.
시이소형 여정길야 여지시의대의재

「단전」에서는 말했다. 여가 조심해야만 형통하다는 것은 유가 밖에서 중을 얻고 강에게 순종하며, 멈추어서 밝음에 걸려 있음이다. 이 때문에 조심해야만 형통하고 여가 바르게 함이 길하다는 것이다. 여의 때와 의가 크다.

「단전」에서는 '여가 조심해야만 형통하다.旅 小亨', 즉 여행하거나 객지에 머물 때에는 반드시 겸손하고 조심하여야만 형통하고 순조로울 수 있다고 했다. 그리고 객지에 머물 때는 유약하지만 중도를 지키고 강건한 자에게 순종해야 한다는 뜻에서 '유득중호외이순호강柔得中乎外而順乎剛'이라고 했다. 여기서 '유柔'는 여괘에서 가장 중요한 효인 육오효를 가리킨 말로서 육오효는 유효가 가운데에 위치하여 '중中'을 얻었고 또한 외괘인 상괘에 위치하여 강효에 순응한다. 왜냐면 육오효의 위아래 효가 모두 강효이기 때문이다.

'지이려호명止而麗乎明'은 멈춰 서서 편안하게 밝음에 붙어 있다는 뜻인데 이는 하괘인 간괘가 멈춤을 상징하고 상괘인 이괘가 붙이어서 밝음을 나타내기 때문이다. 이렇게 해야만 비로소 형통하며 여행하면서 정도를 지키면 길함을 얻을 수 있다는 뜻에서 '시이소형 여정길야是以小亨 旅貞吉也'라고 했다.

'여지시의대의재旅之時義大矣哉'는 그러므로 이러한 여괘의 시기와 의의가 무척 광대하다는 말이다. 왜냐면 여괘는 단순히 여행만을 다루지 않고 인생 역정, 사업의 길까지 아우르기 때문이다. 사실 세상을 살다가 스쳐 지나가는 모든 일과 사물이 다 여행의 한 과정이라고 할 수 있다.

괘사에 대한 「대상전」

象曰: 山上有火 旅. 君子以明愼用刑而不留獄.
상왈 산상유화 여 군자이명신용형이불류옥

「상전」에서는 말했다. 산 위에 불이 있는 것이 여다. 군자는 이를 보고 형벌을 쓸 때 신중히 하고 옥사를 미루어 지체하지 않는다.

「상전」에서는 '산 위에 불이 있는 것이 여다.山上有火 旅'라고 했는데 이는 여괘(䷷)의 하괘인 간괘(☶)가 산을 상징하고 상괘인 이괘(☲)가 불을 나타내기 때문이다. 산 위에 불이 타오르면 반드시 그 거처할 곳을 잃고 마는데 이것이 바로 객지 생활이며 여괘의 상이다.

그렇다면 어째서 산 위에 불이 있으면 여행을 상징하는 것일까? 이는 고대에 행해졌던 제사의식과 연관 지어서 이해해야 한다. 『주례周禮』「천관天官」 '장차掌次' 편에 보면 "왕이 하늘에 크게 여한다.王大旅上帝"는 구절이 나온다. 정현은 이에 대해 "하늘에 크게 여한다는 것은 원구圜丘(하늘 모양을 본 뜬 원형 제단)에서 하늘을 향해 제사하는 것이다."라고 해석했다. 『논어』「팔일八佾」편에도 "계씨가 태산을 여한다.季氏旅於泰山"고 기록되어 있는데 주희는 여기 나온 '여旅'를 제사의 명칭, 즉 태산을 여행하며 제사하는 여제旅祭의 의식으로 여겼다. 이처럼 '여旅'는 산 위에 불의 제단을 마련하여 불을 피우고 제사를 지내는 식으로 이루어졌으므로 '산 위에 불이 있는 것山上有火'은 바로 '여旅'가 되는 셈이다. 보통 하늘이나 산천에 제사할 때는 모두 '여旅'라는 의식을 행했다.

군자는 여와 같은 괘상을 보고 여괘의 도에 근거해서 '형벌을 쓸 때 신중히 하고 옥사를 미루어 지체하지 않는다.明愼用刑而不留獄' 옥사를 분명하게 규명해서 소송을 재판하여야지 절대 미루거나 지체해서는 안 된다는 말이다.

앞서 말한 몇몇의 괘에서도 형벌과 옥사에 대해 언급한 적이 있는데 뇌화풍괘雷火豐卦에서 '옥사를 공정하게 판단하여 형을 집행한다.折獄致刑'고 한 것이 그 예다. 그 밖에도 화뢰서합괘火雷噬嗑卦에서도 '형벌을 분명히 하여 법을 집행한다.明罰敕法'라고 했다. 이 둘의 괘상을 보면 하나같이 '불火'이 포함되어 있음을 알 수 있다. 불을 포함한 괘상은 대부분 밝음을 상징해서 종종 형벌이나 소송 등과 결합하여 옥사를 불처럼 밝게 드러내고 사적인 감정을 배제해야 하는 이치를 설명한다.

초육 효사와 「소상전」

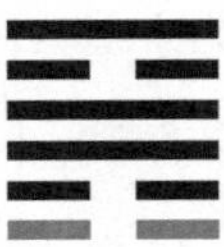

初六, 旅瑣瑣 斯其所取災.
초육 여쇄쇄 사기소취재

象曰: 旅瑣瑣 志窮災也.
상왈 여쇄쇄 지궁재야

초육은 여행이 자질구레함이니 이 때문에 재앙을 취하게 된다.

「상전」에서는 말했다. 여행이 자질구레함은 뜻이 궁하여 재앙이 있다는 것이다.

'쇄쇄瑣瑣'는 마음이 옹졸하고 비루한 것을 말하므로 초육의 '여쇄쇄旅瑣瑣'는 여행의 초기에 만약 행동이 옹졸하고 비루하다면 '이 때문에 재앙을 취하게 된다.斯其所取災', 즉 재앙을 자초하고 말 것이라고 했다. 타지를 여행할 때 곳곳에서 옹졸한 마음을 드러낸다면 다른 이들이 어떻게 그를 견뎌 내겠는가? 그러므로 이럴 때는 반드시 기개와 절개를 지켜 나가야 한다.

「상전」에서는 '여가 자질구레함은 뜻이 궁하여 재앙이 있는 것이다.旅瑣瑣 志窮災也'라고 했다. 여행의 초기에 옹졸하고 비루하게 굴면 그 뜻이 깊이가 없고 약하다는 것이므로 이렇게 되면 당연히 재앙을 초래하고 만다. 따라서 뜻과 포부는 무척 중요한 것이다. "사람은 몸이 궁하더라도 뜻은 궁해서는 안 된다."는 말도 있지 않은가? 바꿔 말하면 뜻이 한번 궁해지면 비록 육체는 궁하지 않더라도 결국은 몸과 마음이 모두 궁해지고 만다는 뜻이다.

보통 타지를 여행하다 보면 어려운 상황에 종종 직면하게 되지만 고대에는 그러한 어려움 속에서도 숭고한 기개와 지조를 잃지 않았던 어진 이가 많았다. 굴원도 권력 다툼에 휘말려 조정에서 쫓겨나기는 했지만 "비록 아홉 번 죽을지라도 후회하지 않는다."고 함으로써 고귀한 절개를 드러내었다. 또한 『이소』에서 "아득히 멀기만 한 길이지만 나는 위아래로 오르내리며 찾아볼 것이네."라고 노래하면서 뜻과 이상향을 찾아 애쓰는 수고를 멈추지 않았다. 뜻이 곤궁해지지 않으면 기개와 지조도 궁해지지 않는다. 반대로 뜻이 궁해지면 기개와 지조가 약해져서 재앙과 화를 자초할 것이다.

육이 효사와 「소상전」

六二, 旅卽次 懷其資 得童僕 貞.
육 이 여 즉 차 회 기 자 득 동 복 정
象曰: 得童僕 貞 終无尤也.
상 왈 득 동 복 정 종 무 우 야

육이는 여행하면서 여관에 들어가 노자를 간직하고 동복을 얻으니 바르게 하면 길하다.

「상전」에서는 말했다. 동복을 얻으니 바르게 함이 길한 것은 끝내 허물이 없다.

'즉卽'은 '나아가다'의 의미를 지닌 '취就'와 통하고, '차次'는 '객사' '여관'을 뜻하는 '사舍'와 같은 의미다. 따라서 육이의 '여즉차 회기자 득동복정旅卽次 懷其資 得童僕 貞'은 밖을 여행할 때 여관에 머물면서 노자 따위의 물자를 품으니 이것이 바로 행상이 뜻을 얻은 상이다. 또한 동복, 즉 종을 얻을 수 있다고 했는데 이 종은 품행이 단정하다. 여행할 때 충성스럽고 믿음직한 종과 함께 할 수 있으니 이보다 더 좋은 일은 없을 것이다.

그렇다면 어째서 육이효의 단계에서는 '노자를 간직하고 동복을 얻는다.得童僕'고 했을까? 육이효는 여행할 때 유가 가운데 거하여 '중中'과 '정正'을 얻었으니 여행하다가 여관에 편안히 거하는 것과 같기 때문이다. 육이의 위에는 구삼의 양효가 있는데 양효는 물질적으로 돕는 존재와도 같아서 육이 위에 구삼이 있다는 것은 결국 육이가 물질적인 도움을 받게 됨을 상징한다. 또한 육이는 아래로 초육효를 타고 있는데 이는 음효이므로 동복童僕(어린 종과 큰 종)에 빗댈 수 있다. 따라서 바른 도를 지키면 이처럼 길하다고 한 것이다.

「상전」에서는 '동복을 얻으니 바르게 함이 길한 것은 끝내 허물이 없다.得童僕 貞 終无尤也'고 했는데 이는 육이효에게 끝내는 번거롭고 성가신 일이 없으리라는 말이다. 육이효는 여행의 도에 근거해서 일을 처리하고 '중中'의 자리를 지켜서 좌우로 치우치지 않으므로 편히 묵을 여관을 찾은 후에는 물자도 있고 종도 얻는 등 도움을 받게 된다.

그렇다면 육이효가 여행할 때 유순하게 중정의 도를 지킨다고 한 것은 무슨 뜻일까? 안으로는 자기의 뜻을 잃지 않아 스스로 불안해할 것이 없고, 밖으로는 다른 사람으로부터 도움을 받게 되니 이것이 바로 중정의 덕이라는 뜻이다.

구삼 효사와 「소상전」

䷷

九三, 旅焚其次 喪其童僕 貞 厲.
구삼　여분기차　상기동복　정　여

象曰: 旅焚其次 亦以傷矣 以旅與下 其義喪也.
상왈　여분기차　역이상의　이려여하　기의상야

구삼은 여행할 때 그 여관이 불에 타서 동복을 잃었으니 바르게 하면 위태롭다.

「상전」에서는 말했다. 여행할 때 그 여관이 불에 탐은 또한 해롭고, 여행하는 사람이 아래를 대하는 도가 이와 같으니 그 도의상 상실한 것이다.

구삼은 양효가 양의 자리에 오고 하괘의 맨 윗자리를 차지하고 있는데 이럴 때 '여행하면 그 여관이 불에 타고 그의 동복을 잃고 만다.旅焚其次 喪其童僕'고 했다. 이처럼 지나치게 강건하거나 융통성 없이 바르면 큰 위험에 빠질 수 있으므로 뒤이어 '정 여貞 厲'라고 덧붙였다.

「상전」에서는 '여행할 때 그 여관이 불에 탐은 또한 해로운 것이다.旅焚其次 亦以傷矣'라고 해석했는데 여행할 때 여관이 불에 타면 손실을 입기 때문이다. 구삼효는 양효로서 강건하고 적극적이지만 지나치게 조급해할 뿐 아니라 하괘의 가장 높은 자리에 있어서 거만하기까지 하니 이 때문에 여행의 도에 부합하지 않아 위험하다. 밖을 여행하면서 남의 집에 유숙하는 처지인데 그토록 조급하고 거만한 양강陽剛의 심리와 행동을 도처에 드러내어서야 되겠는가? 여기서는 여관이 불타 버리는 비유를 통해 이런 사람에게 재앙과 화가 있을 것임을 암시했다.

그렇다면 왜 동복을 잃게 된다고 했을까? 이에 대해서는 '여행하는 사람이 아래를 대하는 도가 이와 같으니 그 도의상 상실한 것이다.以旅與下其義喪也'라고 풀이했다. 여행하는 사람이 자기 멋대로 '아래를 대하여與下' 육이효의 종을 함부로 대하는 등 지나침이 있으므로 도의상 종으로부터 도움을 받지 못하리라고 한 것이다. 지위가 높아질수록 양의 강건한 품성이 도드라지고 거만해져서 갈수록 재앙이 심각해질 수 있다는 뜻이기도 하다.

구사 효사와 「소상전」

九四, 旅于處 得其資斧 我心不快.
구사 여우처 득기자부 아심불쾌

象曰: 旅于處 未得位也 得其資斧 心未快也.
상왈 여우처 미득위야 득기자부 심미쾌야

구사는 여행할 때 임시 거처에 머물며 예리한 도끼를 얻지만 나의 마음은 기쁘지 않다.

「상전」에서는 말했다. 임시 거처에 머묾은 지위를 얻지 못한 것이니 예리한 도끼를 얻더라도 마음이 기쁘지 않은 것이다.

'처處'는 머물 곳을 말하는데 임시 거처에 해당한다는 점에서 앞선 구삼에서 '여관' '객사'를 가리켰던 '차次'와는 다르다. '자부資斧'는 예리한 도끼이지만 어떤 이는 이를 '노자' '돈'으로 보기도 하는데 고대에는 도끼 모양의 화폐가 있었다는 점에서 그럴듯한 견해다. 따라서 구사의 '여우처旅于處'는 여행할 때 임시 거처에 머문다는 뜻이고 '득기자부得其資斧'는 예리한 도끼를 얻음으로써 가시덤불을 헤치고 나가듯 장애물을 제거할 수 있게 되었다는 말이다. 그러나 여전히 마음이 기쁘거나 통쾌하지 않다는 뜻에서 '아심불쾌我心不快'라고 덧붙였다.

「상전」에서는 '임시 거처에 머묾은 지위를 얻지 못한 것이다.旅于處 未得位也'라고 했다. 구사는 음이 와야 할 자리에 양효가 온 탓에 '부정不正'하여 편안히 거할 수 없으므로 임시로 쉴 공간밖에 되지 않는다. 이처럼 자기 자리를 제대로 찾지 못한 데다 하괘인 간괘가 상징하는 산 위에 머물고 있기 때문에 고향이나 고국에 있는 것이 아니라서 마음이 기쁘지 않은 상태다. 그래서 '예리한 도끼를 얻더라도 마음이 기쁘지 않다.得其資斧 心未快也'고 했다. 이는 마음의 뜻, 즉 고국과 고향을 그리워하는 정이 여전히 변치 않았음을 뜻한다.

육오 효사와「소상전」

六五, 射雉 一失亡 終以譽命.
육 오　사 치　일 실 망　종 이 예 명

象曰: 終以譽命 上逮也.
상 왈　종 이 예 명　상 체 야

육오는 꿩을 쏘아 한 화살에 잡는 것으로 끝내 명예와 작위를 얻는다.

「상전」에서 말했다. 끝내 명예와 작위를 얻음은 위로 미치기 때문이다.

육오의 '사치 일실망 종이예명射雉 一失亡 終以譽命'은 밖을 여행하면서 화살 한 발을 쏘아 꿩을 잡은 일을 빗댄 것으로, 비록 화살 하나는 잃었지만 그 덕에 아름다운 꿩을 잡은 것처럼 끝내는 명예와 작위를 얻게 될 것이라는 말이다. 이는 여행을 하는 도중 만날 수 있는 의외의 기쁨이다. 그런데 어째서 꿩을 비유로 들었을까? 상괘인 이괘離卦가 꿩을 상징할 뿐 아니라 꿩은 집에서 기르는 닭보다 아름답기 때문에 명예나 작위에 빗댄 것이다.

「상전」에서는 '끝내 명예와 작위를 얻음은 위로 미치기 때문이다.終以譽命 上逮也'라고 했다. 여기서 '체逮'는 '이르다' '미치다'의 의미로 높은 명예를 얻게 된다는 말이다.

이처럼 육오가 아름다운 명예와 작위를 얻게 된다고 한 것은 왜일까? 육오의 유효柔爻는 상괘의 중앙에 거하여 문명文明의 덕을 가지고 있어서 괘 전체에서 가장 아름다운 시기이기 때문이다. 한 발의 화살을 쏘아 꿩을 얻은 것은 큰 성과를 내어 성공을 거두었으므로 명예를 얻게 되었음을 비유한 것이다.

상구 효사와 「소상전」

䷷

上九, 鳥焚其巢 旅人先笑後號咷 喪牛于易 凶.
상구 조분기소 여인선소후호도 상우우역 흉

象曰: 以旅在上 其義焚也. 喪牛于易 終莫之聞也.
상왈 이려재상 기의분야 상우우역 종막지문야

상구는 새가 그 둥지를 불태우니 여행하는 사람이 먼저는 웃고 나중에는 울부짖는다. 들에 있는 소를 잃으니 흉하다.

「상전」에서는 말했다. 여행하는 사람으로서 위에 거하니 도의상 불타게 된 것이다. 들에 있는 소를 잃음은 끝내 듣지 못함이다.

상구의 '조분기소鳥焚其巢'는 새둥지가 불에 타 버렸다는 의미다. '여인선소후호도旅人先笑後號咷'는 여행하는 사람이 높은 자리를 얻음으로 말미암아 먼저 웃지만 그 뒤 재앙을 만나 울부짖게 되었다는 말이다. '역易'은 '밭'이나 '들'을 가리키는 '장場'과 통하므로 '상우우역 흉喪牛于易 凶'은 마치 들에서 소를 잃은 것처럼 흉하다는 뜻이다.

「상전」에서는 '여행하는 사람으로서 위에 거하니 도의상 불타게 된 것이다.以旅在上 其義焚也'라고 해석했다. 그렇다면 어째서 상구의 때에 높은 가지에 놓인 새둥지처럼 불에 타 버렸을까? 여행자는 가장 높은 곳에 이르러 그 길이 막힌 채 더 이상 나아갈 곳이 없는데도 도리어 자신이 타향살이를 하고 있다는 사실조차 잊고 있다. 상황이 이런데도 여전히 양의 강건함을 동원하여 웃고 즐길 뿐이니 가산을 탕진할 만큼 큰 재앙을 초래할 것은 당연한 결과다. 이 때문에 도의상 필연적으로 새둥지가 불에 타는 재앙을 맞을 것이라고 한 것이다.

'들에 있는 소를 잃음은 끝내 듣지 못함이다.喪牛于易 終莫之聞也'라고 했는데, 이는 가산을 탕진하고 집안이 기우는 재앙으로 마치 들에 있는 소를 잃은 것과도 같다. 또한 이럴 때일수록 비록 몸은 높은 곳에 거하고 있지만 고향과 국토를 잊지 말아야 한다. 그렇지 않고 조금이라도 신중하지 않으면 모든 것을 잃게 될 뿐 아니라 그 누구도, 심지어 지인이나 친인척도 당신이 처한 상황을 알 수 없게 된다.

여괘 정리

䷷

여괘는 단순히 타지 생활의 광경을 묘사하는 듯 보이지만 실은 인생이라는 여정에서 일어나는 모든 일과 행위를 설명하고 있다.

여섯 효를 전체적으로 살펴보면 무릇 음의 부드러움을 지닌 효가 중앙에 거하여 유순하고 겸손하게 조화를 이루면 길한 반면, 양의 강건함을 지닌 효는 지나치게 강경하고 진취적인 나머지 거만하여 종종 흉함을 초래한다. 또한 여기서는 '뜻志'이라는 말을 두루 사용함으로써 마음에 올곧은 뜻을 품어야지 옹졸하거나 비루해서는 안 되며, 지나치게 거만하여 마음의 뜻을 제멋대로 바꾸어서도 안 된다고 한다.

여기서 알 수 있듯이 여괘가 전체적으로 보여 주는 시기와 뜻이 무척 크고도 넓다.

57
손괘巽卦 — 유순하고 겸손하게

괘사

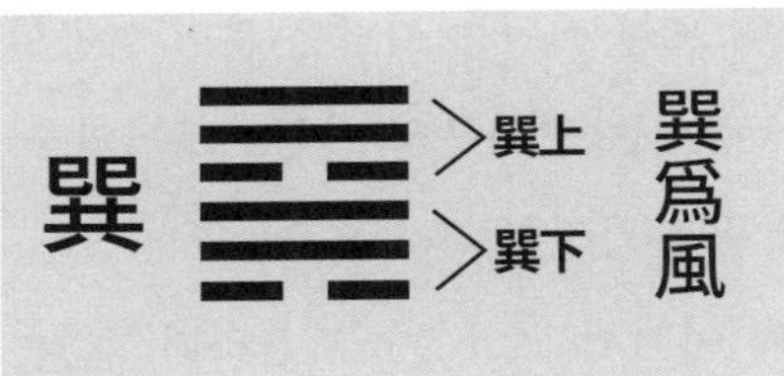

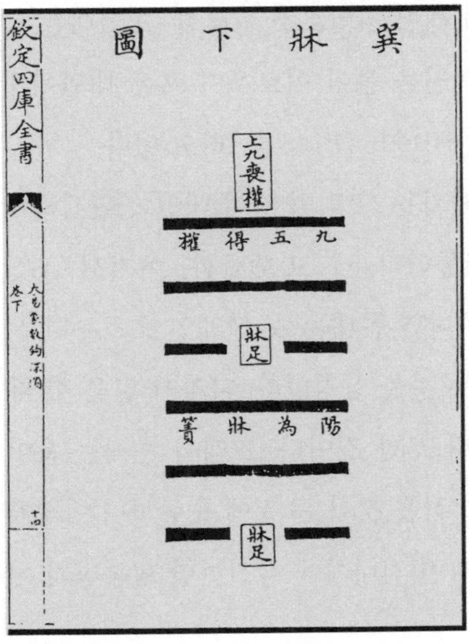

巽 小亨 利有攸往 利見大人.
손 소형 이유유왕 이견대인

손은 조심하면 형통하니 갈 바를 둠이 이로우며 대인을 봄이 이롭다.

'손巽'은 '들어가다' '돌아가다'라는 뜻이다. 마치 한 줄기 바람처럼 스쳐 들어가지 않는 곳이 없으며 순종하고 겸손하며 양보하는 의미를 가진다. 「서괘전」에서는 "여행하면 용납할 곳이 없으므로 손괘로 받았다. 손은 들어감이다."라고 했다. 타지를 여행하는 이를 수용할 곳이 없어서 다시 집으로 돌아오니 이런 까닭에 여괘 다음에 손괘가 왔다는 것이다.

손괘는 상괘와 하괘가 모두 손괘로 이루어져 있어서 순종함을 상징한다. 따라서 손괘에서 말하는 것은 순종의 지혜다. 순종은 무척 큰 지혜다.

우리는 지위의 높고 낮음, 나이의 많고 적음, 혹은 동년배 등 수많은 관계 속에서 아랫사람은 윗사람에게 순종하고 윗사람은 아랫사람을 존중하는 이치를 배운다. 손괘에서는 순종의 도리 외에도 중요한 미덕 하나를 더 알려 주는데 그것은 바로 겸손이다.

또한 손괘는 바람을 대표한다. 바람은 밖에서 안으로 불어 들어오는 것이므로 '들어가다'라는 의미도 가지며 유동성과 적응력이 뛰어나 들어가지 못하는 틈이 없다. 이러한 바람의 이치를 사람 사이의 관계에 적용해 보면 위에서 말한 인간관계에서 순응의 도를 지키는 사람은 분명 성공할 수 있다. 손괘는 장녀長女를 상징한다. 장녀는 원래부터 여인으로서의 덕을 지니고 있기 때문에 겸손과 순종의 뜻을 가진다.

괘사에서는 '소형小亨'이라고 했는데 여기서 '소小'는 '조심하다' '겸손하다' '유순하다'는 의미여서 이렇게 해야만 비로소 형통할 수 있다는 말이다. 이럴 경우 앞으로 나아가고 대인을 봄이 이로우며 혹은 대인에게 이롭다는 뜻에서 '이유유왕 이견대인利有攸往 利見大人'이라고 했다.

작은 것이 조금씩 쌓이다 보면 언젠가는 그 덕이 쌓여 대인이 탄생하게 된다. 그렇다면 어째서 '조심하면 형통하다.小亨'고 했을까? 여기서 '조심하면 형통한' 대상은 바로 음효다. 왜냐면 손괘는 첫 단계인 초구부터 음효로 시작하는데 음효는 약하고 작은 것을 상징한다. 따라서 일을 할 때는 조심하고 겸손하며 순종해야 한다고 한 것이다. 그래서 손괘는 음이 양에 순종하고 신하가 임금을 따르며 작은 것이 큰 것에 순종하니 이렇게 해야만 형통하게 되는데, 뒤집어 말하면 지나치게 강건하면 형통하기 어렵다는 뜻도 된다.

괘상을 보면 두 개의 음효가 각각 상괘와 하괘의 맨 아래에 거하면서 위의 두 양효에게 순종하는 모습인데 이렇게 되면 대인을 만나 봄이 이롭거나 대인에게 이롭다. 아랫사람이 윗사람에게 순종할 때는 최종적으로 누구에게 순종하고자 하는 것일까? 바로 대인이다. 괘사에서는 유순하고 조심하며 겸손하고 순종하는 자는 형통하므로 갈 바를 두는 것이 이롭다고 말하는 한편, 위아래 사람이 서로 존중하는 이유는 대인이 법과 명령을 펼쳐 다스리는 데 이롭게 하기 위함이라고 했다. 그러나 손괘의 효사 전체에서 말하는 '순종'에 함축된 뜻을 보면 무조건적이고 맹목적인 복종이 아니라 '강건한 덕'을 가지고 노력하는 것임을 알 수 있다.

괘사에 대한 「단전」

彖曰: 重巽以申命 剛巽乎中正而志行 柔皆順乎剛
단왈 중손이신명 강손호중정이지행 유개순호강
是以小亨 利有攸往 利見大人.
시이소형 이유유왕 이견대인

「단전」에서는 말했다. 손이 중첩하여 명령을 내리고, 강이 중정의 덕에 공손하니 뜻이 행해지며, 유가 모두 강에게 순종한다. 이 때문에 조심하면 형통하고 갈 바를 둠이 이로우며 대인을 봄이 이롭다.

「단전」의 '중손이신명重巽以申命'은 '손이 중첩하여 명령을 내린다.'는 의미다. 여기서 '중손重巽'은 손괘가 중첩하여 상괘와 하괘가 모두 손괘인 것을 가리키며 이때 손은 순종, 유순함을 말한다. 손이 순종한다는 것은 신하와 백성이 순종하고 또 순종하여야만 군주가 '신명申命', 즉 명령과 정책을 발표할 수 있다는 의미다.

'강손호중정이지행剛巽乎中正而志行'은 양의 강건한 덕을 지닌 존귀한 자, 즉 군자는 중정의 미덕을 품고 있으면서 다른 이를 순종하게 하니 그의 뜻이 실행될 수 있다는 말이다. 그렇다면 중정의 미덕을 가지고 양의 강건함을 지닌 존귀한 자는 누구를 가리킬까? 바로 구오효다. 음의 부드러

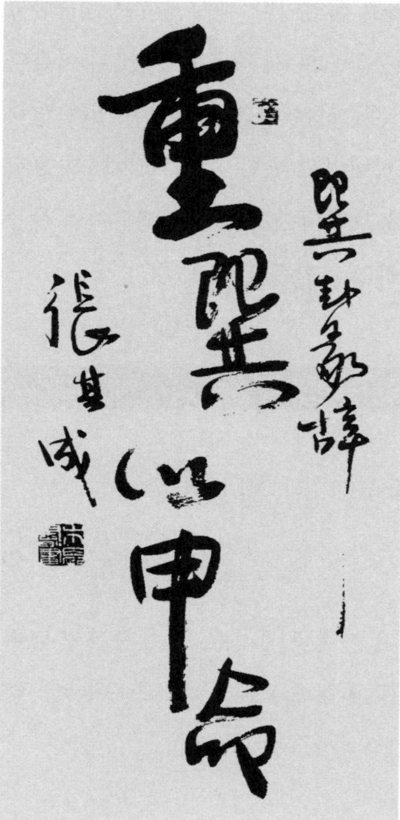

중손이신명

움을 지닌 아랫사람이 양의 강건함을 지닌 이에게 순종할 수 있다는 뜻에서 '유개순호강柔皆順乎剛'이라고 했다.

그리고 아랫사람이 윗사람을 따르고 군중이 지도자에게 순종하므로 '조심하면 형통하고 갈 바를 둠이 이로우며 대인을 봄이 이롭다.是以小亨 利有攸往 利見大人'고 했다. 음의 부드러움을 지닌 사람이란 상괘와 하괘의 맨 아래 효, 각각 초효와 사효를 가리킨다. 이 두 효는 모두 강효에 순응할 뿐 위배하지 않아 양의 강건함을 지닌 효가 정책이나 명령을 발표할 수 있게끔 돕는다.

괘사에 대한 「대상전」

象曰: 隨風 巽. 君子以申命行事.
상왈 수풍 손 군자이신명행사

「상전」에서는 말했다. 따르는 바람이 손이다. 군자는 이를 보고 명령을 발표하여 정치를 한다.

「상전」에서는 '따르는 바람이 손이다.隨風 巽'라고 했는데 이는 상괘와 하괘가 모두 손괘이기 때문이다. 바람이 바람을 따라 불어 대니 이것이 바로 손괘의 상이다.

여기서 바람이 바람을 따라 분다는 것은 무슨 의미일까? 바로 '우레가 크게 울리고 바람이 불어 대는雷勵風行' 모습이다. 바람은 세상만물과 모든 일 사이에 들어가지 못하는 틈이 없을 만큼 속속들이 불어 대니 만물도 그를 따르지 않음이 없다. 이 때문에 우리도 명령을 발표할 때는 바람이 천하 사이를 돌아 불듯 이르지 않음이 없게 함으로써 명령을 받는 자로 하여금 따르지 않을 수 없게 해야 한다.

손괘의 괘상을 보면 하괘가 손괘이고 상괘도 손괘여서 아랫사람이 윗사람에 순종하고 윗사람은 아랫사람의 의견을 수용하여 법령을 내는 등 유순함으로 다스리는 모습임을 알 수 있다. 이처럼 둘이 서로 보완하면서 명령을 완성해 가는 것이 바로 손괘에 함축된 뜻이다. 손괘의 여섯 개 효사에서는 각기 서로 다른 순종의 상황을 묘사하면서 상황별로 어떻게 순종해야 하는지, 그리고 만약 순종하지 않으면 어떤 상황이 초래되는지 설명한다.

초육 효사와 「소상전」

初六, 進退 利武人之貞.
초육 진퇴 이무인지정

象曰: 進退 志疑也. 利武人之貞 志治也.
상왈 진퇴 지의야 이무인지정 지치야

초육은 나아가고 물러남이니 용맹한 자가 바르게 함이 이롭다.

「상전」에서는 말했다. 나아가고 물러남은 뜻을 의심하기 때문이요, 용맹한 자가 바르게 함이 이로움은 뜻이 다스려지기 때문이다.

초육의 '진퇴進退'는 순종하여 나아가고 물러선다는 것으로 결단을 내리지 못한 채 망설이는 모습을 상징하는데, 이는 손괘에 속한 사람이 가진 결점이라고 할 수 있다. 초육은 음효로서 손괘의 맨 아래 단계에 머물러 있다. 순종함과 겸손, 겸양이 지나쳐 나아가야 할 때 나가지 못하고, 물러서야 할 때 물러서지 않으며 머뭇거린다. 이럴 때는 용맹한 사람처럼 과감하게 결단을 내려야만 이로울 수 있기 때문에 '이무인지정利武人之貞', 즉 용맹하고 위세가 있는 사람이 바른 도를 지키는 것이 이롭다고 했다.

「상전」에서는 '나아가고 물러섬進退'은 '뜻을 의심하기 때문志疑也'이라고 했는데 이는 의지가 굳세지 않아 나약하고 두려워하기 때문이라는 말이다. 또한 '용맹한 자가 바르게 함이 이로운利武人之貞' 것은 '뜻이 다스려지기 때문志治也'이라고 했다. 다시 말해 그 뜻이 수정되고 다듬어져서 변함이 없이 견고해졌다는 말이다. 이는 초육효가 '뜻을 의심하는志疑' 단계에서 '뜻이 다스려지는志治' 단계, 즉 의심하여 결정 내리지 못하는 단계에서 의지가 견고한 단계로 전환하는 과정임을 뜻한다.

구이 효사와 「소상전」

九二, 巽在牀下 用史巫紛若 吉 无咎.
구이 손재상하 용사무분약 길 무구

象曰: 紛若之吉 得中也.
상왈 분약지길 득중야

구이는 공손함이 침상 밑에 있으니 축사와 무당 쓰기를 많이 하면 길하여 허물이 없다.

「상전」에서는 말했다. 축사와 무당 쓰기를 많이 하는 것이 길함은 중을 얻었기 때문이다.

구이의 '손재상하巽在牀下'는 순종하여 침상 밑으로 가서 낮은 자리에 거한다는 말이다. '사史'는 신을 모시는 일을 업으로 삼은 관원인 '축사祝史'를 말하며 '무巫'는 무당과 박수를 가리키는데, 이들 축사와 무당은 고대에 제사의식을 진행하며 신령과 소통하는 역할을 했다. 사람과 귀신 사이의 소통을 중개했기 때문에 신령을 대할 때면 무척 겸손한 태도를 취했다. 현대인의 관점에서는 이들이 봉건 미신을 숭배하는 자로 보일 수 있지만 고대에는 일종의 직업이자 관직으로 그 지위가 상당히 높았다. 그래서 축사와 무당의 겸손과 겸양을 본받으면 크게 길하여 화가 없을 것이라는 뜻에서 '용사무분약 길 무구用史巫紛若 吉 无咎'라고 했다.

「상전」에서는 '축사와 무당 쓰기를 많이 하는 것이 길함紛若之吉'은 '중을 얻었기 때문得中也'이라고 했다. 구이효는 양효로서 음 위에 머물면서 중도를 지켜 좌우로 치우치지 않는다. 이는 그가 침상 밑에 낮게 숨어 머무는 것처럼, 그리고 축사나 무당이 신령에게 제사하듯 겸손하게 위로 순종하여, 구오효가 정책과 명령을 내리는 것을 도와 일을 순조롭게 하는 모습이다. 이처럼 위아래로 막힘없이 소통하게 만드니 정치가 투명해져서 크게 길할 수 있다.

구삼 효사와 「소상전」

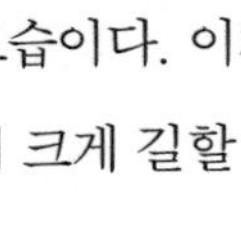

九三, 頻巽 吝.
구삼 빈손 인

象曰: 頻巽之吝 志窮也.
상왈 빈손지린 지궁야

구삼은 찡그리며 공손해하면 부끄럽다.

「상전」에서는 말했다. 찡그리며 공손해하면 부끄럽다는 것은 뜻이 곤궁하기 때문이다.

'빈頻'은 동시東施가 서시西施를 흉내 내며 미간을 찡그렸다는 고사에 나오는 '빈顰'이라는 글자와 통하며 '눈썹을 찌푸리다' '근심하다'는 뜻이다. 따라서 구삼의 '빈손 인頻巽 吝'은 순종이란 마음에서 우러나는 기쁨으로 해야지 억지로 해서는 안 된다는 말이다. 여기서는 괴롭다는 듯 눈썹을 찌푸리며 기꺼이 순종하려 하지 않으므로 부끄럽게 될 것이라고 했다.

「상전」에서는 '찡그리며 공손해하면 부끄러운頻巽之吝' 이유는 '뜻이 곤궁하기 때문志窮也'이라고 했다. 이는 겸손과 순종의 덕을 잃고서 억지로 공손한 척 꾸며 대므로 부끄럽다는 말이다. 구삼효는 양효가 양의 자리에 와서 '정正'을 얻었지만 아래로 음효가 아닌 구이의 양효를 타고 있는 데다 위로는 육사의 음효를 떠받치고 있어서 음효가 양효를 이끄는 형세다. 그래서 마음에서 우러나와 기꺼이 하는 것이 아닌 억제로 굴종하는 모양새이므로 당연히 후회가 있을 수밖에 없다.

육사 효사와 「소상전」

六四, 悔亡 田獲三品.
육사 회망 전획삼품
象曰: 田獲三品 有功也.
상왈 전획삼품 유공야

육사는 뉘우침이 없으니 사냥하여 세 가지 용도의 물건을 얻는다.
「상전」에서 말했다. 사냥하여 세 가지 용도의 물건을 얻으니 공이 있다.

육사효의 '회망悔亡'은 후회함이 사라진다는 뜻이고 '전획삼품田獲三品'은 사냥할 때 세 가지 종류의 물품을 얻을 수 있다는 말이다. 고대 귀족이 사냥하여 얻은 물품은 세 가지 용도로 나뉜다. 첫 번째는 '간두干豆'로 사냥한 고기를 햇볕에 말려 제사에 사용한다. 두 번째는 '빈객賓客'으로 손님에게 내놓아 먹게 한다. 세 번째는 '충포充庖'라고 불리는 것으로 군주의 식사용으로 바쳐진다. 여기서는 사냥할 때 이처럼 좋은 것을 얻으니 큰 수확이 있을 것이라고 말한다.

「상전」에서는 '사냥하여 세 가지 용도의 물건을 얻으니田獲三品', 즉 사냥하여 이토록 많은 짐승을 얻으니 '공이 있다.有功也', 즉 공로와 공훈, 덕이 있다는 말이다. 왜일까? 군주의 명령을 받들어 행하기 때문이다. 육사효는 구오효의 아래에 거하며 겸손하고 유순하게 구오효에 순종하니 이 같은 겸손과 순종은 유약함이나 나약함의 상징이 아니라 오히려 아름다운 덕이라고 할 만하다. 이러한 미덕을 갖추면 위아래의 사람이 모두 그를 돕고 지지하여 큰 공훈이 있을 수 있다.

구오 효사와 「소상전」

九五, 貞吉 悔亡 无不利.
구오 정길 회망 무불리
无初有終 先庚三日 後庚三日 吉.
무초유종 선경삼일 후경삼일 길
象曰: 九五之吉 位正中也.
상왈 구오지길 위정중야

구오는 바르게 하면 길하여 후회가 없으며 이롭지 않음이 없다. 처음은 없고 끝이 있으니 경일보다 삼 일을 먼저 하고 경일보다 삼 일을 뒤에 하면 길하다.

「상전」에서는 말했다. 구오의 길함은 그 자리가 중도에 부합하기 때문이다.

구오효에서 말하는 것은 남에게 순종을 받는 상황에 대한 것으로 '정길 회망 무불리貞吉 悔亡 无不利', 즉 남에게서 순종을 받을 때는 바른 도를 지켜야만 길함을 얻고 후회가 사라지며 이롭지 않음이 없게 된다고 했다.

'무초유종无初有終'은 처음 시작할 때는 이롭지 않으나 마침내는 실행할 수 있다는 말이다. 이는 군주가 명령을 내릴 때 처음에는 그다지 순조롭게 진행되지 않을 수 있지만 끝에 가서는 반드시 막힘없이 형통하리라는 말이다. '선경삼일 후경삼일先庚三日 後庚三日'은 만약 경일庚日 되기 3일 전에 명령을 내리고 경일이 3일 지난 뒤 명령을 실행한다면 정책과 명령이 위아래로 순조롭게 행해져서 길할 수 있다는 뜻이다. 이때 '경庚'은 천간에서 일곱 번째 자리를 말하며 경일이 되기 3일 전은 정일丁日을 가리키고 경일 후 3일 째 되는 날은 계일癸日을 뜻한다.

선후갑경도

여기서는 직접 정일이니, 계일이니 하는 정확한 날짜를 짚어 주지는 않았지만 '경일庚日'을 출발점으로 삼아 계산했다는 점은 무척 흥미롭다. 사실 '경庚'에는 '변경하다' '바꾸다'의 의미가 담겨 있다. '경'은 천간에서 그 순서가 일곱 번째여서 이미 중간을 넘어선 숫자이기 때문에 '변경하다' '바꾸다'라는 뜻을 포함하는 것이다. 여기서 우리는 이와 비슷한 고괘蠱卦의 괘사를 떠올리지 않을 수 없다. 왜냐면 고괘의 괘사에서도 이와 유사하게 "갑보다 3일을 먼저 하고 갑보다 3일을 뒤에 한다.先甲三日, 後甲三日"고 했기 때문이다. 그렇다면 어째서 굳이 앞뒤로 '3일'이라는 기한을 두었을까? 자기 자신을 포함하면 앞의 3일과 뒤의 3일을 모두 합했을 때 총 7일이 된다. 7일은 고대에서 하나의 주기를 이루는 기간이다. 따라서 일종의 끊임없이 순환하는 주기의 의미를 지닌다고 할 수 있다.

「상전」에서는 '구오의 길함九五之吉'에 대해 '그 자리가 중도에 부합하기 때문位正中也'이라고 했다. 위아래가 모두 순종하니 이럴 때 발표되는 정책이나 명령은 막힘없이 순조롭게 시행될 수 있고, 이에 따라 나라도 날로 발전하게 되니 크게 길하고 이롭다.

상구 효사와 「소상전」

上九, 巽在牀下 喪其資斧 貞 凶.
상구 손재상하 상기자부 정 흉
象曰: 巽在牀下 上窮也. 喪其資斧 正乎凶也.
상왈 손재상하 상궁야 상기자부 정호흉야

상구는 공손함이 침상 아래에 있어 그 예리한 도끼를 잃게 되니 곧음을 유지하고 바뀌지 않으면 흉하다.

「상전」에서는 말했다. 공손함이 침상 아래에 있음은 위로 궁하기 때문이요, 그 예리한 도끼를 잃음은 바른 도라고 할 수 있겠는가, 흉하다.

상구에서는 '손재상하巽在牀下' 즉 이 시기에 만약 순종하여 침대 밑으로 가서 엎드려 있으면 그것은 마치 '그 예리한 도끼를 잃는 것喪其資斧'과 같다고 했다. 뒤이어 나온 '정 흉貞 凶'은 만약 계속 고집스럽게 움직이지 않아 상태를 바꾸지 않는다면 그 결과는 분명 흉할 것이라는 말이다.

「상전」에서는 '공손함이 침상 아래에 있음巽在牀下'은 '위로 궁하기 때문上窮也'이라고 했다. 앞서 구이효에서는 침상 밑에 숨으면 겸손하여 '허물이 없다.'고 했는데 어째서 여기서는 도리어 흉하다고 했을까? 그것은 각각 처한 시기적 상황이 다르기 때문이다. 상구는 순종함이 극에 이른 시기다. 양의 강건함을 지닌 사람이 가장 높은 음의 자리, 즉 겸양함이 극에 이른 자리에 오른 결과 강건함의 본성을 잃고 말았다. 도끼는 예리한 본성을 잃으면 쓸모가 없어진다. 마찬가지로 겸양이 극에 이르면 다른 사람이 무시하니 결과적으로 흉하게 되므로 '상기자부 정호흉야喪其資斧 正乎凶也'라고 했다. 여기서는 겸양이 지나치면 도리어 그 반대면으로 전환하여 흉한 결과를 초래하고 만다는 사실을 알 수 있다. 어떤 시기이든 강건하고 바른 덕을 잃어서는 안 된다는 말이다.

손괘 정리

䷸

손괘에서는 아랫사람으로서 윗사람에게 순종하고 윗사람이 아랫사람으로 하여금 순종하게 유도하는 다양한 방법에 대해서 설명하고 있다. 사람들과 어떻게 지내야 하는지, 특히 자신보다 지위가 높은 사람들과는 어떻게 지내야 하는지 일종의 삶을 살아가는 지혜를 알려 준다.

순종은 적당한 시기에 이뤄져야 하고 서로 다른 시기에 맞는 서로 다른 순종의 방법을 써야 한다. 순종은 반드시 마음에서 우러나온 것이어야 하고 자신의 의지에서 출발하여 성심성의껏 해야지 강제로, 거짓으로 해서는 안 된다. 순종은 결코 나약함의 상징이 아니며 근거 없는 복종도 아님을 기억하자.

58
태괘兌卦—기쁨의 도

괘사

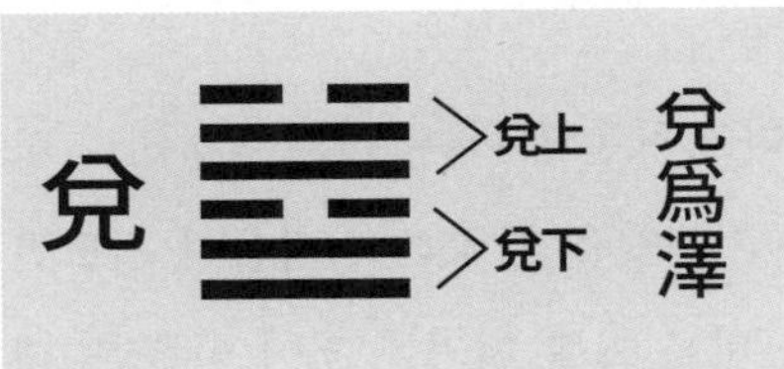

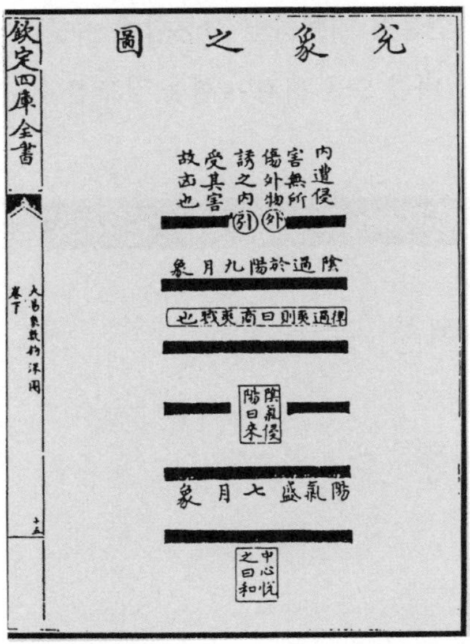

兌亨利貞.
태 형 이 정

태는 형통하니 바르게 함이 이롭다.

'태兌'는 '말씀 설, 기뻐할 열說'의 본자本字, 즉 본래 글자다. 「서괘전」에서는 "들어간 후에는 그것을 기뻐하므로 태괘로 받았다."고 했는데 적절한 거주지로 들어선 뒤에는 마음이 당연히 기쁘므로 손괘의 다음에 태괘가 왔다는 말이다.

태괘는 상괘와 하괘가 동일한 괘로 구성된 팔중괘八重卦 중 하나로 상괘와 하괘가 모두 태괘로 이루어져 있다. '태兌'는 '기뻐하다'는 뜻의 '열悅'과 통하므로 「설괘전」에서도 "만물을 기쁘게 함은 못만 한 것이 없다."고 했다. 다시 말해 태괘가 상징하는 못은 물을 통해 만물을 길러 윤택하게 하고 만물로 하여금 기쁘게 한다는 뜻이다. 이와 함께 태괘의 괘상을 보면 맨 아래 두 효는 양효로 되어 있고 그 위로 하나의 음효가 있는데, 그 음효는 마치 양羊의 뿔과도 같다. 그래서 태괘는 양을 상징하기도 한다. 양은 가장 온순하여 사랑받는 동물이다. '태兌'라는 글자를 보면 마치 입을 벌리고 있는 형상과 같은데, 입을 벌리고 무엇을 한다는 것일까? 그것은 바로 '말하기'와 '웃기'다. 그래서 '태兌'라는 글자에 '말씀 언言'을 합하면 '말씀 설, 기뻐할 열說'이 되고 '마음'이라는 뜻의 '심心'을 보태면 '기뻐할 열悅'이 되는 것이다.

괘사에서는 '태 형 이정兌 亨 利貞'이라고 했는데 이는 '태는 형통하니 바르게 함이 이롭다.'는 뜻이다. 태괘는 기뻐함을 상징하니 마음이 기쁘면 자연히 형통하게 되고 이럴 때일수록 바른 도를 지키는 것이 이롭다. 태괘에서는 '기뻐함'의 도를 말하면서 만물이 기뻐하면 형통함에 이를 수 있을 뿐 아니라 기뻐하는 한편 반드시 바른 도를 지켜야 함을 강조한다.

괘사에 대한 「단전」

彖曰: 兌 說也 剛中而柔外 說以利貞
단왈 태 열야 강중이유외 열이리정
是以順乎天而應乎人.
시이순호천이응호인
說以先民 民忘其勞 說以犯難 民忘其死.
열이선민 민망기로 열이범난 민망기사
說之大 民勸矣哉.
열지대 민권의재

「단전」에서는 말했다. 태는 기뻐함이니, 강이 중에 거하고 유가 밖에 있어서, 기뻐하되 바르게 함이 이롭다. 이런 까닭에 하늘에 순종하고 사람에 응한다. 기뻐함으로써 백성에 앞서 솔선하면 백성이 그 고생스러움을 잊고, 기뻐함으로써 험난함을 넘어서면 백성이 그 죽음마저 잊는다. 기뻐함의 유익이 크므로 백성이 권면된다.

「단전」에서는 '태 열야兌 說也'라고 하였는데 이는 '태는 기뻐함이다.'라는 뜻이며 여기서 '열說'은 '기뻐할 열悅'과 통한다. '강중이유외 열이리정剛中而柔外 說以利貞'은 양의 강건함이 가운데 거하여 마음에 성실함과 믿음을 품으며, 음의 부드러움이 밖에 거하여 유순하고 겸손하게 사람과 사물을 대하게 되니, 자연히 마음이 기쁘고 이럴 때 바른 도를 지키는 것이 이롭다는 말이다. 그러므로 태괘는 하늘의 도에 부합할 뿐 아니라 사람의 도에도 응한다는 뜻에서 '시이순호천이응호인是以順乎天而應乎人'이라고 했다.

'열이선민 민망기로說以先民 民忘其勞'는 만약 군자가 마음에서 우러나오는 기쁨을 가지고 앞장서서 무리를 이끌며 백성보다 앞서 고생을 마다하지 않는다면 백성도 노고를 아끼지 않고 불평하지 않으리라는 뜻이다. 또한 군자가 마음과 뜻을 다해 험난함을 뛰어넘고자 분발한다면 백성도 자신의 안위를 돌보지 않고 어려움을 이겨 내기 위해 애쓸 것이라는 의미에서 '열이범난 민망기사說以犯難 民忘其死'라고 했다.

'열지대 민권의재說之大 民勸矣哉'는 기뻐함의 유익이 얼마나 큰지 백성으로 하여금 끊임없이 스스로 권면하게끔 만든다는 말이다. 이것이야말로 마음에서부터 우러나는 기쁨의 표출이며 행동을 통해 거둘 수 있는 감화와 감동의 힘이라고 할 수 있다. '열悅'에 '마음 심心'이라는 글자가 포함되어 있는 것처럼 기쁨은 일종의 심리적인 것이어서, 그것은 반드시 강건함이 가운데 거하고 부드러움이 밖에서 감싸야만 바른 도를 잃지 않게 된다.

어떤 의미에서 보면 인생의 목적은 기쁨을 추구하는 과정이라고 할 수 있다. 공부를 하든지 일을 하든지 혹은 평범한 일상을 살아가든지 결국은 기쁨을 좇는 과정이다. 옛사람들도 여러 곳에서 이런 점을 강조했는데 『논어』「학이」 편에서 공자는 "배우고 때때로 그것을 익히니 또한 기쁘지 아니한가!學而時習之 不亦說乎"라고 함으로써 배우고 시시때때로 그것을 실천하는 일 자체가 기쁨을 가져다준다고 여겼다. 맹자도 『맹자』「고자古子」 편에서 "이理와 의義가 우리의 마음을 기쁘게 하는 것은 마치 고기 요리가 우리 입을 즐겁게 하는 것과도 같은 것이다.理義之悅我心 猶芻豢之悅我口"라고 했다. 다시 말해 도리와 도의를 통해 자신의 마음을 기쁘게 해야 한다는 것이다.

송나라 시인 장뢰張耒는 한 수의 시를 통해 "청산은 군자와 같아서 나를 기쁘게 함은 아리따운 자태 때문이 아니라오.青山如君子 悅我非姿媚"라고 노래했다. 청산을 보고 기뻐할 수 있는 것은 겉모습의 아름다움 때문이 아니라 군자와 같은 신념 때문이라는 말이다. 또한 "남자는 자신을 알아주는 이를 위해서 죽고 여인은 자신을 어여뻐 하는 이를 위해 꾸민다.士爲知己者死 女爲悅己者容"는 말도 있다. 태괘에서 말하고자 하는 것도 이처럼 어떻게 하면 남을 기쁘게 할지에 관한 것이라고 하겠다.

괘사에 대한 「대상전」

象曰: 麗澤 兌. 君子以朋友講習.
상왈 여택 태 군자이붕우강습

「상전」에서는 말했다. 연결된 못이 태다. 군자는 이를 보고 벗과 함께 이치를 논하고 익힌다.

「상전」에서는 '여택 태麗澤 兌'라고 했는데 이는 '연결된 못이 태다.'라는 뜻이다. 여기서 '여麗'는 '연결되다' '붙어 있다'는 의미의 '연連'과 통하여 한데 연결되어 있음을 의미한다. 태괘는 상괘와 하괘가 모두 태괘이고 태는 못을 상징한다. 못이 못과 연결되어 서로 유익하게 하고 기뻐하니 이것이 바로 태괘의 상이다.

군자는 이러한 괘상을 보고 태괘의 도에 근거해서 '벗과 함께 이치를 논하고 익힌다.以朋友講習', 즉 기뻐하는 마음을 가지고 벗과 함께 이치를 논하고 학업에 정진하여 서로 유익하게 해야 한다.

그렇다면 무엇을 가리켜 벗, 즉 '붕우朋友'라고 할까? 옛사람은 "같은 스승 밑에서 공부한 이를 '붕朋'이라 하고, 같은 뜻을 지닌 사람을 '우友'라고 한다.同門曰朋 同志曰友"고 했다. 그러한 벗들이 한데 모여 도의를 논하고 익히므로 마음이 기쁘지 않을 수 없다. 『논어』「학이」편에서 "배우고 때때로 그것을 익히면 또한 기쁘지 아니한가? 벗이 있어 멀리서 오면 또한 즐겁지 아니한가? 남이 알아주지 않아도 성내지 않으니 또한 군자답지 않은가!學而時習之 不亦說乎. 有朋自遠方來 不亦樂乎. 人不知而不慍 不亦君子乎"라고 한 것과 같은 이치며 이는 태괘의 의미를 한 단계 더 확장한 것이라고 하겠다.

유염俞琰은 이 구절을 풀이하면서 "만약 벗 없이 홀로 배운다면 보고 듣는 것이 적어 학문이 깊어질 수 없다."고 했다. 그래서 『논어』에서는 '배우고 때때로 익힘學而時習'을 '기쁨說'이라고 하고 '벗이 있어 멀리서 오는 것有朋自遠方來'을 '즐거움樂'이라고 묘사한 반면 '배우기만 하고 익히지 않음學之不講'은 '걱정거리憂'라고 표현했다. 이것이 다 상호 간에 이뤄지는 교감의 중요성을 강조하는 글이다. 이 때문에 이러한 기쁨은 스스로 충분히 누려야 할 뿐 아니라 남으로 하여금 기쁘게 하는 것도 필요하다. 이치를 논하고 익히는 가운데 남과 교감하면서 배움을 나누면 진정한 기쁨을 얻을 수 있을 것이다.

초구 효사와 「소상전」

初九, 和兌 吉.
초구 화태 길

象曰: 和兌之吉 行未疑也.
상왈 화태지길 행미의야

초구는 화목하게 기뻐하니 길하다.

「상전」에서는 말했다. 화목하게 기뻐함이 길한 것은 행함에 의심스러울 것이 없기 때문이다.

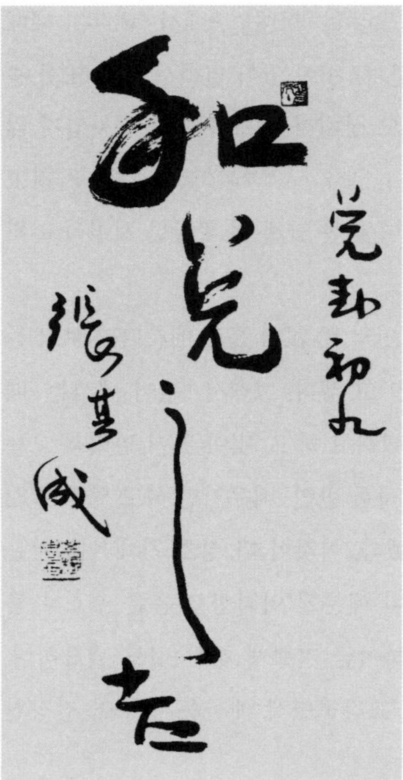

화태지길

초구의 '화태 길和兌 吉'은 평화롭고 화평하게 기뻐하면서 다른 사람을 대하면 길하다는 뜻이다.

「상전」에서는 '화목하여 기뻐함이 길함和兌之吉'은 '행함에 의심스러울 것이 없기 때문行未疑也'이라고 했다. 초구는 양효가 기꺼이 아래에 거하면서 평화로운 마음 상태를 보이므로 기쁜 마음으로 다른 사람을 대할 수 있다. 초구는 양효가 양의 자리에 왔으므로 '정正'을 얻었으며 이는 그의 행위가 단정하다는 의미다. 그래서 사람들도 더는 그를 의심하지 않고 화평함을 유지할 수 있으니 반드시 길할 수밖에 없다.

구이 효사와 「소상전」

九二, 孚兌 吉 悔亡.
구이 부태 길 회망
象曰: 孚兌之吉 信志也.
상왈 부태지길 신지야

구이는 성실함으로 기뻐하니 길하고 후회가 없다.

「상전」에서는 말했다. 성실함으로 기뻐하니 길함은 뜻이 성실하기 때문이다.

구이의 '부태 길 회망孚兌 吉 悔亡'은 성실하고 기쁘게 다른 이를 대하면 길하여 후회가 없게 된다는 말이다.

「상전」에서는 '성실함으로 기뻐하면 길하다.孚兌之吉'는 것은 '뜻이 성실하기 때문信志也'이라고 했다. 이는 구이의 내면과 뜻이 성실하여 신뢰할 만하다는 뜻이다. 구이는 양효가 음의 자리에 왔지만 '중中'을 차지한 상태다. '중中'은 '부孚', 즉 성실함을 가리키므로 기뻐하고 성실하여 길하다. 다른 사람으로 하여금 기뻐하게 할 때는 무엇보다도 성심성의껏 해야 하는데 그렇다고 아부하며 비위를 맞추라는 것은 아니다.

육삼 효사와 「소상전」

六三, 來兌 凶.
육삼 내태 흉
象曰: 來兌之凶 位不當也.
상왈 내태지흉 위부당야

육삼은 와서 기뻐하니 흉하다.

「상전」에서는 말했다. 와서 기뻐함이 흉함은 위치가 마땅하지 않기 때문이다.

육삼의 '내태來兌'는 와서 기쁨을 도모한다는 것인데 그렇게 되면 '흉하다凶'고 했다.

「상전」에서는 '와서 기뻐함이 흉함來兌之凶'은 '위치가 마땅하지 않기 때문位不當也'이라고 했다. 왜냐면 육삼효의 위치가 정당하지 않기 때문이다. 육삼효는 하괘의 가장 높은 자리에 음효가 와서 기쁨을 구하는 것으로 아부하는 수단을 통해 기쁨을 구하고 다른 사람의 환심을 사려는 것이다. 정당하지 않은 방법을 통해 기쁨을 구하는 것은 일종의 옳지 못한 행위에 속하므로 흉하다.

구사 효사와 「소상전」

九四, 商兌未寧 介疾有喜.
구사 상태미녕 개질유희
象曰: 九四之喜 有慶也.
상왈 구사지희 유경야

구사는 기뻐함을 헤아려 보아 마음이 편안하지 못하니 악한 것을 없애면 기쁜 일이 있다.

「상전」에서는 말했다. 구사의 기쁨은 경사가 있는 것이다.

구사의 '상태미녕商兌未寧'은 돌이켜 기쁜 일을 생각해 보아도 마음에 안정을 찾을 수 없다는 말이다. '개介'는 '단절하다' '제거하다'의 뜻이고 '질疾'은 악한 행동, 즉 육삼효처럼 아부하는 행위를 가리키므로 '개질유희介疾有喜'는 이럴 때일수록 악한 행동을 버려야만 기쁜 일이 있을 것이라는 뜻이다. 다시 말해, 기쁜 일을 생각해 봐도 마음에 평안이 없을 때는 아부하는 자가 쓰는 것과 같은 방법을 버리고 위선적으로 기뻐하려 들지 말아야 한다. 아부하는 방법 등과 같은 음험한 수단을 통해 기쁨을 얻으려 한다면 좋지 않은 결과를 초래할 수 있으며 이들을 없애버려야만 진정한 기쁨을 누릴 수 있을 것이다.

「상전」에서는 '구사의 기쁨은 경사가 있는 것이다.九四之喜 有慶也'라고 했다. 구사효는 양효가 음의 자리에 와서 위치가 바르지 않고 근처에 있는 육삼효 역시 '소인小人'의 방법이므로 이럴 때일수록 경계하여 바른 도를 지켜야 한다. 내면에서 우러나와 진심으로 기뻐해야만 진정 기뻐할 만한 일이 생길 것이다.

구오 효사와 「소상전」

九五, 孚于剝 有厲.
구 오 부 우 박 유 려

象曰: 孚于剝 位正當也.
상 왈 부 우 박 위 정 당 야

구오는 성실함이 벗겨져 약해지면 위태로움이 있다.

「상전」에서는 말했다. 성실함이 벗겨져 약해짐은 위치가 마땅하기 때문이다.

구오효에서는 '태兌'를 언급하지 않았는데, 사실은 기쁨이 떨어져 나간 상황인 셈이다. '부우박孚于剝'에서 '부孚'는 성실함이므로 성실함이 다른 이에 의해 벗겨져 약해진다는 의미이며 '유려有厲'는 이럴 때 위태로움이 있다는 뜻이어서, 전체적인 의미는 이러한 기쁨이 소인에 의해 박탈되어서는 안 된다는 것이다.

구오효는 비록 양의 강건함이 '중中'과 '정正'을 차지하고 있지만 그 위로 음효인 상육효가 자리 잡고 있다. 상육효는 '이끌어 기뻐함引兌', 즉 그를 유인하여 기뻐하게 한다. 이는 마치 구오효가 내면에서 우러나오는 기쁨과 성실함을 소인에게 주어 그와 함께 기뻐하는 것과도 같으므로 위태로울 수밖에 없다. 여기서 우리는 기쁨의 감정을 나눌 때는 반드시 정확한 대상을 찾아야 하며 이처럼 대상을 잘못 선택하면 위험에 처할 수 있음을 알 수 있다.

「상전」에서는 '성실함이 벗겨져 약해짐은 위치가 마땅하기 때문孚于剝位正當也'이라고 했다. 구오효는 양효가 양의 자리에 있고 상괘의 중앙에 있어서 '중中'과 '정正'을 모두 얻었으므로 크게 기뻐할 만한 상황이다. 그런데 어째서 도리어 '위태롭다'고 한 것일까? 구오는 지위가 높고 권한이 커서 소인에 의해 쉽게 미혹될 수 있기 때문이다. 구오는 소인이 가장 박탈하고자 원하는 대상이다. 따라서 가장 존귀한 자리에 있을수록 가장 위험한 때일 수 있다. 이는 그의 위치가 지나치게 겉으로 드러나 있기 때문이다. 따라서 이럴 때는 반드시 경계하고 방비하여 중정의 도를 끝까지 지켜야 할 것이다.

상육 효사와 「소상전」

上六, 引兌.
상육 인태

象曰: 上六引兌 未光也.
상왈 상육인태 미광야

상육은 이끌어 기뻐하는 것이다.

「상전」에서는 말했다. 상육의 이끌어 기뻐함은 빛나지 못한 것이다.

상육의 '인태引兌'는 다른 이를 유인하고 꾀어서 함께 기뻐한다는 것이다. 상육효는 괘 전체에서 가장 끝자리에 위치한 효라서 이럴 때는 모든 기쁨이 이미 끝자락에 이른 단계라고 볼 수 있다. 따라서 그가 아래에 있는 오효와 사효를 끌어들여 함께 기뻐하고자 하는 것이다. 본문에는 상육효가 길하다거나 흉하다는 언급이 없다. 그렇다면 구오효가 상육효 의해 유인된 뒤 자신의 성품과 자질을 지켜서 유지했는지 못 했는지를 보면 되는데, 만약 유지하지 못했다면 흉한 것이고 반대로 자신의 도덕 원칙을 굳게 지켜 냈다면 그것은 길한 것이다.

「상전」에서는 상육효가 다른 사람을 끌어들여 함께 기뻐하는 행위에 대해서 '빛나지 못한 것未光也'이라고 풀이했다. 이는 내면이 빛나지 않고 바르거나 크지도 않다는 말인데 그렇기 때문에 상육효가 다른 이를 끌어들여 기뻐한다는 것은 그 저의가 불량한 일이라고 볼 수 있다. 따라서 우리는 겉으로 웃으면서 아부하는 사람을 경계해야 한다. 이러한 사람은 마음이 광명정대하지 않아서 당신을 꾀어서 얻고자 하는 무언가가 반드시 있게 마련이다. 뇌물로 남을 유혹하는 것도 그 예다. 이런 사람은 한두 번에 그치지 않고 훗날 더 큰 것을 요구할 것이므로 그 결과는 무척 위험해지고 말 것이다.

태괘 정리

䷹

태괘 전체에서 말하는 기쁨의 상황은 무척 다양하다. 여섯 효를 살펴보면 상괘와 하괘의 가장 윗자리에는 각각 한 개의 음효가 놓여 있는데 이 음효는 모두 부정적이고 흉한 상이다. 왜냐면 이들은 아부를 통해 남에게서 기쁨을 취하려는 자들이기 때문이다.

그러나 그 외의 네 양효가 보여 주는 상황은 이와는 다르다. 초효는 화목하여 기쁜 것이고, 이효는 성실함을 통해 기뻐하는 것으로서 모두 길한 것이다. 사효는 기쁨을 헤아리는 것이고, 오효는 기쁨을 직접 말하지는 않았지만 자신의 행위를 돌이켜 살피는 것에 그 핵심이 있으므로 길하지 않다고 할 수 없다.

59
환괘渙卦 — 해이함에서 떠남

괘사

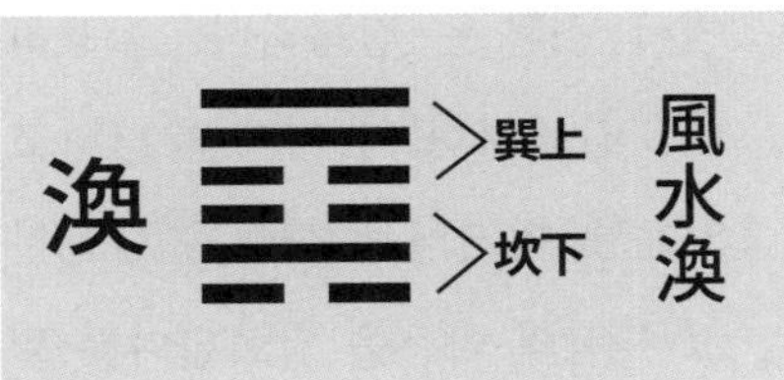

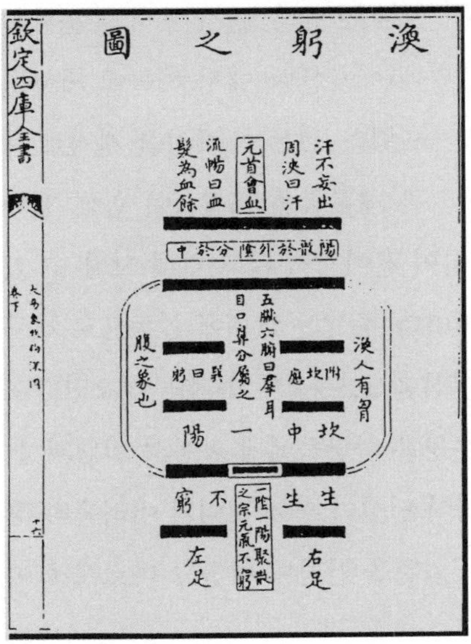

渙 亨. 王假有廟 利涉大川
환 형 왕격유묘 이섭대천
利貞.
이 정

환은 형통함이다. 왕이 신에 감응하여 종묘를 두니 큰 하천을 건넘이 이롭고 바르게 함이 이롭다.

'환渙'은 '흩어지다' '발산하다' '풀다' '산만하다'의 의미를 가지고 있다. 「서괘전」에서는 "기뻐한 뒤에는 흩어지므로 환괘로 받았다. 환은 떠남이다."라고 했다. 태괘는 기쁨인데 사람의 마음이 기쁘면 자연히 그 정신이 흩어져서 편하고 즐거워지니 이 때문에 태괘 다음에 환괘가 왔다는 말이다. '환渙'이라는 글자를 보면 좌측에 '삼수변氵'이 있어서 물결이 흩어짐을 말한다. 『설문해자』에서도 "환은 물이 흘러 흩어지는 것이다."라고 했다. 괘상을 보면 위가 바람이고 아래가 물이

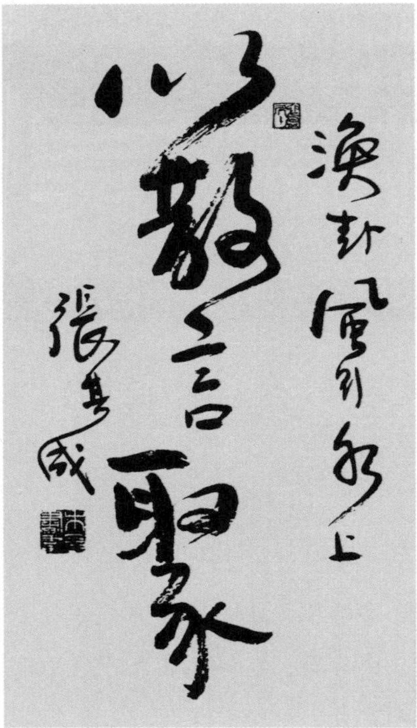

심산언취

어서 바람이 불어 물이 흩어지기 시작하는 형상이다. 이 때문에 환괘는 흩어질 때 사람의 마음을 어떻게 모을 수 있는지에 관해 주로 이야기한다.

괘사에서는 환괘에 대해 형통하다고 하였다. '왕격유묘王假有廟'에서 '격假'은 '감화하다' '감응하다' '감동하다'의 의미를 지니고 있는데 여기서는 신에게 감응하고 사람의 마음을 감화한다는 뜻으로 쓰였다. 당시 주나라 문왕은 매년 기산岐山에서 하늘에 제사를 드렸다. 그는 이 제사를 계기로 다른 제후국을 소집하여 함께 제사하기를 청했고 이를 통해 마침내 민심이 흩어지지 않고 한데 모일 수 있었다. 여기서 말한 '묘廟'는 종묘의 의미다. 종묘는 고대에 공동으로 제사의식을 거행하던 곳이므로 사실상 민심을 모으는 데 최적의 장소였다고 볼 수 있다. 이 제사의식을 통해 주문왕은 사람들에게 공동의 신념과 신앙, 목표를 심어 줄 수 있었다. 이리하여 민심이 한데 모이자 어려움과 장애를 극복할 수 있었으니 당연히 '큰 하천을 건넘이 이롭고 바르게 함이 이로운利涉大川 利貞' 상황이 되었다.

환괘에서 말하는 흩어짐은 결코 '산란散亂', 즉 '어지럽게 흩어짐' '어수선하고 뒤숭숭함'이 아니다. 서로 대립관계에 놓은 '흩어짐散'과 '모임聚'의 상황을 상호 의존하는 관계로 바꿈으로써 형태적으로는 흩어졌으나 정신적으로는 한데 모여 형통에 이를 수 있음을 설명한다. 그리고 이럴 때일수록 바른 도를 지키면서 일을 행해야만 이로울 수 있다고 강조한다.

괘사에 대한 「단전」

彖曰: 渙 亨. 剛來而不窮 柔得位乎外而上同.
단왈 환 형 강래이불궁 유득위호외이상동
王假有廟 王乃在中也.
왕격유묘 왕내재중야
利涉大川 乘木有功也.
이섭대천 승목유공야

「단전」에서는 말했다. 환은 형통하니, 강이 왔으나 곤궁하지 않고 유가 밖에 있으나 위와 함께하기 때문이다. 왕이 신에 감응하여 종묘를 둠은 왕이 마침내 중에 거하기 때문이요, 큰 하천을 건넘이 이로움은 나무를 타고 올라 공이 있기 때문이다.

「단전」에서 말한 '환이 형통함渙 亨'은 한층 더 나아가 '흩어짐은 도리어 형통하다.'고 풀이할 수 있다.

'강래이불궁剛來而不窮'은 양의 강건함을 지닌 사람이 와서 음의 부드러움 사이에 거하므로 곤궁해지지 않는다는 의미다. 여기서 양의 강건함은 바로 구이효를 가리킨다. 구이효는 위아래가 모두 음효에 둘러싸여 있는데 이는 사람의 마음을 결집시키려면 반드시 양의 강건함을 지닌 지도자가 있어야 됨을 뜻한다. 이러한 지도자가 있으면 나머지 음의 부드러움을 지닌 사람도 바른 자리를 얻게 된다. '유득위호외이상동柔得位乎外而上同'은 '유가 밖에 있으나 위와 함께한다.'는 뜻인데 여기서 '유柔'는 누구를 가리킬까? 바로 육사효다. 육사효는 비록 외괘, 즉 상괘에 위치하지만 위로는 구오의 자리에 있는 양강의 군주와 한마음 한뜻이 되어 음양이 화합하는 모양새를 이룬다. 이 때문에 하나는 유柔이고 다른 하나는 강剛이며, 하나는 음이고 다른 하나는 양이어서 비록 형체가 달라 흩어졌지만 정신은 떨어지지 않아 서로 통하니 이 때문에 형통하다.

'왕격유묘 왕내재중야王假有廟 王乃在中也'는 군왕이 신에게 감응하고 사직과 종묘를 보존할 수 있는 것은 그가 바른 자리에 거할 뿐 아니라 중정의 덕을 지녀 민심을 모을 수 있기 때문이라는 뜻이다.

'이섭대천 승목유공야利涉大川 乘木有功也'는 '큰 하천을 건넘이 이로움은 나무를 타고 올라 공이 있기 때문'이라는 뜻이다. 여기서는 상괘인 손괘가 나무에 속하고 하괘인 감괘가 물에 속하므로 나무가 물 위에 있어 배를 타고 물을 건너는 형상을 가리킨다. '손巽'은 또한 바람을 상징하므로 배가 바람의 도움을 받아 바람이 몰아온 풍랑을 타고 가는 모습이다. 무리가 한 배를 타고 한마음 한뜻으로 건너고자 하니 반드시 험난함과 장애물을 극복하고 큰 강과 하천을 건너 뭍에 이를 수 있을 것이다.

괘사에 대한 「대상전」

象曰: 風行水上 渙. 先王以享于帝 立廟.
상왈 풍행수상 환 선왕이향우제 입묘

「상전」에서는 말했다. 바람이 물 위를 가는 것이 환이다. 선왕은 이를 보고 상제에 제사하고 종묘를 세운다.

「상전」에서 '바람이 물 위를 가는 것이 환이다.風行水上'라고 한 것은 환괘(䷺)의 상괘인 손괘(☴)가 바람이고 하괘인 감괘(☵)가 물이기 때문이다. 바람이 물 위로 불어와 수면이 바람에 의해 흩어지면서 물결이 이는 것, 이것이 바로 환괘의 상이다.

군왕은 이러한 괘상을 보고 환괘의 도에 근거해서 '상제에 제사하고 종묘를 세운다.享于帝 立廟', 즉 상제와 하늘에 제사하고 종묘를 세움으로써 사람의 마음을 모은다. 바람이 수면 위를 불어 물결이 흩어지는 모습을 보다 보면, 우리는 어떻게 해야만 그것을 한데 모으는지에 대한 답을 얻을 수 있다. 그것은 무언가를 세우는 것이다. 무엇을 세운다는 것일까? 언뜻 눈에 보이는 종묘를 세워야 할 것처럼 느껴지지만 사실 정말로 세워야 할 것은 무형의 신앙이다. 무형의 신앙이 있어야만 사람의 마음을 한데 엮을 수 있다. 그러므로 여기서 '바람이 물 위를 가는 것風行水上', 즉 바람이 수면 위를 스쳐 불 때 생기는 물결은 바로 '규칙이 있으며' '흩어지나 어지럽지 않고', 그래서 무척 '자연스럽고 아름다운 것'임을 알 수 있다.

후대 학자들은 여기서 일깨움을 얻어 많은 해석을 추가로 파생시켰다. 이를테면 소동파의 부친 소순蘇洵은 『가우집嘉祐集』 14권에서 '바람이 물 위를 가는 것風行水上'에 대해 "천하의 지극한 문장" "천하에 꾸밈이 없어도 문장을 만들 수 있는 것은 오직 물과 바람뿐이다."라고 말하기도 했다. 이것은 자연스럽게 문文을 이루는 아름다움인 셈이다. 명나라 이지李贄도 『분서焚書』 3권에서 "바람이 물 위를 가는 문文은 글자 하나, 문장 하나의 대단함에 의해 결정되지 않는다."고 했다. 고염무顧炎武도 『일지록日知錄』에서 "바람이 물 위를 가듯 자연스럽게 문장을 만들어야지 만약 자연스러움에서 나오지 않고 일부러 문장의 번잡함과 간단함의 조탁에 의존한다면 문장을 짓는 본래의 뜻을 잃고 말 것이다."라고 했다.

이는 역사적으로 수많은 문학가와 철학가가 '바람이 물 위를 가는風行水上' 이라는 구절에 영감을 받아 문장 짓는 도리와 글의 미학적 의의를 찾고자 애썼음을 설명하는 증거다. 이 밖에도 환의 괘상을 통해서 깨달을 수 있는 이치는 수도 없으니 독자들이 시간을 두고 찾아길 바란다.

초육 효사와 「소상전」

初六, 用拯馬壯 吉.
초육 용증마장 길
象曰: 初六之吉 順也.
상왈 초육지길 순야

초육은 말의 건장함을 써서 구원하면 길하다.

「상전」에서는 말했다. 초육의 길함은 유순하기 때문이다.

초육의 '용증마장 길用拯馬壯 吉'은 건장하고 좋은 말을 통해 그의 구원함을 의지하면 길할 수 있다는 말이다. 초육은 흩어짐이 시작되는 단계지만 음효로서 부드럽고 약하여 힘이 여전히 부족하므로 건장한 말을 통해 구원함을 얻고자 한다. 그 건장한 말은 바로 위에 있는 구이효를 가리키며 구이효의 도움을 받아서 흩어짐을 면하고 길할 수 있다.

이 때문에 「상전」에서 '초육의 길함初六之吉'은 '유순하기 때문順也'이라고 했다. 위로 좋은 말을 유순하게 떠받들고 있기 때문이다. 초육의 음효가 구이의 양효에 순응하여 받드는 형상이어서 길한 상황이다.

구이 효사와 「소상전」

九二, 渙奔其机 悔亡.
구이 환분기궤 회망
象曰: 渙奔其机 得願也.
상왈 환분기궤 득원야

구이는 흩어질 때 탁자로 뛰어감이니 후회가 없다.

「상전」에서는 말했다. 흩어질 때 탁자로 뛰어감은 원하는 것을 얻기 때문이다.

'궤机'는 탁자를 뜻하는데 고대에는 앉기 위한 용도로 쓰였다. 마왕퇴에서 출토된 백서본 『주역』에는 위 본문에 쓰인 '궤机'와는 다른, '계단'을 뜻하는 '계階'라는 글자가 적혀 있다. 글자는 다르지만 둘 모두 '기대어 의지할 만한 곳'을 뜻한다. 구이효가 초육효를 마치 탁자처럼 느끼고 초육효는 구이효를 볼 때 마치 건장한 말처럼 느낀다는 것이다. 또한 흩어질 때에는 탁자처럼 의지할 만한 곳을 향해 달려가므로 후회함이 없어질 것이라는 뜻에서 '환분기궤 회망渙奔其机 悔亡'이라고 덧붙였다.

「상전」에서는 '흩어질 때 탁자로 뛰어감渙奔其机'은 '원하는 것을 얻었기 때문得願也'이라고 했다. 이는 구이효가 초육효와 합하고자 하는 마음의 소원을 이루었다는 말인데, 이러한 합함은 바로 음양의 화합이라고 할 수 있다. 환괘의 하괘인 감괘(☵)의 중간에는 양효가 하나 있고 이를 중심으로 위아래에 모두 음효가 왔다. 위아래 효는 일종의 흩어짐의 국면을 나타낸다고 할 수 있다. 구이효가 모으고자 한다는 말은 자신이 지닌 양의 강건함에 의지해 중도를 지키는 미덕을 발판 삼아 위아래의 효, 위아래 사람, 주변 사람들을 끌어 모은다는 것이다. 이처럼 구이효는 주변 사람들에 의지해야만 자신의 원하는 바를 이룰 수 있다.

육삼 효사와 「소상전」

六三, 渙其躬 无悔.
육 삼 환 기 궁 무 회
象曰: 渙其躬 志在外也.
상 왈 환 기 궁 지 재 외 야

육삼은 그 자신의 흩어짐이니 후회가 없다.
「상전」에서는 말했다. 그 자신의 흩어짐은 뜻이 밖에 있기 때문이다.

육삼의 '환기궁 무회渙其躬 无悔'는 자기 자신을 흩으니 후회가 없다는 말이며, 여기서 '궁躬'은 '자기 자신'을 가리킨다.

그렇다면 자기 자신의 어떤 것을 흩어 버린다는 말일까? 몸이 흩어질 수 있는 것일까? 당연히 불가능하다. 여기서 자기 자신을 흩어 버린다는 것은 자기 몸에 밴 좋지 않은 습관을 흩는다는 뜻이다. 왜냐면 그의 뜻이 밖을 향해 발전해 나가기 때문이다.

육삼효는 아래의 감괘에서 가장 높은 자리에 있는 효다. 감괘는 위험함, 험난함을 나타내는데 육삼효는 이 같은 험난함을 벗어나기 위해 위로 발전하여 상괘인 손괘로 들어가고자 애쓰는 것이다. 이처럼 자신에게 있는 좋지 않은 습관을 흩어 버린 다음, 위에 있는 사람들과 뜻을 한데 모아야만 비로소 위기를 벗어날 수 있다.

육사 효사와 「소상전」

六四, 渙其群 元吉. 渙有丘 匪夷所思.
육사 환기군 원길 환유구 비이소사
象曰: 渙其群 元吉 光大也.
상왈 환기군 원길 광대야

육사는 작은 무리를 흩음이니 크게 길하다. 흩어져서 언덕처럼 많이 모이니 보통 사람이 생각하는 바가 아니다.

「상전」에서는 말했다. 그 무리를 흩음이 크게 길함은 빛나고 크기 때문이다.

'군群'은 작은 단체나 무리를 가리키므로 육사의 '환기군 원길渙其群 元吉'은 그처럼 작은 무리를 흩어 버린다는 것, 즉 무리 지어서 사적인 이익을 꾀하는 무리를 흩어 버리니 크게 길하다는 뜻이다.

그렇다면 흩어 버린 뒤에는 어떻게 해야 할까? 바로 '흩어져서 언덕처럼 많이 모인다.渙有丘'고 했다. 이 구절에서 '흩어진다'는 말에는 흩어서 분산시킨다는 의미도 있지만, 반대로 한데 모은다는 뜻도 포함되어 있다. 마치 낡은 것을 없애지 않고서는 새로운 것을 세울 수 없듯이 말이다. 작은 무리를 흩으면 큰 무리를 모을 수 있는 것은 흩어짐 속에 모임이 있다는 역설이므로, 흩어짐과 모임은 변증관계다.

여기서 '언덕丘'은 크게 이룸, 즉 큰 무리를 빗댄 것으로 작은 무리를 해산하면 큰 무리를 모을 수 있다는 뜻이다. 그리고 이러한 방법은 평범한 사람의 생각이 미칠 수 있는 바가 아니라는 의미에서 '비이소사匪夷所思'라고 덧붙였다.

「상전」에서는 '그 무리를 흩음이 크게 길함渙其群 元吉'은 '빛나고 크기 때문光大也'이라고 했는데, 이는 육사가 지닌 덕이 빛나고 바르며 크기 때문이라는 말이다.

육사는 작은 무리의 이익을 위한 것이 아니고 큰 무리를 이루기 위한 것이므로 흩어짐 속에 뭉침이 있다고 강조한다. 송나라 문학가 소순은 일찍이 '작은 무리를 흩음'을 뜻하는 '환기군渙其群'에서의 '군群'은 "성인이 염려하는 것은 천하를 하나 되게 하는 일이지만, 사람의 마음이 분산될 때는 각자의 사적인 이익을 꾀하기 때문에 붕당을 지어 하나 되지 못한다."고 해석했다. 따라서 『주자어류朱子語類』에서 말한 것처럼 육사효만이 "소인의 사적인 무리를 흩어 천하의 공정한 도를 이룬다.能渙小人之私群成天下之公道"고 할 수 있다. 그리고 그렇게 해야만 크게 길하고 이로울 수 있다.

구오 효사와 「소상전」

九五, 渙汗其大號 渙王居 无咎.
구오 환한기대호 환왕거 무구
象曰: 王居无咎 正位也.
상왈 왕거무구 정위야

구오는 흩어질 때 땀이 나듯 큰 호령을 내고 왕의 거처를 흩어 버리면 허물이 없다.

「상전」에서는 말했다. 왕의 거처를 흩어 버리면 허물이 없다는 것은 바른 위치이기 때문이다.

구오의 '환한기대호渙汗其大號'는 구오가 존귀한 자리, 왕과 같은 지도자의 자리에 거하면서 몸에서 땀을 발산하듯 크고 성대한 호령을 내린다는 말이다. '환왕거 무구渙王居 无咎'에서 '거居'는 큰 집을 의미하기도 하지만 지금껏 축적해 온 많은 재물을 뜻하기도 한다. 그래서 그 뜻은 이러한 재물을 흩어 버려야만 비로소 사람의 마음을 모을 수 있다는 것이다.

이는 바로 『주역』에서 가장 중요하게 여기는 지혜 가운데 하나, 즉 "재물이 모이면 사람은 흩어지고 재물이 흩어지면 사람이 모인다財聚則人散 財散則人聚"는 이치이기도 하다. 이 점은 오늘날 성공한 사람들이 귀 기울여 들어야 할 도리다. 사람들의 마음을 얻고자 하면 의를 받들고 재물을 흩어야 하는데도 고집스럽게 재물만 붙들고 있으면 결국 남는 것은 자기 혼자뿐이다. 구오는 자신이 거하는 집을 흩어 버림으로써 그의 고상한 인품과 덕을 천하에 베풀고 이를 통해 자연스럽게 민심을 얻어 재앙이 없다는 이치를 설명하고 있다.

「상전」에서는 '왕의 거처를 흩어 버리면 허물이 없다는 것은 바른 위치이기 때문이다.王居无咎 正位也'라고 했는데 이는 군왕이 존귀한 자리에 거하여 '중中'과 '정正'을 얻음으로써 일을 할 때 중정의 도로써 행할 수 있고 백성과 한 마음으로 걱정하여 부귀를 나눈다는 말이다. 그렇게 되니 뭇 신하와 백성이 그의 곁으로 모여들어 아무리 어려운 상황에 처해도 위아래 사람들이 태산을 옮길 만한 마음을 모아 장애물을 없애고 위기를 건너게 되니 화가 임할 수가 없다.

상구 효사와 「소상전」

上九, 渙其血 去逖出 无咎.
상구 환기혈 거적출 무구
象曰: 渙其血 遠害也.
상왈 환기혈 원해야

상구는 그 피를 흩어 버려 두려움을 없애니 허물이 없다.
「상전」에서는 말했다. 그 피를 흩어 버림은 해로움을 멀리하기 때문이다.

'혈血'은 '근심하다'라는 의미를 지닌 '휼恤'과 통하므로 '환기혈渙其血'은 이러한 근심을 흩어 버려 근심에서 떠나게 한다는 뜻이다. '적逖'은 '저녁까지 두려워한다.'는 뜻의 '석척약夕惕若'이라는 구절에 나오는 '척惕'과 통하여 '두려워하다' '경계하다'는 의미를 가진다. 마왕퇴 유적지에서 발견된 백서본 『주역』에는 '적逖'이 '척惕'으로 표시되어 있다. 그러므로 '거적출去逖出'은 두려움에서 벗어난다는 뜻이고, '무구无咎'는 이렇게 되면 허물이 없다는 뜻이다.

상구의 시기에는 흩어짐이 극에 이르렀으므로 반대면으로 전환하여 사방에서 다시 모이기 시작한다. 이것이 바로 사물의 발전이 극에 달하면 반대면으로 전환되는 '물극필반物極必反'의 이치이며 『삼국연의三國演義』에서 "천하의 큰 추세는 흩어짐이 오래되면 반드시 다시 합하고 합함이 오래가면 또 반드시 나뉜다."고 한 것과도 같은 원리다. 흩어짐이 극에 이르면 반드시 모여서 천하가 다시 통일되기에 이르는데 그렇게 되면 천하가 흩어진 시기의 근심과 두려움에서 벗어날 수 있게 된다.

「상전」에서는 '그 피를 흩어 버림渙其血'은 '해로움을 멀리하기 때문遠害也'이라고 했다. 천하가 흩어지는 시기에는 백성의 생명과 재산이 보장받지 못하고 천하에 재앙과 화가 끊임없이 반복된다. 따라서 백성의 삶은 물 깊은 곳, 불타오르는 구덩이와 같은 위급함 가운데 놓이게 되어 사람의 마음과 생각조차 변하고 만다. 이럴 때일수록 가장 높은 자리에 있는 상구는 강건함을 지닌 채 천하 사람의 마음을 한데 모아 백성을 물과 불의 위급함으로부터 구하는 막대한 임무를 담당해야 한다. 이 시기에는 천하를 한데 합하여 통일하면 이전의 흩어진 국면에서 벗어나 재앙과 화로부터 멀리 떨어져서 백성이 안락하게 거할 수 있다.

환괘 정리

䷺

환괘는 흩어지는 시기에 어떻게 해야만 사람의 마음을 모아 천하를 하나 되게 할 수 있을지에 대해 말한다. 흩어짐과 모임은 서로 대립하지만 의존하여 보완해 주는 변증관계에 있다. 이러한 변증관계를 잘 파악하면 오늘날 각종 모임과 단체에 필요한 의미를 발견하여 적용할 수 있을 것이다.

60
절괘節卦 — 절제의 도

괘사

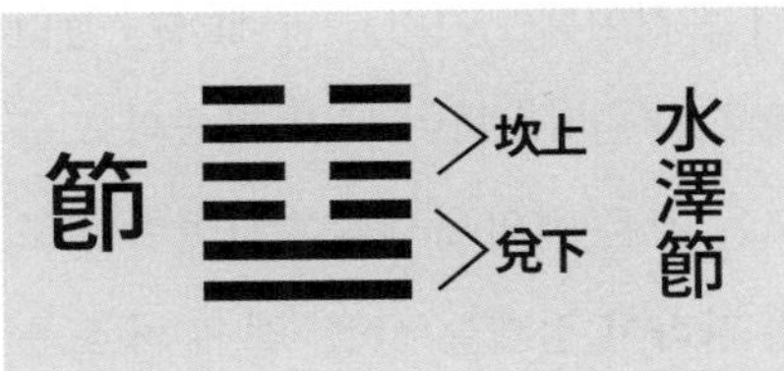

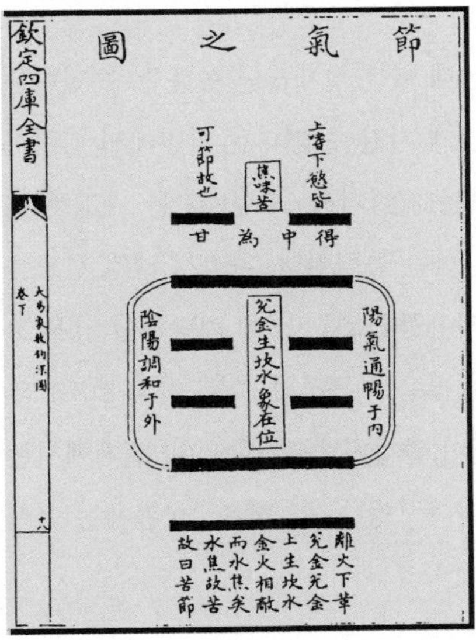

節亨 苦節不可貞.
절 형 고절불가정

절은 형통하나 과도한 절제는 굳게 지킬 수 없다.

'절節'은 본래 '죽절竹節', 즉 '대나무의 마디'라는 뜻을 가진 단어다. 『설문해자』에서는 '절은 대나무의 마디다.節 竹約也'라고 했으며, '절節'이라는 글자를 잘 보면 위쪽에 '대나무 죽竹'이 있다. 이처럼 '절節'은 대나무 마디를 취함으로써 '제약하다' '절제하다' '절약하다'의 의미로 확대되었다. 「서괘전」에서는 "사물은 영원히 흩어질 수 없으므로 절괘로 받았다."고 했다. 갑골문을 보면 '절節'은 사람이 무릎을 꿇고 앉아 있는 형상을 하고 있는데 고대에는 무릎을 꿇고 엎드려 절하는 것은 깊은 예를 표하는 행위였다. 이와 관련된 단어로는 '골절骨節' '기절氣節' '예절禮節'을 비롯해서 '절약節約' '조절調節' '절제節制' '절주節奏' '절박節拍' 등이 있는데 이들은 기본적으로 '절제'의 의미를 포함하고 있다.

유가에서는 이러한 절제를 인, 의, 예, 지, 신의 다섯 가지 덕 가운데서 '예'로 보았다. 『논어』「학이」편에서는 "조화의 귀중함만 알고 이를 예로써 절제할 줄 모르면 또한 행해지지 않는다.知和而和 不以禮節之 亦不可行也"고 했다. 다시 말해 조화하고 화합할 줄만 알았지 예에 근거해서 조절할 줄 모르면 그것은 절대 실현될 수 없다는 것이다. 『예기』「곡례曲禮」상편에도 "예란 절도를 넘지 않는 것이다.禮不踰節"라고 하여 예가 절제의 도를 위배할 수 없다고 강조했다. 이처럼 모든 것은 예의에서 출발하여야 하고 예의는 절제 속에서 통제되어야 한다. 따라서 절괘는 사실 '절제'의 도를 강조하는 괘라고 볼 수 있다.

괘사에서는 '절 형節 亨'이라고 했는데 이는 절제하면 형통할 수 있다는 뜻이다. 하지만 절제함이 지나치면 굳게 지킬 수 없다는 의미에서 뒤이어 '고절불가정苦節不可貞'이라고 덧붙였는데 여기서 '고절苦節'은 과도한 절제를 말한다. '절제'는 적절하게 조절하는 능력이다. 따라서 일정 한도를 넘어서서 지나치게 절제해 버리면 '과유불급過猶不及'에 해당하여 남을 고생스럽게만 하니 이러한 절제는 하지 않음만 못하다. '과도한 절제苦節'와 상대적인 개념은 '감절甘節', 즉 '기꺼이 즐겁게 하는 절제'다. 절괘에서는 구오효가 바로 이 '감절甘節'에 해당한다. 『맹자』「양혜왕」상편에는 이런 이야기가 나온다.

> 제齊나라 선왕宣王이 제사에 희생 제물로 바쳐질 소가 끌려가는 모습을 보고는 말했다.
>
> "소 대신 양을 바치라. 그 소가 죄 없이 끌려가면서 벌벌 떠는 모습을 차마

볼 수가 없구나."

백성들은 선왕이 지나치게 인색한 탓에 소가 아까워서 그랬다고 생각했다. 불쌍하기로는 작은 양이나 큰 소나 매한가지인데 왕이 유독 큰 소한테만 동정을 보였기 때문이다. 이에 맹자가 선왕을 찾아뵙고 아뢰었다.

"백성들은 왕이 인색한 탓에 소 대신 양을 바치라 했다고 생각합니다. 그러나 저는 왕께서 불쌍한 것을 차마 보지 못해 그러셨다고 믿고 있습니다."

선왕은 깊이 생각에 잠겨 있다가 잠시 후 고개를 끄덕이며 말했다

"일국의 주인인 내가 어찌 한 마리 소를 아까워하겠소. 비록 의도는 그렇지 않았지만 백성들이 과인더러 인색하다고 함은 마땅하도다."

그 밖에도 『유림외사儒林外史』에는 이런 고사가 전해진다.

노쇠한 마이馬二 선생은 병상에 누워 지낸 지 오래다. 숨을 가쁘게 내쉬는 것을 보니 이제 세상을 떠날 일만 남은 듯하지만 웬일인지 그는 두 눈을 좀체 감으려 하지 않았다. 그리고 돌연 가족들을 향해 손가락 두 개를 펼쳐 보였다. 가족들은 이게 무슨 일인가 하면서 손가락 두 개의 의미를 파악하려고 애썼다. 혹시, 죽기 전 해결되지 않은 두 가지 일이 남아 있어서 그런 건가 싶어서 물어도 그는 아무런 반응을 보이지 않았다. 여전히 부릅뜬 눈은 감기지 않았고 펼친 두 손가락도 풀리지 않은 채였다. 그때 가족 중 한 사람이 돌연 깨달았다는 듯 구석에 놓인 등잔불을 가리키며 소리쳤다.

"저기 등잔불 심지 두 개에 모두 불이 붙어 있어서 그러시는 것 같아요. 그중 하나를 꺼 보십시오."

그의 말대로 심지 하나를 끄자마자 놀랍게도 마이 선생은 손에 힘을 풀고 두 눈을 감으며 평안히 세상을 떠났다.

이 이야기는 무엇을 말하고자 하는 걸까? 마이 선생은 어찌나 인색했던지 등잔불의 심지 두 개를 다 켜는 것조차 아까워했다. 바로 이러한 경우를 가리켜 '고절苦節', 즉 '과도한 절제'라고 하는 것이다. 이처럼 지나친 절약은 본받을 수 없다. 절괘에서는 '절제'할 때는 '바른 도를 지켜야' 하며 '적절하게 조절'할 줄 알아야 사물이 순조롭게 발전할 수 있다고 강조한다.

괘사에 대한 「단전」

彖曰: 節 亨 剛柔分而剛得中.
단왈 절 형 강유분이강득중

苦節不可貞 其道窮也.
고절불가정 기도궁야

說以行險 當位以節 中正以通.
열이행험 당위이절 중정이통

天地節而四時成 節以制度 不傷財 不害民.
천지절이사시성 절이제도 불상재 불해민

「단전」에서는 말했다. 절이 형통함은 강과 유가 각각 반씩 나뉘고 강이 중을 얻었기 때문이요, 과도한 절제를 굳게 지킬 수 없음은 그 도가 곤궁해졌기 때문이다. 기뻐함으로써 험한 가운데 행하고 마땅한 자리에 거하여 절제하며 중정의 도로 통한다. 천지가 절도가 있어 사시가 이루어지니 절도로써 제도를 만들어 행하면 재물이 상하지 않으며 백성을 해치지 않는다.

「단전」에서는 절괘에 대해서 형통하다고 하면서 '강유분이강득중剛柔分而剛得中', 즉 '강과 유가 각각 반씩 나뉘고 강이 중을 얻었기 때문이다.'라고 했다. 이는 태괘泰卦가 변하여 절괘가 만들어진 것을 두고 한 말이다. 태괘(䷊)는 하괘가 세 개의 양효로 되어 있고 상괘가 세 개의 음효로 이루어져 있다. 이러한 태괘가 절괘(䷻)로 변하는 과정에서는 세 개의 양효 중 구삼효가 오효 자리로 올라가 음효와 한데 거하게 되었고 상괘의 육오효가 삼효 자리로 내려오면서 양효와 함께 거하게 되었다. 이렇게 분리된 결과 양강陽剛의 구이효와 구오효가 각각 상괘와 하괘의 가운데 자리에 거하여 중도를 얻게 되니 이는 절제할 때에는 반드시 중도를 지켜야 하는 이치를 상징한다고 볼 수 있다.

과도하게 절제하면 다른 이를 고생스럽게 하므로 해서는 안 되는 일이라는 뜻에서 '고절불가정苦節不可貞'이라고 했고, 이런 까닭에 절제의 도가 지나치면 그 지나침이 궁극에 이르게 되므로 '기도궁야其道窮也'라고 덧붙였다. 사물의 발전이 극이 이르면 그 반대면으로 전환된다는 원리가 적용되는 셈이다.

'열이행험說以行險'은 '기뻐함으로써 험한 가운데 행한다.'는 뜻인데 여기서 '기뻐함說'은 하괘인 태괘兌卦, 즉 기쁨을 가리키는 말이고 '험함險'은 상괘인 감괘가 험난함을 상징하기 때문이다. 무리를 향하여 절제하라고 호령할 때는 그들이 절제의 필요성을 확실하게 인지하고 기뻐하는 마음으로 기꺼이 하게끔 해야 한다. 바로 구오효에서 말한 '기꺼운 절제'가 되어야만 무리가 스스로, 그리고 적극적으로 절제하여 어려움을 극복할 수 있다. '당위이절 중정이통當位以節 中正以通'은 마땅한 자리에 거하여 절제하니 그 행위

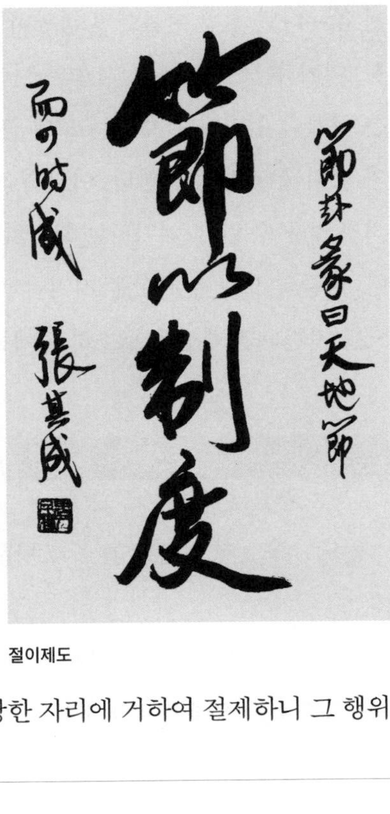

절이제도

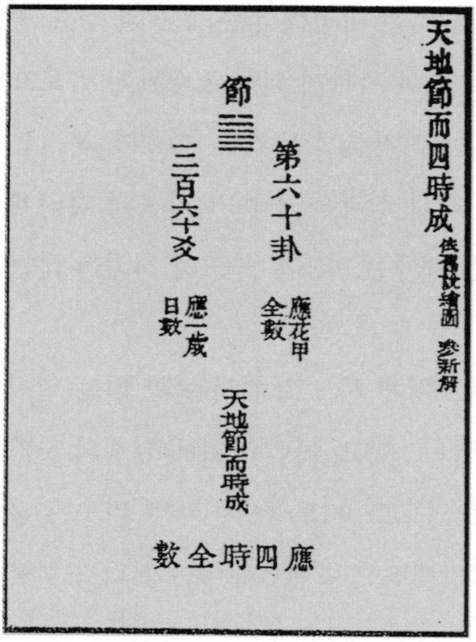

가 중정의 도를 지키므로 일이 순조롭게 이뤄질 수 있다는 의미다.

'천지절이사시성 절이제도 불상재 불해민天地節而四時成 節以制度 不傷財 不害民'은 '천지가 절도가 있어 사시가 이루어지니 절도로써 제도를 만들어 행하면 재물이 상하지 않으며 백성을 해치지 않는다.'는 뜻이다. 천지가 스스로 절제함으로써 1년 사계절이 순환하는 것인데 만일 천지가 절제하지 않는다면 한번 여름이면 영원히 여름이고, 겨울이 되면 영원히 겨울일 뿐, 어찌 봄, 여름, 가을, 겨울의 사계절이 때에 맞춰 순환하겠는가? 군왕은 이처럼 천지가 절제하는 도에 근거하여 법과 제도를 정비하고 사람들의 행위를 조절해야 한다. 이렇게 해야만 돈을 낭비하지 않고 백성도 해치지 않을 수 있다. 여기서는 하늘의 도에 근거해서 인간의 도를 논하고 있다. 하늘의 도가 절제함을 지켜야만 사시四時가 이뤄지듯, 인간도 절제의 도를 지킨다면 백성을 보호하고 재물을 모을 수 있지 않겠느냐는 의미다.

괘사에 대한 「대상전」

象曰: 澤上有水 節. 君子以制數度 議德行.
상왈 택상유수 절 군자이제수도 의덕행

「상전」에서 말했다. 못 위에 물이 있는 것이 절이다. 군자는 이를 보고 수數와 도度를 정하며 덕행을 의논한다.

「상전」에서는 '못 위에 물이 있는 것이 절이다.澤上有水 節'라고 했는데 이는 절괘(䷻)의 하괘인 태괘(☱)가 못을 상징하고 상괘인 감괘(☵)가 물을 상징하기 때문이다. 못 위에 물이 있으니 물이 못 안을 흐르는 셈이다. 못은 물을 조절하여 절제하는 역할을 하며 그렇게 해야만 물이 새어나가지 않아 낭비가 없다. 오늘날 쓰는 '절수節水'라는 말이 마침 이러한 이치에 딱 맞는 구호인 셈이다. 그렇다면 물을 어떻게 절약해야 할까? 물을 꼭 써야 하는 곳에만 사용한 뒤 물을 모아 못 안으로 보낸다. 그렇게 되면 못이 둑에 둘러싸여서 물이 새어 나가지 않는데 이것이 바로 절괘의 상이다.

군자는 이러한 괘상을 보고 절괘의 도에 근거해서 '수와 도를 정하며 덕행을 의논한다.制數度 議德行' 여기서 '수數'는 '예절'을 가리키고 '도度'는 법도를 뜻하므로 '수와 도를 정한다.制數度'는 것은 예절과 법도를 제정한다는 말이다. '법제도를 정함'과 '덕을 세움'은 서로 보완하고 이루는 관계인데 다만 전자는 법을 중시하고 후자는 덕에 치우친다는 점이 다를 뿐이다. 법이든 덕이든 모두 일종의 원칙을 갖추어 사람의 행위를 규범화하고 절제하는 데 사용되는 틀이다. 이렇게 되어야만 사회에 질서가 생겨 사람들이 편안하고 즐겁게 삶을 영위할 수 있다.

초구 효사와 「소상전」

初九, 不出戶庭 无咎.
초구 불출호정 무구

象曰: 不出戶庭 知通塞也.
상왈 불출호정 지통새야

초구는 호정(중문 안의 뜰)을 나가지 않으니 허물이 없다.

「상전」에서는 말했다. 호정을 나가지 않음은 통함과 막힘을 알기 때문이다.

초구의 '불출호정不出戶庭'은 호정戶庭을 나가지 않는다는 뜻이다. 호정戶庭은 중문中門* 안쪽의 뜰을 가리킨다. 초구는 절제가 처음 시작되는 단계이므로 신중하고 삼가서 집 안에 머물러야 한다. 이런 까닭에 '호정을 나가지 않는다.'는 것은 한계선, 경계를 넘어서지 않는다는 것으로 확대하여 해석할 수도 있다. 또한 그렇게 하면 허물이나 재앙이 없다는 뜻에서 '무구无咎'라고 덧붙였다. 집의 뜰은 '말' '언사'를 빗대기도 하므로 상황을 잘 가려서 말을 함부로 내뱉지 말고 신중하게 하며 비밀을 지켜야 한다는 뜻으로 풀이할 수도 있다. 이것 또한 절제의 도를 드러내는 방법 중 하나다.

「상전」에서는 '호정을 나가지 않는不出戶庭' 이유에 대해서 '통함과 막힘을 알기 때문知通塞也', 즉 통하여 순조로운 이치와 막혀서 통하지 않는 원리를 알기 때문이라고 했다. 도로가 시원하게 뚫려 있으면 순조롭게 가고 막히면 멈춰 서듯 말이다.

초구는 절제가 시작되는 단계이므로 이럴 때일수록 절제의 원칙을 제대로 알아야 한다. 따라서 일을 할 때도 신중하게 임해야지 나가지 말아야 할 때는 나가지 않는다. 이것이 바로 절제다.

호정을 나가지 않는다고 해서 단순히 집 밖을 벗어나지 말라는 뜻은 아니다. 거기에는 깊은 의미가 함축되어 있다. 예컨대 '호정을 나가지 않음'을 경계나 한계를 넘어서지 않음으로 풀이한다면 이때의 '호정'은 경계선, 한계라는 의미로 쓰인 것이다. 그리고 말을 함부로 내뱉지 않고 기밀을 누설하지 않는 것으로 해석한다면 이때의 '호정'은 '말'을 빗댄 것이라고 하겠다. 「계사전」 상편에서는 공자의 말을 인용하여 이렇게 말했다.

* 중문: 가옥 전체를 외부 세계와 구분 짓는 문은 '대문大門'이지만 대문을 들어선 뒤 비밀스러운 안채를 가리어 보호하기 위해 별도로 '중문中門'을 설치하기도 했다. 대문과 중문 외에도 집 안의 생활 영역을 구분하기 위해 집 안 담장 곳곳에 '협문夾門'을 설치하기도 했다.

"임금이 말을 지키지 않으면 신하를 잃게 되고, 신하가 말을 지키지 않으면 그 몸을 잃으며, 일을 할 때 말을 지키지 않으면 해로움이 생기나니, 이 때문에 군자는 말을 지켜 밖으로 나가지 않게 한다."

君不密則失臣 臣不密則失身 幾事不密則害成 是以君子愼密而不出也.

여기서 '밀密'은 '절제한다', 즉 '말을 지킨다.'의 뜻으로 해석할 수 있다. 따라서 군왕이 만약 절제하지 않는다면 신하를 잃게 되고 신하가 절제하지 않으면 자신의 생명을 잃으며 기밀을 지키지 않고 누설하면 재앙이 임하게 되므로 군자는 신중하게 행동해야 한다.

구이 효사와「소상전」

九二, 不出門庭 凶.
구이 불출문정 흉
象曰: 不出門庭 凶 失時極也.
상왈 불출문정 흉 실시극야

구이는 문정(대문 안의 뜰)을 나서지 않으니 흉하다.

「상전」에서는 말했다. 문정을 나서지 않아 흉함은 때의 대들보를 잃었기 때문이다.

구이의 '불출문정 흉不出門庭 凶'은 대문 안의 뜰을 나서지 않으면 흉함이 있다는 말이다.

앞선 초구에도 '호정을 나가지 않으니 허물이 없다.'는 비슷한 말이 나온다. 그런데 어째서 초구는 허물이 없고 도리어 하괘의 중앙에 자리한 육이가 더 흉하다고 한 것일까? 여기서 주의해야 할 것은 초구에서 말한 것은 '호戶', 즉 중문이자 작은 문인 반면, 육이에 나온 것은 '대문門', 즉 큰

문이라는 점이다. 초구의 단계에서는 사물이 처음 시작하는 단계지만 육이는 이미 중앙에 이른 단계여서 절제 또한 적절히 이뤄져야 한다. 만약 문정에서조차 앞으로 나가지 않고 버틴다면 과도한 절제에 얽매인 것이 되고 그렇게 되면 흉할 수밖에 없다.

이는 『주역』만이 보여 줄 수 있는 대단함이다. 『주역』은 현재 놓여 있는 다양한 상황에 맞추어서 문제를 달리 바라보게끔 돕기 때문이다. 초구의 단계에서는 위로 구이에 의해 길이 가로막혀 통하지 않게 되었으므로 호정으로 나갈 수가 없었지만 다행히 구이에 이르러서는 길이 시원하게 뚫린다. 구이의 위에 자리 잡은 육삼은 음효라서 구이의 양효를 가로막을 처지가 못 되므로 이럴 때는 구이가 굳이 속박을 받지 않아도 된다. 그런데도 구이가 초구 때와 마찬가지로 지나치게 절제해 버린다면 이는 자기가 자기를 제한하여 스스로 문을 닫고 길을 끊는 격이라서 흉할 수밖에 없다.

「상전」에서는 '문정(대문 안의 뜰)을 나가지 않아 흉함不出門庭 凶'에 대해 '때의 대들보를 잃었기 때문失時極也'이라고 해석했다. 적절하게 절제해야 할 시기를 놓쳤다는 뜻이다. '극極'은 집의 중앙을 받드는 대들보인데 여기서는 '중도中道'의 의미로 쓰였다. 구이효는 하괘의 중앙에 위치하여 이때 문정을 나서면 시기적으로 중도에 부합하여 적절하다. 따라서 지나치게 절제하여 때를 놓치면 흉하여 자신에게 전혀 이롭지 않다.

'절제'는 자기 자신을 제한하여 묶는 수단이 아니다. 절제는 '개방'이나 '편함'과는 상대적인 말로, 절제해야 할 때는 절제하고 느슨해져야 할 때는 느슨해져야 하는데, 이 모든 것은 각자 처한 상황과 환경을 고려하여 결정해야 한다.

육삼 효사와 「소상전」

六三, 不節若 則嗟若 无咎.
육삼 부절약 즉차약 무구
象曰: 不節之嗟 又誰咎也.
상왈 부절지차 우수구야

육삼은 절제하지 않으면 한탄하게 되니 허물이 없다.

「상전」에서는 말했다. 절제하지 않아 한탄하면 누구를 허물하겠는가.

육삼의 '부절약不節若'은 '절제하지 않는다면'의 뜻이고 '차약嗟若'은 '탄식하며 후회한다.'는 말이다. 그러나 그렇게 되면 '허물이 없다无咎.'고 했다. 육삼은 하괘인 태괘에서 가장 높은 자리이고 아래로는 두 개의 양효를 타고 있으니 마치 유약한 사람이 강건한 두 사람의 머리 위에 서서 절제하지 않은 채 제멋대로 행동하는 모습과 같다. 계속해서 이렇게 행동한다면 허물이 있지만 스스로 탄식하고 후회하면서 이것이 옳지 않음을 느낀다면 허물과 재앙을 면할 수 있을 것이다.

「상전」에서는 '절제하지 않아 한탄하면 누구를 허물하겠는가.不節之嗟 又誰咎也'라고 했다. 스스로 후회하고 한탄한다는 것은 그것을 뉘우쳐 개선할 마음이 있다는 뜻이니 어찌 재앙이나 화가 임하겠느냐는 말이다.

육사 효사와 「소상전」

六四, 安節 亨.
육사 안절 형
象曰: 安節之亨 承上道也.
상왈 안절지형 승상도야

육사는 편안하게 절제하니 형통하다.

「상전」에서는 말했다. 편안하게 절제함의 형통함은 위의 도를 받들기 때문이다.

육사의 '안절 형安節 亨'은 편안하게 이러한 절제함을 받드는 것이니 이렇게 하면 형통할 것이라는 말이다.

「상전」에서는 '편안하게 절제함의 형통함安節之亨'은 '위의 도를 받들기 때문承上道也'이라고 해석했다. 육사의 절제함은 마음으로부터 우러나온 것이지 외부의 강압에 의한 것이 아니다. 또한 편안하게 절제하면서 위로 구오효를 받드니 그의 절제함은 전적으로 윗사람인 구오의 존귀함에 순응하는 것이므로 당연히 형통하다.

구오 효사와 「소상전」

九五, 甘節 吉 往有尙.
구오 감절 길 왕유상
象曰: 甘節之吉 居位中也.
상왈 감절지길 거위중야

구오는 기꺼이 하는 절제여서 길하며 가면 숭상함을 받는다.

「상전」에서 말했다. 기꺼운 절제가 길함은 거한 자리가 중이기 때문이다.

구오의 '감절 길 왕유상甘節 吉 往有尙'은 마음에서 기꺼이 원하여 절제하는 것이므로 길하고 상서로우며 계속해서 나아간다면 반드시 높임을 받고 중요하게 여겨질 것이라는 말이다. 육사의 단계에서는 편안하게 절제함을 말했다면, 구오효에서는 마음에 기꺼이 원해서 하는 절제하는 것이니 사실 이는 내면의 감응을 중시하는 측면이 강하다.

「상전」에서는 '기꺼운 절제가 길함甘節之吉'은 '처한 자리가 중이기 때문

居位中也'이라고 해석했다. 구오효는 가장 존귀한 자리에 거할 뿐 아니라 '중中'과 '정正'을 얻었으므로 이럴 때 절제하는 것은 당연히 마음에서 우러나와 기꺼이 하는 것이고 또한 중도에 부합하는 적절한 절제다.

『논어』에서는 "예의 쓰임 가운데 가장 귀중한 것은 조화다."라고 했다. 사람들이 모두 예절에 근거하여 마음에서 우러나와 즐겁고도 기꺼이 예를 행한다면 예는 그 역할을 충분히 발휘하여 조화로운 경지에 이를 수 있다. 이 때문에 구오효에서 말하는 경지는 절제의 예를 행함으로써 다다를 수 있는 최고의 단계인 셈이다.

상육 효사와 「소상전」

上六, 苦節 貞凶 悔亡.
상육 고절 정흉 회망
象曰: 苦節貞凶 其道窮也.
상왈 고절정흉 기도궁야

상육은 과도한 절제는 굳게 지키면 흉하지만 뉘우치면 흉함이 없어진다. 「상전」에서는 말했다. 과도한 절제를 굳게 지키면 흉하다는 것은 그 도가 궁극에 이르렀기 때문이다.

상육의 '고절苦節'은 과도한 절제라는 말인데 이는 자신에게 큰 고통을 가져다주는 고통스럽기 그지없는 절제이자 절제의 법과 예가 이미 사람들이 감당할 수 있는 한계를 넘어선 상황이다. 계속해서 과도한 절제를 유지해 나간다면 흉함이 있고 이러한 절제를 포기하면 후회가 없어질 것이라는 뜻에서 '정흉 회망貞凶 悔亡'이라고 했다. 그 밖에도 '정흉貞凶'은 바른 도를 지킴으로써 흉함을 방비하는 것으로도 볼 수 있어서 '절제하면서 바른 도를 지키면 후회함이 없어진다.'고 해석할 수도 있다.

「상전」에서는 '과도한 절제를 굳게 지키면 흉함苦節貞凶'은 '그 도가 궁극에 이르렀기 때문其道窮也'이라고 해석했다. 상육은 절괘에서 가장 높은 자리이므로 절제가 이미 궁극에 이르렀다고 볼 수 있다. 다른 측면에서 보면 이 시기의 절제는 지나친 면이 있어서 백성이 고통스러워 할 지경에 이르렀다. 만일 이 상황을 빨리 조정하지 않으면 백성이 반기를 들고 일어날 수도 있다. 그러므로 이 시기에는 과도한 절제, 고통스러운 절제를 기꺼이 원해서 하는 즐거운 절제로 전환시켜야 하고 구오효로 돌아와서 '기꺼운 절제'를 행해야 한다.

절괘 정리

䷻

절괘에서 말하는 절제의 도리는 자연계와 인류사회의 각종 사물과 상황에도 적용하여 설명할 수도 있다. 1년 사계절이 바뀌는 원리, 그리고 동식물이 나서 자라는 과정은 하나같이 일정한 자연의 법칙과 절제의 도가 만나서 이루어진다. 그 밖에도 인류가 느끼는 희로애락의 감정도 마찬가지로 이러한 절도에 부합해야 한다. 의식주 역시 절도가 있어야 하고 기업을 경영하거나 사업을 할 때도 절도가 있어야 하며 사람을 부리거나 일을 처리할 때도 절도가 있어야 한다.

그러므로 절도에는 보편적인 의의가 담겨 있다고 할 수 있다. 절제해야만 절도가 있고 그래야만 예의와 예절을 지킬 수 있으며 그래야만 조화롭고 아름다운 경지에 도달할 수 있다. 당연히 절제의 예를 행할 때는 억지로 하여 고통스럽다거나 지나침이 있어서는 안 되고 반드시 바른 도와 중도에 부합해야 한다.

61
중부괘中孚卦 — 성실함과 믿음으로

괘사

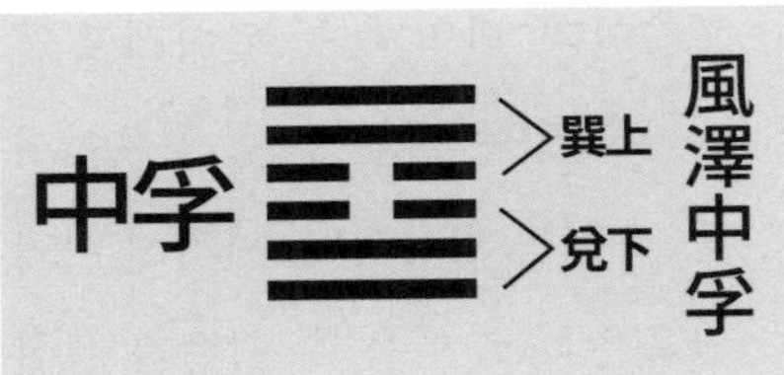

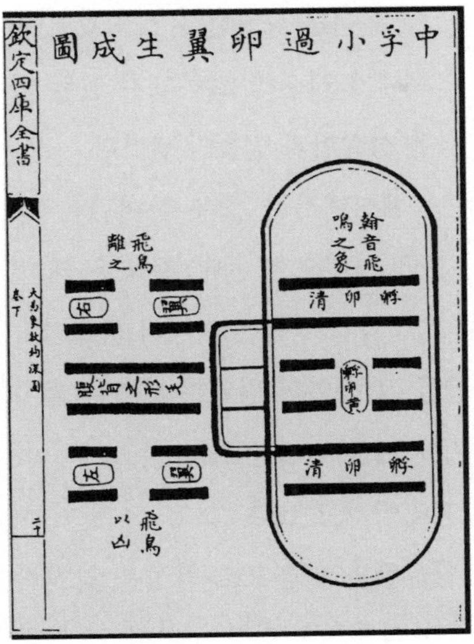

中孚 豚魚吉 利涉大川 利貞.
중부 돈어길 이섭대천 이정

중부는 믿음이 돼지와 물고기까지 미치면 길하니 큰 하천을 건넘이 이롭고 바르게 함이 이롭다.

'중부中孚'의 뜻은 마음에 성실함과 믿음이 있어야 한다는 뜻이다. 「잡괘전」에서는 "중부는 믿음이다.中孚 信也"라고 했고 「서괘전」에서도 "절제하면 믿게 하므로 중부괘로 받았다."고 했다. 절제함이 있으면 성실하고 믿음직한 마음을 유지할 수 있으므로 절괘 다음에 중부괘가 왔다는 말이다. 『설문해자』에서는 "부孚는 발톱 조爪와 아들 자子에서 따왔으므로 마치 새가 새끼를 품고 있는 형상과 같다."고 했다. 주희는 『주자어류』에서 '부孚'라는 글자는 실존하는 물건을 중간에서 꽉 쥐고 있는 모습이니 믿을 만한

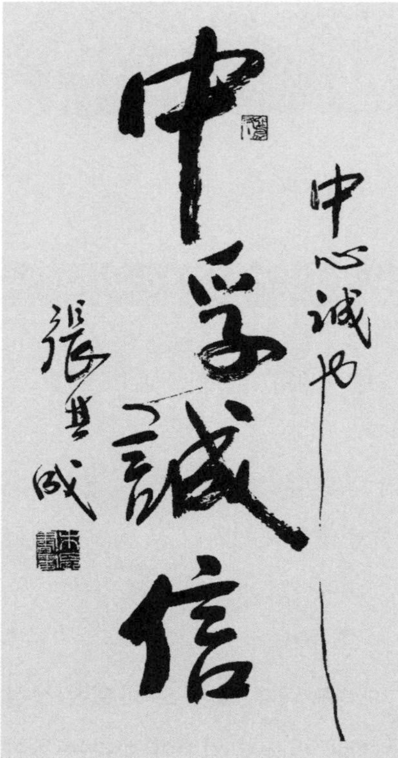

중부성신

것이므로 성실함과 신뢰의 의미를 지닌다고 했다.

그렇다면 '중부中孚'에서 '중中'은 무엇을 의미할까? 바로 마음 한복판을 가리킨다. 중부괘의 가운데에 자리 잡은 두 개의 효는 모두 음효여서 가운데가 비어 있는 모습이다. 반면, 이를 위아래로 둘러싸고 있는 효는 모두 양효여서 꽉 차 있는 형상이다. 여기서 비어 있음은 바로 마음 속 겸손과 성실함, 믿음을 상징한다. 그러므로 중부괘가 사실상 말하고자 하는 것은 성실함과 믿음인 셈이다.

괘사에서는 '중부 돈어길中孚 豚魚吉'이라고 했는데 '돈豚'은 돼지, '어魚'는 물고기를 가리킨다. 중부괘의 성실함과 믿음은 돼지나 물고기처럼 작고 미약한 것들조차 감동시킬 만큼 그 감화의 범위가 넓다는 말이다. 그래서 큰 하천의 험난함을 건너기에 이롭고 바른 도를 지키기에 이롭다는 뜻에서 '이섭대천 이정利涉大川 利貞'이라고 했다.

한나라 대학자 유향劉向은 군주가 성실함과 믿음으로 백성을 감화하면 천하도 반드시 그 감화를 받아들여 보답할 것이라고 하면서 "요임금과 순임금이 만백성과 동물, 천지를 감화시키니 봉황이든 새든 모두 그를 위해 노래하고 춤추며 온갖 미물이 그의 하는 바에 의해 감화를 받았다."고 표현했다. 중부괘는 어떻게 하면 성실함과 믿음을 가지고 만물을 감화시킬 수 있을지에 관한 이치를 말한다. 성실함과 믿음은 사람됨의 기초가 될 뿐 아니라 일종의 사회 윤리 도덕이자 특수한 정치 도덕과 각종 직업 도덕을 포함하고 있다.

괘사에 대한 「단전」

彖曰: 中孚 柔在內而剛得中 說而巽 孚乃化邦也.
단왈 중부 유재내이강득중 열이손 부내화방야
豚魚吉 信及豚魚也. 利涉大川 乘木舟虛也.
돈어길 신급돈어야 이섭대천 승목주허야
中孚以利貞 乃應乎天也.
중부이리정 내응호천야

「단전」에서는 말했다. 중부는 유가 안에 있고 강이 중을 얻은 것이니, 기뻐하고 공손하여, 성실함이 마침내 나라를 감화시킨다. 돼지와 물고기에까지 미쳐서 길함은 성실함과 믿음이 돼지와 물고기에까지 미쳤기 때문이요, 큰 하천을 건넘이 이로움은 나무배를 타고 있는데 비어 있기 때문이다. 마음이 성실하고 믿음직스러우며 바르게 함이 이로우면 마침내 하늘에 응한다.

「단전」에서는 중부괘에 대해서 '유재내이강득중柔在內而剛得中', 즉 '유가 안에 있고 강이 중을 얻은 것'이라고 했다. 괘상 전체에서 가장 중간에 있는 삼효와 사효가 음효(유효)이고, 양효(강효)인 이효와 오효가 각각 하괘와 상괘의 가운데를 차지하고 있기 때문이다. 이는 성실함과 믿음, 즉 내면이 유순하면서도 강건함을 상징한다. '열이손 부내화방야說而巽 孚乃化邦也'는 '기뻐하고 공손하여 성실함이 마침내 나라를 감화시킨다.'는 의미다. 하괘인 태괘가 기쁨이고 상괘인 손괘가 겸손함과 유순함을 상징하기 때문에 위아래가 모두 기뻐하고 화목하며 유순하니 이러한 성실함과 믿음의 덕이 천하의 백성을 감화시킨다.

'돈어길 신급돈어야豚魚吉 信及豚魚也'는 이러한 성실함과 믿음이 이미 돼지나 물고기까지 영향을 미쳐 그 같은 미물조차 감화시켰다는 말이다. '이섭대천 승목주허야利涉大川 乘木舟虛也'는 큰 하천을 건넘이 이로운 이유는 타고 있는 나무배가 비어 있기 때문이라는 뜻이다. 그렇다면 어째서 큰 하천을 건너는 것이 이롭다고 했을까? 중부괘의 상괘인 손괘가 나무이고 하괘인 태괘가 못인데 올라탄 나무배가 비어 있어서 배가 물 위를 가는 동안 막힘없이 순탄하게 갈 수 있기 때문이다.

마음에 성실함과 믿음이 있는 데다 바른 도를 지킬 수 있어서 하늘의 도처럼 성실하고 아름다운 덕에 부합하니 하늘과 사람이 서로 응하는 경지에 이른다는 의미에서 '중부이리정 내응호천야中孚以利貞 乃應乎天也'라고 했다. 하늘의 덕은 모든 사물과 일에 동일하게 성실하고 믿음직스러워서 좌우로 치우쳐 편향됨 없고 거짓되지 않으므로 이러한 괘상은 하늘의 도에 부합할 뿐 아니라 인간의 도에도 부합한다.

전체적인 괘상을 보면 가운데 두 효가 모두 비어 있는 상태인데 성실함과 믿음을 강조하므로, 성실함과 믿음이란 반드시 마음을 비우는 것이 기초가 되어야 한다는 사실을 알 수 있다. 참으로 깊은 이치가 아닐 수 없다. 증국번曾國藩은 일찍이 중부괘에 대해 "사람은 반드시 마음의 중심을 비워 냄으로써 한 가지 사물에 집착하지 말아야 훗날 진실하여 망령됨이 없게 된다."는 탁월한 해석을 내놓았다. 사람은 내면을 비워 조금의 사심이나 잡념도 남겨 두지 말아야 진실하여 망령되지 않을 수 있으며, 이렇게 되어야만 성실함과 믿음을 품을 수 있다는 말이다.

여기서 '진실'이나 '성실'이란 말에 쓰이는 '실實'은 무슨 의미일까? "실이라는 것은 속이지 않는 것을 일컫는다.蓋實者 不欺之謂也"는 말이 있듯 '실實'이란 남을 속이지 않는 것이다. 남을 속이는 것은 마음에 허다하게 들어

찬 사사로운 잡념 때문이므로 속이지 않는다는 것은 마음이 비어 있어서 사사로운 집착이 없다는 뜻이다. 이런 사람은 천하의 지극히 성실하고도 지극히 비어 있는 자라서 영험하고도 밝으며 집착이 없어서 사물이 와서 순응한다. 그래서 이를 일컬어 '비어 있고 성실함'이라고 한다.

그렇다면 무엇이 '비어 있음虛'이고 무엇이 '성실함誠'일까? 바로 '영험하고 밝으며 집착이 없는靈明無着' 상태다. 마음이 무척 밝고도 비어 있어서 아무것에도 집착하지 않으며 어떠한 사심이나 잡념에도 오염되지 않는 상태다.

괘사에 대한 「대상전」

象曰: 澤上有風 中孚. 君子以議獄緩死.
상 왈 택 상 유 풍 중 부 군 자 이 의 옥 완 사

「상전」에서는 말했다. 못 위에 바람이 있는 것이 중부다. 군자는 이를 보고 옥사를 논하여 죽임을 늦춘다.

「상전」에서는 '못 위에 바람이 있는 것이 중부다.澤上有風 中孚'라고 했는데 이는 중부괘(䷼)의 하괘인 태괘(☱)가 못이고 상괘인 손괘(☴)가 바람을 상징하기 때문이다. 큰 못 위에 바람이 불어서 바람이 이르지 못함이 없는 모습이다. 이는 우리의 성실함과 믿음이 만물에 보편적으로 미쳐서 이르지 않음이 없는 상태로 볼 수도 있는데 그것이 바로 중부괘의 상이다. 또한 이 바람은 봄바람이어서 모든 일과 사물이 소생하게 하는 힘을 가지고 있다.

군자는 이러한 괘상을 보고 중부괘의 도에 근거해서 '옥사를 논하여 죽임을 늦춘다.議獄緩死' 다시 말해 군자는 마음에 성실함과 믿음을 품고서

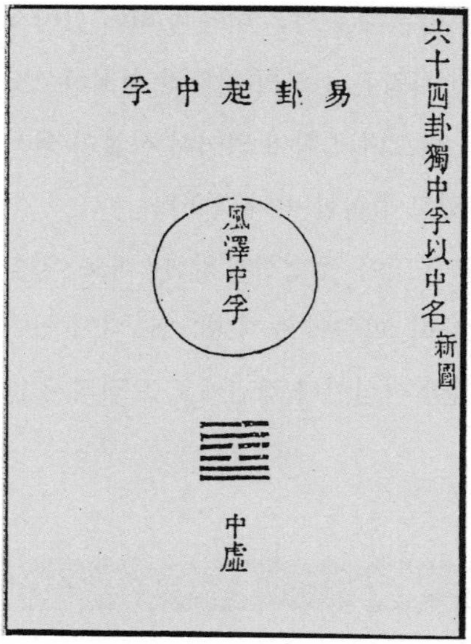

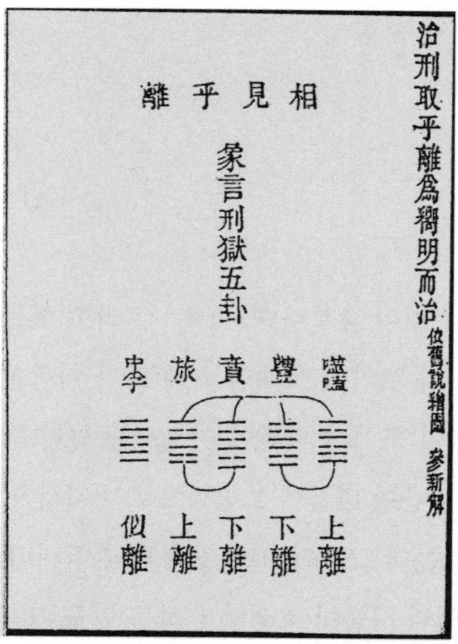

사건을 판결하기 전에 충분히 의논하고 조사함으로써 억울한 죽음이 없게 하고 사형 선고를 받은 사람에 대해서는 그 집행을 늦춤으로써 형을 최대한 줄여 주고 그로 하여금 선함을 회복하게 한다는 것이다.

백거이白居易는 언덕에 난 풀을 보고 "들불을 놓아도 다 타지 않고 봄바람 불면 다시 돋아난다네."라고 하였다. 중부괘가 말하는 못 위의 바람도 마침 봄바람을 상징하므로 봄바람이 만물을 소생하게 하듯 사형을 늦춤으로써 사람을 죽게 하지 말아야 한다. 그래서 성실함과 믿음이라는 말에는 일종의 관용, 봄에 소생하는 의미가 포함되어 있다. 사안을 판결할 때는 봄바람이 못 위의 언덕을 스쳐 불듯 공정하게 해야지 사사로운 정을 따라서는 안 되며 성실함과 믿음을 기초로 삼아야 한다. 이와 함께 바람이 불어가듯 너그럽고 부드럽게 하고 남을 불쌍히 여기는 측은지심을 품어야 한다.

초구 효사와 「소상전」

初九, 虞吉 有它不燕.
초구 우길 유타불연
象曰: 初九虞吉 志未變也.
상왈 초구우길 지미변야

초구는 편안히 성실함을 지키면 길하고, 다른 마음을 품으면 편안하지 못하다.

「상전」에서는 말했다. 초구가 편안히 성실함을 지켜서 길함은 뜻이 변하지 않았기 때문이다.

초구의 '우虞'는 '편안하다'는 의미의 '안安'과 같은 의미이므로 '우길虞吉'은 편안하게 성실함과 믿음을 지키면 길하다는 말이다. '연燕' 또한 '편안하다'의 의미이므로 '유타불연有它不燕'은 만약 다른 구할 것이 있다거나 욕심을 품는다면 그것은 편안하지 못하다는 뜻이다.

초구는 온 마음과 뜻을 다해 조금이라도 사심을 품지 말고 평온하게 성실함과 믿음을 지키면 길하겠지만 조금이라도 잡념이나 욕심을 품으면 이는 성실하거나 믿음직스러운 것이 못 된다고 말한다. 초구는 성실함과 믿음이 시작되는 단계로서 사효와 호응하는데 음과 양이 서로 응하므로 길하다.

「상전」에서는 '초구가 편안히 성실함을 지켜서 길함初九虞吉'은 '뜻이 변하지 않았기 때문志未變也'이라고 했다. 초구는 양효가 양의 자리에 와서 '정正'을 얻어 그 뜻이 무척 강건하여 믿음을 안정적으로 지킬 수 있으므로 약속을 지키고자 하는 뜻 또한 결코 변하지 않는다.

구이 효사와 「소상전」

九二, 鳴鶴在陰 其子和之. 我有好爵 吾與爾靡之.
구이 명학재음 기자화지 아유호작 오여이미지
象曰: 其子和之 中心願也.
상왈 기자화지 중심원야

구이는 우는 학이 음지에 있으니 같은 무리가 그에게 화답한다. 내게 좋은 술이 있어 그대와 함께 그것에 매이노라.

「상전」에서는 말했다. 같은 무리가 그에게 화답함은 마음에 원해서다.

구이의 '명학재음鳴鶴在陰'은 학이 산의 음지에서 운다는 뜻인데 여기서 '음陰'은 바로 산의 북쪽을 가리키며 반대로 '양陽'은 산의 남쪽을 말한다. 그렇다면 왜 학이 산의 북쪽에서 운다고 했을까? 구이효가 두 음효 아래에 자리 잡고 있기 때문이다. '자子'는 학의 새끼를 뜻하는 게 아니라 동류, 즉 그와 같은 무리를 뜻하므로 '기자화지其子和之'는 구이효에게 같은 무리가 소리로 응답한다는 말이다. '작爵'은 본래 술잔을 가리키는 말이지만 여기서는 술을 의미하며, '미靡'는 본래 '소비하다' '다하다'의 의미지만 여기서는 '공유하다' '함께 누리다'의 뜻으로 쓰였다. 따라서 '아유호작 오여이미지我有好爵 吾與爾靡之'는 내게 감미로운 술이 있으니 그대와 함께 누리고자 한다는 것이다.

정성을 다해 상대를 대접하니 상대도 성실함으로 응답한다. 구이에서는 학이 소리 내어 울면 동류가 그에게 화답하는 무척 아름다운 광경이 펼쳐진다. 소리 내어 울자 화답한다는 것은 성실함과 믿음의 덕을 따른 것이므로 이 소리에는 허망함이 있을 수 없다. 마치 맛좋은 술처럼 나와 그대가 더불어 그것을 누리는 것은 거기에 성실함과 믿음이 있기 때문이며, 함께 술을 마셔야 비로소 기쁨이 있어서 함께 마시고 기뻐한다. 만약 성실함과 믿음이 없다면 술을 마시는 것도 고통스러운 일일 뿐이고 그 안에는 기만과 속임수만 있을 뿐이다. 그러니 어찌 진정한 기쁨을 누리겠는가?

위의 '아유호작 오여이미지我有好爵 吾與爾靡之' 이 두 구절은 마치 『시경』에 나오는 시구처럼 아름답기 그지없다. 실제로 이 구절을 『시경』의 시구 사이에 섞어 놓는다면 사람들은 이것이 『시경』인지 『주역』인지 전혀 구별하지 못할 만큼 시적 압운이 탁월할 뿐 아니라 표현이 생동감 있게 살아 숨 쉰다.

「상전」에서는 '같은 무리가 그에게 화답함其子和之'은 '마음에 원해서中心願也'라고 해석했다. 어째서 같은 무리가 그에게 소리 내어 화답했을까? 왜냐면 마음에서부터 우러나와 진정으로 원하는 바이기 때문이다. 마음속에 진심과 성실함이 있어야만 멀리 떨어져 있어도 서로 응답할 수 있다. 그래서 정이는 이것이 바로 일종의 "지극한 성실함과 믿음이 마음을 통하게 하는 이치至誠感通之理"라고 했다.

육삼 효사와 「소상전」

六三, 得敵 或鼓或罷 或泣或歌.
육삼 득적 혹고혹파 혹읍혹가

象曰: 或鼓或罷 位不當也.
상왈 혹고혹파 위부당야

육삼은 적을 얻어서 혹은 북 치고 혹은 물러서고 혹은 울고 혹은 노래한다.

「상전」에서는 말했다. 혹은 북 치고 혹은 물러섬은 위치가 마땅하지 않기 때문이다.

육삼의 '득적得敵'은 앞에서 강한 적을 만나게 되었다는 말이다. '파罷'

는 '피곤하다' '지치다'의 '피疲'와 통하여 '뒤로 물러서다.'라는 의미를 가진다. '혹고혹파 혹읍혹가或鼓或罷 或泣或歌'는 한 번은 북 치며 나아가 공격했다가 피로하면 물러서고, 한 번은 울었다가 또 한 번은 노래한다는 의미다. 그렇다면 왜 운다고 했을까? 적이 돌이켜 공격할까 두렵기 때문이다. 즐겁게 노래함은 왜일까? 적이 침범하러 오려 하지 않기 때문에 즐겁게 노래할 수 있다. 이는 육삼의 심리 상태가 그다지 안정적이지 않고 침착하게 대응하는 능력이 부족한 모습인데 본 괘에서는 성실함과 믿음이 부족함을 상징한다.

「상전」에서는 '혹은 북 치고 혹은 물러섬或鼓或罷'은 '위치가 마땅하지 않기 때문位不當也'이라고 했다. 육삼은 양이 와야 할 자리에 음효가 와서 위치가 '부정不正'하다. 이는 그의 뜻이 굳건하지 않고 성실함과 믿음이 부족하여 잡다한 생각이 많을 뿐 아니라 말과 행동에 항상함이 부족하여 수시로 변한다는 뜻이다.

육사 효사와 「소상전」

六四, 月幾望 馬匹亡 无咎.
육사 월기망 마필망 무구

象曰: 馬匹亡 絶類上也.
상왈 마필망 절류상야

육사는 달이 가득 차올라 말의 짝을 잃으니 허물이 없다.

「상전」에서는 말했다. 말의 짝을 잃음은 같은 무리와 단절하고 위로 올라가기 때문이다.

육사의 '월기망月幾望'은 달이 가득 차올라 보름달에 가까워진다는 의미다. '필匹'은 짝을 가리키는데 초효와 사효의 음양이 서로 어울림을 뜻한다. 그러므로 '마필망馬匹亡'은 육사의 좋은 말이 자신과 짝이었던 초구효와 상응함을 끊고 위로 올라가 구오효에게 순종한다는 의미다. 이렇게 하면 허물이 없으므로 '무구无咎'라고 덧붙였다. 보름달과 말이라는 두 이미지를 통해, 음유陰柔의 덕이 왕성할 때는 태만해지지 말고 온 마음과 뜻을 다해 구오의 양효를 섬기고 마음을 나누어 초구효와 짝하지 않아야 함을 강조했다. 여기서는 성실함과 믿음을 가진 사람은 마음을 분산시키지 말고, 오히려 비우며 정신을 하나로 집중하여야 한다고 강조한다.

「상전」에서는 '말의 짝을 잃음馬匹亡'은 '같은 무리와 단절하고 위로 올라가기 때문絶類上也'이라고 했다. '절류絶類'는 같은 무리와 단절한다는 의미인데 이는 그의 짝이었던 초구효와 단절하게 됨을 상징한다. '상야上也'는 그가 위로 구오효를 받치고 있음을 뜻한다. 육사는 신하의 자리이고 구오는 임금의 자리이기 때문에 육사가 구오에 순종한다는 것은 성실함과 믿음이 있어서 마음과 뜻을 다하여 구오효에 순종하여 받든다는 의미다. 따라서 비록 그의 짝이 그를 부르지만 육사는 조금의 흔들림이나 걱정도 없이 그와의 관계를 단절하는데, 이것이 바로 육사가 지닌 성실함과 믿음의 도다. 따라서 육사의 이 같은 행위는 그 어떤 화도 있을 수 없다.

구오 효사와 「소상전」

䷼

九五, 有孚攣如 无咎.
구오 유부련여 무구

象曰: 有孚攣如 位正當也.
상왈 유부련여 위정당야

구오는 성실함과 믿음으로 잡아매듯 하면 허물이 없다.

「상전」에서는 말했다. 성실함과 믿음으로 잡아매듯 함은 위치가 정당하기 때문이다.

구오의 '련攣'은 '매다'라는 의미이므로 '유부련여有孚攣如'는 성실함과 믿음을 통해 천하 사람들의 마음을 잡아맨다는 뜻이며, 이렇게 하면 재앙이나 허물이 없다는 의미에서 '무구无咎'라고 했다.

「상전」에서는 '성실함과 믿음으로 잡아매듯 함은 위치가 정당하기 때문有孚攣如位正當也'이라고 했다. 구오는 성실함과 믿음만 있으면 사람들의 마음을 잡아맬 수 있으며 이렇게 해야만 천하가 성실함과 믿음으로 화답한다고 말한다. 구오는 양효가 양의 자리에 오고 상괘의 중앙에 왔으므로 그 지위가 존귀하고 권한이 막중하며 인품과 덕이 고상하고 중정의 덕까지 지녔다. 이러한 사람은 자연히 성실함과 믿음이 지극하고 이를 통해 천하 사람의 마음을 얻어 잡아맬 수 있다.

상구 효사와 「소상전」

上九, 翰音登于天 貞 凶.
상구 한음등우천 정 흉
象曰: 翰音登于天 何可長也.
상왈 한음등우천 하가장야

상구는 날아오르는 새의 소리가 하늘로 올라가니 굳게 지키면 흉하다.
「상전」에서는 말했다. 날아오르는 새의 소리가 하늘로 올라가니 어찌 오래갈 수 있겠는가.

'한음翰音'에 대한 해석에는 크게 두 가지 견해가 있다. 하나는 '한翰'이라는 글자에 '깃털' '날개'라는 의미가 포함되어 있으므로 새가 날아오름을 뜻한다는 견해인데, 그렇다면 '한음'은 '날아오르는 새가 내는 우는 소리'를 뜻하게 된다. 다른 하나는 '한翰'을 '닭鷄'으로 보는 견해다. 그래서 『예기』「곡례曲禮」 편에는 "닭을 한음이라고 한다."는 기록이 있고 『주역

집해』에도 "닭을 한음이라고 칭한다."는 말이 나온다.

상구의 '한음등우천翰音登于天'은 날아오르는 새의 우는 소리가 하늘에 도달하여 자신이 얼마나 성실하고 믿을 만한지 크게 외친다는 의미다. 그러나 사실 자신의 성실함과 믿음을 강조하면 할수록 그런 사람은 도리어 성실함과 믿음이 부족한 사람일 가능성이 높다. 그래서 계속해서 이렇게 해 나간다면 흉하고 험할 것이므로 '정 흉貞 凶'이라고 덧붙였다.

「상전」에서는 '날아오르는 새의 소리가 하늘로 올라가니 어찌 오래갈 수 있겠는가.翰音登于天 何可長也'라고 풀이했다. 이는 상구가 중부괘의 극, 끝자락에 위치하여 성실함과 믿음이 이미 가장 높은 자리까지 이르렀기 때문이다. 다시 말해 성실함과 믿음이 이미 극에 이르렀지만 사물의 발전이 극에 이르면 반대면으로 전환하듯 계속해서 유지시켜 나갈 수 없다는 의미다. 이럴 때 성실함과 믿음은 사실상 쇠락하기 시작한다. 그러나 이러한 결점을 감추기 위해서 날아오르는 새처럼 하늘로 날아 올라가 우는 소리를 냄으로써 성실함과 믿음을 널리 알리려 시도하는 것이다. 자신의 성실함과 믿음을 널리 드러내려는 사람일수록 도리어 그러한 덕이 부족한 사람일 가능성이 높으므로 더욱 경계해야 한다.

중부괘 정리

䷼

중부괘를 통해 우리는 인생을 살아가거나 일을 처리할 때 성실함과 믿음이라는 덕이 얼마나 중요한지 알 수 있다.

공자는 "사람으로서 믿음이 없으면 그의 사람됨을 알 수 없다.人而無信不知其可也" "일을 할 때 정성을 다하고 믿음을 가지고 처리한다.敬事而信"고 함으로써 '신信', '믿음'의 덕을 줄곧 강조했다. 훗날 유가에서는 '인의예지신仁義禮智信'의 다섯 가지 덕을 내세우면서 '인仁', 즉 어짊을 첫 번째 자리에 두었고 '신信', 즉 믿음을 맨 나중의 자리에 두었지만 그렇다고 해서 '신'이 중요하지 않다는 의미는 아니다. 오히려 사람됨의 기준에서 마지노선이 되는 것이 바로 '신信'이라고 보면 된다. 따라서 사람이라면 그 마지노선 아래로 내려가서는 안 된다. 일단 '신信'이라는 마지노선을 벗어나 버리면 그는 더 이상 사람이 아닌 게 되어 버리는 셈이다.

오늘날 우리는 최대의 위기 상황에 직면해 있는데 바로 '성실함과 믿음의 상실'이라는 위기다. 이런 면에서 중부괘가 오늘날 우리 삶에 주는 의의는 결코 하찮지 않다.

62
소과괘小過卦 — 작은 것에서부터

괘사

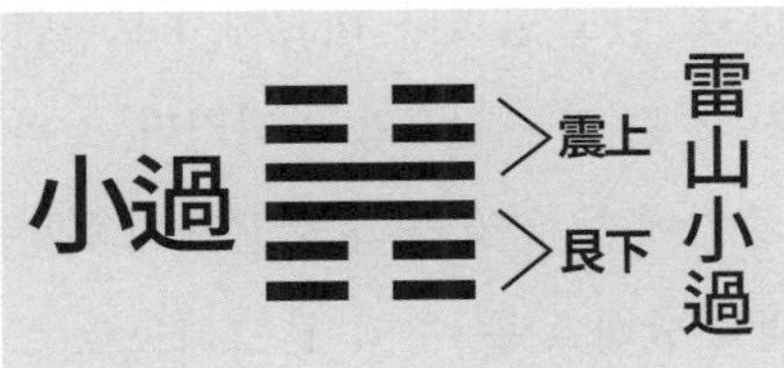

小過 亨 利貞.
소 과 형 이 정
可小事 不可大事.
가 소 사 불 가 대 사
飛鳥遺之音 不宜上宜下 大吉.
비 조 유 지 음 불 의 상 의 하 대 길

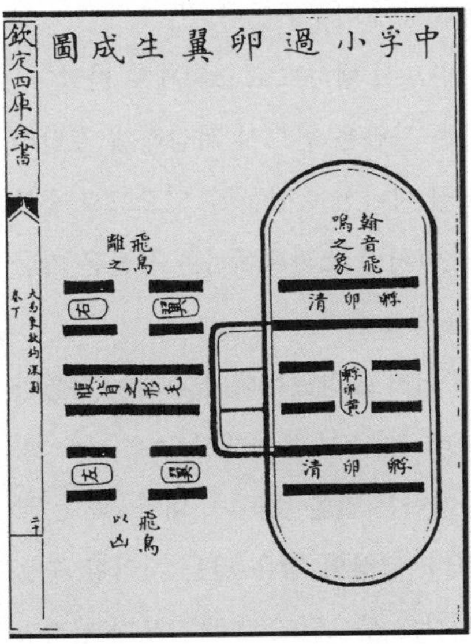

소과는 형통함이니 바르게 함이 이롭다. 작은 일은 할 수 있지만 큰일은 할 수가 없다. 나는 새가 소리를 남김이라, 위로 가는 것은 마땅하지 않고 아래로 내려오는 것이 마땅하니, 크게 길하다.

'소과小過'는 무슨 뜻일까? 조금 넘어섬, 약간의 잘못이 있다는 말이다. 정이 선생도 "소小란 상常을 넘어선 것이다.小者 過其常也"라고 했는데 이는 '소과小過'라는 것이 정상적인 것을 넘어선 것이라는 말이다. 소과괘의 괘상을 보면 중간에 두 양효가 있고 이를 둘러싸고 위아래로 각각 두 개씩의 음효가 있다. 가운데 두 음효를 둘러싸고 위아래로 두 개씩의 양효가 있는 형태의 중부괘와는 정반대다. 소과괘는 음효가 양효를 넘어섰으므로 작은 것이 큰 것을 넘어선 셈이다.

이와 연계해서 대과괘도 떠올려 볼 수 있는데 대과괘는 64괘 가운데 28번째 괘지만 상경에서만 따져 보면 뒤에서 세 번째 괘에 해당한다. 소과괘도 『주역』 전체에서 보면 62번째 괘이지만 하경에서만 따져 보면 마찬가지로 뒤에서 세 번째 괘에 해당한다. 대과괘(䷛)는 중간의 네 효가 양효고 이를 중심으로 위아래 각각 한 개씩의 음효가 있어서, 양의 강건함이 지나치게 크고 성한 나머지 대과괘大過卦라고 불렀다. 비교해서 보자면 '대과大過'는 큰 잘못을 말하지만 '소과小過'는 작은 잘못을 가리킨다. 소과괘(䷽)는 마치 한 마리의 새와 같아서 중간에 두 양효가 새의 몸체에 해당하고 위아래 각각 두 개씩의 음효는 새의 날개로 볼 수 있다. 그러므로 소과는 대부분 날아오르는 새에 빗대어 설명이 이루어진다.

「서괘전」에서는 "믿음이 있는 자는 반드시 행하므로 소과괘로 받았다."고 했다. 성실함과 믿음을 굳게 지키는 사람은 반드시 과감하게 결단하여 행동으로 옮기는데 그 과정에서 조금 지나침이 있을 수 있으므로 중부괘의 다음에 소과괘가 왔다는 것이다. 이처럼 소과괘에서는 사물은 가끔 '작은 지나침'이 있을 수 있다는 이치를 강조한다.

괘사에서는 '소과 형 이정小過 亨 利貞'이라고 하였는데 소과괘는 형통하여 바른 도를 지키기에 이롭다는 뜻이다. '가소사 불가대사可小事 不可大事'에서 '소사小事'는 일상생활 가운데 일어나는 일을 뜻하며 '대사大事'는 국가의 차원에서 생기는 큰일을 가리킨다. 일상의 작은 일을 처리할 수는 있지만 천하의 큰일은 해서는 안 되며 작고 부드럽고 약한 것부터 지켜야 한다는 말이다. '비조유지음飛鳥遺之音'은 나는 새가 슬퍼하고 애통해하는 울음소리를 남긴다는 말이며, '불의상의하 대길不宜上宜下 大吉'은 이처럼 나는 새는 위로 날아오르는 것이 적당하지 않고 아래로 날아 내려가는 것이 적합하여 크게 길하다는 말이다. 새라고 해서 줄곧 높은 곳을 향해 날아오르기만 한다면 흉하니, 물러나 돌아와서 산골짜기 나무 위에 머물러야만 자신을 보호할 수 있기 때문이다. 따라서 소과괘는 전체적으로 겸손함, 부드럽고 약함, 아래의 작은 곳에 거함을 강조한다.

이 점은 노자와도 통하는 바가 있다. 『노자』 52장에서는 "작은 것을 보는 것을 밝음이라고 하고 부드러움을 지키는 것을 강함이라고 한다."고 했다. 작은 것을 발견할 줄 아는 것을 '밝음明'이라고 하며 이런 사람이 지혜롭고 총명하다. 또한 부드럽고 작은 것을 지킬 줄 아는 것을 '강함强'이라 하고 이런 사람이 굳세고 강하다. 또한 『노자』 32장에서는 "도는 변하지 않고 영원하지만 이름이 없다. 통나무가 아무리 작아도 천하가 감히 신하 삼을 수 없는 것과도 같다."고 하였다. 도가 아무리 작더라도 천하 사람들이 그것을 지배하지 못한다는 말이다. 『노자』 63장에서는 "이로써 성인은 끝내 크게 되려고 하지 않으므로 성인은 큰일을 이룰 수 있다."고 했다. 작은 목적을 지켜 내는 것은 크게 이루기 위함이다. 노자는 또한 아래로 내려가서 낮은 곳에 거해야 한다고 주장하며 『노자』 66장에서 "강과 바다가 모든 골짜기의 왕이 될 수 있는 까닭은 그들보다 낮은 곳에 머무르기 때문이다. 그러므로 강과 바다가 모든 골짜기의 왕이 될 수 있는 것이다."라고 했다. 이것이야말로 소과괘가 보여 주는 사상을 가장 잘 함축한 글이 아닐까?

괘사에 대한 「단전」

彖曰: 小過 小者過而亨也.
단왈 소과 소자과이형야

過以利貞 與時行也.
과이리정 여시행야

柔得中 是以小事吉也.
유득중 시이소사길야

剛失位而不中 是以不可大事也.
강실위이부중 시이불가대사야

有飛鳥之象焉.
유비조지상언

飛鳥遺之音 不宜上宜下 大吉 上逆而下順也.
비조유지음 불의상의하 대길 상역이하순야

「단전」에서는 말했다. 소과는 작은 일에 과도한 부분이 있긴 하지만 형통하다. 조금 과하되 바르게 함이 이로움은 때를 따라 행하기 때문이다. 유가 중을 얻었으므로 작은 일이 길하고, 강이 지위를 잃고 중을 얻지 못하여 큰일은 할 수 없다. 나는 새의 상이 있느니라. 나는 새가 소리를 남기니, 위로 올라감은 적당하지 않고 내려오는 것이 마땅하니 크게 길하며, 이는 위로 올라가면 거스르는 것이고 아래로 내려가면 순응하는 것이기 때문이다.

「단전」에서는 소과괘에 대해서 '소자과이형야小者過而亨也', 즉 일반적이고 작은 일에서 다소 과도한 면이 있긴 하지만 그래도 형통하다고 했다.

'과이리정 여시행야過以利貞 與時行也'는 조금 과도하지만 바른 도를 지키는 것이 이로운 이유는 때를 살피어 행하기 때문이라는 말이다. 다시 말해 조금 과하긴 하지만 이는 특정 시기에 부합하는 행위일 뿐 기분 내키는 대로 함부로 하는 행동이 아니기 때문이다.

'유득중 시이소사길야柔得中 是以小事吉也'는 유효가 가운데 자리를 얻어서 음유陰柔가 '중中'에 거하니 작은 일을 하는 것이 이롭다는 말이다. 육이효와 육오효가 각각 하괘와 상괘의 가운데 거하는데 유효는 작음을 상징하므로 부드럽고 작은 일을 함이 이롭다는 것이다.

'강실위이부중 시이불가대사야剛失位而不中 是以不可大事也'는 강건한 효가 가운데 자리에 오지 못했다는 말인데, 이는 구삼효와 구사효를 가리킨다. 이 두 효는 모두 양효이지만 가운데 자리인 이효와 오효의 위치를 차지하지 못하였으므로 큰일을 할 수 없다.

'유비조지상언有飛鳥之象焉'이라고 했듯이 소과괘는 전체적으로 봤을 때 한 마리 나는 새와 같다. 왜냐면 중간의 삼효와 사효는 모두 양효로서 새의 몸통에 해당하고 맨 위와 맨 아래에 있는 총 네 개의 음효는 새의 날개와도 같기 때문이다.

소자과이형

'비조유지음 불의상의하 대길 상역이하순야飛鳥遺之音 不宜上宜下 大吉 上逆而下順也'는 '나는 새가 소리를 남기니, 위로 올라감은 적당하지 않고 내려오는 것이 마땅하니 크게 길하며, 이는 위로 올라가면 거스르는 것이고 아래로 내려가면 순응하는 것이기 때문이다.'라는 뜻이다. 다시 말해 새의 날아오름이 지나쳐서 슬프게 우는 소리를 남기는데, 이럴 때는 다시 위로 날아오르기보다는 아래로 내려감이 적당하며 이렇게 해야만 크게 길하다. 위로 가는 것은 큰 도를 위배하는 것이고 아래로 내려가면 큰 도에 부합하기 때문이다. 아래로 가서 작은 일을 하면 편안하고 길하지만 위로 가면 중도에 가로막혀 나아가지 못하고 말 것이다.

여기서 '위로 올라가면 거스르는 것上逆'에 나오는 '위上'는 다섯 번째 효를 가리킨다. 다섯 번째 효는 음효로서 그 아래에 양효가 있는데 음효가 양효를 위에서 타고 있음은 바른 도에 부합하지 않은 모습이다. '아래로 내려가면 순응하는 것下順'에 나온 '아래下'는 이효를 가리킨다. 이효는 음효로 초육의 음효를 위에서 타고 있지만 위로 구삼의 양효를 떠받치고 있는 형상이다. 양효가 음효를 타고 있으니 이는 도에 부합하는 것이다.

우리는 여기서 소과의 시기에는 위로 나아가서 큰 뜻을 행하면 장애물을 만나게 될 뿐 아니라 시기에도 맞지 않고 바른 도에 부합하지도 않지만 아래로 내려가서 작은 일을 하면 큰 도에 부합하고 시기적으로도 적절하므로 길하여 형통하게 됨을 알 수 있다.

괘사에 대한 「대상전」

象曰: 山上有雷 小過. 君子以行過乎恭 喪過乎哀 用過乎儉.
상왈 산상유뢰 소과 군자이행과호공 상과호애 용과호검

「상전」에서는 말했다. 산 위에 우레가 있는 것이 소과다. 군자는 이를 보고 행위의 공손함을 과하게 하고, 장례를 당하면 슬퍼함을 과하게 하며, 쓸 때는 검소함을 지나치게 한다.

「상전」에서는 '산 위에 우레가 있는 것이 소과다.山上有雷 小過'라고 했는데 이는 소과괘(䷽)의 하괘인 간괘(☶)가 산이고 상괘인 진괘(☳)가 우레이기 때문이다. 우레는 본래 하늘에서 울리는 게 맞지만 여기서는 산 위에 있다고 했으니 이는 우레 소리가 지나치게 커서 정상적인 수준을 넘어섰다고 볼 수 있다. 이것이 바로 소과괘의 상이다.

군자는 이러한 괘상을 보고 소과괘의 도에 근거해서 '행위의 공손함을 과하게 하고, 장례를 당하면 슬퍼함을 과하게 하며, 쓸 때는 검소함을 지나치게 한다.君子以行過乎恭 喪過乎哀 用過乎儉' 군자의 행위는 일반적인 공손함보다는 더 지나침이 있어야 하고, 장례를 당했을 때는 평상시보다 조금 더 슬퍼하며, 돈을 쓸 때도 평소보다 더 써야 한다는 말이다.

이러한 겸손함과 공손함, 유순함에 대해서 주희는 "소과는 자애로움과 인자함을 지나치게 하는 것이고, 대과는 강건하고 엄함, 과감하고 의연함을 적게 하는 것이다."라고 해석했다. 다시 말하면 소과는 부드럽고 약하며 자애로움과 인자한 일을 하는 것이고, 대과는 강건하고 의연한 일을 하는 것이라는 말이다. 주희는 뒤이어 "모든 것은 작은 일을 과하게 하되 한 발 물러서서 스스로 뜻을 낮추어야 한다."고 덧붙였다.

우리는 소과괘를 통해 작은 일에는 다소 지나침이 있어도 큰일을 처리할 때는 지나침이 있어서는 안 됨을 알 수 있다. 공자가 "사람이 성현이 아닐진대 누가 지나침이 없을 수 있겠는가."라고 했듯이 누구나 작은 일에서는 과도함이 있을 수 있다. 그러나 이러한 과도함은 아래를 향해서 내려가는 과도함이지 위쪽으로 향하는 과도함은 아니다. 앞서 말한 것처럼 공경할 때는 보통의 공경함보다 과하게 하고, 슬퍼할 때는 평소의 슬퍼함보다 더욱 슬퍼하며, 검소할 때는 일반적인 검소함보다 지나침이 있어야 한다는 것이 모두 아래를 향한 과함이자 뒤로 한 발 물러서는 것이다. 그렇지 않고 위쪽을 향해 과함을 일으켜 지나치게 태만하고 흥분하며 혹은 과하게 사치하면 이로 말미암은 결과는 흉하고 험한 것뿐임을 기억하자.

초육 효사와 「소상전」

初六, 飛鳥以凶.
초육 비조이흉
象曰: 飛鳥以凶 不可如何也.
상왈 비조이흉 불가여하야

초육은 나는 새가 계속 날아오르므로 흉하다.

「상전」에서는 말했다. 나는 새가 계속 날아올라 흉함은 어찌할 수 없는 것이다.

초육의 '비조이흉飛鳥以凶'은 나는 새가 줄곧 위를 향해 날아오르니 흉함이 있다는 말이다.

「상전」에서는 '나는 새가 계속 날아올라 흉함은 어찌할 수 없는 것이다.飛鳥以凶 不可如何也'라고 했다. '어찌할 수 없는 것不可如何'이라는 말은 어떻게 해야 할지 모르겠다는 뜻이다. 초육효는 음효로서 '소과'의 첫 단계에 머물러 있으므로 그 역량이 부족하여 아래로 날아 내려가기에 적합하다. 그런데 도리어 추세를 역행하여 위로 날아올라 구사효와 응하려고 하니 흉함을 만날 수밖에 없는 것이다. 이처럼 초육의 단계에서는 아래에 머물러야만 하는 이치를 설명한다.

육이 효사와 「소상전」

六二, 過其祖 遇其妣 不及其君 遇其臣 无咎.
육이 과기조 우기비 불급기군 우기신 무구

象曰: 不及其君 臣不可過也.
상왈 불급기군 신불가과야

육이는 그 조부를 지나 그 조모를 만나니, 군주에게 미치지 못하여 그 신하를 만나면 허물이 없다.

「상전」에서는 말했다. 그 군주에게 미치지 못함은 신하가 그를 넘어서지 못하기 때문이다.

'조祖'는 '조부' '할아버지'를 뜻하며 '비妣'는 '조모' '할머니'를 뜻하므로 '과기조 우기비過其祖 遇其妣'는 조부를 지나서 조모를 만난다는 의미다.

'불급기군 우기신不及其君 遇其臣'은 군주를 넘어서지 못하니 대신을 만나러 가야 한다는 뜻이고, 이렇게 하면 반드시 허물이 없으므로 '무구无咎'라고 덧붙였다. 육이는 조부와 조모, 군주와 대신의 비유를 들었는데 조부는 구사효, 조모는 육오효, 군주는 육오효, 대신은 구삼효와 구사효를 가리킨다. 왜냐면 육이는 '중中'과 '정正'을 얻은 데다 음의 유순함으로 중을 얻었으니 이럴 때 일을 처리하는 것이 가장 적절하며 구사효를 넘어서야만 육오에 이르러 육오효의 비호를 받을 수 있기 때문이다. 그러나 육오효는 군주이므로 절대 그를 넘어서서는 안 되며 대신과 만나 화합해야 한다. 물론 지금까지 어느 효가 조부와 조모를 가리키고 어느 효가 군주와 대신을 가리키는지에 대해 의견이 분분했지만 우리는 여기에 함축된 의미만 찾아내면 된다. 그 함축된 의미란 유순함으로 '중中'과 '정正'을 얻은 자리, 다시 말해 '본분'을 잘 지키면서 자기보다 위에 있는 사람을 넘어서지 말아야만 상급자로부터 보호를 받을 수 있다는 사실이다.

「상전」에서는 '그 군주에 미치지 못함不及其君'은 '신하가 그를 넘어서지 못하기 때문臣不可過也'이라고 했다. 다시 말해 육이는 신하이므로 군주를 넘어설 수 없는데 만약 월권하여 군주의 자리를 침해하면 명분이 서지 못하고, 명분이 바르지 못하면 말이 소통하지 못하며, 말이 소통하지 않으면 무슨 일을 하든지 아무것도 이룰 수 없다. 이 때문에 소과의 시기에는 육이효처럼 본분을 지켜 중도에 근거해서 일을 처리해야 한다.

구삼 효사와 「소상전」

九三, 弗過防之 從或戕之 凶.
구삼 불과방지 종혹장지 흉

象曰: 從或戕之 凶如何也.
상왈 종혹장지 흉여하야

구삼은 그것을 지나치게 방비하지 않으면 따라서 혹 그를 해칠 수 있으니 흉하다.

「상전」에서는 말했다. 따라서 혹 그를 해치니 흉함이 어떠한가.

구삼의 '불과방지弗過防之'는 과도하게 방비하거나 방어해서는 안 된다는 말이다. '종從'은 '따른다'는 뜻인데 누구를 따른다는 것일까? 당연히 상육효를 따른다. 그러나 다른 사람으로부터 피해를 입으니 흉함이 있다는 뜻에서 '종혹장지 흉從或戕之 凶'이라고 했다. 구삼은 상육과 호응하는데 상육은 소인인데도 가장 높은 자리에 거하고 있으므로 음의 험함과 부드러운 속성을 지닌다. 그러므로 상육효와 같은 소인을 따른다면 다른 사람에게서 피해를 입으니 흉할 수밖에 없다고 한 것이다. 구삼효는 양의 강건함을 가지고 하괘에서 가장 높은 자리를 차지하고 있어서 스스로 능력이 많다고 여긴다. 그리고 그러한 강성함에 기대어 과도하게 방비하지 않고 도리어 소인을 따르는 등 거만하고 난폭하며 제멋대로 군다. 이 때문에 다른 사람에게서 피해를 입는다고 한 것이다.

「상전」에서는 '따라서 혹 그를 해치니 흉함이 어떠한가.從或戕之 凶如何也'라고 했는데, 이는 상육효와 같은 소인을 따르면 다른 사람에게서 피해를 입는다는 말로 구삼의 흉함이 얼마나 심각한지 알 만한 부분이다. 구삼은 하괘의 가장 높은 자리이고 상육은 괘 전체에서 가장 높은 자리여서 흉함과 험함이 많다. 따라서 우리는 이를 통해 가장 높은 자리에 있을 때에는 반드시 삼가고 신중해서 소인을 따르지 않음으로써 늘 방비해야 한다. 구삼효의 흉함은 이러한 작은 일을 지나치게 경시함에서 시작된다. 과도하게 방비하는 것을 원치 않기 때문이다. 하지만 소과의 시기에는 여전히 흉함을 방비하는 데 힘써야 하며 오히려 신중하게 방비함이 다소 지나쳐야만 좋은 점이 있다.

구사 효사와 「소상전」

九四, 无咎 弗過 遇之 往厲必戒 勿用永貞.
구사 무구 불과 우지 왕려필계 물용영정
象曰: 弗過 遇之 位不當也. 往厲必戒 終不可長也.
상왈 불과 우지 위부당야 왕려필계 종불가장야

구사는 허물이 없으니 과하지 않아 그를 만날 수 있다. 가면 위태로우니 반드시 경계하되 자신의 능력을 쓰지 말고 영원히 바르게 한다.

「상전」에서는 말했다. 과하지 않아 그를 만날 수 있음은 위치가 마땅하지 않기 때문이요, 가면 위태로우니 반드시 경계해야 함은 끝내 오래갈 수 없기 때문이다.

구사는 재앙이나 화가 없으므로 '무구无咎'라고 했다. '불과 우지弗過 遇之'는 '과하지 않아 그를 만날 수 있다.'라는 뜻인데 이는 구사효가 양효로서 음의 자리에 왔으므로 강경함이 과하지 않고 음효의 바로 아래에 위치한 상태에서 초육효와 호응하니 음의 부드러움을 지닌 효로부터 지지를 받을 수 있기 때문이다. 그러나 만약 계속해서 앞으로 나아가 육오효를 넘어서 버린다면 그것은 지나치게 과도한 것이 되어서 위험하다는 의미에서 '왕려필계往厲必戒', 즉 '가면 위태로우니 반드시 경계해야 한다.'고 경고했다. 왜냐면 육오는 군주의 자리라서 대신들이 군주의 자리를 넘보는 것은 바른 도에 부합하지 않기 때문이다. 따라서 이럴 때는 반드시 삼가고 경계해서 자신의 재능을 과도하게 펼치려 들지 말고 영원히 바른 도를 지켜 나가야 하므로 '물용영정勿用永貞'이라고 덧붙였다.

「상전」에서는 '과하지 않아 그를 만날 수 있음弗過 遇之'은 '위치가 마땅하지 않기 때문位不當也'이라고 풀이했다. 이처럼 구사효는 양효인데도 음의 자리에 와서 위치가 마땅하지 않다. 사실 구사효는 자신의 정확한 품성조차 잃어서 바른 도를 지키지 않은 데다 초육효와 상응하여야 하나 도리어 육오효를 넘어서서 상육효와 상응하려고 한다. 소과의 단계는 '위로 올라가면 거스르는 것이고 아래로 내려오면 순응하는 것이다.'라는 의미의 '상역하순上逆下順'의 시기라서 위로 가면 분명히 어려움에 직면하게 될 것이다. 그러므로 '가면 위태로우니 반드시 경계해야 함은 끝내 오래 갈 수 없기 때문이다.往厲必戒 終不可長也'라고 한 번 더 경고한다.

구사효는 계속해서 앞으로 나아가면 위태롭다고 했지만 지금의 위치라고 해서 오래 버틸 수 있는 것은 아니다. 이럴 때는 반드시 고요하게 지키기만 할 뿐 자신의 재능을 펼치거나 강한 개성을 과도하게 드러내지 말아야 한다. 그리고 겸허하고도 유순하게 초육효와 같은 음의 부드러움을 지닌 이와 짝을 이루어 호응하여야지 무턱대고 앞으로 나아가서는 안 된다.

육오 효사와 「소상전」

六五, 密雲不雨 自我西郊 公弋取彼在穴.
육오 밀운불우 자아서교 공익취피재혈
象曰: 密雲不雨 已上也.
상왈 밀운불우 이상야

육오는 구름이 빽빽하나 비가 오지 않음은 나의 서쪽 교외로부터 왔기 때문이니 왕공이 활을 쏘아 구멍에 있는 것을 취한다.

「상전」에서는 말했다. 구름이 빽빽하나 비가 오지 않음은 이미 올라갔기 때문이다.

육오의 '밀운불우 자아서교密雲不雨 自我西郊'는 검은 구름이 서쪽에서부터 떠올라 하늘이 이미 검은 구름으로 빽빽하다는 뜻으로, 소축괘의 괘사와도 동일하다. 육오효는 가장 존귀한 자리에 거하지만 음의 기운이 강한 데다 그와 상응하는 육이효조차 음에 속하고 서쪽이라는 방위 또한 음에 속하기 때문이다. 본문 내용처럼 검은 구름이 서쪽 교외로부터 떠올라 하늘이 이미 검은 구름으로 빽빽하지만 비가 내리지 않는 이유는 무엇일까? 음양이 화합하여 조화를 이루지 못했기 때문이다. 이는 오효의 자리에 양의 강건함을 지닌 이가 없고 그와 상응하는 이도 없는 현실을 가리킨다.

'공익취피재혈公弋取彼在穴'은 왕공이 이 시기에 힘껏 활을 쏘아 구멍에 숨은 교활한 동물을 취한다는 말이다. 여기서 구멍 안의 동물이란 깊이 잠재된 우환과 폐단을 빗댄 것이다. 소과의 시기에는 큰일을 해서는 안 되는데 비록 큰일을 할 수는 없지만 작은 일이나 방비하는 일, 잘못된 것을 바로잡는 일 등은 해도 된다. 따라서 육오의 단계에서는 보이지 않게 숨어 있는 폐단을 없애는 일이 필요하다.

「상전」에서는 '구름이 빽빽하나 비가 오지 않음密雲不雨'은 '이미 올라갔기 때문已上也', 즉 검은 구름이 위쪽을 향해 떠나 버렸기 때문이라고 해석했다. 여기서는 소과괘의 단계에 있을 때는 육오가 존귀한 자리이기는 하지만 더욱 겸손하고 부드럽게 아래에 머물러야 하며 위로 가려는 것은 이롭지 않다고 말한다.

상육 효사와 「소상전」

上六, 弗遇過之 飛鳥離之 凶 是謂災眚.
상육 불우과지 비조리지 흉 시위재생
象曰: 弗遇過之 已亢也.
상왈 불우과지 이항야

상육은 만나지 못하는데 넘어서려 하고, 나는 새가 그것에 걸려들어 흉하니, 이를 일컬어 재생이라고 한다.

「상전」에서는 말했다. 만나지 못하고 넘어서려 함은 이미 높은 것이기 때문이다.

상육효의 '불우과지弗遇過之'는 자신과 상응할 만한 양강陽剛의 대상을 만날 수 없는 상황에서 오히려 양강을 지닌 이를 넘어서려고 한다는 의미다. '리離'는 '당하다' '겪다'의 의미를 가진 '리罹'와 통하므로 '비조리지흉飛鳥離之 凶'은 날아오른 새가 쉬지 않고 날다가 그물에 걸려들듯 흉하다는 뜻이다. 이것을 일컬어 '재생災眚' 즉 재앙이 임박했다고 하므로 '시위재생是謂災眚'이라고 덧붙였다. 『주역정의』에서는 "소인의 몸으로 넘어서려 할 뿐 오히려 만나지 못하니 반드시 그물에 걸려들고 만다. 이는 마치 나는 새와 같아 날다가 몸을 기탁할 곳이 없으면 반드시 화살에 걸려들고 마는 것과 같다."고 하여 위로만 날아오르려고 하는 자는 스스로 그물에 걸려들고 만다고 경고했다.

「상전」에서는 '만나지 못하고 넘어서려 함弗遇過之'은 '이미 높은 것이기 때문已亢也'이라고 했다. 상육효는 소과의 마지막 단계로 음효가 가장 높은 위치를 차지했으므로 이미 모든 이를 넘어서서 할 수 있는 모든 바를 다했다고 할 수 있다. 따라서 이 시기에는 멈춰 서서 아래의 사람들과 호응하고 화합해야지 무턱대로 앞으로 나아가서는 안 된다. 만약 넘어서고자 한다면 넘어설 대상은 바로 자기 자신뿐이다. 요즘 말로 표현하면 자기 자신의 한계, 더 나아가 인류의 한계에 도전하는 셈이다. 상육은 초월을 향한 생각이 이미 왕성해져서 거의 광분의 상태에 이르렀다고 할 수 있다. 이러한 상태는 무척 위험하여 마치 나는 새가 스스로 그물에 몸을 던지는 행위나 다름없다.

소과괘 정리

䷽

소과괘 전체에서 전달하고자 하는 것은 다소 잘못이 있는 시기에는 적절히 음의 부드러운 속성을 지닌 작은 일을 처리해야지 지나치게 중대하거나 강경한 일을 해서는 안 된다는 이치다. 부드럽고 작으며 아래에 거하는 마음으로 임해야 다소 잘못했던 국면을 개선할 수 있다. 이처럼 작고 부드러움을 지켜 내려면 부드러움으로 강함을 이기고 작음으로 큰 것을 대함과 동시에 스스로 바른 도리 위에 굳게 서서 중도를 걸어야 한다. 육이와 육오의 두 효는 음의 부드러움이 각각 하괘와 상괘의 중앙에 거하므로 두 효는 가장 길하다고 할 수 있다. 도가의 사상과 접목해서 소과괘를 풀이해 본다면 그 가운데 큰 지혜를 깨달을 수 있을 것이다.

『좌전』「환공桓公 5년」에는 정백鄭伯이 "군자는 남의 위에 지나치게 오르려 하지 않는다."고 했다는 기록이 나온다. 군자라면 다른 사람의 위에 오르려 하지 않고 도리어 아래에 머물면서 배우려 한다는 뜻이니 이것이야말로 큰 지혜라고 할 수 있다. 남의 아래에 거함은 남의 위에 오르기 위함이고 작은 일부터 시작함은 장차 큰일을 하고자 함이니, 처음부터 무작정 큰일을 하려들지 말아야 한다. 이것이 바로 소과괘에서 우리에게 일깨워 주는 도리다. 비록 이해하기 어렵긴 해도 도가의 사상과 결합하여 이해한다면 큰 깨달음을 얻을 수 있을 것이다.

63 기제괘既濟卦 — 삼가고 신중함

괘사

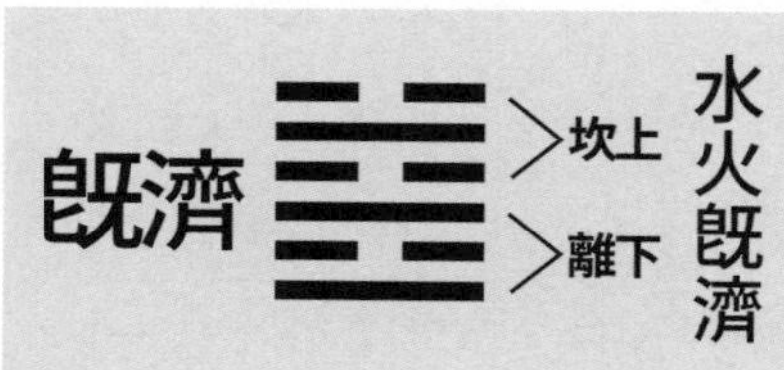

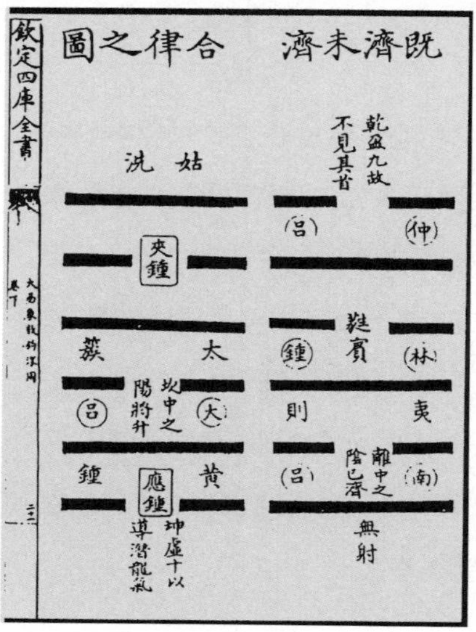

既濟 亨小 利貞 初吉 終亂.
기제 형소 이정 초길 종란

기제는 작은 것을 형통하게 하니 바르게 함이 이로우나 처음에는 길해도 끝내는 어지럽다.

기제괘는 『주역』 전체에서 봤을 때 뒤에서 두 번째 괘다. 「서괘전」에서는 "남을 넘어섬이 있는 자는 반드시 이루게 되므로 기제괘로 받았다."고 했다. 일을 할 때 잘못이 있거나 지나침이 있으면 반드시 그것을 개선해야만 성공을 거둘 수 있으므로 소과괘 다음에 사물의 성공을 상징하는 기제괘를 배치했다는 의미다. '기제既濟'라는 두 글자는 '이미 강을 건넜다.'는 의미로 이미 성공을 거두어 일이 마무리됨을 상징한다. 괘상을 보면 위가 물이고 아래가 불이니 물이 불 위에 떠 있는 형상인데 이는 물이 불을 꺼트려 없애는 꼴, 다시 말해 불 끄는 일을 성공적으로 마무리했다는 의미다.

「잡괘전」에서는 "기제는 이미 정함이다.既濟 定也"라고 했다. 여기서 '정함定'이란 이미 정해지고 완성됐다는 의미다. 본 괘에서 양효는 모두 홀수 자리인 초효, 삼효, 오효에 왔고, 음효는 모두 짝수 자리인 이효, 사효, 상효의 자리에 와서, 여섯 개의 효가 하나같이 위치가 마땅하고 서로 응하니 완전히 화합과 조화를 이룬 형상이다. 이는 모순이 완전히 해결되어 사물 발전의 극 지점에 이르러 모든 것이 다 정해졌음을 뜻한다. 건곤乾坤에서 기제基劑에 이르는 과정은 우주 내의 사물 발전이라는 큰 과정을 상징하고, 기제괘에서는 투쟁이 이미 그치고 기제에 이르러 기존의 모든 과정이 마무리되었음을 뜻한다.

기제괘는 뒤에 나올 미제괘와 더불어 다양한 영역에서 폭넓게 응용된다. 이를테면 한의학에서는 '수화기제水火既濟'가 심장과 신장의 두 장기가 서로 돕고 제약하면서, 정상적인 생리적 기능을 유지한다는 '심신상교心腎相交'를 가리키는데, 여기서 '화火'는 심장을 가리키고 '수水'는 신장을 뜻한다. 또한 '화수미제火水未濟'는 심장과 신장이 교류하지 못하는 것은 병적인 상태인 '심신불교心腎不交'를 뜻한다. 물론 활용의 범위는 경영의 영역에까지 확대된다. '수화기제'는 조직 내 위아래 계층이 원활하게 소통하여 일이 성공적으로 이뤄지는 것을 가리키는 반면 '화수미제'는 위아래 계층이 서로 소통하지 못하여 꽉 막힌 채 서로 돕지 못하게 되는 일종의 실패한 상태를 일컫는다.

괘사에서는 기제괘에 대해서 '형소亨小'라고 했는데 이는 작은 일로 하여금 형통하게 한다거나 부드럽고 미세한 일이 성공하게끔 한다는 의미다. '이정利貞'은 바른 도를 지키는 것이 이롭다는 뜻이다. 그리고 시작하는 단계에서는 성공할 수 있으나 끝내는 혼란스러워지고 위험해진다는 의미에서 '초길 종란初吉 終亂'이라고 했다. 이는 어째서일까? 여기서는 주

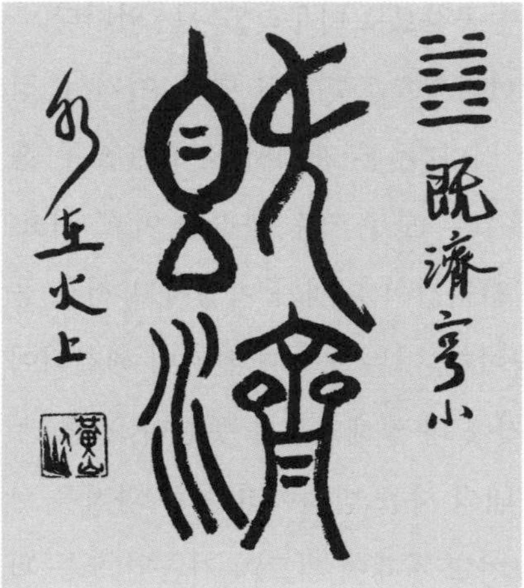

기제

로 기제의 국면을 오래 유지하는 것의 어려움을 강조하기 때문이다. 사람들이 일을 이룬 후에는 성과를 유지하고 삼가 신중해야 하며 그렇지 않을 경우에는 전혀 다른 반대 방향으로 일이 전환되고 만다고 경고하는 것이다. 기제괘는 사업이 이미 성공한 상태를 상징하기는 하지만 발전의 관점에서 보면 사물은 부단히 운동하여 상호 전환하는 것이므로, 만약 성공했는데도 신중함으로써 그러한 상태를 유지하지 못한다면 결국에는 실패의 쓴맛을 보고 말 것이다. 사업을 처음 시작하고 성공궤도에 올리는 게 어렵다고 하지만 이를 지켜 내는 일은 더더욱 어렵다. 기제괘에서는 우리에게 어떻게 하면 성공의 결과를 끝까지 지켜 낼 수 있을지에 관해 알려 준다.

당나라 재상 위징魏徵도 당태종에게 충언할 때 "정사를 일으키는 것은 어렵지만 지켜 내는 것은 더욱 어렵습니다." "처음을 잘 하는 이는 많지만 대개 마지막을 잘 하는 이는 적습니다."라는 유명한 말을 남겼다. 그러므로 풍요롭고 평안한 처지에 있을 때 더더욱 위기의식을 품어야만 용두사미의 어지러운 국면을 피할 수 있다.

공자는 "멀리 바라보면서 생각할 줄 모르는 사람에게는 반드시 가까운 근심거리가 생긴다.人無遠慮 必有近憂"고 했는데 이를 뒤집어 보면 '가까운 근심거리부터 고민하면 멀리 고민해야 할 필요가 없어진다.人有近憂 必無遠慮'는 말이 된다. 만약 우리가 매 순간 위기의식을 가지고 "매일 세 번 내 자신을 돌아본다면" 적어도 큰 화를 입지는 않을 것이다. 이자성李自成*이나 홍수전洪秀全**과 같은 사람처럼 속히 성공을 거두었지만 끝까지 지켜 내지 못한 사람의 전철을 밟아서는 안 된다.

괘사에 대한 「단전」

彖曰: 既濟亨 小者亨也.
단왈 기제형 소자형야
利貞 剛柔正而位當也.
이정 강유정이위당야
初吉 柔得中也. 終止則亂 其道窮也.
초길 유득중야 종지칙란 기도궁야

「단전」에서는 말했다. 기제가 형통함은 작은 것으로 하여금 형통하게 하기 때문이다. 바르게 함이 이로움은 강유가 바르고 위치가 마땅하기 때문이다. 처음에 길함은 유가 중을 얻었기 때문이요, 끝내 그치고 어지러움은 그 도가 궁극에 이르렀기 때문이다.

「단전」에서는 '기제가 형통함既濟亨'은 '작은 것으로 하여금 형통하게 하기 때문小者亨也'이라고 했다. 부드럽고 작은 사물조차 형통하게 하니 하물며 큰 사물은 어떠하겠는가? 큰 사물은 더 큰 성공을 거둘 수 있지 않겠는가?

뒤이어 '바르게 함이 이로움利貞'에 대해서는 '강유가 바르고 위치가 마땅하기 때문剛柔正而位當也'이라고 했다. 기제괘의 강효와 유효는 하나같이 마땅한 자리를 얻었다. 즉 기제괘는 64괘 가운데 유일하게 양이 와야 할 자리에 양효가 오고 음의 자리에 음효가 와서 모든 효가 마땅한 자리를 차지한 괘다. 그러므로 바른 도를 지키기에 이롭다고 한 것이다.

---

* 이자성: 명나라 말기 농민 반란 지도자로 1644년 대순大順을 세우고 명을 멸망시켰으나 오삼계와 청나라 연합군에 패하였다.

** 홍수전: 태평천국의 창시자로 1851년 군사를 일으켜 태평천국을 세우고 자신을 천왕이라 칭했다. 1853년에 난징을 점령하고 신국가 건설에 착수했으나 정부의 군대가 난징을 함락하기 전 병사하였다.

'처음에 길함初吉'은 '유가 중을 얻었기 때문柔得中也'이라고 했는데 이는 부드럽고 작을 때 중도를 지켰기 때문이라는 말이며 여기서는 육이효의 유효가 하괘의 중심을 차지한 것을 가리킨다. '끝내 그치고 어지러움終止則亂'은 '그 도가 궁극에 이르렀기 때문其道窮也'이라고 했다. 무슨 일을 하든지 최종적인 성공의 열매를 맛보려면 처음부터 끝까지 바른 도를 지켜야 하며, 도중에 이를 포기하면 혼란스러운 국면을 맞이하고 만다. 보통 우리는 끝까지 이기는 것이 진정한 승리라고 말한다. 시작이 좋은 만큼 끝에 가서 마무리까지 잘 하는 이는 드물다.

괘사에 대한 「대상전」

象曰: 水在火上 旣濟. 君子以思患而豫防之.
상 왈 수 재 화 상 기 제 군 자 이 사 환 이 예 방 지

「상전」에서는 말했다. 물이 불 위에 있는 것이 기제다. 군자는 이를 보고 환란을 생각하여 그것을 미리 예방한다.

「상전」에서는 '물 위에 불이 있는 것이 기제다.水在火上 旣濟'라고 했는데 이는 기제괘(䷾)의 하괘인 이괘(☲)가 불이고 상괘인 감괘(☵)가 물이기 때문이다. 물이 불 위에 있는 형상은 무엇을 상징할까? 물이 불 위에 있으면 불을 꺼뜨려 소멸시킬 수 있고, 또 한편으로는 불이 밑에서 물을 끓여 음식을 익힐 수 있게 된다. 이것은 일이 성공에 이르게 됨을 상징하는데 이것이 바로 기제괘의 상이다.

군자는 이러한 괘상을 보고 기제괘의 도에 근거하여 '환란을 생각하여 그것을 미리 예방한다.思患而豫防之', 즉 시시각각 위기의식을 품고 아직 일어나지 않은 환란조차 미리 방비하여야 한다. 일이 이미 완성되었다고 해

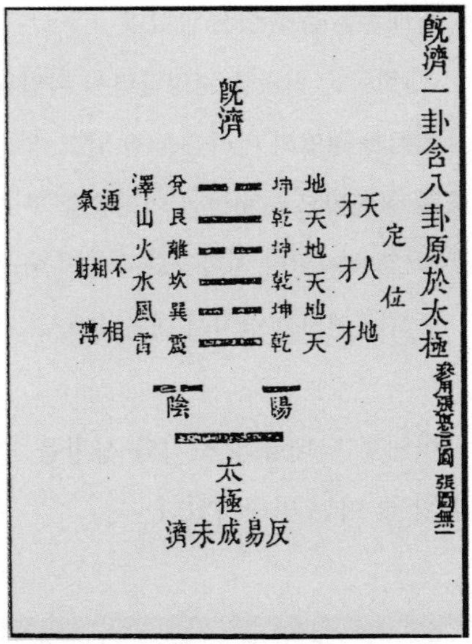

서 좌시하지만 말고 반드시 처음부터 끝까지 마음에 품고 생각하면서 경계해야 한다. 그러므로 기제괘는 우리에게 어떻게 해야만 성공의 열매와 성과를 끝까지 지켜 낼 수 있는지에 관해 알려 주는 괘라고 하겠다.

옛사람들은 창업하여 일을 일으키는 것과 성공의 열매를 끝까지 지켜 내는 수성의 중요성을 모두 중시했다. 당나라 태종의 고사를 살펴보면 다음과 같다.

당나라 태종은 정관貞觀 연간에 대신들과 종종 창업과 수성의 어려움과 용이함에 대해 이야기를 나누곤 했다. 하루는 당태종이 방현령房玄齡과 위징에게 어느 것이 더 어려운지 물었다. 방현령이 말했다.

"천하가 크게 어지러울 때는 군웅이 일어나 성을 공격하고 땅을 침략하니 이로써 창업이 더 어렵다는 사실을 뚜렷이 확인할 수 있습니다."

그러나 위징의 답변은 달랐다.

"군주가 천하를 치는 것, 즉 창업이란 혼란 가운데 적을 멸하는 것이니 백성으로부터 보호를 받을 수 있으므로 그다지 어렵지 않습니다. 그러나 군주가 천하를 얻은 뒤에는 쉽게 자만해져 향락을 누리며 부패하기 쉬우니 이때부터 국가의 쇠망이 시작된다고 할 수 있습니다. 안일함 속에서 지내다가 천하를 잃지 않았던 적이 없으니 수성의 어려움을 넘어설 것이 없음은 당연한 일입니다."

당태종은 둘을 향해 말했다.

"방현령은 천하를 평정하면서 과인과 동고동락하며 생사를 넘나든 개국공신이라 창업의 어려움을 잘 알고, 위징은 개국 이후 천하를 안정시키고자 애쓴 공신이므로 수성의 어려움을 누구보다도 절감했을 것이다. 지금은 창업의 고비는 이미 지나갔고 수성의 어려움이 상존하는 시기이니 뭇 공들은 신중하게 행하고 삼가서 대처하라."

이처럼 당태종은 시기와 상황을 고려하여 창업과 수성의 어려움을 판별할 줄 아는 명군이었다.

초구 효사와 「소상전」

初九, 曳其輪 濡其尾 无咎.
초구 예기륜 유기미 무구

象曰: 曳其輪 義无咎也.
상왈 예기륜 의무구야

초구는 수레바퀴를 뒤로 끌며 그 꼬리를 적시면 허물이 없다.

「상전」에서는 말했다. 수레바퀴를 뒤로 끄는 것은 도의상 허물이 없는 것이다.

초구의 '예기륜曳其輪'은 성공을 이룬 뒤 초기 단계에서는 수레바퀴를 끌되 지나치게 빨리 달리지 못하게끔 뒤로 끌라는 말이다. '유기미濡其尾'는 여우가 강을 건널 때 꼬리를 적시듯 지나치게 빨리 가지 말라는 것이며 이렇게 하면 허물이 없으므로 '무구无咎'라고 했다.

여기서는 두 가지 광경을 그려 볼 수 있다. 첫째는 수레바퀴를 뒤로 끄는 것으로 이는 수레가 빨리 달리지 못하게 하기 위함이다. 둘째는 꼬리

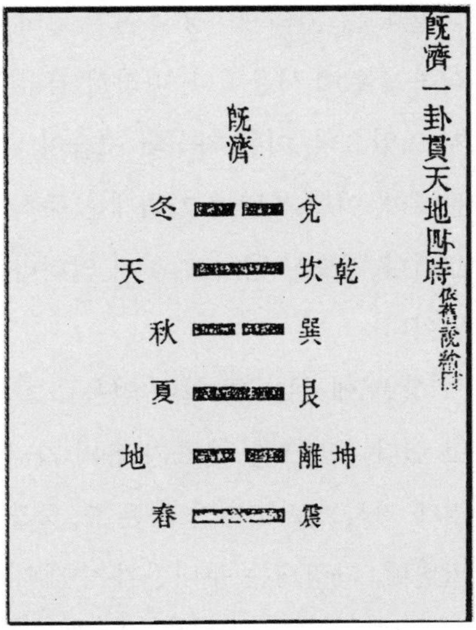

를 내려서 물에 적시는 행위인데 이렇게 하면 마찬가지로 빨리 달리지 못하게 된다. 보통 여우가 속도를 내기 위해 꼬리를 들어 올린 채 달리는 것과는 반대다. 이러한 광경을 통해 우리는 성공한 뒤 자만해진 나머지 지나치게 조급하게 행동해서는 안 되고 그 어느 때보다도 겸손하고 진중하게 행동해야 함을 알 수 있다.

「상전」에서는 '수레바퀴를 뒤로 끄는 것은 도의상 허물이 없는 것이다.曳其輪 義无咎也'라고 했다. 여기서 '의義'는 '마땅하다' '적절하다'는 의미의 '의宜'와 통한다. 즉 초구의 방법은 적당하여 신중하게 성과를 지키는 도리에 부합한다는 의미다. 초구효는 양의 강건함을 지닌 효지만 괘의 가장 아래에 거한다. 이처럼 일의 시작 단계에서는 아래에 거하면서 겸손하고 진중하게 행하되 조급하고 무모하며 과도하게 앞으로 나아가고자 해서는 안 된다.

육이 효사와 「소상전」

六二, 婦喪其茀 勿逐 七日得.
육이 부상기불 물축 칠일득

象曰: 七日得 以中道也.
상왈 칠일득 이중도야

육이는 부인이 그 가리개를 잃었으나 찾지 않더라도 칠 일에 얻는다.

「상전」에서는 말했다. 칠 일에 얻음은 중을 쓰기 때문이다.

'불茀'은 '가리개' '장막'이며 고대 부녀자들이 수레의 창을 가리거나 장식하기 위해 사용했다. 따라서 가리개가 없으면 부인이 감히 수레에 오르지 않았으니, 이는 자신의 모습이 밖에 있는 다른 이들에게 드러나기 때문이며, 이런 까닭에 가리개는 무척 중요했다. '물축 칠일득勿逐 七日得'은 그러나 반드시 급하게 찾지 않더라도 7일만 기다리면 되찾을 것이라는 말이다.

「상전」에서는 '칠 일에 얻음七日得'은 '중도로 행하기 때문以中道也'이라고 했다. 육이효는 음효가 음의 자리에 왔을 뿐 아니라 하괘의 가운데 자리에 거하므로 그녀가 바른 도, 중도, 부인의 도를 제대로 행하고 있음을 말한다. 가리개는 부녀자가 수레의 창을 가리기 위한 용도로 쓰였으니 '숨기다' '함축하다'라는 의미를 지닌다. 이러한 가리개를 잃더라도 7일 만에 다시 찾을 수 있기 때문에 급하게 찾으러 다니지 말라고 했는데 그것은 왜일까? 그녀가 좌우로 치우치지 않는 중정의 도를 행하기 때문이다. 사람들은 성공을 이룬 뒤에는 경솔해진 나머지 무언가를 자꾸 잃어버리기 쉽다. 조급한 마음에 그것을 당장이라도 찾아오려고 나서지만 여기서는 마음을 진정시키고 자기 자신의 잘못을 돌이켜 반성하면 따로 애쓰지 않아도 7일 후에는 다시 찾을 수 있다고 말한다.

'7일'이라는 기간이 의미하는 것은 앞에서 이미 다룬 것처럼 하나의 사상적 주기, 즉 동양적 사유 세계를 구성하는 시간적, 주기적 틀이다. 여기서는 성공과 득실이 일종의 주기를 기점으로 이루어지므로 비록 잃는 것이 있더라도 조급하게 여기지 말고 반성하여 자기 자신에게서 문제점을 찾아야 한다는 것이다.

구삼 효사와 「소상전」

九三, 高宗伐鬼方 三年克之 小人勿用.
구삼 고종벌귀방 삼년극지 소인물용

象曰: 三年克之 憊也.
상왈 삼년극지 비야

구삼은 고종이 귀방을 정벌한 지 삼 년 만에 이겼으니 소인을 쓰지 말아야 한다.

「상전」에서는 말했다. 삼 년 만에 이기니 지친다.

구삼의 '고종벌귀방高宗伐鬼方'은 상나라의 현명한 군주인 고종高宗이 일찍이 귀방鬼方이라는 작은 제후국을 정벌하러 나섰던 고사를 뜻한다. 정벌에 나선지 3년이나 지나서야 비로소 승리를 거둘 수 있었으므로 '삼년극지三年克之'라고 했다. 이처럼 일을 할 때는 지나치게 조급하게 여기지 말고 고종이 귀방을 정벌하러 나섰다가 3년이라는 지구전 끝에 승리했던 것처럼 침착하고 냉정하게 임하면서 장기전도 불사하겠다는 마음의 준비를 해야 한다. 그렇지 않고 즉각적이고 가시적인 성공을 바라면서 무모하게 나선다면 큰 위험에 처할 수 있다. '소인물용小人勿用'은 무슨 일을 하든지, 특히 전쟁터에서 다툴 때는 경솔하고 무모하게 나서는 소인을 등용해서는 안 된다는 말이다.

「상전」에서는 '삼 년 만에 이김三年克之'은 3년이 되어서야 승리를 거머쥔다는 말로 지구전을 해야 함을 뜻하며 '비야憊也'는 '지치다'라는 뜻으로 지구전을 통해 사람의 의지를 검증할 수 있음을 말한다. 구삼효는 오래도록 힘을 써서 비록 피로한 상태에 이르렀지만 이를 견디어 내어 마침내 성공할 수 있었다. 구삼효는 하괘의 가장 윗자리에 거하고 있어서 의지가 충만한 데다 하괘인 이괘가 상징하는 불은 그 자체가 조급한 성질을 지닌다. 또한 양효가 양의 자리에 와서 경거망동하여 무모하게 돌진할 수 있으므로 반드시 경계해야만 한다.

육사 효사와 「소상전」

六四, 繻有衣袽 終日戒.
육사 수유의녀 종일계

象曰: 終日戒 有所疑也.
상왈 종일계 유소의야

육사는 아름다운 옷도 해지게 되니 종일토록 경계해야 한다.

「상전」에서는 말했다. 종일토록 경계함은 의구할 바가 있기 때문이다.

'수繻'는 화려하고 아름다운 옷, 채색 비단으로 된 옷을 가리키며 '여袽'는 오래되어 해진 옷이므로 육사의 '수유의녀繻有衣袽'는 화려하고 아름다운 옷도 금세 오래된 옷으로 변한다는 말이다. 따라서 종일토록 경계심을 늦추지 말고 이러한 환란이 올 것에 대비해야 한다는 뜻에서 '종일계終日戒'라고 했다.

의복이 아무리 화려하더라도 언젠가는 오래되어 해지고 마는 것을 보면 성공을 거머쥔 뒤라고 하더라도 언제든지 다시 실패를 경험할 수 있음을 알 수 있다. 성공과 실패는 따로 떨어져 독립적인 개념이 아니라 서로 보완하고 기대면서 서로 이루어 주는 관계이므로 한 번의 성공에 안주하지 말고 시시각각 바른 도를 지켜서 실패에 대비해야 한다.

「상전」에서는 '종일토록 경계함終日戒'은 '의구할 바가 있기 때문有所疑也'이라고 했다. 여기서 '의疑'는 의심한다는 의미가 아니라 '의구하다' '의문을 가지고 두려워하다.'는 의미로 경계하고 두려워하는 마음가짐, 위기의식을 가진다는 뜻으로 쓰였다. 육사효는 외괘의 시작 단계이며 외괘는 감괘이므로 육사는 위험이 시작되는 시기라고 볼 수 있다. 과거에 거두었던 성공이 서서히 위험한 단계로 전환될 가능성이 있음을 말한다. 육사가 유순하고 바른 도를 지키는 것은 성공한 뒤 '끝내 혼란스러워지는' 것을 방비하기 위함이다.

구오 효사와 「소상전」

九五, 東鄰殺牛 不如西鄰之禴祭 實受其福.
구오 동린살우 불여서린지약제 실수기복

象曰: 東鄰殺牛 不如西鄰之時也. 實受其福 吉大來也.
상왈 동린살우 불여서린지시야 실수기복 길대래야

구오는 동쪽 이웃이 소를 잡아 성대하게 제사하는 것이 서쪽 이웃이 미약한 제사를 통해 실제로 복을 받는 것만 못하다.

「상전」에서는 말했다. 동쪽 이웃이 소를 잡아 성대하게 제사하는 것이 서쪽 이웃이 때에 맞게 제사하는 것만 못하니, 실제로 그 복을 받아 길함이 크다.

구오의 '동린살우東鄰殺牛'는 동쪽에 이웃한 나라가 소를 잡아 제사하는데 그 규모가 무척 크다는 의미다. 그러함에도 이것은 서쪽에 이웃한 나라가 소도 잡지 않는 미약한 제사를 올리는 것만 못하다는 뜻에서 '불여서린지약제不如西鄰之禴祭'라고 했다. 제사는 고대에 무척 중요한 의식이어서 때에 따라 소나 양, 돼지를 잡아 성대하게 치르기도 했지만 위에 언급된 서쪽에 이웃한 나라의 경우에는 미미한 규모의 제사를 드리기도 했다. 그러나 놀랍게도 '실제로 복을 받은 곳實受其福'은 미미한 제사를 드렸던 서쪽 이웃 나라다.

「상전」에서는 '동쪽 이웃이 소를 잡아 성대하게 제사하는 것이 서쪽 이웃이 때에 맞게 제사하는 것만 못하다.東鄰殺牛 不如西鄰之時也'고 했다. 어째서 그럴까? 그것은 서쪽의 제사가 시기에 부합하여 더욱 적절한 의식이었기 때문이다. 『주역』은 시기가 지니는 의의, 때의 중요성을 무척 중시한다. 그래서 무슨 일을 하든지 때에 부합해야 하며 그렇지 않을 경우 아무리 노력하더라도 그 효과는 미미할 뿐이라고 한다. 이 때문에 동쪽 이웃과 서쪽 이웃의 행위가 '시時'라는 글자에 의해 구별된다. 동쪽 이웃은 소를 잡아 제사했지만 시기가 적당하지 않았던 반면, 서쪽 이웃은 미미한 제사를 올렸음에도 때가 적절해서 '실제로 그 복을 받아 길함이 크다.實受其福 吉大來也'고 했다.

성대함이 극에 이르면 쇠하는 것은 사물 발전 과정에서 나타나는 불변의 법칙이다. 구오는 이미 가장 존귀한 자리에 올라 지극히 큰 성공을 거두었음을 보여 준다. 그러나 이럴 때일수록 더욱 경계함으로써 끝까지 존귀함을 유지하여 최종의 승리를 거두어야 한다. 여기서는 동쪽 이웃과 서쪽 이웃의 서로 다른 제사를 비교함으로써, 구오의 시기에는 성대하게 일을 드러내려 하지 말고 때에 맞게 검소하고 겸손하게 아래에 거하면서 중정의 덕을 유지해야만 성공할 수 있다는 이치를 말해 주고 있다.

상육 효사와 「소상전」

上六, 濡其首 厲.
상육 유기수 여

象曰: 濡其首 厲 何可久也.
상왈 유기수 여 하가구야

상육은 그 머리를 적시니 위태롭다.

「상전」에서는 말했다. 그 머리를 적심이 위태로우니 어찌 오래갈 수 있겠는가.

상육의 '유기수濡其首'는 이 여우가 자신의 머리를 적신다는 뜻이며 이렇게 되면 '위태롭다厲'고 했다.

「상전」에서는 '그 머리를 적심이 위태로우니 어찌 오래갈 수 있겠는가.濡其首 厲 何可久也'라고 했다. 상육효는 기제괘의 가장 위에 자리한 효로서 성공이 이미 궁극에 이르러 더 이상 지속할 수 없고 이제 곧 실패하여 '끝내 혼란스러운' 방향으로 전환될 것임을 암시한다. 여기서는 여우가 강을 건널 때 머리를 적시는 이미지를 통해 위태로운 상황을 드러내고 있다. 이 때문에 이 시기에는 승리의 열매에만 도취하여 주의하지 않으면 혹은 더욱 분발하지 않으면 위험에 처할 수 있다.

기제괘 정리

䷾

기제괘는 우리에게 기존의 성공을 끝까지 지켜 내는 '수성'의 어려움을 일깨운다. 바른 도와 중도를 지키고 위기의식을 유지하면서 시시각각 경계한다면 길할 수 있지만, 그렇지 않으면 실패를 맛볼 수밖에 없다.

구양수歐陽脩는 일찍이 기제괘에 대해서 "사람이 어려울 때는 사고가 깊어지지만 편안해지면 생각이 태만해지니 환란은 태만하고 소홀함 가운데 생긴다. 이런 까닭에 군자는 기제괘의 도를 본받아 환란을 생각하고 이를 방비해야 한다."고 해석한 바 있다. 사람이 만일 위험에 처해 있다면 생각이나마 깊어질 수 있지만, 편안한 환경에 안주한다면 태만해져서 환란을 겪을 수 있다. 그러므로 안락한 환경에 처해 있을수록 위기의식을 품고 기제괘에서 말하는 수성의 도를 음미하며 방비해야 할 것이다.

64
미제괘未濟卦 – 아직 끝나지 않은 일

괘사

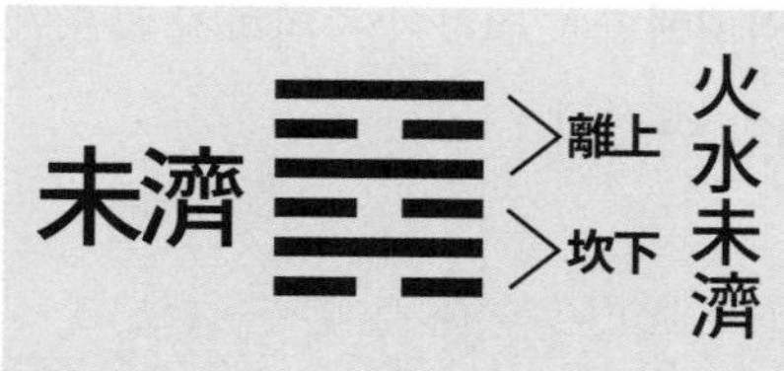

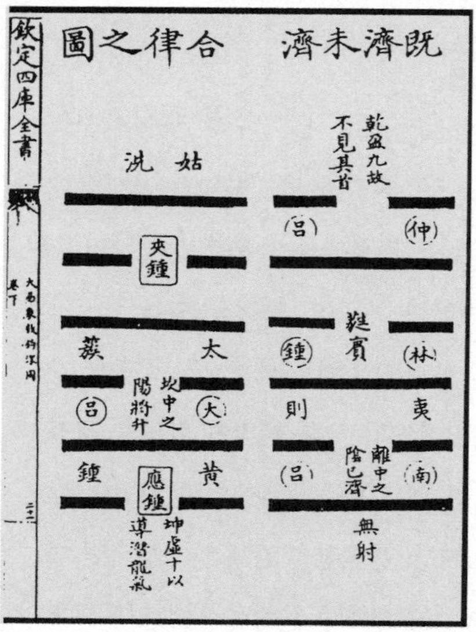

未濟 亨 小狐汔濟 濡其尾 无攸利.
미제 형 소호흘제 유기미 무유리

미제는 형통하나 작은 여우가 강을 거의 건너다 그 꼬리를 적시니 이로울 바가 없다.

미제괘는 『주역』의 마지막 괘로 앞선 기제괘와는 정반대다. '기제既濟'는 이미 강을 건넜다는 뜻인 반면, '미제未濟'는 아직 강을 건너지 않았다는 말이다. 이 때문에 사람들은 아직 강을 건너지 않았음을 뜻하는 미제괘가 앞에 오고, 이미 강을 다 건넌 기제괘야말로 맨 마지막에 와야 하는 것이 아닌가 하고 생각한다.

과연 그들의 생각대로 둘의 순서가 뒤바뀐 것일까? 그렇지 않다. 바로 여기에 『주역』의 탁월한 묘미가 있다. 우선 '이미 완성'된 기제괘를 앞에 배치하여 사물 발전의 한 주기가 일단락되었음을 보여 준 다음 '미완'의 의미를 담은 미제괘를 맨 마지막에 배치하여 다음 주기가 다시 시작될 것임을 암시한다. 『주역』은 주기의 변화를 다루는 책이므로 앞 단계의 마지막을 다음 단계의 시작점으로 삼은 것이다. 사물이 생겨나고 발전하는 과정은 영원히 이 법칙 안에서 움직이다가 언젠가는 원점으로 돌아오게 되어 있다. 한마디로 한곳에 머물지 않고 계속 변화한다는 말이다.

'미제未濟'는 '정해지지 않다.' '아직 완성되지 않다.'라는 뜻이다. 64괘가 발전을 거듭하다가 기제의 단계에 이르면 과거의 모순은 사라지게 되지만 건곤乾坤으로 바로 넘어가 버리면 쉴 수가 없고 투쟁은 그치지 않을 것이다. 그러므로 기제괘 다음에 미제가 왔다. 64괘의 배열 순서에는 변화의 사상을 함축하고 있기 때문에 미제를 마무리 괘로 삼은 것은 사물의 변화가 끝이 없으며 하나의 과정이 끝난 것은 또 다른 과정이 시작됨을 예고하는 것이어서, 영원히 멈추지 않는 『주역』의 변증사상을 보여 주는 셈이다. 미제괘는 모든 효가 마땅한 자리를 얻지 못해서 '부정不正'하지만 이는 모든 사물이 발전의 시기를 기다리고 있음을 보여 주는 상징이다.

「서괘전」에서는 "사물은 다할 수 없으므로 미제괘로 받아 끝마쳤다."고 했다. 사물은 영원히 발전할 수만은 없는 것이고 비록 성공한 뒤라 하더라도 곳곳에 숨어 있는 실패 요인을 만날 수도 있는 것이므로 기제괘 다음에 미제괘가 왔다는 말이다. 미제괘는 '강을 아직 건너지 않은 상황'에 빗대어 '일이 아직 이루어지지 않음' '미완의 일'을 설명함으로써 일이 아직 이루어지지 않았을 때 신중하게 삼가는 자세로 일의 완성을 도모해야 한다고 한다. 그렇게 되면 '미제未濟(건너지 않음)' 가운데서 '가제可濟(건널 수 있음)'의 도리를 발견할 수 있다는 것이다.

미제괘의 괘상을 보면 불이 위에 있고 물이 아래에 있지만 물이 아직 불을 꺼뜨리지 않은 모습이다. 이는 사물이 아직 완성되거나 성공하지 않았음을 상징한다. 이 때문에 미제괘는 우리에게 사물이 아직 완성되거나 성공하지 않았을 때 어떻게 해야만 성공을 거머쥘 수 있는지에 관해 알려 준다. 이처럼 미제괘에는 일종의 철학이 녹아 있는데, 그것은 미제未濟에서 가제可濟를 구하고 부족함을 완전함으로 바꾸며 저녁에 지는 해를 아침의 떠오르는 해로 바꾸는 이치다. 기제와 미제는 상대적인 것이며 실패와 성공, 부족함과 완전함도 상대적이다. 상대적인 사물은 상호 전환하는 관계에 놓여 있다. 성공과 실패 역시 상호 전환하는 관계이고 기제가 바뀌어 미제가 되며 미제는 또 한 번 기제로 변할 수 있다.

괘사에서는 미제괘가 형통하다고 하면서 '소호흘제 유기미小狐汔濟 濡其尾'라고 하였는데 이는 여우가 강을 거의 건널 무렵 꼬리가 물에 닿아 젖게 된다는 뜻이다. 여기서 '흘汔'은 '거의'라는 뜻이고, 전체적으로 일이 아직 완전히 성공하지 않았음을 뜻한다. 그렇게 되면 이롭다고 할 바가 없다는 뜻에서 '무유리无攸利'라고 덧붙였다.

일이 이제 곧 성공하려는 단계에서는 다음의 두 가지 결과가 나타날 수 있다. 첫째, 끊임없이 노력해서 마침내 성공을 거머쥐게 되는 경우다. 마치 여우가 꼬리를 물에 닿아 젖을 정도로 끊임없이 노력한 끝에 안전하게 물에서 나와 강을 성공적으로 건너게 되는 것처럼 말이다. 둘째, 낙담하고 태만하게 행한 나머지 한 삼태기의 흙이 모자라 결국 높은 산을 완성하지 못하고 실패하는 경우다. 여우가 끝내 꼬리를 물속에서 빼내지 못한 채 몸과 머리조차 물속에 가라앉고 마는 것처럼 결과가 흉하다.

따라서 기제괘는 어떻게 하면 끝까지 성공을 거머쥐고 용두사미의 결과를 피할 수 있을지 알려 준다면 미제괘는 어떻게 하면 최종의 승리를 거머쥐고 한 삼태기 흙이 모자라 산을 이루지 못하는 불행한 결과를 피할 수 있을지 알려 준다. 이처럼 우리는 기제와 미제의 두 괘를 통해 끊임없이 노력하여 끝까지 맞서 싸우는 정신을 유지함으로써 사업을 성공에 이르게 하는 필요조건을 배울 수 있다.

괘사에 대한「단전」

彖曰: 未濟亨 柔得中也.
단왈 미제형 유득중야
小狐汔濟 未出中也.
소호흘제 미출중야
濡其尾 无攸利 不續終也.
유기미 무유리 불속종야
雖不當位 剛柔應也.
수부당위 강유응야

「단전」에서는 말했다. 미제가 형통함은 유가 중을 얻었기 때문이다. 여우가 강을 거의 건넜다는 것은 아직 물 가운데서 벗어나지 못함이요, 그 꼬리를 적셔서 이로울 바가 없다는 것은 계속하여 마무리하지 못하기 때문이다. 비록 위치가 마땅하지 않지만 강유가 서로 응한다.

「단전」에서는 '미제가 형통함未濟亨'에 대해서 '유가 중을 얻었기 때문柔得中也'이라고 했다. 즉 유순하게 중도를 지켰다는 말인데 이는 육오의 효가 음효로서 상괘의 중앙을 차지한 것을 가리킨다.

또한 여우가 강을 거의 건너서 건너편 기슭에 이르려 하지만 아직 완전하게 건너지 못한 것에 대해서는 '여우가 강을 거의 건넘은 물 가운데서 벗어나지 못함이다.小狐汔濟 未出中也'라고 설명했다. 이는 구이효가 아직 하괘인 감괘, 즉 물 가운데에 빠져나오지 못하고 있는 모습을 가리키며 아직 꼬리가 물속에 잠겨 있는 상태라고 표현할 수도 있다.

그래서 꼬리가 아직 물에 있으므로 이로울 바가 없으며 성공 여부를 단정할 수 없다는 뜻에서 '유기미 무유리濡其尾 无攸利'라고 했다. '불속종야

不續終也'는 계속해서 나아가더라도 마무리 지을 수 없음을 뜻하는데 처음부터 끝까지 계속해서 노력할 수 없다는 말이다. 처음에는 꼬리를 치켜들고 강을 건너려고 애쓰지만 도무지 지속할 수 없어 꼬리를 내려 버리는 상황이다. 처음부터 끝까지 노력을 지속할 수 없기 때문에 한 삼태기의 흙이 모자라 높은 산을 완성하지 못하는 아쉬운 결과를 맺고 말았다. 따라서 무엇을 성공이라고 일컬을 만한 것인지 고민해 본다면 성공이란 '일을 반복하여 끝까지 행하는 것'이라고 할 수 있겠다. 이것이 바로 '끝까지 견디는 자가 승리한다.'는 말이다.

'수부당위 강유응야雖不當位 剛柔應也'는 '비록 위치가 마땅하지 않지만 강유가 서로 응한다.'는 뜻인데 이는 미제괘의 여섯 효가 모두 위치가 마땅하지 않아 '부정不正'한 것을 가리킨다. 이처럼 모든 효가 부정한 괘는 64괘 중에서 미제괘가 유일하다. 이는 여섯 효가 모두 바른 자리를 차지한 기제괘와는 정반대다. 이처럼 미제괘는 여섯 효가 모두 부정하지만 그 효들은 서로 호응하여 음양이 상응하기 때문에 이렇게 하면 성공을 촉진할 수도 있다.

괘사에 대한 「대상전」

象曰: 火在水上 未濟. 君子以愼辨物居方.
상 왈 화 재 수 상 미 제 군 자 이 신 변 물 거 방

「상전」에서는 말했다. 불이 물 위에 있는 것이 미제다. 군자는 이를 보고 신중하게 사물을 분별하여 적합한 자리에 거하게 한다.

「상전」에서는 '불이 물 위에 있는 것이 미제다火在水上 未濟'라고 했는데 이는 미제괘(䷿)의 상괘인 이괘(☲)가 불이고 하괘인 감괘(☵)가 물이기 때

문이다. 불은 타올라서 위에 거하려는 성질이 있고 물은 흘러서 아래에 거하려고 하기 때문에 물과 불이 만나지 못한 채 끊임없이 갈라지려고만 하니, 이렇게 되면 불이 물을 끓이지도, 물이 불을 꺼트리지도 못한다. 끝내 일을 마무리짓지도 못하고 성공도 거두지 못하는 상황을 빗댄 것이니 이것이 바로 미제괘의 상이다.

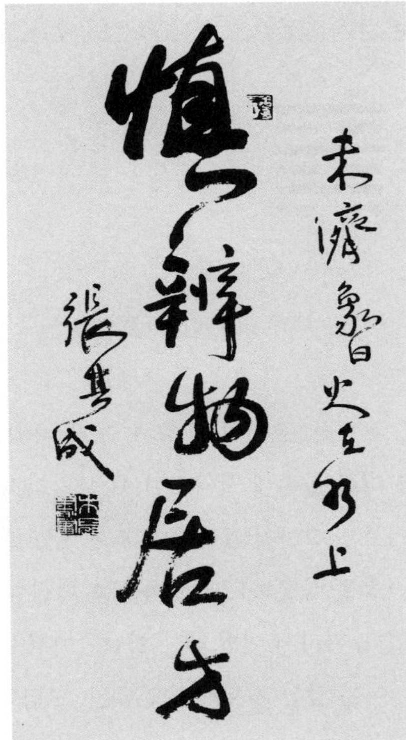
신변물거방

군자는 이러한 괘상을 보고 미제괘의 도에 근거해 신중하게 사물을 분별하여 그로 하여금 적절한 위치를 찾게끔 도와야 한다. 여기서는 '신중함愼'을 강조하면서 사물을 신중하게 분별함으로써 어느 것이 마땅한 자리이고 어느 것이 제자리가 아닌지 구분한 다음, 그것들이 각자의 제 자리에 거하게끔 하라고 강조한다. 괘상을 통해 우리는 양효로 하여금 양의 자리에 거하게 하고, 음효로 하여금 음의 자리에 오게 하면 만사가 성공에 이를 수 있음을 알 수 있다. 어떻게 해야만 미제에서 기제의 단계로 이를 수 있을지 고민해 본다면 그 열쇠는 바로 '신중함'에 있다고 하겠다.

초육 효사와 「소상전」

初六, 濡其尾 吝.
초육 유기미 인
象曰: 濡其尾 亦不知極也.
상왈 유기미 역부지극야

초육은 꼬리를 적시니 부끄럽다.

「상전」에서는 말했다. 꼬리를 적심은 또한 끝을 알지 못하기 때문이다.

초육의 '유기미 인濡其尾 吝'은 아직 성공의 단계에 접어들지 못했을 때 꼬리를 물속에 떨어뜨린 채 분발하지 않는 여우처럼, 험난함에서 벗어나려고 노력하지 않는다면 후회가 있을 것이라는 말이다. 하괘인 감괘는 험난함을 상징하므로 초육효는 험난함에 직면한 초기, 첫 단계라고 볼 수 있다. 따라서 이럴 때는 험난함에서 벗어나고자 노력해야 한다.

이는 앞선 기제괘에 언급된 '꼬리를 적심濡其尾'과는 전혀 다른 의미다. 기제괘는 이미 성공을 이룬 단계이므로 꼬리를 물속에 늘어뜨린다는 것은 기존의 성공을 유지하면서 무모하게 나아가지 않고 신중하게 행동하려는 모습이다. 따라서 허물도 없다고 했다. 하지만 여기서는 아직 성공을 이루지 못한 상태이므로 기제괘와 똑같이 꼬리를 물속에 늘어뜨린다면 이는 어려움을 벗어나고자 하는 의지가 없음을 보여 주는 자세이므로 후회가 있을 뿐이다. 기제괘와 미제괘의 첫 효에서 빗댄 광경은 동일하지만 두 괘가 처한 상황이 완전히 다르므로 그 결과도 다를 수밖에 없다.

「상전」에서는 '꼬리를 적심濡其尾'은 '또한 끝을 알지 못하기 때문亦不知極也'이라고 했다. 여기서 '극極'은 '끝마침' '마무리' '최종'의 뜻이다. 이는 성공의 종점이 어디인지 알지 못하여 꼬리를 물에 늘어뜨린 채 앞으로 나아가려 하지 않고 태만하여 중도에 포기한다는 것이므로 사람들로 하여금 유감스럽게 할 뿐이다.

구이 효사와 「소상전」

九二, 曳其輪 貞 吉.
구이 예기륜 정 길
象曰: 九二貞吉 中以行正也.
상왈 구이정길 중이행정야

구이는 수레바퀴를 뒤로 끄니 바르게 함이 길하다.

「상전」에서는 말했다. 구이가 바르게 함이 길함은 중이 중도로써 바르게 행하기 때문이다.

구이의 '예기륜曳其輪'은 수레바퀴를 뒤로 끌어서 앞으로 나아가지 못하게 한다는 것이며 이럴 때 바른 도를 지키면 길하다는 뜻에서 '정 길貞 吉'이라고 했다. 앞선 기제괘에도 '수레바퀴를 뒤로 끈다.曳其輪'는 동일한 말이 나오지만 거기서는 초구효에 등장한 반면, 여기 미제괘에서는 구이효에 나온다. 이처럼 미제의 구이효는 수레바퀴를 뒤로 잡아당김으로써 앞으로 빨리 나가지 못하게 해야 길하다고 한다.

「상전」에서는 이에 대해 '구이가 바르게 함이 길함九二貞吉'은 '중도로써 바르게 행하기 때문中以行正也'이라고 해석했다. 하괘인 감괘는 험난함을 상징하는데 구이는 감괘에서도 중앙을 차지하고 있으므로 험난함의 정가운데 처해 있는 셈이다. 따라서 수레바퀴를 붙들고 있는 것처럼 신중하고 조심해야 한다. 그 후 자신의 역량을 가늠한 뒤 행하고 시기를 잘 살펴서 움직여야 할 때 움직여야지 경망스럽고 무모하게 행동해서는 안 된다. 중도를 지키고 바른 도에 근거해서 행동해야만 험난함을 벗어나고 성공에 이를 수 있다.

육삼 효사와 「소상전」

六三, 未濟 征凶 利涉大川.
육삼 미제 정흉 이섭대천
象曰: 未濟 征凶 位不當也.
상왈 미제 정흉 위부당야

육삼은 미제에 가면 흉하나 큰 하천을 건넘이 이롭다.

「상전」에서는 말했다. 미제에 가면 흉한 것은 위치가 마땅하지 않기 때문이다.

육삼의 '미제 정흉未濟 征凶'은 일이 아직 성공하지 못했으므로 만약 조급하게 나아가고자 하면 반드시 흉하고 험하게 된다는 뜻이다. '큰 하천을 건넘이 이롭다.'는 뜻에서 '이섭대천利涉大川'이라고 했다.

「상전」에서는 '미제에 가면 흉함未濟 征凶'은 '위치가 마땅하지 않기 때문位不當也'이라고 했다. 육삼효는 하괘에서도 가장 높은 자리에 위치한 효인데, 음효가 양의 자리에 왔으므로 자리가 마땅하지 않은 데다 감괘의 험함을 아직 벗어나지 못하여 위험하고 음효여서 유약하므로, 조급하고 무모하게 나아가서는 안 된다. 사실 미제괘는 여섯 효가 모두 마땅한 자리가 아니라서 부정한데 어째서 육삼효에 대해서만 유독 그 점을 강조하는 것일까? 왜냐면 육삼효는 재력이나 인력이 모두 약한 데다 감괘의 가장 윗자리에 거하기 때문이다.

그렇다면 어째서 '큰 하천을 건넘이 이롭다.利涉大川'고 했을까? 육삼효는 이제 곧 감괘를 벗어날 것이 예상되는데 머지않아 상구의 도움을 받아 험난한 상황을 벗어나게 될 것이므로 큰 하천을 건넘이 이롭다고 한 것이다.

구사 효사와 「소상전」

九四, 貞吉 悔亡 震用伐鬼方 三年有賞于大國.
구사 정길 회망 진용벌귀방 삼년유상우대국

象曰: 貞吉 悔亡 志行也.
상왈 정길 회망 지행야

구사는 바르게 하면 길하여 후회가 없다. 진동하여 귀방을 정벌하니 삼년에야 대국의 제후로 봉해진다.

「상전」에서는 말했다. 바르게 하면 길하여 후회가 없음은 뜻이 행해지기 때문이다.

구사의 '정길 회망貞吉 悔亡'은 바른 도를 지키면 길함을 얻을 수 있어서 후회도 없어진다는 말이다. '진용벌귀방震用伐鬼方'은 상나라 고종처럼 우레가 진동하는 기세를 몰아 귀방을 정벌하러 나선다는 뜻인데, 여기서는 기제괘에 이어서 또 한 번 고종의 고사를 인용하고 있다. '삼년유상우대국三年有賞于大國'은 3년이 지나서야 전쟁에서 승리할 수 있으니 그때가 되면 대국의 제후로 봉해질 것이라는 말이다.

구사효부터 상괘인 이괘가 시작되는데 이괘는 우레를 상징하므로 우레와 같은 기세로 분투하면 성공을 거머쥘 수 있다는 의미를 함축하고 있다. 3년이라는 오랜 시간이 지난 다음에야 성공할 수 있으므로 지구전에 들어갈 준비를 하라고 하는 것이다.

「상전」에서는 '바르게 하면 길하여 후회가 없음貞吉 悔亡'은 '뜻이 행해지기 때문志行也'이라고 했다. 이는 구사효가 성공을 향한 뜻을 품고 노력했기 때문이라는 말이다. 구사효의 단계는 이미 험난함에서 벗어나 광명한 환경이 출현하기 시작했기 때문에 이것이 가능하다. 광명한 환경이 출현했다는 것은 상괘인 이괘가 광명을 상징하고 구사는 이미 이괘로 접어

들었기 때문이다. 구사는 자신의 뜻을 굳게 정한 뒤 끊임없이 노력하고 분투하면 사업은 반드시 성공할 것이라고 말한다.

육오 효사와 「소상전」

六五 貞吉 无悔 君子之光 有孚 吉.
육오 정길 무회 군자지광 유부 길

象曰: 君子之光 其暉吉也.
상왈 군자지광 기휘길야

육오는 바르게 하면 길하여 허물이 없으니 군자의 빛남이 성실함이 있어 길하다.

「상전」에서는 말했다. 군자의 빛남은 그 빛이 길하기 때문이다.

육오의 '정길 무회貞吉 无悔'는 바른 도를 굳게 지키면 당연히 길하여 후회가 없다는 것이며, '군자지광 유부 길君子之光 有孚 吉'은 군자의 마음 밭이 무척 밝고 마음에 성실함이 있어서 반드시 길하리라는 뜻이다.

「상전」에서는 '군자의 빛남은 그 빛이 길하기 때문君子之光 其暉吉也'이라고 했다. 육오는 상괘의 중앙, 즉 군자의 지위를 가지고 이괘의 중간에 자리 잡고 있다. 이괘는 광명을 상징하므로 군자가 마음이 선량하고 밝고 바르며 큰 사람임을 뜻한다. 군자가 이처럼 밝고 바르며 큰 덕이 발하는 빛으로 사람들을 비추니 그렇게 되면 사람들 사이에 바른 기운이 가득 차서 당연히 길하다. 다시 말해 육오가 임금의 자리에 거하면서 천하를 평화롭게 다스리는 상태를 이어 나가려면, 반드시 성실함과 신의를 가져야 하며 광명정대한 덕을 크게 떨쳐서 하늘 가운데 떠 있는 태양처럼 대지를 비추어야 한다는 것이다.

상구 효사와 「소상전」

上九, 有孚于飮酒 无咎. 濡其首 有孚失是.
상구 유부우음주 무구 유기수 유부실시

象曰: 飮酒濡首 亦不知節也.
상왈 음주유수 역부지절야

상구는 성실함을 가지고 술을 마시면 허물이 없지만, 머리를 적시듯 하면 성실함이 있어도 옳음을 잃는다.

「상전」에서는 말했다. 술을 마시며 머리를 적심은 또한 절제함을 모르는 것이다.

상구의 '유부우음주 무구有孚于飮酒 无咎'는 육오효가 성공을 거둔 뒤 잔을 들어 축하하니 허물이 없다는 말이다. 술을 마시는 행위는 축하함을 표현하는 방식이기도 하고 감정을 나누는 수단이 되기도 한다. 여기서는 승리를 거머쥐게 된 후의 기쁨을 생생하게 느낄 수 있다. 이럴 때는 성실함을 지키면서 다른 사람을 대하며 술을 마시면 위험한 상황에 이르지는 않는다. 그러나 성공한 사람이 득의양양하여 술과 고기의 향락에 빠져 지내면서 절제할 줄 모른다면, 마치 술에 잠겨 머리가 보이지 않는 것처럼 바른 도가 상하게 되고 기쁨이 슬픔으로 전환되며 성공이 실패로 바뀌는 결과를 초래하고 말 것이다. 그런 뜻에서 '유기수 유부실시濡其首 有孚失是'라고 했다.

「상전」에서는 '술을 마시며 머리를 적심은 또한 절제함을 모르는 것이다.飮酒濡首 亦不知節也'라고 해석했다. 성공한 뒤 안일하게 향락에 빠져 절제할 줄 모른 채 '창업이 어렵지만 이를 지키기는 더욱 어렵다.'는 이치를 잊고 지낸다면, 모든 상황을 미제의 단계로 되돌려 실패하고 말 것이다.

미제괘 정리

䷿

미제괘에서는 일이 아직 성공하지 않은 단계에서 어떻게 처신하고 노력해야 하는지에 관한 일종의 지혜를 배울 수 있다.

미제괘를 이루는 여섯 효는 각각 서로 다른 상황에서 어떻게 대처해야 하는지, 어떻게 하면 중도를 지켜 밝고 바르고 크게 성실함을 유지할 수 있을지 보여 준다. 신중하고 조심하면서 분발하고 때를 살피어 우레의 진동함과 같은 기세로 힘을 다하되 교만함과 조급함을 경계해야 한다. 미제괘의 지혜는 가히 깊이 되새겨 볼 만한 진정한 지혜다.

4부

계사전 설괘전 서괘전 잡괘전

周易全解

01 계사전繫辭傳 상편

1장

天尊地卑 乾坤定矣. 卑高以陳 貴賤位矣. 動靜有常 剛柔斷矣. 方以類聚 物以群分 吉凶生矣. 在天成象 在地成形 變化見矣.

是故剛柔相摩 八卦相盪. 鼓之以雷霆 潤之以風雨 日月運行 一寒一暑. 乾道成男 坤道成女. 乾知大始 坤作成物.

乾以易知 坤以簡能. 易則易知 簡則易從. 易知則有親 易從則有功. 有親則可久 有功則可大. 可久則賢人之德 可大則賢人之業. 易簡而天下之理得矣 天下之理得 而成位乎其中矣.

하늘은 존귀하고 땅은 낮아 건과 곤이 정해진다. 낮은 것과 높은 것이 진열되니 귀한 것과 천한 것이 자리 잡는다. 움직임과 멈춰 섬에 법칙이 있어 강과 유가 나뉜다. 방위는 종류별로 모이고 사물은 무리로 나뉘니 길흉이 생겨난다. 하늘에서는 상이 이루어지고 땅에서는 형체가 이루어져 변화가 나타난다.

이런 까닭에 강과 유가 서로 갈리고 팔괘가 서로 섞여, 우레로써 고동치고 바람과 비로써 적시며 해와 달이 운행하여 한 번은 춥고 한 번은 덥다. 건의 도는 남자가 되고 곤의 도는 여자가 된다. 건은 큰 시작을 주관하고 곤은 사물을 이룬다.

건으로써 쉽게 알고 곤으로써 간략하게 이루니, 쉬우면 알기 쉽고 간단하면 따르기 쉬우며, 알기 쉬우면 친근함이 있고 따르기 쉬우면 공이 있으며, 친근함이 있으면 오래갈 수 있고 공이 있으면 크게 할 수 있다. 오래갈 수 있으면 현인의 덕이요, 크게 할 수 있으면 현인의 업적이다. 쉽고 간략하여 천하의 이치를 얻으니 천하의 이치가 얻어지므로 그 가운데서 자리를 이룬다.

『주역』에서 학술적인 성과가 가장 높고 깊은 철학적 의의를 가지는 파트가 바로「계사전」이다.

「계사전」 상편 1장에서는 첫머리부터 '천존지비天尊地卑'를 언급했다. 이는 하늘은 높고 존귀하며 땅은 낮고 비천하다는 말이다. 여기에는 유가적인 사상이 반영되어 있는데 이로써 건과 곤의 위치가 확정되었다. 유가에서는 하늘이 높은 곳에 있고 땅이 낮은 곳에 있는 자연현상을 근거로 하여 양陽을 숭상하고 음陰을 억제하는 관념을 발전시켰다. 사실 낮다고 해서 반드시 비천한 것은 아니며 높다고 해서 꼭 존귀한 것만은 아니다. 오히려 노자는 "지극히 선한 것은 물과 같다. 물은 만물을 이롭게 하면서도 다투지 않는다."고 하며 낮은 것일수록 도에 가깝다고 했다. 이처럼 도가에서는 양보다는 음을 숭상하고 도리어 양은 억제해 왔다. 이는 유가의 사상이 주로『주역』에 뿌리를 두고 도가의 사상은 주로『귀장역』에 근원을 두고 있기 때문이기도 하다. 그 밖에도 묵가의 사상은 대개『연산역』의 영향을 받았는데『연산역』은 간괘를 첫 번째 괘로 삼았다고 전해진다. 이에 반해『귀장역』은 곤괘를 맨 앞에 내세웠으며『주역』은 건괘가 가장 먼저 나온다.『주역』의「계사전」에는 상당 부분 유가 사상을 바탕으로 하고 있으나 일부 도가 사상도 녹아 있다. 그러므로『주역』이 탁월하다고 평가받는 이유는 그 안에 유가뿐 아니라 도가를 비롯한 다양한 사상이 한데 녹아 있기 때문이다. 특히『주역』의「역전」은 선진시대 제자백가 사상이 한데 모인 총람으로서 선진 철학의 최고봉이라고 할 만하다.

'비고이진 귀천위의卑高以陳 貴賤位矣'는 '낮은 것과 높은 것이 진열되니 귀한 것과 천한 것이 자리 잡는다.'는 뜻인데 이는 낮고 비천함과 높고 존귀함이 일단 펼쳐지기만 하면 사물의 귀함과 천함이 각자 그 자리를 잡게 된다는 말이다.

그런 연후에 하늘과 땅, 높고 낮음, 존귀함과 비천함, 귀함과 천함으로부터 움직임과 멈춤, 강과 유, 하늘의 움직임과 땅의 멈춤에 일정한 법칙이 생기게 되었으며, 이로써 양강陽剛과 음유陰柔의 속성이 분명하게 구별되었다. 이런 뜻에서 '동정유상 강유단의動靜有常 剛柔斷矣'라고 했다. 이는 일련의 관련된 상을 얻기 위해 연상聯想과 취상取象의 방법을 쓰는 것이다. 팔괘를 통해서 사물을 연상하는 것은 모두 가능하다. 왜냐면 팔괘는 세상만물과 모든 일을 함축한 것이기 때문에 이를 통해 연상하지 못하는 바가 없다.

'방이류취 물이군분 길흉생의方以類聚 物以群分 吉凶生矣'는 '방위는 종류별로 모이고 사물은 무리로 나뉘니 길흉이 생겨난다.'는 말이다. 여기서 '방方'은 추상적인 범주에 속하여 '의식 형태'나 '방위'를 가리키며 '물物'은 구체적인 사물을 가리킨다. 천하의 온갖 관념이 종류별로 모이고 각종 동식물이 무리별로 구분된다는 말이다. 길흉이라는 것은 서로 다른 종류의 사물이 상호 작용한 뒤 필연적으로 생겨나는 결과다. 사물이 상호 작용하면 어떤 것은 길함을 유도하는 반면, 또 어떤 것을 흉함을 초래하기도 한다. 종류나 무리별로 모이는 것은 일종의 유형별 구분 방법이어서 서양의 분석 방법과는 다르다. 서양에서 말하는 소위 분석이란 큰 것에서 작은 것으로, 전체에서 부분으로 사유의 방향이 이동하는 것, 일종의 해부의 과정이라고 볼 수 있다. 반면 종류별로 유추하고 추리하는 방식은 '상象'의 사유이자 '역易'의 사유다. 복잡한 문제를 단순화하여 몇 개의 큰 부류로 정리한 뒤 작은 것을 큰 덩어리로 취합하며 부분적인 것을 전체적인 영역에 귀납시키는 전반적인 사유방식이어서 일종의 종합적인 방법이라고 할 만하다.

'재천성상 재지성형 변화현의在天成象 在地成形 變化見矣'는 '하늘에서는 상이 이루어지고 땅에서는 형체가 이루어져 변화가 나타난다.'는 말이다. 하늘은 보이지 않는 무형의 상象이고 땅은 보이는 유형의 형形이다. 이는 노자가 도란 큰 상일 뿐 형체가 없다는 뜻에서 "큰 형상은 형체가 없다.大象無形"고 한 말과도 통한다. 한의학에서 말하는 기 역시 무형의 것이다. 지면의 산과 하천, 동식물은 형체가 이루어지면서 사물 변화의 이치가 이들 형과 상 가운데 드러나게 된다.

'시고강유상마 팔괘상탕是故剛柔相摩 八卦相盪'은 '이런 까닭에 강과 유가 서로 갈리고 팔괘가 서로 섞인다.'는 뜻이다. 여기서 '강유剛柔'는 음양이나 천지를 가리키는 말이므로 음양과 천지로부터 팔괘를 얻어 냈다는 뜻이 된다. '상마相摩' '상탕相盪'은 서로 갈리고 섞이며 상호 작용한다는 말이다.

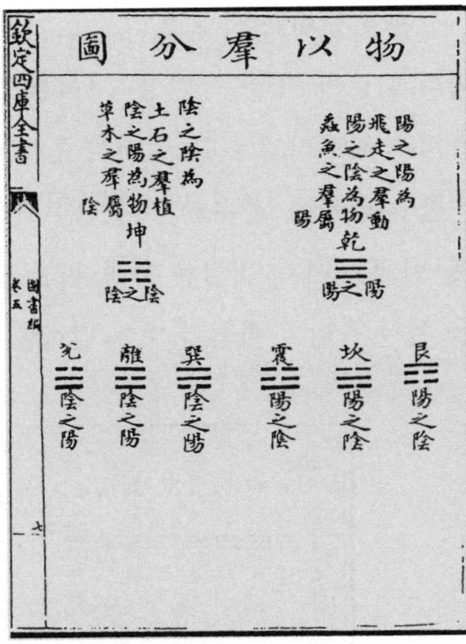

물이군분物以群分: 사물은 무리로 나뉜다.

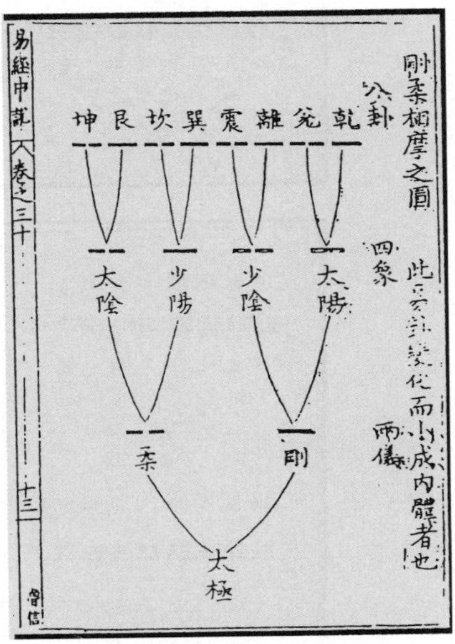

강유상마剛柔相摩: 강과 유가 서로 갈린다.

강유와 팔괘가 서로 갈리고 섞이면 자연계에는 '우레로써 고동치고 바람과 비로써 적시는' 현상이 나타나므로 '고지이뢰정 윤지이풍우鼓之以雷霆 潤之以風雨'라고 했다. 여기서 우레와 번개를 말하는 '뇌정雷霆'과 바람과 비를 가리키는 '풍우風雨'는 사실 각각 네 개의 괘를 가리켜서 우레는 진괘, 번개는 이괘, 바람은 손괘, 비는 감괘를 상징한다. 우레와 번개는 만물을 쳐서 울리고 바람과 비는 만물을 적시는데 이처럼 우레와 번개, 바람

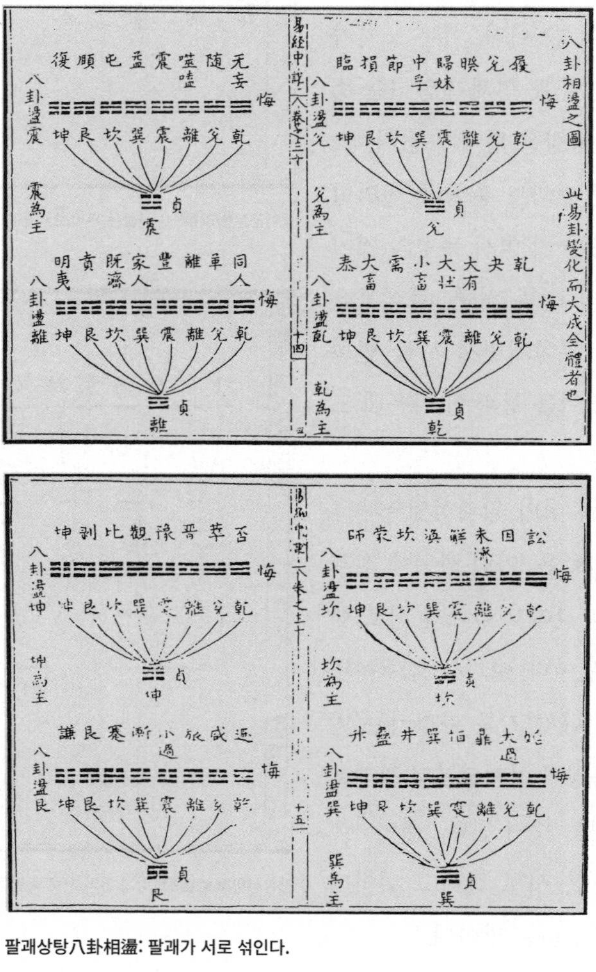

팔괘상탕八卦相盪: 팔괘가 서로 섞인다.

과 비가 서로 작용함으로써 만물이 생기로 가득 차 무성하고 번영한다. 그러므로 강유와 팔괘가 서로 갈리고 섞이는 것은 천지만물의 움직임과 변화를 가능케 하는 근원이라고 하겠다.

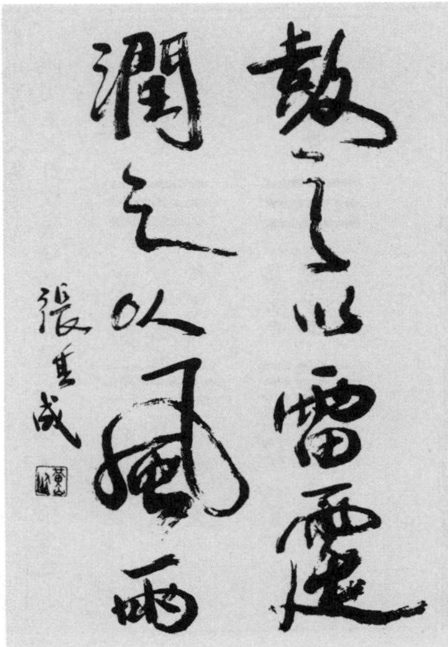

고지이뢰정 윤지이풍우: 우레로써 고동치고 바람과 비로써 적신다.

‘일월운행 일한일서日月運行 一寒一暑’는 ‘해와 달이 운행하여 한 번은 춥고 한 번은 덥다.’는 뜻인데 여기서 ‘일월日月’, 즉 해와 달은 각각 이괘, 감괘로 간주하면 된다. 이괘와 감괘를 해와 달로 간주하는 경향은 도교 서적에도 많이 등장하는데 도가의 가장 권위 있는 단경丹經으로 추앙받는 『주역참동계周易參同契』에서도 바로 이괘와 감괘에 대해 말했다. 그렇다면 춥다는 의미의 ‘한寒’과 덥다는 의미의 ‘서暑’가 상징하는 괘는 무엇일까? 어떤 이는 ‘한’은 건괘를, ‘서’는 곤괘를 가리킨다고 말한다. 그렇게 되면 건괘는 ‘추위’를 상징하게 되며, 건이 추위이고 얼음인 이상 ‘더위’는 곤괘가 되는 셈인데 이는 다소 억지논리이긴 하지만 문제될 것은 없다. 또한 추위와 더위를 각각 감괘와 이괘로 보는 것에는 이의가 없다. 감괘는 물인데 물은 북쪽이니 추위에 속한다고 볼 수 있고 이괘는 더운 남쪽을 가리키기 때문이다.

‘건도성남 곤도성녀乾道成男 坤道成女’는 ‘건의 도는 남자가 되고 곤의 도는 여자가 된다.’는 뜻이다. 이는 앞의 말을 결론짓는 문장이다. 우레와 번개, 바람, 비, 해와 달, 추위와 더위는 하늘에 있는 물상의 음양이 변화하

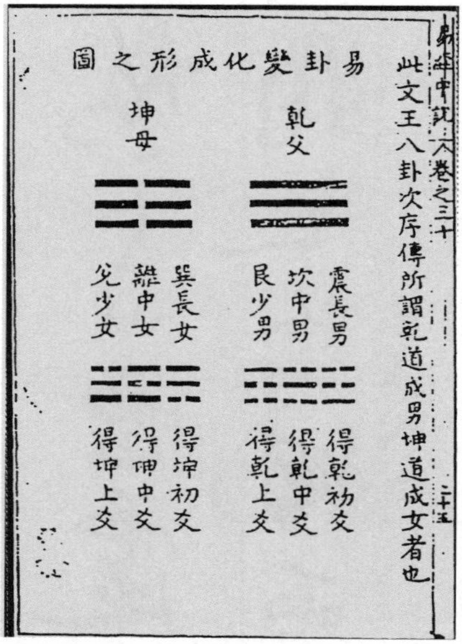

역괘변화성형지도: 역이 변화하여 형체를 이루는 것에 관한 이미지. 가족 구성원에 빗대어 역의 변화를 설명했다.

여 생긴 것으로 모두 건괘와 곤괘에 속한다. 건의 도는 남자를 이루고 곤의 도는 여자를 이루니 이는 지면의 형체가 음양 변화를 일으킨 결과다. 남자와 여자 역시 모두 건곤에 속하는데 이때 건곤이 바로 음양이다. 이런 까닭에 「계사전」은 사실 음양의 철학을 논한 것이라고 볼 수 있다.

필자는 『주역』을 강의할 때마다 '역易'에 대해서는 위백양魏伯陽의 해석을 인용한다. 그는 "해와 달이 역이다."라고 하였는데 이는 '역易'이라는 글자가 위에 해日가 있고 아래에 달月이라는 글자로 이루어져 있기 때문이다. 그래서 역은 음양의 철학이라고 하는 것이고 이 때문에 뒤에 나오는 5장에서도 초두부터 "한 번 음하고 한 번 양하게 함을 도라 이른다."라고 시작한다. 이것이 바로 『주역』의 도다. 학파마다 각자의 도와 이치가 있어서 유가에는 유가만의 도가 있으며 도가나 묵가, 명가, 법가도 그러하다. 그러나 『주역』의 도는 이들 각 학파의 도를 한데 묶어 놓은 총람이라고 할 수 있다. 시기적으로 「역전」이 선진 제자백가 중에서도 비교적 후반에 나온 것도 선진 철학을 집대성할 수 있었던 이유이기도 하다. 이러한 집대성을 통해 양에 치우친 유가 사상과 음에 치우친 도가 사상을 역가에서 한데 모아 음양의 철학으로 귀결했다. 한의학은 그 근원이 역가와 무척 흡사하여 음양 간의 조화를 강조한다.

'건도성남 곤도성녀乾道成男 坤道成女'가 '건의 도는 남자가 되고 곤의 도는 여자가 된다.'라는 것은 표면적인 뜻이다. 남자와 여자는 각각 건과 곤에 속하는 것들의 예일 뿐이다. 사실 건의 도는 양에 속하는 모든 사물로 화하여 생성될 수 있고, 곤의 도 또한 음에 속한 온갖 사물로 화하여 자랄 수 있다. 뒤집어 말하면 양의 성질을 지닌 모든 사물은 건의 도에 귀납되고 음의 성질을 지닌 모든 사물은 곤의 도에 속한다고 할 수 있다.

'건지대시 곤작성물乾知大始 坤作成物'은 '건은 큰 시작을 주관하고 곤은 사물을 이룬다.'는 뜻이다. 앞 구절에서는 '지知'를 사용하였고 뒤 구절에서는 '작作'이라는 말을 썼는데 둘 다 주관한다는 뜻이다. 따라서 건은 처음 시작을 주관하고 곤은 사물을 이루어 가는 과정을 주관한다는 말이다. 건의 역할은 처음 시작하게 하는 것이어서 건괘의 「단전」에서도 "위대하다 건의 큼이여, 만물이 그로 말미암아 시작하였으니 이에 우주자연을 다스리는 도다!"라고 하여 그 뜻을 더욱 명확하게 밝혔다. 이 점은 도가와는 다르다. 도가에서는 '음陰'을 시작으로 보고 '무無'를 처음으로 보았다. 건乾을 시작으로 보는 역가와는 다른 관점이다. 물론 그렇다고 역가에서 곤을 내팽개치고 건만 떠받든다거나 끝은 무시한 채 시작만 중시한다는 것은 아니다. 사실 역가에서 강조하는 것은 건곤의 화합이다. 아무리 건이라고 해도 반드시 곤과 짝을 이루어야만 만물을 형성할 수 있기 때문이다.

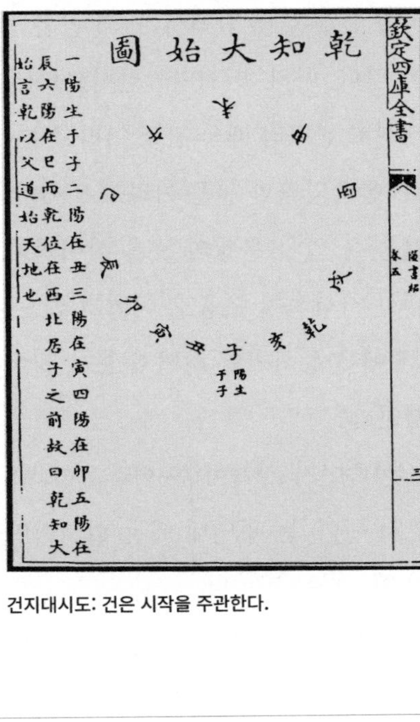

건지대시도: 건은 시작을 주관한다.

'건이이지 곤이간능乾以易知 坤以簡能'은 '건으로써 쉽게 알고 곤으로써 간략하게 이룬다.'는 뜻이

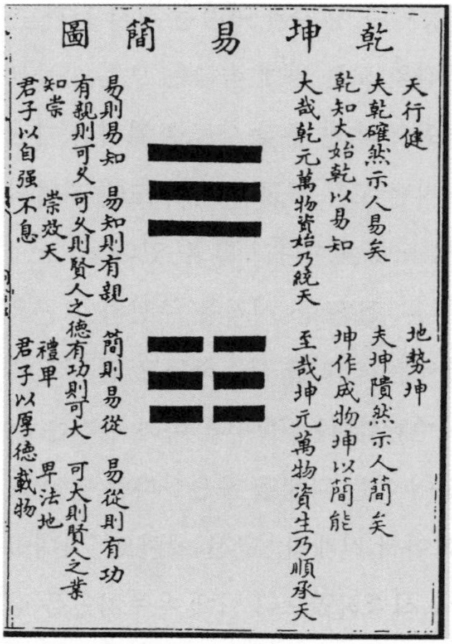

건곤역간도: 건과 곤이 쉽고 간략하다.

다. 다시 말해 건괘의 원리에 근거해서 쉽고 간단하게 알아 만물을 용이하게 파악할 수 있으며 곤괘의 이치에 근거해서 간단하게 이룬다는 말이다. '간능簡能'과 '이지易知'는 그 뜻이 비슷하긴 하지만 '간능'은 본래 '기능이 무척 단순하다.'는 의미를 갖는다. 역易의 원리는 무척 단순하여 파악하기 쉬운데 건곤이 바로 이러한 역이다. 그래서 '건이이지 곤이간능'은 건과 곤을 분리해서 '건은 쉽고' '곤은 간략하다.'라고 해석해서는 안 되고 둘을 한데 합해서 '건과 곤은 쉽게 알고 간략하게 이룬다.'고 풀이해야 맞다. 마치 '진시명월한시관秦時明月漢時關'이라는 시구를 '진나라 때의 명월과 한나라 때의 관문'이라고 분리해서 해석하지 않고 '진나라와 한나라 때의 명월과 관문'이라고 읽어야 옳은 것처럼 말이다. '건이이지 곤이간능'은 앞선 문장의 뜻을 이어받아 건의 처음이 '자연自然(스스로 그러함)'에서 시작하여 조금도 어렵지 않으며 곤이 사물을 이루는 것 또한 건양乾陽에 순종하기만 하면 되므로 굳이 힘들여 고생하지 않아도 된다고 설명한다.

'이즉이지 간즉이종易則易知 簡則易從'은 '쉬우면 알기 쉽고 간단하면 따르기 쉽다.'는 뜻인데 이는 쉽고 간단하기 때문에 이해하기 쉽고 순종하기 편하다는 말이다.

'이지즉유친 이종즉유공易知則有親 易從則有功'은 '알기 쉬우면 친근함이 있고 따르기 쉬우면 공이 있다.'는 뜻이다. 쉽게 이해가 되므로 친근해질 수 있는 것이지 고아하고 어렵기만 하다면 가까이 다가갈 수 없을 것이다. 또한 쉽게 따를 수 있으므로 무리의 역량을 모아서 공과 업적을 세우고 성과를 낼 수 있다.

'유친즉가구 유공즉가대有親則可久 有功則可大'는 '친근함이 있으면 오래갈 수 있고 공이 있으면 크게 할 수 있다.'는 말이다. 쉽게 친해지면 크게 자라서 오래갈 수 있으며, 덕이 있으면 공과 업적을 크게 할 수 있다.

'가구즉현인지덕 가대즉현인지업可久則賢人之德 可大則賢人之業'은 '오래갈 수 있으면 현인의 덕이요, 크게 할 수 있으면 현인의 업적이다.'라는 말이다. 여기서 '오래갈 수 있다可久' '크게 할 수 있다可大'는 모두 현인의 덕으로 말미암은 업적이다. "역이란 덕을 높이고 업적을 세상에 널리 펴기 위한 것이다."라는 말도 있듯이 『주역』은 사람들로 하여금 '덕을 높이고 업적을 세상에 널리 펴는' 역할을 한다. 이 때문에 『주역』은 단순히 덕만을 강조하는 것이 아니라 업적도 강조한다. 덕과 업적의 측면에서 보면 덕은 주관적이고 내재적인 것인 반면 업적은 겉으로 드러나 보이는 외재적이고 객관적인 것이다. 따라서 『주역』은 내재적인 덕만을 강조하지 않고 사업, 즉 업적과 공을 이루는 것에 대해서도 다룬다. 사실, 역가는 유가와 유사한 면이 그리 많지 않다. 유가는 의義를 중시하고 이利를 가볍게 여기는 반면, 역가에서는 의義와 이利를 겸하여 중시하기 때문이다. 그래서 "이利는 의義가 서로 화합하고 조화하는 것이다."라고 하여 큰 이利를 얻으려면 반드시 의義를 써야 한다고 강조했다. 인仁은 내재적인 요구이고 의義는 외재적인 행위여서 이 둘은 밀접한 관계에 있기 때문이다. 역가에서는 의義로써 이利를 취하므로 의는 덕으로 볼 수 있으며 업적으로 간주할 수 있다고 주장한다.

'이간이천하지리득의 천하지리득 이성위호기중의易簡而天下之理得矣 天下

之理得 而成位乎其中矣'는 '쉽고 간략하여 천하의 이치를 얻으니 천하의 이치가 얻어지므로 그 가운데서 자리를 이룬다.'는 뜻이다. 『주역』의 원리는 간단명료하기 때문에 천하의 도리를 펼쳐 낼 수 있고 쉽게 파악할 수도 있다. 여기서 우리는 천하의 큰 도리와 법칙이란 무척 간단하여 쉽게 따를 수 있으므로 이를 파악하면 천지의 법칙에 순종하여 알맞은 위치에 거할 수 있음을 알 수 있다.

「계사전」 상편의 1장은 전체의 요지를 밝히면서 『주역』의 큰 이치가 바로 음양이며 이 큰 도리는 무척 간단하여 쉽게 따를 수 있다고 말한다. 간단하기 때문에 본질에 가장 근접한 것이며 이 법칙은 우리가 찾아낼 수 있는 것이라고 했다.

또한 이번 장에서는 '역易'에 포함된 기본적인 내용 세 가지를 강조했다. 첫째, 건곤의 자리를 정하는 것은 우주 사이의 '불역不易(결코 변하지 않는 기본 원리가 존재함)'의 법칙이라는 점, 둘째, 음양의 '변역變易(우주만물은 끊임없이 변화하는 속성을 지님)'은 사물 발전의 보편적인 법칙이라는 점, 셋째, 건곤의 도는 '간역簡易(음양 변화의 원리란 쉽고 간단함)'이어서 알기 쉽고 따르기 쉽다는 점이다.

2장

聖人設卦觀象 繫辭焉而明吉凶 剛柔相推而生變化. 是故吉凶者 失得之象也. 悔吝者 憂虞之象也. 變化者 進退之象也. 剛柔者 晝夜之象也. 六爻之動 三極之道也.

是故君子所居而安者 易之序也. 所樂而玩者 爻之辭也. 是故君子居則觀其象而玩其辭 動則觀其變而玩其占 是以自天祐之 吉无不利.

성인이 괘를 만들어 괘상을 관찰하고, 해석한 말을 달아 길흉을 밝히며, 강유가 서로 밀어 변화를 낳으니, 이런 까닭에 길흉은 잃음과 얻음의 상이요, 회린(후회와 부끄러움)은 근심과 염려의 상이요, 변화는 나아감과 물러섬의 상이요, 강유는 낮과 밤의 상이다. 육효의 움직임은 삼극의 도다.

이런 까닭에 군자가 거하여 편안히 여기는 것은 역의 순서요, 즐거워서 노는 것은 효의 말이다. 이 때문에 군자는 거하면 그 상을 보고 그 말을 살피며, 움직이면 그 변화를 보고 그 점을 살핀다. 그러므로 하늘로부터 그를 도와 길하여 이롭지 않음이 없다.

2장은 취상에 관한 내용이다.

성인이 64괘를 만든 것은 우주만물과 모든 일의 상을 관찰하기 위함이며 이와 동시에 64괘는 세상만물과 모든 일의 물상을 근거로 만들어진 것이다. 64괘를 이루는 각 효 아래에는 그에 맞는 글을 덧붙여 썼는데 이는 길함과 흉함의 징조를 밝히기 위함이다. 길흉을 밝힐 뿐 아니라 어떻게 하면 길함을 따르고 흉함을 피할지에 대해서도 알려 준다. 강효와 유효가 서로 밀어냄으로써 끝이 없는 변화를 만들어 낸다. 길흉吉凶 즉 '길함'과 '흉함'은 사물이 혹은 잃고 혹은 얻는 것을 상징하며, 회린悔吝 즉 '후회'와 '부끄러움'은 근심과 염려를 말한다. 괘와 효의 변화變化는 일을 처리할 때 나아감과 물러섬을 따지는 것이며, 강유剛柔 즉 강효와 유효는 대낮과 밤의 상징이다. 육효의 변화에는 하늘과 땅, 사람에 이르는 삼극三極의 이치가 포함되어 있다.

이런 까닭에 군자는 나아갈 때는 편안함을 얻을 수 있는데 이는 『주역』의 순서에 부합하기 때문이다. 기뻐하고 좋아하고 즐기고 탐구하는 것은 괘와 효의 경문에 대한 글이다. 그러므로 군자는 평소에 거처할 때는 『주역』의 괘상을 잘 관찰하여 그 글을 깊이 새기며, 행동할 때는 『주역』의 변화를 관찰하여 그 점복을 곰곰이 음미한다. 이렇게 하면 하늘이 복을 내려 길하고 이롭지 않음이 없게 된다.

2장에서는 1장에서 '건곤'의 의의를 개괄적으로 설명한 것에 뒤이어 『주역』에 관해 직접적으로 설명하였다. 먼저 『주역』의 창작 과정과 거기에 함축된 상징적인 의의를 거슬러 올라가며 설명했다. 그다음에는 군자란 상을 살피고 글을 새김으로써 변화를 관찰하고 점복을 음미해야 한다고 했는데, 이렇게 하면 길흉과 이치를 명확히 알 수 있을 뿐 아니라 길함을 따르고 흉함을 피할 수 있다고 했다.

3장

彖者 言乎象者也, 爻者 言乎變者也, 吉凶者 言乎其失得也, 悔吝者 言乎其小疵也, 无咎者 善補過者也.
是故列貴賤者存乎位 齊小大者存乎卦 辨吉凶者存乎辭 憂悔吝者存乎介 震无咎者存乎悔. 是故卦有小大 辭有險易 辭也者. 各指其所之.

단이란 상을 말하는 것이고, 효란 변함을 말하는 것이요, 길흉은 잃고 얻음을 말하고, 후회와 부끄러움은 약간의 흠을 말하며, 허물이 없음은 잘못을 잘 보완하는 것이다.

이런 까닭에 귀함과 천함을 배열하는 것이 그 위치에서 드러나고, 작고 큼을 정함이 괘에 있으며, 길흉을 분별함이 말(괘사와 효사)에 있고, 후회와 부끄러움을 근심함이 나뉨에 있으며, 움직여도 허물이 없음은 뉘우침에 있다. 이런 까닭에 괘에는 큰 것과 작은 것이 있으며, 사(괘사와 효사)에는 험함과 평안함이 있으니, 각자 그 향하는 바를 가리킨다.

단사는 괘 전체의 상징적인 의의를 전반적으로 서술한 것이고, 효사는 여섯 효의 변화를 말한 것이다. 길흉은 우리에게 일을 처리하고 행동함에 따른 득과 실을 알려 주며, 후회와 부끄러움은 사람이 일을 할 때 그리 큰 잘못이 없다 하더라도 작은 흠에 주의하라고 경고한다. 허물이 없음은 우리가 일을 할 때 잘못이 있으면 제대로 고치고 잘 보완해야 함을 일깨워 준다.

그래서 귀함과 천함을 배열할 때는 괘를 이루는 여섯 효의 위치에 드러나고, 작고 큼의 구분을 확정하는 것은 괘의 형체에 드러나며, 길흉을 분별하는 것은 괘사와 효사에 드러난다. 그리고 근심과 후회, 부끄러움은 상세함에 나타난다고 했는데, '우회린자존호개憂悔吝者存乎介'에서 '개介'는 '미세하다' '자잘하다' 또는 '나뉨' '경계' '가장자리'라는 뜻을 가진 '개芥'와 통한다. 다시 말해 후회와 부끄러움, 이 둘은 비슷한 말로 위기의식을 가져야만 길함을 따르고 흉함을 피할 수 있다. 행동에 허물이 없는 것은 마음에 뉘우침이 있기 때문이다. 종합해 보면 괘는 작은 것과 큰 것으로 나뉘어 소괘와 대괘가 있으며 괘사와 효사에도 역시 험난함과 평안함, 길함과 흉함이 있다. 괘사와 효사는 각각 길함을 따르고 흉함을 피하는 방향을 알리는 데 쓰인다.

3장은 주로 괘사와 효사의 상징적인 의의에 대해 서술하였다. 시작부터 단사와 효사의 역할을 설명하고 뒤이어 자주 등장하는 세 가지 점사占辭, 즉 길함과 흉함, 후회와 부끄러움, 허물이 없음에 대해 설명했다. 그런 다음 괘체卦體의 크고 작음, 효 위치의 높고 낮음을 결합하여 기본적으로 함축하고 있는 의미를 설명했다. 그리고 마지막으로 괘사와 효사의 가장 기본적인 목적이 사람들에게 길함을 좇고 흉함을 피하는 데 있다는 것을 상기시킨다.

4장

易與天地準 故能彌綸天地之道. 仰以觀於天文 俯以察於地理 是故知幽明之故. 原始反終 故知死生之說.

精氣爲物 遊魂爲變 是故知鬼神之情狀.

與天地相似 故不違. 知周乎萬物而道濟天下 故不過. 旁行而不流 樂天知命 故不憂. 安土敦乎仁 故能愛. 範圍天地之化而不過 曲成萬物而不遺 通乎晝夜之道而知 故神无方而易无體.

역은 천지를 본뜬 것이므로 천지의 도를 메워 덮을 수 있다. 우러러봄으로써 천문을 관찰하고 굽어봄으로써 지리를 살피는 까닭에 어두움과 밝음의 연고를 안다. 근원으로 거슬러 올라가 시작을 밝히고 돌이켜 끝으로 갈 수 있으니 이 때문에 죽음과 삶의 법칙을 안다.

정과 기가 모여 사물이 되고 혼이 돌아다니며 변화를 이루므로 혼과 신의 상태를 알 수 있다.

(역의 도는) 천지와 더불어 같으므로 사람들이 어기지 않으니, 두루 만물을 알고 도로써 천하를 구제하기 때문에 지나치지 않는다. 폭넓게 행하되 흐르지 않고 하늘의 이치를 즐거워하며 천명을 알기 때문에 근심하지 않는다. 각자의 자리에 편안히 거하며 인의를 돈독히 하므로 사랑할 수 있는 것이다. 천지의 변화를 포괄하면서도 지나치지 않고, 만물을 에둘러 이루면서도 빠뜨리지 않으니, 낮과 밤의 도에 통하여 안다. 이런 까닭에 신은 일정한 방향이나 위치가 없고, 역도 고정된 형체가 없는 것이다.

『주역』에 보이는 도리는 천지를 그 원칙으로 삼으며 천지를 본뜬 것이므로 『주역』은 천지만물의 법칙을 두루 포함하여 아우를 수 있다. 『주역』

이라는 책은 천지만물의 법칙에 근거해서 만들어진 것이므로 여기에 드러난 이치와 법칙은 천지만물과 동등한 것이자 천지만물 법칙에 대한 일종의 모형이라고 하겠다. 『주역』을 창작한 성인이 우러러 천문을 관찰하고 굽어보아 지리를 살폈기 때문이다. 천문天文이란 천상天象, 즉 하늘의 상이며, 지리地理란 땅의 형체, 형상을 가리킨다. 다시 말해 하늘의 해와 달, 별의 운행을 보고 땅의 산, 하천, 초목의 변화를 살핌으로써 음과 양, 어둠과 밝음, 유형과 무형의 변화를 알 수 있다는 뜻이다. 또한 근원을 거슬러 올라가 세상만물과 모든 일의 시작을 밝히어 알고 돌이켜 그것의 끝으로 돌아갈 수도 있다. 그러므로 사람과 만물에 대한 죽음과 삶의 법칙을 알 수 있는 것이다. 죽음과 삶의 법칙이란 세상만물과 모든 일의 시작과 끝에 관한 법칙이다.

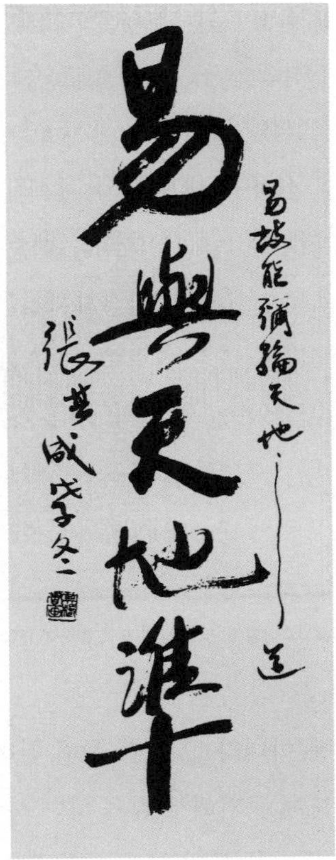

역여천지준: 역은 천지를 본뜬 것이다.

『주역』은 만물의 정精과 기氣의 변화를 관찰한 뒤 정과 기가 응집하여 유형의 사물을 이루게 된다는 사실을 발견했다. 또한 신기神气와 영혼靈魂이 돌아다니며 변화를 이루어 태어난즉 변하여 죽게 되고 성공한즉 변하여 실패하게 되니 이러한 변화를 통해 귀신의 상황을 알 수 있다. 귀신의 상황도 다만 음양의 변화에 불과해서 한번 가면 한번 오고, 한번 구부리면 한번 펴지게 마련이다. 유형과 무형, 정과 기도 모두 『주역』의 음양 변화 법칙을 보여 준다.

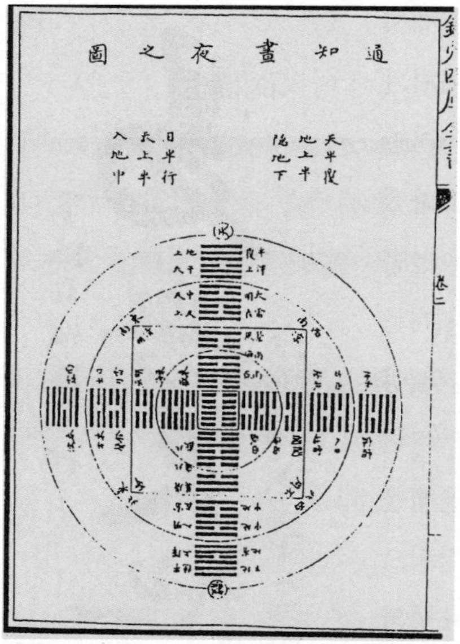

통지주야지도: 낮과 밤의 도에 통하여 안다.

그러므로 『주역』의 도는 천지와도 같아서 천지의 모방이라고 할 만하며 『주역』의 의리義理를 분명히 하여 천지의 도리를 밝히므로 사람의 행위도 천지자연의 법칙을 위배하지 않는 것이다. 『주역』은 천지음양 변화의 법칙에 부합하므로 우리 사람들도 천지의 법칙, 즉 『주역』의 도를 위배하지 않는다. 『주역』이라는 책에서 보여주는 도리를 통해 사람은 두루 만물을 통하여 알게 되고 세상만물과 모든 일의 변화를 이해하게 될 뿐 아니라 그 도를 통해 천하를 다스릴 수 있게 된다. 그러므로 『주역』의 도에 근거해서 일을 하면 사람이 세상을 살면서 잘못을 저지르지 않게 되고 이를 통해 다른 이치에까지 통달하여 두루 행동하면서도 남용하지 않아 폐단이 없게 된다. 이렇게 되면 하늘의 이치를 즐거워하고 그 명命과 수數를 알아 즐거워할 뿐, 근심이 없게 되는 것이다. 자연의 법칙에 순응하기 때문에 명운命運의 변화를 알게 되니 이에 따라 즐거워하여 근심할 바가 없게 된다. 각자 자신의 환경에 편안히 거하며 인의를 돈독하게 펼치므로 천하를 광범위하게 사랑할 수 있는 것이다.

『주역』의 도는 넓고 커서 천지의 변화를 모두 포괄하고도 잘못됨이 없으니 만물을 간접적으로 이루면서도 빠뜨리지 않으며 낮과 밤의 변화에 통하여 알지 못함이 없다. 그러므로 『주역』의 도는 "신神은 일정한 방향이나 위치가 없고 역易도 고정된 형체가 없다.神无方而易无體"고 한 말과도 같다. 이 말은 『주역』이 도의 변화를 반영하고 있다는 뜻인데 무척이나 중요한 의의를 지닌다. 즉 『주역』에 반영된 도의 변화는 신묘하고도 고정된 방위나 장소가 없어서 일정한 형체에 구속되지 않는다는 말이다. 『주역』에서 말하는 것은 상象이지 형形, 즉 형체가 아니다. 『주역』은 상에 의한 사유일 뿐 형에 의한 사유가 아니라는 말이다. 우주만물과 모든 일의 변화는 신기하고 교묘하여 헤아릴 길이 없는데 『주역』에 나오는 괘와 효 또한 마찬가지다. 이처럼 4장은 『주역』의 위대한 역할을 논하는 파트로 『주역』을 공부하고 이해하는 데 큰 영감을 줄 만한 무척 근사하고도 대단한 부분이다.

5장

一陰一陽之謂道. 繼之者善也 成之者性也. 仁者見之謂之仁 知者見之謂之知 百姓日用而不知 故君子之道鮮矣. 顯諸仁 藏諸用 鼓萬物而不與聖人同憂 盛德大業至矣哉. 富有之謂大業 日新之謂盛德 生生之謂易 成象之謂乾 效法之謂坤 極數知來之謂占 通變之謂事 陰陽不測之謂神.

한 번 음이 되었다가 한 번 양이 되는 것을 일컬어 도라고 한다. 그것을 계승하는 것이 선이고, 그것을 이루는 것이 본성이다. 인자는 그것을 보고 인이라고 일컫고, 지혜로운 자는 그것을 보고 지혜라고 일컫는데, 백성은 날마다 그것을 쓰면서도 모르니, 이런 까닭에 군자의 도가 드물다. 이는 인으로 드러나나 쓰임에는 감추어져 만물을 고무시키되 성인과 함께 근심하지 않으니 풍성한 덕과 큰 업적이 지극하다. 풍성하게 가진 것을 일컬어 대업이라 하고, 날마다 새로워지는 것을 일컬어 성대한 덕이라 하며, 낳고 낳음을 일컬어 역이라

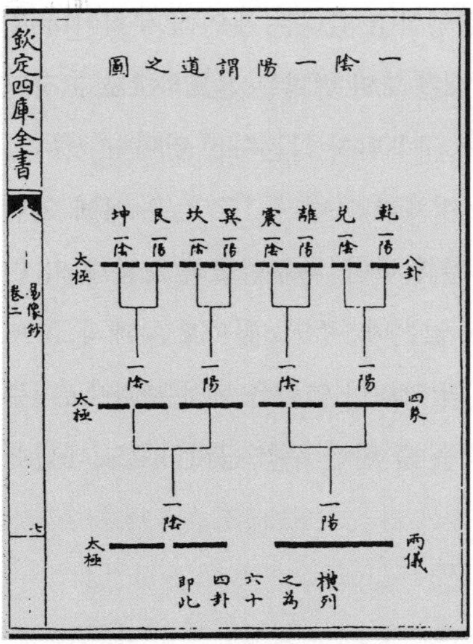

일음일양위도지도: 한 번 음이 되었다가 한 번 양이 되는 것을 일컬어 도라고 한다.

하고, 상을 이룸을 가리켜 건이라 하며, 이를 본받는 것을 곤이라 하고, 수를 지극히 하여 미래를 아는 것을 점이라 하며, 변화를 꿰뚫는 것을 사라고 하고, 음양의 변화를 예측할 수 없음을 일컬어 신이라고 한다.

5장은 「계사전」에서도 가장 중요한 부분인데 이는 5장이 『주역』의 도가 함축하고 있는 정수와 문화의 근간이 되는 기본적인 이치를 다루기 때문이다.

'일음일양지위도一陰一陽之謂道'는 '한 번 음이 되었다가 한 번 양이 되는 것을 일컬어 도라고 한다.'는 말인데 이것은 『주역』의 도가 함축하고 있는 이치를 잘 설명하는 구절이다. 한 번 음이 되었다가 한 번 양이 된다는 것은 음과 양 사이에 변화하는 관계를 말한다. 많은 사람이 음과 양이 서로 대립하는 모순관계에 있다고 생각하지만 사실 이 둘은 모순관계가 아니다. 음과 양은 일면 대립하기는 하지만 그것보다는 음양 사이의 소멸하고 성장하며 조화를 이루거나 상호 전환하는 면을 더욱 강조한다. 대립, 대치하는 사물 간, 혹은 하나의 사물 안에 있는 대립하는 두 면은 서로 '투쟁'하는 것으로 마무리되기보다는 언젠가는 '화합'하는 쪽으로 귀결되기 마련이다. 그래서 여기서는 '조화'와 '화합'이라는 의미를 가진 '화和'라는 글자가 강조되는 것이다. 서양의 사유방식이 모순에 근거한다면 동양의 사유방식은 『주역』의 두 가지 기본적인 부호, 즉 음과 양에 근거한다.

'계지자선야 성지자성야繼之者善也 成之者性也'는 '그것을 계승하는 것이

선이고 그것을 이루는 것이 본성이다.'라는 뜻이다. 음양의 도를 계승할 수 있으면 아름답고 선한 것이며 음양의 도를 이루는 것이 바로 본성이라는 말이다. 앞서 말한 '선善'은 선량하고 아름답다는 뜻이며 뒤 구절에서 언급한 '성性'은 본질적인 속성을 가리킨다. 음양의 도는 본래 세상만물과 모든 일, 천지자연과 사람을 포함한 일종의 본질적인 속성인 셈이다 이 때문에 음양의 도를 이룬다는 것은 사실 인간 스스로의 본성을 이루는 것이자 천지의 자아적 본성이라고 하겠다.

'인자견지위지인 지자견지위지지仁者見之謂之仁 知者見之謂之知'는 '인자는 그것을 보고 인이라고 일컫고 지혜로운 자는 그것을 보고 지혜라고 일컫는다.'는 뜻인데 이것이 바로 "어진 이는 어진 것을 보고 지혜로운 이는 지혜로운 면을 본다."라는 말이다. 어진 이는 음양의 도를 보면 어짊이 포함한 의미를, 지혜로운 자는 음양의 도를 보면서 지혜의 의미를 체득하여 알게 된다.

사실 '백성은 날마다 쓰면서도 그것을 모른다.百姓日用而不知'는 말은 보통 사람들은 날마다 음양의 도 안에 거하면서 그것을 운용하고도 도리어 그것을 알지 못한다는 말이다. 이 때문에 이러한 음양의 도나 군자의 도에 함축된 의미는 아는 사람이 드물다는 뜻에서 '고군자지도선의故君子之道鮮矣'라고 했다.

'현제인 장제용顯諸仁 藏諸用'은 '인으로 드러나나 쓰임에는 감추어진다.'는 말인데 이러한 음양의 도는 어진 덕으로 드러날 수 있지만 도리어 일상생활 속에서 가려져 쉽게 자각할 수 없다는 뜻이다.

'고만물이불여성인동우鼓萬物而不與聖人同憂'는 '만물을 고무시키되 성인과 함께 근심하지 않는다.'는 말이다. 음양의 도는 만물을 고무시키고 추진하며 변화시키고 자라게 하지만 성인과 같이 근심하는 마음과는 다르다는 뜻이다. 어째서 다르다는 것일까? 왜냐면 음양의 도는 생각도, 행위도 없는 '스스로 그러한' 자연自然의 이치대로 만물의 생장을 돕는 반면, 성인은 생각도 있고 행위도 있어서 백성과 마찬가지로 길흉을 근심하기 때문이다. 그러므로 『주역』의 도와 음양의 도는 '스스로 그러한' 자연의 도인 반면, 성인의 도 혹은 군자의 도는 노력을 통해서 '스스로 그러한' 자연의 도와 우주의 도를 본받는 도다.

'성덕대업지의재盛德大業至矣哉'는 '풍성한 덕과 큰 업적이 지극하다.'는 뜻으로 성인의 이처럼 아름다운 인품과 덕, 큰 업적이 지극한 경지에 올랐다는 말이다.

'부유지위대업 일신지위성덕富有之謂大業 日新之謂盛德'은 '풍성하게 가진 것을 일컬어 대업이라 하고 날마다 새로워지는 것을 일컬어 성대한 덕이라고 한다.'는 뜻이다. 여기서 '대업大業'과 '성덕盛德'이란 무엇을 가리킬까? 음양의 도를 따라 행하면 만물을 폭넓게 얻을 수 있어서 부유해질 수 있는데 이것이 바로 대업大業, 즉 거대한 사업이자 공과 업적이다. 매일 새롭게 개선하여 혁신을 이루는 것을 일컬어 아름다운 덕성, 풍성하고 커다란 덕이라고 한다.

'생생지위역生生之謂易'은 '낳고 낳음을 일컬어 역이라고 한다.'는 뜻인데 이 명제는 '한 번 음이 되었다가 한 번 양이 되는 것을 일컬어 도라고 한다.一陰一陽之謂道'는 명제와 상호 보완하고 서로 이루어 주는 관계다. '한 번 음이 되었다가 한 번 양이 되는 것을 일컬어 도라고 한다.'에서 말하는 '도道'는 바로 『주역』의 도이고 '낳고 낳음을 일컬어 역이라고 한다.'에서 말하는 '역易'도 마찬가지로 『주역』의 도를 가리킨다. 그렇다면 무엇이 '낳고 낳는生生' 것일까? 그것은 바로 '끊임없이 낳는 것' 즉 음과 양이 서로 끊임없이 자리를 바꾸며 상호 전환함으로써 우주만물이 끊임없이 생장하고 번성하는 것이다. 이것이 바로 '역易'이자 『주역』의 도이므로 결국 『주역』의 도는 끊임없이 생장하면서 혁신하는 것이라고 하겠다. 이는 중국 철학사에서 무척 중요한 명제로 자리매김했다.

'성상지위건 효법지위곤成象之謂乾 效法之謂坤'은 '상을 이룸을 가리켜 건이라 하며 이를 본받는 것을 곤이라 한다.'는 뜻이다. 가장 먼저 이뤄진 괘상은 바로 하늘의 상징이고 이를 가리켜 건이라고 했기 때문에 건괘는 하늘을 상징하게 되었다. 뒤이어 생긴 괘상은 하늘의 도를 본받는 것이며 이를 가리켜 곤이라고 불렀다. 따라서 곤괘는 대지이며 대지는 하늘의 도를 본받는다.

'극수지래지위점極數知來之謂占'은 '수를 지극히 하여 미래를 아는 것을 점이라 한다.'는 뜻이다. 다시 말해 대연지수大衍之數의 이치를 끝까지 파고들면 미래를 미리 알 수 있는데 이것을 일컬어 '점占'이라고 한다는 것이다. 이 대연지술은 여기서는 고대인의 응용, 발전 능력, 혹은 예측 능력이라고 간주할 수 있다.

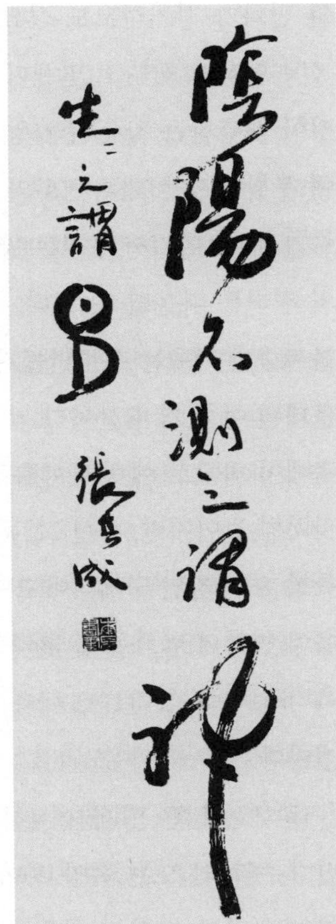

음양불측지위신: 음양의 변화를 예측할 수 없음을 일컬어 신이라고 한다.

'통변지위사通變之謂事'는 '변화를 꿰뚫는 것을 사라고 한다.'는 뜻이다. 다시 말해 만물의 변화를 꿰뚫어 아는 것을 일컬어 '사事'라고 한다는 것이다. 음양과 건곤의 변화 법칙을 잘 알면 당연히 큰 '일事'을 해낼 수 있기 때문이다.

'음양불측지위신陰陽不測之謂神'은 '음양의 변화를 예측할 수 없음을 일컬어 신이라고 한다.'는 뜻인데 이는 무척 중요한 명제이기도 하다. 음양의 변화가 신기하고도 신묘한 것이며 예측 불가한 것이니 이를 가리켜 '신神'이라고 한다고 말했다. 『주역』은 예측하는 데 활용할 수 있지만 그것이 예측하는 것은 주기성을 가진 큰 법칙이다. 음양의 변화는 큰 법칙에 부합하지만 각종 변화와 미묘하고도 신기한 변화는 정확하게 예측할 수가 없다. 여기서 우리는 당대 양자역학의 아주 중요한 법칙인 불확정성의 원리를 떠올릴 수 있다. 철학의 측면에서 보면 이러한 정확한 예측이 불가능한 이유는 우주만물과 세상 일이 다 음양이 대립하여 변화하는 가운데 놓여 있기 때문이다. 비록 정확하게 예측하기는 어렵지만 여전히 예측해야 하므로 예측과 예측하지 못함, 정확함과 정확하지 않음은 모순된 것처럼 보이지만, 사실 그 둘 사이에는 밀접한 관계가 있다. 큰 법칙은 예측할 수 있지만 구체적이고도 미미한 변화는 예측 불가하다. 그러나 만약 음양 변화의 법칙을 잘 파악하고 있다면 아무리 미미한 것이라도 또한 예측 가능하다. 그러므로 예측 가능함과 예측 불가함은 본래 상대적인 말인 셈이다.

5장에는 많은 명제가 제시되었지만 그중에서도 핵심적인 내용을 들자면, 『주역』의 도는 음양 사이에 드러나며 음양이 교대하는 관계, 음양의 미묘한 변화, 음양의 상호 전환하는 관계 속에 드러나게 되어 있다는 점이다. 이러한 변화를 파악하면 큰일과 큰 공덕을 이룰 수 있다.

6장

夫易廣矣大矣! 以言乎遠則不御 以言乎邇則靜而正 以言乎天地之間則備矣. 夫乾 其靜也專 其動也直 是以大生焉. 夫坤 其靜也翕 其動也闢 是以廣生焉. 廣大配天地 變通配四時 陰陽之義配日月 易簡之善配至德.

역이 넓고 크도다! 역으로써 먼 것을 말한즉 그침이 없고, 가까운 것을 말한즉 고요하여 바르며, 천지 사이를 말한즉 구비되었다. 건은 고요할 때는 뭉치고 움직일 때는 곧으니 이 때문에 큰 것이 생겨난다. 곤은 고요할 때는 닫혀서 합하고, 움직일 때는 열리니 이 때문에 넓음이 생겨난다. 광대함은 천지와 짝하고, 변화하여 통함은 사시와 짝하며, 음양의 뜻은 일월과 짝하고, 역의 간단함은 선하니 지극한 덕과 짝한다.

『주역』의 도와 이치는 무척 넓고 커서 그것을 통해 멀리 있는 사물을 빗대자면 경계나 한계가 없고, 그것으로써 가까운 데 있는 사물을 비유한다고 해도 순조롭게 곧장 확인할 수 있다. 다시 말해 먼 것에 대해서는 『주역』의 도가 궁극의 경지나 끝이 없다는 것인데, 이러한 뜻의 '이언호원즉불어以言乎遠則不御'에서 '어御'는 '그침' '멈춤'의 뜻이다. 그리고 『주역』의 도를 가까운 사물을 빗댄다고 해도 그것은 평온하고도 단정한 것인데, 이러한 뜻의 '이언호이즉정이정以言乎邇則靜而正'에서 '정正'은 '단정하다' '정확하다'라고 이해할 수도 있지만 '검증하다' '증명하다'라는 의미의 '증證'과도 통한다. 또한 『주역』의 도를 천지간의 것에 비유하자면 그것은 구비되지 않은 게 없이 두루 갖추어질 만큼 무척 완비된 것이다.

'건괘는 고요할 때는 뭉친다.夫乾 其靜也專'고 했는데 여기서 '전專'은 '뭉치다' '모이다'라는 의미를 지닌 '단摶'과 통한다. 그러나 움직일 때는 곧아서 구부러지지 않으므로 강하고 큰 기백을 나게 함으로써 만물을 크게 키울 수 있다. 곤괘는 평온할 때는 닫혀서 한데 합하나 움직일 때는 열리므로 넓고 부드러운 기질을 나게 함으로써 만물을 두루 낳는다. 여기서 건과 곤에 대한 구절은 사실 건곤이 남녀의 생식기에 근원을 두고 있음을 묘사한 것이다. 즉 건괘는 마치 남성의 생식기 모양을 하고 있어서 고요할 때는 한데 모이나 움직일 때는 곧아지며, 곤괘는 여성의 생식기와도 같아서 고요할 때는 닫혀 있으나 움직일 때는 열리게 된다. 그러므로 괘상을 보면 건괘는 세 양효로 되어 있어 강직하고 강대한 기백을 관찰할 수 있고, 곤괘의 괘상은 세 음효로 이루어져 있어 너그럽고 부드러운 기질을 느낄 수가 있다. 그러므로 하나는 넓어서 넓게 낳고 다른 하나는 커서 크게 낳는 것이다.

뒤이은 구절에서는 '짝한다配'는 표현이 네 번이나 나온다. 첫째 '광대함은 천지와 짝한다.廣大配天地'는 부분인데 이는 역의 도가 넓고도 커서 천지와 서로 짝할 만하다는 뜻이다. 둘째 '변화하여 통함은 사시와 짝한다.變通配四時'는 것은 음양이 변화하여 흐르고 통하는 법칙은 사계절의 변화 법칙과 서로 부합한다는 말이다. 셋째 '음양의 뜻은 일월과 짝한다.陰陽之義配日月'는 말은 음양의 의의가 일월의 오고 감과 더불어 짝을 이룬다는 뜻이다. '역의 간단함은 선하니 지극한 덕과 짝한다.易簡之善配至德'는 것은 건곤음양이 가장 쉽게 알 수 있고 또한 가장 간단하므로 지극히 선한 도리가 천지의 만물을 창조하는 지극히 높은 덕과 짝을 이룰 수 있다는 말이다.

여기서 우리는 건괘와 곤괘의 두 괘가 취한 것은 하늘, 땅, 사람에 이르는 삼재三才의 상이어서 사람을 포함한 천지만물과 모든 일이 추상화한 결과 최종적으로 건과 곤의 괘와 효 부호를 이루었음을 알 수 있다.

7장

子曰 易其至矣乎. 夫易 聖人所以崇德而廣業也. 知崇禮卑 崇效天 卑法地. 天地設位而易行乎其中矣. 成性存存 道義之門.

공자께서 말씀하셨다. 역은 지극하도다! 역은 성인이 덕을 높이고 업적을 넓히기 위한 것이다. 지혜는 높고 예절은 겸손하니, 높음은 하늘을 본받고 겸손함은 땅을 본받은 것이다. 천지가 자리를 베풀고 역이 그 가운데 행해지니, 이루어진 성정을 보존하는 것이 도의의 문이다.

7장에서는 공자의 말을 인용하여 『주역』의 이치와 수양의 관계를 설명하였다. 공자는 『주역』의 도가 지극히 선하고 아름다워 이미 궁극에 이르렀다고 말했다. 『주역』의 도는 성인이 자신의 도덕 수준을 높이고 일과 업적을 넓히는 데 사용한다. 지혜는 숭고하기 때문에 귀하고 예절은 겸손하므로 귀한 것인데, 숭고함은 하늘을 본받은 것이고 겸손함은 땅을 본받은 것이듯 이처럼 하늘과 땅이 위아래, 존귀함과 비천함의 위치를 정하였다. 『주역』의 도리는 천지간의 변화에 따라 운영되고 행해진다. '지혜는 높고 예절은 겸손하다.知崇禮卑'고 한 부분에는 지혜와 예절 교육을 중시하는 사상이 반영되어 있다.

가장 마지막에 나오는 '성성존존 도의지문成性存存 道義之門', 즉 '이루어진 성정을 보존하는 것이 도의의 문이다.'라는 말은 후천적인 수양에 관해 말한 것으로 공자의 사상이 녹아 있다. 구체적으로 이 구절은 무슨 뜻일까? '존존存存'은 존재하고 존재한다는 것, 곧, 부단히 함양하여 보존해 나간다는 말이다. '성성成性'은 아름다운 덕성, 천지의 본성을 이루어 그것으로 하여금 영원히 보존해 나간다는 것인데 이렇게 하면 도의道義를 향한 큰 문에 이를 수 있다는 뜻이다.

이러한 덕성을 이루기 위해서는 『주역』의 이치를 잘 알아야 한다. 앞서 말했듯이 『주역』의 괘 부호와 효 부호에는 천지만물과 인간의 본성이 그대로 반영되어 있으므로 그 이치를 통해 자신의 몸과 마음을 수양하면 아름다운 본성을 이룰 수 있으니, 이것이야말로 도의로 향하는 문이 아니겠는가?

「역전」에는 '자왈子曰(공자께서 말씀하셨다.)'이라는 말이 여러 차례 등장하는데 「계사전」만 해도 25번이나 나왔고 「문언전」에는 6번 나와서 총 31번 사용되었다. 이 '자子'라는 글자가 공자를 가리키는 것이 아니라고 주장하는 이들도 있지만 '자왈子曰' 뒤에 나오는 글의 사상을 살펴보면 공자의 사상에 무척 가깝다. 1970년대 마왕퇴 유적지에서 출토된 비단으로 된 『주역』 판본과 1990년대 출토된 전국시대 초나라 무덤의 죽간으로 된 『주역』 판본만 보아도 많은 부분에서 직접적으로 '공자孔子'를 지명하고 있음을 알 수 있다. 그래서 여기에 등장하는 '자왈子曰'은 기본적으로 공자의 말을 가리키거나 혹은 적어도 공자의 제자나 후학들이 써 넣은 공자의 어록이라고 간주할 수 있다. 이러한 글은 『논어』에 나오는 문구를 참고하여 이해해도 좋다.

8장

聖人有以見天下之賾 而擬諸其形容 象其物宜 是故謂之象. 聖人有以見天下之動 而觀其會通 以行其典禮 繫辭焉以斷其吉凶 是故謂之爻. 言天下之至賾 而不可惡也 言天下之至動 而不可亂也. 擬之而後言 議之而後動 擬議以成其變化.

"鳴鶴在陰 其子和之 我有好爵 吾與爾靡之." 子曰 "君子居其室 出其言善 則千里之外應之 況其邇者乎? 居其室 出其言不善 則千里之外違之 況其邇者乎? 言出乎身 加乎民 行發乎邇 見乎遠 言行 君子之樞機. 樞機之發 榮辱之主也 言行 君子之所以動天地也 可不愼乎?"

"同人 先號咷而後笑." 子曰 "君子之道 或出或處 或默或語. 二人同心 其利斷金 同心之言 其臭如蘭."

"初六 藉用白茅 无咎." 子曰 "苟錯諸地而可矣 藉之用茅 何咎之有?

愼之至也. 夫茅之爲物薄 而用可重也. 愼斯術也以往 其无所失矣."
"勞謙君子. 有終 吉." 子曰 "勞而不伐 有功而不德 厚之至也. 語以其功下人者也. 德言盛 禮言恭. 謙也者 致恭以存其位者也."
"亢龍有悔." 子曰 "貴而无位 高而无民 賢人在下位而无輔 是以動而有悔也."
"不出戶庭 无咎." 子曰 "亂之所生也 則言語以爲階. 君不密則失臣 臣不密則失身 幾事不密則害成. 是以君子愼密而不出也."
子曰 "作易者其知盜乎? 易曰 '負且乘 致寇至' 負也者 小人之事也 乘也者 君子之器也. 小人而乘君子之器 盜思奪之矣 上慢下暴 盜思伐之矣. 慢藏誨盜 冶容誨淫. 易曰 '負且乘 致寇至' 盜之招也."

성인이 천하의 깊음을 보고 그 모습을 모방하여 그 사물의 마땅함을 그려 내었으므로, 그것을 가리켜 상이라고 했다. 성인이 천하의 움직임을 보고 그것이 모여 통함을 관찰함으로써 법규와 예를 행하고 말을 달아 길흉을 판단하였으므로, 그것을 일컬어 효라고 했다. 천하의 지극히 깊음을 말하므로 미워할 수 없으며, 천하의 지극히 움직임을 말하므로 어지럽힐 수 없다. 그것을 헤아린 연후에야 말하고, 그것을 의논한 뒤에야 움직이니, 헤아리고 의논한 뒤에야 그 변화를 이룬다.

"우는 학이 음지에 있으니 같은 무리가 그에게 화답한다. 내게 좋은 술이 있어 그대와 함께 그것에 매이노라."라고 한 것에 대해 공자가 말했다. "군자가 그 집에 거하여 그 말을 냄이 선하면 천 리 밖에서도 그에게 응하는데 하물며 가까운 자에게 있어서겠는가? 집에 거하면서 그 말을 냄이 선하지 못하면 천 리 밖에서도 그를 멀리하니 하물며 가까운 자에게 있어서겠는가? 말은 몸에서 나와 백성에게 가해지고, 행동은 가까운 데서 발하여 먼 곳에 나타난다. 말과 행동은 군자의 중추니 중추의 발함이 영예와 욕됨의 주체다. 말과 행동은 군자가 그것으로써 천지를 움직이니 삼가지 않을 수 있겠는가?"

"남과 함께하되 먼저 울부짖다가 나중에 웃는다."고 한 것에 대해 공자가 말했다. "군자의 도는 혹은 나아가고 혹은 머물며 혹은 침묵하고 혹은 말한다. 두 사람이 마음을 함께하면 그 날카로움이 쇠를 절단할 만하다. 마음을 함께하는 말은 그 향기로움이 난초와도 같다."

"초육은 깔되 흰 띠풀을 쓰면 허물이 없다."고 한 것에 대해 공자가 말했다. "그대로 땅에 두었어도 가하거늘 띠풀을 깔고 제사하는 것이 무슨 허물이 있겠는가? 삼감이 지극한 것이다. 띠풀이라는 물건은 하찮기는 하지만 그 쓰임은 중요하게 여길 만하니 이 방법을 삼가서 가면 잘못될 바가 없다."

"공로가 있으면서 겸손한 군자는 끝마침이 있어서 길하다."고 한 것에 대해 공자가 말했다. "공로가 있어도 자랑하지 않으며 공이 있어도 덕으로 여기지 않음은 그 후덕함이 지극한 것으로, 공이 있으면서도 남에게 자신을 낮춤을 일컬은 것이다. 덕을 말하자면 성대하고, 예를 말하자면 공손함이다. 겸손이라는 것은 공손함을 지극히 함으로써 그 위치를 보존하는 것이다."

"끝까지 올라간 용은 후회가 있다."고 한 것에 대해 공자가 말했다. "귀하긴 하나 지위가 없고, 높긴 하지만 백성이 없으며, 현인이 아래에 있어서 도와주는 이가 없으니, 이 때문에 움직이면 뉘우침이 있다고 한 것이다."

"호정(중문 안의 뜰)을 나가지 않으니 허물이 없다."고 한 것에 대해 공자가 말했다. "어지러움이 생기는 것은 곧 말이 계단이 되나니, 군자가 비밀을 지키지 않은즉 신하를 잃게 되고, 신하가 비밀을 지키지 않으면 몸을 잃게 된다. 일의 시작 단계에서 기밀을 지키지 않으면 해로움을 이루니, 군자가 삼가 비밀을 지키어 함부로 내지 않는다."

공자가 말했다. "역을 지은 이는 도적의 이치를 알았을 것이다. 역에 이르기를 '지고 또 타고 있으니 도적이 이르도록 한다.'고 했는데 지는 것은 소인의 일이요, 타는 것은 군자의 기물이다. 소인이 군자의 기물을 타고 있으므로 도적은 그것을 빼앗으려고 생각한다. 윗사람이 태만하면 아랫사람이 사나워지므로 도적은 그것을 치려고 생각한다. 보관하기를 태만하면 도적질하기를 일깨우는 것이요, 용모를 치장하면 간음하기를 가르치는 것이다. 역에 이르기를 '지고 또 타고 있으니 도적이 이르게 한다.'고 했으니 이는 도적을 불러들이는 것이다."

8장은 내용이 길기는 하지만 여기서는 주로 첫째, 성인이 어떤 방법으로 객관적 사물에 빗대고 상징함으로써 『주역』을 지었는지, 둘째, 『주역』을 공부하는 사람이라면 어떻게 괘사와 효사, 괘상과 효상의 이치에 근거해서 말하고 행동해야 하는지, 두 부분으로 나누어 설명하고 있다. 처음에는 괘상과 효상, 괘사와 효사의 근원과 역할을 설명한 다음, 일곱 가지 효사를 열거하여 구체적으로 설명하는 식으로 이루어져 있다.

첫 번째 구절에 언급된 '색賾'이라는 글자는 깊고 그윽하여 잘 보이지 않는다는 의미이며 사물이 가진 심오한 이치를 뜻하기도 한다. 성인은 천하의 복잡함과 심오함을 보았기 때문에 그것의 형태를 모방하여 괘와 효의 상을 그리고 그것을 통해 사물에 함축된 의미와 의의를 상징하는데, 이것을 가리켜 '상象'이라고 한다. 성인은 천하만물과 모든 일이 움직여 변화하는 법칙을 발견하고는 그 가운데 모이고 변화하여 통하는 이치를 관찰한 뒤 그것에 근거해서 각종 제도와 예를 만들어 내었다. 또한 괘와 효의 바로 아래에 괘사와 효사의 글을 씀으로써 그 글을 통해 사물이 변화하는 가운데 생겨나는 길흉을 판단하게끔 했다.

『주역』은 천하의 지극히 복잡하고도 심오한 도리를 다루므로 『주역』을 공부하는 사람은 그것을 무시하거나 소홀히 대해서는 안 된다. 또한 『주역』은 천하의 복잡한 운동 변화의 법칙을 설명하므로 『주역』을 공부하는 이들은 그 법칙을 위배하거나 잘못 이해해서는 안 된다. 『주역』을 지은 사람이나 『주역』을 공부하는 사람 모두 가장 먼저 해야 할 것은 괘상을 비교하는 것이고 그런 연후에야 말할 수 있다. 먼저 사물이 운동하고 변화하는 법칙을 살피어 고민한 다음에야 행동에 나설 수 있다는 말이다. 정리하면 먼저 괘상을 비교하고 괘사와 효사를 자세히 살핀 뒤에야 말과 행동을 낼 수 있으며 이렇게 하면 당신의 말은 간략하면서도 조리 있게 되고 당신의 행동 또한 일에 부합할 것이다. 괘와 효의 가장 큰 역할은 복잡한 문제를 단순화한다는 것이며 이것이 바로 지혜라고 할 수 있다. 반면, 단순한 문제를 복잡하게 펼쳐 내는 것을 가리켜 지식이라고 한다. 그런 면에서 『주역』은 지식이 아니고 지혜다. 괘상과 효상을 비교하고 의논함으로써 『주역』이라는 책에 서술된 변화의 철학, 변화의 법칙을 파악할 수 있는데 이것은 전반적이고도 총체적이며 개괄적인 것이다. 아래에서는 일곱 개의 효사를 열거한 뒤 비교하고 의논한 결과를 나열하고 보여준다.

첫 번째로 인용한 효사는 중부괘의 구이효 효사인 '우는 학이 음지에 있으니 같은 무리가 그에게 화답한다. 내게 좋은 술이 있어 그대와 함께 그것에 매이노라.鳴鶴在陰 其子和之 我有好爵 吾與爾靡之'라는 부분이다. 어미 학이 산의 그늘진 곳에서 우는데 같은 무리가 먼 곳에서 그에게 화답하는 광경이다. 그러고 나서는 내게 좋은 술이 있어서 그대와 함께 마시고 즐거움을 누린다고 했다. 공자는 이 괘상을 빗대어 설명하면서 군자가 평소 집안에 거하면서 아름다운 말을 하면 천 리 밖 먼 곳에 있는 사람조차 그에게 호응할 것인데 하물며 가까이 있는 사람은 더하지 않겠느냐, 그리고 평소 집에 거하면서 선하지 않은 말을 내뱉는다면 멀리 있는 사람도 그를 멀리할 터인데 하물며 가까이 있는 사람은 어떠하겠느냐고 덧붙였다. 그러므로 말이란 자기 자신에게서 나와서 최종적으로 백성에게 전달되는 것이며 행위는 비록 가까운 데서 발생하지만 먼 곳에 있는 이도 유심히 지켜보는 것이므로 늘 주의해야 한다. 말과 행동이란 마치 문을 여닫을 때 회전축이 되는 돌쩌귀와도 같아서 일단 말과 행동이 시작하면 영예와 욕됨을 결정짓는 중추가 된다. 이처럼 말과 행위는 군자가 천지만물을 고무시켜 움직이게 하는 핵심인 돌쩌귀와도 같으니 어찌 삼가고 신중하지 않을 수 있겠는가?

두 번째로 인용된 효사는 동인괘의 구오효에 언급된 '남과 함께하되 먼저 울부짖다가 나중에 웃는다.同人 先號咷而後笑'는 부분이다. 즉 남과 함께 먼저 울부짖다가 그 후에 기뻐하며 웃는다는 뜻이다. 공자는 이에 대해 군자가 세상을 살아갈 때 가끔은 밖으로 나가 일을 하고 가끔은 고요한 데 편안히 머물며, 또 어떨 때는 침묵하여 말을 아끼고 또 가끔은 자신의 의견을 내어 토론하기도 한다고 했다. 이런 상황에서 만약 두 사람의 뜻이 서로 통하여 마음과 덕이 같아진다면 쇠도 자를만한 날카로운 칼처럼 대단한 위력을 가지게 될 것이다. 뜻이 같은 사람의 말은 난초처럼 향기롭다고 했다.

세 번째 열거된 것은 대과괘의 초육에 대한 효사로 '초육은 깔되 흰 띠풀을 쓰면 허물이 없다.初六 藉用白茅 无咎'고 한 부분이다. 공자는 이를 해석하기를 제사용품을 진열할 때 그냥 땅 위에 두더라도 아무 문제가 없을 텐데 하물며 띠풀로 짠 자리 위에 둔다면 얼마나 정갈하겠느냐고 했다. 지극히 신중히 행함의 중요성을 강조하는 말이다. 띠풀은 보잘 것 없고 미미한 것이지만 그 쓰임은 크고 중요하니 공손하고 신중하게 이 방법을 쓴다면 앞으로 나아가는 데 허물이 없을 것이라고 설명한다.

네 번째는 겸괘의 구삼효에 대한 효사로 '공로가 있으면서 겸손한 군자는 끝마침이 있어서 길하다.勞謙君子. 有終 吉'고 한 부분이다. 열심히 일하여 공로를 세우면서도 겸허한 군자는 분명 좋은 결과를 맺을 것이며 크게 길하고 이롭다는 뜻이다. 이에 대해 공자는 공로가 있으면서 이를 자신의 공덕으로 여기지 않고 자랑하지 않는 사람은 지극한 돈후함을 지닌 사람이라고 해석했다. 공훈이 있으면서 겸손한 사람은 기꺼이 다른 사람 아래에 머물려고 한다는 의미다. 도덕이 흥왕할수록 예절 또한 정중해지는 법이다. 그러므로 겸허함이란 지극히 정중한 태도로 자신의 위치를 지키는 것이라고 하겠다.

다섯 번째는 건괘乾卦 상구효의 효사인 '끝까지 올라간 용은 후회가 있다.亢龍有悔'는 부분이다. 만약 용이 지나치게 높은 곳, 궁극의 경계까지 올라가 버리면 결국에는 후회가 있을 것이라는 말이다. 이에 대해 공자는 지나치게 존귀해지면 지위가 없어지고, 지나치게 숭고해지면 백성을 다스릴 수 없으며, 현명한 신하가 그를 돕기 위해 기꺼이 아래에 거하려 하지 않으니, 지나치게 경거망동하면 반드시 후회함이 있을 것이라고 했다.

여섯 번째는 절괘의 초구효에 대한 효사로 '호정(중문 안의 뜰)을 나가지 않으니 허물이 없다.不出戶庭 无咎'고 한 부분이다. 절제하고 신중하게 행동하면서 호정을 나가지 않아야만 화가 없다는 뜻이다. 공자는 위험하고 혼란스러운 상황에서는 말을 할 때도 종종 신중함을 잃고 기밀을 지키지 않을 수 있다고 하면서 만약 군주가 비밀을 지키지 않으면 신하를 잃게 되고 신하가 비밀을 지키지 못하면 스스로 피해를 입게 된다고 했다. 처음 시작하는 단계에서부터 비밀을 지키지 못한다면 성공을 거머쥘 수 없게 된다. 따라서 군자는 늘 신중하게 말하되 함부로 입을 열어 비밀을 누설해서는 안 된다. 그렇지 않으면 화가 입으로부터 나와 큰 위기에 봉착하고 말 것이다.

일곱 번째는 해괘의 육삼효에 대한 효사로 공자는 이를 인용하여 해석하기를 『주역』을 지은 이는 도적의 이치를 대략 안다고 했다. 해괘의 육삼효에서는 '지고 또 타고 있으니 도적이 이르게 한다.負且乘 致寇至'고 했다. 무거운 물건을 등에 지고 수레에 오르면 도적을 불러들일 수 있다는 말이다. 무거운 물건을 등에 지는 것은 소인의 일이고 올라타는 큰 수레는 군자의 도구이니, 소인이 군자의 수레에 올라타면 도적이 어떻게 이를 훔칠지 꾀하게 된다. '윗사람이 태만하면 아랫사람이 사나워진다.上慢下暴'는 말은 위에 있는 군왕이 직무 수행하기를 소홀히 하여 현명한 인재를 적재적소에 배치하지 않는다면 아래의 백성들도 이를 견디지 못하고 이내 사나워진다는 것이다. 그리하여 도적이 기회를 틈타 그것을 훔치려 하듯 소인이 때를 틈타 세력을 얻고 높은 자리에 앉으려 하는 일이 발생하게 된다. '보관하기를 태만하면 도적질하기를 일깨우는 것이요, 용모를 치장하면 간음하기를 가르치는 것이다.慢藏誨盜 冶容誨淫'라고 한 부분은 훗날 '회음회도誨淫誨盜(음란한 짓과 도적질을 가르침)'의 성어로 자리 잡게 된다. 재물을 제법 모았는데도 이를 잘 간수하지 않으면 도적에게 도적질을 가르쳐 주는 것이나 마찬가지라는 말이다. 또한 여인이 지나치게 화장하여 요염하게 굴면 다른 이로 하여금 음욕을 품게 하는 일이라고 했다. 그래서 『주역』에서는 무거운 짐을 지고 큰 수레에 오르면 반드시 도적이 이르게 되니 이는 도적의 잘못이 아니요, 자신이 스스로 도적을 불러들인 것이나 다름없다고 했다.

위에서는 일곱 가지 효사를 언급하면서 우리로 하여금 이들 괘사와 효사에서 말한 도리에 근거해서 삼가고 신중하게 행동하라고 한다.

9장

天一 地二 天三 地四 天五 地六 天七 地八 天九 地十. 天數五 地數五 五位相得而各有合. 天數二十有五 地數三十 凡天地之數五十有五. 此所以成變化而行鬼神也.

大衍之數五十 其用四十有九 分而爲二以象兩 掛一以象三 揲之以四以象四時 歸奇於扐以象閏 五歲再閏 故再扐而後掛. 乾之策二百一十

有六 坤之策百四十有四 凡三百有六十 當期之日. 二篇之策 萬有一千五百二十 當萬物之數也. 是故四營而成易 十有八變而成卦. 八卦而小成 引而伸之 觸類而長之 天下之能事畢矣. 顯道神德行 是故可與酬酢 可與祐神矣. 子曰 "知變化之道者 其知神之所爲乎?"

하늘은 1이고, 땅은 2이며, 하늘이 3이고, 땅이 4이며, 하늘이 5이고, 땅이 6이며, 하늘이 7이고, 땅이 8이며, 하늘이 9이고, 땅이 10이다. 하늘의 수가 다섯이고 땅의 수가 다섯이니, 다섯의 자리가 서로 맞아 각자 합함이 있다. 하늘의 수가 25이고 땅의 수가 30이어서 합하여 하늘과 땅의 수가 55이므로, 변화를 이루어 귀신을 행하는 것이다.

대연의 수가 50이나 그 쓰임은 49이며, 나누어 둘이 되면 양의를 상징하고, 하나를 걸어서 삼재를 상징하며, 넷으로 나눠 사시를 나타내고, 남는 것을 되돌려 손가락에 끼우면 윤달을 상징하니, 5년마다 윤달이 두 번 온다. 이런 까닭에 두 번 낀 뒤에 거는 것이다. 건의 책수는 216이며 곤의 책수는 144이므로 모두 360이니 한 해의 날짜 수에 해당한다. 두 편의 책수가 1만 1520이니 만물의 수에 해당한다. 이런 까닭에 네 번 경영하여 역을 이루고, 열여덟 번 변하여 괘를 이룬다. 팔괘에 조금 이루어, 팔괘로부터 이끌어 내어 펼치며, 종류에 따라 그것을 확장하면 천하의 일을 다룰 수 있다. 도를 드러내고 덕행이 신묘하게 하는 까닭에 더불어 응대하고 더불어 신을 도울 수 있다. 공자가 말했다. "변화의 도를 아는 자는 신이 하는 바를 안다."

9장에서 우리는 괘상이란 수를 연산하여 얻은 결과라는 사실과 점서의 방법을 통해 괘를 뽑았던 고대 방법에 대해 알 수 있다.

'천일 지이 천삼 지사 천오 지육 천칠 지팔 천구 지십天一 地二 天三 地四 天五 地六 天七 地八 天九 地十'은 천지의 수를 말한 것이다. 일, 삼, 오, 칠, 구는 하늘의 수이고 이, 사, 육, 팔, 십은 땅의 수다. 간단하게 말하면 하늘의 수는 홀수이자 양의 수이며, 땅의 수는 짝수이자 음의 수다. 하늘의 수는 다섯 개이고 땅의 수도 다섯 개인데, 이들 다섯 수는 각각 다섯 자리를 상징한다. 이 자리는 마치 공간적인 개념 같지만 사실 거기에는 시간적인 요소가 함축되어 있다. 하늘의 수 다섯 개와 땅의 수 다섯 개는 서로 관계가 발생하여 각자 짝을 이루어 조합하기도 한다.

그렇다면 '합한다合'는 것은 무엇인가? 여기서는 이에 대해 상세히 언급하지는 않았지만 이와 관련하여 『상서尙書』「홍범洪範」 편에서 말한 오행五行을 떠올릴 수 있다. 소위 '홍범'이라는 것은 큰 범주를 뜻하는데 '홍범구주洪範九州'는 바로 나라를 다스리는 아홉 가지 방책으로 그중 첫 번째 방책이 곧 '오행'이다.

도대체 '오행'이란 무엇일까? 『상서』「홍범」 편에서는 "첫째는 물이요, 둘째는 불, 셋째는 나무, 넷째는 쇠, 다섯째는 흙이라."라고 했는데 이것이 바로 오행의 순서다. 이 순서는 무척 중요하다. '첫째는 물이요.'라고 한 부분은 굉장한 철학적 명제이기도 하다. 고대 그리스 철학의 아버지라고 할 수 있는 탈레스가 말한 철학 명제, 즉 물은 세상만물과 모든 일의 근원이라고 한 것처럼 말이다. 곽점촌郭店村에서 출토된 죽간본에는 "천일생수天一生水(하늘이 첫 번째로 물을 낳았다.)"라는 표현이 나오는데 이것이 바로 '첫째는 물이요.'라는 말로 대일大一(지극히 커서 밖이 없는 것)이 물을 낳았다는 것이다.

이는 또한 『황제내경黃帝內徑』「소문素問」 편의 '상고천진론上古天眞論'에서 말한 '천계天癸'에 해당하기도 한다. '천계天癸'란 무엇인가? 천계는 바로 하늘의 물, 즉 '태일생수太一生水' '대일생수大一生水' '천일생수天一生水'에 해당한다. '물을 낳는다.生水'는 것은 사실 일종의 생명을 창조하는 능력이다. 따라서 '천계天癸'도 일종의 생명 창조 능력을 가져서 생명력을 지니며 생명을 생동감 있게 할 수 있는 액체 형태의 것이다. 이것이 바로 한의학에서 말하는 '신정腎精(신장에 저장된 진액으로 체내의 모든 생리적 수분)'이다. 그러나 여기에는 한 가지 단점이 있으니 그것은 "여자는 열네 살이 되면 천계의 발육이 무르익는다." "남자는 열여섯 살이 되면 천계가 무르익는다."고 한 부분이다. 그렇다면 평생 살다 보면 언젠가 신정이 고갈되는 순간이 온다는 말인가? 또한 열네 살, 열여섯 살이 되어 봐야만 비로소 천계가 생긴다는 것일까? 이에 대한 답은 신정에 생명 창조력이 있는지 없는지를 살펴보면 된다. 생명 창조 능력이 있을 때에만 '천계天癸'라고 부를 수 있다. 여기서 '계癸'라는 글자는 바로 '물'을 가리킨다.

오행의 순서를 알았으니 이번에는 천지의 수가 서로 합해지는 과정을 살펴보자. '합合'이란 1부터 5까지의 다섯 숫자와 뒤에 나오는 6에서부터 10까지의 다섯 숫자가 서로 '합'함을 가리킨다. 이것이 바로 후대 사람들이 말하는 "하늘의 1이 물을 낳았고 땅의 6이 이루었다." "땅의 2가 불을 낳고 하늘의 7이 이루었다." "하늘의 3이 나무를 낳고 땅의 8이 이루었다." "하늘의 4가 쇠를 낳고 땅의 9가 이루었다." "하늘의 5가 흙을 낳고 땅의 10이 이루었다."는 말이다. 이것은 '하도河圖'라는 것인데 하도는 오행의 생성수를 나타낸 그림, 즉 오행의 생수生數와 성수成數의 방위를 배열한 그림이다. 이렇게 하면 우리는 '다섯의 자리가 서로 맞아 각자 합함이 있다.五位相得而各有合', 즉 5를 중심에 두고 배치된 다섯 수의 합을 알 수 있다. '하늘의 수가 25다.天數二十有五'라고 한 것은 1, 3, 5, 7, 9를 다 더한 것이 25라는 말이고 '땅의 수가 30이다.地數三十'라는 말은 2, 4, 6, 8, 10을 다 더하여 30이 된다는 뜻이다. 이들 하늘의 수와 땅의 수를 합하면 55가 되는 것에 대해서는 '합하여 하늘과 땅의 수가 55다.凡天地之數五十有五'라고 했는데, 여기서 '범凡'이라는 글자는 '총' '도합'의 의미로 쓰였다. 하늘과 땅의 수가 합하여 변화함으로써 만물의 변화를 이루고 세상만물과 모든 일에 관한 수의 법칙을 설명하며 사람이 모르는 것을 귀신처럼 능히 알 수 있다. 사실 이 구절의 의미는 수를 이용하여 미래를 미루어 예측할 수 있다는 말이다.

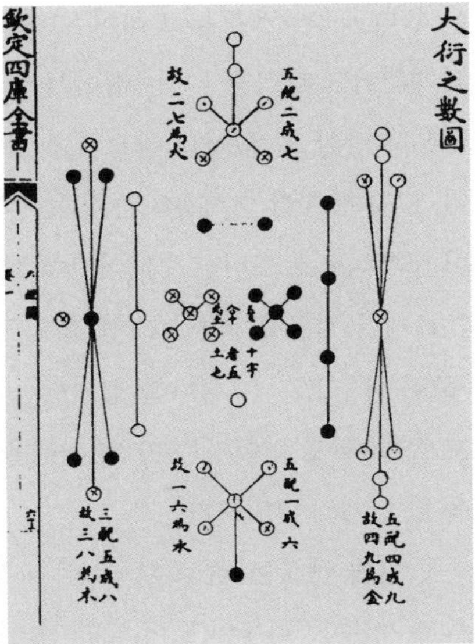

대연지수도

'대연지수오십大衍之數五十'은 '대연의 수가 50이다.'라는 의미인데, 여기서 '대大'는 '광대하다'의 의미이고 '연衍'은 '펼치다'의 뜻이며 '수數'는 점서로 괘를 뽑을 때 시초의 개수가 대표하는 수를 가리킨다. 여기서 소개하는 것은 『주역』이 50개의 시초를 이용해서 괘를 만드는 방법이며, 전체적인 의미를 말하자면 크게 펼친 점서의 수는 50개의 시초를 이용해서 나타낸다는 것이다.

그런데 대연지수는 어째서 앞서 말한 하늘의 수와 땅의 수인 55로 표현하지 않는 것일까? 이에 대해서는 두 가지 견해가 전해진다. 그중 하나는 50을 대연지수로 보는 것은 잘못된 것이고 마땅히 55가 되어야 한다고 보는 관점이다. 그들은 55에서 5가 분명히 누락되었을 것이라고 추측한다. 또 다른 일각에서는 대연지수로는 55가 아니라 50이 옳다고 주장한다. 50을 주장하는 쪽에서는 50과 49 간에 1차이가 나는 것에 대해서 1을 태극이라고 여겼다. 도대체 어느 쪽의 주장이 맞는 것일까? 어느 것이 맞는지 정확히 알 수는 없으나 둘 다 일리가 있는 관점이다. 이 두 견해에는 하나의 공통점이 있는데 그것은 바로 1을 뽑든 6을 뽑든 이것은 체수體數여서 사용하지는 않고 다만 뽑아서 옆에 두기만 한다는 점이다. '그 쓰임은 49다.其用四十有九'라고 하여 50개의 시초 중에서 우리가 사용하는 것은 49개뿐이므로 그중 1개는 뽑아서 옆에 두는데 이는 태극을 상징한다. 태극은 사용할 수 없어서 쓸모없는 것처럼 보이나 도리어 큰 쓰임이 있으니, 그것은 우리가 사용하는 49는 1과 같은 무게를 지녀서 1이라는 태극이 구체적으로 드러난 형태라고 하겠다.

49개의 시초를 써서 1개의 효를 만들려면 총 네 단계를 거쳐야 한다. '둘로 나누고分二' '하나를 걸며卦一' '넷으로 나누어 묶고揲四' '나머지를 모으기歸奇'로 이어지는 이 네 과정을 가리켜 '사영四營'이라고 한다. 사영을 한 단계씩 살펴보자.

첫 번째 단계는 '둘로 나누는分二' 단계다. 손에 쥔 시초 더미를 임의로 둘로 가른다. '나누어 둘이 되면 양의를 상징한다.分而爲二以象兩'고 한 부분에서 '양兩'이 바로 양의兩儀라는 뜻이며 음과 양, 하늘과 땅을 가리킨다.

두 번째 단계는 '하나를 걸어 두기卦一'다. 첫 번째 단계에서 둘로 가른 더미 중에서 임의의 한 더미로부터 시초 1개를 뽑아낸 다음 왼쪽 약손가락과 새끼손가락 사이에 건다. '하나를 걸어서 삼재를 상징한다.卦一以象三'

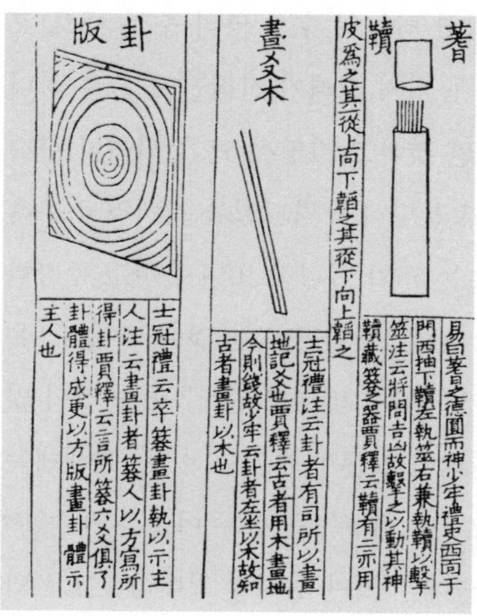

에서 '삼三'이 바로 삼재三才라는 말이며 손가락에 거는 '일一'은 사람을 상징한다.

세 번째 단계는 '넷으로 나누어 묶는揲四' 과정이다. 즉 시초 네 개를 한 묶음으로 삼아 나눈다는 의미다. 이와 관련해서 '넷으로 나눠 사시를 상징한다.揲之以四以象四時'고 했다. 첫 번째 단계에서 둘로 나뉜 것 중에서 한 더미를 손에 쥐고 그것을 넷씩 나누어 가다 보면 마지막에 남는 시초는 반드시 4보다 같거나 적게 마련이다. 그렇다면 어째서 네 개씩 나누라고 했을까? 여기서 '사四'는 봄, 여름, 가을, 겨울의 사시四時를 상징하기 때문이다.

네 번째 단계는 '나머지를 모으는歸奇' 과정인데 이와 관련해서 '남는 것을 되돌려 손가락에 끼우면 윤달을 상징한다.歸奇於扐以象閏'고 했다. 여기서 '기奇'는 남은 수를 뜻하고 '늑扐'은 손가락 사이에 끼운다는 의미다. 1단계에서 두 더미로 나눈 시초를 네 개씩 나누어서 남는 시초를 한데 합친다. 두 개의 시초 더미를 각각 넷으로 나누어 남은 4보다 같거나 적은 시초를 한데 합하면 이는 윤달을 상징한다. '5년마다 윤달이 두 번 온다.五歲再閏'고 한 부분이 바로 이에 대한 설명이며 뒤이어 '이런 까닭에 두 번 낀 뒤에 거는 것이다.故再扐而後掛'라고 했다.

네 단계가 마무리된 다음에는 같은 절차를 두 번 더 반복한다. 두 번째 반복할 때는 당연히 시초 수가 49개가 아닌 그보다 적게 출발할 것이다. 첫 번째 절차에서 시초 더미를 넷씩 나누었던 것들을 모아서 그것으로 시작하기 때문이다. 해당 시초에 대해 첫 번째 절차에서 거쳤던 네 단계를 동일하게 적용하여 두 번째 단계가 마무리되면 같은 방법으로 세 번째까지 반복한다. 이렇게 하면 모두 세 차례 연산한 셈이며 각 차수별로 '사영四營' 즉 네 단계를 거쳤으니, 총 열두 번 셈해야만 한 개의 효를 얻을 수 있는 셈이다.

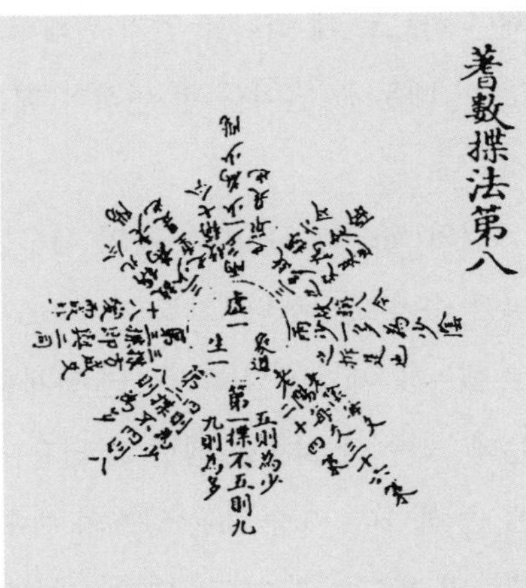

시수설법제팔

세 번의 셈이 끝나면, 즉 세 번의 '사영四營'이 마무리된 다음에는 마지막으로 남은 시초의 개수를 세어 보면 반드시 36, 32, 28, 24 중의 하나를 얻게 될 것이며 이 외의 수는 나오지 않는다. 이 네 가지 수를 각각 4로 나누어 보면 9, 8, 7, 6의 몫을 얻게 된다. 매번 할 때마다 반드시 이들 네 가지 몫 가운데 하나를 얻게 되는데 이 수에 근거해서 효 하나를 확정할 수 있다. 9는 양효이고 7도 양효다. 8은 음효이며 6도 음효다. 9라는 양효는 노양老陽 혹은 태양太陽이라고 불리며 이것들은 비록 양효이지만 노양, 즉 '가득 찬 양'을 뜻하므로 그 반대면인 음효로 변하게 된다. 그리고 6이라는 음효는 노음老陰 혹은 태음太陰이라고도 불리며 이것도 마찬가지로 비록 음효이지만 노음, 즉 '가득 찬 음'을 뜻하므로 그 반대면인 양효로 변하게 된다. 8은 소음少陰이고 7은 소양少陽이니 소음과 소양은 변하지 않는다. 『주역』은 변화를 강조하므로 '변수變數'를 취한다. 따라서 9와 6이라는 두 숫자가 양효와 음효를 대표하게 된 것이다. 이 때문에 시초를 셈할 때는 9 혹은 6을 얻으면 그것은 변하는 것이므로 효 옆에 특정 기호를 써서 노양과 노음, 즉 변효變爻임을 표시해 두어야 한다. 이렇게 하여 모두 열여덟 번을 셈해야만 비로소 괘 하나를 얻을 수 있다. 효 하나를 얻기 위해서 세 차례 시초 셈을 해야 하므로 괘 하나를 얻기 위해서는 총 열여덟 번을 셈해야 하는 것이고 이 때문에 '열여덟 번 변하여 괘를 이룬다.十有八變而成卦'는 말이 나온 것이다.

'건의 책수는 216이며 곤의 책수는 144이므로 모두 360이니 한 해의 날짜 수에 해당한다.乾之策二百一十有六 坤之策百四十有四 凡三百有六十 當期之日' 고 했는데 여기서 '기期'는 1년 전체를 가리킨다. '책策'은 책수策數를 말하는데 '책수'란 시초를 셈한 뒤 남은 시초의 개수이며 36, 24, 28, 32의 네 개 중 하나다. 그중 36은 양효의 책수이며 24는 음효의 책수인데 다시 말해 9의 책수는 36이고 6의 책수는 24인 셈이다. 건괘는 여섯 개의 양효로 되어 있는데 모든 효의 책수를 더하면 36×6=216이 되며 곤괘를 이루는 여섯 음효의 책수를 다 더하면 24×6=144가 된다. 이 두 가지 수를 합하면 360이 되어 1년을 이루는 날짜 수와 비슷하다. 그래서 '한 해의 날짜 수에 해당한다.當期之日'고 한 것이다.

대연지수는 삼재三才를 상징하며 윤달을 가리키고 또한 사시를 나타내며 1년을 이루는 날짜 수를 말해 주는 등 '만물의 수萬物之數'를 대표한다. 오늘날 사람들이 세상만물과 모든 일을 가리킬 때 '천물千物' '천사千事'라고 하지 않고 '만물萬物' '만사萬事'라고 하는 것도 다 이런 연유에서다. '두 편의 책수가 1만 1520이니 만물의 수에 해당한다.二篇之策 萬有一千五百二十當萬物之數也'고 한 부분에서 '두 편二篇'이라는 것은 64괘의 상편上篇과 하편下篇을 가리킨다. 64괘의 책수를 모두 더하면 1만 1520인데 이것이 만물의 수라는 뜻이다. 왜일까? 64괘를 이루는 384개의 효 가운데 양효는 192개, 음효 192개여서 총 책수는 192×36+192×24=11520이 된다. 이는 만물이 천하의 모든 사물을 전부 포함하고 있다는 말이 되며, 64괘가 천하의 모든 사물을 아우른다는 말도 된다.

그러므로 '팔괘에 조금 이루어 팔괘로부터 이끌어 내어 펼치며 종류에 따라 그것을 확장하면 천하의 일을 다룰 수 있다.八卦而小成. 引而伸之 觸類而長之 天下之能事畢矣'고 한 것이다. 팔괘는 만물의 사정과 이치를 모두 포함할 수 없으므로 '조금 이룬다.小成'고 했다. 팔괘에서부터 확장하여 종류에 따라 펼쳐 내면 팔괘의 상징적 의의를 발휘하여 64괘에 이르러서는 모든 사물의 사정을 다 다룰 수 있게 된다는 말이다. 그러므로 팔괘를 가르켜 소성괘小成卦라고 하고 64괘를 가리켜 대성괘大成卦라고 한다.

'도를 드러내고 덕행이 신묘하게 하는 까닭에 더불어 응대하고 더불어 신을 도울 수 있다.顯道神德行 是故可與酬酢 可與祐神矣'고 했는데, 이는 『주역』이 완벽하게 천하의 이치를 빛나게 드러내어 인품과 덕행이 발휘되어 신묘한 역할을 하게끔 하기 때문에 64괘의 상과 수를 모두 이해함으로써 세상만물과 모든 일에 대응하니 신도 도울 수 있다는 말이다. 왜냐면 이것은 '하늘의 뜻天机'이기 때문이다. 그래서 공자도 마지막에 '변화의 도를 아는 자는 신이 하는 바를 안다.知變化之道者 其知神之所爲乎'고 했다. 이 구절은 우주 음양의 변화 법칙은 무척 신묘하여 예측할 수 없다는 의미다.

앞서 5장에서도 "음양의 변화를 예측할 수 없음을 일컬어 신이라고 한다.陰陽不測之謂神"라는 말이 나왔다. 여기서 '신神'은 두 가지 뜻이 있다. 하나는 신묘하다는 뜻이고 다른 하나는 신령하다는 뜻이다. 『주역』은 예측할 수 없음을 예측하고 이러한 신묘한 변화의 법칙을 예측하므로 『주역』은 우주만물과 모든 일이 변화하는 큰 법칙을 말하며 우리가 이러한 변화를 어떻게 알고 이 변화의 법칙에 어떻게 순응해야 할지를 강조한다.

10장

易有聖人之道四焉 以言者尙其辭 以動者尙其變 以制器者尙其象 以卜筮者尙其占.

是以君子將有爲也 將有行也. 問焉而以言 其受命也如嚮 无有遠近幽深 遂知來物 非天下之至精 其孰能與於此?

參伍以變 錯綜其數. 通其變 遂成天下之文, 極其數 遂定天下之象. 非天下之至變 其孰能與於此?

易无思也 无爲也 寂然不動 感而遂通天下之故. 非天下之至神 其孰能與於此?

夫易 聖人之所以極深而研幾也. 唯深也 故能通天下之志, 唯幾也 故能成天下之務, 唯神也 故不疾而速 不行而至. 子曰 "易有聖人之道四焉" 者 此之謂也.

역에는 성인의 도가 네 가지 있으니, 역으로써 말하는 자는 그 사(말)를 숭상하고, 역으로써 움직이는 자는 그 변화를 높이며, 역으로써 기물을 만드는 자는 그 상을 숭상하고, 역으로써 점치는 자는 그 점을 높인다.

이런 까닭에 군자가 장차 일을 함이 있고, 장차 행함이 있다. 물으면 말로써 답하니 그 명을 받음이 메아리와 같아 멀고 가까움, 어슴푸레함과 깊숙함이 없이 다가올 일을 아나니, 천하에 지극히 심오한 이치가 아니고서야 그 누가 이 일에 참여하겠는가?

삼과 오로써 변화를 셈하고 그 수를 교차하고 종합하여, 그 변함을 통하여 마침내 천하의 문을 이루며, 그 수를 지극히 하여 마침내 천하의 상을 이루니, 천하의 지극한 변함이 아니면 그 누가 이에 참여하겠는가?

역은 생각이 없고 행함이 없어 고요히 움직이지 않다가 감응하면 마침내 천하의 연고를 통하여 알게 되니, 천하의 지극한 신묘함이 아니고서야 그 누가 이에 참여하겠는가?

역은 성인이 심오한 이치를 다하고 기미를 살피는 것이다. 오직 심오함 때문에 천하의 뜻에 통할 수 있고, 오직 기미 때문에 천하의 일을 이룰 수 있으며, 오직 신묘함 때문에 급하지 않으면서도 빠르고 행하지 않으면서도 이를 수 있다. 공자가 말했다. "역에는 성인의 도 네 가지가 있다는 것은 이것을 가리킴이다."

10장에서는 한 발 더 나아가 『주역』의 도를 서술하였다.

『주역』에는 성인의 도를 포함하고 있는데 그것은 사辭, 변變, 상象, 점占의 네 가지로 나타난다. 말을 지도하는 데 쓰려면 『주역』의 '괘사와 효사'를 숭상하고, 행동을 지도하려면 『주역』에서 말하는 '변화의 도리'를 높이며, 기물을 제작하는 데 쓰려면 『주역』의 '괘상과 효상'을 숭상하고, 일의 결정을 예측하는 데 쓰려면 『주역』의 '점서'를 높인다.

그러므로 군자는 장차 행동을 취할 때 『주역』의 괘사와 효사를 통해 구

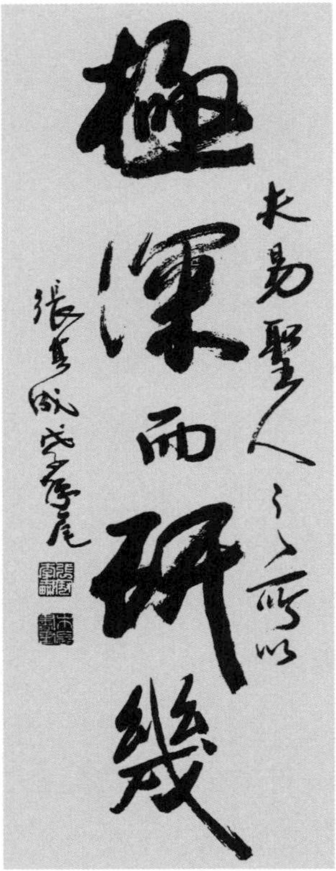

극심이연기: 지극히 심오한 이치를 다하고 미미한 변화를 살핀다.

체적인 답을 준다고 했다. 『주역』은 울리는 메아리처럼 우리의 질문에 대해 답한다. 먼 곳이든 가까운 곳이든 어슴푸레하든 심오하든 관계없이 『주역』은 장차 길흉의 상황을 미루어 알 수 있게 해 준다. 만약 『주역』이 천하의 지극히 심오한 이치가 아니라면 어떻게 이러한 정도에까지 이를 수 있겠는가?

'삼과 오로써 변화를 셈하고 그 수를 교차하고 종합한다.參伍以變 錯綜其數'고 한 부분에 대한 해석은 무척 다양하지만 간단히 말해서 세 번, 다섯 차례 그것의 변화를 깊이 연구하며 교차하고 종합하여 그 수의 이치를 미루어 판단한다는 뜻이다. 여기서 말하는 '삼三'은 삼재三才, 즉 하늘과 땅과 사람을 가리키고 '오五'는 오행五行을 말한다. 따라서 '삼과 오로써 변화를 셈한다.參伍以變'는 것은 천지간 기수奇數(홀수이자 양의 수)와 우수偶數(짝수이자 음의 수)의 변화를 참고하여 합했다는 것이고, '그 수를 교차하고 종합한다.錯綜其數'는 것은 대연지수를 교차하고 종합하여 셈했다고 이해할 수 있다. 종합해 보면 『주역』에는 수數의 변화와 상象의 변화가 있으므로 이러한 수와 상의 변화에 통달하여 이해해야만 천지의 문채文采(아름다움)를 이룰 수 있다. 그리고 이러한 수의 변화를 끝까지 파고들어야만 괘상을 얻어 낼 수 있고 한발 더 나아가 괘상을 통해 천하만물의 형상을 정할 수 있다. 만약 천하의 지극히 복잡한 변화에 통하여 깨닫지 못한다면 그 누가 이러한 경지에 이를 수 있겠는가? 본문에서는 『주역』이 천지의 절대적이고도 정밀한 도리, 변화의 법칙에 통달했다고 강조한다.

『주역』은 감정도 생각도 없어서 자연무위, 즉 스스로 그러한 상태로 고요하여 움직이지 않는다. 그래서 오직 『주역』이 천하만물과 더불어 감응할 때에만 천하를 통달하여 알 수 있다. 만약 천하의 신묘한 사물에 통하지 않는다면 그 누가 이러한 경지에 이를 수 있겠는가? 여기서는 반어법을 써서 『주역』이라는 책이 천하의 가장 신묘한 변화 법칙에 통달했음을 설명한다.

그래서 『주역』은 성인이 '지극히 심오한 이치를 다하고 미미한 변화를 살피는極深而硏幾' 데 사용한다. 여기서 '미미한 변화를 살핀다.硏幾'에서 쓰인 '기幾'라는 글자에는 두 가지 뜻이 함축되어 있다. 첫째는 '미묘하다'라는 뜻이고 둘째는 '시기'와 '때'라는 의미다. 그러므로 『주역』을 통해 심오한 도리의 궁극을 파고들고 지극히 미묘한 움직임과 변화의 때를 연구한다. 심오한 도리를 깊이 파고들어야만 천하의 사상과 행위에 통달하여 깨달을 수 있고 미묘한 움직임과 변화, 지극히 미묘한 때를 파악해야만 세상의 구체적인 사물을 제정할 수 있어 천하의 일을 이룰 수 있다. 또한 사물의 신기하고도 미묘한 변화에 통달하면 조급하게 성공을 좇지 않아도 되며 행동하지 않아도 목적에 다다를 수 있다.

11장

子曰 "夫易何爲者也? 夫易開物成務 冒天下之道 如斯而已者也."

是故聖人以通天下之志 以定天下之業 以斷天下之疑. 是故蓍之德圓而神 卦之德方以知 六爻之義易以貢.

聖人以此洗心 退藏於密 吉凶與民同患. 神以知來 知以藏往 其孰能與

此哉? 古之聰明叡知 神武而不殺者夫!

是以明於天之道 而察於民之故 是興神物 以前民用 聖人以此齊戒 以神明其德夫.

是故闔戶謂之坤 闢戶謂之乾 一闔一闢謂之變 往來不窮謂之通. 見乃謂之象 形乃謂之器 制而用之謂之法 利用出入民咸用之謂之神.

是故易有太極 是生兩儀 兩儀生四象 四象生八卦 八卦定吉凶 吉凶生大業. 是故法象莫大乎天地 變通莫大乎四時 縣象著明莫大乎日月 崇高莫大乎富貴. 備物致用 立成器以爲天下利 莫大乎聖人. 探賾索隱 鉤深致遠 以定天下之吉凶 成天下之亹亹者 莫大乎蓍龜.

是故天生神物 聖人則之. 天地變化 聖人效之. 天垂象 見吉凶 聖人象之. 河出圖 洛出書 聖人則之. 易有四象 所以示也. 繫辭焉 所以告也. 定之以吉凶 所以斷也.

공자가 말했다. "역은 어찌하여 만든 것인가? 역은 사물을 열고 일을 이루어 천하의 도를 아우르니 다만 이와 같을 뿐이다."

이런 까닭에 성인이 이로써 천하의 뜻을 통하며, 천하의 업적을 정하고, 천하의 의심을 결단한다. 그러므로 시초의 덕은 둥글어 신묘하고, 괘의 덕은 네모져서 지혜로우며, 육효의 뜻은 변하여 길흉을 알려 준다.

성인이 이를 통해 마음을 씻고 은밀한 곳에 물러나 숨어 길흉 속에서 백성과 더불어 근심한다. 신령함으로 다가올 일을 알고, 지혜로써 지나간 일을 간직하니, 그 누가 이에 참여하겠는가? 옛적 총명하고 지혜로우며 신묘하고 남을 죽이지 않는 자다!

그러므로 하늘의 도에 밝고 백성의 연고를 살펴 신묘한 시초와 거북 껍데기를 일으킴으로써 백성을 앞에서 이끄는 데 사용하니, 성인이 이를 통해 가지런히 하고 훈계함으로써 그 덕이 신묘한 역할을 발휘하게 한다.

그러므로 문을 닫는 것을 곤이라 하고, 문을 여는 것을 건이라 하며, 한 번 닫고 한 번 여는 것을 일컬어 변이라고 하며, 가고 오며 다하지 않는 것을 통이라 이르고, 드러나는 것을 상이라 하며, 형상이 있는 것을 기라 하고, 만들어서 쓰는 것을 법이라 하며, 출입하여 백성이 모두 씀에 이로운 것을 신이라 일컫는다.

그러므로 역에는 태극이 있으니 이것이 양의를 내었고, 양의는 사상을 낳았으며, 사상은 팔괘를 낳았고, 팔괘는 길흉을 정하며, 길흉은 대업을 낳는다. 그러므로 법과 상은 천지보다 더 큰 것이 없고, 변통은 사시보다 큼이 없으며, 상을 달아서 밝게 드러남은 해와 달보다 큼이 없고, 숭고함은 부귀보다 더 큼이 없다. 물건을 갖추어 지극히 쓰며 기물을 완성하여 천하의 이로움을 삼음은 성인보다 더 큼이 없다. 심오한 것을 연구하고 숨은 것을 찾으며 깊은 것을 탐구하고 먼 것을 이룸으로써, 천하의 길흉을 정하고 천하의 근면함을 이룸은 시초와 거북 등껍데기만 한 것이 없다.

그러므로 하늘이 신성한 물건을 내니 성인이 그것을 본받고, 천지가 변화하니 성인이 그것을 본받는다. 하늘이 상을 드리워 길흉이 나타나니 성인이 그것을 형상화한다. 하수에서 하도가 나오고 낙수에서 낙서가 나오니 성인이 그것을 본받는다. 역에 사상이 있음은 보여 주는 것이요, 말을 매어 놓음은 알려 주는 것이다. 길흉으로써 그것을 정함은 결단함이다.

11장에서는 주로 『주역』의 쓰임에 대해서 이야기하고 있다.

본 장은 『주역』은 어떻게 쓰이고 어떻게 유용한지에 대해 묻는 말로 시작한다. 공자는 『주역』에 대해 "사물을 열고 일을 이루어 천하의 도를 아우른다開物成務 冒天下之道"고 했다. '사물을 열고 일을 이룬다.'는 것은 지혜를 열고 사업을 이룬다는 말이다. 주희는 이에 대해 해석하기를 '사물을 연다.開物'고 할 때의 '물物'은 '인물'이고 '일을 이룬다.成務'고 할 때의 '일務'은 '사물'이라고 했다. '사물을 열고 일을 이룬다.'는 것은 '사물

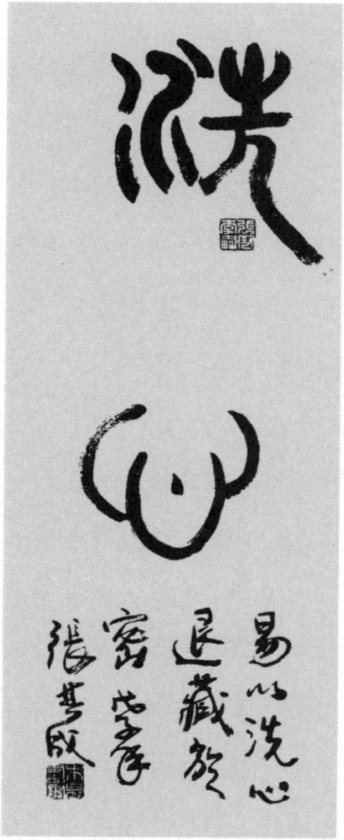

역이세심 퇴장어밀: 역으로써 마음을 씻고 은밀한 곳에 물러나 숨는다.

의 이치를 밝혀서 큰 사업을 이룬다.'는 뜻으로 이해할 수 있다. '천하의 도를 아우른다.冒天下之道'는 것은 천지만물의 법칙을 아울러 덮는다는 말이다.

성인은 『주역』을 써서 천하의 뜻을 살피고, 통달함으로써 천하의 일을 정하고, 천하의 의혹 나는 일을 결정하여 판단했다. 시초는 융통성이 있고 신비롭고도 기묘한 것이라고 할 수 있는데 본문에서는 이를 가리켜 '시초는 둥글고 신묘하다.是故蓍之德圓而神'고 표현했다. 시초는 둥글기 때문에 계속 굴러서 끊임없이 변화할 수 있고 이 때문에 신비롭고 기이하다고 한 것이다. 그리고 괘의 성질에 대해서는 네모지고 바르며 밝고 지혜롭다고 했다. 64괘 모형 중에 네모진 것은 곧고 바르며 강건한 것을 상징하므로 거기에는 인류의 지혜가 집중되어 있다고 할 수 있다. 육효의 의의는 변화를 통해 우리에게 길흉을 알려 주는 데 있다.

그러므로 성인은 괘사와 효사를 통해 마음을 씻는다. 여기서 '마음을 씻는다.洗心'는 것은 특히 중요한 말인데 『주역』에서 알려 주는 것이 바로 마음을 씻는 방법이기 때문이다. 무엇을 가리켜 '마음을 씻는다.'고 하는 것일까? 바로 사람이 품은 잡다한 생각들을 씻어 없애 심령을 깨끗하게 한다는 말이다. 성인은 사념과 잡념을 없애고 심령을 깨끗이 하였으며 은밀한 곳으로 물러나 숨은 뒤 생각도, 행위도 없이 되어 가는 대로 내맡기

곤 했는데, 이렇게 함으로써 자연의 운행 법칙과 길흉화복을 미리 알 수 있었고, 그 덕분에 백성과 더불어 근심을 나눌 수 있었다.

그리고 '신령함으로 다가올 일을 알고 지혜로써 지나간 일을 간직한다.神以知來 知以藏往'고 했다. 시초의 신비한 작용이란 미래의 일을 아는 것이고 괘의 지혜는 과거의 도리를 간직하는 것인데 '지知'는 '지혜智'의 의미다. 여기서 '다가올 일을 아는 것知來'과 '지나간 일을 간직하는 것藏往'은 각기 다른 의미가 아니다. 시초와 괘상 모두 미래를 미리 알 수 있을 뿐 아니라 지나간 것도 간직할 수 있음을 뜻한다. 그렇다면 이러한 경지에 누가 이를 수 있다는 것일까? 오직 고대의 총명하고 지혜로우며 영명하여 형벌이나 토벌의 방법을 쓸 필요가 없는 사람이라야 그러한 경지에 이를 수 있다.

그러므로 천지의 도리와 백성의 일을 살펴 알 수 있어야만 신묘한 시초와 거북 등껍데기와 같은 물건을 일으켜 백성의 일상을 지도하고 이끌어 갈 수 있다. 이 때문에 성인은 『주역』을 통해 '재계齋戒'했다. 이때 '재계'란 제사하기 전 목욕재계한다는 것이 아니라 마음을 깨끗하게 하여 화를 미리 방지한다는 뜻이다. 즉 잡념을 떨쳐 버리고 경계하는 마음을 품는 것으로 이는 그 도와 덕을 신묘하게 드러내기 위함이며 이렇게 해야만 그 신묘한 역할을 드러낼 수 있다.

『주역』은 건乾과 곤坤을 이용해서 이러한 도리를 밝히 드러내 보인다. 그러므로 문을 닫음은 '곤坤'이고 문을 엶은 '건乾'이니 한 번 열고 한 번 닫음을 '변變'이라고 일컫는다. 사물이 오고 감의 변화는 무궁하니 이를 일컬어 '통通'이라 한다. 드러나 보이는 것을 '상象'이라고 하고, 구체적인 형상이 있는 것을 일컬어 '기器'라고 하며, 기물을 제조하여 사람들이 사용하게끔 하는 것을 '법法'이라고 한다. 출입하고 반복적으로 사용하므로 백성들이 모두 그것을 사용하지만 그 도리를 모르고, 그것은 알지만 그

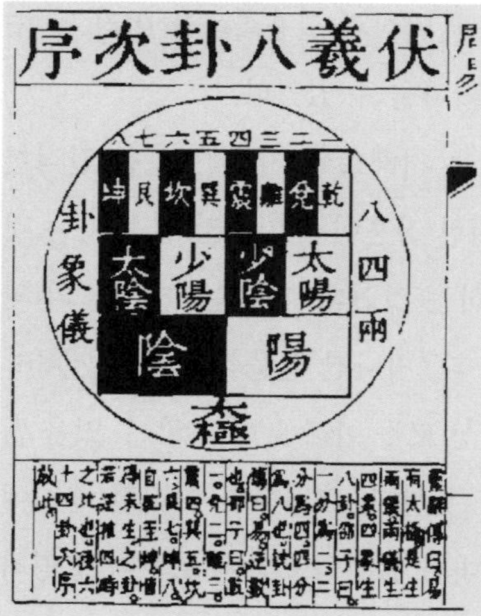

복희팔괘차서도

것이 그렇게 된 까닭은 모르니 이를 가리켜 '신神'이라고 한다.

뒤이어 팔괘가 어떻게 형성되는지를 설명하는 무척 유명한 구절이 나온다. 『주역』에는 태극이 있다. 태극은 태초에 혼돈한 상태에서 나뉘지 않은 한 덩어리의 원기元氣를 가리킨다. 태극은 또한 양의를 낳는데 양의는 음과 양, 하늘과 땅을 가리킨다. 양의는 또 다시 사상을 낳는데 사상은 바로 태양, 태음, 소양, 소음을 가리킨다. 사상은 또 다시 팔괘를 낳는데 팔괘는 길흉을 판단한다. 길흉을 판단하면 위대한 사업을 창조하여 낳을 수 있다. 이러한 팔괘가 형성되는 과정은 사실상 하나가 둘로 나뉘는 과정으로 끊임없이 둘로 나뉜다.

훗날 소옹은 이러한 이치에 근거하여 그림 하나를 제시했는데 그것이 바로 '복희팔괘차서도伏義八卦次序圖'다. 이 그림을 자세히 살펴보면 아래에서부터 위의 순서대로 먼저 태극이 나오고 그런 다음 양의가 나오며 사상, 팔괘의 순서로 생겨남을 알 수 있다. 물론 64괘는 팔괘를 기초로 세 차례 더 생겨나야 나온다.

그러므로 세상만물과 모든 일 가운데 자연만물을 본받아 모방하는 것 중에서 하늘과 땅보다 더 큰 것이 없으며, '변變'과 '통通'의 변화도 1년 사계절보다 더 큼이 없다. 세상만물과 모든 일 가운데 높게 매달려 드러난 것 가운데 태양이나 달만큼 큰 것이 없으며, 숭고함 가운데 부귀보다 더 큰 것이 없다. 또한 사물을 준비하고 갖추어 남으로 하여금 사용하게 하고 기구를 세워 천하를 편리하게 하는 일 중에서도 성인보다 더 위대한 이가 없다. 그윽하고 어두운 사물을 연구하여 밝히고 숨은 이치를 탐구하여 심오한 도리를 찾으며 멀고 어두운 사물을 얻어 냄으로써, 천하 사물의 길함과 흉함을 정하고 이로써 천하 사람들이 분발하여 게으름 없이 공과 업적, 사업을 이룰 수 있게끔 하는 것은 시초점이나 거북점만한 것이 없다. 이는 성인이 어떻게 팔괘를 만들었으며 천지와 사시, 일월을 어떻게 모방하였는지 소개하는 동시에, 시초점과 거북점의 목적은 세상만물과 모든 일의 도리를 밝히고 복잡함 가운데서 간단하면서도 본질에 가까운 원인을 정제해 내며 어두움 가운데서 밝히 보이는 도리를 드러내는 데 있음을 알려 준다.

하늘은 신비롭고도 기묘한 시초와 거북 등껍데기를 낳았고 이 때문에 성인은 그것을 본받아 '점占'과 '복卜'을 세웠다. 천지에 사계절의 변화가 나타나므로 성인은 그것을 본받아 음양이 왕래하는 변화를 제정하였다. 하늘이 해와 달, 별의 상을 알려 주고 길흉의 징조를 드러내니 성인이 그것을 본받아 하늘을 측정하는 기기를 만들어 내었다. 황하黃河에서는 '용

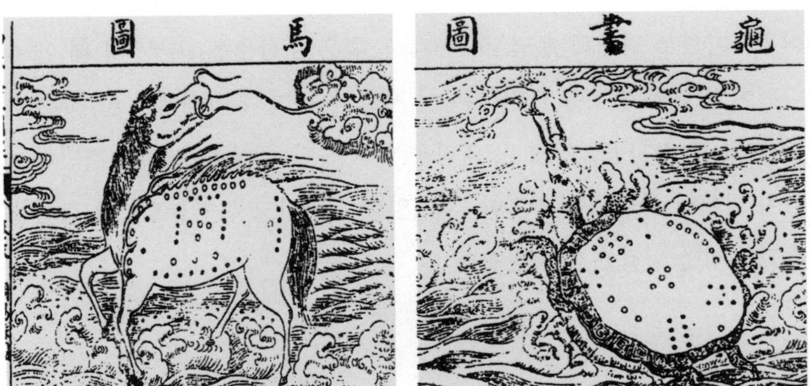

마도와 귀서도

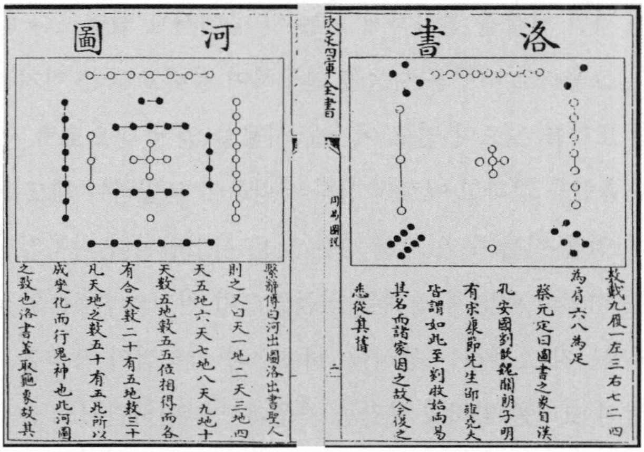

하도와 낙서

도龍圖'가 나오고 낙수洛水에서는 '구서龜書'가 나타났으므로 성인이 그것을 모방했다. 또 다른 견해로는 성인이 그것을 본떠 팔괘를 만들었다는 것이 있는데 그것이 바로 유명한 '하도河圖'와 '낙서洛書'다. 또 복희씨가 하도를 보고 팔괘를 만들고 대우大禹가 낙서를 보고 '홍범구주洪範九疇'를 만들었다는 설도 있다. 물론 이러한 견해는 일종의 설에 불과하며 후대에 와서는 이에 대해 쟁론이 분분하다.

『주역』이 사상四象을 수립하였는데 사상은 태양, 소양, 태음, 소음으로 이루어지므로 당연히 동남서북東南西北 혹은 춘하추동春夏秋冬의 네 개로 나뉘어 변화의 징조를 드러내는 데 사용된다. 괘의 아래에는 글(괘사와 효사)을 써 두어 사람들에게 그 의의를 알려 준다. 글에는 길흉을 판단하는 말이 있어서 사람들이 의혹이 나는 일을 판단하고 결정함으로써 길함을 좇고 흉함을 피하는 데 사용한다.

12장

易曰 "自天祐之 吉无不利." 子曰 "祐者 助也. 天之所助者 順也 人之所助者 信也. 履信思乎順 又以尙賢也 是以'自天祐之 吉无不利'也."

子曰 "書不盡言 言不盡意." 然則聖人之意其不可見乎? 子曰 "聖人立象以盡意 設卦以盡情僞 繫辭焉以盡其言 變而通之以盡利 鼓之舞之以盡神."

乾坤 其易之縕邪? 乾坤成列 而易立乎其中矣 乾坤毁 則无以見易 易不可見 則乾坤或幾乎息矣.

是故形而上者謂之道 形而下者謂之器 化而裁之謂之變 推而行之謂之通 擧而錯之天下之民謂之事業.

是故夫象 聖人有以見天下之賾 而擬諸其形容 象其物宜 是故謂之象 聖人有以見天下之動 而觀其會通 以行其典禮 繫辭焉以斷其吉凶 是故謂之爻. 極天下之賾者存乎卦 鼓天下之動者存乎辭 化而裁之存乎變 推而行之存乎通 神而明之存乎其人 黙而成之 不言而信 存乎德行.

역에서 "하늘로부터 그를 도우니 길하여 이롭지 않음이 없다."고 하니 공자가 말했다. "우는 도움이니 하늘이 돕는 이는 순응하는 자이며, 사람이 돕는 이는 성실과 신의가 있는 자다. 성실과 신의를 행하고 순응함을 생각하며 어진 이를 높이면, 이로써 '하늘이 도우니 길하여 이롭지 않음이 없게' 된다."

공자가 말했다. "글로는 말을 다하지 못하고 말로는 그 뜻을 다하지 못한다." 그렇다면 성인의 뜻을 볼 수 없다는 것인가? 공자가 말했다. "성인이 상을 세워 그 뜻을 다하고, 괘를 베풀어 실정을 다하며, 사를 달아매어 그 말을 다하고, 변하고 통하여 이로움을 다하며, 그것을 고무시켜 신묘함을 다하였다."

건곤은 역이 간직한 진리인가? 건곤이 열을 이루고 역이 그 가운데 서 있으니, 건곤이 무너지면 역을 볼 수 없고, 역을 볼 수 없으면 건곤이 혹 거의 그칠 것이다.

그러므로 형체의 위를 일컬어 도라고 하고, 형체의 아래를 일컬어 기라고 하며, 화하여 만드는 것을 변이라고 하고, 미루어 행하는 것을 통이라 하며, 들어서 천하의 백성에게 두는 것을 사업이라고 한다.

그러므로 상은 성인이 천하의 복잡하고 깊음을 보고 그 형체와 모양을 모방하여 그 물건에 마땅한 것을 형상화한 것이며, 이를 일컬어 상이라고 한다. 성인이 천하의 움직임을 보고 그 회통함을 살피어 마땅한 예를 행하며 말을 매달아 그 길함과 흉함을 판단하므로, 그것을 일컬어 효라고 한다. 천하의 복잡하고 깊음을 궁구함은 괘에 있고, 천하의 행동을 고무시킴은 사에 있으며, 화하고 제재함은 변에 있고, 미루어 행함은 통에 있으며, 신묘하게 하여 밝힘은 그 사람에 있고, 묵묵하게 말하지 않아도 이루며 말이 없어도 믿음을 얻음은 덕행에 있다.

12장은 철학사와 문화사에 지대한 영향을 끼친 명제의 하나를 제시했다. 이를테면 '글로는 말을 다하지 못하고 말로는 그 뜻을 다하지 못한다.書不盡言 言不盡意'라든지 '형체의 위를 일컬어 도라고 하고 형체의 아래를 일컬어 기라고 한다.形而上者謂之道 形而下者謂之器'라는 명제는 철학사뿐 아니라 문학의 수사이론 분야에도 중대한 영향을 끼쳤다.

12장의 도입부에서는 『주역』 대유괘의 상구효 효사인 '하늘로부터 그를 도우니 길하여 이롭지 않음이 없다.自天祐之 吉无不利'는 구절을 인용하였다. 하늘로부터 내려오는 도움은 길한 것이어서 '길하여 이롭지 않음이 없다.'고 한 것이다. 공자는 '우祐'란 돕는다는 뜻이라고 하면서 하늘이 돕는 이는 하늘의 도와 바른 도에 순종하는 자이고, 사람이 돕는 이는 성실함과 믿음이 있는 자라고 했다. 만약 성실과 신의를 행하고 늘 하늘의 도에 순응하고자 하며 어진 이를 높이면 하늘로부터 도움을 받을 수 있으므로 길하여 이롭지 않음이 없을 것이다. 주희는 이 구절이 당시 편집 과정에서 순서가 뒤바뀐 것이라고 지적하면서 마땅히 8장의 마지막에 와야 한다고 했는데 이 또한 일리 있는 주장이다. 왜냐면 여기서 인용한 효사는 문장의 뜻이나 분위기로 봐서 전체적으로 12장보다는 8장의 구성에 더욱 어울리기 때문이다.

공자는 '글로는 말을 다하지 못하고 말로는 그 뜻을 다하지 못한다.書不盡言 言不盡意'고 하며 문자란 언어를 완전하게 표현해 낼 수 없고 언어 또한 사상을 완벽하게 재현할 수 없다고 했다. 그렇다면 성인의 사상을 완벽하게 표현해 낼 수 있는 방법이란 없는 것일까? 공자는 이에 대해 언어와 문자는 사람의 사상을 온전히 표현할 수 없어서 성인은 일종의 형상을 세워 사상을 전달했으며, 괘상을 만들어서 세상만물과 모든 일의 실상과 허허실실, 진면목과 본질을 반영했다고 했다. 괘는 상의 일종으로 소위 계사라는 것은 괘상의 아래에 문자로 된 설명을 달아 놓아 그것의 뜻을 최대한 상세하게 드러내고자 한 것이다. 64개의 괘와 384개 효의 변화를 통해 『주역』의 유익함과 신비하고도 기이한 역할을 충분히 드러내고 있다. 이상에서는 문자와 언어, 형상, 괘효, 그리고 문장 간의 관계를 설명함으로써 고대 사람들이 상을 통한 사유를 얼마나 중시했는지 설명한다. 어떤 의미에서 보면 『주역』은 일종의 상을 취한 것이라고 할 수 있다. 문자와 언어만으로는 성인의 사상을 충분히 드러낼 수 없고, 형상과 기호를 통해서만 고대 선현의 사상을 표현할 수 있기 때문이다.

그다음 구절에서는 건곤에 대해서 중점적으로 논했다. 건괘와 곤괘는 『주역』에서 가장 중요한 괘이자 『주역』의 정수로서 심오한 이치를 간직하고 있다. 그래서 건괘와 곤괘가 일단 펼쳐지기만 하면 『주역』의 모든 사상이 그 가운데 확립되지만, 만일 건괘와 곤괘가 무너지면 『주역』이 나타나지 못하게 되고 『주역』이 나타나지 못하면 건곤의 낳아 기르는 도리도 그만 그치고 말 것이다. 여기서는 건곤의 두 괘상이 『주역』에 미치는 중요한 역할을 반복적으로 강조한다.

뒤이어 무척 유명한 두 구절의 말이 등장하는데 그것은 바로 '그러므로 형체의 위를 일컬어 도라고 하고, 형체의 아래를 일컬어 기라고 한다.是故形而上者謂之道 形而下者謂之器'는 말이다. '형이상形而上'은 바로 형체 위의 것이자 형체를 초월한 것, 형체가 없는 것, 무형의 것으로 이를테면 정신, 도리 등과 같은 것이며 이를 '도道'라고 이른다. 반면 '형이하形而下'는 형체 아래의 것이자 유형의 것으로서 볼 수 있고 만질 수 있는 것인데, 이를 가리켜 '기물器物'이라고 부른다. 여기서는 건곤과 음양에 대해서 말했는데 음양과 건곤은 '형이하'의 것이 아니라 '형이상'의 것이다. 왜냐면 그것들은 유형의 물질이 아니라 무형의 규칙성을 가진 도이기 때문이다. 음양과 건곤이 서로 전환하고 제약하는 것을 일컬어 변화라고 하는데 음과 양은 상대적인 것이기도 하면서 제약하는 관계다. 그러나 서로 반대면으로 전환될 수도 있는 관계라서 상호 전환된 후에는 바로 변하게 된다. 이러한 음양의 전환과 제약, 대응, 통일을 확대하고 그것을 통해 행동의 지침으로 삼아 일을 처리하면, 이를 가리켜 '통通'이라고 한다. 본문에서 '착錯'은 '두다'라는 의미의 '조措'와 통한다. 음양이 변하고 통하는 도리를 천하의 백성 가운데 두고 그들로 하여금 그것을 사용하게 하는 것을 일컬어 '사업事業'이라고 한다.

이 때문에 소위 '상象'이라는 것은 성인이 천하만물과 모든 일의 복잡하고도 심오한 도리를 발견하고 그것을 구체적인 형상과 모습으로 본떠 특정 사물에 함축된 의의를 상징하는 데 쓰였다. 성인은 천하만물의 움직이고 변화하는 모습을 발견하고, 그것이 합하여 변하고 통하는 모습을 살핀 뒤, 그것을 마땅한 예의로 실행하고, 괘사와 효사 아래에 문자를 써서, 사물 변화의 길흉을 판단하게 했다. 천하의 복잡하고도 난해하고 심오한 이치를 깊이 연구함은 '괘卦'에 있고, 천하 사람들의 행동을 고무시키는 것은 '사辭'에 있으며, 만물이 나서 자라 서로 제약함은 '변變'에 있고, 그것을 만물과 모든 일 가운데 적용하여 사람들로 하여금 시행하게 하는 것은 '통通'에 있다.

『주역』으로 하여금 건곤이 변화를 일으키고 신비롭고 기이한 역할을 하며 그것으로 하여금 밝게 드러나게 하는 것은 완전히 『주역』을 운용하는 사람에게 있다. 묵묵하게 그것을 실천하여 이루고 말이 없어도 사람들에게 신임을 얻는 것은 아름다운 덕행과 품격에 있다. 여기서는 이 구절을 이용해서 '글로는 말을 다하지 못하고 말로는 그 뜻을 다하지 못한다.書不盡言 言不盡意'는 이치를 설명했다. 즉 언어와 문자로 완전히 표현하지 못하니 묵묵히 할 뿐이며 괘상에서 표현하는 그윽하고도 심오한 의미에 근거할 때 서로 융합하여 관통할 수 있다. 그리고 이렇게 행하는 사람은 아름다운 덕을 수양할 수 있으니 『주역』의 신묘한 역할이 비로소 밝히 드러날 수 있다.

02
계사전繫辭傳 하편

1장

八卦成列 象在其中矣. 因而重之 爻在其中矣. 剛柔相推 變在其中矣. 繫辭焉而命之 動在其中矣.

吉凶悔吝者 生乎動者也. 剛柔者 立本者也. 變通者 趣時者也. 吉凶者 貞勝者也. 天地之道 貞觀者也. 日月之道 貞明者也. 天下之動 貞夫一者也.

夫乾 確然示人易矣 夫坤 隤然示人簡矣. 爻也者 效此者也. 象也者 像此者也. 爻象動乎內 吉凶見乎外 功業見乎變 聖人之情見乎辭.

天地之大德曰生 聖人之大寶曰位. 何以守位曰仁 何以聚人曰財. 理財正辭 禁民爲非曰義.

팔괘가 열을 이루니 상이 그 가운데 있고, 그것을 거듭하니 효가 그 안에 있으며, 강과 유가 서로 미루니 변이 그 가운데 있고, 말을 달아 그것을 명하니 움직임이 그 가운데 있다.

길함과 흉함, 후회와 부끄러움은 움직임에서 생기는 것이고, 강과 유는 근본을 세우는 것이며, 변과 통은 시기를 따르는 것이다. 길함과 흉함은 바르게 하여 이기는 것이고, 천지의 도는 바르게 하여 관찰하는 것이며, 해와 달의 도는 바르게 하여 밝히는 것이고, 천하의 움직임은 바르게 하여 일로 돌아오는 것이다.

건은 굳세나 사람들에게 쉽게 드러나고, 곤은 유순하여 사람들에게 간략하게 보여 준다. 효는 이것을 본받은 것이고, 상은 이것을 본 떠 형상화한 것이다. 효상은 안으로 움직이고, 길흉은 밖으로 드러나며, 공과 업적은 변에 드러나고, 성인의 생각은 사에 나타난다.

천지의 큰 덕을 생이라 이르고, 성인의 큰 보배를 위라 이른다. 무엇으로써 자리를 지키느냐면 인이고, 무엇으로써 사람을 모으느냐면 재물이다. 재물을 다스리고 말을 바르게 하며 백성의 옳지 않은 일을 금함을 의라고 한다.

「계사전」 하편 1장은 괘사와 효사의 변동과 길흉, 간략함과 쉬움의 도리를 개괄적으로 풀어 설명함으로써 중간에 연결시켜 주는 역할을 한다. 특히 여기서는 '정貞'이라는 글자를 제시하여 '바르게 함'의 중요성을 강조했다.

팔괘가 순서에 맞춰 배열되니 만물의 상징이 그 안에 있으며 여덟 개의 괘가 중첩하여 64괘를 이루고 384개의 효도 그 가운데 있다. 강효와 유효가 서로 밀어 변화하는 이치도 그 안에 있다. 괘와 효의 아래에 글을 달아 길흉을 알리고 점쳐서 어떻게 행동하느냐에 관한 것도 그 안에 있다.

'길함吉' '흉함凶' '후회悔' '부끄러움吝'은 변화와 움직임에 근거하여 생겨나는 결과다. 이것들은 점의 결과를 판단하는 말로서 여섯 효의 강과 유가 변하여 움직이는 것에 근거하여 온전히 결정된다. 그러므로 강효와 유효, 즉 양효와 음효는 괘상을 세우는 근본이다. '변變'과 '통通'은 적절한 시기를 추구하는 것이고, 때를 따라서 변화하는 것이다. 모든 변화는 당시의 환경과 조건에 기인하여 발생하는데 이 점은 무척 중요하다. 『주역』은 공간을 중시하지만 그보다 더 중시하는 것이 바로 시간이다. 시간과 공간의 하나 됨, 즉 시공합일을 강조하기는 하지만 결국에는 '시간'에 근거해서 길함과 흉함, 후회와 부끄러움을 결정한다.

본문에서는 뒤이어 네 가지 '정貞'을 제시한다. '바르게 하여 이기는 것貞勝者也' '바르게 하여 관찰하는 것貞觀者也' '바르게 하여 밝히는 것貞明者也' '바르게 하여 일로 돌아오는 것貞夫一者'이 그것이다. 이처럼 '정貞'은 '바르게 함正' '바른 자리에 거하고居正位' '바른 도를 지키는 것正道'이다. 구체적으로 보면, '길흉'은 '바른 도를 지켜야만' 승리할 수 있다는 원리를 설명하는 데 쓰인다. '천지의 도'는 바른 자리에 거하고 '바른 도를 지켜야만' 사람들에 의해 관찰될 수 있고 또한 높임을 받을 수 있다. '해와 달의 도'는 바른 도에 근거해서 움직여야만 빛을 발할 수 있는데, 다시 말해 '바른 도를 지키는 자'만이 밝게 빛날 수 있다. 천하의 사물이 움직이고 변화하는 법칙은 결국 '일一', 하나로 귀결되게 마련인데 이 또한 '바른 자리를 지켜야만' '일一'로 회귀할 수 있다. 이는 무척 중요한 개념이다. 『주역』에서도 '일一'을 가장 본질적인 태극이라고 하면서 반드시 '바른 것正'이어야만 한다고 강조한다. 그러므로 이 네 가지 '정貞'은 끝에 가서는 '일一'로 귀결되고 바르게 함으로써 '일一'이 된다.

이어서 본문에서는 건괘와 곤괘의 괘와 효에 대해서 설명한다. 건괘는 견고하고 강건한 것이지만 사람들에게는 도리어 쉽게 드러난다. '사람들에게 쉽게 드러난다.示人易'는 것은 평이함으로 사람들에게 자신을 드러낸다는 말이다. 곤괘는 유순하므로 그것은 간략함으로써 사람들에게 나타난다. 이는 「계사전」 상편 1장에 언급된 "건으로써 쉽게 알고 곤으로써 간략하게 이룬다. 쉬우면 알기 쉽고 간단하면 따르기 쉽다."는 말과 통하는 구절이다. 건은 쉽고 곤은 간략하니 전체적으로 말해 건곤은 무척이나 간략하고 쉬운 것이라고 하겠다. 하나는 강건함을 주도하고 다른 하나는 유순함의 주체다. 그리고 효 또한 강효와 유효로 나뉘는데 이는 건과 곤의 변화와 움직임을 본받은 것이다. 이들의 상은 팔괘의 상이라고 할 수 있으며, 건과 곤의 변화와 움직임을 모방하여 생겨난 것이다. 그러므로 효와 상은 괘 안에서 변동하고, 길함과 흉함은 괘 밖에 드러나며, 사업의 흥망은 변동함 가운데 일어나며, 성인의 사상은 괘사와 효사 가운데 나타난다.

‘천지의 큰 덕을 생이라 이른다.天地之大德曰生’는 구절은 가히 위대한 명제라고 할 수 있다. 천지의 가장 위대한 공과 업적은 바로 ‘생生’이다. 끊임없이 생장하고 번성하여 만물을 낳아 기르는 ‘생生’이야말로 『주역』의 근본이 아니겠는가? 또한 성인의 가장 크고도 진귀한 보배는 ‘위位’라고 이르는데 이 ‘위位’는 사실 ‘시간적 위치’를 가리킨다. 어떤 이가 처해 있는 공간적 위치, 즉 권위나 권력 등의 개념과 함께 ‘시기’적인 상황을 포함하는 개념인 셈이다. 시간과 공간이 하나를 이루는 것, 이것은 성인에게 가장 중요한 일이므로 진귀한 보물이라고 한 것이다.

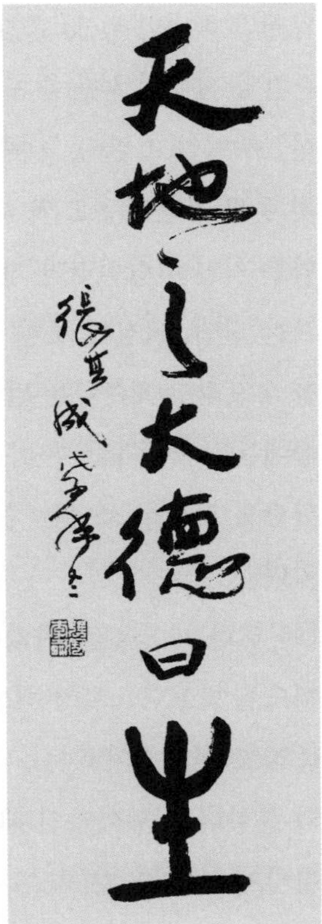

천지지대덕왈생: 천지의 큰 덕을 생이라 이른다.

그렇다면 이러한 시간적 위치를 지켜 나가는 데 필요한 것은 무엇일까? 바로 ‘인仁’이다. 여기서 ‘인仁’은 공자가 『논어』에서 말한 ‘인仁’과 내용상 완벽하게 동일한 것은 아니다. 공자는 “어진 사람仁者은 남을 사랑한다.”고 함으로써 ‘인仁’이 주로 ‘남을 사랑하는 일’이라고 하였다. 그러나 여기서는 어떻게 해야만 이 같은 시간적 위치를 잘 지켜 나가고 시간적 위치에 부합할 수 있을지 강조한다. 그러므로 사실상 ‘인仁’이란 천지의 큰 덕에 부합하는 일인 셈이다. 물론 이때의 시간적 위치는 사람과 사람 사이의 관계와 연관되어 있으므로 만약 모든 사람이 자신의 시간적 위치를 바르게만 하다면 인애仁愛가 충분히 발현될 수 있을 것이다.

만약 사람의 마음을 모으고 인재를 모을 수만 있다면 이를 일컬어 '재산' '부富'라고 한다. 『대학』에는 "어진 이는 재물로써 몸을 일으키고 어질지 못한 자는 몸으로써 재물을 일으킨다."는 명언이 나온다. 이는 어질고 덕을 지닌 사람이라면 자신의 삶을 충실하게 하기 위해 재물을 아낌없이 쓰는 반면, 어질지 못한 사람은 도리어 생명과 삶을 버리면서까지 재산을 모으려고 애쓴다는 말이다. 본문의 '사람을 모은다.聚人'에서 모으는 대상에는 '다른 사람'뿐 아니라 '자기 자신'도 포함되어 있다. 즉 재물이란 사람을 위해서 쓰이는 수단일 뿐 결코 목적이 될 수 없음을 강조하는 것이다.

이러한 재산을 잘 관리하고 다스리며 말을 단정하게 하고 각종 법규와 제도를 발표함으로써 백성이 나쁜 일을 금지하게끔 하는 것을 가리켜 '의義'라고 한다. '의義'는 '적합하다' '정당하다' '공평하다'는 의미의 '의宜'와 통한다. 사람이라면 해야 할 일과 하지 말아야 할 일을 분명히 아니 이것이 바로 '의義'다.

본 장에서는 '인仁'과 '의義' 등 유가에서 말하는 중요한 몇 가지 개념에 대해 이해하고자 했다. 이러한 해석은 『논어』의 해석과는 다소 차이가 있으니 이를 『논어』에 대한 보완적 성격의 풀이라고 여기면 된다. 그러함에도 이는 선진시대 유가 사상을 충분히 반영하고 있는 해석임에는 분명하다.

2장

古者包犧氏之王天下也 仰則觀象於天 俯則觀法於地 觀鳥獸之文與地之宜 近取諸身 遠取諸物 於是始作八卦 以通神明之德 以類萬物之情.

作結繩而爲罔罟 以佃以漁 蓋取諸離.

包犧氏沒 神農氏作 斲木爲耜 揉木爲耒 耒耨之利以敎天下 蓋取諸益.

日中爲市 致天下之民 聚天下之貨 交易而退 各得其所 蓋取諸噬嗑.

神農氏沒 黃帝 堯 舜氏作 通其變 使民不倦 神而化之 使民宜之. 易窮則變 變則通 通則久 是以自天祐之 吉无不利. 黃帝 堯 舜垂衣裳而天下治 蓋取諸乾 坤.

刳木爲舟 剡木爲楫 舟楫之利以濟不通 致遠以利天下 蓋取諸渙.

服牛乘馬 引重致遠以利天下 蓋取諸隨.

重門擊柝以待暴客 蓋取諸豫.

斷木爲杵 掘地爲臼 臼杵之利 萬民以濟 蓋取諸小過.

弦木爲弧 剡木爲矢 弧矢之利 以威天下 蓋取諸睽.

上古穴居而野處 後世聖人易之以宮室 上棟下宇 以待風雨 蓋取諸大壯.

古之葬者 厚衣之以薪 葬之中野 不封不樹 喪期无數 後世聖人易之以棺槨 蓋取諸大過.

上古結繩而治 後世聖人易之以書契 百官以治 萬民以察 蓋取諸夬.

옛적 복희씨가 천하를 다스릴 때 위를 우러러 하늘의 상을 살피고 아래로 굽어보아 땅의 법을 관찰하였으며, 새와 짐승의 문文과 천지의 마땅함을 관찰하고, 가깝게는 자기에게서 취하고 멀게는 사물에서 취하여 이치를 찾아냈다. 이에 팔괘를 만들어 신명한 덕에 통하여 만물의 실정을 분류하였다. 끈을 매어 그물을 만들어 사냥하고 고기 잡으니 이는 이괘에서 취하였다.

복희씨가 죽자 신농씨가 나와 나무를 깎아 쟁기날을 만들고, 나무를 휘어 쟁기자루를 삼아, 쟁기와 호미의 이로움을 통해 천하를 가르치니 이는 익괘에서 취하였다.

한낮 시장을 열어 천하의 백성이 이르게 하고 천하의 재화를 모아 거래하며 물러가 각자 살 곳을 얻게 하니 이는 서합괘에서 취하였다.

신농씨가 죽자 황제와 요임금, 순임금이 나와 그 변을 통하여 백성으로 하여금 태만하지 않게 하였고, 신묘하게 그를 화하여 백성으로 하여금 마땅하게 하였다. 역은 궁한즉 변하고 변한즉 통하며 통한즉 오래간다. 이런 까닭에 하늘로부터 그를 도우니 이롭지 않음이 없다. 황제와 요임금, 순임금이 의상을 늘어뜨려 천하가 잘 다스려졌으니 이는 건괘와 곤괘에서 취하였다.

나무를 파서 배를 만들고, 나무를 깎아 노를 삼으니, 배와 노의 이로움으로 통하지 않는 것을 건너게 함으로써 먼 곳에 이르게 하여 천하를 이롭게 한 것은 환괘에서 취하였다.

소를 부리고 말을 탄 채 무거운 것을 끌게 함으로써 먼 곳에 이르고 천하를 이롭게 하니 이는 수괘에서 취하였다.

여러 겹 문을 달고 목탁을 쳐서 포악한 나그네를 대비하니 이는 예괘에서 취하였다.

나무를 베어 절굿공이를 만들고, 땅을 파서 절구로 삼으니, 절구와 절굿공이의 이로움으로 모든 백성을 구제한 것은 소과괘에서 취하였다.

나무에 시위를 매어서 활을 삼고, 나무를 깎아 화살을 만드니, 활과 화살의 이로움으로 천하를 두렵게 한 것은 규괘에서 취하였다.

상고시대에 구멍에 거하고 들에 거처를 두었는데, 후대의 성인은 그것을 궁실로 바꾸어 위로는 들보를 얹고 아래로는 서까래를 둠으로써 비바람을 방비하였으니 이는 대장괘에서 취하였다.

옛적 장례를 치를 때는 섶으로 시체를 두텁게 감싸 들에 매장하였는데, 봉분도 올리지 않고 나무도 심지 않았고 장례 시기도 일정한 것이 없었다. 훗날 성인은 그것을 관곽으로 바꾸었는데 이는 대과괘에서 취하였다.

옛적에는 줄을 매어 다스렸는데, 후대의 성인은 그것을 문서로 바꾸어서 백관이 다스려지고 만민이 살폈으니 이는 쾌괘에서 취하였다.

복희씨

2장은 '제기십삼괘制器十三卦'라고 불리는 무척 유명한 글인데 고대 제왕과 성인들이 13개의 괘상에 근거해서 각종 기물을 만들어 낸 것을 그 내용으로 한다. 여기서는 고대 제왕 중, 복희씨, 신농씨, 황제黃帝, 요임금, 순임금의 다섯 명을 열거했다. 이들은 소위 '삼황오제三皇五帝'라고 불리는데 '삼황'은 복희씨, 신농씨, 황제를 가리키고 '오제'는 삼황에 요임금과 순임금을 더한 것이다. 『주역』에 설명된 삼황오제는 『사기』 등의 기록과는 다소 다른 점이 있다.

본 장에서는 도입부에서 복희씨가 어떻게 팔괘를 만들었는지에 대해 설명한다. 본문에서 말한 '포희씨包犧氏'는 바로 '복희씨'다. 복희씨가 천하를 다스리면서 위를 우러러 하늘의 상을 살피고 아래로 굽어보아 땅의 이치를 관찰하여 인간사에 통달하니, 하늘과 땅과 사람을 아우르는 세상만물과 모든 일의 형상을 취합하여 팔괘를 만들었다. 그리고 이렇게 만든 팔괘는 신비롭고도 기이하며 밝은 덕성을 관통하고 천하만물의 실정과 상태를 분류하는 데 썼다. 전해지는 바에 따르면 상고시대, 약 6000년 전, 복희씨는 풍風씨 성을 가지고 태어났는데 풀이 나는 달과 비가 내리는 날, 하천이 범람하는 시간에, 용마가 그림을 등에 지고 나와 네모난 단 위에 앉아 팔풍八風의 기운을 살펴 팔괘를 그렸다고 한다.

'하늘의 상을 살핀다.觀象於天'는 것은 고대의 '관상수시觀象授時'에 해당하는 말로 천체의 현상을 살펴서 농경생활에 필요한 절기와 시간을 정했

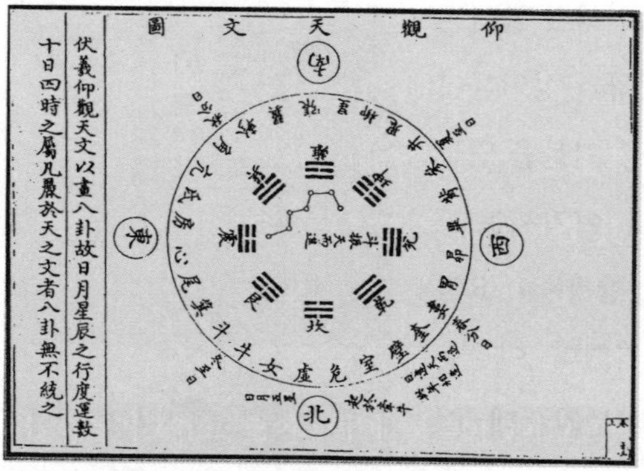

앙관천문도仰觀天文圖: 위로 하늘을 우러러보아 천문을 관찰하다.

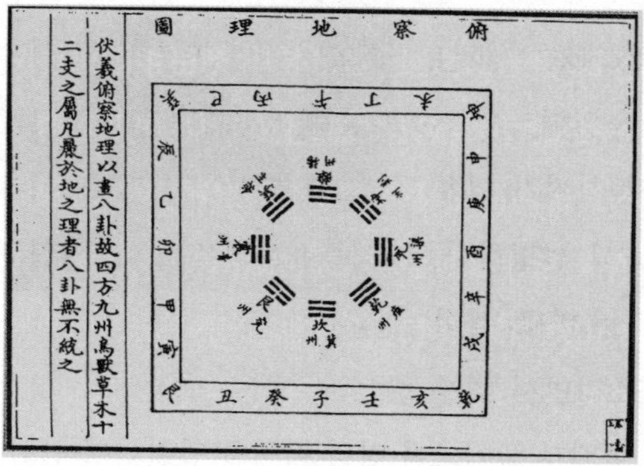

부찰지리도俯察地理圖: 아래로 굽어보아 지리를 살피다.

다는 뜻이다. 상고시대에는 보통 하늘이 어두울 때 천체의 상을 살폈는데 전하는 바로는 고대의 제왕 전욱顓頊이 다스릴 때부터 이미 천문 관측을 담당하는 전문 관원인 '화정火正'을 두었다고 한다. 이 '화정'의 역할은 주로 대화성大火星(안타레스, 전갈자리 α별)을 관측하는 일로, 황혼 무렵 대화성이 동쪽 지평선에서 올라올 때를 1년의 시작으로 삼아 1년의 봄이 왔음을 알렸다. 또한 『상서』 「요전堯典」의 기록에 따르면 요임금 때 희화羲和를 명하여 하늘의 상을 관측하고 농사에 필요한 시기를 정했다고 한다. 그때 관측한 방법은 황혼 무렵 남쪽 중천에서 무슨 별자리가 떠오르느냐를 보고 절기를 판단하는 식이었다. 만약 황혼 무렵 남쪽 중천에서 성수星宿*에 해당하는 조성鳥星**이 나타났다

* 성수: 동아시아의 별자리인 28수 중 하나로 서양 별자리의 바다뱀자리의 일부에 해당된다. 28수는 동방칠수(청룡), 북방칠수(현무), 서방칠수(백호), 남방칠수(주작)로 이루어지며 이들은 각각 7수로 되어 있는데, 성수는 남방칠수인 정수井宿, 귀수鬼宿, 유수柳宿, 성수星宿, 장수張宿, 익수翼宿, 진수軫宿 중 네 번째에 해당한다.

** 조성: 28수 중 남방칠수의 네 번째 별자리인 성수에 속하는 별로, 병란兵亂과 도적의 일을 주관하며 고대인들은 계절을 관측하여 정할 때 이 별을 기준으로 삼았다.

면 춘분이고, 심수心宿*에 해당하는 화성火星**이 출현하면 하지이며, 허성虛星***이 나타나면 추분, 묘성昴星****이 등장하면 동지로 삼았다.

'땅의 법을 관찰한다.觀法於地'에서 '법法'은 고대의 측정 도구다. 『관자』 「칠법七法」 편에서는 "길이의 단위, 줄 긋는 먹줄, 곱자와 그림쇠, 저울 및 저울추, 말과 됫박, 됫박의 밀대를 일컬어 법法이라고 한다."고 했다. 이처럼 고대인은 '법法'을 측정의 도구로 삼았는데 이를테면 나무 막대기로 해 그림자의 길이를 재어서 절기를 정하는 식이다. 하루 중 정오에 나무 막대기를 세운 뒤 막대기의 그림자가 가장 짧은 시기는 낮이 가장 긴 때라고 볼 수 있어서 그 시기를 하지로 삼았고, 막대기의 그림자가 가장 길 때는 낮이 가장 짧다고 볼 수 있으므로 동지로 삼았다.

'새와 짐승의 문과 천지의 마땅함을 관찰한다.觀鳥獸之文與地之宜'에서 '새와 짐승의 문文'에 대해서는 일설에 천문 28수의 사상인 청룡, 백호, 주작, 현무가 만들어 내는 상이라는 말도 있다. 따라서 천문 28수의 사상四象이 대지와 어떻게 하나하나 상응하는지 관찰한다는 말로 이해할 수도 있다.

이 부분에서 주의해야 할 점은 '관찰한다觀'는 말이다. '관찰'은 고대인이 사물을 인식하는 데 사용한 중요한 방법 중 하나로 팔괘 또한 '관찰하여' 얻어진 결과다. 그렇다면 이것은 유물唯物에 해당할까, 아니면 유심唯心의 결과일까?***** 사실 관찰은 유물도, 유심도 아니며 물질과 정신이 합일을 이룬 상태다. 여기서 '관찰'의 대상은 세 가지, 즉 하늘, 땅, 사람의 삼

* 심수: 동아시아의 별자리 28수 가운데 동방칠수인 각수角宿, 항수亢宿, 저수氐宿, 방수房宿, 심수心宿, 미수尾宿, 기수箕宿 중 다섯 번째며 서양 별자리의 전갈자리의 일부에 해당한다.

** 화성: 28수 중 동방칠수의 다섯 번째 별자리인 심수에 속하는 별로 대화大火, 일명 상성商星이라고도 한다. 상벌을 주관하는 별이다.

*** 허성: 북방현무北方玄武에 해당하는 두斗, 우牛, 여女, 허虛, 위危, 실室, 벽壁 등의 7수 중 네 번 째 별인 허성으로 묘당과 제사 등 죽음에 관한 일을 주관한다.

**** 묘성: 28수 중 서방백호西方白虎에 해당하는 규奎, 루婁, 위胃, 묘昴, 필畢, 자觜, 삼參 등의 7수 중 네 번째 별로 하늘의 눈과 귀 역할을 하고 상사喪事를 주관한다고 했다.

***** '유물'은 마음은 물질의 작용에 지나지 않으며 오직 물질만이 존재한다고 생각하는 입장이고, '유심'은 일체의 현상은 마음이 작용한 결과이자 마음의 산물에 불과하며 실제로 존재하는 것이 아니라는 사상이다.

재三才다. 따라서 '역은 다름이 아니라 삼재의 도다.易者非它也 三才之道也'라고 한 것이다. 그렇다면 도대체 어떻게 '관찰한다'는 것일까? '관찰'의 방법은 무엇일까? 이에 대한 후대의 해석은 다양하지만 종합해 보면 두 가지 관점, 즉 '유아有我의 관찰'과 '무아無我의 관찰'로 압축할 수 있다. 유아의 관찰이란 '눈으로 사물을 보는 것' '마음으로 사물을 보는 것'으로 개인의 주관적인 의식을 포함한 관찰이다. 무아의 관찰이란 '사물로써 사물을 바라보는 것'으로 개인의 주관적 의식을 모두 배제한 채 완전히 사물 가운데 융합되어 들어가는 과정이다. 만일 이것이 제대로만 된다면 "천지는 나와 함께 생겨났으므로 만물은 나와 하나다."라는 말이 실현되는 셈이다.

'관찰觀'은 고대 성인과 선현들이 사용했던 중요한 방법 중 하나다. 『노자』 1장에서는 "그러므로 늘 없음에서 그 오묘함을 보려하고 늘 있음에서 그 갈래를 보려 한다.故常無欲以觀其妙 常有欲以觀其徼"고 했고 『논어』에서 공자도 "허물을 보고 인을 안다觀過斯知仁矣" "부모가 살아계실 적에는 그 뜻을 살피고 부모님이 돌아가셨을 때는 살아생전 부모님의 행동을 기억한다.父在 觀其志 父沒 觀其行" "이제 나는 사람에 대해 그의 말을 듣고도 그 행실을 살핀다.今吾於人也 聽其言而觀其行"고 했다. 불경도 마찬가지다. 『심경心經』에 처음 나오는 글자가 바로 '관觀'이어서 "관세음보살觀自在菩薩이 오묘한 반야바라밀다*를 닦으실 때 몸과 마음의 욕망이 모두 공한 것임을 비추어 보시고 온갖 괴로움과 재앙의 바다를 건너셨다.觀自在菩薩 行深般若波羅蜜多時 照見五蘊皆空 度一切苦厄"는 말이 있다. 『금강경』의 마지막 가타伽陀**인 "일체의 모든 법은 마치 꿈, 허깨비, 물거품, 그림자와 같고 이슬이나 번개나 마찬가지니 마땅히 이와 같이 보아라.一切有爲法 如夢幻泡影 如露亦

* 반야바라밀다: '반야'는 완전하고 큰 지혜, 곧 부처님의 지혜를 말하고 '바라밀다'는 열반의 피안에 도달한다는 말이다. 따라서 '반야바라밀다'는 '반야의 지혜가 고해의 바다를 능히 헤쳐 열반의 이상세계에 도달할 수 있다.'는 말이다.

** 가타: 부처의 공덕이나 가르침을 찬탄하는 노래 글귀

如電 應作如是觀"에 나오는 마지막 글자도 '관觀'이다.

복희씨는 팔괘를 지었을 뿐 아니라 "끈을 매어 그물을 만들었다.結繩而爲罔罟"고 했다. 여기서 '망고罔罟'는 물고기 잡는 그물을 가리키는데 이는 팔괘 가운데 이괘離卦(☲)의 괘상인 '사물의 대강이 서로 연결되어 물건이 서로 붙어 있는 모습'에서 유래했다. 그가 이 그물을 가지고 물고기를 잡았다.

뒤이어 등장하는 신농씨는 나무를 깎아 쟁기를 만들어 천하의 백성이 밭을 경작하게끔 했는데, 이는 대개 익괘에서 교훈을 얻은 것이다. 익괘(䷩)의 상괘인 손괘(☴)가 나무이고 하괘인 진괘(☳)가 움직임을 상징하므로 나무가 아래로 움직일 수 있다는 말이다. 이것이 바로 신농씨가 농사의 방법을 처음 체계화하고 주관하게 된 과정이다.

신농씨는 또한 '오후'를 시장이 열리는 시간으로 정하고 천하의 백성을 불러서 천하의 재화가 모이게 하여 그들이 시장에서 거래하게 하였으며 거래가 끝나면 각자 집에 돌아가게끔 했다. 이로 말미암아 각 사람은 자신이 원하는 물건을 얻을 수 있었는데 이는 대개 서합괘로부터 교훈을 받은 결과다. 서합괘(䷔)의 상괘인 이괘(☲)는 광명과 빛을 상징하고 하괘인 진괘(☳)는 움직임이므로 위아래가 교류하여 서로 합함으로써 각자 거처할 곳을 얻는 상이기 때문이다.

신농씨 다음으로는 황제黃帝와 요임금, 순임금이 나타나는데 그들은 이전 시대의 기물을 개선함으로써 백성이 노력을 게을리하지 않고 끊임없이 앞으로 나아가게끔 했다. 앞으로 나아가고 실천하는 과정에서 신기한 변화를 백성들이 적당히 이용하게끔 했다. 뒤이어 나온 구절은 그 유명한 '궁즉변 변즉통 통즉구窮則變 變則通 通則久' 즉 '궁한즉 변하고 변한즉 통하며 통한즉 오래간다.'는 말이다. 이는 '궁하면 변화를 꾀한다.'는 뜻을 가진 '궁즉사변窮則思變'이라는 성어의 기원이다. 이때 '궁하다'는 것은 빈궁하다는 뜻이 아니라 궁극의 끝, 마지막까지 이르렀다는 것으로 반드시 변화가 필요한 시점이다. 변화가 있으면 통할 수 있으며 통한즉 오래갈 수 있고 지속 발전할 수 있다. 궁하면 변하여 하늘의 도에 순응하니 이 때문에 하늘의 도움을 받을 수 있고 길하여 이롭지 않음이 없게 된다. 황제와 요임금, 순임금은 의복을 만들어 천하에 드리움으로써 천하가 크게 다스려지게 했는데 이는 대개 건괘와 곤괘의 괘상으로부터 깨달음을 얻었기 때문이다.

'고목위주 염목위즙刳木爲舟 剡木爲楫'에서 '고목刳木'이라는 것은 나무의 중간에 구멍을 파낸다는 것이고 '염목剡木'은 나무토막을 깎는다는 뜻이다. 그들은 나무에 구멍을 내서 배를 만들고 나무토막을 날렵하게 깎아서 노를 삼아 먼 곳까지 직접 도달하여 천하를 이롭게 할 수 있었으니, 이것은 대개 환괘에서 일깨움을 얻은 것이다. 환괘(䷺)의 상괘인 손괘(☴)는 바람이자 나무이고 하괘인 감괘(☵)는 물이어서 마치 목선이 바람을 타고 물 위를 미끄러져 가는 모습과 같기 때문이다.

그들은 소를 끌고 말을 타면서 무거운 것을 끌고 먼 곳까지 감으로써 천하를 이롭게 했는데 이는 대개 수괘(䷐)의 영향을 받은 것이다. 수괘의 상괘인 태괘(☱)는 기쁨이고 하괘인 진괘(☳)는 움직임이어서 아래로 움직일 수 있으므로 위에 있는 자가 기뻐함을 상징한다.

그들은 또한 문을 여러 겹 두어서 한밤중 목탁을 두드림으로써 폭도와 강도를 방비하였는데 이는 대개 예괘로부터 일깨움을 얻은 것이다. 예괘(䷏)는 이중문을 두고 작은 나무토막을 두드려서 예비한다는 뜻이기 때문이다.

그들은 또한 나무를 베어 절굿공이를 만들고 땅을 파서 절구를 삼았다. 절굿공이와 절구의 좋은 점은 백성으로 하여금 곡식을 빻아 먹게 하여 삶을 이롭게 하는 것이다. 따라서 이는 대개 소과괘의 '위는 움직이고 아래는 멈추는上動下止' 상에서 일깨움을 얻은 것이다. 소과괘(䷽)는 상괘인 진괘(☳)가 움직임이고 하괘인 간괘(☶)가 멈춤을 상징한다.

그들은 구부러진 나무의 양 끝에 줄을 단 뒤 연결하여 활로 삼았고 나뭇가지를 얇게 깎아 화살을 만들었다. 활과 화살의 좋은 점은 이를 통해 천하에 권위를 보임으로써 천하를 순복하게 하는 점이다. 이는 대개 '사물이 어긋나고 반목하면 권위를 써서 순복하게 한다.'는 의미를 함축한 규괘(䷥)에서 깨달음을 얻은 것이다.

상고시대 사람들은 동굴 속이나 들에 흩어져 살았는데 후대의 성인은 가옥을 만들어 살게 됨으로써 그 주거방식에 변화가 생겼다. 위로는 대들보, 아래로는 서까래를 두어 비바람을 막는 데 사용한 것은 대개 대장괘(䷡)로부터 일깨움을 얻었다. 고대인은 가장 먼저 굴을 파고 지내다가 훗날 집을 지어 살아감으로써 삶에 더욱 적합한 환경을 선택하거나 만들어 가는 방법을 연구했다. 여기에는 풍수風水의 의미가 담겨 있기도 하다. 그래서 오늘날 많은 사람이 『주역』의 괘상에서 풍수의 기법이 유래했다고 믿기도 한다.

고대인이 장례를 치르는 방법은 섶을 두텁게 하여 시체를 감싼 뒤, 들에 묻고 봉분도 올리지 않으며 나무도 심지 않고 장례 시간을 제한하지도 않았다. 후대의 성인은 '관棺'과 '곽槨'이라는 이중 널을 고안함으로써 과거의 장례 풍속을 바꾸었다. 이는 대개 대과괘(䷛)로부터 일깨움을 얻었다.

상고시대 사람은 결승結繩('줄을 맨다.'는 뜻으로 끈의 매듭, 길이, 빛깔로써 양자 간 언약이나 사실을 기록하던 원시적인 기억 보조 수단 내지 일종의 문자)을 통해 일을 기록하고 다스렸다. 후대의 성인은 문자를 새김으로써 과거에 줄을 매다는 방식을 바꾸었고 이를 통해 관리도 정치와 사무를 처리했으며 백성 또한 그것으로써 사물을 관찰하였다. 이는 대개 쾌괘(䷪)로부터 일깨움을 얻은 결과다.

이상에서는 고대 성인과 선현이 삶속에서 새롭게 발명하거나 발견했던 일 대부분이 괘상을 관찰한 결과임을 설명했다. 이러한 견해는 다소 억지로 느껴질 수 있으며 어떤 사람들은 이것은 단지 일종의 추측일 뿐이라고 생각한다. 그러나 위에 언급된 것들은 일종의 사유방식, 즉 취상의 사유방식을 통한 결과라는 사실만큼은 변함이 없다. 고대인에 의해 이뤄진 수많은 발명과 창조는 바로 이러한 취상의 사유를 통해 얻은 결과이며 괘상도 사실상 취상 사유를 거친 산물임을 알아야 한다. 이처럼 우리는 괘상을 통해 일깨움을 얻을 수 있으나 그렇다고 거기에 얽매여서 하나하나 일일이 대응시킬 필요는 없다. 괘상은 세상만물과 모든 일에 근거를 두고 있으므로 거꾸로 생각하면 당연히 괘상을 통해서도 세상만물과 모든 일을 역으로 추정할 수도 있다. 따라서 괘상이 사람의 발명과 창조에 영감을 주는 역할을 하는 셈이다.

3장

是故易者 象也. 象也者 像也. 彖者 材也. 爻也者 效天下之動者也. 是故吉凶生而悔吝著也.

그러므로 역은 상이고, 상은 본떠 형상화한 것이다. 단은 재덕이고, 효는 천하의 움직임을 본뜬 것이다. 이런 까닭에 길함과 흉함이 생겨나고 후회와 부끄러움이 드러난다.

3장은 2장을 종합하여 결론지은 부분이라고 할 수 있다.

'그러므로 역은 상이고, 상은 본떠 형상화한 것이다.是故易者 象也. 象也者 像也'에서 앞에 나오는 '상象'은 명사적 의미의 '상' 즉 '형상'이고, 뒤에 나오는 '상像'은 동사적 의미로 '취상取象(상을 취한다.)'의 의미를 갖는다. 여기서 우리는 『주역』이 '상象'을 말하는 것이지 '형形'을 강조하는 것이 아님을 알 수 있다.

형보다 상을 중시하는 것은 대부분 학파에서 비슷하게 나타나는 경향이다. 예컨대 도가의 경우는 노자가 "큰 상은 형체가 없다.大象無形"고 했는데 그렇게 되면 도가에서 말하는 도란 '형形'이 아니라 '상象'이 되는 셈이다. 『장자』「제물론齊物論」에는 "하늘과 땅은 한 손가락이요, 만물도 한 말이다.天地一指也 萬物一馬也"라는 구절이 나오는데 여기에는 '말'을 의미하는 '마馬'라는 글자가 나온다. 그리고 또 '말 마馬'가 등장하는 예로는 명가名家의 사상가인 공손룡公孫龍이 남긴 유명한 명제인 '백마비마白馬非馬' 즉 '흰말은 말이 아니다.'*라는 글도 있다. 그런데 거북 등껍데기에 새겨진 갑골문이나 청동 기물 등에 쓰인 금문金文을 보면 놀랍게도 '마馬'가 '상象'과 글자의 형태가 무척 유사함을 알 수 있다. 여기서 우리는 '마馬'가 본래 '상象'을 뜻하는 글자였음을 알 수 있으며 실제로도 선진시대 철학에서 '마馬'는 종종 '상象'으로 쓰이기도 했다.

'상象'은 '형形'과는 상대적인 개념이어서 두 가지 중요한 뜻을 가지는데 하나는 '물상物象'이고 다른 하나는 '의상意象'이다. 그리고 『주역』에서는 둘 사이에 '괘상卦象'이라는 개념을 추가했는데 이는 외적인 의미의 분류다. 내적인 함의의 측면에서 보면 '물상'이란 기본적으로 유형적인 것이며 '의상'은 무형의 것이다. 한의학과 『주역』, 그리고 중국 전통문화에서 비교적 더 많이 강조하는 것은 무형적인 '의상'이지 유형의 '물상'은 아니다. 물상은 훗날 '형形'으로 대체되었다.

* 전국시대 명가의 사상가 공손룡이 국경 지역을 지나는데 국경을 수비하는 관리가 그를 가로막으며 "말은 지나갈 수 없습니다."라고 했다. 그러자 공손룡은 "내 말은 희다. 그러니 흰말은 말이 아니다."라고 말하고는 유유히 지나가 버렸다. 즉 '말馬'이라는 것은 형체를 가리켜 명명한 것인데 '희다'라는 것은 색을 가리킨다는 점에서 색은 형체가 아니므로 흰말은 말이 아니라고 논증한 것이다.

여기서 사람들은 '유형의 것이 상이고 무형의 것도 상이라면 상이 아닌 것은 도대체 무엇인가?'라고 의아하게 여길지 모른다. 하나의 개념이 밖으로 무한대로 확장되는 경우에는 그것의 내적인 함의 역시 무한대로 작아져서 결국 없어져 버리는 것이나 마찬가지가 되어 버린다. 유형의 것이 상이라는 말에는 아무 문제가 없다. 그러나 무형의 것도 상이라는 말은 반드시, 항상 그러한 것은 아니며 거기에는 제한적인 조건이 붙어야 하는데 그것은 바로 '무형의 것이지만 감지할 수 있는 것'이라는 조건이다. 비록 유형의 형태는 아니지만 감각기관을 통해서 '느낄 수 있는 것'이 바로 '상象'인 셈이다. 이러한 무형의 것은 바로 형태를 초월한 것이고 형태를 초월한 것이 바로 '형이상形而上'이다. 반면 유형적인 것은 '형이하形而下'다. 「계사전」 상편 12장에서 "형체의 위를 일컬어 도라고 하고 형체의 아래를 일컬어 기라고 한다.形而上者謂之道 形而下者謂之器"고 한 것도 같은 맥락이다. 그러므로 『주역』에서 강조하는 것은 '도道'이지 '기器'가 아니며 '상象'일 뿐 '형形'이 아니다. 『주역』도 '상'을 기반으로 하는 사유이지, '형'의 사유가 아니다.

앞서 뒤에 나오는 '상像'은 동사적 의미로 상을 취한다는 '취상取象'을 말한다고 했는데, 이는 또 두 가지 방향으로 나뉜다. 첫째는 '물상物象'에서 '의상意象'을 추론해 내는 것, 둘째는 '의상'에서 '물상'을 반추하는 것이다. 가장 전형적인 예가 팔괘다. 팔괘는 일종의 상으로 물상에서 나온 것이다. 그러므로 역으로 팔괘에서 세상만물과 모든 일을 추론하는 것도 가능하다. 이렇게 정방향, 역방향으로 오고 가는 것이 바로 '취상'의 과정이다. 필자가 1990년대에 저술한 『상수역학象數易學』에서는 '상象'의 문제를 집중적으로 논하였기 때문에 상에 관한 내용이 더욱 상세하게 서술되어 있다. 『주역』에서 강조하는 것은 상징인데 상징은 바로 만물을 모방하는 것이다. 『주역』은 괘상을 통해 만물을 본뜨고 유추해 낸다.

'단彖'은 괘의 본질과 재덕才德을 총괄적으로 서술한다. '재材'는 '재덕才德'을 가리킨다. '효爻'는 천하만물이 운동하여 변화하는 것을 본뜬 것이다. 이 때문에 괘와 효로부터 길함과 흉함, 후회와 부끄러움을 알 수 있으므로 사람들은 점을 쳐서 괘상을 얻어 내고 사물이 발전하고 변화하는 결과를 인식하며 이에 대응할 만한 행동을 취하게 되는 것이다.

4장

陽卦多陰 陰卦多陽 其故何也? 陽卦奇 陰卦耦. 其德行何也? 陽一君而二民 君子之道也. 陰二君而一民 小人之道也.

양괘는 음이 많고 음괘는 양이 많으니 그 연고는 무엇인가? 양괘는 기수(홀수)이고 음괘는 우수(짝수)이기 때문이다. 그 덕행은 어떠한가? 양은 군주 하나에 백성이 둘이니 군자의 도다. 음은 군주 둘에 백성이 하나니 소인의 도다.

4장은 우리에게 음괘와 양괘를 어떻게 구분하는지 알려 준다. '양괘는 음이 많고 음괘는 양이 많다陽卦多陰 陰卦多陽'는 것은 양괘 안에는 음효가 많은 반면 양효가 적고, 음괘 안에는 양효가 많은 반면 음효가 적다는 말이다.* 또한 양괘는 홀수로 한 개의 양효를 갖고 음괘는 짝수로 한 개의 음효를 갖는다. 즉 양효는 기다란 막대선 하나로 표기되므로 홀수이고 음효는 두 개의 짧은 막대기가 가로로 나란히 놓여 표기되므로 짝수라고 한 것이다. 양괘는 군주 하나에 백성 둘이므로 군자의 도에 부합하고 음괘는

* 해당 괘가 양괘인지, 음괘인지 구분할 때는, 괘를 이루는 세 개의 효 가운데 개수가 홀수인 쪽을 기준으로 삼는다. 예컨대 건괘(☰)는 양효만 세 개여서 양괘이며, 곤괘(☷)는 음효가 세 개여서 음괘다. 그리고 감괘(☵)는 양효 1개에 음효가 2개이므로 양괘이고 이괘(☲)는 양효 2개에 음효가 1개이므로 음괘다. 진괘(☳)는 양효 1개에 음효가 2개이므로 양괘이고 손괘(☴)는 양효 2개에 음효가 1개이므로 음괘다. 간괘(☶)는 양효 1개에 음효가 2개이므로 양괘이고 태괘(☱)는 양효 2개에 음효가 1개이므로 음괘다. 따라서 본문에서 '양괘는 음이 많고 음괘는 양이 많다.'는 말이 성립되는 것이다.

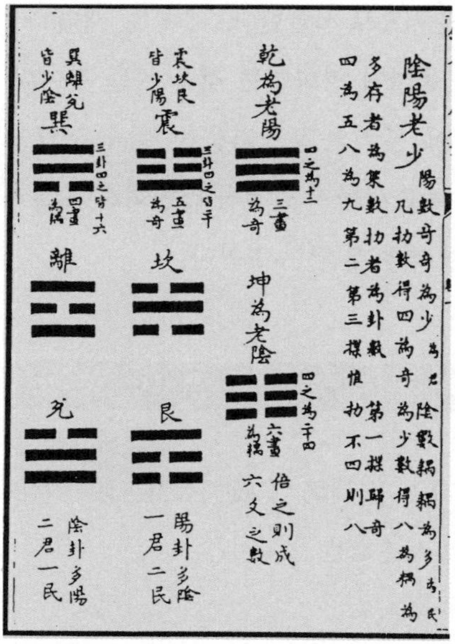

음양노소陰陽老少: 여덟 개의 경괘가 갖는 노양, 노음, 소양, 소음의 관계를 풀이함

군주 둘에 백성이 하나이므로 소인의 도에 맞다.

이번 장에서는 팔괘를 음과 양으로 구분했는데 그중 네 개가 양이고 나머지 네 개가 음이다. 팔괘의 특징을 보면 건괘와 곤괘가 각각 순양, 순음인 것을 제외하고는 나머지 여섯 괘는 모두 음효와 양효가 1 대 2 혹은 2 대 1의 비율로 섞여 있다. 음괘인지 양괘인지를 구분할 때는 효의 개수가 적은 쪽을 기준으로 삼는다. 어떤 괘에 음효와 양효가 섞여 있는데 하나가 음효이고 나머지 둘이 양효라면 해당 괘는 음괘다. 이처럼 수가 적을수록 중요한데 사물이란 희소할수록 귀하기 때문이다. 음괘는 짝수이고 양괘는 홀수다. 이러한 이치를 국가의 단위로까지 확대하여 생각해 보면 군주가 적고 백성이 많아야만 일을 주관하여 처리하는 것이 수월하다. 양효는 군주를 상징하며 음효는 백성을 상징하므로 음괘는 군주 둘에 백성이 하나이니 이러한 국가는 안정적일 수가 없다. 여기에는 나라를 다스림에 있어서 군주와 신하를 배치하는 도가 반영됐다고 볼 수 있다.

5장

易曰 "憧憧往來 朋從爾思." 子曰 "天下何思何慮? 天下同歸而殊塗 一致而百慮. 天下何思何慮? 日往則月來 月往則日來 日月相推而明生焉.

寒往則暑來 暑往則寒來 寒暑相推而歲成焉. 往者屈也 來者信也. 屈信相感而利生焉. 尺蠖之屈 以求信也. 龍蛇之蟄 以存身也. 精義入神 以致用也. 利用安身 以崇德也. 過此以往 未之或知也. 窮神知化 德之盛也."

易曰"困于石 據于蒺蔾 入于其宮 不見其妻 凶." 子曰"非所困而困焉名必辱. 非所據而據焉 身必危. 旣辱且危 死期將至 妻其可得見邪?"

易曰"公用射隼于高墉之上 獲之 无不利." 子曰"隼者 禽也. 弓矢者器也. 射之者 人也. 君子藏器于身 待時而動 何不利之有? 動而不括 是以出而有獲 語成器而動者也."

子曰"小人不恥不仁 不畏不義 不見利不勸 不威不懲 小懲而大戒. 此小人之福也. 易曰 '屨校滅趾 无咎' 此之謂也."

"善不積不足以成名 惡不積不足以滅身. 小人以小善爲无益而弗爲也以小惡爲无傷而弗去也. 故惡積而不可掩 罪大而不可解." 易曰 '何校滅耳 凶.'"

子曰"危者 安其位者也. 亡者 保其存者也. 亂者 有其治者也. 是故君子安而不忘危 存而不忘亡 治而不忘亂. 是以身安而國家可保也. 易曰'其亡其亡 繫于苞桑.'"

子曰"德薄而位尊 知小而謀大 力小而任重 鮮不及矣. 易曰 '鼎折足 覆公餗 其形渥 凶.' 言不勝其任也."

子曰"知幾其神乎? 君子上交不諂 下交不瀆 其知幾乎! 幾者 動之微吉之先見者也. 君子見幾而作 不俟終日. 易曰 '介于石 不終日 貞吉.' 介如石焉 寧用終日 斷可識矣. 君子知微知彰 知柔知剛 萬夫之望."

子曰"顔氏之子 其殆庶幾乎? 有不善 未嘗不知 知之 未嘗復行也." 易曰"不遠復 无祇悔 元吉."

"天地絪縕 萬物化醇. 男女構精 萬物化生. 易曰 '三人行則損一人 一人

行則得其友.' 言致一也."

子曰 "君子安其身而後動 易其心而後語 定其交而後求. 君子脩此三者 故全也. 危以動 則民不與也. 懼以語 則民不應也. 无交而求 則民不與也. 莫之與 則傷之者至矣. 易曰 '莫益之 或擊之 立心勿恒 凶.'"

역에 이르기를 "끊임없이 왕래하면 벗이 너의 생각을 따른다."고 하니 공자가 말했다. "천하가 무엇을 생각하며 무엇을 고려하겠는가? 천하는 길은 다르지만 돌아가는 곳은 같고, 천하의 생각은 백 가지이지만 이치는 하나이니, 천하가 무엇을 생각하며 무엇을 고려하겠는가? 해가 간즉 달이 오고, 달이 간즉 해가 오니, 해와 달이 서로 밀어 밝음이 생겨난다. 추위가 간즉 더위가 오고, 더위가 간즉 추위가 오니, 추위와 더위가 서로 밀어 해가 이루어진다. 가는 것은 굽히는 것이고, 오는 것은 펴짐이니, 굽힘과 펴짐이 서로 감응하여 이로움이 생겨난다. 자벌레가 굽힘은 이로써 펴기를 구하는 것이요, 용과 뱀이 칩거함은 몸을 보존하려는 것이다. 의를 정밀히 하여 신묘함에 들어가는 것은 씀을 지극히 하기 위함이고, 씀을 이롭게 해서 몸을 편안하게 하는 것은 덕을 높이기 위해서다. 이것을 넘어서서 더 나아가면 혹은 알 수 없으며, 신묘함을 궁구하면 변화를 알게 되니 덕의 성대함이다."

역에 이르기를 "돌 때문에 곤궁하여 가시나무에 둘러싸인다. 그 집에 들어가더라도 아내를 만나지 못하니 흉하다."고 하니 공자가 말했다. "곤궁할 바가 아닌데도 곤궁하니 이름이 반드시 욕되고, 둘러싸일 바가 아닌데도 둘러싸이니 몸이 반드시 위태롭다. 기왕 욕되고 위태로워 죽을 때가 곧 이르니 아내를 볼 수 있겠는가?"

역에 이르기를 "공이 높은 담 위에서 매를 쏘아 잡으니 이롭지 않음이 없다."고 하니 공자가 말했다. "매는 날짐승이고 활과 화살은 기물이며 쏘는 이는 사람이니, 군자가 기물을 몸에 두고 때를 기다렸다가 움직이면 어찌 이롭지 않음이 있겠는가? 움직임이 막히지 않으므로 나아가면 얻는 것이 있으니 기물을 이루고 움직이는 자를 말한 것이다."

공자가 말했다. "소인은 어질지 않음을 부끄러워하지 않고, 의롭지 않음을 두려워하지 않으며, 이익을 보지 않으면 권면되지 않고, 위엄을 드러내지 않으면 징계되지 않으니, 조금 징계함으로써 크게 경계시키는 것이 소인의 복이다. 역에 이르기를 '신발에 차꼬를 채워 발꿈치를 없앰이니 허물이 없다.'고 하니 이것을 말한 것이다."

"선이 쌓이지 않으면 이름을 이루기에 충분하지 않고, 악이 쌓이지 않으면 몸을 위태롭게 하지 않는다. 소인은 작은 선을 무익하다고 하여 행하지 않으며, 작은 악을 해롭지 않다고 여겨 버리지 않는다. 이런 까닭에 악이 쌓여 가려질 수 없고, 죄가 커져 풀 수 없다. 역에 이르기를 '목에 차꼬를 메어 귀가 없어진 것이니 흉하다.'고 했다."

공자가 말했다. "위태로움은 그 위치에 안일하게 거하기 때문이요, 망함은 그 생존을 보존할 수 있다고 여기기 때문이며, 어지러움은 다스릴 수 있다고 여기기 때문이다. 그러므로 군자는 편하게 거하더라도 위태로움을 잊지 말고, 생존하여도 망함을 염두에 두며, 다스리더라도 어지러움을 잊어서는 안 된다. 이 때문에 몸이 편하게 되어 나라가 보존될 수 있다. 역에 이르기를 '망할까, 망할까 염려해야 뽕나무에 매어 놓듯 견고하리라.'고 했다."

공자가 말했다. "덕이 적으면서 지위가 높고, 앎이 적으면서 도모함이 크며, 힘이 적으면서 맡은 일이 중하면, 화가 미치지 않음이 드물다. 역에 이르기를 '솥의 발이 부러져 왕공의 음식이 엎어지고 솥도 더러워졌으니 흉하다.'고 하여 그 맡은 것을 감당하지 못한다고 했다."

공자가 말했다. "기미를 아는 것이 신묘한가? 군자는 위로 사귀되 아첨하지 않고 아래로 사귀되 모독하지 않으니 그것이 기미를 아는 것이다! 기미란 움직임의 미묘함으로 길함과 흉함이 먼저 나타난 것이다. 군자는 기미를 보아 행동하되 하루가 끝나기를 기다리지 않는다. 역에 이르기를 '절개가 돌과 같아서 종일토록 즐거움에만 머무르지 않으니 바르게 함이 길하다.'고 했다. 절개가 돌과 같으니 어찌 하루가 마치기를 기다리겠는가. 결단하여 알 수 있다. 군자는 미묘한 징조를 알고, 그 결과를 밝히 알며, 유를 알고 강을 알아, 모든 사람이 우러른다."

공자가 말했다. "안씨의 아들은 대체로 이에 근접한 자다. 선하지 않음이 있으면 일찍이 모른 적이 없었고, 알면 일찍이 다시는 행하지 않았다. 역에 이르기를 '멀리 가지 않고 돌아온다. 큰 후회가 없으니 크게 길하다.'고 했다."

"천지의 기운이 뭉쳐서 만물이 조화를 이루어 엉기고, 남녀의 정기가 합하여 만물이 변화, 생성된다. 역에 이르기를 '세 사람이 가면 한 사람을 덜고, 한 사람이 가면 그 벗을 얻는다.'고 하니, 이는 하나를 이룸을 말한다."

공자가 말했다. "군자는 그 몸을 편하게 한 뒤에 움직이며, 그 마음을 평안하게 한 뒤에 말하며, 그 사귐을 정한 뒤에 구한다. 군자는 이 세 가지를 닦으므로 온전하다. 위태로움으로써 움직이면 백성이 더불어 하지 않고, 두려움을 주어 말하면 백성이 응하지 않으며, 사귐이 없으면서 구하기만 하면 백성이 더불어 하지 않는다. 더불어 하지 않으면 해롭게 하는 자가 이른다. 역에 이르기를 '보태주는 이가 없고 혹 공격하니 마음을 세우되 항상심이 없으면 흉하다.'고 했다."

『주역』의 가장 큰 역할은 '역易'의 이치를 일생 생활에 녹여 내어 생활화, 세속화한 점이다. 여기서는 『주역』에 나오는 열한 개 효사를 열거한 뒤 공자가 해석한 말을 덧붙임으로써 『주역』이 일상에서 활용되는 예를 보여 준다.

첫 번째 열거된 예는 『주역』 함괘의 구사효에 대한 효사로, 마음을 한곳에 두지 않고 자주 왕래하면 벗이 결국에는 당신의 뜻에 순종하여 당신과 함께 감응하리라는 내용이다. 이에 대해 공자는 천하의 일인데 구태여 생각할 필요가 있겠느냐고 해석했다. 천하만물과 모든 일은 비록 길은 다르지만 이르는 목적지는 매한가지이며, 천하의 생각 또한 그 수가 무척 많지만 결국에는 하나의 이념과 목표를 향하고 있기 때문에 굳이 애써서 근심할 필요가 없다는 말이다. 태양이 서쪽으로 지면 달이 동쪽에서 떠오르고 달이 서쪽으로 지면 태양이 동쪽에서 올라오듯, 태양과 달은 서로 교차하고 밀어서 광명을 일으킨다. 마찬가지로 추운 계절이 가면 더운 계절이 오고 더운 계절이 가면 추운 계절이 오니, 추위와 더위는 서로 교차하고 밀어서 한 해를 이룬다.

본문의 '왕자굴야 내자신야 굴신상감이리생언往者屈也 來者信也 屈信相感而利生焉'이라는 구절은 '왕往' 즉 '가는 것'은 수축하고 구부리는 것이고 '래來' 즉 '오는 것'은 펼치는 것이니, 구부러짐과 펼침이 서로 감응함으로써 이로움이 발생한다는 말이다. 여기서 '신信'은 '펼치다'라는 의미의 '신伸'과 통한다. 자벌레라는 곤충이 자신의 몸을 굽히는 것은 몸을 다시 펼치기 위함이고, 거대한 용과 기다란 뱀이 동면하면서 숨어 엎드린 것은 자신을 보존하기 위함이다. 이 때문에 『주역』을 배우는 사람은 사물의 의리義理를 정밀하게 연구하여 신묘한 경지에 이르고 일상의 삶에서 그것을 활용하여 일을 처리하니 이롭지 않음이 없다. 또한 이를 통해 자신을 수양함으로써 마음을 편안히 먹고 도덕의 수준을 부단히 끌어올릴 수 있다. 이러한 수준을 넘어서서 전진하여 더욱 깊고 높은 경지까지 탐구하면 그것을 어떻게 쓸지 알 수 없다고 했다. 이는 위에서 언급한 '구부리고 펼치며 오고 가고 나아가며 물러서는' 이치를 넘어서서는 안 되며 이 도리 안에 거하는 것만으로도 충분하다는 말이다. 사물의 신묘한 이치를 끝까지 연구하면 변화라는 것을 알게 되고 그것이 바로 재덕才德의 가장 높은 경지라고 할 수 있다.

두 번째로는 『주역』의 곤괘困卦에 나오는 육삼효에 대한 효사를 인용했다. 거대한 돌 아래에 곤궁함이 이르고 가시나무에 둘러싸이므로 물러나 집으로 들어가더라도 자신의 배우자를 만나지 못한 채 홀로 남아 흉하다는 내용이다. 공자는 이에 대해 타당하지 않은 자리에 있으면 곤궁해져서 그 명성이 반드시 욕됨을 입고, 적절하지 않은 곳에 거처하면 그 몸이 반드시 위험에 처할 것이라고 하면서, 이미 욕되고 위태로워져 멸망의 날이 곧 다가오는데 어찌 배우자를 만날 수 있겠느냐고 반문했다. 이는 각자 자신이 처해야 할 위치를 명확하게 알아야 한다는 뜻이다.

세 번째는 『주역』 해괘의 상육효에 대한 효사로 공이 화살을 쏘아 높은 담장 위에 앉은 매를 잡았는데 한 발에 적중하였으니 이롭지 않음이 없다는 내용이다. 공자는 이에 대해 매는 일종의 날짐승이고, 활과 화살은 무기이며, 화살을 쏜 이는 사람이니, 군자가 몸에 무기를 지니고 때를 기다렸다가 행동하면 어찌 이롭지 않음이 있겠느냐고 했다. 장애물이 없어 행함이 멈추지 않으면 나가서 쏠 때 반드시 수확이 있게 마련이므로 먼저 무기를 준비한 연후에야 행동할 수 있다는 이치다.

공자는 소인이란 부끄러움을 몰라서 어질지 않고, 의롭지 않은 일을 행해도 부끄러워하거나 두려워하지 않고, 이익이 없으면 애써 행하지 않으며, 위협받지 않으면 경계하지 않는다고 했다. 그러므로 이러한 소인에게는 작은 징벌이라도 가함으로써 크게 경고나 권면을 받게끔 해야 한다고 했다. 이렇게 된다면 비록 소인이라도 다행스러운 일이 아닐 수 없다. 『주역』 서합괘의 초구효 효사에서 "신발에 차꼬를 채워 발꿈치를 없앴으나 허물이 없다."고 한 것이 바로 이러한 이치와 상통한다.

공자는 선행이 쌓이지 않으면 아름다운 이름을 이룰 수 없고, 악행이 쌓이지 않으면 자기 몸을 망하게 하지 않는다고 했다. 소인은 작은 선이 얻을 바 없이 무익하다고 여겨서 기꺼이 행하려 하지 않으며, 작은 악은 해로울 것 없다고 간주하여 없애려 하지 않는다고 했다. 그러므로 악행이 점차 쌓일수록 이를 덮을 방법이 없게 되고 그렇게 되면 죄악이 점점 커져서 구조할 방법조차 없게 된다. 이는 제갈량이 "선함이 아무리 작다고 해도 행하지 않으면 안 되고 악함이 아무리 작아도 그것을 행해서는 안 된다."고 한 것과 같은 이치다. 또한 불가에서도 "모든 선함을 받들어 행하고 모든 악함은 하지 말라."고 했고 유가에서도 "선을 알고 악을 앎이 양지良知(마음의 본체)이고 선을 행하며 악을 버리는 것이 격물格物(이치를 연구해서 궁극에 이름)이다."라고 했다. 그밖에 도가에서도 "선을 행하더라도 명예를 구하지 말고 악한 짓을 해도 형벌에 접근하지 말라."고 했다. 이처럼 유가, 불가, 도가의 세 학파에서는 모두 악을 그치고 선을 베풀라는 사상을 내세우고 있다. 『주역』 서합괘의 상구효 효사에서는 "목에 차꼬를 메어 귀가 상하는 형벌을 받게 되니 흉하다."고 했다.

공자는 무릇 위태로움이란 그 자리에 안일하게 머물려 하는 것 때문에 생겨나고, 멸망이란 스스로 오래도록 보존할 수 있다고 여기는 까닭에 생겨나며, 어지러운 화는 스스로 잘 다스려서 천하가 태평하다고 자만하기 때문에 생긴다고 했다. 그러므로 군자란 안일하게 거하는 가운데서도 위기를 잊어서는 안 되고, 생존하면서도 멸망의 위태로움을 항상 기억하며, 태평할 때도 혼란스러움을 경계해야 하는데, 이렇게 해야만 몸이 평안하고 나라도 영원히 보존될 수 있다. 『주역』 비괘否卦의 구오효 효사에서는 마음속으로 항상 멸망의 위태로움을 느끼며 스스로 경계해야만 견고한 뽕나무처럼 평안함을 얻을 수 있다고 했다.

공자는 재덕이 작지만 지위가 높으며 지혜와 능력이 보잘 것 없어도 도모함이 크고 힘이 미미하나 짊어진 책임이 무거우면 재난과 화를 만날 가능성이 낮아진다고 했다. 『주역』 정괘鼎卦의 구사효 효사에서는 '솥의 발이 부러져 왕공의 음식이 엎어지고 솥도 더러워졌으니 흉하다.' 즉 솥이 음식의 무게를 견디지 못하면 다리가 부러져서 왕공의 음식이 엎어지고

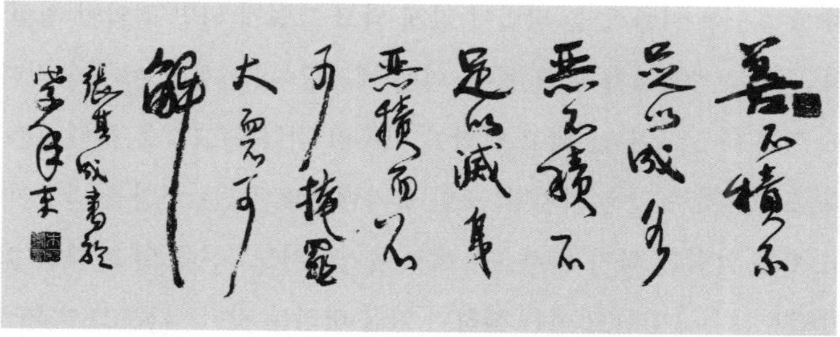

"선이 쌓이지 않으면 이름을 이루기에 충분하지 않고, 악이 쌓이지 않으면 몸을 위태롭게 하지 않는다. 악이 쌓여 가려질 수 없고, 죄가 커져 풀 수 없다."

만다고 했는데 이는 맡은 임무를 감당하지 못하면 재난이 닥치고 만다는 이치를 설명하는 구절이다.

공자는 미묘하고도 적절한 시기를 미리 아는 것이야말로 신묘한 경지에 이른 것이라고 했다. 군자는 위로 사귀면서도 아첨하지 않으며, 아래로 사귀면서도 그들을 무시하거나 모독하지 말아야 한다고 했는데, 그렇지 않으면 흉할 것이라고 했다. 이는 군자가 극도로 미묘한 일의 조짐과 이치를 알아야 함을 의미한다. 미묘한 조짐이란 일이 변화함에 따르는 작은 징조를 말하며 길흉의 변화 역시 여기에 어렴풋하게나마 드러나게 되어 있다. 그러므로 군자는 때를 살피어 행동하되 신속하게 하며, 적절한 때를 만나면 하루라도 지체해서는 안 된다. 기회는 좀체 다시 오지 않기 때문이다. 『주역』 예괘의 육이효 효사에서는 '절개가 돌과 같아서 종일토록 즐거움에만 머무르지 않으니 바르게 함이 길하다.'고 했다. 이왕 돌처럼 강직한 품성과 덕을 가지고 있을 바에야 하루를 더 기다려서 뭐하겠는가? 하루를 더 기다린다고 해서 일의 이치를 더 잘 알게 되겠는가? 당시에 판단할 수 있다면 바로 명백하게 알 수 있다. 그러므로 군자는 반드시 이러한 미묘한 변화와 징조를 깨달음과 함께 그로 말미암은 결과도 뚜렷이 알게 된다. 부드러움을 알면 강건함도 예측할 수 있으며, 음유陰柔의 역할을 알게 되면 양강陽剛의 역할도 미리 알게 되니, 이런 사람은 많은 이가 우러러보는 걸출한 인물이 아닐 수 없다.

공자는 안연과 같은 어진 이야말로 이러한 미묘한 징조에 근접한 사람이라고 하면서, 그는 조금이라도 선하지 않은 기미가 보이면 바로 알아차려서 그 싹이 다시는 자라지 않게 한다고 했다. 『주역』 복괘 초구효의 효사에서는 아주 먼 곳으로 가지 말고 돌아와야만 크게 후회할 일이 생기지 않으니 크게 길하다고 했다.

'천지의 기운이 뭉쳐서 만물이 조화를 이루어 엉기고, 남녀의 정기가 합하여 만물이 변화, 생성된다.天地絪縕 萬物化醇 男女構精 萬物化生'는 무척 유명한 구절이다. 하늘과 땅, 두 개의 기운이 교합하여 뒤섞이고 남자와 여자도 음양이 교합하여 세상만물과 모든 일이 변화하여 끊임없이 생성된다는 말이다. 음과 양이 서로 감응하여 전환하고 교합하며 소통해야만 세상만물과 모든 일이 탄생할 수 있으며, 이렇게 해야만 큰 변화가 생겨서 일종의 큰 효과를 보인다는 것이다. 『주역』 손괘損卦의 육삼효 효사에서는 '세 사람이 가면 한 사람을 덜고 한 사람이 가면 그 벗을 얻는다.'고 했다. 이는 음과 양이 서로 구할 때는 반드시 전념하여 하나가 되어야 한다는 말이다. '한 사람이 가면'에서 한 사람은 다름 아니라 '한결같이' '전념해서'라는 뜻이므로 집중해야만 벗을 얻을 수 있다고 했다. 당연히 이러한 '하나' '일一'은 '하나의 음' 혹은 '하나의 양'을 가리키므로 하나의 음은 벗인 하나의 양을 얻게 되며, 또 양은 그의 벗인 음을 얻게 되니, 이렇게 음과 양이 서로 화합하여 둘이 하나가 된다.

공자는 군자란 먼저 자신의 몸을 편안히 정한 다음에야 비로소 행동하며, 먼저 자신의 마음 상태를 평안하게 해야만 의론을 펼칠 수 있고, 자신의 교류를 확정해야만 다른 사람을 도울 수 있다고 했다. 그러므로 군자는 이 세 가지 덕을 수양해야 하는데, 몸을 편안하게 하면 마음도 편해지며 그 교류를 정할 수 있어서 이렇게 하면 완비될 수 있다. 만약 자신에게 위험 요인이 있는데도 조급하게 행동한다면 백성은 따르지 않고 도우려하지 않을 것이다. 또한 마음에 두려움과 의심을 품고 있는 상태에서는 말을 내더라도 백성이 호응하지 않는다. 교류가 없는데도 도움을 구하려 한다면 백성도 원하는 것을 주려 하지 않을 것이다. 도우려는 사람이 없으므로 오히려 해하려는 사람이 따라올 수도 있다. 『주역』 익괘 상구효 효사에서는 그를 도울 수 있는 이가 없으면 그를 공격하려고만 하며 항상심이 없으니 흉하다고 했다. 여기서 말하고자 하는 것은 위태로울 때에 행동하거나, 두려움을 품고 있을 때 말을 하며, 교류가 없을 때 다른 이에게 도움을 구한다면 흉하다는 이치다.

6장

子曰 "乾坤 其易之門邪?" 乾 陽物也. 坤 陰物也. 陰陽合德而剛柔有體 以體天地之撰 以通神明之德. 其稱名也雜而不越 於稽其類 其衰世之意邪? 夫易 彰往而察來 而微顯闡幽 開而當名辨物 正言斷辭 則備矣. 其稱名也小 其取類也大. 其旨遠 其辭文 其言曲而中 其事肆而隱. 因貳以濟民行 以明失得之報.

공자가 말했다. "건과 곤은 역의 문인가?" 건은 양물이고 곤은 음물이니, 음과 양이 덕을 합하여 강과 유가 형체를 갖게 되었고, 이로써 천지의 일을 드러내며 신명한 덕에 통한다. 이름을 칭함이 번잡하지만 넘치지 않으니, 그 종류를 헤아림에는 쇠한 세상의 뜻인가? 역은 지나간 것을 드러내고 앞으로 올 것을 살피며, 드러남을 은밀하게 하고 그윽함을 밝힌다. 이름에 마땅하게 사물을 분별하여 말을 바르게 하고, 말로 결단한즉 구비되었다. 그 이름을 칭함은 작으나 그 종류를 취함은 크다. 그 뜻이 원대하고, 그 말이 우아하며, 말이 다양하면서도 적절하고, 일이 폭넓으면서도 숨어 있으니, 음과 양의 두 가지 이치로 말미암아 백성의 행위를 구제하며 득실의 응보를 밝힌다.

공자는 '건과 곤은 『주역』의 문인가.'라고 말했다. 건은 양의 성질을 지닌 사물이고 곤은 음의 성질을 지닌 것이므로 음과 양의 덕성이 서로 합하면 그것의 강과 유가 형체를 이룬다. 다시 말해 건괘와 곤괘의 두 괘, 강과 유의 두 효가 형성된다는 것이다. 건괘와 곤괘를 통해 천지의 움직임과 변화를 드러낼 수 있으며 신묘한 변화의 법칙을 깨달아 통달할 수 있다. 그러므로 64괘의 384개 효가 지칭하는 사물의 이름이 비록 번잡하기는 하지만 음양의 이치를 넘어서는 것은 없으며 천지 변화의 법칙을 초월하지도 않는다.

『주역』의 괘와 효가 말하는 각종 사물과 사례를 살펴보면 이는 저자가 위태로운 세상과 쇠락하는 세상을 살아가는 가운데 흘러나온 사상이라는 것을 단 번에 알 수 있다. 『주역』은 지나간 일을 밝히고 다가올 일도 헤아릴 수 있으며, 세미한 일을 드러내고 그윽하고 심오한 이치를 밝힐 수 있다. 그러므로 『주역』은 64괘를 열거함으로써 각 괘와 각 효의 명칭 및 의리義理를 합당하게 했으며, 이로 말미암아 그것들이 상징하는 사물을 분별할 수 있게 되었다. 말이 반듯하여

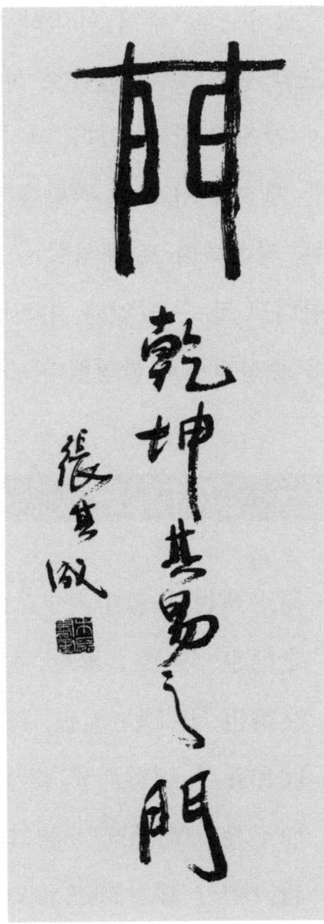

문 건곤기역지문: 건과 곤은 역의 문이다.

말을 통해 결정하고 판단한다. 길한 것은 길하다고 하고 흉한 것은 흉하다고 거짓 없이 말하므로 천하만물과 모든 일의 이치가 갖추어지지 않음이 없다.

따라서 괘사와 효사에서 설명하는 사물은 그 이름이 비록 작더라도 그것이 비유하는 일의 유형은 무척 광대하다. 또 그것이 뜻하는 바는 무척 심오하고도 원대하지만, 그 문장은 도리어 우아하고도 화려하며, 그 말은 복잡하지만 사물의 이치를 꿰뚫는다. 괘사와 효사에 인용된 사례는 무척 폭넓지만 거기에 함축되어 있는 철학적인 이치는 도리어 심오하다.

그러므로 『주역』의 음과 양, 두 가지 이치를 운용하면 백성의 행위를 지도할 수 있고, 사람들로 하여금 길흉, 득실의 결과가 들어맞는지 명확하게 알게끔 할 수 있다. 다시 말해 그것은 백성들이 주저하며 결단하지 못할 때 이끌어 주는 역할을 한다는 것이다. 본문에 사용된 '이貳'라는 글자는 '의심하다'로 해석할 수도 있지만 '음과 양, 두 가지 방면의 이치'를 뜻한다고 볼 수도 있다. 이처럼 이번 장에서는 괘와 효의 특징, 의의와 역할을 중점적으로 설명했다.

7장

易之興也 其於中古乎? 作易者 其有憂患乎? 是故履 德之基也. 謙 德之柄也. 復 德之本也. 恒 德之固也. 損 德之修也. 益 德之裕也. 困 德之辨也. 井 德之地也. 巽 德之制也.

履和而至 謙尊而光 復小而辨於物 恒雜而不厭 損先難而後易 益長裕而不設 困窮而通 井居其所而遷 巽稱而隱.

履以和行 謙以制禮 復以自知 恒以一德 損以遠害 益以興利 困以寡怨 井以辯義 巽以行權.

역이 일어난 것은 중고시대인가? 역을 지은 이는 우환이 있었는가? 이런 까닭에 이괘는 덕의 기반이요, 겸괘는 덕의 자루이며, 복괘는 덕의 뿌리이고, 항괘는 덕의 공고함이요, 손괘는 덕의 닦음이며, 익괘는 덕의 넉넉함이고, 곤괘는 덕의 분별함이며, 정괘는 덕의 땅이고, 손괘는 덕의 규범이다.

이괘는 화함으로써 지극함에 이르게 하고, 겸괘는 존귀하면서 빛나며, 복괘는 작아도 사물을 분별하고, 항괘는 번잡하면서도 싫지 않으며, 손괘는 먼저는 어렵지만 뒤에는 쉽고, 익괘는 크고 넉넉하면서 조작을 베풀지 않으며, 곤괘는 궁하면서도 통하고, 정괘는 그 자리에 머물러 있으면서도 옮겨 가고, 손괘는 사물의 경중을 재지만 드러내지 않는다.

이괘를 통해 화합의 이치로 행하고, 겸괘로써 절제하여 예에 부합하게 하며, 복괘를 통해 자각하며, 항괘로써 덕을 한결같이 하고, 손괘를 통해 해로움을 멀리하며, 익괘로써 이로움을 일으키고, 곤괘를 통해 원망을 적게 하며, 정괘로써 의를 분별하고, 손괘를 통해 권리를 행한다.

7장에서는 아홉 개의 괘를 열거한 뒤 이를 세 차례에 걸쳐 설명했는데 이것이 바로 그 유명한 '삼진구괘三陳九卦'다. 아홉 괘를 통해 도덕의 수양, 우환에 처했을 때 중심을 잃지 않고 대처하는 법을 설명한 것이다. 『주역』이 생겨났을 때는 대략 중고시대인데 중고시대는 은상시대 말과 상주商周 시기에 걸쳐 있다. 『주역』은 주나라 문왕이 지은 것으로 전해지는데 그가 바로 이 시기를 살았다. 『주역』을 지은 이의 마음에는 대체로 근심거리가 쌓여 있지 않았을까? 마음에 근심이 있다면 어떻게 해야만 중심을 잃지 않고 그것을 다스릴 수 있을까?

그래서 본문에서는 아홉 가지 괘를 열거하였다. 이괘履卦는 도덕 수양의 기초가 되고, 겸괘는 도덕의 주요한 줄기이며, 복괘는 도덕의 뿌리이고, 항괘는 도덕을 견고하게 하는 전제다. 손괘損卦는 도덕 수양의 방법이

자 길이고, 익괘는 도덕을 충만하게 하는 방법이며, 곤괘困卦는 도덕을 측정하는 기준이 되고, 정괘井卦는 도덕 수양의 처소이며, 손괘巽卦는 도덕의 규범을 대표한다. 이는 아홉 가지 괘가 윤리도덕 방면에서 갖는 의의를 처음으로 설명한 부분이다.

우환

뒤이어 아홉 괘에 대해 두 번째로 풀이한 내용이 나온다. 이괘履卦는 사람들이 화합하여 다툼이 없게 가르침으로써 최고의 경지에 이르게 한다. 겸괘는 사람들로 하여금 겸손하게 하고 존경하는 마음과 공경하는 마음을 갖게 하는데 이렇게 함으로써 그 덕행을 빛나고 크게 할 수 있다. 복괘는 사람들이 미미한 징조가 있을 때 선함과 악함을 분별하고 만물을 구분하여 바른 도를 바로 회복하게 한다. 항괘는 사람들이 들떠서 번잡할 때 인품과 덕을 지켜서 나태해지지 않게 한다. 손괘損卦는 사람들이 처음 시작할 때는 어렵다가 뒤에 가서는 이로움을 얻게 하는 이치를 가르친다. 익괘는 사람들에게 이익을 베풂으로써 다른 사람과 자기 자신의 도덕 수준을 충만해지게 하면서도 과장하지 않고 꾸며 내지 않게 한다. 곤괘困卦는 사람들이 어려워 궁지에 몰렸을 때 바른 도를 지키고 임기응변하여야만 형통할 수 있다는 것을 알려 준다. 정괘井卦는 사람들이 안일함에 머무르지 않게끔 옮겨서 기르고 자신의 은혜를 다른 사람에게 베풀게끔 가르친다. 손괘巽卦는 사람들이 사물의 가볍고 무거움을 재어 보지만 스스로 드러내거나 자랑하지 않게 한다.

그다음으로는 아홉 괘의 역할과 작용에 대해 세 번째로 설명하는 부분이 나온다. 이괘履卦는 화합하고 온순한 이치에 따라 조심스럽게 행동한다고 한다. 겸괘는 자기를 절제하여 예절에 부합하게 하는데 쓰인다. 복괘는 스스로 깨달아 자각하여 알게 한다. 항괘는 처음부터 끝까지 이동하지 않고 마음을 다해 뜻을 이루어 오래도록 유지하게 한다. 손괘損卦는 스스로 악한 생각, 개인적인 욕심 따위를 덜어 냄으로써 재앙이나 화를 멀리하게 한다. 익괘는 자신의 선한 생각과 덕을 늘게 하여 복을 더해가게 한다. 곤괘困卦는 어려움에 처하더라도 원망하지 않게 한다. 정괘井卦는 만물을 폭넓게 기르고 도의를 분별하게 한다. 손괘巽卦는 상황을 살펴 이로움을 이끌고 권리를 행하게 한다.

8장

易之爲書也不可遠 爲道也屢遷. 變動不居 周流六虛 上下无常 剛柔相易 不可爲曲要 唯變所適. 其出入以度 外內使知懼. 又明於憂患與故 无有師保 如臨父母. 初率其辭而揆其方 旣有曲常. 苟非其人 道不虛行.

역이라는 책은 멀리 할 수 없고 그 안의 도는 끊임없이 움직인다. 변동하여 머무르지 않아 여섯 효 사이에서 두루 흐르니, 오르내림에 정함이 없고 강과 유가 서로 바뀌므로 고정된 것으로 고집할 수 없으며, 오직 변화해야만 적절하다. 나가고 들어옴을 법도로써 하여 밖과 안이 두려움을 알게 하며, 또 우환과 연고를 밝혀 스승의 가르침이 없으나 마치 부모가 임한 듯하다. 처음에는 그 말을 따라 행동의 방향을 헤아려 보면 항상한 법칙이 있다. 만일 어진 사람이 아니면 도는 두루 행해지지 않는다.

『주역』이라는 책은 자신의 삶과 멀리 떨어진 무관한 것으로 간주할 수 없으며 그것이 드러내는 이치는 끊임없이 움직여 변화한다. 이러한 움직임과 변화는 멈추지 않는 것으로 각 괘와 여섯 효 사이의 주기적 움직임이자 변화다. 각 괘별로 주기적인 오르내림과 오고 감 역시 정해진 것이 없어서 음과 양, 강과 유가 모두 서로 변화하며 어떤 전형적이고도 항상된 틀을 고집할 수 없다. 변화만이 그것이 적용될 수 있는 방향이다.

『주역』의 이치에 따르면 '나가고 들어옴出入'의 행위는 법도에 부합해야 하고 밖이든 안이든 항상 신중하고도 두려워해야 한다. 각 괘에서 아래로부터 위로 올라가는 것을 일컬어 '나간다出'고 하고 반대의 경우를 '들어온다入'고 한다. 이 때문에 외괘外卦는 상괘上卦를 가리키고 내괘內卦가 하괘下卦를 지칭한다. 하나의 괘에서 상괘와 하괘의 두 체體 안의 여섯 효의 위치로써 사람의 처지와 처세의 방향을 나타내며 그에 맞는 예절과 법도를 파악한다. 또한 미래의 우환과 과거의 연고를 밝히 알 수 있는데 이렇게 되면 길함을 따르고 흉함을 피할 수 있다. 비록 스승의 보호와 교육은 없지만 부모가 곁에 있는 것과 같아 언제든지 보호를 받을 수 있다. 처세의 초기에 『주역』 괘사와 효사의 뜻을 지켜 행동의 방향을 정한다면 정함 없이 변화하는 가운데서 항상된 법칙을 파악할 수 있다. 그러므로 만약 어진 이와 성인의 연구와 설명이 없다면 주역의 '도는 두루 알려지기 어렵다.道不虛行' 본문의 '허행虛行'에서 '허虛'는 '폭넓게 두루'라는 뜻으로 이해하면 된다.

도

9장

易之爲書也 原始要終以爲質也. 六爻相雜 唯其時物也. 其初難知 其上易知 本末也. 初辭擬之 卒成之終. 若夫雜物撰德 辯是與非 則非其中爻不備. 噫! 亦要存亡吉凶 則居可知矣. 知者觀其彖辭 則思過半矣. 二與四 同功而異位 其善不同. 二多譽 四多懼 近也. 柔之爲道 不利遠者 其要无咎 其用柔中也. 三與五 同功而異位. 三多凶 五多功 貴賤之等也. 其柔危 其剛勝邪.

역이라는 책은 사물의 시작을 파고들고 끝을 탐구함으로써 형체를 이룬다. 육효가 서로 섞임은 오직 그 시기와 물상을 반영한 것이다. 초효의 의미는 알기 어렵고 상효는 알기 쉬우니 이는 시작과 끝이기 때문이다. 초효의 효사는 빗댄 것이고 상효에 이르면 끝을 이룬다. 사물을 뒤섞고 덕을 가리며 시비를 분변함과 같은 것은 가운데 효가 아니면 구비하지 못한다. 아! 또한 존망과 길흉을 살피고자 하면 즉 집에 거하여도 알 수 있다. 지혜로운 이가 그 단사를 보면 즉 반 이상을 깨닫는다. 이효와 사효는 역할이 동일하지만 위치가 달라 그 선함이 같지 않다. 이효에는 영예가 많고 사효는 두려움이 많음은 군주에게서 가까운 까닭이다. 유의 도는 멀리 있는 것이 이롭지 않지만 그 요지에 허물이 없음은 그 쓰임이 유로써 중도를 지키기 때문이다. 삼효와 오효는 역할은 같으나 위치가 다르다. 삼효는 흉함이 많고 오효는 공이 많음은 귀함과 천함의 차등 때문이다. 유는 위태롭고 강은 이길 수 있다.

『주역』이라는 책은 사물의 시작을 파고들고 사물의 결과를 탐구함으로써 괘의 형체를 이룬다. 하나의 괘는 여섯 효로 이루어져 있는데 이들 효에는 특정한 시기와 음양의 물상이 반영되어 있으므로 각자 위치에 따라

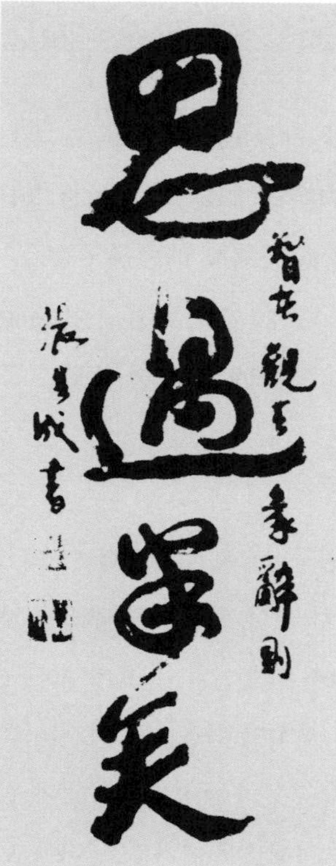
사과반의: 반 이상을 깨닫는다.

함축한 의미가 다르다.

예컨대 초효의 뜻은 이해하기 쉽지 않은 반면, 상효의 의미는 쉽게 알 수 있는데 그것은 초효는 일의 근본이자 시작 단계이지만 상효는 끝이자 마지막이기 때문이다. 초효의 효사는 사물이 생겨나는 시작과 원인을 비유한 것이어서 모호하여 알 수 없지만 상효에 이르면 사물 발전이 마무리되므로 괘의 뜻이 마침내 드러난다.

각종 사물의 상을 뒤섞어서 음양의 성질을 판별하고 시비와 길흉을 분별하게 되는데 만약 중간에 있는 네 효를 제쳐 둔다면 전체적인 뜻을 제대로 파악할 수 없다. 중간의 네 개 효의 뜻을 이해하기만 하면 존망과 길흉의 법칙을 대개 파악할 수 있으며, 그렇게만 된다면 가만히 앉아서도 사물의 길흉화복을 알 수 있다. 그러므로 현명한 사람은 64괘의 괘사와 효사만 살펴도 각 괘에 함축된 뜻을 대부분 깨달을 수 있다.

두 번째 효와 네 번째 효는 모두 음유陰柔의 자리라서 역할은 동일하지만 구체적인 위치는 다르니, 하나는 하괘에 있고 다른 하나는 상괘에 위치한다. 이 때문에 두 효가 상징하는 이해득실 또한 같지 않아 두 번째 효는 하괘의 중앙에 거해서 영예가 많은 반면, 네 번째 효는 상괘의 맨 아래에 거하므로 두려움이 많다. 이는 군왕의 자리인 다섯 번째 효에서 가깝기 때문이기도 하다. 이처럼 음유陰柔의 도리는 원대한 역할을 하는 데는 이롭지 않으며, 그 요지는 삼가서 구하니 허물이 없고, 그 역할은 부드럽게 중도를 지키는 것이다. 다시 말해 두 번째 효는 가운데 자리에 거하니 음유로써 중도를 지키는 위치이므로 크게 영예롭다.

세 번째 효와 다섯 번째 효를 살펴보면 둘 다 동일하게 양강陽剛의 위치에 있으므로 역할은 동일하지만 각자 처한 위치가 달라 하나는 하괘에 있고 다른 하나는 상괘에 있다. 세 번째 효는 하괘의 끄트머리에 있으므로 흉하고 험함이 많은 반면, 다섯 번째 효는 상괘의 중간에 있으므로 공훈이 많으니, 이는 위와 아래, 귀하고 천함의 등급이 각기 다르기 때문이다. 대체적으로 보면 양의 자리인 삼효와 오효에 음효가 오면 위태롭지만 양효가 오면 책임과 임무를 감당할 수 있다.

이번 장에서 말하고자하는 핵심은 여섯 효가 각 위치에서 갖는 역할과 의의다. 즉 양효가 양의 자리에, 음효가 음의 자리에 오면 대개 마땅한 자리여서 길하다. 그러나 아무리 자리가 마땅하다고 하더라도 가운데 자리, 즉 중위中位에 위치한 것만은 못하다. 그래서 이효와 오효는 대개 영예롭고 공훈이 많다. 만약 자리도 마땅한 데다 가운데 자리까지 차지했다면 길함이 더하다고 할 수 있다. 이는 자신의 성정과 본질을 스스로 깨달아 자기에게 맞는 자리에 거해야만 길함을 따르고 흉함을 피할 수 있다는 의미이기도 하다.

10장

易之爲書也 廣大悉備 有天道焉 有地道焉 有人道焉. 兼三材而兩之 故六. 六者非它也 三才之道也. 道有變動 故曰爻. 爻有等 故曰物. 物相雜 故曰文. 文不當 故吉凶生焉.

역이라는 책은 광대하고 모두 구비하여, 하늘의 도가 있고, 땅의 도가 있으며, 사람의 도가 있다. 삼재를 겸하여 두 번 하였으니 육이다. 육은 다름이 아니라 삼재의 도다. 도에는 변동이 있으므로 일컬어 효라고 하였다. 효에는 차등이 있으므로 물이라 하였다. 물은 서로 섞이므로 문이라고 하였다. 문은 자리에 마땅하지 않은 까닭에 길흉이 생겨난다.

『주역』이라는 책이 말하는 이치는 무척 광대하고 아우르지 않음이 없어서 하늘의 이치와 땅의 도리, 인간의 도리를 포함하며 이들 천지인의 삼재를 겸하고 두 괘가 서로 겹쳐서 여섯 획이 나오게 됨으로써 천지인의 이치를 상징한다. 64괘는 각각 여섯 효로 되어 있는데 여섯 효 가운데 맨 위의 다섯 번째, 여섯 번째 두 효는 하늘을 상징하며, 중간의 세 번째, 네 번째 효는 사람을, 맨 아래 첫 번째, 두 번째 효는 땅을 대표한다. 그러므로 『주역』의 이치는 괘상이 움직이고 변화하는 가운데 이러한 변화와 운동을 본떠서 효를 이루었다.

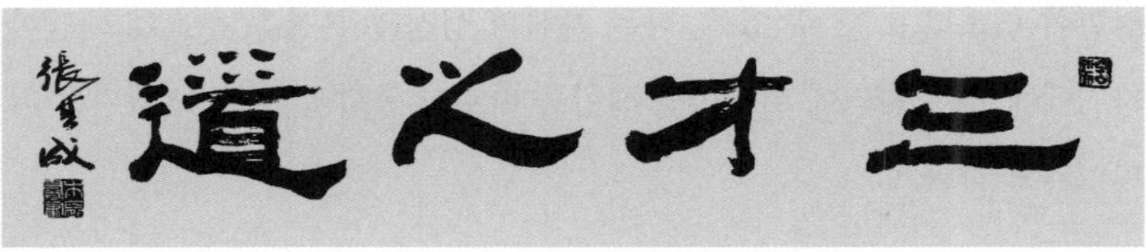

삼재지도

이 여섯 효는 위아래 위치에 따른 등급이 각기 다른데 이를 가리켜 물상이라고 한다. 물상은 또한 서로 섞여서 뒤얽히므로 이를 문리纹理라고 한다. 이러한 문리는 여섯 개의 음효와 양효가 교차하여 형성된 것으로, 문리는 마땅한 것이 있는 반면 마땅하지 않은 것이 있으므로 이에 따라 길함과 흉함이 생겨난다. 일반적으로 양효가 양의 자리에 오고 음효가 음의 자리에 오는 것이 마땅하다고 한다. 자리가 마땅하면 길하고 마땅하지 않으면 흉하니 이것이 효의 위치가 갖는 일반적인 법칙이다.

11장

易之興也 其當殷之末世 周之盛德邪? 當文王與紂之事邪? 是故其辭危危者使平 易者使傾. 其道甚大 百物不廢 懼以終始 其要无咎 此之謂易之道也.

역이 일어난 것은 은나라 말기 주나라의 덕이 홍성했을 때인가? 문왕과 주왕의 일이 있었을 때인가? 이런 까닭에 그 말이 위태로워서 위태로운 자를 평안하게 하고 안이한 자를 기울게 한다. 그 도가 무척 크고 만물을 폐하지 않게 하나, 두려워함으로써 마치고 시작하여 그 요지가 허물이 없으니, 이를 가리켜 역의 도라고 한다.

『주역』이 일어나고 흥기한 때는 대략 상나라 말년에 주나라 문왕의 덕과 업적이 한창 융성할 때였을 것이다. 대략 주나라 문왕과 상나라 주왕 사이에 패권을 둘러싼 신경전이 있었을 무렵이었을 것이다. 그러므로 괘사와 효사에는 경계하는 의미가 포함되어 있으니 이러한 경계의 의미를 알기만 해도 평안함을 얻을 수 있다. 그러나 만약 대수롭지 않게 여긴 채 안일한 마음만 품는다면 나라가 기울어 결국 멸망에 이르고 말 것이다. 이러한 이치는 지극히 광대하니 이 이치를 따라 하면 각종 사물이 쇠하지 않고 홍성해질 것이다. 시작부터 끝까지 이처럼 경계하고 두려워하는 마음을 유지하면서 위기의식을 갖는다면 마침내 재앙과 화가 없을 것인데, 이것이 바로 『주역』의 이치다.

12장

夫乾 天下之至健也 德行恒易以知險 夫坤 天下之至順也 德行恒簡以知阻.

能說諸心 能研諸侯之慮 定天下之吉凶 成天下之亹亹者. 是故變化云爲 吉事有祥 象事知器 占事知來.

天地設位 聖人成能 人謀鬼謀 百姓與能.

八卦以象告 爻彖以情言. 剛柔雜居而吉凶可見矣. 變動以利言 吉凶以情遷 是故愛惡相攻而吉凶生 遠近相取而悔吝生 情僞相感而利害生. 凡易之情 近而不相得則凶 或害之 悔且吝.

將叛者其辭慙 中心疑者其辭枝. 吉人之辭寡 躁人之辭多 誣善之人其辭游 失其守者其辭屈.

건은 천하의 지극히 굳셈이니 덕행이 항상 쉬움으로써 험함을 알고, 곤은 천하의 지극히 온순함이니 덕행이 항상 간략함으로써 막힘을 안다.

마음에 기뻐하고 생각으로 연구하여 천하의 길함과 흉함을 정하고, 천하의 힘써야 할 일을 이룬다. 이런 까닭에 변화의 법칙을 따라 행하면 길한 일에 상서로움이 있고, 일을 형상하여 기물을 알며, 일을 점쳐서 다가올 일을 안다.

천지가 자리를 베풀어서 성인이 능함을 이루고, 사람이 도모함이 귀신의 도모함과 통하여 백성이 능함에 참여한다.

팔괘는 상으로써 알리고 효와 단은 실정으로써 말한다. 강과 유가 뒤섞여 거하니 길흉을 볼 수 있다. 변동은 이로움으로써 말하고 길흉은 실정으로써 옮겨가니, 이런 까닭에 사랑함과 미워함이 서로 공격하여 길흉이 생기고, 멀고 가까움이 서로 취하여 후회와 부끄러움이 생기며, 실정과 거짓이 서로 감응하여 이로움과 해로움이 생겨난다. 무릇 역의 실정은 가까우면서도 서로 맞지 않으면 흉하거나 해롭고 뉘우치거나 부끄럽다.

장차 배반할 이는 그 말이 부끄럽고, 중심이 의심스러운 자는 그 말이 불명확하다. 길한 사람의 말은 적고, 조급한 사람의 말은 많으며, 선함을 모략하는 사람은 그 말이 겉돌고, 그 지킴을 잃은 자는 그 말이 머뭇거리고 정함이 없다.

12장은 『주역』 「계사전」의 마지막 부분이다. 1장에서는 처음부터 건괘와 곤괘에 대해서 말했는데 12장도 처음에 건곤에 대해 이야기하는 것으로 시작한다. 그래서 건곤의 쉽고도 간략한 이치, 그리고 괘의 위치와 효의 위치에 따른 관계, 길함과 흉함, 후회와 부끄러움을 판단하는 근거 등에 대해 더욱 깊이 다루었다. 이처럼 「계사전」의 첫 장과 마지막 장은 앞뒤로 호응하고 일맥상통한다.

우선 시작 부분에서 건곤에 대해 어떻게 설명했는지 살펴보자. 건괘는 천하에서 가장 강건한 것을 상징하며 그 성질과 행위는 항구하고 장구하며 쉽고도 험난함을 알 수 있다. 곤괘는 천하의 가장 유순한 것의 상징이므로 그 본성과 행위는 항구하고도 간략하며 막힘을 알아차릴 수 있다. 이는 사실 건괘와 곤괘의 덕이 지극히 간단하고도 쉽다는 이치를 말하는 것인데, 건은 양의 강건함을 지녀 쉽지만 앞으로 나아가는 과정의 험난함을 잘 알아 제멋대로 행동하지 않는다. 곤은 음의 부드러움을 가지고 유순하며 간략하지만 발전 과정에서 만날 수 있는 장애물을 알아차리고 방탕하지 않는다.

건괘와 곤괘, 두 괘의 이치를 이해하면 사람들로 하여금 마음을 기쁘게 하고 생각을 통해 천하만물의 길흉을 판단하게 하며 천하만물이 근면하여 분발하게끔 도울 수 있다. 그래서 본문에서는 이런 의미에서 '능열제심 능연제후지려能說諸心 能研諸侯之慮'라고 했다. 여기서 '열說'은 본래 '말하다'는 의미의 '설'로 읽히나 여기서는 '기쁘다'는 의미의 '열'로 읽었다.

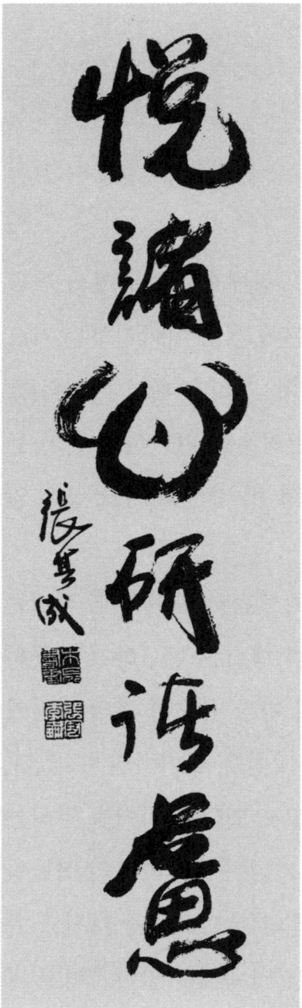

열제심연제려: 마음에 기뻐하고 생각으로 연구한다.

'연제후지려研諸侯之慮'에서 '후侯'와 '지之'라는 두 글자는 본 구절의 전체적인 뜻과는 무관하게 잘못 들어간 것이다. 마음에 기뻐하고 생각을 연마하는 것은 건괘와 곤괘, 두 괘를 대표로 하는 『주역』 64괘의 중요한 역할 가운데 하나로서 사람의 지혜를 열어줄 수 있다. 그러므로 『주역』의 변화 법칙을 따라서 행동한다면 길하고 상서로운 일 또한 잘 드러날 수 있다. 『주역』은 비유하려는 물상을 관찰하여 기물의 형성을 명백히 하고 상을 살펴서 기물을 제정할 수 있으며 점을 쳐서 눈앞의 일에 대해서 다가올 결과를 미루어 알 수 있게 한다.

천지에 강과 유, 존귀하고 비천한 자리를 베풀어서 성인이 이러한 위치에 근거해서 『주역』의 육효를 만들었으니 천지를 이루고 『주역』의 위대한 역할을 이루었다. 괘와 효에 근거해서 사람의 도모함이 귀신의 도모함과 통하고 사람의 생각이 귀신의 생각과 통하며 보통 백성도 『주역』의 기능을 파악하게 되었다.

팔괘는 괘상과 괘체를 통해 사람들에게 『주역』의 도를 알려 주며 괘사와 효사는 사물의 형상과 실질을 통해 『주역』의 도를 서술한다. '효爻'는 효사를 가리키며 '단彖'은 단사를 가리킨다. 여섯 효 가운데 강효와 유효가 교차하여 한데 배열되면 길흉의 도리가 드러나게 된다. 각 효의 변화와 움직임을 통해 사람들은 '이로운지' 혹은 '이롭지 않은지' 알 수 있고 사물의 상황과 실제에 근거해서 결과가 길한지, 혹은 흉한지가 결정된다. 또한 사물의 서로 사랑함과 서로 미워함은 서로 맞대어 있는 것이라서 이것들이 상호 작용하는 가운데 길함과 흉함이 생겨난다. 멀고 가까움 역시 호응하고 비응比應하는 것이라서 비응하는 관계 속에서 후회와 부끄러움이 발생한다. 세상만물과 모든 일의 진상과 거짓, 실제와 허상도 마찬가지로 서로 감응하는 것이므로, 서로 감응하는 가운데 이로움과 해로움이 생겨난다. 앞서 말한 세 가지는 괘사와 효사의 판단어로서 길함과 흉함, 후회와 부끄러움, 이로움과 해로움이 생겨나는 원인이다. 종합해 보면 무릇 『주역』에서 비유하고 상징하는 사물의 실정, 상황이 서로 응應하거나 비比하는 관계이긴 하지만, 응해야 할 때 응하지 않고 비해야 할 때 비하지 않는다면 흉하고 험난함 혹은 피해를 입게 되어 후회와 아쉬움을 피할 길 이 없게 된다.

『주역』에서 비유한 사물의 상태는 다음의 몇 가지가 될 수 있다. 이를테면 반역하려는 사람은 그의 말에 반드시 부끄러워서 불안해하는 느낌이 있고, 마음에 의심이 있는 사람은 그의 말이 애매모호하여 정확하지 않게 마련이다. 또한 어질고 선하며 아름다운 덕을 가진 사람은 모름지기 말이 적지만 통찰력이 있을 것이고, 조급해하는 사람은 반드시 말이 많을 것이다. 선량함을 모함하는 자는 정함 없이 머뭇거리게 마련이고, 직책을 상실하거나 자질이 없는 사람은 분명 주관이 없고 다른 사람에 부화뇌동한다. 이런 여섯 가지 유형의 사람은 그가 쓰는 말의 특징을 통해서 그 심리 상태를 판단할 수 있는데, 이것이 바로 맹자가 말한 "속에 무언가를 지니고 있으면 반드시 겉으로 드러나게 마련이다."라는 이치다. 따라서 『주역』이라는 책이 있으면 우리는 겉으로 드러난 상을 관찰함으로써 미루어 실질을 추측할 수 있게 된다.

03
설괘전說卦傳

「설괘전」은 두 부분으로 나뉘는데 전반부라고 할 수 있는 1장과 2장은 일반적이고도 전반적인 통론이어서 「계사전」의 내용과 비슷한 면이 있다. 또한 후반부라고 할 수 있는 3장에서 11장까지는 팔괘의 취상을 다루었다. 먼저 유형별로 나누어 팔괘의 상징적 의의를 설명한 뒤 이들을 종합하여 팔괘의 상징적 의의를 서술하였다.

1장

昔者聖人之作易也 幽贊於神明而生蓍 參天兩地而倚數 觀變於陰陽而立卦 發揮於剛柔而生爻 和順於道德而理於義 窮理盡性以至於命.

옛날 성인이 역을 지을 때 신명에게 그윽하게 도움을 받아 시초를 내고, 하늘에서 셋을 취하고 땅에서 둘을 취하여 수에 의지하며, 음양의 변화를 살피어 괘를 세우고, 강과 유를 발휘하여 효를 낳으니, 도덕에 화하여 순종하고 의에 맞게 다스리며, 이치를 궁구히 하고 천성을 다해 명에 이른다.

이번 장에서는 성명性命(천성과 천명)과 도덕, 의리義理에 이르는 일련의 개념을 설명했는데 이들 용어가 훗날 학계에 미친 영향은 지대하다고 할 수 있다.

본문에서 말하는 '성인聖人'이란 복희와 주나라 문왕을 가리킨다. '유찬

어신명이생시幽贊於神明而生蓍'는 성인이 신명에 의해 남모르게 도움을 받은 후 시초를 배열해서 괘와 효를 탄생시켰다는 말이다.

'삼천양지이의수 관변어음양이입괘 발휘어강유이생효參天兩地而倚數 觀變於陰陽而立卦 發揮於剛柔而生爻'는 '하늘에서 셋을 취하고 땅에서 둘을 취하여 수에 의지하고, 음양에 변화를 살피어 괘를 세우며, 강과 유에 발휘하여 효를 낳았다.'는 뜻인데, 성인이 어떻게 괘와 효를 만들었는지에 대해 설명한 부분이다. 이를 해석하는 관점 차이 때문에 후대에는 두 갈래의 학파로 나뉘는데 하나는 의리파義理派고 다른 하나는 상수파象數派다. 의리파는『주역』이 도리, 즉 도덕과 철학적 이치를 논하는 학문이라고 여겼으며 그 주류는 유가였다. 유가의 대표적 성인인 공자는 "점을 쳐 볼 필요도 없다."고 했고 순자는 "역을 잘 아는 이는 점치지 않는다."고 말했는데 후대의 유학자들은 이러한 이치에 근거해서 철학 체계를 세웠다. 송대의 정이가 역학에 기초하여 송대의 명리학을 세운 것이 그 예로, 그는『주역』이 천리天理를 논한다고 여겼다.

그러나 이처럼 '의리'와 '상수'가 대립하는 것은 이치에 맞지 않으므로 이 둘을 한데 융합해서 이해해야 한다. 상수와 의리의 관계는 바로 '체體'와 '용用'의 관계인데, 상수는 체이고 의리는 용이다. 만일 역학에서 도덕적 이치나 철학만 따지고 '괘상'이나 '수'라는 요소를 분리시켜 버린다면 역학으로서의 매력을 상실하고 말 것이다. 그렇게 되면 역학이 다른 일반 학문과 다를 게 무엇인가. 상수 안에는 '역易'이 드러나 있다. '삼천양지이의수參天兩地而倚數'라는 구절에 대한 해석에 이르면 또 한 번 역학은 상학象學과 수학數學의 두 갈래로 나뉜다. 상학파는 먼저 상象이 있은 다음에 수數가 생겨났다, 즉 먼저 괘상이 생긴 다음에 수가 생겨났다고 주장하는데 북송시대의 주돈이周敦頤가 대표적 인물이다. 또 다른 학파는 '수'를 중시하여 먼저 수가 있은 다음에야 '상'이 생겨났다고 주장하는 쪽이다. 그래서 '삼천양지이의수參天兩地而倚數'에서 '삼參'이 바로 '삼三'을 가리킨다고 여겼다. 하늘이 둥글기 때문에 원주율에 해당하는 3.14로부터 대략 3이라는 숫자를 취했다고 여긴 것이다. 그리고 땅은 네모지기 때문에 이에 해당하는 수인 '양兩' 즉 '2'를 인용했다고 생각했고, 그런 면에서 '삼천양지三天兩地'가 바로 '수數'이며 그런 연후에 다른 수에 의지했다는 주장이다. 그래서 그들은 이러한 수의 관점에서 시작하여 '음양에 변화를 살피어 괘를 세운다.觀變於陰陽而立卦'고 했다. 다시 말해 이러한 수에서 하나의 괘를 만들어 낸 다음 그 괘로부터 일의 발전 과정을 살필 수 있다는 관점이다. 수학파의 대표적 인물로는 소옹(소강절)이 있다.

1장은 복희와 주문왕 등의 성인이 『주역』을 지을 때 은근히 신명의 도움을 받아 시초를 내어 점을 치는 데 사용하였다는 말로 시작한다. 하늘의 홀수, 땅의 짝수가 상호 교차하는 이치를 깊이 헤아려 『주역』의 수리數理를 확립하였다. 천지음양의 변화 법칙을 관찰하여 괘의 형체를 세웠는데 괘를 세운 뒤에는 강과 유의 두 획이 서로 밀고 섞이는 가운데 변화하는 효가 생겨났다. 『주역』의 이치와 사람의 도덕을 합하여 적절한 방법으로 천하를 다스렸으며, 세상만물과 모든 일의 이치와 본성을 탐구함으로써 사람과 만물이 타고난 천성과 명운에 통달해 알게 했다.

2장

昔者聖人之作易也 將以順性命之理. 是以立天之道 曰陰與陽 立地之道 曰柔與剛 立人之道 曰仁與義. 兼三才而兩之 故易六畫而成卦. 分陰分陽 迭用柔剛 故易六位而成章.

옛적 성인이 역을 지은 것은 장차 성과 명의 이치에 순응하고자 함이었다.

그러므로 하늘의 도를 세움은 음과 양이요, 땅의 도를 세움은 유와 강이며, 사람의 도를 세움은 인과 의이니, 삼재를 겸하여 두 번 하였고, 이 때문에 역이 여섯 번 그어 괘를 이루었다. 음으로 나뉘고 양으로 나뉘어 유와 강을 차례로 쓰니, 이런 까닭에 역이 여섯 자리에 문장을 갖추었다.

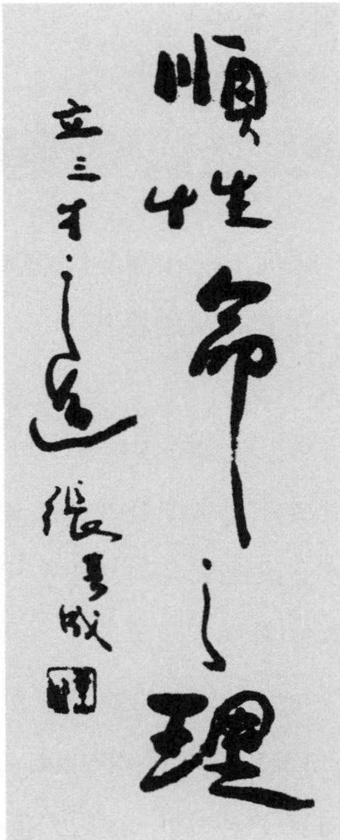

순성명지리: 성과 명의 이치에 순응한다.

옛적 『주역』을 지었던 것은 만물의 성질과 자연의 명운이 가진 변화 법칙에 순응하고자 함이었다. 여기서 말하는 성인은 복희씨, 주문왕, 공자, 세 명을 가리킨다. 그들은 하늘의 도리를 '음陰과 양陽'으로 확립했고 땅의 도리를 '유柔와 강剛'으로, 그리고 인간의 도리를 '인仁과 의義'로 확정했다. 『주역』을 지은 이는 하늘과 땅, 사람의 삼재를 합하고 두 괘를 모았는데 효 세 개가 두 번 나오니 여섯 효를 얻었다. 이렇게 하여 『주역』의 괘체는 반드시 여섯 획이어야만 비로소 하나의 괘를 이루게 되었다. 괘에서 여섯 획은 음의 자리와 양의 자리로 나뉘며, 유효와 강효가 뒤섞이고 중첩함으로써 배치된다. 이 때문에 『주역』의 괘체는 반드시 여섯 자리를 갖추어야만 온전해질 수 있다.

이번 장에서는 세 가지 '세움' 곧, 하늘의 도를 세우고, 땅의 도를 세우며 사람의 도를 세워야 함을 제시했다. 유가에는 무척 유명한 '삼립三立'과 '삼불후三不朽'라는 말이 있는데 이는 『좌전』에 나오는 말이다. 즉 군자에게는 세 가지 세움이 있으니 덕을 세우고 공을 세우고 말을 세운다는 것인데, 이 '세 가지 세움三立'을 달리 일컬어 '썩지 않는 세 가지三不朽'라고도 한다. 팔괘를 예로 들면 팔괘는 세 개의 효로 이루어져 있는데, 가장 위의 효가 하늘의 도이고 가장 아래의 효가 땅의 도이며 중간의 효는 사람의 도다. 만약 여섯 효로 이루어진 괘를 예로 든다면, 맨 위의 두 효가 하늘의 도이고 맨 아래 두 효가 땅의 도이며 중간의 두 효는 인간의 도가 되는 셈이다.

3장

天地定位 山澤通氣 雷風相薄 水火不相射 八卦相錯. 數往者順 知來者逆 是故易逆數也.

하늘과 땅이 자리를 정하고, 산과 못이 기운을 통하며, 우레와 바람이 서로 부딪히고, 물과 불이 서로 쏘지 않으며, 팔괘가 서로 섞인다. 지나간 것을 세는 것은 순이요, 다가올 것을 아는 것은 역이니, 이런 까닭에 역은 거슬러서 세는 것이다.

3장은 팔괘의 취상取象, 즉 팔괘가 취한 상象에 대해서 설명하고 있는데 이는 근본적인 상이고 '물상物象'에 치중했다는 점에서 '의상意象'에 치중한 4장과 비교된다.

'천지정위 산택통기 뇌풍상박 수화불상사天地定位 山澤通氣 雷風相薄 水火不相射'는 '하늘과 땅이 자리를 정하고, 산과 못이 기운을 통하며, 우레와 바람이 서로 부딪히고, 물과 불이 서로 쏘지 않는다.'는 뜻이다. 글자 그대로만 본다면 단순히 팔괘의 대립성만을 설명할 뿐, 팔괘의 방위에 대해서는 밝히고 있지 않다. 그러나 북송의 소옹은 이 문장을 선천팔괘의 방위 개념으로 확대해서 해석했다. 즉 '하늘과 땅이 자리를 정한다.天地定位'는 말은 건과 곤이 각각 높낮이에 근거해 위치를 정하여, 하늘이 건이므로 위에 있고 남쪽에 있으며, 땅은 곤이어서 아래에 자리 잡고 북쪽에 있다는 뜻으로 여겼다. '산과 못이 기운을 통한다.山澤通氣'에 대해서는 간과 태가 서로 대응하므로 간은 서북에 있고 태는 동남에 있다는 뜻으로 해석했다. '우레와 바람이 서로 부딪힌다.雷風相薄'

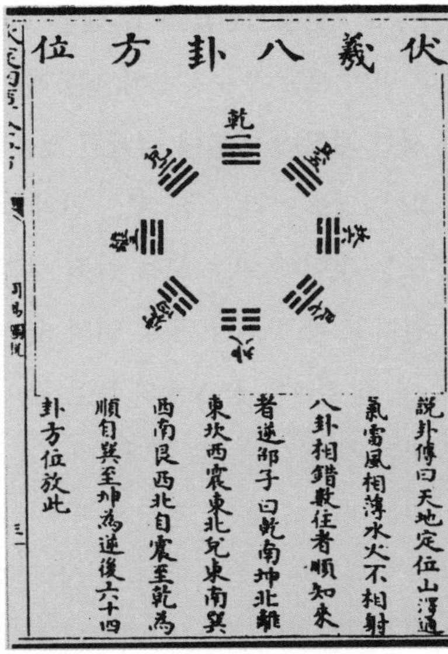

복희팔괘방위

에 대해서도 진과 손이 서로 대응하여 진은 동북쪽에 있고 손은 서남쪽에 있다고 풀이했다. '물과 불이 서로 쏘지 않는다.水火不相射'라는 구절에는 '불不'이 불필요한 말로 잘못 들어가 있다고 하면서 본래 백서본에는 '물과 불은 서로 쏜다.水火相射'고 되어 있다고 했다. 이는 감과 이가 서로 대응하여, 이는 동쪽에 있고 감은 서쪽에 있다는 말이다. '팔괘가 서로 섞인다.八卦相錯'는 말은 앞서 언급한 서로 대응하는 네 그룹을 가리킨다. 서로 대응한다고 해서 서로 상반된다는 의미는 아니다. 상충하는 가운데 서로 통할 수 있기 때문이다. 이렇게 해서 선천팔괘방위도가 완성된다.

'수왕자순 지래자역 시고역역수야數往者順 知來者逆 是故易逆數也'는 '지나간 것을 세는 것은 순이요, 다가올 것을 아는 것은 역이니, 이런 까닭에 역은 거슬러서 세는 것이다.'라는 뜻이다. 여기서 '역수逆數' 즉 '거슬러서 세는 것'은 두 가지 뜻을 함축하고 있다. 첫째는 동사로서의 의미이고 둘째는 명사로서의 의미다.

소옹의 『관물외편觀物外篇』에는 “지나간 것을 세는 것을 ‘순順’이라고 한 것은 만약 하늘에 순응하여 행동하면 왼쪽으로 도는 것이니 이는 모두 이미 생긴 괘이기 때문에 지나간 것을 센다고 한 것이다. 다가올 것을 앎을 가리켜 ‘역逆’이라고 한 것은 만약 하늘의 뜻을 거슬러 행하면 오른쪽으로 도는 것이니 이는 모두 아직 생겨나지 않은 괘이기 때문에 다가올 것을 안다고 한 것이다. 무릇 역의 수數는 역逆으로 말미암아 이루어진 것이다. 이 한 절節은 곧 도圖의 뜻을 풀이한 것이니 사시四時를 역逆으로 안다고 하는 것과 같다.”고 했다.

이에 대해 주희는 “진으로부터 건까지는 ‘순順’이고, 손에서 곤까지는 ‘역逆’이다.”라고 풀이했다. 진사震四에서 건일乾一까지는 ‘순順’으로 양기가 상승하는 과정을 나타내는데 하늘의 도가 왼쪽으로 운행하는 것을 본떴기 때문에 순행順行이라고 한 것이다. 마치 지나간 것을 세는 것처럼 이미 생겨난 괘다. 손오巽五에서 곤팔坤八까지는 ‘역逆’이다. 음기가 점차 자라나는 과정을 나타내며 땅의 도가 오른쪽으로 행하는 것을 본 뜬 것으로 하늘의 도를 거슬러 행하니 마치 다가올 날을 세어가듯 하므로 아직 생겨나지 않은 괘다.

청나라의 하몽요何夢瑤는 『황극경세역지皇極經世易知』에서 건일乾一로부터 진사震四에 이르기까지가 ‘순順’이므로 거꾸로 세어서는 안 된다고 여겼다. 소옹은 왼쪽으로 도는 것이 ‘순順’이고 오른쪽으로 도는 것이 ‘역逆’이라고 하면서 1년 사계절의 변화가 음양이 소멸하고 자라나는 과정이라고 설명했다. 일一부터 사四까지가 ‘순順’인데 이는 과거로부터 현재까지 이미 발생한 것을 가리킨다. 오五부터 팔八까지는 ‘역逆’으로서 현재에서 미래까지 아직 발생하지 않은 것을 대표하며 이는 예측하는 것이다. 방위도에서 일一부터 팔괘 서수의 순서를 따라 선을 그어 보면 이 선이 S형 곡선을 이룸을 알 수 있다. 이는 사물의 발전 주기가 일종의 나선형 주기를 이룬다는 사실을 반영한다. 이 같은 복희선천팔괘의 배열 방위는 북송시대에 이르러서야 생겨났는데 전체적으로 볼 때 그것이 강조하는 것은 음양 변화의 법칙이자 하늘의 도가 갖는 법칙이다.

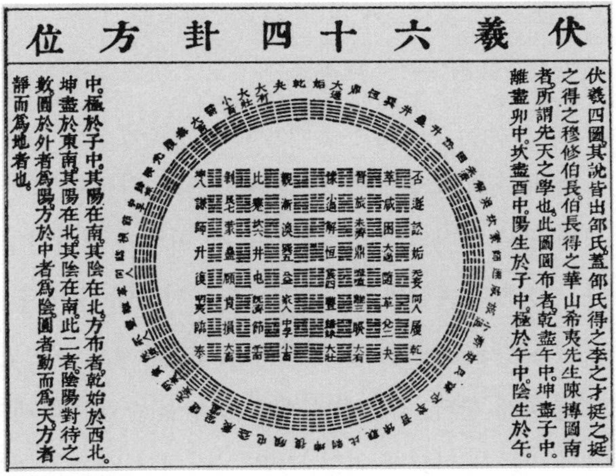

복희육십사괘방위

이번 장에는 사실 각 팔괘가 가리키는 구체적인 방위는 언급되지 않았다. '하늘과 땅이 자리를 정한다.天地定位'고 하여 건이 남쪽에 있고 곤이 북에 있다고 간주한 부분, 그리고 '산과 못이 기운을 통하며 우레와 바람이 서로 부딪히고 물과 불이 서로 쏘지 않는다.山澤通氣 雷風相薄 水火不相射'는 구절을 통해 두 괘가 서로 대응한다고 한 부분을 제외하고는 구체적인 방위에 대해서는 설명하지 않은 것이다. 선천팔괘방위는 소옹이 발명한 것이다.

4장

雷以動之 風以散之 雨以潤之 日以烜之 艮以止之 兌以說之 乾以君之 坤以藏之.

우레로써 그것을 움직이고, 바람으로 그것을 흩어 버리며, 비로 그것을 적시고, 해로 그것을 마르게 하며, 간으로 그것을 그치고, 태로 그것을 기쁘게 하며, 건으로 그것을 군주로 대하고, 곤으로 그것을 감춘다.

삼재三才의 도를 세우고 각 재才는 또 다시 둘로 나뉘어야 하므로 여섯 효를 써서 하나의 괘를 나타내는데 이렇게 해야만 실정과 이치에 부합한다. 『설괘전』 4장에서는 여덟 괘의 기능에 대해서 설명한다. 진뢰震雷를 통해서 만물을 분발, 고무시키며, 손풍巽風으로는 만물을 흩음으로써 흘러 통하게 한다. 감은 빗물이므로 만물을 촉촉하게 적시고, 이는 태양이어서 만물을 마르게 하며, 간은 산이어서 만물을 억눌러 그치게 한다. 태는 못이어서 만물을 기쁘게 하고, 건은 하늘이어서 만물을 다스리고 주재하며, 곤은 땅이어서 만물을 담아 감춘다. 여기서는 팔괘를 네 개의 대응하는 짝끼리 열거하는 식으로 나누어 각자 가진 서로 다른 기능을 풀이하였다.

5장

帝出乎震 齊乎巽 相見乎離 致役乎坤 說言乎兌 戰乎乾 勞乎坎 成言乎艮.

萬物出乎震 震 東方也. 齊乎巽 巽 東南也 齊也者 言萬物之絜齊也. 離也者 明也 萬物皆相見 南方之卦也. 聖人南面而聽天下 向明而治 蓋取諸此也. 坤也者 地也 萬物皆致養焉 故日致役乎坤. 兌 正秋也 萬物之所說也 故日說言乎兌. 戰乎乾 乾 西北之卦也 言陰陽相薄也. 坎者 水也 正北方之卦也 勞卦也 萬物之所歸也 故日勞乎坎. 艮 東北之卦也 萬物之所成終而所成始也 故日成言乎艮.

상제가 진에서 나와, 손에서 가지런해지고, 이에서 서로 만나 보며, 곤에 노역을 맡기고, 태에 기뻐하고, 건에 싸우며, 감에 수고롭고, 간에 이룬다.

만물이 진에서 나오니 진은 동방이다. 손에서 가지런해진다는 것은 손은 동남이니 제는 만물이 깨끗하고 가지런함을 말한다. 이는 밝음이니 만물이 모두 서로 만나 보며 남방의 괘라, 성인이 남면하여 천하를 다스리는데 밝은 곳을 향하여 다스리니 대개 여기서 취한 것이다. 곤은 땅이니 만물이 다 기름에 이루므로 곤에 노역을 맡긴다고 한 것이다. 태는 바로 가을이니 만물이 기뻐하는 바이므로 태에 기뻐한다고 한 것이다. 건에 싸운다 함은 건은 서북의 괘이므로 음양이 서로 부딪힘을 말한다. 감은 물이니 바로 북방의 괘이며, 노괘이니 만물의 돌아가는 바이므로 감에 수고롭다고 한 것이다. 간은 동북의 괘이니 만물의 끝마침을 이루고 시작을 이루는 바이므로 간에 이룬다고 한 것이다.

이번 장에서 말하는 팔괘 모형은 전통 사유방식을 대표하는 모형으로서 후대에 미친 영향이 지대하다. 이러한 모형은 후대인에 의해서 후천팔괘의 팔괘 모형으로 불리었다. 이 모형은 비록 「설괘전」을 통해 순서가 정해지기는 했지만 당시에는 '후천팔괘後天八卦' 혹은 '문왕팔괘文王八卦'로 불리지 않았다. 소옹은 『관물외편』에서 "진震에서 시작하여 간艮에서 마치는 일절一節을 가리켜 문왕팔괘라고 한다."고 하여 이것이 문왕팔괘이자 땅의 도이며 복희팔괘 하늘의 도에서 발전한 것이라고 여겼다. 그래서 그 뒤로 '후천팔괘' 혹은 '문왕팔괘'라고 불리게 된 것이다.

「설괘전」 5장에서는 여섯 괘에 대해서 직접 방위를 정해 주었다. 그리고 나머지 곤, 태의 두 괘는 순서에 따라 배열할 수 있다. 이 여섯 괘는 '진은 동방이다.震東方也' '손은 동남이다.巽東南也' '이는 남방의 괘다.離也者……南方之卦也' '건은 서북의 괘다.乾西北之卦也' '감은 물이니 바로 북방의 괘다.坎者 水也 正北方之卦也' '간은 동북의 괘다.艮東北之卦也'라고 한 부분에 잘

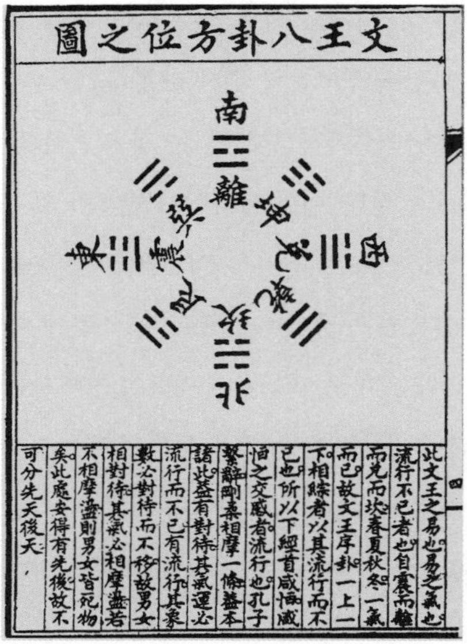

문왕팔괘방위지도

언급되어 있다. 이 여섯 괘의 위치가 확정되면 곤은 이괘의 뒤에 와서 서남에 있어야 한다. 또한 곤의 뒤에는 태가 오는데 태는 바로 정正서쪽에 있게 된다. 이렇게 하면 후천팔괘의 방위가 배열되는데 이것은 하나의 사유 모델이자 사고의 플랫폼이라고 할 수 있다. 중국인들은 바로 이러한 플랫폼 위에서 사유한다.

이러한 방위는 「역전」을 대표하는 방위라고 할 수 있으며, 이 방위에 시간 순서까지 더하면 만물이 생성, 발전하는 시공합일의 법칙을 설명할 수 있다.

네 개의 사정괘四正卦(네 개의 정괘)에 사시四時를 배합하면 네 개의 정괘正卦는 정동쪽인 진괘, 정남쪽 이괘, 정서쪽 태괘, 정북쪽 감괘이며, 사시四時는 봄, 여름, 가을, 겨울이다. 그러므로 동쪽의 진괘는 춘분을 대표하며, 이괘는 하지를, 태괘는 추분을, 감괘는 동지를 상징한다. 다시 사우괘四隅卦를 사립四立과 각각 배합해 보면 간은 입춘, 손은 입하, 곤은 입추, 건은 입동에 해당한다. 이는 우주의 모형이라고 할 수 있는데 "위아래와 네 방위를 일컬어 우宇라고 하고 과거와 현재를 오가는 것을 가리켜 주宙라고 한다."는 말도 있듯 우주란 시공간의 의미를 지닌 곳이기 때문이다.

또 다시 여기에 오행을 더해 본다. 문헌에 따르면 '오방五方(다섯 방위)'이라는 개념은 '오행五行'의 원류가 되는 것 가운데 하나이므로 오방은 일찌감치 오행의 법칙을 가지고 있었다고 볼 수 있다. 그러므로 팔괘에 근거한 방위를 오행에 배합할 수 있는 것이다. 또한 「설괘전」은 팔괘의 취상을 설명할 때 이미 '건은 쇠다.乾爲金' '손은 나무다.巽爲木' '감은 물이다.坎爲水' '이는 불이다.離爲火'라고 했다. 나머지 네 괘도 오행의 속성을 포함하고 있다. 이를테면 '곤은 땅이다.坤爲地' '간은 산이다.艮爲山'라고 했는데 이처럼 땅과 산은 모두 흙의 속성을 가진다. 또한 '태는 허물어 부수는 것이고 단단한 소금이다.'라고 하여 쇠의 속성을 가지고 있다고 했으며 '진은 조급한 결단, 번창함이다.'라고 하여 나무의 속성을 함축하고 있다고 했다. 종합해 보면 건과 태는 쇠, 곤과 간은 흙, 진과 손은 나무, 감은 물, 이는 불인 셈이다.

그밖에도 숫자와도 배합할 수 있는데 이들 숫자는 낙서洛書에 있는 수의 배열에 근거한 것으로 건육乾六, 곤이坤二, 진삼震三, 손사巽四, 감일坎一, 이구離九, 간팔艮八, 태칠兌七이 그 예다.

이 또한 '이체삼용二體三用'의 모형으로 볼 수 있는데 '이체二體'란 음과 양이고 '삼용三用'은 오행을 말한다. 음양과 오행은 부호에서 기원했고 음양은 괘와 효에 뿌리를 두고 있으므로 음양오행은 하나의 계통이라고 할 수 있다. 물과 불은 한 쌍의 음과 양이며 쇠와 나무 또한 한 쌍의 음양인데, 그 중간에 흙을 더하면 바로 삼三이 된다. 따라서 중간에 있는 이 '흙土'이 무척 중요하다. 그것은 사시四時에 의해 지배당하지 않고 오히려 사시를 다스리며 네 방위에 의해 덮이지 않고 오히려 네 방위를 거느린다.

본문의 앞 단락 첫 문장에 나오는 '제출호진帝出乎震'에서 '제帝'는 '천제' '상제'로 북극성이자 북두성이며 원기이자 생명 창조력을 상징한다. 이와 짝을 이루는 뒤 단락의 첫 문장 '만물출호진 진동방야萬物出乎震 震東方也'는 '만물이 진에서 나오니 진은 동방이다.'라는 말인데 만물이 동쪽, 즉 나무에서부터 시작하여 나서 자란다는 뜻이다. 이는 어느 정도 근거가 있다. 중국인의 문화적 시조가 복희라고 하는 견해에 따르면 중국인은 모

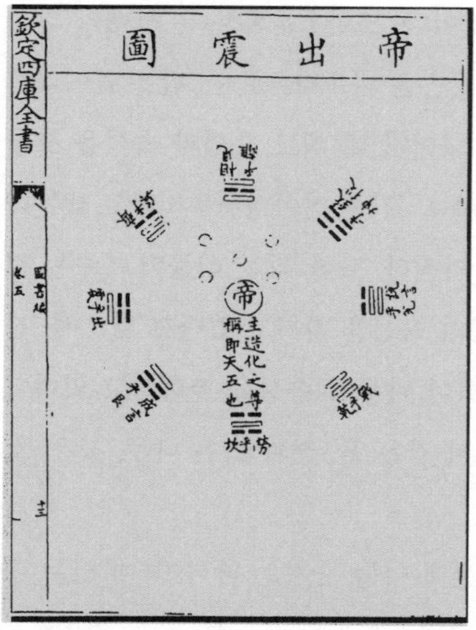

제출진도

두 복희와 여와가 교합해서 태어났다. 복희는 감숙甘肅 천수天水 목공산木公山에서 태어났으므로 그는 나무木에 속하니 나무에서부터 시작됐다고 한 것이다. 일각의 고증에 따르면 여와가 서왕모西王母라고 하는데 서왕모의 요지瑤池는 돈황敦煌 월아천月牙泉에 있다고 한다. 방위로 따져 보면 돈황은 서쪽에 있고 천수는 동쪽에 있으니 복희는 나무에 속하고 동쪽에 살기 때문에 나무와 동쪽에서 시작되었다고 볼 수 있다.

'제호손齊乎巽' '제야자 언만물지결제야齊也者 言萬物之絜齊也'는 각각 '손에서 가지런해진다.' '제는 만물이 깨끗하고 가지런함을 말한다.'는 뜻이다. '제齊'는 상형자로 보리이삭이 가지런한 형상이므로 손의 시기(늦봄 및 초여름)가 되면 만물이 자라나 가지런해진다고 한 것이다.

'상견호리相見乎離' '이야자 명야 만물개상견離也者 明也 萬物皆相見'은 각각 '이에서 서로 만나 본다.' '이는 밝음이니 만물이 모두 서로 만나 본다.'는 뜻이어서 이괘는 만물이 서로 만남을 상징한다. 서로 접촉하여 만물이 가장 높고 성대한 곳까지 자라났다가 다시 아래로 내려온다. 성인이 북쪽에 앉아서 남쪽을 향해 천하의 정무를 돌보는데 이것은 빛을 향하여 천하를 다스리는 것이므로 이의 광명을 취한 것이다.

'치역호곤致役乎坤' '만물개치양언 고왈치역호곤萬物皆致養焉 故曰致役乎坤'은 각각 '곤에 노역을 맡긴다.' '만물이 다 기름에 이루므로 곤에 노역을 맡긴다고 한 것이다.'라는 뜻이다. 여기서 '역役'은 노동하고 일하는 것을 말하는데 만물이 실하게 성장하려면 노동하여 길러야 함을 말한다.

'열언호태說言乎兌' '태 정추야 만물지소열야兌 正秋也 萬物之所說也 故曰說言乎兌'는 각각 '태에 기뻐한다.' '태는 바로 가을이니 만물이 기뻐하는 바이므로 태에 기뻐한다고 한 것이다.'라는 말이다. 태는 가을인데 가을이 되면 만물이 성숙하고 풍성해지므로 이 때문에 기뻐하는 것이다.

'전호건戰乎乾' '전호건 건서북지괘야 언음양상박야戰乎乾 乾西北之卦也 言陰陽相薄也'는 각각 '건에 싸운다.' '건에 싸운다 함은 건은 서북의 괘이므로 음양이 서로 부딪힘을 말한다.'는 뜻이다. 여기서 '전戰'에는 두 가지 의미가 있는데 하나는 '전투'를 뜻하고 다른 하나는 남녀의 '교합'을 가리킨다. 여기서는 음양이 서로 부딪힌다고 하였으니 남녀의 교합을 의미한다고 봐야 옳다. 음양이 서로 접근하여 융합하니 '너 죽고 나 사는' 식의 전투가 아닌 부드러운 교합에 가깝다고 볼 수 있다.

'노호감勞乎坎' '노괘야 만물지소귀야 고왈로호감勞卦也 萬物之所歸也 故曰勞乎坎'은 각각 '감에 수고롭다.' '노괘勞卦이니 만물의 돌아가는 바이므로 감에 수고롭다고 한 것이다.'라는 뜻이다. 이는 만물이 극도로 피곤하고 쇠약해져 겨울을 나는 단계에 접어듦을 의미한다.

'성언호간成言乎艮' '간동북지괘야 만물지소성종이소성시야 고왈성언호간艮東北之卦也 萬物之所成終而所成始也 故曰成言乎艮'은 각각 '간에 이룬다.' '간은 동북의 괘이니 만물의 끝마침을 이루고 시작을 이루는 바이므로 간에 이룬다고 한 것이다.'라는 뜻이다. 간괘에 이르면 만물이 발전하는 한 주기가 마무리되고 다음 주기가 시작되므로, 간은 과거가 종결되는 것을 말할 뿐 아니라 새로운 시작을 의미하기도 한다.

어떤 전식원全息元(생명체에서 생명의 기능을 지니며 상대적으로 독립된 부분)이 이 차원이기만 하면 모두 이러한 모형을 통해서 설명할 수 있다. 한의학이 바로 이러한 모형이다. 좌측 간과 우측 폐가 바로 여기서 나온 것이다. 간은 나무에 속하는데, 이 모형에서는 나무에 속하는 진과 손은 동쪽에 있으니 좌측이라고 볼 수 있다. 폐는 쇠에 속하는데, 쇠에 속하는 건과 태는 서쪽에 있어서 우측에 해당한다. 그러므로 좌측 간과 우측 폐가 되는 것이다. 그러나 한의학에서 최초로 말한 오장五臟의 방위는 이렇지 않았다. 초창기 방위와 형태학상의 방위는 일치한다. 『예기』 「월령」 편에 기록된 오장과 오행 간의 배합을 보면 비장은 나무, 폐는 불, 심장은 흙, 간은 쇠, 신장은 물과 짝한다. 오행의 방위는 늦어도 서주시대에 이르러 이미 확립되었기 때문에 이 방위가 「설괘전」 5장에서 말하는 방위(「설괘전」 2장의 방위는 북송시대에 이르러서야 확립되었다.)라고 할 수 있다. 그래서 나무는 왼쪽에 있고 비장은 왼쪽, 폐는 위, 신장은 아래, 간은 오른쪽, 심장은 중간에 있게 되는 것이다. 이는 형태학상의 방위와 완전히 맞물린다.

『황제내경』에서는 이 같은 배합 방법을 쓰지 않아 실체의 모형을 버리고 사유 모델을 채택했다. 이는 사유의 차원에서는 하나의 거대한 도약이자 의상意象을 중시하는 사유방식이라고 할 수 있다. 의상과 실체가 충돌할 때는 실체를 버리고 의상을 보존하는 것이 낫다. 한의학에서 말하는 의술이란 형이상形而上의 것이며 의상意象을 쓴다. 그러므로 좌간우폐左肝右肺를 써서 심장이 위에 거하여 불이고, 신장은 아래 거하여 물이며, 중앙은 비장을 토土와 함께 일컬어 비토脾土라고 한다. 여기서 오장은 모두 의상意象의 오장이지 실체의 오장을 말하지 않는다. 왼쪽, 오른쪽, 위, 아래 역시 모형의 방위이지 형태상의 방위가 아니다.

6장

神也者 妙萬物而爲言者也. 動萬物者莫疾乎雷 撓萬物者莫疾乎風 燥

萬物者莫熯乎火 說萬物者莫說乎澤 潤萬物者莫潤乎水 終萬物始萬物者莫盛乎艮. 故水火相逮 雷風不相悖 山澤通氣 然後能變化旣成萬物也.

신이란 만물을 신묘하게 함을 일컬어 말한 것이다. 만물을 움직이게 하는 것 가운데 우레만큼 빠른 것이 없고, 만물을 흔듦에는 바람보다 빠른 것이 없으며, 만물을 마르게 함은 불보다 더한 것이 없고, 만물을 기쁘게 하는 것은 못만한 것이 없으며, 만물을 적심은 물만한 것이 없고, 만물을 마치고 시작하게 함은 간만한 것이 없다. 이런 까닭에 물과 불이 서로 미치며, 우레와 바람이 서로 어그러지지 않고, 산과 못이 기를 통한 연후에야 변화하여 만물을 이루는 것이다.

6장은 주로 팔괘의 취상에 대해 설명하고 있는데, 이는 여기서 '물과 불이 서로 미치며, 우레와 바람이 서로 어그러지지 않고, 산과 못이 기를 통한다水火相逮 雷風不相悖 山澤通氣'고 말했기 때문이다. 또한 가장 먼저 신神을 이야기함으로써 우리에게 『역』이 바로 '신'임을 알려 주었는데 이러한 명제는 무척 중요하다. 「계사전」에서도 "역은 생각이 없고 행함이 없어 고요히 움직이지 않다가 감응하면 마침내 천하의 연고를 통하여 알게 된다. 천하의 지극히 신묘함이 아니고서야 그 누가 이에 참여하겠는가.易无思也 无爲也 寂然不動 感而遂通天下之故. 非天下之至神 其孰能與於此"라고 했으니 『역』은 '신神'이 되는 셈이다. 『황제내경』 전체에서 말하는 것도 '신神'이어서 '신의 학설'이라고도 하며 '신'이 가장 폭넓게 주관하는 환경에서 탄생한 학문이라고 할 수 있다. 반면 서양은 형체와 형태가 주재하는 환경에서 파생된 학설이 많다.

그렇다면 '신神'이란 무엇인가? '신神'은 '묘만물이위언자야妙萬物而爲言者也' 즉 '만물을 신묘하게 하는 것'이다. 여기서 '묘妙'라는 글자는 사실 사동사로서 '만물로 하여금 신묘하게 하는' 역할을 한다. 여기서 우리는

'신神'이 물질이 아닌 일종의 기능, 즉 '만물을 신묘하게 하는' 역할을 함을 알 수 있다. 한의학에서 말하는 '신神'은 몇 가지 의미를 담고 있다. "심장은 신명을 주관한다.心主神明"라는 말에 나온 '신神'은 의식과 사유 등의 마음과 정신 활동을 가리킨다. 그 밖의 뜻으로는 생명 활동을 가리키는 표현 등이 있다. 사실 한의학에서 말하는 '신神'은 『주역』의 '신'이 변화, 발전한 개념으로 우주만물과 모든 일을 주재하는, 생명 창조력을 가진 것이다. 그러나 뭐니 뭐니 해도 가장 넓은 의미에서 보면 '신神'이란 '종교적인 신', 즉 '외재의 신'이라고 할 수 있다. '신神'은 외재적 신과 내재적 신으로 나뉠 수 있는데 한의학에서 말하는 것은 주로 내재적 신이다. 그래서 『황제내경』「소문 · 천원기대론素問·天元紀大論」 편에서는 "신은 하늘에서는 바람이 되고 땅에서는 나무이며 하늘에서는 열이 되고……."라고 하였으며 「소문 · 음양응상대론陰陽應象大論」 편에서는 "동쪽에서는 바람을 만들어 내고…… 변화는 다섯 가지 맛을 만들어 내며 도리는 지혜로움을 내고 심오함은 신을 만들어 내니 신은 하늘에서는 바람이 된다……." 고 했는데 여기서 말하는 것이 바로 내재적인 신이다. 또한 「계사전」 상편 5장에서는 "음양의 변화를 예측할 수 없음을 일컬어 신이라고 한다." 고 했는데 위의 본문에서는 '신神'을 가리켜 '만물을 신묘하게 하는 것妙萬物'이라고 했다. 따라서 '신묘하게 하는 것'이란 바로 '음양의 변화를 예측할 수 없음'의 뜻이 되는 셈이다. 이는 현대의 복잡계 과학에서 말하는 '불확정성의 원리'와도 통한다.

일각에서는 이러한 '신神'을 '전電(천둥, 번개, 우레)'과의 관계에서 고찰하기도 하는데 그들은 '신'을 '전' 즉 이괘로 본다. '만물을 움직이게 하는 것 가운데 우레만큼 빠른 것이 없다.動萬物者莫疾乎雷'고, 한 데서 보면 '우레'가 바로 '신神', '뇌신雷神'이다. 여기서는 앞선 5장에서 "상제가 진에서 나온다.帝出乎震"고 한 것에 대해 그 이유를 설명해 준다. 진이 바로 우레이자 뇌신이며 신을 우두머리로 삼으니 복희씨가 바로 뇌신인 셈이다.

'요만물자막질호풍撓萬物者莫疾乎風'은 '만물을 흔듦에는 바람보다 빠른 것이 없다.'는 뜻이다. 여기서 '요撓'는 '굽다' '구부러지다'는 말인데 여기서는 바람이 만물을 스쳐 불거나 만물로 하여금 가볍고 편하게 흔들리게 하는 것, 혹은 만물을 부러뜨리는 것을 가리킨다. 사실 이는 팔괘의 기능과 속성, 팔괘의 취상을 말하는 것인데 우레는 '만물을 움직이게 하는' 기능이 있고 바람은 '만물을 흔드는' 역할을 하니 우레와 바람은 모두 '움직이게 한다.'는 측면에서 기능과 속성이 비슷하여 바람과 우레 모두 나무에 속한다.

'조만물자막한호화燥萬物者莫熯乎火'는 '만물을 마르게 함은 불보다 더한 것이 없다.'는 뜻이다. 여기서 '한熯'은 '덥고 건조하다' '무덥다'는 의미를 가지며 그 음은 '한漢'과 같다. 만물을 마르게 하는 것 중 가장 큰 것이 바로 '불火'이니 그렇다면 불의 기능은 바로 '만물을 마르게 하는 것'이 되는 셈이다.

'열만물자막열호택說萬物者莫說乎澤'은 '만물을 기쁘게 하는 것은 못만 한 것이 없다.'는 뜻이다. '열說'은 본래 '말하다'라는 의미에서 '설說'로 읽히나 여기서는 '기쁘다'라는 의미의 '열悅'로 읽힌다. '못澤'의 기능은 '만물을 기쁘게 하는 것'이다.

'윤만물자막윤호수潤萬物者莫潤乎水'는 '만물을 적심은 물만한 것이 없다.'는 뜻인데 여기서 '물水'의 기능은 '만물을 적시는 것'이다.

'종만물시만물자막성호간終萬物始萬物者莫盛乎艮'은 '만물을 마치고 시작하게 함은 간만 한 것이 없다.'는 뜻이다. '간艮'에 이르면 하나의 주기가 마무리되고 다음 주기가 시작된다. 여기서 말하는 것은 모두 팔괘의 의상意象, 혹은 앞서 말한 '신神'이라는 글자와 결합한 것으로 팔괘의 신묘한 기능과 역할을 강조한다.

‘고수화상체 뇌풍불상패 산택통기 연후능변화기성만물야故水火相逮 雷風不相悖 山澤通氣 然後能變化旣成萬物也’는 ‘이런 까닭에 물과 불이 서로 미치며, 우레와 바람이 서로 어그러지지 않고, 산과 못이 기를 통한 연후에야 변화하여 만물을 이루는 것이다.’라는 뜻이다. 이는 앞서 나온 3장의 의미와 상통한다. 즉 물과 불이 다른 속성을 가지지만 서로 미쳐서 돕고, 우레와 바람이 다르게 움직이지만 서로 거스르지 않으며, 산과 못이 서로 다른 곳에 거하지만 그 기운이 서로 통하니 그런 연후에야 자연계가 변화하고 움직여 만물을 이룬다는 뜻으로, 팔괘의 상대성을 말한다. 물과 불이 상대적이고 우레와 바람이 상대적이며 산과 못도 상대적이지만, 상대적인 관계 속에서도 서로 통한다. 결국 이번 장에서는 팔괘 사이의 관계를 말한 셈이다.

7장

乾 健也 坤 順也 震 動也 巽 入也 坎 陷也 離 麗也 艮 止也 兌 說也.

건은 굳셈이고, 곤은 유순함이며, 진은 움직임이고, 손은 들어감이며, 감은 빠짐이고, 이는 붙음이며, 간은 그침이고, 태는 기뻐함이다.

이번 장에서는 팔괘의 취상取象에 대해서 말하고 있는데 팔괘가 취한 의상意象에 대해서 가장 간명한 말로 개괄하여 설명하고 있다.

건은 하늘을 본뜬 것으로 천체는 쉬지 않고 운영되니 가장 강건한 것이라고 할 수 있다. 곤은 땅을 형상화한 것으로 땅은 유순하게 하늘을 떠받치니 가장 부드럽고 순한 것이다. 진은 우레를 본뜬 것으로 우레는 만물을 분발시켜 움직이게 하니 움직임이라고 했다. 손은 바람을 형상화하는

데 바람은 들어가지 못하는 곳이 없으니 들어감이라고 했다. 감은 물을 본뜬 것으로 물은 움푹 파인 곳에 고이니 빠짐이라고 했다. 이는 불을 형상화한 것으로 불은 반드시 다른 사물에 붙어야 하므로 붙음이라고 했다. 간은 산을 본뜬 것으로 산의 형체는 정지하여 움직이지 않으니 그침이라고 했다. 태는 못을 형상화한 것으로 못은 만물을 적시게 하니 기뻐함이라고 했다. 다만 이괘의 '이 여야離 麗也'에서 '여麗'는 두 가지로 해석된다. 하나는 아름답다는 뜻인데 불이 가장 아름다운 것이기 때문이다. 그 밖에는 '붙다' '의존하다'는 뜻이 있다.

8장

乾爲馬 坤爲牛 震爲龍 巽爲雞 坎爲豕 離爲雉 艮爲狗 兌爲羊.

건은 말이고, 곤은 소이며, 진은 용이고, 손은 닭이며, 감은 돼지고, 이는 꿩이며, 간은 개이고, 태는 양이다.

8장에 이르면 팔괘가 취한 동물의 상에 대해서 설명한다. 위 구절에 나온 여덟 가지 동물은 당시에는 인류와 가장 밀접한 관계를 맺었던 친근한 동물이다.

어째서 '건은 말이고 곤은 소다.乾爲馬 坤爲牛'라고 했을까? 말은 소에 비해서 더욱 빨리 길을 갈 수 있으므로 상대적으로 말이 더 빠르다는 의미를 가진다. 그래서 건괘의 '강건한' 속성에 더 잘 부합하기 때문에 건을 말이라고 하고 곤은 소라고 한 것이다. 그렇다면 건은 반드시 말이고 곤은 꼭 소여야만 할까? 반드시 그렇지는 않다. 위진시대 왕필의 주석에 따르면 "건과 곤이 어째서 반드시 말과 소여야만 하겠는가!"라고 하여 건과 곤이 반드시 말과 소일 필요는 없으며 모든 게 다 상대적일 뿐이라고 했다. 일반적으로 말해서 건은 말이고 곤은 소라는 뜻이다.

단독으로 건괘만 놓고 보면 「설괘전」 11장에서는 "건은 하늘이고, 좋은 말이며, 늙은 말이고, 야윈 말이며, 얼룩말이자, 나무열매다.乾爲天 爲圜 爲君 爲父 爲玉 爲金 爲寒 爲冰 爲大赤 爲良馬 爲老馬 爲瘠馬 爲駁馬 爲木果'라고 했으니 이에 상대되는 작은 말, 살진 말, 나쁜 말은 분명 건이 아닐 것이다. 이것은 곧 건이 말이 될 수 있지만 곤도 말이 될 수 있으며, 건도 소가 될 수 있고 곧 역시 소일 수 있다는 뜻이다. 만약 소로 따진다면 건은 좋은 소, 늙은 소, 야윈 소, 얼룩 소가 될 것이다. 다시 말해 모두 상대적인 것이지 절대적으로 확실한 대상을 가리키는 것은 아니다. 앞서 64괘에 대한 강의 중에서 건괘를 용에 빗댄 것을 보면, 여섯 효의 다양한 상황에 따라 한 마리가 아닌 여섯 마리의 용이 등장하기도 했다.

'진은 용이다.震爲龍'라고 했는데 용은 움직임을 주관하고 진의 속성이 움직임이기 때문이다.

'손은 닭이다.巽爲雞'라고 한 것은 괘의 형상 측면에서 말한 것으로 손괘(☴)가 닭의 형상을 본떴기 때문인데 괘의 맨 아래에 있는 음효의 모습이 마치 닭의 두 다리를 닮았기 때문이다.

'감은 돼지다.坎爲豕'라고 한 것은 감괘(☵)는 맨 위쪽 효와 아래쪽 효가 음효여서 비어 있으므로 각각 양귀와 다리를 상징하고, 중간이 양효로 가득 차 두툼한 배와 같아서 돼지의 형상을 닮았기 때문이다. 그 밖에도 돼지는 물웅덩이처럼 습한 곳을 좋아하기 때문에 물과 관련이 있어서 감을 돼지라고 한 이유도 있다.

'이는 꿩이다.離爲雉'라고 한 것은 꿩은 집에서 기르는 닭보다 아름다운데 '이는 붙음(혹은 아름다움)이다.'라고 했기 때문이다.

'간은 개다.艮爲狗'라고 했는데 개는 집에서 기르는 개로 문을 지키는 역할을 한다. 지킴은 그침, 멈춤이고 '간은 멈춤이다.'라고 했으므로 '간은 개다.'라고 한 것이다.

'태는 양이다.兌爲羊'라고 한 것은 태는 즐거움을 상징하는데 양은 모든 동물 가운데 가장 온순하고도 아름답고 즐거움을 주기 때문이다.

9장

乾爲首 坤爲腹 震爲足 巽爲股 坎爲耳 離爲目 艮爲手 兌爲口.

건은 머리이고, 곤은 배이며, 진은 발이고, 손은 다리이며, 감은 귀고, 이는 눈이며, 간은 손이고, 태는 입이다.

이번 장에서 말하고자 하는 것은 팔괘가 상징하는 인체의 상이다.

'건은 머리이고 곤은 배다.乾爲首 坤爲腹'라고 한 것은 머리가 인체에서 가장 높은 위치에 있어서 가장 존귀하고 강건하며 위에 머물면서도 굴하지 않기 때문이다. 배는 가장 낮은 곳에 위치한 데다, 건이 하늘이면 곤이 땅이며 하늘이 높으면 땅은 낮은 것이기 때문에 곤을 가리켜 배라고 한 것이다. 그렇다면 어째서 배보다 더 낮은 위치에 있는 발이라고 하지 않고 굳이 배라고 했을까? 발은 위로 올려 찼을 때 배보다 더 높게 들 수 있기 때문이다. 또한 배는 너그럽고 두터워서 음식을 넉넉하게 담을 수 있으니 곤의 '저장하고 포용하는' 의상意象과도 합치한다.

'진은 발이다.震爲足'라고 한 것은 진은 움직임을 상징하는데 인체를 움직이게 하고 걷게 하는 것이 바로 발이기 때문이다.

'손은 다리다.巽爲股'라고 한 것은 괘의 형상 측면에서 말한 것이다. '고股'는 허벅지를 뜻하는데 두 허벅지는 손괘(☴)의 모양과 비슷하다. 손괘

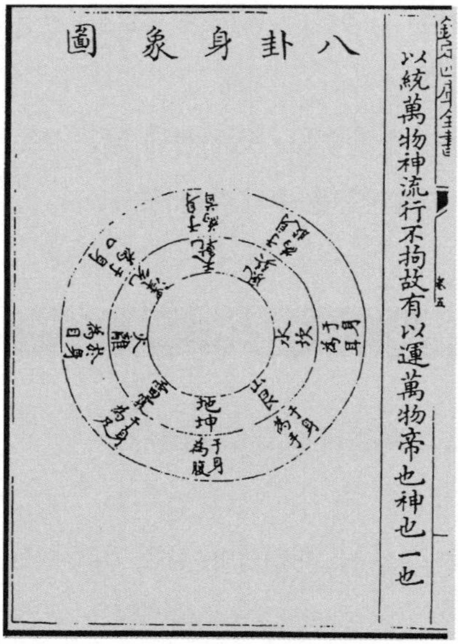

팔괘신상도

의 맨 밑에 있는 음효가 두 허벅지와 닮았기 때문이다. 허벅지는 발을 따라 순종하여 가므로 공손하고도 유순하다는 의미를 포함하기도 한다.

'감은 귀다.坎爲耳'라고 한 것은 감이 신장과 관계가 있고* 신장은 귀와 밀접한 기능적 연관성을 갖기 때문이다. 한의학에서는 인중의 위치가 태괘泰卦여서 하늘과 땅이 서로 교차하는 자리라고 여긴다. 태괘(䷊)의 형상을 보면 인중 위로는 두 개의 구멍, 즉 눈 두 개, 귀 두 개, 콧구멍 두 개가 있고, 인중 아래로는 한 개의 구멍, 즉 입 하나, 생식기 하나, 항문 하나가 있는 모양이다. 마찬가지로 감괘(☵)의 형상을 보면 중간의 양효를 기준으로 위아래가 모두 끊어진 음효로 이루어져 있다. 이처럼 사람의 몸에서도 위로는 귀가 두 개요, 신장이 두 개인 것을 보면 감괘가 신장, 귀와 관련되어 있다는 말이 이해된다.

'이는 눈이다.離爲目'라고 한 것도 형상 면에서 본 것이다. 왜냐면 인체의 감각기관 가운데 눈은 가장 밝은 것인데 '이離'도 밝고 아름다운 것이기 때문이다. 눈은 반드시 밝다는 전제하에 사물을 볼 수 있으며 빛이 없으면 앞을 내다볼 수가 없다.

'간은 손이다.艮爲手'라고 한 것 또한 형상 면에서 본 것이다. 두 손이 위에 있어서 무척 민첩하고 힘이 있는데 간괘(☶)의 '용用' 또한 맨 위에 있는

* 한의학에서는 '신장은 물이다.腎爲水'라고 함.

양효라고 볼 수 있기 때문이다. 또한 간은 '그침'을 상징하는데 손 역시 사물을 막아 그치게 할 수 있기 때문이다.

'태는 입이다.兌爲口'라고 한 것은 사람의 체질적 특징, 인격적 특징 면에서 살펴본 것이다. 팔괘는 여덟 가지 인격, 여덟 가지 체질 특징을 가진 사람이라고 볼 수 있는데 태괘의 성질을 지닌 사람은 그 특징이 바로 '입口'에 있다. 말솜씨가 좋은 특징도 있지만 구설수, 말다툼의 가능성도 가지고 있는데 이는 태가 기쁨과 파괴의 두 가지 뜻을 담고 있기 때문이다. 태는 언어를 주관하고 입은 말로써 사람을 기쁘게 하니 태의 의상意象에 부합한다.

후대 사람들은 팔괘를 인체의 장기와 한데 묶어 팔괘 장부의 상을 이루기도 했다. 즉 건은 대장이고 곤은 비장이며 태는 폐이고 진은 간이며 손은 쓸개, 이는 심장, 감은 신장, 간은 위라고 한 것이 그것이다. 당나라 초 양상선楊上善은 최초로 12효를 이용해서 12경락을 해석했는데 왕빙王冰 또한 이를 이용했다. 명청시대에 이르자 더 많은 한의학자가 이를 이용했고 훗날 당종해唐宗海는 『의역통설醫易通說』이라는 서적에서 한의학의 오장육부 법칙에 대해 보충하고 수정하기도 했다.

10장

乾天也 故稱乎父, 坤地也 故稱乎母, 震一索而得男 故謂之長男, 巽一索而得女 故謂之長女, 坎再索而得男 故謂之中男, 離再索而得女 故謂之中女, 艮三索而得男 故謂之少男, 兌三索而得女 故謂之少女.

건은 하늘이므로 아버지라고 부르고, 곤은 땅이므로 어머니라고 부른다. 진은 첫 번째로 구하여 남자를 얻었으므로 장남이라고 일컫고, 손은 첫 번째로 구하여 여자를 얻었으므로 장녀라고 부른다. 감은 두 번째로 구하여 남자를 얻었으므로 중남이라고 이르고, 이는 두 번째로 구하여 여자를 얻은 까닭에 중녀라고 부른다. 간은 세 번째로 구하여 남자를 얻었으니 소남이라 부르고, 태는 세 번째로 구하여 여자를 얻었으므로 소녀라고 이른다.

건과 곤은 여섯 자식을 낳았는데 건괘는 아버지로 세 명의 딸을 거느리고 곤괘는 어머니로 세 명의 아들을 거느렸다. 왜 굳이 건괘가 딸을 거느리고 곤괘가 아들을 거느렸을까? 이는 세 딸의 '체體'가 건이자 양효이고 '용用'은 음효이며, 세 아들의 '체'가 곤이자 음효이고 '용'은 양효이기 때문이다. '용用'은 괘의 음양 속성을 결정짓고 여자인지 남자인지를 결정지으니 '체體'의 음양 속성을 봐야 한다. 무척 재미있는 것은 여자는 부친에 가깝고 남자는 어머니에 가까운데 이것이 바로 프로이트가 말한 오이디푸스 콤플렉스, 엘렉트라 콤플렉스와 유사한 관점이라는 사실이다.

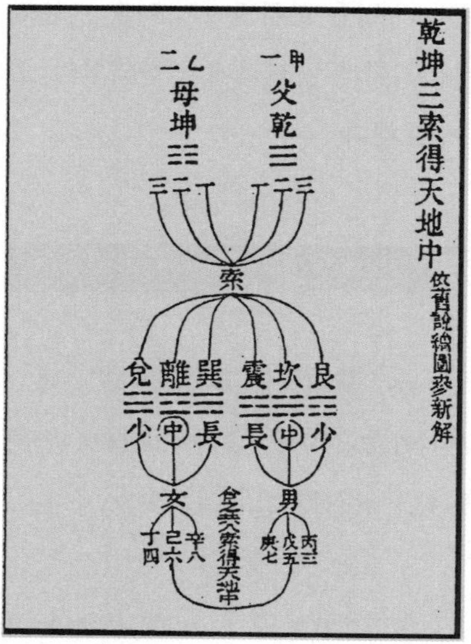

건곤삼색득천지중

이번 장에서는 팔괘가 각각 아버지, 어머니, 아들, 딸을 상징한다는 것과 그들 상호간의 관계에 대해서 설명한다. 건은 하늘이고 하늘은 양이므로 아버지를 상징하며, 곤은 땅이고 땅은 음이므로 어머니를 대표한다. 곤괘는 건괘로부터 첫 번째 양효를 구한 뒤 진괘를 낳았는데, 이는 남자 아이므로 진괘는 장남長男을 대표한다. 건괘는 곤괘로부터 첫 번째로 음효를 구하여 손괘를 낳았는데, 이는 여자 아이므로 손괘는 장녀長女를 상징한다. 곤괘는 건괘로부터 두 번째로 양효를 얻어 감괘를 낳았으니, 이는 남자 아이므로 감괘는 중남中男을 대표한다. 건괘는 곤괘로부터 두 번째로 음효를 얻어 이괘를 낳았는데, 이는 여자 아이므로 이괘는 중녀中女를 대표한다. 곤괘는 건괘로부터 세 번째 양효를 구하여 간괘를 낳았으니, 이는 남자 아이므로 간괘는 소남小男을 대표한다. 건괘는 곤괘로부터 세 번째 음효를 구하여 태괘를 낳았으니, 이는 여자 아이므로 태괘는 소녀小女를 대표한다. 여기서는 육자괘六子卦의 유래를 설명하는데 육자괘의 생성은 부모가 세 차례 교합하여 여섯 자식을 낳은 결과다.

타이완에는 「낙산풍落山風」이라는 영화가 있다. 필자는 영화 제목만 보고도 금방 그것이 무엇을 말하고자 하는 건지 알아차릴 수 있었다. 「낙산풍落山風」이라는 제목을 취한 근거가 바로 육자괘이기 때문이다. 만약 육자괘를 안다면 이내 그것의 뜻이 무엇인지 알 수 있을 것이다. 산은 무슨 괘인가? 바로 간괘다. 바람은 무슨 괘인가? 바로 손괘다. 손은 장녀이고 간은 소남을 가리킨다. 이 두 괘가 만나면 무슨 괘를 이룰까? 바로 고괘다. 고괘는 지금까지 밝혀진 문헌 기록 가운데 가장 먼저 괘상을 통해 질병의 해석에 관여한 괘의 예다. 『좌전』 「진의완화秦醫緩和」라는 책에 그 출처가 있다. 진후晉侯가 병을 얻자 진秦나라 의원이 고괘를 이용해 그 병을 해석하고 치료법을 설명한 사례가 그것인데, 이것이 바로 '낙산풍落山風'이다. 낙산풍은 바로 바람이 산 아래로 떨어져 산바람이 함괘를 이룬다는 말이다. 영화 「낙산풍」은 한 살 많은 여인과 한 살 어린 남자 사이의 이야기를 그린 것으로, 분명 여인이 남자를 먼저 유혹하고 남자는 여인에 유혹당함으로써 생겨나는 애절한 사랑 이야기가 주요 스토리를 이룰 것이다. 믿지 못하겠다면 직접 영화를 보기 바란다. 분명 비슷한 내용을 담고 있을 것이다.

11장

乾爲天 爲圜 爲君 爲父 爲玉 爲金 爲寒 爲冰 爲大赤 爲良馬 爲老馬 爲瘠馬 爲駁馬 爲木果.

건은 하늘이고, 둥근 것이며, 임금이고, 아버지고, 옥이고, 금이고, 추위이고, 얼음이고, 큰 적색이고, 좋은 말이며, 늙은 말이고, 수척한 말이고, 얼룩말이며, 나무 열매다.

이번 장에서는 팔괘의 취상에 대해서 종합적으로 설명했다.

'건은 하늘이다.乾爲天'라고 한 것은 건괘 전체가 양효이기 때문이다. 양의 성질은 강건하게 움직이며 게으름을 피우지 않는데, 하늘도 마찬가지로 강건하게 끊임없이 운행하므로 건이 하늘이 되는 셈이다.

'둥근 것이다.爲圜'라고 한 것은 고대인은 하늘이 둥글어서 쉬지 않고 회전하므로 시작도, 끝도 없다고 생각했기 때문이다.

'임금이고 아버지다.爲君 爲父'라고 한 것은 건은 하늘인데 하늘은 가장 높은 것을 의미하므로, 나라에서 가장 높은 통솔자는 임금이고 가정에서는 아버지가 되는 셈이다. 임금과 아버지 또한 그 존귀한 도를 취하여 만물의 시작이라는 의미를 가진다.

'옥이고 금이다.爲玉 爲金'에서 '금金'은 금속을 말하는데 이는 옥과 금이 모두 단단하여 강건한 성질을 지니기 때문이다.

'추위이고 얼음이다.爲寒 爲冰'라고 한 것은 건이 서북西北의 괘인 데다 시기적으로 늦가을이어서 겨울에 가깝기 때문이다.

'큰 적색이다.爲大赤'라고 한 것은 가을과 일정한 관계가 있다. 왜냐면 여름이 '적색'을 가리키는데 가을이 되면 적색이 지나가 버리기 때문에 큰 적색이라고 했다. 그런 상태에서 더 지나쳐 버리면 극에 이르러 반대면으로 전환되니 흑색이 된다.

'나무 열매다.爲木果'라고 한 이유는 열매가 둥근 데다 가을과 일정한 관계가 있기 때문이다. 나무는 열매를 그 시작으로 삼고 과실 속에는 양의 강건한 '인仁'이 포함되어 있으므로 봄이 오면 소생한 뒤 끊임없이 번성하니, 만물이 건을 시작으로 삼는 의상意象과도 부합한다. 이를 근거로 유추해 보면 이런 사람은 남자이고 나이 든 사람이며 둥근 머리圓头인데, 이것이 다 '건乾'에 속한다.

여기서는 또한 네 가지 유형의 말을 건의 상으로 취했다. '척瘠'은 '마르다' '수척하다'는 뜻이므로 '척마瘠馬'는 수척한 말이라는 뜻이다. '박마駁馬'는 본래 '얼룩말'이라는 뜻인데 이빨이 마치 톱과 같아서 범도 무서워할 정도로 강건하고도 용맹한 말을 가리킨다. 그러므로 건은 좋은 말에서 강건하게 행하는 아름다움을 취하였고, 늙은 말에게서는 오래도록 강건하게 행함을, 얼룩말에게서는 지극히 강건하게 행함을 취하였다. 이처럼 건이 취한 것은 전형적으로 모두 강건한 것이니 이 모든 것이 건의 '강건한' 의상意象에 부합한다.

坤爲地 爲母 爲布 爲釜 爲吝嗇 爲均 爲子母牛 爲大輿 爲文 爲衆 爲柄 其於地也爲黑.

곤은 땅이고, 어머니이고, 포이고, 가마솥이고, 인색함이고, 균등함이고, 어린 암소이며, 큰 수레이고, 글월이고, 무리이고, 자루이며, 땅에 대해서는 흑색이다.

'곤은 땅이고 어머니이고 포이다.坤爲地 爲母 爲布'라고 했다. 고대에는

'포布'가 화폐로 쓰이기도 했지만 오늘날 말하는 '천'으로 이해해도 된다. 곤은 땅이어서 가장 넓고 크기 때문에 곤을 '포布'라고 했다.

본문에서 '가마솥이다.爲釜'라고 한 것과 '솥을 부수고 배를 침몰시킨다.'는 뜻의 '파부침주破釜沉舟'*라는 고사에서 말한 '솥釜'은 과연 어떤 솥을 말하는 것일까? 사병들이 먹을 것을 조리하던 용도로 쓰였으므로 무척 큰 솥을 가리킨다. 이처럼 큰 솥이 곤괘라면 반대로 작은 솥은 건괘가 될 텐데 어째서 큰 솥이 곤괘에 해당할까? 큰 솥은 무척 커서 그 안에 무엇이라도 넣을 수 있으므로 저장하여 감춘다는 의미의 '귀장歸藏'의 속성을 지니기 때문이다. 마침 고대의 『귀장역』에서 처음 등장하는 괘도 바로 곤괘다. 이처럼 대지가 무척 크고도 만물을 거두어 담아 저장하는 역할을 하므로 큰 솥은 바로 곤괘에 해당한다.

'인색함이다.爲吝嗇'라는 것은 중국 문학작품의 4대 구두쇠 중 하나인 그 유명한 짠돌이 '마이선생馬二先生'처럼 인색하다는 것이다. 어째서 곤괘가 인색하다고 한 것일까? 지나치게 모아 감추기 때문이다. 노자는 '색嗇' 즉 낭비하지 않고 아끼는 것을 무척 중요한 양생의 비법으로 여겼다. '인吝'과 '색嗇'이라는 두 글자를 제외하고도 고대에는 '아끼다'라는 뜻을 가진 글자가 있었으니 그것이 바로 '애愛'다. '애愛'라는 글자는 오늘날 우리가 흔히 말하는 '사랑하다'는 뜻도 있지만 '아깝게 여기다' '인색하다'는 뜻도 포함하고 있다. 『맹자』「양혜왕」 하편에 보면 '백성들이 과인더러 인색하다고 함은 마땅하도다.宜乎百姓之謂我愛也'라고 한 말이 나오는데 여기서도 '애愛'를 '인색하다'라는 의미로 썼다. 어머니의 사랑을 생각해 보면 그것은 '여자' '여인'과 연관되는데 여인은 바로 곤괘다. 그러나 사랑이 지나치게 되면 그것이 바로 인색함이 된다. 이처럼 이 세상 어떤 일이

---

* 파부침주破釜沉舟: 항우가 진나라 군사와 싸울 때, 강을 건넌 후 밥솥을 부수고 배를 침몰시켜 다시 돌아갈 수 없음을 각인시킴으로써 병사들의 전투 의지를 불살랐다는 데서 유래한 고사.

라도 건과 곤의 양면을 지니고 있는 셈이다.

'균등함이다.爲均'라고 한 구절에서 '균均'은 '평균' '균등'의 의미다.

곤은 대지이므로 대지는 만물을 이고 있는 '어린 암소爲子母牛'다. 곤괘가 어린 암소라는 말의 이면에는 건괘가 나이 든 수소라는 뜻이 함축되어 있기도 한다.

'큰 수레다.爲大輿'라고 한 부분에서 큰 수레는 짊을 지고 실어 나르는 속성이 있으므로 위에서 말한 큰 솥과 같은 이치다. 큰 수레는 사람, 그것도 무척 많은 사람을 실을 수 있다. 이는 모두 곤괘의 속성이므로 곤괘에 속한 사람은 너그러운 포용력을 지닌다.

'문이고 무리다.爲文 爲衆'라고 한 것에서 '문文'은 문로紋路(무늬, 주름, 결)다. 이것들은 어떤 특정한 사물을 가리키는 것이 아니고 가로와 세로로 교차하는 것을 가리킨다. '문紋'이 곤괘라면 '로路'는 건괘가 되겠다. 괘의 형상 면에서 보면 '건삼련乾三连' 즉 건(☰)은 세 획이 이어지고 '곤육단坤六斷' 즉 곤(☷)은 여섯 획으로 쪼개지므로, 곤괘가 가장 많아 '문文'이자 '무리衆'이지만 건괘는 그 수가 가장 적어서 홀로된 사람 혹은 군주를 가리킨다.

'자루다.爲柄'라고 한 부분에서 '병柄'은 '자루' 즉 병기의 머리 부분을 가리킨다. 그렇게 되면 자루의 반대면인 병기의 끝부분은 건괘가 되겠다.

'땅에 대해서는 흑색이다.其於地也爲黑'라고 한 부분을 보면 곤이 검은 땅이니 그렇다면 흰 땅은 건괘가 될 것이다. 팔괘는 동일한 사물에 대해서도 여덟 가지 방면, 여덟 단계 등으로 다르게 표현할 수 있다.

震爲雷 爲龍 爲玄黃 爲敷 爲大塗 爲長子 爲決躁 爲蒼筤竹 爲萑葦 其於馬也爲善鳴 爲馵足 爲作足 爲的顙 其於稼也爲反生 其究爲健 爲蕃鮮.

진은 우레이고, 용이며, 검고 누렇고, 꽃이고, 큰길이고, 장자이고, 결단하기를 조급히 함이고, 푸른 대나무이고, 갈대이며, 말에 대하여는 울기를 잘 함이고, 왼발이 흰 것이고, 발을 들어 올림이며, 이마가 흰 것이고, 곡식에 대하여는 반복적으로 나고 자라는 것이며, 궁극에는 굳셈이고, 번성하여 아름다움이다.

'진은 우레이고 용이며 검고 누런 것이다.震爲雷 爲龍 爲玄黃'라고 한 것은 곤괘에서 "용이 들에서 교합하니 그 피가 검고 누렇다.龍戰于野 其血玄黃"고 한 것과 마찬가지로 검고 누런 것은 음양이 교합한 결과이자 건괘와 곤괘가 움직인 결과다.

'꽃이다.爲敷'에서 '꽃敷'은 이제 막 피어난 꽃이므로 하나의 과정으로 따지자면 진괘는 이제 막 시작하는 단계인 셈이다. '상제가 진에서 나온다.帝出乎震'고 한 말도 같은 맥락에서 이해할 수 있다.

또한 진괘는 '큰길이다.爲大塗'라고 했으니 반대로 생각하면 작은 길은 간괘에 해당한다. '장자다.爲長子'라는 말은 10장에서 이미 언급했다. '결단을 조급히 함이다.爲決躁'라고 한 것도 마찬가지로 움직임의 의미를 담고 있다.

'푸른 대나무다.爲蒼筤竹'에서 이런 대나무의 가장 큰 특징은 바람을 만나면 끊임없이 흔들린다는 점이므로 움직임을 상징하는 진괘와 상통한다.

'갈대다.爲萑葦'에서 갈대도 마찬가지로 쉽게 흔들리는 식물이기 때문에 이해가 된다.

'말에 대하여는 울기를 잘함이다.其於馬也爲善鳴'라는 것은 진은 말이라고 할 수도 있는데 이 말은 잘 우는 말이라는 뜻이다.

'왼발이 흰 것이다.爲馵足'라고 한 것은 왼쪽 다리에 흰색 무늬가 있는 말을 가리키는데 일종의 잘 달리는 말을 의미한다.

'발을 들어 올림爲作足'은 양발을 들어 올리는 것이다.

'이마가 흰 것이다.爲的顙'에서 '적的'은 흰색이라는 뜻인데 그렇다면 '상顙'은 무슨 의미일까? 이 글자의 우측에는 '머리'를 뜻하는 '혈頁'이라는 글자가 들어가 있으므로 머리와 관계가 있다. 만약 '혈頁'이 들어가 있는 글자 중에 머리와 관계없는 경우가 있다면 그것은 본래 뜻에서 파생되어 나온 인신의引申義이거나 가차의假借義일 것이다. 한자의 법칙을 파악하기 위해서는 두 글자 이상이 합하여 이루어진 한자든, 아니면 하나의 독립된 한자든 모두 형체를 표시하는 부호를 가진다는 것을 알아야 한다. 이는 마치 괘상과도 같다. 그러므로 '혈頁'을 갖는 모든 글자는 머리와 관계가 있다. '상顙'은 바로 이마를 가리키므로 '적상的顙'은 흰 이마, 흰색 이마를 가진 말이다. 이 말들은 하나같이 달리기와 우는 것을 잘 한다. 고대에 말은 오늘날로 치면 자동차에 해당할 정도로 인류의 삶과 무척 밀접한 관계를 가지고 있는 중요한 교통수단이었다.

'곡식에 대하여는 반복적으로 나고 자라는 것이다.其於稼也爲反生'라고 했는데 이는 진괘가 움직임이자 봄을 상징하므로 이러한 속성을 가진다고 한 것이다.

'궁극에는 굳셈이고 번성하여 아름다움이다.其究爲健 爲蕃鮮'라고 한 것은 근본으로 돌아가는 것이다. 진괘에는 강건하게 움직이는 특징이 있으며 '번蕃'은 '우거지다' '번성하다'는 뜻으로 이해할 수 있고 '선鮮'은 '신선하다'는 뜻이므로, 봄날 초목이 우거지고 번성하여 모든 것이 선명해지는 상을 취한 것이다. 왜냐면 그것은 이제 막 시작하는 단계이기 때문이다.

巽爲木 爲風 爲長女 爲繩直 爲工 爲白 爲長 爲高 爲進退 爲不果 爲臭 其於人也爲寡髮 爲廣顙 爲多白眼 爲近利市三倍 其究爲躁卦.

손은 나무이고, 바람이며, 장녀이고, 줄이 곧음이며, 장인이고, 흰색이고, 긴 것이고, 높음이며, 나아감과 물러섬이며, 과단성 없음이며, 냄새이고, 사람에 있어서는 머리숱이 적음이며, 이마가 넓음이고, 눈에 흰자가 많음이며, 이익을 가까이하여 세 배의 이익을 남김이며, 끝에 가서는 조급한 괘다.

'손은 나무이고 바람이며 장녀이고 줄이 곧음이다.巽爲木 爲風 爲長女 爲繩直'라고 한 부분에서 '줄이 곧음繩直'은 목공이 먹줄을 잡아당기는 것으로 '나무는 굽거나 곧은 것木曰曲直'이라는 말과 연계해서 본다면 굽은 것을 곧게 할 수 있다는 뜻이 된다.

'장인이다.爲工'라고 한 것은 직업의 측면에서 말한 것으로 의원도 일종의 장인이라고 할 수 있다.

'흰색이다.爲白'라고 한 것은 바람이 불어 진토가 날려가서 깨끗해진 모습을 말한다.

'길고 높은 것이다.爲長 爲高'라고 한 것 가운데 '길다'고 한 것은 줄이 길고 바람 또한 멀리 행하기 때문이며 '높다'고 한 이유는 나무가 높은 곳을 향하여 자라나는 성질이 있기 때문이다.

'나아감과 물러섬이며 과단성 없음이다.爲進退 爲不果'라고 한 것은 손괘에 속한 사람은 주저하는 성격이 있어서 과감하게 결정하지 못하기 때문이다.

'냄새다.爲臭'라고 하였는데 이는 냄새가 비록 형태가 없지만 들어가지 못하는 구멍이 없기 때문이다. 그래서 손괘에 속한 사람은 냄새에 민감하다.

'사람에 있어서는 머리숱이 적음이며 이마가 넓음이고 눈에 흰자가 많음이다.其於人也爲寡髮 爲廣顙 爲多白眼'라고 한 것은 손괘에 속한 사람이 지닌 겉모습과 내면의 특징을 말한 것인데 내면과 외면이 일치하여 통일된다.

'이익을 가까이하여 세 배의 이익을 남김이다.爲近利市三倍'라고 한 것은 손괘의 사람이 이익을 중시 여겨 얻는 것도 많다는 것이다.

'끝에 가서는 조급한 괘다.其究爲躁卦'라고 한 것은 손은 나무이자 봄이므로 조급함에 속하기 때문이다.

坎爲水 爲溝瀆 爲隱伏 爲矯輮 爲弓輪 其於人也爲加憂 爲心病 爲耳痛 爲血卦 爲赤. 其於馬也爲美脊 爲亟心 爲下首 爲薄蹄 爲曳. 其於輿也爲多眚 爲通 爲月 爲盜. 其於木也爲堅多心.

감은 물이고, 도랑이고, 숨어 엎드림이며, 휨을 바로잡음이며, 활과 바퀴이며, 사람에 있어서는 걱정을 더함이고, 마음의 병이며, 귀가 아픔이고, 혈괘이며, 적색이고, 말에 있어서는 등골이 아름다움이며, 성질이 급함이고, 머리를 아래로 늘어뜨림이며, 발굽이 얇음이고, 끄는 말이며, 수레에 있어서는 하자가 많음이고, 통함이며, 달이며, 도적이고, 나무에 있어서는 단단하고 심이 많음이다.

'감은 물이고 도랑이다.坎爲水 爲溝瀆'라고 한 것은 도랑이 물을 끌어들여 만든 웅덩이이기 때문이고 '숨어 엎드림이다.爲隱伏'라고 한 것은 물이 낮은 곳을 향해 흐른 데서 기인한 것이다. 물은 만물을 이롭게 하면서도 다투지 않는데 다투지 않아도 능히 이기지 못함이 없음을 기억하자.

'휨을 바로잡음이다.爲矯輮'라고 한 부분에서 구부러져 변한 것을 곧게 하는 것을 '교矯'라고 하고 곧은 것을 변하여 구부러지게 하는 것을 일컬어 '유輮'라고 한다. 물은 구체적인 형상이 없으므로 구부러질 수도 있고 곧게도 될 수 있어서 물은 길道에 가깝다.

'활과 바퀴이다.爲弓輪'라고 한 것은 활과 바퀴처럼 형태가 휜 상을 취했기 때문이다.

또한 '사람에 있어서는 걱정을 더함이고 마음의 병이며 귀가 아픔이며 혈괘이고 적색이다.其於人也爲加憂 爲心病 爲耳痛 爲血卦 爲赤'라고 했다. 사람의 경우 근심이 많은 사람이 해당한다고 한 이유는 무엇일까? 그것은 심장과 관계가 있다. 감괘는 물이므로 신장이어야 하는데 어째서 심장이라고 했을까? 한의학에서는 "신장은 물이고 심장은 불이다."라고 말하는데 감은 물인데도 심장을 상징하는 이유는 무엇일까? 이것은 신장과 관계가 있다. 한의학에는 '심신불교心腎不交'라는 유명한 말이 있다. 심장과 신장이 조화를 이루지 못하고 어느 것 하나가 부족해지거나 왕성해진다는 뜻이다. 즉 신수腎水(신장을 오행의 '물'에 귀속시켜 일컫는 말)가 지나치게 얕아서 부족해지니 근심을 불러일으키는 것이다. 그래서 심장과 신장은 일종의 관계가 있는 한 덩어리의 사유 범주인 셈이다. 이는 한의학에서 머리가 아프면 머리를 치료하지 않고 다른 부위에서 치료법을 모색하는 데 반해, 서양 의학에서는 머리가 아프면 머리를 치료하고 다리가 아프면 다리를 치료하는 것과 같은 접근법의 차이와 무관하지 않다. '혈괘다.爲血卦'라고 한 것은 감이 물이지만 피 또한 물이기 때문이다. '적색이다.爲赤'라고 한 이유는 피는 붉은 색이기 때문이다.

또한 뒤이어 '말에 있어서는 등골이 아름다움이며 성질이 급함이고 머리를 아래로 늘어뜨림이며 발굽이 얇음이고 끄는 말이다.其於馬也爲美脊 爲亟心 爲下首 爲薄蹄 爲曳'라고 했다. 이러한 말은 근심이 많은 말이자 머리를 늘어뜨린 말이며 질퍽질퍽한 진흙이 묻은 신을 끌듯 유쾌하지 않게 걷는 말이다.

'수레에 있어서는 하자가 많은 것이고 통함이며 달이고 도적이다.其於輿也爲多眚 爲通 爲月 爲盜'에서 '하자가 많음'이라고 한 것은 재앙이 많다는 뜻인데 물은 재앙과 피해를 초래하기 쉽기 때문이다. 또한 '통함이다.'라고 한 것은 물이란 그 어떤 것도 막아설 수 없기 때문이다. '달이다.'라고 한 것은 감괘가 달을 상징하기 때문인데 그렇게 되면 반대로 이괘는 태양을 상징하게 된다. '도적이다.'에서 '도적'은 물이 행하는 모습이 잠기어 가만히 움직이므로 마치 도적 같다는 데서 취한 것이다. 그 외에도 감추어 숨은 가운데 험함을 베푼다는 뜻으로 이해할 수도 있다. 감괘에 속한 사람에게 도적의 마음이 있기 때문인데 이는 일종의 견해일 뿐이다.

'나무에 있어서는 단단하고 심이 많음이다.其於木也爲堅多心'라고 한 것을 보면 감은 나무를 상징한다고 볼 수 있다. 그렇다면 감은 어떠한 나무를 가리킬까? '단단하고 심이 많음'이라고 한 것으로 보아 무척 단단하고 견고한 나무다. 왜일까? 감괘(☵)의 괘상을 보면 중간에 양효가 하나 있으니, 견고하고 딱딱하며 심이 많고 가시가 많아 만지면 곧 위험해진다는 의미가 된다.

離爲火 爲日 爲電 爲中女 爲甲胄 爲戈兵 其於人也爲大腹 爲乾卦 爲鱉 爲蟹 爲蠃 爲蚌 爲龜 其於木也爲科上槁.

이는 불이고, 해이며, 번개이고, 중녀이며, 갑주이고, 창과 병사이며, 사람에 있어서는 큰 배이며, 건괘이고, 자라이며 게이고, 소라이며 조개이고, 거북이며, 나무에 있어서는 속이 비고 위가 마른 나무다.

'이는 불이고 해이며 번개다.離爲火 爲日 爲電'라고 한 것을 보면 이괘는 겉은 양이고 안은 음인 불의 형상을 취했음을 알 수 있다. 그 밖에도 불이 타오르기 위해서는 반드시 연료에 붙어 있어야 하는데 이 때문에 '붙음'의 의상意象도 가지고 있다. 불은 밝은 것을 대표하는데 그중에서도 오래도록 밝은 것은 해이며, 잠시 밝은 것은 번개다. 해는 하늘에 붙어서 걸려 있으며, 번개는 우레에 붙어서 함께 발생하니 이 때문에 이괘에는 '붙음'이라는 뜻도 포함되어 있다.

이괘는 '중녀다.爲中女'라고 했는데 이는 두 번째 효가 음효이기 때문이다.

'갑주이고 창과 병사다.爲甲冑 爲戈兵'에서 '갑주'는 갑옷을 말하는데 어째서 이괘를 갑주라고 했을까? 이(☲)는 괘의 형상 면에서 봤을 때 양변의 양효가 중간의 음효를 감싸는 모습이 마치 갑주와도 같기 때문이다. 그래서 그 뒤에 '창과 병사'가 나와서 갑주 입은 사병의 모습을 상징한다.

'사람에 있어서는 큰 배다.其於人也爲大腹'라고 하였는데 이는 이괘가 큰 배를 가진 사람과 같다는 말이다.

'건괘다.爲乾卦'라고 한 것은 건이 '마른 것干'에 속하기 때문인데 이괘가 불에 속하고 불은 비교적 건조한 까닭이다.

'자라이며 게이고 소라이며 조개이고 거북이다.爲鱉 爲蟹 爲蠃 爲蚌 爲龜'라고 한 부분은 무척 간단한 원리다. 그것들은 겉이 모두 갑옷과 같은 껍데기로 둘러싸여 있어서 겉이 딱딱하고 안은 부드러워 이괘의 괘상과 같기 때문이다.

'나무에 있어서는 속이 비고 위가 마른 나무다.其於木也爲科上槁'에서 '과科'는 사물의 가운데가 비어 있다는 뜻인데, 나무가 만약 가운데가 비어 있다면 그 윗부분은 필연적으로 마를 수밖에 없기 때문이다.

艮爲山 爲徑路 爲小石 爲門闕 爲果蓏 爲閽寺 爲指 爲狗 爲鼠 爲黔喙之屬 其於木也爲堅多節.

간은 산이고, 좁은 길이며, 작은 돌이고, 문이며, 과일과 풀 열매이며, 환관이고, 손가락이고, 개이고, 쥐이며, 검은 부리 짐승이며, 나무에 있어서는 단단하고 마디가 많음이다.

'간은 산이다.艮爲山'라는 것은 앞서 이미 해석한 바 있으므로 굳이 풀이하지 않겠다.

'좁은 길이다.爲徑路'라고 한 것은 작은 길小路이라는 뜻이며 그렇게 따지면 반대로 큰길은 진괘에 해당한다. 이 부분에 대해서도 앞서 이미 설명했다. 주의해야 할 것은 '길路'의 뜻을 가진 글자 가운데서 '두인 변彳'을 가진 글자는 전부 '작은 길'을 뜻한다는 점이다. 예컨대 '좁은 길이다.爲徑路'라는 구절에 나온 '경徑'이라는 글자도 작은 길이라는 뜻을 가지고 있는데 작은 길이 있다면 반드시 큰길도 있게 마련이다. 큰길은 '다닐 행行'을 한자의 왼쪽과 오른쪽에 편방으로 갖는 경우가 많다. 이는 사방이 시원하게 뚫려 통하는 길을 뜻한다. 예컨대 '거리 가街'라는 글자나 '사통팔달의 큰길'을 뜻하는 '네거리 구衢'라는 글자가 그렇다.

'작은 돌이다.爲小石'라고 한 것은 간괘가 '작은 것'과 관계가 있기 때문이다.

'문이다.爲門闕'라고 했는데 여기서 '문門'과 '궐闕' 모두 밖에 있는 문이지만 그중에서도 특히 '궐闕'은 고대 문루門樓 앞에 서 있는 문을 가리킨다. 어째서 간괘는 대문과 관계 있을까? 그것은 간괘의 속성이 '정지함' '그침' '멈춤'이기 때문이다. 문도 역시 정지해서 서 있는 것이기 때문에 문과 관계가 있는 것이다.

'과일과 풀 열매다.爲果蓏'에서 '열매 라蓏'라는 글자에 대해 『설문해자』에서는 "나무의 과실은 과果이고 풀의 열매는 라蓏다."고 했다. 이처럼 '라蓏'는 풀과 식물의 열매여서 그 입자가 비교적 작다.

'환관이다.爲閽寺'에서 '혼閽'은 궁문을 지키는 문지기를 뜻하고 '시寺'는 '시인寺人' 즉 고대에 궁중의 잡다한 일을 관리하던 낮은 관리로 훗날 환관과 같은 직책이다.

'손가락이다.爲指'에서 '지指'는 손가락을 의미하는데 발가락을 의미하는 '지趾'도 당시 이미 '지指'와 통용되고 있었으므로 여기에는 발가락도 포함된다. 그렇다면 간은 어째서 손가락과 발가락을 의미한다고 했을까?

왜냐면 '지指'는 사물을 집어서 멈추게 하는 상을 취했기 때문이다. 본문에 '발가락 지趾'를 언급하지 않은 이유는 무엇일까? '간艮'이 대표하는 '그칠 지止'라는 글자는 '손가락 지指'나 '발가락 지趾'와 해음諧音(뜻은 다르지만 발음이 같거나 비슷한 글자) 관계에 있어서 굳이 언급하지 않아도 되기 때문이다. 해음은 일종의 연상 사고 기법이어서 관련된 사물을 한데 연결한다. 즉 "같은 소리는 서로 응하고, 같은 기운은 서로 구한다.同聲相應 同氣相求" "방향은 종류별로 모이고 사물은 무리로 나뉜다.方以類聚 物以群分"고 하는 『주역』의 말처럼 종류별로 비교하여 상을 취하고 같은 유형의 것은 한데 담아 둔다. 이렇게 하면 팔괘는 여덟 개의 바구니에 세상만물과 모든 일을 담을 수 있고, 마찬가지로 여덟 개 바구니에서 세상만물과 모든 일을 끄집어 낼 수도 있다.

'개이고 쥐다.爲狗 爲鼠'라고 했는데 개와 쥐가 어째서 간괘라는 것일까? 개는 문을 지키는 동물이라서 문과 관련이 있기 때문이고, 쥐에서는 '작다小'라는 특징을 취했기 때문이다. 쥐는 뛰는 동물 가운데서 비교적 작은 편에 속한다고 할 수 있다.

'검은 부리 짐승이다.爲黔喙之屬'에서 '검黔'은 검은색이라는 뜻이고 '훼喙'는 '새의 부리' '짐승의 주둥이'를 말하므로 '검훼黔喙'는 검은 부리를 가진 까마귀처럼 검은 부리 짐승이 된다. 쥐의 주둥이는 뾰족한 편이고 까마귀 부리 역시 날카롭다.

'나무에 있어서는 단단하고 마디가 많음이다.其於木也爲堅多節'라고 했는데 이는 간괘가 견고하고 단단하며 마디가 많은 나무를 가리키기 때문이다. 간괘의 가장 큰 특징은 바로 편안하고 고요하다는 점이다. 그러므로 오늘날 사람들이 모두 '간艮'으로 마음을 닦고 행동해야 할 필요가 있다. 어떤 이는 『화엄경華嚴經』에서 말하는 글자 '지止'가 바로 간괘를 의미한다고 주장하는데 일리가 없는 것은 아니다. 중국 문화의 가장 큰 특징은 바로 음陰의 문화 즉 멈춤, 정지의 문화다. 물론 늘 멈춰 있다는 것은 아니고 때때로 움직이기는 하지만 가만히 멈추는 것에 더 큰 비중을 두되 움직임과 멈춤이 일체화하는 개념이다. 고대로부터 말하는 시공합일時空合一도 시간에 치중하며, 체용합일體用合一도 '용用'에 비중을 둔다. 천인합일天人合一은 단순화하기는 어렵지만 사람을 근본으로 삼는다고 볼 수 있다. 그렇지만 하늘의 도에 기탁하여 인간사가 이뤄지므로 사람은 반드시 하늘의 도에 따라 행동해야 함을 잊지 말아야 한다.

兌爲澤 爲少女 爲巫 爲口舌 爲毁折 爲附決 其於地也爲剛鹵 爲妾 爲羊.

태는 못이고, 소녀이며, 무당이고, 입과 혀이며, 훼손함이고, 붙었다가 떨어짐이며, 땅에 있어서는 단단하여 소금기가 많은 것이고, 첩이며, 양이다.

태가 못과 소녀를 가리킨다는 것은 앞서 이미 풀이했다. 그렇다면 어째서 태를 가리켜 '무당이다.爲巫'라고 한 것일까? 왜냐면 태는 입인데 입은 말을 잘 한다. 무당의 입도 말을 무척 잘 한다. 변호사, 교사 역시 이러한 유형이다.

'입과 혀다.爲口舌'라고 한 것에서 입과 혀에는 두 가지 뜻이 있다. 첫째는 언변이 좋다는 것이고 둘째는 '시비를 조장한다.' '싸움을 붙인다.' 등의 뜻이다. 다른 말로는 '두 개의 혀兩舌'라고도 하는데 이는 불가에서 나온 말이다. 한 입으로 두 말하거나 싸움을 조장하여 '훼손爲毁折'하지 말아야 한다. 당신이 지나치게 시비를 조장한다거나 입이 지나치게 말을 많이, 잘한다면 그것이 바로 '훼손함'이 아니겠는가?

'붙었다가 떨어짐이다.爲附決'라는 것은 다른 사람에게 붙어야만 비로소 판단할 수 있고 결정할 수 있으니 건괘에 속한 사람처럼 스스로 판단을 잘 할 수 있는 성질이 아니다.

'땅에 있어서는 단단하여 소금기가 많은 땅이다.其於地也爲剛鹵'라고 한 것은 태괘가 비교적 단단한 소금 땅에 속하기 때문이다.

'첩이다.爲妾'라고 한 것도 마찬가지로 '작다'는 개념과 관계가 있다.

'양이다.爲羊'라고 한 것은 양이 사람으로 하여금 기쁘게 하는 온순한 동물이기 때문이다.

04
서괘전序卦傳

有天地 然後萬物生焉. 盈天地之間者唯萬物 故受之以屯. 屯者 盈也. 屯者 物之始生也. 物生必蒙 故受之以蒙. 蒙者 蒙也 物之稚也 物稚不可不養也 故受之以需. 需者 飮食之道也. 飮食必有訟 故受之以訟. 訟必有衆起 故受之以師. 師者 衆也. 衆必有所比 故受之以比. 比者 比也. 比必有所畜 故受之以小畜. 物畜然後有禮 故受之以履. (履者 禮也.) 履而泰 然後安 故受之以泰. 泰者 通也. 物不可以終通 故受之以否. 物不可以終否 故受之以同人. 與人同者 物必歸焉 故受之以大有. 有大者不可以盈 故受之以謙. 有大而能謙必豫 故受之以豫. 豫必有隨 故受之以隨. 以喜隨人者必有事 故受之以蠱. 蠱者 事也. 有事而後可大 故受之以臨. 臨者 大也. 物大然後可觀 故受之以觀. 可觀而後有所合 故受之以噬嗑. 嗑者 合也. 物不可以苟合而已 故受之以賁. 賁者 飾也. 致飾然後亨則盡矣 故受之以剝. 剝者 剝也. 物不可以終盡 剝窮上反下 故受之以復. 復則不妄矣 故受之以无妄. 有无妄然後可畜 故受之以大畜. 物畜然後可養 故受之以頤. 頤者 養也. 不養則不可動 故受之以大過. 物不可以終過 故受之以坎. 坎者 陷也. 陷必有所麗 故受之以離. 離者 麗也.

有天地然後有萬物 有萬物然後有男女 有男女然後有夫婦 有夫婦然後有父子 有父子然後有君臣 有君臣然後有上下 有上下然後禮義有所錯. 夫婦之道不可以不久也 故受之以恒. 恒者 久也. 物不可以久居其所 故受之以遯. 遯者 退也. 物不可以終遯 故受之以大壯. 物不可以終壯 故

受之以晉. 晉者 進也. 進必有所傷 故受之以明夷. 夷者 傷也. 傷於外者必反其家 故受之以家人. 家道窮必乖 故受之以睽. 睽者 乖也. 乖必有難 故受之以蹇. 蹇者 難也. 物不可以終難 故受之以解. 解者 緩也. 緩必有所失 故受之以損. 損而不已必益 故受之以益. 益而不已必決 故受之以夬. 夬者 決也. 決必有所遇 故受之以姤. 姤者 遇也. 物相遇而後聚 故受之以萃. 萃者 聚也. 聚而上者謂之升 故受之以升. 升而不已必困 故受之以困. 困乎上者必反下 故受之以井. 井道不可不革 故受之以革. 革物者莫若鼎 故受之以鼎. 主器者莫若長子 故受之以震. 震者動也. 物不可以終動 止之 故受之以艮. 艮者 止也. 物不可以終止 故受之以漸. 漸者 進也. 進必有所歸 故受之以歸妹. 得其所歸者必大 故受之以豐. 豐者 大也. 窮大者必失其居 故受之以旅. 旅而无所容 故受之以巽. 巽者 入也. 入而後說之 故受之以兌. 兌者 說也. 說而後散之 故受之以渙. 渙者 離也. 物不可以終離 故受之以節. 節而信之 故受之以中孚. 有其信者必行之 故受之以小過. 有過物者必濟 故受之以旣濟. 物不可窮也 故受之以未濟終焉.

천지가 있은 뒤에 만물이 생겨나니 하늘과 땅 사이에 가득 찬 것은 오직 만물이다. 그러므로 준괘屯卦로써 받았으니 준은 가득 참이며 물건이 처음 생겨나는 것이다. 사물이 생겨나기 시작하면 반드시 몽매하기 때문에 몽괘蒙卦로 받았다. 몽은 몽매한 것으로 사물의 어린 단계다. 만물이 어려서 기르지 않으면 안 되므로 수괘需卦로 받았다. 수는 음식의 도다. 음식에는 반드시 소송이 있으니 이 때문에 송괘訟卦로 받았다. 소송은 반드시 여러 사람이 일어나게 되므로 사괘師卦로 받았다. 사는 무리다. 여러 사람이 모이면 반드시 친해지는 바가 있으므로 비괘比卦로 받았다. 비는 친근히 하는 것이다. 친근하면 모이는 바가 있으므로 소축괘小畜卦로 받았다. 물건이 모인 연후에야 예가 있으므로 이괘履卦로 받았다. (이는 예다.) 행하여 태연한 뒤에 편안하므로 태괘泰卦로 받았다. 태는 통함이다. 사물은 끝내 통할 수만은 없으므로 비괘否卦로 받았다. 사물은 끝까지 막힐 수만은 없으므로 동인괘同人卦로 받았다. 남과 함께 하는 이에게는 물건이 반드시 돌아오게 되어 있으므로 대유괘大有卦로 받았다. 큰 것을 소유한 자는 가득 차서는 안 되므로 겸괘謙卦로 받았다. 큰 것을 소유하고도 겸손하면 반드시 즐거우므로 예괘豫卦로 받았다. 즐거우면 반드시 따름이 있으므로 수괘隨卦로 받았다. 기쁨으로 남을 따르는 자는 반드시 일이 있으므로 고괘蠱卦로 받았다. 고는 일이다. 일이 있은 뒤에는 클 수 있으므로 임괘臨卦로 받았다. 임이란 큼이다. 물건이 큰 다음에는 볼만하므로 관괘觀卦로 받았다. 볼만한 것이 있으면 합하는 바가 있으니 이에 서합괘噬嗑卦로 받았다. 합은 합함이다. 물건은 구차하게 합하기만 해서는 안 되므로 비괘賁卦로 받았다. 비는 꾸밈이다. 꾸밈을 지극히 한 뒤에 형통하면 곧 다하게 되니 이런 까닭에 박괘剝卦로 받았다. 박은 깎임이다. 사물은 끝내 다할 수 없으니 깎임이 궁극에 이르면 다시 아래로 내려오므로 복괘復卦로 받았다. 돌아오면 망령되지 않으므로 무망괘無妄卦로 받았다. 무망함이 있은 다음에는 모일 수 있으므로 대축괘大畜卦로 받았다. 물건이 모인 뒤에는 기를 수 있으므로 이괘頤卦로 받았다. 이는 기름이다. 기르지 않으면 움직일 수 없으므로 대과괘大過卦로 받았다. 물건은 끝내 지나칠 수 없으므로 감괘坎卦로 받았으니 감은 빠짐이다. 빠지면 반드시 붙는 바가 있으므로 이괘離卦로 받았다. 이는 붙음이다.

천지가 있은 연후에야 만물이 생겨나며, 만물이 있은 후에 남녀가 있으며, 남녀가 있은 다음에 부부가 있고, 부부가 있고 부자가 생겨나며, 부자가 있은 후에야 군신의 관계가 생긴다. 군신관계가 있는 다음에 상하관계가 있고, 상하관계가 있은 다음에 예의를 둘 곳이 있다. 부부의 도리는 오래가지 않으면 안 되므로 항괘恒卦로 받았다. 항은 장구함이다. 사물은 오랫동안 한곳에 머무를 수 없으므로 둔괘遯卦로 받았다. 둔은 물러감이다. 사물은 끝내 물러서서 숨을 수 없으므로 대장괘大壯卦로 받았다. 사물은 끝까지 장대할 수 없으므로 진괘晉卦로 받았다. 진은 나아감이다. 나아가면 반드시 상하는 바가 있으므로 명이괘明夷卦로 받았다. 이는 상함이다. 밖에서 상한 자는 반드시 집으로 돌아오기 때문에 가인괘家人卦로 받았다. 가정의 도가 궁하면 반드시 어그러지므로 규괘睽卦로 받았다. 규는 어그러짐이다. 어긋나면 반드시 어려움이 있으므로 건괘蹇卦로 받았다. 건은 어려움이다. 사물은 끝내 어려울 수 없으므로 해괘解卦로 받았다. 해는 흩어짐이다. 느슨하면 반드시 잃는 바가 있으므로 손괘損卦로 받았다. 덜어 내기를 그치지 않으면 반드시 더해지므로 익괘益卦로 받았다. 더함이 그치지 않으면 반드시 터지므로 쾌괘夬卦로 받았다. 쾌는 터짐이다. 나뉘면 반드시 만남이 있으므로 구괘姤卦로 받았다. 구는 만남이다. 사물이 서로 만나면 모이게 되므로 췌괘萃卦로 받았다. 췌는 모임이다. 모여 올라가는 것을 일컬어 승이라고 하므로 승괘升卦로 받았다. 올라가서 그치지 않으면 반드시 곤란해지므로 곤괘困卦로 받았다. 위에서 곤핍한 자는 반드시 아래로 돌아오게 되어 있으므로 정괘井卦로 받았다. 우물이라는 것은 변하지 않을 수 없으므로 혁괘革卦로 받았다. 물건을 변혁하는 것은 솥만 한 것이 없으므로 정괘鼎卦로 받았다. 기물을 주관하는 이는 장자만 한 이가 없으므로 진괘震卦로 받았다. 진은 움직임이다. 사물은 끝까지 움직일 수 없어 멈추므로 간괘艮卦로 받았다. 간은 멈춤이다. 사물은 끝내 그칠 수만은 없으므로 점괘漸卦로 받았다. 점은 나아감이다. 나아가면 반드시 돌아오는 바가 있으므로 귀매괘歸妹卦로 받았다. 돌아갈 곳을 얻은 자는 반드시 커지게 되므로 풍괘豐卦로 받았다. 풍은 큰 것이다. 크게 됨이 궁극에 이르면 반드시 그 거처를 잃게 되니 그러므로 여괘旅卦로 받았다. 여행하면 용납할 곳이 없으므로 이런 까닭에 손괘巽卦로 받았다. 손은 들어감이다. 들어간 후에는 그것을 기뻐하므로 태괘兌卦로 받았다. 태는 즐거움이다. 기뻐한 뒤에는 흩어지므로 환괘渙卦로 받았다. 환은 떠남이다. 사물은 영원히 흩어질 수 없으므로 절괘節卦로 받았다. 절제하면 믿게 하므로 중부괘中孚卦로 받았다. 믿음이 있는 자는 반드시 행하므로 소과괘小過卦로 받았다. 남을 넘어섬이 있는 자는 반드시 이루게 되므로 기제괘既濟卦로 받았다. 사물은 다할 수 없으므로 미제괘未濟卦로 받아 끝마쳤다.

「서괘전」은 64괘의 배치 순서에 담긴 이치와 논리를 풀이한 내용이다. 64괘의 배열 순서에는 어떤 이치가 담겨 있을까? 64괘는 차치하더라도 팔괘의 나열 순서는 총 몇 가지가 될 수 있을지 계산해 보면 총 40,320가지가 나온다. 이는 8의 계승, 즉 1×2×3×4×5×6×7×8의 결과로 나온 수다. 그렇다면 64괘의 나열 순서는 64의 계승이 되어 무척이나 많을 것이다. 그런데 어째서 『주역』에서는 건괘에서 시작해서 미제괘로 마무리되는 오직 한 가지 순서만을 채택했을까? 거기에는 오묘하고도 깊은 의미가 함축되어 있다!

64괘의 부호에는 이해하기 힘든 미스터리가 숨겨져 있는데 여태까지

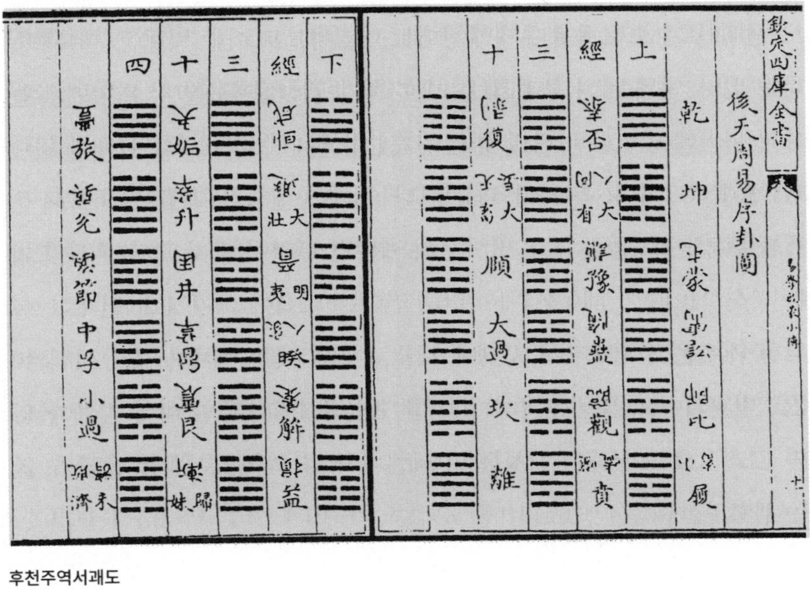

후천주역서괘도

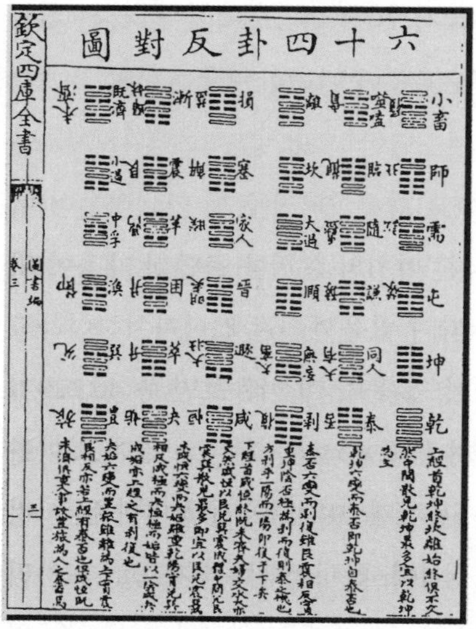

육십사괘반대도

절반 정도만 풀이되었고 나머지는 아직도 난제로 남아 있다. 절반의 비밀은 공자의 후예인 공영달孔穎達에 의해서 풀이되었다. 그는 여덟 글자를 통해 그 해석의 과정을 설명했다. 그 여덟 글자는 바로 『주역정의』「서괘전」'소疏' 부분에서 언급한 '이이상우 비복즉변二二相耦 非覆卽變'이다. 즉 64개의 괘를 2개씩 짝지으면 총 32쌍이 나오는데 각 쌍의 괘에서 효의 순서를 뒤집어 '복괘覆卦'를 만들거나 만약 이것이 불가능하다면 음효와 양효를 서로 바꾸는 '변괘變卦'를 만든다는 말이다. 건괘와 곤괘를 예로 들면 건괘(䷀)는 여섯 효가 모두 양효이고 곤괘(䷁)는 모두 음효여서 정반대로 대칭하므로 이를 일컬어 '대괘對卦'라고 한다. 준괘(䷂)와 몽괘(䷃)를 부호 측면에서 살펴보면 각 위치에 있는 효의 위아래 순서를 뒤바꿔 놓은 관계임을 알 수 있다. 이들 관계를 일컬어 '반괘反卦' 혹은 '복괘覆卦'라고 한다. 64괘 중에서 일부 괘는 각 효의 순서를 뒤집을 수 없는 경우가 있는데 왜냐면 뒤집어 봤자 도로 본래의 자기 자신이 나오기 때문이다. 예컨대 건괘는 뒤집어 봐야 도로 건괘다. 이러한 괘에는 건괘乾卦(䷀), 곤괘坤卦(䷁), 감괘坎卦(䷜), 이괘離卦(䷝), 이괘頤卦(䷚), 대과괘大過卦(䷛), 중부괘中孚卦(䷼), 소과괘小過卦(䷽)의 여덟 가지가 있다. 그러므로 그것들은 대칭을 이루는 네 쌍의 '대괘對卦'밖에 만들 수 없는 셈이다.

소옹은 "천근과 월굴이 한가로이 왕래하니 삼십육 궁궐이 모두 봄이로 세.天根月窟閑往來 三十六宮都是春"라는 시구를 남겼다. 여기서 천근天根은 남성의 성性을 상징하고, 월굴月窟은 여성의 성을 상징하는 말인데, 어떤 이는 내게 왜 하필 '삼십육궁三十六宮'이냐고 묻는다. 여기 나온 삼십육궁이 가리키는 것은 대괘對卦와 반괘反卦를 의미한다. 대괘는 총 8개이고 복괘는 총 56개, 즉 28쌍이다. 이 때문에 28쌍의 반괘에 8개의 대괘를 더하면 총 36궁이 나온다는 설명이다. 그 밖에도 선천팔괘의 수를 전부 합하면 36이 된다는 견해도 있다.

어떤 이는『주역』64괘 배열의 수수께끼가 이미 풀린 것 아니냐고 물을 수도 있다. 그렇지 않다. 당연히 전부 다 풀린 것이 아니다. 공영달이 풀이한 것은 다만 32쌍의 괘에 대한 미스터리일 뿐, 각 쌍 사이의 비밀은 아직 풀리지 않아 그들 사이의 법칙을 아직 찾아내지 못했다.

그러나 이 수수께끼를「서괘전」이 전부 풀이하였다. 부호적인 측면에서 풀이했을 뿐 아니라 의리義理적인 면에서 풀이하기도 했다. 당연히 의리義理는 괘상과 부호를 근거로 해야지 부호가 없이 의리를 논할 수는 없다. 괘효의 부호가 근본이 된다는 것은 필자가 견지하는 기본 관점이기도 하다. 송나라 정이는 그의 대표 저서인『정씨역전程氏易傳』에서 "체體와 용用은 근원이 하나이고 나타난 세계나 희미한 세계 사이에는 구별이 없다.體用一源 顯微無間"는 명언을 남겼다. 필자도 의리와 부호는 그 뿌리가 하나여서 그 둘 사이에 구별이나 틈이 없다는 데는 무척 공감한다. 다만 '체體'와 '용用'이 가리키는 것에 관해서는 필자는 부호가 '체'이고 의리가 '용'이라고 생각하기 때문에 그와 의견이 조금 다르다. 어쨌든『주역』의 신묘함은 괘효의 부호를 통해 사물의 의리, 법칙, 일처리 법칙을 드러내는 데 있다.

「서괘전」은 괘의 명칭, 의리에 근거해서 64괘의 배열 순서가 실제로 우주만물과 모든 일이 변화 발전하여 끝내는 마무리됐다가 다시 살아나는

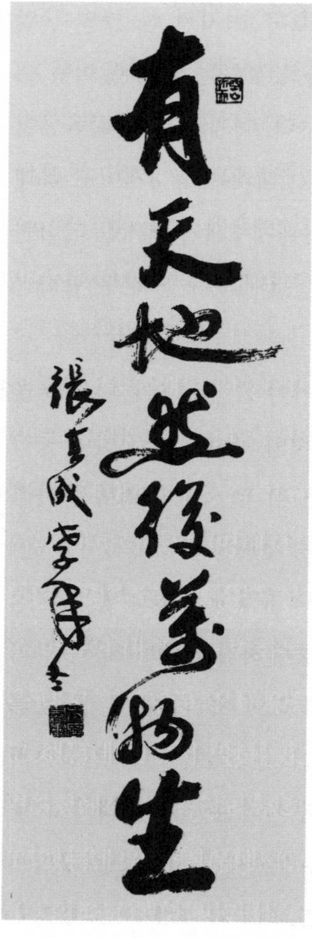

유천지연후만물생: 천지가 있은 뒤 만물이 생겨났다.

순서와 법칙을 반영해 냈음을 발견했다. 그래서 「서괘전」에서는 서두에서부터 '천지가 있은 뒤에 만물이 생겨난다.有天地 然後萬物生焉'고 한 것이다. 먼저 하늘이 있고, 땅이 있고 나서야 세상만물과 모든 일이 비로소 생겨날 수 있다는 말이다. 건은 하늘이고 곤은 땅이니 그 뒤에 나오는 괘는 다 세상만물과 모든 일의 나고 자람을 상징하는 셈이다.

64괘를 순서대로 살펴보면 크게 두 가지 법칙을 발견할 수 있다. 고대인은 그것을 종합해서 하나는 '상인相因'이라고 하고 다른 하나는 '상반相反'이라고 불렀다. '상인'은 뒤의 괘가 앞의 괘의 연속선상에 있다는 것으로 앞 괘의 발전 단계가 아직 극에 이르지 않아 뒤의 괘가 그 뒤를 잇는다는 의미다. 그리고 '상반은' 앞의 괘가 이미 극에 도달하여 뒤의 괘가 그 반대면으로 전환됐다는 말이다.

건괘와 곤괘 다음에는 어째서 준괘屯卦가 왔을까? 「서괘전」에서는 하늘과 땅 사이에 오직 세상만물과 모든 일이 있으니 이 때문에 그 뒤에 준괘가 왔다고 풀이했다. 준괘는 '가득 차다.'는 뜻이기 때문이다. 이러한 해석은 다소 억지스러운 면이 있다. 준괘는 세상만물과 모든 일의 처음 생겨남, 시작 단계의 어려움, 험난함을 상징하기 때문이다. 건괘와 곤괘를 아버지와 어머니로 보는 것도 가능하다. 아버지와 어머니가 교합하여 아이들을 낳는데 아이들을 낳는 것은 무척 어려운 일이기 때문이다. 아래의 '준屯'이라는 글자의 형태를 보라.

마치 한 포기 풀이 땅에서 올라오는 형상과 같은데 미약한 풀 한 포기가 대지를 뚫고 올라올 때 험난함과 어려움이 없을 수 없다.

이 같은 험난함은 '운뢰준雲雷屯(䷂)'이라고도 불리는 준괘의 괘상을 보더라도 알 수 있다. 준괘의 괘사를 풀이한 「대상전」에서는 "구름과 우레가 준屯이니 군자는 이를 보고 다스린다."고 해석했다. 우레는 움직임을 상징하는 데다 하늘이 검은 구름으로 뒤덮였으니 구름에 우레가 더해져서 마치 어머니가 무척 어렵게 아이를 낳는 모습과도 같다.

만물이 시작되는 시기에는 분명 아는 것 없이 몽매할 것이므로 준괘의 뒤를 이어서는 몽괘蒙卦가 등장했다. 몽괘는 무지몽매함을 상징한다. 몽매함을 깨우치기 위해서는 가르쳐야 한다. 몽괘의 괘상은 '산수몽山水蒙(䷃)'인데 교육이란 몽괘의 괘상처럼 산 아래에 샘이 솟아나는 모습과도 같다. 두보가 노래한 "바람 따라 밤중 살그머니 들어오네. 조금씩 소리 없이 만물을 적시는구나."라는 시구처럼 말이다.

사물이 갓 생겨나기 시작하면 어리고 작기 때문에 정성을 들여 기르지 않을 수 없다. 기르지 않고 버리면 이내 죽어 버리기 때문이다. 그러므로 몽괘 다음에 오는 괘는 바로 수괘需卦다. '수는 음식의 도다.需者 飮食之道也' 라고 한 것처럼 '수需'는 음식으로써 공양한다는 의미를 가진다.

공양하고자 해도 초창기에 음식이 부족하면 나아가서 빼앗을 수밖에 없고 만약 그렇게 되면 소송이 걸리게 된다. 먼저는 말로 하는 소송이 다가오므로 뒤이어 송괘訟卦로 받았다.

소송이 일정 단계에 이르면 이전에 말로 따지던 것이 변하여 군중이 모여 소란을 일으키는 형태로 발전할 수 있다. 그러므로 송괘 다음에 사괘師卦가 왔다. '사師'는 군대를 가리키기도 하는데 이리하여 다툼과 전쟁이 시작된다.

무리가 한곳에 모이면 그들 사이에 상대적인 높낮이가 생겨나게 마련이다. 이 때문에 사괘의 다음에 비괘比卦가 왔다. '비比'는 비교하고 서로 따지는 것을 뜻한다.

비교하고 따지면 그 결과 누군가 한쪽을 갖고 다른 누군가가 다른 한쪽을 차지하게 된다. 다투어 많이 얻게 된다 하더라도 다 소화하지 못하면 쌓아 둘 수밖에 없으니 우선 적게 쌓아야 한다. 이런 까닭에 비괘의 다음으로 소축괘小畜卦가 왔다.

만약 사람들이 가진 것이 없거나 있더라도 그 양이 적다면 다른 데서 빼앗아 오는 방법밖에 없다. 일단 가지게 되면 서로 양보할 수 있으니 이는 관자가 "곳간이 가득 차 있어야 백성들이 예절을 안다."고 말한 것과 같은 이치다. '이履'는 예이기 때문에 소축괘의 다음에 이괘履卦가 왔다.

사람들이 예의를 지키고 성실하게 자신의 본분을 지키며 산다면 그것이야말로 편안하고 태평한 삶이라고 할 수 있으므로 이괘의 다음에는 태괘泰卦가 왔다. 태괘의 시기에는 만물이 통달하여 편안한 상태에 이른다.

그러나 사물이 늘 통달한 상태에 머물 수는 없고 통달함이 일정 정도에 이르면 반드시 그 반대면으로 전환되어 가로막히게 된다. 이런 까닭에 태괘의 다음에는 비괘否卦가 왔다. '비否'는 막혀서 통하지 않는다는 뜻이다. 그렇다면 태괘는 어째서 통달함을 상징하게 되었을까? 하늘은 양기이고 땅은 음기가 충만한 것이어서 양기는 위로 올라가고 음기는 아래로 내려가려 한다. 태괘(䷊)를 살펴보면 양기를 지닌 하늘이 하괘에 자리 잡고 음기를 품은 땅이 상괘에 있으므로 위아래가 서로 잘 뒤섞일 수 있다. 위아래가 잘 교류하여 소통하면 편안한 국면이 이르게 되므로 태괘를 통한다고 한 것이다. 그러나 반대로 비괘(䷋)는 하늘이 상괘에 있어서 계속 위로 올라가려고만 하고 음기를 가진 땅은 하괘에 머물면서 계속 아래로 내려가려고만 하니 위아래가 괴리하여 더 이상 섞이지 않는다. 그래서 막히어 통하지 않는 상태가 되므로 비괘가 통하지 않음을 상징하게 된 것이다. 음양이 서로 교류하면 태괘이고 통하지 않으면 비괘다.

사물은 영원히 막혀 있을 수만은 없고 또 영원히 괴리한 상태에 머물 수만도 없어서 언젠가는 반드시 서로 조화하여 하나가 된다. 나뉨의 상태가 오래가면 반드시 합하게 되므로 비괘의 다음에 동인괘同人卦가 왔다.

사람과 사람이 서로 조화하여 하나가 되면 외부의 사물이 필연적으로 속속 귀순하여 따르게 되어 있다. 그러므로 동인괘의 다음에는 '크게 수확함'을 상징하는 대유괘大有卦가 왔다.

크게 수확하는 사람은 자만해서는 안 되므로 대유괘의 다음에는 겸허함을 상징하는 겸괘謙卦가 왔다.

넓은 마음과 포부를 지니고 겸손할 줄 아는 사람은 반드시 즐거워하므로 겸괘의 다음에는 기쁨을 상징하는 예괘豫卦가 왔다.

기뻐하고 즐거워하는 사람은 그 주변에 반드시 사람들이 따르게 되어 있으므로 예괘의 다음에는 따름을 상징하는 수괘隨卦가 왔다.

기쁜 마음을 얻기 위해 사람을 따르지만 지나치게 기쁜 마음만 추구하다 보면 안이해진 나머지 음란함이나 미혹에 빠지는 등 문제를 일으킬 수 있다. 그러므로 수괘의 다음에는 고괘蠱卦가 왔다. '고蠱'는 고혹됨, 미혹됨의 뜻인데 맹목적인 좇음 혹은 안이함에 노출되는 것은 결코 좋은 일이라 할 수 없다. 고괘는 본래 미혹하는 일, 혼란스러운 일을 뜻했으나 여기서는 어그러진 일을 옳게 처리하고 어지러운 세상을 치리治理하는 것을 상징한다.

만약 앞에서 미혹되는 일이 있었다면 뒤에서는 이를 개선하고 옳게 다스리는 일이 따를 것이므로 당연히 대업을 이루게 된다. 따라서 고괘의 다음에는 임괘臨卦가 왔다. 임괘는 '크다'는 의미다. 임괘는 위가 아래로 임하고 큰 것이 작은 것에 임하는 것으로 괘상을 보면 '지택임괘地澤臨卦(䷒)', 즉 상괘가 땅이고 하괘가 못이다. 대지는 못을 포용하는데 못은 백성을 상징한다. 군주가 대지처럼 백성을 끌어안으니 이렇게 해야만 나라가 다스려질 수 있다. 그러므로 임괘는 임금이 천하를 통치한다는 의미도 가진다.

사업이 큰 성과를 낸 뒤에는 볼만해진다. 본문에 나온 '물대物大'는 사업이 커지거나 인품과 덕이 큰 것을 뜻하기도 하는데 이리하여 사람들에게 볼만해지므로 임괘의 뒤를 이어 관괘觀卦가 왔다. '관觀'은 무슨 의미일까? 관괘의 「상전」에서는 "사방을 살피고 백성의 풍속을 관찰하여 가르침을 베푼다."고 함으로써 군주가 백성을 교화하는 모습에 빗대어 '관觀'이란 사방의 민심을 관찰하여 시기를 살피는 것이라고 설명했다. 그러므로 관괘는 『주역』에서 특수한 의미를 가진다고 볼 수 있다. 왜냐면 팔괘는 관찰에 그 뿌리를 두고 있는데 '관觀'은 고대인의 일종의 사유방식이자 행위 양식, 심지어 통치자의 관리 방식이라고 볼 수 있기 때문이다.

관찰과 관조의 방식을 취하여 민심을 살피고 백성을 교화한 뒤에는 백성으로 하여금 실정과 이치, 법에 맞게 행동할 수 있도록 형벌과 제도, 법률을 펼쳐야 한다. 그러므로 관괘의 다음에는 서합괘噬嗑卦가 왔다. 서합괘는 '합함' '부합함'을 상징한다. 즉 법에 부합하지 않는 사람들로 하여금 법 제도에 맞춰서 행동하게끔 한다는 말이다. 앞서 말한 관괘가 교화의 의미를 다루었다면 뒤에 나오는 서합괘는 형벌을 강조한다고 볼 수 있다. 즉 자비로움과 위엄을 동시에 활용하는 방법이다. 서합괘는 그 괘상을 보면 '화뢰서합괘火雷噬嗑卦(䷔)'로 상괘가 불이어서 번개, 즉 군주가 사리를 밝게 함을 상징하며, 하괘는 우레로 천둥, 즉 형벌의 위엄을 상징한다. 이렇게 하여 백성이 법을 준수하게끔 지도한다.

세상만물과 모든 일은 대충 합해서는 안 되며 조금의 거짓이나 옳지 않음이 있어서는 안 된다. 그러므로 서합괘의 뒤를 이어 비괘賁卦가 왔다. 비괘는 문식紋飾(꾸밈, 형식, 규범)을 상징한다. 이는 '부합함' '합함'을 상징하는 서합괘의 의미를 확장하여 사람과 사람 사이의 합함을 뜻한다. 사람 사이에 합할 때 문식이 있어야 하는데 이러한 문식은 행위 규범을 상징한다. 사람과 교류하고 교제할 때는 예의와 행위 규범이 있어야 하며 조금이라도 거짓이 있어서는 안 된다.

문식은 일종의 형통하는 도道다. 예의가 있고 문식이 있으면 사람과 사람 사이의 교류가 예절과 질서를 갖추게 되지만 만약 문식이 지나치다면 실질을 잃고 소위 겉만 번지르르하여 속은 빈 상태가 되고 말아 각종 폐단이 생긴다. 그래서 형통의 도를 빼앗겨 멈추고 마는데 이 때문에 비괘의 뒤를 이어 박괘剝卦가 왔다. '박剝'은 '벗겨 내다' '떨어지다'의 의미다. 박괘(䷖)를 살펴보면 여섯 개의 효 가운데 맨 위의 한 개만 양효이고 나머지 아래의 다섯 효는 모두 음효다. 사물의 변화가 아래에서부터 위로 변한다는 의미다. 다시 말해 가장 윗부분의 양효마저 떨어져 나가 버리면 이 괘의 양효는 전부 떨어져 나가고 마는 셈이다.

사물은 또한 영원히 벗겨지거나 떨어져 나갈 수만은 없다. 양기를 떨쳐냄이 극에 이르면 반대면으로 전환되어 양기는 아래서부터 다시 소생하기 시작한다. 하나의 양이 생겨나기 시작하면서 박괘의 뒤를 이어 복괘復卦가 등장한다. '박剝'과 '복復'은 '반反'이 되었다가 다시 '정正'이 되고 '어지러웠다가亂' '다스려지는治' 관계인데 떨어져 나감이 극에 이르면 부활하니 이를 일컬어 음양의 '박복剝復'이라고 한다. 복괘(䷗)는 맨 아래에 양효가 하나 있고 그 위의 다섯 효가 모두 음효다. 그렇다면 사물은 아래에서부터 위의 방향으로 발전해 나가는데 이는 양기가 서서히 위로 올라가는 모습이라고 하겠다. 앞서 나온 비괘否卦와 태괘泰卦에서부터 박괘剝卦, 복괘復卦에 이르기까지 12개의 괘가 지나면 64괘의 변화 과정에서 하나의 순환 시스템을 거친 셈이다. 이것은 사물 발전의 법칙이자 사물의 발전이 극에 이르면 반대면으로 전환한다는 법칙이기도 하다.

복괘 이후에는 양기가 소생하기 시작하므로 '무망无妄', 즉 거짓이나 허위가 없고 허망함도 없다. 따라서 복괘의 다음에는 무망괘无妄卦가 왔다. 무망괘는 하늘과 우레가 함께 있어서 천뢰무망괘天雷无妄卦라고 한다. 하늘과 우레는 모두 양에 속하는데 진실하여 거짓이 없음을 상징한다. 따라서 사람됨이 소박하고 진실하며 충성스럽고 믿을 만하다는 것으로 확대하여 해석하기도 한다. 그러므로 무망괘는 앞서 말한 박괘와 복괘에서 나왔다고 볼 수 있다. 박괘는 문식이 지나쳐서 그것의 소박한 본질을 잃은 것이고, 복괘는 질박한 본성이 소생하기 시작함을 상징한다. 회복된 이후에 무망해져서 또 다시 진실하고 소박한 본성으로 회귀한다.

무망괘에서 바른 길을 회복하면 거짓이 없고 사물이 한 단계 더 계속해서 모일 수 있으므로 뒤이어 대축괘大畜卦가 왔다. '대축大畜'은 크게 쌓는다는 뜻이다. 앞서 이미 '소축小畜'를 설명했는데 소축은 적게 쌓음이었다. 그러나 대축에 이르면 크게 쌓음이 될 뿐 아니라 이러한 쌓음은 단순히 물질의 축적뿐 아니라 덕과 재능이 쌓여 충만해진다는 의미도 된다. 그렇다면 대축괘는 어디서 유래했을까? 바로 무망无妄한 가운데서 나왔다. 다시 말해 크게 쌓고 싶다면 허망하지 않고 거짓이나 허위가 없어야 한다는 것이다.

크게 쌓은 뒤에는 만물과 백성을 기를 수 있으므로 대축괘의 뒤를 이어 이괘頤卦가 왔다. '이頤'는 무엇을 의미하는가? 바로 '기른다'는 뜻이다. 백성을 기른다고 하면 먹을 것을 공양하는 것에 그치지 말고 덕을 길러 주어야 한다. 덕은 자기 스스로 수양한 연후에야 다른 사람으로 하여금 덕을 갖출 수 있도록 도울 수 있다.

만약 당신이 스스로 수양하지 못하여 다른 사람도 기를 수 없게 된다면 이는 큰 과실이 아닐 수 없다. 그러므로 이괘의 다음에는 대과괘大過卦가 왔다. '대과大過'는 큰 과실, 잘못을 뜻한다. 대과괘(䷛)의 괘상을 보면 마치 한 채의 집과도 같아서 대들보가 무너지기 시작하니 무척 위험한 모습이다. 바꿔 말하면 기름의 중요성을 뜻하기도 한다. 만약 기르지 않는다면 큰 잘못이고 이로 말미암아 위기에 직면할 수 있다. 사물은 큰 위기에 처하거나 큰 잘못을 저지르게 되면 반드시 그것을 옳은 방향으로 개선하여야 한다. "굽은 것을 바로잡으려면 곧게 만드는 수준을 넘어서서 오히려 반대 방향으로 휘게 할 만큼 힘을 주어야 하는데 단순히 곧게 하는 수준을 뛰어넘지 않는다면 굽은 것은 바로잡을 수 없다."는 말도 있듯 위기의 상황을 모면하려면 반드시 일반적인 방법을 넘어서는 무언가 특별하고 강경한 조치가 취해져야 한다.

그러나 사물은 영원히 '곧기만 한 수준을 넘어서는過正' 방법만을 쓸 수만은 없으므로 대과괘의 다음에는 감괘坎卦가 왔다. '감坎'은 '빠진다陷'의 뜻이다. 감괘도 마찬가지로 위험한 상황을 상징하는데 이는 곧음을 넘어선 뒤 도리어 또 다른 극단에 빠지게 된 경우를 가리킨다. 앞서서 '곧기만 한 수준을 넘어서야만過正' 굽은 것을 바로잡을 수 있고 위기를 모면할 수 있다고 했는데 여기서는 만약 굽은 것을 바로잡겠다고 곧은 것을 넘어서서 지나치게 반대로 휘게 해 버린다면 또 다른 위기에 처할 수 있다고 말한다. 이것이 바로 감괘에서 말하는 위험이다. 그러므로 정도와 시기를 잘 파악해야 한다. 시기를 제대로 파악하지 못한다면 예컨대 이미 다 바로잡았는데도 그 정도를 넘어서서 계속해서 교정을 한다면 당연히 또 다른 극단과 위기에 빠질 수도 있다.

위기에 빠지면 필연적으로 '붙음'이 있게 마련이다. 즉 어떤 사물이나 신념에 기대고 의지해야만 비로소 위기를 벗어나 광명을 볼 수 있는 상황이 된다는 말이다. 그러므로 감괘의 다음에는 이괘離卦가 왔다. 이괘는 광명, 빛을 상징한다. 험난함 가운데서는 필연적으로 빛을 기대할 수밖에 없기 때문이다. 본문의 '이는 붙음이다.離者 麗也'에 나오는 '여麗'라는 말은 여기서는 '아름답다'는 뜻이 아닌 '붙음'이라는 뜻으로 쓰였다.

여기까지가 『주역』의 상경인데 여기서 또 한 번 전환의 의미를 지닌 괘가 나타나게 된다. 앞서 설명한 건괘乾卦와 곤괘坤卦 이후로 여덟 개의 괘를 지나 태괘泰卦와 비괘否卦에 이르고 태괘와 비괘 뒤로 열 개의 괘를 지나 박괘剝卦와 복괘復卦에 이르렀으며 박괘와 복괘를 거쳐 네 개의 괘를 지나 감괘坎卦와 이괘離卦에 이르게 되었다. 이들 괘는 모두 한 번 들어가면 한 번 나가고 한 번 '반反'이면 한 번 '정正'하는 관계여서 대립하고 전환하는 과정을 상징하며, 사물의 발전이 극에 이르면 반대면으로 전환되는 법칙을 설명한다. 여기까지 상경의 30괘가 마무리되었다.

상경 30괘는 건괘와 곤괘로부터 시작해서 감괘와 이괘에서 마무리된다. 건괘와 곤괘는 각각 하늘과 땅을, 감괘와 이괘는 각각 해와 달, 물과 불을 상징한다. 그렇다면 어째서 상경은 30괘이고 하경은 34괘일까? 선조들은 이에 대해 각종 풀이를 내놓았는데, 보통은 상경이 주로 하늘의 도를 강조하고 하경은 인간의 도를 논한다고 하여 하늘과 인간의 도를 기준으로 구분하다 보니 그렇게 되었다는 견해가 많다. 고대인들은 하늘이 둥글고 땅은 네모지다고 여겼다. 하늘의 기수基數는 3이고, 땅은 네모졌으므로 땅의 기수는 4라고 여겼다. 상경 30괘, 하경 34괘에서 34괘는 4에 치중하니 땅의 도를 가리킨다. 대지 위에는 사람이 있으므로 하경은 사람의 도를 강조한다는 논리다.

우선 하경의 첫머리부터 살펴보면 '천지가 있은 연후에야 만물이 생겨나며 만물이 있은 후에 남녀가 생겨났다.有天地然後有萬物 有萬物然後有男女'로 시작해서 '부부의 도리는 오래가지 않으면 안 되므로 항괘로 받았다.夫婦之道不可以不久也 故受之以恒'고 한 구절이 나온다. 이러한 해석 때문에 하경을 사실 '사람의 도'로 간주하고 상경을 '하늘의 도'로 여기는 측면도 있다. 즉 상경 30괘에서 말하는 것이 하늘의 도가 가지는 법칙과 자연의 법칙이라면 하경 34괘는 함괘咸卦에서부터 시작하여 인간의 도, 인류사회 혹은 인체 생명의 운행 법칙을 논한다.

이러한 해석도 어느 정도 일리는 있지만 아무리 상경이 하늘의 도에 치우쳐 있다 해도 인간의 도와 완전히 괴리되지는 않는다. 다만 하늘의 도에 더욱 기울어 있을 뿐이다. 그러므로 하경의 첫머리에서는 하늘과 땅이 있은 연후에 만물이 생겨났으며, 만물이 있은 다음에야 남녀가 있고, 남녀가 있은 다음에야 부부가 생겨났으며, 부부가 있은 연후에야 자녀를 낳고 기를 수 있게 되었으며, 자녀를 낳은 다음에야 부모와 자녀의 관계가 생겨났고, 가정이 있은 다음에야 나라가 생겨났고 임금과 신하의 관계가 생겨났으며 위아래, 귀함과 비천함의 관계도 생겨났고 비로소 예의가 생겨났다고 했다. 첫머리부터 인간의 윤리를 논하였으므로 하경의 첫 번째 괘는 함괘咸卦(䷞), 즉 상괘가 태괘(☱)이고 하괘가 간괘(☶)인 함괘가 되었다. 태괘는 소녀少女를 상징하고 간괘는 소남少男을 대표하므로 함괘는 소남과 소녀의 괘라고 할 수 있다. 소남과 소녀가 서로 감응하면 혼인 관계가 이루어진다. 이러한 괘의 시작이 인류의 시작을 상징한다. 그렇다면 어째서 직접적으로 인륜을 언급하지 않고 하늘과 땅, 그리고 만물에서부터 시작하여 인륜을 설명했을까? 이는 인륜이 하늘의 도에서 괴리될 수 없음을 반영한다.

소남과 소녀 사이에 감응이 있으면 부부의 인연을 맺게 되는데 부부의 도는 오래가지 않을 수 없다. 그러므로 함괘의 다음에는 항괘恒卦가 왔다.

만약 소남과 소녀의 함괘가 혼인관계를 말한다면 항괘는 장남長男과 장녀長女를 뜻한다. 왜냐면 항괘(䷟)는 상괘인 진괘(☳)가 장남을 상징하고 하괘인 손괘(☴)가 장녀를 뜻하기 때문이다. 장남과 장녀는 항구한 부부의 관계를 맺는다. '항恒'의 의미는 '오래간다' '장구하다'는 뜻이다.

그러나 사물은 한자리에 영원히 오래갈 수만은 없고, 세상만물과 모든 일 또한 영원히 변하지 않을 수 없으며, 나아감이 있으면 반드시 물러나게 되어 있다. 그러므로 항괘의 다음에는 물러나 숨음을 뜻하는 둔괘遯卦가 왔다. '둔遯'은 물러난다는 뜻이다. 이는 부부관계의 인륜을 세상만물과 모든 일에까지 확대했다. 둔괘(䷠)는 맨 아래 두 효가 음효이고 위의 네 효가 양효여서 음기가 점차 상승함을 상징한다. 소인의 도가 자라나고 군자의 도가 소실되는 모습이다. 둔괘의 상괘는 하늘이고 하괘는 산인데 하늘은 조정을 상징하고 산은 어진 사람을 대표한다. 하늘 아래에 산이 있음은 조정에 어진 신하가 있고, 어진 신하는 조정 위에 있지 않고 조정 아래에 있으니, 이것이 바로 물러나 숨는 형상이라고 할 수 있다.

세상만물과 모든 일은 또한 영원히 뒤로 물러설 수만은 없고 물러난 다음에는 반드시 앞으로 나아가게 되어 있다. 그러므로 둔괘의 다음에는 대장괘大壯卦가 왔다. 대장괘(䷡)의 괘상은 둔괘의 것과 정반대임을 알 수 있는데 아래 네 효가 양효이고 위의 두 효가 음효여서 양기가 위로 상승함을 상징한다. 양은 음보다 기세가 크니 군자의 도가 자라나고 소인의 도가 소멸하는 모습이기에 군자는 다시는 물러나 숨을 수 없으며 행동에 나서야 한다. 대장괘는 여기서는 멈춰 서서 후퇴하는 것에서 돌아서서 방향을 바꾸어 전진함을 가리킨다. 앞으로 나아간 뒤에라야 강건하고 장대해질 수 있다.

사물은 처음부터 끝까지 장대할 수만은 없고 영원히 강할 수만도 없다. 강건함을 유지하려면 계속해서 앞으로 나아가고 상승해야 하므로 대장괘의 다음에는 진괘晉卦가 왔다. 진괘는 앞으로 나아가고 위로 올라간다는 뜻이다. 진괘(䷢)의 괘상을 보면 마치 태양이 땅 위에 나타나 떠오르기 시작하는 형상인데 상괘인 이괘(☲)는 태양을 상징한다.

앞으로 나아가는 길에서는 반드시 방해하거나 저지하는 요소를 만나거나 상함을 입을 수 있다. 태양의 예를 들면 태양이 중천에 떠오르면 그 곳에 영원히 거기 머무르는 것이 아니라 서쪽으로 서서히 진다. 그러므로 진괘의 다음에는 명이괘明夷卦로 받았다. 명이괘(䷣)의 괘상은 태양이 땅 아래로 져서 빛이 어둠에게 양보하는 모습이다. '명明'은 빛을 상징하며 '이夷'는 상함, 다침을 뜻한다. 함괘와 항괘에서부터 명이괘에 이르기까지는 모두 나아감과 물러섬, 상승과 하강에 관한 것이다. 여기에는 함괘와 항괘, 둔괘와 대장괘, 진괘와 명이괘가 포함되는데 이들은 정正하면 반反하고 나아가면進 물러서며退 오르면昇 내려감降을 상징한다.

명이괘가 가진 양의 기운, 태양이 상함을 입으면, 사람으로 치면 외모에 상처를 입으면 반드시 집으로 돌아가야 한다. 이 때문에 명이괘의 다음에는 가인괘家人卦가 왔다. 집에 돌아오는 것은 근본, 바른 도, 바른 이치로 돌아오는 일이다. 가인괘는 우리에게 바른 도를 지켜서 바른 위치에 거하면 집안사람들이 화목하고 조화롭게 지낼 수 있음을 알려 준다. 이 때문에 유가에서는 남녀관계가 바르면 가정의 도가 바로 서고 집안의 도가 바로 서면 천하가 안정된다고 강조한다. 그래서 「단전」에서도 가인괘를 설명할 때 "여자는 안에서 자리를 바르게 하고 남자는 밖에서 자리를 바르게 한다."고 하여 특히 남녀가 각자의 위치를 바르게 할 때 가정의 도가 바로 서고 천하가 안정된다고 설명한다.

뒤집어 말하면 만약 가정의 도가 제대로 서지 않으면 반드시 어그러져서 흩어지고 만다. 만약 가정 안에 도가 곤궁하여 각자 바른 위치를 지키지 못한다면 서로 반목하여 가정은 결국 파괴될 것이다. 이 때문에 가인괘의 뒤를 이어서 규괘睽卦가 왔다. '규睽'는 흩어진다는 뜻을 담고 있는데 가인괘의 반괘反卦라고 할 수 있다. 규괘는 대립면끼리 배척하고 괴리하는 것이다. 규괘(䷥)의 괘상을 보면 소녀少女와 중녀中女가 한집에 거하지만, 서로 마음이 떨어져 있고 행동이 하나가 되지 못하여 반목하니 이 때문에 서로 배척한다. 이렇게 되면 가정의 도는 분명 곤궁해지고 만다.

분리되고 흩어진 이후에는 반드시 험난함과 고됨이 생겨나게 되므로 규괘 다음에는 건괘蹇卦가 왔다. '건蹇'은 험난하다는 뜻으로 아무 일도 이루지 못하여 성취가 없음을 말한다.

그러나 사물은 영원히 험난하기만 한 것은 아니어서 반드시 어려움을 극복할 수 있는 시기가 오게 마련이다. 그래서 건괘의 다음에는 해괘解卦가 왔다. '해解'는 '풀다' '완화하다'라는 뜻인데 어려움이라는 모순된 상황을 누그러뜨린다는 말이다. 모순이 일정 수준에 이르러서도 조정되지 않는다면 결국 그것을 배척하고 떼어내 버려야 한다. 해괘는 이 같은 험난함을 없애고 모순을 해결하는 것인데 비가 그치고 날씨가 맑아짐을 상징한다. 해괘(䷧)의 괘상을 보면 우레(☳)와 비(☵)다. 우레가 무섭게 내리치고 큰 비가 내린 뒤에는 구름과 안개가 걷히고 날이 맑게 개는데 이와 함께 모순된 상황도 말끔하게 사라지게 된다.

모순이 해결된 뒤에는 종종 나태해지기 쉽다. 나태해지면 손실을 불러오기 쉬운데 이 때문에 해괘의 뒤를 이어 손괘損卦가 왔다. 손괘(䷨)의 괘상을 보면 상괘가 산(☶)이고 하괘가 못(☱)인 '산택손괘山澤損卦'로 산 아래에 못의 물이 있는 형상이다. 그런데 물은 조금씩 산의 뿌리를 부식시켜서 산 전체가 서서히 쇠약해지고 만다.

쇠약해짐이 멈추지 않고 지속되니 손실이 극에 이르고 손실이 일정 수준에 이르면 반드시 그 반대면인 이익을 더해 가는 상황으로 전환된다. 그러므로 손괘의 다음에는 익괘益卦가 왔다. 손괘와 익괘는 한 쌍의 반괘

反卦라고 할 수 있다. '손損'과 '익益'은 서로 제약하는 관계이지만 일정한 조건 아래서는 상호 전환되는 관계이기도 한다. '손損'과 '익益'은 양에서 질로 변하는 과정이므로 고대인들이 특히 그 관계를 중시했다. 『황제내경』에서는 칠손팔익七損八益, 즉 일곱 가지 손해나는 일과 여덟 가지 유익한 상황이 나온다. 공자는 "유익한 친구가 셋 있고, 해로운 친구가 셋 있으며, 좋아하는 일 가운데 세 가지 유익한 것이 있고, 세 가지 해로운 것이 있다.益者三友 損者三友 益者三樂 損者三樂"고 했다. 노자도 마찬가지로 '익益'과 '손損'을 이용해서 "학문을 함은 나날이 보태는 것이요, 도를 행함은 나날이 덜어 내는 것이다.爲學日益 爲道日損"라고 했으며 그 밖에도 '익'과 '손'을 통해 하늘의 도와 인간의 도를 구별했다. 그래서 그는 "하늘의 도는 남는 데서 덜어서 부족한 곳에 보태는 것天之道 損有余而補不足"이지만 인간의 도는 그렇지 않아서 "부족한 데서 덜어서 남는 곳에 바친다."고 했다. 그러므로 손과 익의 두 가지 방법이 주는 의의는 무척 크고도 중요하다고 하겠다.

이익을 더해 가다 보면 반드시 결단해야 하는 때가 온다. 그러므로 익괘의 다음에는 쾌괘夬卦가 왔다. '쾌夬'는 제방이 터진다는 의미다. 쾌괘(䷪)의 괘상을 보면 아래 다섯 효가 양효이고 맨 위의 한 개 효가 음효다. 상괘는 태괘(☱)로서 소택沼澤을 상징하는데 연못 안에는 물이 지나치게 가득 차 있어서 금방이라도 흘러나올 듯하여 큰 제방이 무너지려 한다. 양효는 지금 이미 다섯 번째 자리에 이르렀고 가장 위의 음효는 이제 끊겨 떨어져 나가려고 하니, 이는 통일된 개체가 금방이라도 무너지려는 형상이다. 가인괘에서부터 쾌괘에 이르기까지 분리와 합함, 덜어 냄과 더함을 거쳐 이제 마지막으로 분리되고 해체되는 단계에 이르렀으니 이 집은 이제 무너지고 붕괴될 것이다.

해체되고 무너진 뒤에는 반드시 다시 만나 합함이 있다. 만약 앞서 가인괘에서 여기까지 분리되는 과정이 이혼이라고 간주한다면, 이혼한 뒤에는 재혼을 하거나 재결합하는 과정이 있을 수 있으므로 반드시 다시 만날 수 있는 셈이다. 그래서 쾌괘의 뒤를 이어 구괘姤卦가 왔다. '구姤'는 만남, 다시 합침이다. 나뉘면 반드시 합하는 바가 있으므로 구괘는 쾌괘와 서로 '반反'하는 관계다. 구괘(䷫)는 가장 아래 한 개 효가 음효이고 위의 다섯 효는 모두 양효다. 음효는 여자를 상징하는데 이 여자는 위의 다섯 남자와 서로 만나 결합하여 새롭게 통일된 개체를 형성한다. 이는 음과 양이 분리될 수 없으며 일단 분리되면 다시 만나 새로운 조합을 이룸을 설명한다.

혁고정신: 낡은 것을 버리고 새로운 것을 창조한다.

구괘에서 강조하는 것은 '서로 만남'이다. 서로 만난다는 것은 헤어진 이후에 다시 모이는 것으로 헤어짐이 오래되면 반드시 합하게 되고 합함이 오래되면 다시 헤어지는 법이다. 그러므로 구괘의 다음에는 췌괘萃卦가 왔다. '췌萃'는 모인다는 뜻이다.

모인 이후에는 서서히 위를 향해 올라가게 되므로 췌괘의 다음에는 승괘升卦가 왔다.

그러나 만일 멈추지 않고 계속 위로 올라가기만 한다면 어떻게 될까? 사물의 발전 단계가 극에 이르면 분명히 궁해져서 무척 곤란한 상황이 이르고 만다. 그래서 승괘의 뒤를 이어 곤괘困卦가 왔다.

위로 올라감이 곤궁해지면 반드시 아래로 돌아 내려와서 우물을 찾게 되어 있으므로 곤괘의 다음에는 정괘井卦로 받았다.

우물은 반드시 보수함으로써 우물물이 끊임없이 새롭게 솟아나게 해야 하므로 정괘의 뒤를 이어 새롭게 개선하여 거듭남을 의미하는 혁괘革卦가 왔다.

사물을 변혁하는 것에 있어서는 '정鼎'만한 것이 없다. 솥을 의미하는 '정鼎'은 본래 제사할 때 쓰던 기물이자 고대 전국시대의 정권을 상징하던 기물이었다. 그래서 여기서 새로운 왕조를 세우거나 새로운 국면을 연다는 의미가 파생되기도 했다. 낡은 것을 버리고 새로운 것을 창조한다는 의미의 '혁고정신革故鼎新'이라는 성어도 바로 혁괘革卦와 정괘鼎卦에서 나왔다.

'정鼎'을 통해 제사를 지내는 이는 반드시 장자여야 하는데 장자는 부왕이 하늘과 종묘에 제사하던 것을 계승하고 국가 사직을 전승한다. 그러므로 혁괘의 뒤를 이어 장자를 상징하는 진괘震卦가 왔다.

「설괘전」에 따르면 진괘는 장자이자 움직임을 상징한다. 사물은 영원히 움직이고 있을 수만은 없으므로 움직인 뒤에는 반드시 멈추게 되어 있다. 그러므로 진괘의 뒤를 이어 멈춤을 상징하는 간괘艮卦가 왔다.

사물은 또한 영원히 멈춰 있을 수만은 없고 점차 앞으로 나아가게 마련이다. 그러므로 간괘의 뒤를 이어 점괘漸卦가 왔다. '점漸'은 앞으로 나아간다는 의미다.

점진적으로 앞으로 나아간 뒤에는 반드시 돌아오게 되어 있다. 그러므로 점괘의 뒤를 이어 귀매괘歸妹卦가 왔다. '귀매歸妹'는 무슨 뜻인가? 딸을 시집보낸다는 의미다. 딸을 시집보내는 것도 일종의 돌아오는 과정이다. 왜냐면 시집을 가는 것은 자신이 마땅히 돌아가야 할 곳으로 가는 일이기 때문이다. 돌아온 소녀少女를 얻으면 반드시 풍성해지고 커지게 되므로 귀매괘의 뒤를 이어 풍괘豐卦로 받았다.

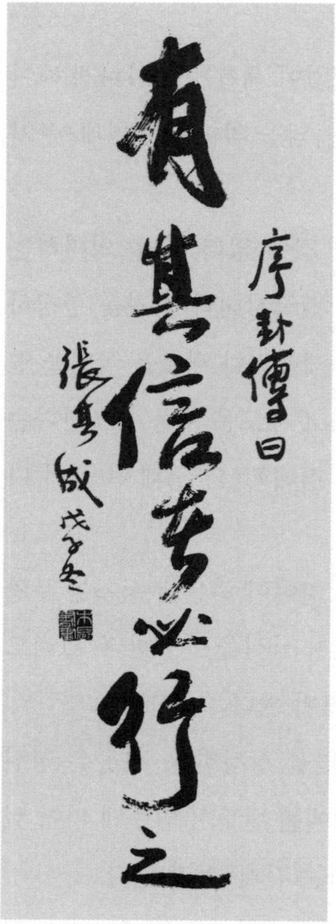

유기신자필행지: 믿음이 있는 자는 반드시 행한다.

풍성하고 커짐이 극에 이르면 극에 도달한 사람은 반드시 자신의 거처할 곳을 잃게 되어 밖으로 두루 돌아다니며 유숙하게 된다. 그래서 풍괘의 뒤를 이어 여괘旅卦로 받았다.

밖에서 유숙하면 그를 수용해 줄 사람이 없으므로 다시 고향으로 돌아오게 된다. 그래서 여괘의 다음에는 순종과 회귀를 의미하는 손괘巽卦가 왔다. '손巽'은 '들어가다' '회귀하다'의 의미를 지녀서 순종하여 집으로 돌아옴을 상징한다.

들어오고 돌아오면 기뻐할 수 있다. 적당한 거처로 들어오면 당연히 마음이 기뻐지기 때문이다. 그래서 손괘의 다음으로 태괘兌卦가 왔다. '태兌'는 기뻐한다는 뜻이다.

사람의 마음이 기쁘면 자연히 몸과 마음이 가벼워져 유쾌해지는데 기쁜 심정은 다른 사람에게도 전파된다. 그래서 태괘의 다음으로 '흩어짐'을 상징하는 환괘渙卦가 왔다. '환渙'은 '흩어지다' '발산하다'의 의미다.

그러나 사물이 영원히 흩어질 수만은 없고 다시 분리되어 떨어지게 되어 있으므로 더 절제해야 한다. 그래서 환괘의 뒤를 이어 절괘節卦가 왔다.

절제하면 성실하고 믿음직한 마음을 유지할 수 있다. 그래서 절괘의 뒤를 이어 성실함과 믿음, 충성된 마음을 상징하는 중부괘中孚卦가 왔다.

성실하고 믿음직스러운 마음을 지키는 사람은 반드시 보통의 수준을 뛰어넘어 과감하게 행동하여 맡은 일을 실행하는 모습을 보인다. 그러므로 중부괘의 다음에는 작은 잘못이나 평범함을 조금 넘어섬을 상징하는 소과괘小過卦가 왔다.

평범함을 조금 넘어서게 일을 하면 필경 성공을 거두게 되므로 소과괘 다음으로는 사물의 성공을 상징하는 기제괘旣濟卦가 왔다. 사물에 잘못이나 지나침이 있으면 반드시 그것을 구제해야 한다. 그러므로 '기제旣濟'에는 구제한다는 뜻도 있다.

사물의 발전 과정이 극에 치달을 수 없고 성공한 뒤에는 성공을 거듭할 수 없는 새로운 요인이 등장하게 마련이다. 그래서 기제괘의 뒤를 이어 일이 아직 성공하지 않았다는 의미의 미제괘未濟卦가 왔다. 이 '미제未濟'는 우리에게 아직 성공에 이르지 않았을 때 어떻게 하면 성공할 수 있을지 이치를 알려 준다. 기제괘가 어떻게 하면 성공한 상태를 '유지'할 수 있는지를 알려 준다면, 미제괘는 어떻게 해야만 성공에 '이를' 수 있을지를 알려 준다. 이리하여 64괘의 주기 하나가 마무리되었지만, 첫 번째 주기가 마무리됨은 두 번째 주기가 다시 새롭게 시작됨을 의미한다. 그래서 세상 만물은 이러한 주기周期를 따라 돌고周 돌아周 다시 살아나는 것이다. 그래서 '주역周易'이라고 일컫는 게 아니겠는가!

05
잡괘전雜卦傳

乾剛坤柔 比樂師憂. 臨觀之義 或與或求. 屯見而不失其居 蒙雜而著. 震起也 艮止也. 損益 盛衰之始也. 大畜時也 无妄災也. 萃聚而升不來也. 謙輕而豫怠也. 噬嗑食也 賁无色也. 兌見而巽伏也. 隨无故也. 蠱則飭也. 剝爛也. 復反也. 晉晝也 明夷誅也. 井通而困相遇也.

咸速也 恒久也. 渙離也 節止也. 解緩也 蹇難也. 睽外也 家人內也. 否泰反其類也. 大壯則止 遯則退也. 大有衆也 同人親也. 革去故也 鼎取新也. 小過過也 中孚信也. 豐多故也 親寡旅也. 離上而坎下也. 小畜寡也 履不處也. 需不進也 訟不親也. 大過顚也. 姤遇也 柔遇剛也. 漸女歸待男行也. 頤養正也. 旣濟定也. 歸妹女之終也 未濟男之窮也. 夬 決也 剛決柔也 君子道長 小人道憂也.

건乾은 강하고 곤坤은 유하며 비比는 즐겁고 사師는 근심한다. 임臨과 관觀의 뜻은 혹은 내가 남에게 가서 베풂 혹은 남이 내게 와서 구함이다. 준屯은 나타나지만 그 거처를 잃지 않고 몽蒙은 섞이지만 드러난다. 진震은 일어남이고 간艮은 멈춤이다. 손損과 익益은 흥성함과 쇠락함의 시작이다. 대축大畜은 시기이고 무망无妄은 재앙이 옴이다. 췌萃는 모임이고 승升은 오지 않음이다. 겸謙은 자기 자신을 가볍게 여기는 것이고 예豫는 태만히 하는 것이다. 서합噬嗑은 먹는 것이고 비賁는 색이 없음이다. 태兌는 나타남이고 손巽은 엎드림이다. 수隨는 연고가 없음이고 고蠱는 삼가는 것이다. 박剝은 문드러짐이다. 복復은 돌아오는 것이다. 진晉은 낮이고 명이明夷는 베는 것이다. 정井은 통함이고 곤困은 서로 만나는 것이다.

함咸은 빠름이고 항恒은 오래가는 것이다. 환渙은 떠남이고 절節은 그침이다. 해解는 늦춤이요 건蹇은 어려움이다. 규睽는 밖이고 가인家人은 안이다. 비否와 태泰는 그 종류를 뒤집은 것이다. 대장大壯은 멈춤이고 둔遯은 물러섬이다. 대유大有는 많음이고 동인同人은 친함이다. 혁革은 오래된 것을 버림이고 정鼎은 새로운 것을 취함이다. 소과小過는 지나친 것이고 중부中孚는 믿음이다. 풍豐은 연고가 많음이고 친함이 적은 것은 여旅다. 이離는 올라가고 감坎은 내려온다. 소축小畜은 적음이고 이履는 머물지 않음이다. 수需는 나아가지 않음이고 송訟은 친하지 않음이다. 대과大過는 넘어짐이고 구姤는 만남이니 유가 강을 만나는 것이다. 점漸은 여자가 시집감이니 남자를 기다려 가는 것이다. 이頤는 바름을 기르는 것이고 기제旣濟는 정함이다. 귀매歸妹는 여자의 끝이고 미제未濟는 남자의 움직임이다. 쾌夬는 터짐이라 강이 유를 터지게 하는 것이니 군자의 도가 자라고 소인의 도가 근심스럽다.

「잡괘전」은 64괘의 정상적인 순서를 뒤섞어서 다시 배열한 뒤 그 뜻을 풀이해 놓았다. 즉 64괘를 32쌍으로 나눈 다음 한 쌍씩 배열하여 해석하는 식이다. 보통 각 쌍에서 앞의 괘는 뒤의 괘와 두 가지 유형의 관계를 구성하는데, 그중 하나는 '착錯'의 관계이고 다른 하나는 '종綜'의 관계, 즉 착종錯綜의 뒤얽힌 관계다. 착괘錯卦는 다른 말로 방통괘旁通卦라고도 불린다. 이는 음양이 반대가 되는 괘로 이를테면 건괘(䷀)와 곤괘(䷁)가 그 예다. 그리고 종괘는 위아래 효의 순서가 뒤집어진 관계로 비괘比卦(䷇)와 사괘(䷆)가 그 예다. 「잡괘전」은 괘의 형식 면에서 착과 종의 관계를 형성하여 괘의卦義도 서로 상대적이거나 반대된다. 이는 사물의 발전 과정에서는 착종의 복잡한 법칙이 발생함을 뜻한다. 그러나 「잡괘전」에서 가장 마지막에 오는 여덟 개의 괘, 즉 대과괘大過卦 이후의 여덟 괘는 이러한 관계에 속하지 않는다. 그것들은 상대적인 괘도 아닐 뿐 아니라 상반되는 괘도 아니다.

전체적으로 봤을 때 「잡괘전」과 「서괘전」은 배열상에서 일정한 법칙이 있다. 예컨대 「잡괘전」의 앞부분은 각각 건괘와 곤괘로 구분하는 것에서 시작하고 뒷부분은 함괘와 항괘로 구분하여 시작한다. 앞부분은 30괘이고 뒷부분은 34괘인데 이러한 배열은 「서괘전」의 배열 방식에 부합한다.

「잡괘전」은 첫머리에서 말한 것이 건괘乾卦와 곤괘坤卦인데 건괘는 강건하고 곤괘는 유순하다고 했다. 비괘比卦는 기쁨이고 사괘師卦는 근심이라고 했다. 임괘臨卦와 관괘觀卦의 두 괘의 뜻은 혹은 베풀거나 혹은 구하는 것이라고 했다. 준괘屯卦는 생기가 드러나지만 자신의 거처를 잃지 않음이고 몽괘蒙卦는 밝음과 어두움이 뒤섞이지만 이내 드러나는 것이다. 진괘震卦는 흥하여 일어나는 것이고 간괘艮卦는 금지하는 것이다. 손損과 익益의 두 괘는 흥함과 쇠락함이 전환되기 시작함이다. 대축괘大畜卦는 때때로 쌓아 둠이고 무망괘无妄卦는 삼가서 재해를 막는 것이다. 췌괘萃卦는 모여서 함께하는 것이고 승괘升卦는 올라가서 돌아오지 않는 것이다. 겸괘謙卦는 자신을 가볍게 여기고 남을 무겁게 여기는 것이다. 예괘豫卦는 과도하여 악을 따르니 반드시 태만해지고 마는 것이다. 서합괘噬嗑卦는 꽉 맞물리는 것이어서 마치 음식을 입으로 씹는 것과 같다. 비괘賁卦는 아름답게 꾸미고 자신을 장식하는 것이어서 색채가 필요 없다. 태괘兌卦는 기쁨이 겉으로 드러나는 것이고 손괘巽卦는 순종하는 것이다. 수괘隨卦는 연고가 없는 것이고 고괘蠱卦는 마음을 다해 어지러움을 다스림이다. 박괘剝卦는 오래되어 떨어져 나가는 것이고 복괘復卦는 근본으로 돌아옴이다. 진괘晉卦는 낮처럼 태양이 점차 상승함이고 명이괘明夷卦는 밤에 광명이 상함을 입는 것과 같다. 정괘井卦는 자애로움으로 길러서 형통함이고 곤괘困卦는 앞길이 가로막히는 것이다.

함괘咸卦는 신속하게 감응하는 것이고 항괘恒卦는 항상심이 장구한 것이다. 환괘渙卦는 흩어짐을 상징하고 절괘節卦는 절제하고 금지함이다. 해괘解卦는 풀어서 느슨하게 하는 것이고 건괘蹇卦는 순탄하지 못함과 험난함이다. 규괘睽卦는 괴리되어 밖으로 어긋남이며 가인괘家人卦는 안에서 화목함이다. 비괘否卦와 태괘泰卦는 상반되는 사물의 종류다. 대장괘大壯卦는 강성하여 금지할 줄 아는 것이고 둔괘遯卦는 곤궁할 때 후퇴하여 물러설 줄 아는 것이다. 대유괘大有卦는 많음을 상징하고 동인괘同人卦는 사람과 친함이다. 혁괘革卦는 오래된 것을 없앰이고 정괘鼎卦는 혁신하는 것이다. 소과괘小過卦는 다소 지나침이 있는 것이다. 중부괘中孚卦는 충성된 마음과 성실하고 믿음직함이다. 풍괘豐卦는 풍성하여 크고 일이 많음이고 여괘旅卦는 친지와 친구가 적음이다. 이괘離卦는 불이 위로 타오름이고 감괘坎卦는 물이 아래로 흐르는 것이다. 소축괘小畜卦는 쌓음이 많지 않음이고 이괘履卦는 예를 따라 행하는 것이다. 수괘需卦는 신중하게 행동하여 무모하게 나아가지 않음이다. 송괘訟卦는 쟁송하여 서로 친하기 어려움이다. 대과괘大過卦는 보통의 이치를 뒤집는 것이고 구괘姤卦는 우연한 만남이어서 음의 부드러움이 양의 강건함을 만나는 것이다. 점괘漸卦는 여자가 출가하여 남자가 예를 준비하여 오기만을 기다리는 것이다. 이괘頤卦는 길러서 바른 도를 지킴이다. 기제괘旣濟卦는 일이 성공하여 안정되는 것이다. 귀매괘歸妹卦는 여자가 마침내 돌아오는 것이다. 미제괘未濟卦는 남자의 끝이다. 쾌괘夬卦는 일을 처리함이 과감함이며 양의 강건함이 음의 부드러움을 터트려서 없앰으로 이는 군자의 도가 홍성하고 소인의 도가 곤란해진 것이다.

옮긴이 | 오수현

숙명여대 중어중문과를 졸업하고, 중국 산동과기 직업전문대학 한국어과 교사, ㈜효성, Kelley Associates를 거쳐 현재는 바른번역 소속 출판 전문 번역가로 활동 중이다. 옮긴 책으로는 『황제내경, 인간의 몸을 읽다』, 『주역에서 경영을 만나다』, 『나의 최소주의 생활』, 『나는 왜 작은 일에도 상처받을까』, 『시의 격려』, 『세포가 팽팽해지면 병은 저절로 낫습니다』, 『오늘, 빨셈』, 『중국은 무엇으로 세계를 움직이는가』, 『비즈니스 삼국지』, 『똑똑한 리더의 공자 지혜』, 『똑똑한 리더의 노자 지혜』 외에도 다수가 있다.

주역 완전해석(하권)

1판 1쇄 펴냄 2018년 7월 31일
1판 2쇄 펴냄 2019년 7월 15일

지은이 | 장치청
옮긴이 | 오수현
발행인 | 박근섭
책임편집 | 강성봉
펴낸곳 | 판미동

출판등록 | 2009. 10. 8 (제2009-000273호)
주소 | 06027 서울 강남구 도산대로 1길 62 강남출판문화센터 5층
전화 | **영업부** 515-2000 **편집부** 3446-8774 **팩시밀리** 515-2007
홈페이지 | panmidong.minumsa.com

도서 파본 등의 이유로 반송이 필요할 경우에는 구매처에서 교환하시고
출판사 교환이 필요할 경우에는 아래 주소로 반송 사유를 적어 도서와 함께 보내주세요.
06027 서울 강남구 도산대로 1길 62 강남출판문화센터 6층 민음인 마케팅부

ISBN 979-11-5888-391-1 04140(하권)
ISBN 979-11-5888-392-8 04140(세트)

판미동은 민음사 출판 그룹의 브랜드입니다.